Les obligations de prévention dans le droit international de l'environnement

Et ses conséquences dans la responsabilité internationale des États

Logiques Juridiques

Collection dirigée par Gérard Marcou

Le droit n'est pas seulement un savoir, il est d'abord un ensemble de rapports et pratiques que l'on rencontre dans presque toutes les formes de sociétés. C'est pourquoi il a toujours donné lieu à la fois à une littérature de juristes professionnels, produisant le savoir juridique, et à une littérature sur le droit, produite par des philosophes, des sociologues ou des économistes notamment.

Parce que le domaine du droit s'étend sans cesse et rend de plus en plus souvent nécessaire le recours au savoir juridique spécialisé, même dans des matières où il n'avait jadis qu'une importance secondaire, les ouvrages juridiques à caractère professionnel ou pédagogique dominent l'édition, et ils tendent à réduire la recherche en droit à sa seule dimension positive. À l'inverse de cette tendance, la collection « Logiques juridiques » des éditions L'Harmattan est ouverte à toutes les approches du droit. Tout en publiant aussi des ouvrages à vocation professionnelle ou pédagogique, elle se fixe avant tout pour but de contribuer à la publication et à la diffusion des recherches en droit, ainsi qu'au dialogue scientifique sur le droit. Comme son nom l'indique, elle se veut plurielle.

Dernières parutions

Boris BARRAUD, *La Recherche juridique. Sciences et pensées du droit*, 2016.
Bolleri PYM, *Le statut juridique des établissements de microfinance (EMF) en zone CEMAC, L'encadrement de la « petite finance » du secteur informel vers le secteur formel,* 2016.
Aurore GRANERO, *Les personnes publiques spéciales,* 2016.
Khaled MEJRI, *Le droit international humanitaire dans la jurisprudence internationale*, 2016.
Tiphaine THAUVIN, *Les services sociaux dans le droit de l'Union européenne*, 2016.
Louis-Marie LE ROUZIC, *Le droit à l'instruction dans la jurisprudence de la Cour européenne des droits de l'Homme*, 2015
Delphine COUVEINHES-MATSUMOTO, *Les droits des peuples autochtones et l'exploitation des ressources naturelles en Amérique latine*, 2015
Michel LASCOMBE Gilles TOULEMONDE, *Le droit constitutionnel de la Ve République*, 2015.
Sabrine Maya BOUYAHIA, *La proximité en droit international privé de la famille,* 2015.

Leonardo Estrela Borges

Les obligations de prévention dans le droit international de l'environnement

Et ses conséquences dans la responsabilité internationale des États

Préface de M. le juge Antônio Augusto Cançado Trindade
Présentation de M. le professeur Hervé Ascensio

L'Harmattan

5-7, rue de l'Ecole-Polytechnique, 75005 Paris

http://www.harmattan.fr
diffusion.harmattan@wanadoo.fr
harmattan1@wanadoo.fr

ISBN : 978-2-343-09692-6
EAN : 9782343096926

À Fran, mon petit ange…

REMERCIEMENTS

Je tiens à exprimer toute ma gratitude à Monsieur le professeur Hervé Ascensio, pour la richesse de nos échanges et pour ses précieux conseils pendant mes recherches.

Je tiens également à remercier Monsieur le juge Antônio Augusto Cançado Trindade, pour avoir consacré du temps à composer mon jury de thèse et à rédiger le préface de cette ouvrage.

Mes remerciements s'adressent aussi à Mme Geneviève Bastid-Burdeau, Mme Sandrine Maljean-Dubois et Mme Frédérique Coulée, pour m'avoir suggéré plusieurs améliorations au texte.

Pour leur soutien et leur affection je remercie mes parents. Sans vous je n'y serais pas arrivé.

Bruno et Mari, merci pour être toujours là !

Enfin, pour avoir apporté un sens à chaque jour de ces longues années de recherche, merci à toi, Fran.

SOMMAIRE

LISTE DES ABRÉVIATIONS, SIGLES ET ACRONYMES

A.D.M.	Annuaire du droit de la mer
A.D.M.A.	Annuaire de droit maritime et aérospatial
A.F.D.I.	Annuaire français de droit international
A.I.E.A.	Agence internationale de l'énergie atomique
A.J.D.A.	Actualité juridique - Droit administratif
A.J.I.L.	American Journal of International Law
A.J.P.I.L.	Austrian Journal of Public and International Law
A.L.D.	Actualités Législatives Dalloz
Annuaire...	Annuaire de la Commission du droit international
A.R.I.E.L.	Austrian Review of International and European Law
A.U.J.I.L.P.	American University Journal of International Law and Policy
A.Y.I.L.	Australian Yearbook of International Law
African Y.I.L.	African Yearbook of International Law
B.C.E.A.L.R.	Boston College Environmental Affairs Law Review
B.C.I.C.L.R.	Boston College International and Comparative LawReview

B.D.E.I.	Bulletin du droit de l'environnement industriel
B.I.D.	Banco Interamericano de Desenvolvimento
B.D.N.	Bulletin de droit nucléaire
B.Y.B.I.L.	British Year Book of International Law
Baltic Y.I.L.	Baltic Yearbook of International Law
Cass. 1ère civ.	Première chambre civile de la Cour de cassation française
Cass. Chambre criminelle	Chambre criminelle de la Cour de cassation française
C.D.I.	Commission du droit international
COP	Conférence des Parties
C.I.J.	Cour internationale de Justice
C.I.T.E.S.	Convention sur le commerce international des espèces de faune et de flore sauvages menacées d'extinction
C.J.C.E.	Cour de justice des Communautés européennes
Convention OSPAR	Convention pour la protection du milieu marin de l'Atlantique du Nord-Est
Convention POP	Convention sur les polluants organiques persistants
Convention ENMOD	Convention sur l'interdiction d'utiliser des techniques de modification de l'environnement à des fins militaires ou toutes autres fins hostiles
Convention CRTD	Convention sur la responsabilité civile pour les dommages causes au cours du transport de marchandises dangereuses par route, rail et bateaux de navigation intérieure

Convention SNPD	Convention internationale sur la responsabilité et l'indemnisation pour les dommages liés au transport par mer de substances nocives et potentiellement dangereuses
CEE	Communauté économique européenne
C.P.A.	Cour permanente d'Arbitrage
C.P.J.I.	Cour permanente de Justice internationale
CONAMA	Conselho Nacional de Meio Ambiente (Brésil)
CTBTO	Commission préparatoire de l'Organisation du Traité d'interdiction complète des essais nucléaires
C.I.C.R.	Comité international de la Croix-Rouge
CRTD	Convention sur la responsabilité civile pour les dommages causés au cours du transport de marchandises dangereuses par route, rail et bateaux de navigation intérieure
CE	Communauté européenne
C.Y.I.L.	Canadian Yearbook of International Law
D.J.I.L.P.	Denver Journal of International Law and Policy
Doc.	Document
E.J.I.L.	European Journal of International Law
E.P.A.L.	Environmental Policy and Law
E.I.E.	Étude d'impact sur l'environnement
EURATOM	Communauté européenne de l'énergie atomique

F.I.P.O.L.	Fonds international d'indemnisation pour les dommages dus à la pollution par les hydrocarbures
Fonds SNPD	Fonds international pour les substances nocives et potentiellement dangereuses
G.I.E.L.R.	Georgetown International Environmental Law Review
G.Y.I.L.	German Yearbook of International Law
H.I.C.L.R.	Hastings International & Comparative Law Review
H.I.L.J.	Harvard International Law Journal
H.Y.I.L.	Hague Yearbook of International Law
I.C.L.Q.	International and Comparative Law Quarterly
I.C.T.Y.	Tribunal Pénal International pour l'ex-Yougoslavie
I.I.D.H.	Instituto Interamericano de Derechos Humanos
Ibid.	*Ibidem*
I.A.I.A.	International Association for Impact Assessmentt
I.D.D.R.I.	Institut du développement durable et des relations internationales
I.J.I.L.	Indian Journal of International Law
I.L.M.	International Legal Materials
I.R.R.C.	International Review of the Red Cross
I.U.H.E.I.	Institut universitaire de hautes études internationales
J.C.P.	Juris-classeur périodique
J.D.I.	Journal du droit international

J.E.E.M.	Journal of Environmental Economics and Management
J.E.E.P.L.	Journal for European Environmental & Planning Law
J.E.L.	Journal of Environmental Law
J.L.S.	Journal of Legal Studies
J.M.L.C.	Journal of Maritime Law & Commerce
J.O.R.F.	Journal Officiel de la République Française
J.S.L.	Journal of Space Law
L.C.	Convention de Londres de 1972 sur la prévention de la pollution des mers résultant de l'immersion de déchets
L.G.D.J.	Librairie générale de droit et de jurisprudence
L.M.C.L.Q.	Lloyd's Maritime and Commercial Law Quarterly
L.P.A.	Les Petites Affiches
L.Q.R.	Law Quarterly Review
M.J.I.L.	Michigan Journal of International Law
MARPOL	Convention internationale pour la prévention de la pollution par les navires
MOX	Mélange d'Oxydes
M.P.Y.U.N.L.	Max Planck Yearbook of United Nations Law
NEPA	National Environmental Policy Act
N.I.L.R.	Netherlands International Law Review
N.L.B.	Nuclear Law Bulletin
N.R.J.	Natural Resources Journal

N.Y.I.L.	Netherlands Yearbook of International Law
O.C.D.E.	Organisation de Coopération et de Développement Economiques
O.J.L.S.	Oxford Journal of Legal Studies
O.M.C.	Organisation mondiale du commerce
O.M.C.I.	Organisation maritime consultative intergouvernementale
O.M.I.	Organisation maritime internationale
O.M.S.	Organisation mondiale de la Santé
O.N.U.	Organisation des Nations Unies
O.T.A.N.	Organisation du traité de l'Atlantique Nord
P.E.L.R.	Pace Environmental Law Review
P.N.U.E.	Programme des Nations Unies pour l'environnement
P.U.F.	Presses Universitaires de France
R.B.D.I.	Revue belge de droit international
R.C.A.D.I.	Recueil des Cours de l'Académie de droit international
R.D.A.	Revue de droit des affaires
R.D.A.I.	Revue de droit des affaires internationales
R.D.I.	Rivista di diritto internazionale
R.D.O.	Revue de droit d'Ottawa
R.E.C.I.E.L.	Review of European Community & International Environmental Law
R.E.D.I.	Revista española de derecho internacional
R.E.D.U.R.	Revista Electrónica de Derecho

R.F.D.A.	Revue française de droit administratif
R.G.D.	Revue générale de droit
R.G.D.I.P.	Revue générale de droit international public
R.I.E.J.	Revue interdisciplinaire d'études juridiques
R.J.E.	Revue juridique de l'environnement
R.J.T.	Revue juridique Thémis
R.R.D.	Revue régionale de droit
R.R.J.	Revue de la recherche juridique
R.T.D.Civ.	Revue trimestrielle de droit civil
S.d.N.	Société des Nations
S.E.L.J.	Stanford Environmental Law Journal
S.F.D.E.	Société française pour le droit de l'environnement
S.F.D.I.	Société française pour le droit international
S.J.I.L.	Stanford Journal of International Law
S.T.F.	Supremo Tribunal Federal (Brésil)
T.G.I.	Tribunal de grande instance
TEPCO	Tokyo Electric Power Company
T.I.D.M.	Tribunal international du droit de la mer
T.I.L.J.	Texas International Law Journal
T.J.I.C.L.	Tulane Journal of International and Comparative Law
T.M.A.	Tijdschrift voor milieu aansprakelijkheid (Environmental Liability Law Review)
U.N.C.H.S.	United Nations Centre for Human Settlements

U.N.E.P.	United Nations Environmental Program
UNESCO	Organisation des Nations unies pour l'éducation, la science et la culture
U.S.	États-Unis
U.R.S.S.	Union des républiques socialistes soviétiques
V.J.I.L.	Virginia Journal of International Law
Y.E.E.L.	Yearbook of European Environmental Law
Y.I.E.L.	Yearbook of International Environmental Law
Y.I.H.L.	Yearbook of International Humanitarian Law
Yale L.J.	Yale Law Journal

PRÉSENTATION

Le présent ouvrage apporte une contribution substantielle à l'édification d'un droit international de l'environnement en s'intéressant à la mise en œuvre d'un de ses principes cardinaux : le principe de prévention.Ce principe vise à maîtriserles risques auxquelsles écosystèmes sont soumis en raison de certaines activités humaines, notamment industrielles. Si sa reconnaissance par la communauté internationaleavait déjà été beaucoup étudiée, ses implications juridiques et les conséquences prévues par le droit international en cas de violation restaient bien moins connues. Toute la difficulté est pourtantlà : comment la technique juridique permet-elle d'assurer concrètement, dans des situations potentiellement dangereuses, l'effectivité d'un principeaccepté par l'ensembledes Etats mais sous une forme très générale ?

Le travail réalisé ici est à la fois rigoureux et particulièrement fructueux. Il s'appuie sur l'étude attentive de nombreux traités, des travaux réalisés à l'ONU, des principaux précédentsde litiges environnementaux transfrontières. Si l'analyse est ancrée dans l'ordre juridique international, elle ouvre de nombreuses pistes pour tout spécialiste de droit de l'environnement. En effet, la compréhension des enjeux et la maîtrise des concepts juridiques permettent à l'auteur de vérifier l'utilité d'une distinction fondamentale : celle entre obligations de comportement et obligations de résultat. On comprend ainsi comment des techniques aussi diverses que l'autorisation administrative, l'étude d'impact, la notification des incidents, le dommage environnemental pur, la canalisation de la responsabilité s'ordonnent et répondent au risque,parfois au mieux, parfois insuffisamment.

Cette belle réflexion sur le droit international de l'environnement met ainsi en pleine lumièrel'importance, en amont, de l'obligation de vigilancepesant sur les pouvoirs publics, en aval, des choix opérés en matière de responsabilité. Au défi global que représente le risque écologique doivent répondre des méthodes de prévention adaptées et coordonnées au niveau international.

Hervé ASCENSIO

Professeur à l'Université Paris 1, Panthéon-Sorbonne

École de Droit de la Sorbonne (EDS)

Directeur du Département de droit international, européen et comparé

PRÉFACE

C'est avec grand plaisir que j'ai reçu l'invitation pour écrire la présentation du présent livre « Les obligations de prévention dans le droit international de l'environnement – et ses conséquences dans la responsabilité internationale des États », écrit par le Dr. Leonardo Estrela Borges, pour deux raisons : d'abord, due à la haute qualité de l'ouvrage, et, deuxièmement, due au plaisir d'avoir composé le jury de sa thèse de doctorat à Paris, dans l'Université de Paris-I (Panthéon-Sorbonne), et d'avoir témoigné l'excellence de sa soutenance, approuvée et appréciée par tous[1], le 15 mai 2013. Dans sa carrière académique et professionnelle, l'auteur est maintenant Professeur à l'*Instituto Brasiliense de Direito Público* (Brésil - DF) et à l'*Instituto IOB* (Brésil - SP) et Consultant juridique de la Confédération nationale de l'Industrie du Brésil (CNI).

Dans la présente étude, dérivée de la thèse susmentionnée, le Dr. Leonardo Estrela Borges souligne, d'abord, l'importance du principe de la prévention dans le droit international de l'environnement, y compris en tant qu'une règle coutumière du droit international.

Ainsi, il axe son analyse sur la jurisprudence environnementale internationale et sur les traités existants sur le sujet. En se référant à certaines décisions de la Cour internationale de Justice (CIJ)[2], il affirme – comme message centrale du présent travail – l'obligation de

---

[1] Le jury était composé du Prof. Hervé Ascensio (Université de Paris-I), Geneviève Bastid-Burdeau (Université de Paris-I, et mon collègue au Curatorium de l'Académie de droit international de la Haye), Frédérique Coulée (Université de Evry, Val-d'Essone), et Sandrine Maljean-Dubois (Université d'Aix-Marseille).

[2] Comme exemple, *inter alia*, les récentes décisions de la CIJ dans *l'affaire relative à des Usines de pâte à papier sur le fleuve Uruguay* (Argentine *versus* Uruguay, arrêt du 20 avril 2010), et dans l'*Affaire relative à la Chasse à la baleine dans l'Antarctique* (Australie *versus* Japon ; la Nouvelle-Zélande intervenant, arrêt du 31 mars 2014), et mes opinions individuelles dans chacune des décisions de la Cour.

l'État d'utiliser tous les moyens à son pouvoir pour éviter que les activités qui se déroulent sur son territoire ou sous sa juridiction ne cause un dommage significatif à l'environnement, y compris d'un autre État. Dans ce contexte de protection de l'environnement, l'auteur envisage la prévention soit comme une obligation de comportement soit comme une obligation de résultat, avec des conséquences en ce qui concerne la responsabilité internationale des États.

Ainsi, la simple réalisation d'un dommage suffit pour donner naissance à la responsabilité internationale dans le cas de l'obligation de résultat. Néanmoins la détermination de la responsabilité étatique est beaucoup plus complexe lorsque l'obligation de prévention concerne le comportement attendu de l'État, une fois qu'il faut, dans ce cas, comparer le comportement prévu en droit international avec celui effectivement adopté par l'État.

Visant à prouver sa théorie, l'auteur révèle, tout au long de l'étude, une connaissance approfondie non seulement du droit international de l'environnement, mais également du droit de la responsabilité internationale, et des classifications – très modernes encore aujourd'hui dans la doctrine internationaliste – des obligations internationales.

De cette façon, dans l'Introduction, le Dr. Leonardo Estrela Borges reprend la distinction entre les obligations de résultat et de comportement, développée par le rapporteur Roberto Ago pendant les travaux de la Commission de droit international (CDI) sur la responsabilité internationale des États. L'auteur critique la distinction proposée, présentant non seulement ses problèmes théoriques, mais également ses problèmes pratiques: la distinction entre les obligations de comportement et de résultat est basée sur les règles de droit substantiel, les envisageant comme des obligations primaires ou secondaires.

En empruntant cette distinction au droit français – poursuit l'auteur –, Roberto Ago a inversé les conséquences à en tirer, une fois que dans l'interprétation classique du droit civil les obligations de résultat sont considérées plus contraignantes que les obligations de comportement. Selon R. Ago, c'est justement le contraire : les obligations de résultat sont moins sévères parce que l'État a un pouvoir discrétionnaire quant aux mesures à être adoptées, et il n'en a pas vis-à-vis des obligations de comportement déterminé[3].

Sans nier l'importance théorique pour le droit international de la distinction proposée par le professeur Roberto Ago, l'auteur adopte la distinction plus proche de celle du droit interne, en l'adaptant aux particularités du système interétatique. Selon le Dr. Leonardo Estrela Borges, au contraire de Roberto Ago, dans une obligation de comportement, la violation résulte du fait que l'obligé n'a pas fait usage de la diligence requise par les circonstances. En revanche, dans le cas des obligations de résultat, pour démontrer la violation de l'obligation, il suffit de démontrer que le résultat visé par le droit n'a pas été atteint. Le système de preuve est, dans ce cas, beaucoup plus simples, parfois se confondant avec le dommage lui-même.

Conformément à la méthodologie française de structuration des textes académiques, l'auteur divise son analyse en deux parties : la Première est consacrée à l'étude de l'obligation de prévention envisagée comme une obligation de comportement et la Deuxième à l'obligation de prévention de résultat, discourant dans le deux sur les conséquences de cette interprétation sur la responsabilité internationale. L »auteur présente ainsi l'obligation de prévention comme une obligation de diligente requise (*due diligence*).

En somme, le respect de l'obligation de prévention de comportement peut être traduit par l'adoption des mesures législatives et administratives de surveillance et contrôle qu'un État doit adopter lorsqu'une activité se déroule sur son territoire ou sous sa juridiction. Dans le plan international, le respect comprend aussi les mesures de coopération, y compris l'assistance multilatérale en cas de risque imminent de dommage ou en cas de dommage effectif.

A partir du moment où la *due diligence* ordonne l'adoption des mesures concrètes de contrôle, elle confère aux victimes la possibilité d'agir avant même qu'un préjudice soit causé, renforçant par

---

[3] En d'autres termes, la distinction, selon R. Ago, entre les deux types d'obligations est fondée sur des éléments déterminés, c'est-à-dire que l'accent est mis sur le caractère déterminé du comportement en question, et non sur le risque, comme la distinction du droit interne (originaire du droit romain).

conséquent les objectifs de prévention du droit international de l'environnement. Le manquement à l'obligation de diligence ne signifie pas que l'activité en question soit illicite ou qu'elle doive être interdite : le « fait illicite » concerne l'absence de surveillance et de contrôle de l'activité par l'État et une fois que celui-ci a rétabli le contrôle, l'exploitant peut continuer son activité sans problème.

Dans une situation de survenance d'un dommage due au non respect de la diligence requise, et dans la mesure où la *restitutio in integrum* (le retour au *status quo ante*) n'est pas possible d'être mise en œuvre, le droit international a développé une alternative pratique aux formes traditionnelles de réparation : la procédure de non-respect, qui a pour but d'aider les États à s'acquitter de leurs obligations de prévention d'une manière plus souple – mais non moins efficace – que les régimes de responsabilité internationale des États.

Dans la Deuxième Partie de son livre, le Professeur Leonardo Estrela Borges discours sur l'obligation de prévention envisagée comme une obligation de résultat, traduite par l'obligation de ne pas causer un dommage transfrontière à l'environnement. En réalité, le développement des nouvelles technologies a augmenté le risque de dommage transfrontière significatif sans que l'activité en question soit interdite ; pour faire face à ce nouveau problème, le droit conventionnel a proposé une sorte d'abandon de l'exception de la *due diligence* vis-à-vis de certaines activités à risque et l'adoption d'une obligation absolue de ne pas causer un dommage significatif à autrui.

Ainsi, au lieu d'obliger l'État à adopter des mesures de contrôle sans garantir qu'elles éviteront tout dommage, l'idée de prévention absolue simplement interdit la survenance d'un dommage, laissant à l'État le choix des mesures à prendre. De cette façon, pour démontrer la violation d'une obligation de résultat, il suffit de prouver que le résultat visé par l'obligation n'a pas été atteint. La notion de dommage joue un rôle central tant dans la détermination du résultat voulu que dans la détermination de la violation de l'obligation en question.

L'auteur fait remarquer que, si au début, le dommage environnemental ne comprenait que les pertes matérielles causées aux biens ou aux personnes, ainsi que les coûts des mesures de sauvegarde et des mesures de remise en état effectivement prises, aujourd'hui la notion prend également en compte la valeur intrinsèque de l'environnement, qui comprend non seulement les atteintes aux ressources naturelles d'intérêt économique, mais également les atteintes à la qualité de l'environnement considéré de manière autonome, indépendamment de ses répercussions sur les personnes et les biens, c'est-à-dire, le dommage écologique pur.

En outre, dans la caractérisation du dommage écologique il faut également prendre en compte le fait que le droit international prévoit que le dommage, outre un seuil minimum de dégradation, ait des effets qui dépassent les frontières politiques de l'État d'origine, y compris non seulement le territoire d'un autre État, mais également, – comme a reconnu le droit international de l'environnement contemporaine –, les espaces communs, tels que la zone des fonds marins ou la haute mer.

En ce qui concerne les conséquences de l'obligation de prévention de résultat dans la responsabilité internationale de l'État, l'auteur observe que, dans certaines situations, l'existence d'une obligation coutumière de prévention de résultat peut parfaitement compenser non seulement l'absence de normes conventionnelles de protection de la nature, mais également la non-reconnaissance d'un régime de responsabilité internationale absolue des États en dehors du droit conventionnel.

En outre, bien que les États (dans la quête pour le développement économique et industriel) soient réticents à adopter un régime de responsabilité objective pour dommage à l'environnement, il y a des alternatives, ayant le droit international de l'environnement développé d'autres mécanismes pour réparer un préjudice causé que celui fondé sur un régime de responsabilité interétatique.

Ainsi, les États non seulement ont créé des régimes de responsabilité internationale avec un fort caractère civiliste, canalisant l'obligation de réparer les dommages causés vers l'opérateur d'une activité à risque, mais ont également adopté une pratique internationale de versé des indemnités aux victimes d'un dommage transfrontière significatif en dehors d'un régime traditionnel de responsabilité internationale[4].

Ensuite, le Professeur Leonardo Estrela Borges souligne que certains régimes de responsabilité civile déterminent que si les États sont exemptés, dans un premier moment, de leurs obligations directes de réparation en cas de dommage, une fois que l'exploitant sera seule responsabilisé, ils demeurent responsables subsidiairement lorsque ce dernier est incapable de s'acquitter financièrement de ses devoirs de réparation.

Dans ses Conclusions, l'auteur fait remarquer qu'il faut développer un régime juridique international dans lequel le souci de préserver la souveraineté des États et de chercher le développement économique soit efficacement contrebalancé par le souci de protection effective de l'environnement et d'aide aux victimes des dommages écologiques.

Selon lui, il faut affirmer le principe de prévention avec force, y compris dans ses implications pratiques, en le donnant des contours plus précis. Cela rendrait plus facile la constatation d'une violation du droit et l'application d'un régime de responsabilité de l'État dans une situation concrète.

Je voudrais, enfin, souligner la sagesse de la décision prise par le Dr. Leonardo Estrela Borges, Docteur en droit par l'Université de Paris I (*Panthéon-Sorbonne*), de se lancer dans l'étude d'un sujet si provocateur et intéressant, et d'avoir réussi à nous ouvrir la voie à une meilleure compréhension de la situation actuelle et des perspectives de développement du droit international de l'environnement en ce qui concerne le principe de prévention. Ce travail, *Les obligations de prévention dans le droit international de l'environnement - Et ses conséquences dans la responsabilité internationale des États*, est d'une utilité majeure pour assurer que les prochains pas soient fermes et dans la bonne direction, ce qui donne à l'ouvrage du Dr. Leonardo Estrela Borges une place spéciale dans la littérature sur le sujet.

---

[4] Dans ce sens, les États recourent souvent aux indemnisations *ex gratia* avec l'objectif d'éviter toute discussion sur la légalité ou l'illégalité de leurs actes, ainsi que sur une possible mise en œuvre de leur responsabilité internationale.

La Haye, 11 janvier 2015.

Antônio Augusto CANÇADO TRINDADE

Ph.D. (*Cambridge*), Juge à la Cour internationale de Justice, ancien Président de la Cour interaméricaine de droits de l'homme, professeur émérite de droit international de l'Université de Brasília (Brésil), membre du Curatorium de l'Académie de droit international de La Haye, et de l'Institut de Droit International, ancien Président de la Société latino-américaine de droit international

INTRODUCTION GÉNÉRALE

Aucun sujet n'a suscité tant d'intérêt et de curiosité dans les dernières années que la protection de l'environnement. Le réchauffement climatique, la perte de biodiversité, la destruction de la couche d'ozone, la pollution des mers et des océans et l'utilisation de l'eau douce sont des sujets de plus en plus discutés dans le monde entier et traités quotidiennement par la presse[5].

Mais comment la société actuelle a-t-elle atteint un tel niveau de problèmes environnementaux ? La réponse n'est pas immédiatement évidente, mais si l'on se tourne vers le développement industriel et technologique dans les derniers siècles, on peut avoir un indice. Pendant très longtemps, le développement des États s'est accompagné d'une croyance absolue en la capacité de la science de maîtriser la nature[6]. Toutefois, l'exploitation croissante des ressources naturelles provoque, notamment à partir des années 1960, de plus en plus de catastrophes et d'accidents industriels avec des conséquences irrémédiables pour l'environnement, ce qui met en évidence les menaces réelles pesant sur le futur de l'humanité[7].

---

[5] Pour une analyse du discours environnemental des médias, notamment au Brésil, voir BARROS, A. T., *Atores e discursos ecológicos no Brasil : ciência, estado e imprensa (1972-92),* Thèse, Universidade de Brasília, 1999, 274 p.

[6] LAVIEILLE, J.-M., *Droit international de l'environnement*, Paris, Ellipses, 2004, p. 10.

[7] On peut citer comme exemple les accidents pétroliers du *Torrey Canyon* (1967), de *l'Amoco Cadiz* (1978), de l'*Exxon-Valdez* (1989), et du *Prestige* (2002) ; les accidents toxiques à Minimata (1959), à Seveso (1976), à Bhopal (1984) et à Bâle (1986) ; l'accident nucléaire de Tchernobyl (1986) et, plus récemment, l'accident nucléaire de Fukushima, au Japon (2011). Voir P.N.U.E., *L'avenir de l'environnement mondial*, Bruxelles, De Boeck Université, 2000, p. 336.

C'est dans ce contexte que s'effectue une rupture épistémologique quant à l'utilisation des ressources : à partir du moment où la technologie existante pour maîtriser l'environnement est mise en doute, et que l'incertitude scientifique commence à caractériser toutes les questions environnementales, le défi majeur du processus législatif international et de la création de la politique internationale de l'environnement devient l'identification, l'appréciation et la gestion des risques[8].

Puisque l'idée de risque est au cœur de l'analyse des problèmes environnementaux, la science et le droit doivent adopter une position qui permettrait d'éviter les dommages, au lieu d'essayer seulement de les réparer. Ainsi, dans une perspective proactive, il faut modifier l'objet d'analyse de toutes les questions liées à la nature, c'est-à-dire qu'il faut transcender le simple cadre du dommage à l'environnement pour s'intéresser à la menace ou au risque en tant que tel[9]. Concernant le droit, en plus de régler les situations et les activités actuelles, il faut également essayer de poser des règles pour les situations futures. Autrement dit, pour éviter un préjudice écologique il est nécessaire que le droit puisse maintenant prendre en compte des situations hypothétiques, qui n'ont pas encore vu le jour[10]. Ainsi, outre la gestion du présent, le droit doit également régler l'avenir.

Le risque d'un dommage futur est sans doute l'élément qui caractérise actuellement toutes les préoccupations écologiques mondiales[11]. Nous vivons dans une époque complètement différente

---

[8] WEISS, E. B., « Global environmental change and international law : The introductory framework », in WEISS, E. B. (éd.), *Environmental Change and International Law : New Challenges and Dimensions*, Tokyo, The United Nations University, 1992, p. 15.

[9] MBENGUE, M. M., *Essai sur une théorie du risque en droit international public : l'anticipation du risque environnemental et sanitaire*, Paris, Pedone, 2009, p. 3.

[10] Sur la nécessité d'adaptation du droit aux défis actuels de protection de l'environnement, voir, d'une manière générale, EVANS, T., « International Environmental Law and the Challenge of Globalization », in JEWELL, T. & STEELE, J., *Law in Environmental Decision Making*, Oxford, Clarendon, 1998, p. 207-227.

[11] Le risque peut être défini comme la possibilité du malheur produit par l'activité humaine et liée à une décision de l'homme. Voir HAMMERSCHMIDT, D., « O

du début de la société industrielle, car les institutions sociales de cette société ont été confrontées à la possibilité historique sans précédent de la destruction de toute vie sur la planète[12]. Ulrich Beck, dans son analyse de la société moderne, la définit comme une vraie « *société du risque* », soulignant que la transition de l'ère industrielle à une période de risques se déroule d'une manière invisible et inconsciente, dans le cadre du processus de modernisation[13]. En ce sens, « *la société du risque ne peut pas être considérée comme une* option *qui pourrait être choisie ou rejetée, dans le cadre du débat politique* », car les risques qui accompagnent les nouvelles technologies sont des conséquences directes et automatiques de la modernisation, dans « *un processus autonome qui est sourd et muet quant à ses dangers* »[14].

À partir du moment où l'on admet que le risque est inhérent au processus d'industrialisation, quelles sont les différences du risque actuel par rapport aux types de risque antérieurs ? Le risque actuel, typique de la société du risque, appelé « risque postindustriel », a trois caractéristiques distinctes : premièrement, alors que le risque auparavant était lié principalement à des individus ou à des groupes spécifiques, les risques postindustriels ont des répercussions beaucoup plus larges et diffuses. Deuxièmement, ils peuvent occasionner des dommages en dehors du domaine du commerce, ex : à la santé, à l'environnement, et donc sont impossibles à évaluer avec précision.

Risco na Sociedade Contemporânea e o Princípio da Precaução », *Revista Seqüência*, n. 45, dez. 2002, p. 101.

[12] BECK, U., *World Risk Society*, Malden, Polity Press, 1999, p. 53.

[13] RIOS, A. V. V., « O princípio da precaução e a sua aplicação na justiça brasileira : estudos de casos », in VARELLA, M. D. & PLATIAU, A. F. B. (ed.), *Princípio da Precaução*, Belo Horizonte, Del Rey, 2004, p. 407. Sur le concept de « société du risque », ou « civilisation de risque », voir BECK, U., *Risk society. Towards a new modernity,* London, Sage, 1992 ; LAGADEC, P., *La civilisation du risque : catastrophe technologique et responsabilité sociale*, Paris, Seuil, 1981 ; GIDDENS, A., *Modernity and Self-Identity : Self and Society in the Late Modern Age*, Stanford, Stanford University Press, 1991 ; et LUHMANN, N., *Risk : A Sociological Theory*, New Brunswick, Transaction Publishers, 2005.

[14] BECK, U., « Risk Society and the Provident State », in LASH, S. ; SZERSZYNSKI, B. & WYNNE, B. (eds), *Risk, Environment and Modernity*, London, Sage, 1996, p. 28.

Enfin, et c'est sans doute la différence cruciale : ils sont imprégnés d'incertitude[15].

Comme résultat direct de cette forte augmentation de la création de risques imprégnés par l'incertitude, le droit est devenu aujourd'hui profondément axé sur la sécurité. L'accent est mis sur la prévention et parfois même sur l'anticipation des risques afin d'empêcher l'occurrence du risque écologique et ainsi éviter d'éventuels dommages irréparables à l'environnement ou à la santé humaine[16].

En ce qui concerne spécifiquement l'approche préventive, l'on constate qu'elle apparaît non seulement dans le droit international de l'environnement, mais également dans d'autres domaines du droit, tels que le droit de la santé ou les droits de l'homme[17]. Toutefois, même si l'on ne peut pas nier le rôle fondamental que joue l'obligation de prévention dans ces disciplines, c'est dans le domaine de la protection de l'environnement qu'elle trouve sa place prépondérante. Soit en raison du caractère souvent irréversible du dommage écologique, soit en raison du fort caractère axiologique de cette nouvelle branche du droit, l'obligation de prévenir peut être considérée comme « *le principe phare du droit de l'environnement* »[18].

---

[15] DE SADELEER, N., *Environmental Principles : From Political Slogans to Legal Rules*, Oxford, Oxford University Press, 2002, p. 152.

[16] GÓMEZ, A. G., « Los tres principios prudenciales – previsión, precaución y prevención aplicados a la gestión de riesgos : Consecuencias del desarrollo jurídico del principio de precaución en los campos de responsabilidad y gestión de riesgos », in *Foro Euromediterraneo*, Madrid, octubre 2003, p. 4.

[17] Notamment lorsque l'on parle de la prévention et contrôle de maladies ou du développement d'un nouveau médicament (droit de la santé), ou des mesures visant à empêcher les atteintes à la vie ou à la dignité humaine (droits de l'homme). L'idée de prévention est aussi utilisée par le droit international humanitaire et par le droit de la paix et de la sécurité internationale, puisque ces deux branches du droit ont, respectivement, le but d'éviter une catastrophe humaine à cause des hostilités armées, et le but d'éviter une situation de conflit entre les États.

[18] AMEGANKPOE, V. Y. & AVODE, K., « La force contraignante et le degré d'efficacité variable du droit international matériel et de ses principes naissants. Intensité de la règle selon les secteurs. Les sanctions non juridictionnelles. Cas de l'Afrique », in PÂQUES, M. & FAURE, M. (éd.), *La protection de l'environnement au cœur du système juridique international et du droit interne – Acteurs, valeurs et efficacité*, Bruxelles, Bruylant, 2003, p. 342.

Ainsi, dans un premier temps, il est indispensable de souligner le contexte dans lequel le droit de l'environnement est né (1) pour ensuite analyser certaines caractéristiques de cette discipline, notamment la création et l'utilisation massive de nouveaux principes juridiques (2). Puis, pour une meilleure compréhension de la thèse ici présentée, il est nécessaire de définir certains concepts qui seront utilisés tout au long du travail, parmi eux, évidemment, le plus important : la notion générale de prévention adoptée. Il faut non seulement souligner le rôle central que joue cette notion dans toute politique de protection de l'environnement, mais aussi être plus précis et démontrer la distinction entre le principe et l'obligation de prévention, ainsi qu'entre les divers principes du droit international de l'environnement qu'utilise une approche préventive pour éviter des dommages environnementaux (3). Enfin, et avant de passer au noyau dur de la thèse, c'est-à-dire les différentes approches de l'obligation de prévention adoptées par la doctrine et par le droit international conventionnel et coutumier – la prévention comme une obligation de moyens/comportement et la prévention comme une obligation de résultat – ainsi que son incidence dans le droit de la responsabilité internationale des États, il faut expliquer la différence entre ces deux obligations, de même qu'il est nécessaire de produire un compte rendu des travaux réalisés sur le sujet jusqu'à présent (4).

1. L'émergence du droit international de l'environnement

Les conditions qui ont contribué à l'émergence du droit international de l'environnement sont facilement identifiables : les problèmes environnementaux ne respectent pas les frontières nationales, et les questions qui ont été précédemment jugées comme relevant de la compétence interne ont, en fait, des répercussions internationales[19]. En outre, on peut encore signaler quelques facteurs économiques et sociaux qui ont conduit les États à adopter la protection de l'environnement comme l'un des thèmes de l'agenda

---

[19] SANDS, P., *Principles of International Environmental Law*, Cambridge, Cambridge University Press, 2003, p. 3.

international. D'une part, dans le domaine économique, comme les mesures de conservation des ressources naturelles peuvent être coûteuses, les États ont tendance à mettre en œuvre les mêmes niveaux de protection de sorte qu'un autre État ne puisse pas avoir des avantages dans le commerce international à cause de la non-adoption des mesures de prévention des dommages. D'autre part, parmi les facteurs sociaux, on peut souligner la prise de conscience des problèmes dans le contexte international et l'émergence d'un mouvement d'opinion publique afin de concilier la protection de l'environnement avec le développement des pays pauvres[20]. En ce qui concerne ce dernier point, on constate que désormais l'opinion publique mondiale intervient d'une façon permanente dans la création du droit de l'environnement, ce qui donne une caractéristique toute spéciale à ces normes, dans la mesure où le droit international classique est un domaine relevant essentiellement des relations entre États[21].

La perception même que les risques sont de plus en plus dangereux change complètement la vision classique de la nature[22], ce qui va entraîner, à son tour, la reformulation de divers idées ou principes, dont certains sont de plus en plus souvent insérés dans des conventions internationales et dans des politiques environnementales. Ils concernent aussi bien de nouveaux objets et de nouvelles orientations que de nouveaux cadres d'action ainsi que l'effort pour

---

[20] KISS, A., *Los principios generales del derecho del medio ambiente*, Universidad de Valladolid, 1975, p. 14-15.

[21] KISS, A., « Le droit international de l'environnement, un aspect du droit international de l'avenir ? », in DUPUY, R.-J. (éd.), *L'avenir du droit international de l'environnement : Colloque La Haye, 12-14 novembre 1984*, Dordrecht/Boston, Martinus Nijhoff Publishers, 1985, p. 473. Sur l'influence de la société civile ainsi que d'autres entités que les États dans le processus de création et de développement du droit international de l'environnement, voir respectivement DE KLEMM, C., « Les ONG et les experts scientifiques », in IMPERIALI, C. (éd.), *L'effectivité du droit international de l'environnement : contrôle de la mise en œuvre des conventions internationales*, Paris, Economica, 1998, p. 79-90 ; et DUPUY, P.-M., « L'action des organisations internationales dans le domaine de la protection de l'environnement », in DUPUY, R.-J. (ed.), *Manuel sur les Organisations Internationales*, Dordrecht, Martinus Nijhoff, 1988, p. 598-624.

[22] Voir BRANCO, S. M., *Ecossistêmica - Uma Abordagem Integrada dos Problemas do Meio Ambiente*, São Paulo, Editora Edgard Blücher, 2002.

développer de nouvelles logiques dans un temps d'incertitude, dont l'approche préventive est, sans doute, le principal exemple[23].

On peut citer plusieurs traités relatifs à des questions environnementales depuis le début du XXe siècle[24]. Cependant, la finalité de la plupart de ces textes était utilitaire : l'objectif – totalement pragmatique – était d'imposer certaines limites aux activités d'exploitation plutôt que de protéger effectivement les ressources naturelles ou le milieu naturel[25]. Ce n'est que depuis les années 1960 que l'on voit un véritable changement de paradigme dans la manière d'analyser et de gérer l'environnement[26]. L'étape décisive dans ce processus a été franchie par l'Assemblée générale des Nations Unies lorsqu'elle s'est décidée à convoquer une conférence mondiale sur l'environnement humain en 1972 à Stockholm, qui est considérée comme le point de départ pour l'émergence et l'affirmation ultérieure du droit international de l'environnement[27]. Au sujet de cette conférence, il faut signaler que c'était la première fois dans l'histoire de la communauté internationale que les États se réunissaient pour discuter des principes à observer pour assurer leur propre survie[28].

Toutefois, une analyse de la naissance du droit international de l'environnement dans le présent travail n'a de sens que si elle est liée au processus de l'émergence de l'idée de prévention comme une

---

[23] BELAIDI, N., « Droits de l'homme, environnement et ordre public : la garantie du bien être », in BOUTELET, M. & FRITZ, J.-C. (éd.), *L'Ordre Public Ecologique*, Bruxelles, Brulant, 2005, p. 23-24.

[24] Par exemple, la Convention pour la protection des oiseaux utiles à l'agriculture, signée à Paris le 19 mars 1902 ou le Traité sur la protection des phoques à fourrure, signé à Washington le 07 février 1911.

[25] BENJAMIN, A. H. V., « Introdução ao direito ambiental brasileiro », in *Revista de Direito Ambiental*, nº 14, abr/jun. 1999, p. 51-52.

[26] SAND, P. H., « The Evolution of International Environmental Law », in BODANSKY, D. ; BRUNNÉE, J. & HEY, E. (éd.), *The Oxford handbook of international environmental law*, Oxford, Oxford University Press, 2007, p. 35.

[27] Résolution de l'Assemblée générale 2398 (XXIII), du 3 décembre 1968.

[28] DUPUY, R.-J. (éd.), *L'avenir du droit international de l'environnement : Colloque La Haye, 12-14 novembre 1984*, Dordrecht/Boston, Martinus Nijhoff Publishers, 1985, p. 15. Selon le préambule de la Déclaration finale de la Conférence des Nations Unies sur l'environnement, l'objectif était « *d'adopter une conception commune et des principes communs qui inspireront et guideront les efforts des peuples du monde en vue de préserver et d'améliorer l'environnement* ».

solution aux défis environnementaux actuels. Par conséquent, même si certains auteurs continuent à affirmer que le droit international de l'environnement n'est rien de plus que l'application des règles et des instruments classiques du droit international public à des problèmes environnementaux[29], ce que l'on constate est une autre réalité : le droit international de l'environnement est devenu, à un degré significatif, une nouvelle branche du droit, disposant de processus et de structures spécifiques, et de son propre ensemble d'instruments et de principes[30]. Selon la Commission du droit international,

« *Eu égard à la complexité sociale, il est vain de vouloir mettre l'accent sur l'unité formelle. Un droit qui ne parviendrait pas à exprimer clairement les différences existant entre des situations de fait ou entre les intérêts ou les valeurs à prendre en compte dans des domaines de problèmes particuliers apparaîtrait tout ensemble inacceptable, utopique et totalitaire* »[31].

Ainsi, l'apparition de ce régime spécial autonome répond au souci croissant que suscite l'état de l'environnement international. Étant donné que son objet d'analyse, l'environnement, est si complexe et toujours en modification/évolution, il fallait adapter les instruments classiques du droit international de même que créer d'autres instruments plus adaptés aux défis de protection du milieu naturel.

---

[29] Voir BROWNLIE, I., « Editor's Preface », in SMITH, B. D. (éd.), *State Responsibility and the Marine Environment : The Rules of Decision*, Oxford, Clarendon Press, 1988 ; et COMBACAU, J. & SUR, S., *Droit international public*, Paris, Montchrestien, 2006, p. 499.

[30] BODANSKY, D. ; BRUNNÉE, J. & HEY, E., « International Environmental Law : Mapping the Field », in BODANSKY, D. ; BRUNNÉE, J. & HEY, E. (éd.), *The Oxford handbook of international environmental law*, Oxford, Oxford University Press, 2007, p. 5. En suivant cette logique, C. Ribot affirme qu' « *il faut reconnaître que le droit de l'environnement n'est pas uniquement un « droit carrefour », c'est-à-dire une belle synthèse de dispositions de droit pénal, droit civil, droit des collectivités locales, droit des actes administratifs...* » RIBOT, C., « L'influence des principes généraux du droit de l'environnement », in RIBOT, C. & AUTIN, J.-L. (éd.), *Environnements : les mots du droit et les incertitudes de la modernité. Mélanges en l'honneur du professeur Jean-Philippe Colson*, Grenoble, PUG, 2004, p. 393.

[31] Rapport sur la Fragmentation du droit international : difficultés découlant de la diversification et de l'expansion du droit international, O.N.U., Doc. A/CN.4/L.682, p. 15-16, par. 16.

Cependant, même si cette fragmentation du droit peut poser certains problèmes[32], le droit international ne doit pas être considéré comme une accumulation aléatoire de normes, mais plutôt comme un système juridique unique et organisé, dont certaines règles, à partir du moment où elles traitent de la même matière, doivent avoir la priorité vis-à-vis des normes plus générales.

L'application d'un droit spécial ne signifie pas non plus que le droit général doit être complètement écarté, ni que d'autres branches du droit international ne doivent pas être étudiées[33]. Bien au contraire, le droit international général continuera « *à orienter l'interprétation et l'application du droit spécial pertinent et deviendra pleinement applicable dans des situations non prévues par ce dernier* »[34]. De même, dans l'analyse des obligations de prévention, non seulement les conventions spécifiques du droit de l'environnement seront utilisées,

---

[32] Le différend relatif à l'usine MOX., entre l'Irlande et le Royaume-Uni, peut parfaitement illustrer ces problèmes. Le même fait était régi par trois régimes juridiques différents : les règles universelles de la Convention des Nations Unies sur le droit de la mer de 1982, les règles régionales de la Convention pour la protection du milieu marin de l'Atlantique du Nord-Est (Convention OSPAR) et les règles communautaires de la Communauté européenne/EURATOM. Par conséquent, la question des effets possibles sur l'environnement de la mise en service de l'usine a été soulevée au titre de trois procédures institutionnelles distinctes : auprès d'un tribunal arbitral créé en application de la Convention des Nations Unies sur le droit de la mer, en vertu de la procédure de règlement des différends prévue par la Convention OSPAR et auprès de la Cour de justice européenne conformément au Traité instituant la Communauté européenne de l'énergie atomique (EURATOM) et au Traité instituant la Communauté européenne. Voir T.I.D.M., *Affaire de l'Usine MOX (Irlande c. Royaume-Uni), mesures conservatoires*, ordonnance du 3 décembre 2001, par. 50.

[33] Le droit de l'environnement ne peut pas être appliqué de manière totalement isolée, une fois que pour visualiser l'ensemble de la question environnementale plusieurs disciplines doivent être utilisées. De cette façon, la présente thèse exige une approche juridique multidisciplinaire, puisqu'à part les instruments classiques du droit international public et du droit de l'environnement, d'autres instruments du droit civil, constitutionnel, administratif, *etc.* peuvent nous aider à mieux comprendre la notion de prévention et les deux différentes façons de l'interpréter. Voir RODRÍGUEZ, A. B., *Instituciones de Derecho Ambiental*, Madrid, La Ley, 2001, p. 50.

[34] O.N.U., Doc. A/CN.4/L.702, p. 10, par. 9.

mais également des normes relevant d'autres domaines du droit international, tels que le droit humanitaire ou les droits de l'homme[35].

Il est important de souligner l'autonomie et le caractère spécial du droit de l'environnement parce que la notion de prévention prend ici une toute autre dimension. Quand on commence à analyser les instruments de cette discipline juridique, on constate le lien très étroit entre sa finalité de protection du milieu naturel et la nécessité d'adoption d'une approche préventive. Comme l'a souligné la Commission du droit international des Nations Unies dans ses travaux sur la prévention des dommages transfrontières résultant d'activités dangereuses, « *dans le monde moderne, ne pas prévenir les dommages environnementaux pouvait avoir de graves conséquences* »[36].

En outre, étant donné l'objectif d'éviter tout dommage écologique, le droit de l'environnement doit prendre en compte la fluidité et le caractère évolutif de la matière à régir, résultant notamment de l'incertitude scientifique et de la progression plus ou moins rapide de l'état des connaissances[37]. On observe ainsi que, pour l'essentiel, ce droit doit être constitué de normes souples, conçues pour s'adapter à des situations changeantes et très souvent singulières[38]. Le rôle fondamental que jouent les principes juridiques, notamment le

---

[35] Il est impossible d'analyser les effets de la violation des obligations de prévention sans étudier, par exemple, le droit de la responsabilité internationale des États ainsi que les principes généraux du droit régissant le sujet. Pour une analyse de la fragmentation du droit international par rapport à la responsabilité des États, voir AUST, H. P., « Through the Prism of Diversity – The Articles on State Responsibility in the Light of the ILC Fragmentation Report », *G.Y.I.L.*, vol. 49, 2007, p. 165-200.

[36] Premier rapport sur la prévention des dommages transfrontières résultant d'activités dangereuses par S. Rao, Rapporteur spécial, O.N.U., Doc. A/CN.4/487, p. 6.

[37] VAN LANG, A., *Droit de l'environnement*, Paris, P.U.F., 2002, p. 26.

[38] MORAND, C.-A., « Vers un droit de l'environnement souple et flexible : le rôle et le fonctionnement des principes », in OST, F. & GUTWIRTH, S. (éd.), *Quel avenir pour le droit de l'environnement ?*, Bruxelles, Publications des Facultés universitaires Saint-Louis, 1996, p. 261.

principe de prévention, n'est donc qu'une conséquence de cette exigence de flexibilité[39].

Par ailleurs, et également en raison de sa flexibilité, les principes juridiques environnementaux aident à promouvoir les réformes nécessaires aux nouveaux défis, en adaptant les instruments classiques du droit international vis-à-vis de la protection de la nature[40]. Ainsi, le droit de l'environnement offre un terrain particulièrement propice à l'application de différents principes, non seulement en raison de sa jeunesse ou de la complexité de son objet, mais également en raison de l'hétérogénéité de ses sources et de la technicité de ses outils[41].

2. L'importance des principes juridiques dans le droit international de l'environnement

Les principes sont les piliers fondamentaux d'un système juridique parce que, en reflétant des valeurs ou des idées directrices, ils transcendent les règles de droit positif et les ordonnent dans une structure rationnelle[42]. Le juge Cançado Trindade, en critiquant la position de la Cour internationale de Justice pour n'avoir pas pris en considération les principes généraux du droit dans l'*affaire relative à*

---

[39] Il faut comprendre l'idée de flexibilité comme la possibilité d'adaptation de normes à une réalité qui change en permanence en raison des connaissances scientifiques et des découvertes technologiques. Une fois que l'objectif est de répondre aux problèmes nouveaux qui n'ont pas encore provoqué de dommages à l'environnement, bien que ces derniers soient susceptibles de survenir, certains auteurs remarquent que seuls les principes juridiques ont la flexibilité nécessaire pour s'adapter rapidement aux changements constants qui surviennent dans la façon dont les États gèrent leurs ressources naturelles. BOISSON DE CHAZOURNES, L. ; DESGAGNE, R. ; MBENGUE, M. M. & ROMANO, C., *Protection internationale de l'environnement,* Paris, Pedone, 2005, p. 5.

[40] DE SADELEER, N., *Environmental Principles : From Political Slogans to Legal Rules*, Oxford, Oxford University Press, 2002, p. 265-269.

[41] DE SADELEER, N., « Les principes comme instruments d'une plus grande cohérence et d'une effectivité accrue du droit de l'environnement », in OST, F. & GUTWIRTH, S. (éd.), *Quel avenir pour le droit de l'environnement ?*, Bruxelles, Publications des Facultés universitaires Saint-Louis, 1996, p. 240.

[42] LECOURT, D., *L'Étrange fortune du principe de précaution*, Paris, Observatoire du Principe de Précaution, 2007, p. 8.

des Usines de pâte à papier sur le fleuve Uruguay, affirme que « *ce sont les principes qui révèlent les valeurs qui inspirent l'ordre juridique dans son ensemble et qui en donnent leurs fondements* », dès l'instant où ils « *donnent expression à l'idée de droit, et en outre à l'idée de justice, ce qui reflète la conscience de la communauté internationale* »[43].

En ce qui concerne le droit international de l'environnement, en plus de permettre au droit de s'adapter à des situations toujours particulières dans une tentative d'actualiser ses méthodes et ses instruments pour faire face aux crises environnementales, les principes jouent un rôle très important dans la consolidation de cette nouvelle branche du droit[44]. En premier lieu, les principes garantissent la cohérence et accentuent l'homogénéité du droit international de l'environnement, car ils ordonnent les règles selon une structure rationnelle et universelle, dans la mesure où ils s'appliquent à tous les secteurs de la politique de l'environnement[45].

Ensuite, ils dynamisent ce droit en servant de guide d'orientation au législateur, dans la mesure où ils sont souvent utilisés pour entamer un processus de négociation et adoption des obligations internationales futures – notamment s'ils sont insérés dans une convention-cadre[46]. La Convention-cadre des Nations Unies sur les

---

[43] C.I.J., *Affaire relative à des Usines de pâte à papier sur le fleuve Uruguay (Argentine c. Uruguay),* arrêt du 20 avril 2010, Opinion individuelle de M. le juge Cançado Trindade, par. 39 et par. 209.

[44] KISS, A. & SHELTON, D., « Systems Analysis of International Law : A Methodological Inquiry », *N.Y.I.L.*, vol. 17, 1986, p. 72.

[45] LAMMERS, J. G., « International and European Community Law Aspects of Pollution of International Watercourses », in LANG, W. ; NEUHOLD, H. & ZEMANECK, K. (éd.), *Environmental Protection and International Law*, London, Graham & Trotman, 1991, p. 143. Il faut signaler que « *des principes parfaitement juridiques peuvent présenter, pour les États qui les invoquent ou les proclament, une très grande importance politique.* [...] *et cela, bien entendu, ne leur fait pas perdre leur caractère juridique.* » VIRALLY, M., « Le rôle des principes dans le développement du droit international », in *Recueil d'études de droit international en hommage à P. Guggenheim*, Genève, Faculté de droit de l'Université de Genève/I.U.H.E.I., 1968, p. 535.

[46] SANDS, P., « International Law in the Field of Sustainable Development : Emerging Legal Principles », in LANG, W. (ed.), *Sustainable Development and International Law*, London, Graham and Trotman, 1995, p. 57. De Sadeleer ajoute

changements climatiques, par exemple, prévoit que dans les mesures que les États parties prendront pour atteindre l'objectif du traité, ils se laisseront guider par les principes du développement durable, des responsabilités communes mais différenciées, de la coopération, de la précaution et de la prévention. En outre, la Convention précise qu'il incombe aux parties de prendre les mesures nécessaires pour

« *prévoir, prévenir ou atténuer les causes des changements climatiques et en limiter les effets néfastes. Quand il y a risque de perturbations graves ou irréversibles, l'absence de certitude scientifique absolue ne doit pas servir de prétexte pour différer l'adoption de telles mesures, étant entendu que les politiques et mesures qu'appellent les changements climatiques requièrent un bon rapport coût-efficacité, de manière à garantir des avantages globaux au coût le plus bas possible* »[47].

Enfin, ils sont des instruments d'interprétation qui permettent aux juges d'évaluer et de concilier des intérêts très divergents[48]. En ce sens, Raul Fernandez signale que les sentences fondées sur des principes sont en règle générale les plus justes, puisque les principes

---

que « *dans la mesure où ils engagent les pouvoirs publics sur la voie du changement, ce sont des instruments plus réformateurs que stabilisateurs. En les énonçant, le législateur annonce aux côtés des normes d'aujourd'hui celles de demain.* » DE SADELEER, N., *Les principes du pollueur-payeur, de prévention et de précaution – Essai sur la genèse et la portée juridique de quelques principes du droit de l'environnement*, Bruxelles, Bruylant, 1999, p. 36.

[47] Article 3 de la Convention.

[48] Voir DOHERTY, M. G., « Hard Cases and Environmental Principles : an Aid to Interpretation ? », *Y.E.E.L.*, vol. 3, 2003, p. 57-78. En raison de cette fonction, F. Maes fait remarquer que les principes du droit de l'environnement ne peuvent pas être érigés en valeur absolue puisqu'ils risquent d'entrer en conflit avec d'autres principes juridiques tels que la liberté du commerce et de l'industrie et de la libre concurrence, par exemple. MAES, F., « Environmental Law Principles, Their Nature and the Law of the Sea : A Challenge for Legislators », in SHERIDAN, M. & LAVRYSEN, L. (eds.), *Environmental Law Principles in Practice*, Bruxelles, Bruylant, 2002, p. 88.

s'inspirent toujours de l'idée de justice, tandis que la loi formelle s'en écarte souvent[49].

Mais si, d'une part, les principes juridiques jouent un rôle fondamental dans le droit international de l'environnement en raison de leur capacité à s'adapter en permanence aux problèmes environnementaux auxquels ils sont confrontés, d'autre part la grande importance qui leur est donnée peut nous conduire à certaines critiques, comme l'a souligné Maurice Kamto :

« La très forte inclination du droit international de l'environnement pour les principes ne traduit-elle pas un malaise, à savoir l'incapacité des États à aller au-delà de la prise de conscience des menaces qui pèsent sur l'humanité du fait de la dégradation de l'environnement pour traduire en règles de droit leur volonté de sauver l'avenir ? Le caractère parfois trop général des principes n'aggrave-t-il pas la faiblesse d'un droit déjà si décrié pour son caractère insuffisamment prescriptif et rarement sanctionnateur ? »[50]

Bien que le début de certains changements fondamentaux soit visible, la création des normes pour régler les questions concernant l'environnement international est encore essentiellement basée sur le modèle volontariste et étatique typique du droit international classique[51]. Dans la plupart des cas, comme il est difficile d'obtenir un consensus sur des règles précises, on remarque une grande tension entre le besoin de protection et le manque de volonté politique pour se soumettre à des normes contraignantes. Ainsi, les États ont tendance à développer des principes indéfinis qui peuvent acquérir une forme plus concrète au fil des années. En outre, l'adoption de concepts et de principes vagues permet à des États hétérogènes de se soumettre aux mêmes règles parce qu'ils ne s'engagent pas à respecter des obligations juridiques bien déterminées. En revanche, le prix à payer

---

[49] C.P.J.I./COMITE CONSULTATIF DE JURISTES, *Procès-verbaux des séances du Comité – 16 juin-24 juillet 1920 – avec Annexes*, La Haye, Van Langenhuysen Frères, 1920, p. 345-346.

[50] KAMTO, M., « Les nouveaux principes du droit international de l'environnement après la Conférence de Rio de 1992 », *R.J.E.*, 1993, nº 1, p. 20.

[51] HANDL, G., « Environmental Security and Global Change : The Challenge to International Law », *Y.I.E.L.*, vol. 1, 1990, p. 33.

peut être élevé, puisque des normes vagues ont tendance à retirer la force contraignante d'un traité[52].

Comme le droit international de l'environnement est encore un droit peu contraignant, il est, de ce fait, propice à l'éclosion des principes[53]. La critique de cette association considérable des principes au droit de l'environnement repose sur le fait qu'ils peuvent mettre en péril la sécurité juridique, justement parce qu'ils sont vagues et flexibles – puisque les problèmes environnementaux sont de nature technique, on peut douter que des règles abstraites puissent les résoudre. Pieter Gilhuis souligne encore un autre problème : le fait que les juges peuvent faire une interprétation personnelle du principe. Toutefois, le même auteur est convaincu que les principes apportent plus d'avantages que d'inconvénients, car ils conduisent à une augmentation de la force normative de la législation existante et future, étant utilisés comme des lignes directrices dans l'interprétation et l'application de la norme pour les organes administratifs et judiciaires[54].

En outre, le terme « principe », en droit international de l'environnement, est souvent utilisé sans aucune précision, de sorte qu'il est parfois difficile de donner une signification juridique aux principes qui y sont énoncés[55]. Les différentes classifications des principes existants causent aussi des difficultés pour une meilleure compréhension du sujet. Pierre-Marie Dupuy, par exemple, établit une différence entre principes directeurs et principes inspirateurs : les premiers désignent des pratiques relativement précises, et les autres

---

[52] BEYERLIN, U., « Different Types of Norms in International Environmental Law – Policies, Principles and Rules », in BODANSKY, D. ; BRUNNÉE, J. & HEY, E. (éd.), *The Oxford handbook of international environmental law*, Oxford, Oxford University Press, 2007, p. 428.

[53] DE SADELEER, N., *Les principes du pollueur-payeur, de prévention et de précaution – Essai sur la genèse et la portée juridique de quelques principes du droit de l'environnement*, Bruxelles, Bruylant, 1999, p. 33.

[54] GILHUIS, P., « The Consequences of Introducing Environmental Law Principles in National Law », in SHERIDAN, M. & LAVRYSEN, L. (eds.), *Environmental Law Principles in Practice*, Bruxelles, Bruylant, 2002, p. 54.

[55] LANOY, L., « Réflexions sur la place et la portée des principes généraux du droit de l'environnement », *B.D.E.I.*, n° 2, 1996, p. 3.

formulent des orientations aux États[56]. Winfried Lang distingue trois catégories de principes : les principes du « *droit international de l'environnement établi* » (comme la responsabilité et l'interdiction de l'emploi des armes nucléaires) ; les principes du « *droit international de l'environnement émergent* » (comme l'équité intergénérationnelle, le droit à un environnement propre, l'accès à la justice, et l'obligation d'information/notification) ; et les principes du « *droit international de l'environnement potentiel* » (comme la précaution, les responsabilités communes mais différenciées, et l'intégration des considérations environnementales dans le processus de développement)[57].

Nicolas De Sadeleer, à son tour, fait d'abord une distinction entre règles et principes, mais souligne que cette distinction classique du droit établie par Ronald Dworkin ne prend pas en compte l'utilisation de principes juridiques dans les politiques publiques, l'une des caractéristiques essentielles du droit postmoderne[58]. Ainsi, il démontre qu'il existe aujourd'hui une catégorie intermédiaire : celle des règles déterminées et des règles indéterminées[59]. Ensuite, il fait remarquer la

---

[56] Comme exemples de principes directeurs, Pierre-Marie Dupuy cite les obligations d'information-consultation préalable, l'évaluation préalable, l'alerte en cas d'accident et la non-discrimination et l'égalité de traitement des victimes de pollution. Comme exemples de principes inspirateurs, il cite le droit d'exploiter ses ressources naturelles, la solidarité et la coopération, l'utilisation équitable des ressources communes, et la sauvegarde du patrimoine commun de l'humanité. DUPUY, P.-M., « Le droit international de l'environnement et la souveraineté des États », in DUPUY, R.-J. (éd.), *L'avenir du droit international de l'environnement : Colloque La Haye, 12-14 novembre 1984*, Dordrecht/Boston, Martinus Nijhoff Publishers, 1985, p. 39-42 et 44-47.

[57] LANG, W., « UN-Principles and International Environmental Law », *M.P.Y.U.N.L.*, vol. 3, 1999, p. 171.

[58] Selon N. De Sadeleer, dans le droit postmoderne, les normes sont moins générales et abstraites et plus ouvertes à d'autres disciplines non juridiques, une fois que les problèmes sont plus complexes que dans le droit moderne. DE SADELEER, N., *Environmental Principles : From Political Slogans to Legal Rules*, Oxford, Oxford University Press, 2002, p. 248-250.

[59] La première ne laisse aucune latitude quant à son interprétation ; la deuxième est plus flexible et a la possibilité de ne pas être appliquée. DE SADELEER, N., *Les principes du pollueur-payeur, de prévention et de précaution – Essai sur la genèse et la portée juridique de quelques principes du droit de l'environnement*, Bruxelles, Bruylant, 1999, p. 238-239.

différence entre principes juridiques et principes généraux du droit, pour affirmer que si, d'une part, l'obligation de prévention est un principe juridique puisqu'elle a un degré d'abstraction fort accentué, un champ d'application malléable et une autorité supérieure à celle des autres règles de droit, d'autre part il mentionne que l'on ne saurait pour autant la confondre avec les principes généraux du droit, car les principes du droit international de l'environnement ont une fonction plus modeste, « *celle d'orienter les pouvoirs publics sans pour autant les contraindre absolument à adopter une ligne de conduite.* »[60] Enfin, il appelle le principe de prévention, ainsi que les autres principes du droit de l'environnement, « *principes directeurs* », vu qu'ils possèdent une double fonction : d'une part, garantir la structure rationnelle et cohérente du système et d'autre part, inspirer et orienter le législateur, le droit positif, et les politiques environnementales[61].

Malgré quelques opinions contraires[62], la nécessité de l'existence et de l'utilisation des principes généraux en droit international de l'environnement n'est plus aujourd'hui véritablement contestée, pas plus que le caractère contraignant qu'ils peuvent avoir[63]. Et dans la mesure où ils renvoient aux valeurs sur lesquelles le système juridique repose et qu'il convient de sauvegarder et de respecter, certains

---

[60] *Ibid.*, p. 263. Et il ajoute que « *les principes généraux du droit ne peuvent être écartés que par la constitution ou la loi en raison de leur emplacement dans la hiérarchie des normes tandis que les principes du droit de l'environnement comportent toujours la possibilité de ne pas être appliqués, moyennant une motivation correcte.* »

[61] DE SADELEER, N., *Environmental Principles : From Political Slogans to Legal Rules*, Oxford, Oxford University Press, 2002, p. 367.

[62] D'après S. Charbonneau, « *aucun véritable principe juridique susceptible d'être invoqué par le citoyen (…) n'a jusqu'à présent été formulé par le législateur* » et quand il analyse les principes environnementaux adoptés par la Communauté Européenne, il affirme que « *le principe de prévention ne peut en aucune manière lier ni les pouvoirs publics, ni les acteurs économiques – son niveau de généralité est tel qu'il ne peut être opérationnalisé* ». CHARBONNEAU, S., « De l'inexistence des principes juridiques en droit de l'environnement », *A.L.D.*, 1995, p. 146-147.

[63] DHONDT, N., « Environmental Law Principles and the Case Law of the Court of Justice », in SHERIDAN, M. & LAVRYSEN, L. (eds.), *Environmental Law Principles in Practice*, Bruxelles, Bruylant, 2002, p. 153.

auteurs ont même parlé d'un véritable ordre public écologique[64], défini comme

« *un ensemble de principes élaborés dans l'intérêt général de l'humanité et fondés sur la justice environnementale qui permet de sauvegarder les ressources naturelles et leurs équilibres entre elles et par rapport aux humains ainsi que d'assurer l'accès équitable à ces ressources à toute personne et à toute autre espèce vivante.* »[65]

L'importance de cette notion, malgré le fait qu'elle ne soit pas tout à fait en accord avec l'usage habituel de l'expression en droit international public[66], est qu'elle met en relief non seulement l'importance des principes juridiques pour la protection de l'environnement, mais également la nécessité de sauvegarder les ressources naturelles et de protéger l'environnement et la sécurité des

---

[64] Voir BELAÏDI, N., *La lutte contre les atteintes globales à l'environnement : vers un ordre public écologique ?*, Bruxelles, Bruylant, 2008 et BOUTELET, M. & FRITZ, J.-C. (éd.), *L'Ordre Public Ecologique*, Bruxelles, Brulant, 2005. Nadia Belaïdi explique que dès le moment où le concept d'ordre public désigne les valeurs les plus importantes pour la société, et qu'on peut ainsi désignées « *celles que définissent un projet d'harmonie sociale inspiré en grande partie par la recherche d'équilibres (...) on pourrait facilement faire le lien entre ce droit à l'environnement et ordre public et en conclure que la protection de l'environnement est d'ordre public.* » BELAIDI, N., « Droits de l'homme, environnement et ordre public : la garantie du bien être », in BOUTELET, M. & FRITZ, J.-C. (éd.), *L'Ordre Public Ecologique*, Bruxelles, Brulant, 2005, p. 58.

[65] La justice environnementale signifie le partage équitable des ressources de la planète, l'équité ou justice entre générations e la sauvegarde de la diversité biologique. KISS, A., « L'ordre public écologique », in BOUTELET, M. & FRITZ, J.-C. (éd.), *L'Ordre Public Ecologique*, Bruxelles, Brulant, 2005, p. 166-167.

[66] L'ordre public peut être défini comme un ensemble de principes, écrits ou non, considérés comme fondamentaux et qui s'imposent avec une force particulière. Voir CORNU, G., *Vocabulaire juridique*, Paris, P.U.F., 1987, p. 644. Jean Salmon, à son tour, affirme que l'ordre public international est l'ensemble des « *règles d'importance fondamentale pour la communauté internationale dans son ensemble auxquelles les États ne pourraient, à peine de nullité, déroger par des conventions contraires* », c'est-à-dire notion étroitement liée aux règles de *jus cogens*. En outre, il ajoute que cette notion est encore controversée en doctrine et que la France y est hostile. En revanche, pour ce qui est du droit humanitaire et des droits de l'homme, elle est largement admise. SALMON, J., *Dictionnaire de droit international public*, Bruxelles, Bruylant, 2001, p. 789.

personnes contre les risques naturels ou technologiques – une idée totalement liée à l'obligation de prévention[67].

Comme le but de cette thèse n'est pas de faire une étude approfondie des principes généraux du droit, ni de les classifier, mais seulement de les caractériser afin de mieux comprendre les obligations de prévention[68], le débat sur la différence entre règles et principes ne sera pas examiné dans le détail[69]. Il faut seulement remarquer qu'un principe peut être défini comme une proposition juridique qui donne des orientations générales, des directives auxquelles le droit positif doit se conformer – les principes sont donc adaptables et malléables en fonction de la spécificité des situations qu'ils doivent appréhender –, tandis que les règles énoncent une solution juridique précise pour

---

[67] BOUTELET BLOCAILLE, M., « Les limites des moyens traditionnels de l'ordre public : propriété et ordre public écologique », in BOUTELET, M. & FRITZ, J.-C. (éd.), *L'Ordre Public Ecologique*, Bruxelles, Brulant, 2005, p. 204.

[68] Il ne faut pas confondre les principes généraux de droit avec les principes généraux du droit international, c'est-à-dire « *les règles générales déduites de l'esprit des coutumes et des conventions en vigueur* ». DINH, N. Q. ; DAILLIER, P. & PELLET, A., *Droit international public*, Paris, L.G.D.J., 2002, p. 349. Selon Hervé Ascensio, même si la dichotomie n'est pas toujours simple à maintenir, « *cette subtilité sémantique, entre* de *et* du, *propre à la langue française, présente l'avantage de catégoriser les principes en fonction de leur origine : présence généralisée dans les ordres juridiques internes dans un cas, coutume internationale dans l'autre.* » ASCENSIO, H., « Les principes généraux du droit », *Répertoire International Dalloz*, février 2004, p. 3. Voir également VIRALLY, M., « Le rôle des principes dans le développement du droit international », in *Recueil d'études de droit international en hommage à P. Guggenheim*, Genève, Faculté de droit de l'Université de Genève/I.U.H.E.I., 1968, p. 531-554 ; McNAIR, A., « The General Principles of Law Recognised by Civilised Nations », *B.Y.B.I.L.*, Vol.33, 1957, p.1-19 ; et VERDROSS, A., « Les principes généraux de droit applicables dans le système des sources du droit international public », in *Recueil d'études de droit international en hommage à P. Guggenheim*, Genève, Faculté de droit de l'Université de Genève/I.U.H.E.I., 1968, p. 521-530.

[69] Sur ce sujet, voir ALEXY, R., *Teoria de los derechos fundamentales*, Madri, Centro de Estudios Constitucionales, 1993 ; et notamment DWORKIN, R., *Taking rights seriously*, Cambridge, Harvard University Press, 1978. Pour une critique de la théorie de Dworkin et la distinction entre principes et règles, voir RAZ, J., « Legal Principes and the Limits of the Law », in *Yale L.J.*, vol. 81, nº 5, 1972, p. 823-854.

des faits déterminés, dès que ses conditions d'application sont remplies[70].

En réalité, dans la présente thèse, l'accent est mis sur l'obligation de prévention, c'est-à-dire sur la norme juridique plus précise contenue dans le droit conventionnel ou coutumier. L'objectif est d'analyser la mise en œuvre du principe, et non sa genèse. Pourtant, même si l'on propose une étude sur les obligations de prévention, c'est-à-dire sur les règles qui spécifient l'application du principe général dans un cas concret, il est absolument nécessaire de souligner les caractéristiques du principe de prévention ainsi que son importance dans le droit de l'environnement.

Pour autant, quelle que soit la situation juridique de la prévention – « principe » ou « obligation » –, cela ne modifie en rien l'analyse des conséquences de sa violation et son incidence sur le droit de la responsabilité des États ; certains auteurs utilisent même les deux expressions comme synonymes[71]. En outre, la même caractéristique d'abstraction et de malléabilité du principe de prévention peut être également trouvée dans certaines obligations de prévention, conçues de façon très générale et donnant lieu à des interprétations parfois contradictoires lors de son application dans un cas concret[72]. En fait,

---

[70] Dans ces observations sur l'*affaire Gentini*, B. Cheng dit qu'il est toujours nécessaire de distinguer les principes des règles : « *une règle est essentiellement pratique et, surtout, contraignante, tandis qu'un principe exprime une vérité générale qui guide notre action, sert de base théorique pour les différents actes de notre vie, et dont l'application à la réalité produit une conséquence donnée* ». CHENG, B., *General Principles of Law as Applied by International Courts and Tribunals*, Cambridge, Cambridge University Press, 2006, p. 376.

[71] En ce sens, Julien Cazala démontre que « *du point de vue normatif, le principe juridique est donc assimilé à la règle juridique, c'est-à-dire à une proposition posant des obligations ou créant des droits, dont la violation est (sauf circonstance excluant l'illicéité) un fait illicite susceptible d'entraîner la responsabilité du sujet auquel est imputable ce fait. Ainsi, s'il existe une distinction entre principe et règle en droit international, celle-ci n'induit pas une différenciation de la force contraignant des deux types de norme.* » CAZALA, J., *Le principe de précaution en droit international*, Paris, Anthemis, 2006, p. 168.

[72] Dans l'*affaire relative à des Usines de pâte à papier sur le fleuve Uruguay*, par exemple, l'interprétation de l'obligation de prévention proposée par l'Argentine était complètement différente – et même opposée – à celle de l'Uruguay. Sur le sujet, voir

souligner l'importance du principe de prévention est, en dernière instance, souligner l'importance de l'obligation de prévention elle-même !

3. La prévention dans le droit international de l'environnement – pourquoi prévenir ?

L'obligation de prévention ne trouve ses racines premières ni dans le droit international de l'environnement ni dans les droits de l'homme ou de la santé. Dans la mesure où cette notion tire son origine des concepts de souveraineté de l'État et d'intégrité territoriale, c'est-à-dire du respect de la souveraineté des pays voisins et du principe de bon voisinage[73], l'on peut soutenir que le droit international public adopte l'idée de prévention depuis les années 1930[74]. En réalité, même la Charte des Nations Unies ainsi que son système de sécurité collective est axé autour de la prévention des menaces à la paix et à la sécurité internationales[75].

---

l'introduction de la « Deuxième Partie – La prévention comme une obligation de résultat ».

[73] Selon l'article 74 de la Charte des Nations Unies, « *les Membres de l'Organisation reconnaissent aussi que leur politique doit être fondée (...) sur le* principe général du bon voisinage *dans le domaine social, économique et commercial, compte tenu des intérêts et de la prospérité du reste du monde.* » (c'est moi qui souligne). Les fondements de l'obligation de prévention seront développés dans les chapitres suivants, soit en expliquant l'obligation de prévention comme une obligation de résultat, soit en la considérant comme une obligation de comportement.

[74] SANDS, P., « O princípio da precaução », in VARELLA, M. D. & PLATIAU, A. F. B. (éd.), *Princípio da Precaução*, Belo Horizonte, Del Rey, 2004, p. 29.

[75] L'article 1er de la Charte des Nations Unies précise que l'un des ses buts est de « *maintenir la paix et la sécurité internationales et à cette fin : prendre des mesures collectives efficaces en vue de* prévenir *et d'écarter les menaces à la paix et de réprimer tout acte d'agression ou autre rupture de la paix…* » (c'est moi qui souligne). Voir également les articles 34 et 39 de la Charte.

L'on peut considérer que la sentence du Tribunal arbitral, entre le Canada et les États-Unis, dans l'*affaire de la Fonderie de Trail*[76], est la première manifestation de l'approche préventive dans le droit international concernant un différend environnemental[77]. À cette occasion, le tribunal arbitral a décidé ce qui suit :

« *Aucun État n'a le droit d'user de son territoire ou d'en permettre l'usage, de manière que des fumées provoquent un préjudice sur le territoire d'un autre État voisin ou aux propriétés des personnes qui s'y trouvent, s'il s'agit de conséquences sérieuses et si le préjudice est prouvé par des preuves claires et convaincantes.* »[78]

Plus tard, la Cour internationale de Justice, suivant cette même logique, a observé que l'obligation de prévention, en tant que règle coutumière, trouve son origine dans la diligence requise de l'État sur son territoire, s'agissant d'une « *obligation, pour tout État, de ne pas laisser utiliser son territoire aux fins d'actes contraires aux droits d'autres États* »[79].

Il n'y a plus de doute à considérer l'obligation de prévention comme une règle coutumière du droit international[80]. La Cour

---

[76] Voir *Trail smelter case (United States, Canada), 16 April 1938 and 11 March 1941, Recueil des sentences arbitrales*, vol. III, p. 1905-1982. Voir également READ, J. E., « The Trail Smelter Arbitration », *C.Y.I.L.*, n° 1, 1963, p. 213-229.
[77] WIBISANA, A. G., « Three principles of environmental law : the polluter-pays principle, the principle of prevention, and the precautionary principle », in FAURE, M. & NIESSEN, N. (eds.), *Environmental Law in Development : Lessons from the Indonesian Experience*, Northampton, Edward Elgar, 2006, p. 37.
[78] Traduction de DUPUY, P.-M., *La responsabilité internationale des États pour les dommages d'origine technologique et industrielle,* Paris, Pedone, 1976, p. 32.
[79] C.I.J., *Affaire du Détroit de Corfou (Royaume-Uni c. Albanie),* arrêt du 9 avril 1949, *Recueil 1949*, p. 22.
[80] Parmi les différents auteurs, voir ŠOLJAN, L., « The General Obligation to Prevent Transboundary Harm and its Relation to Four Key Environmental Principles », *A.R.I.E.L.*, vol. 3, 1998, p. 210 ; FREESTONE, D. & HEY, E., « Origins and Development of the Precautionary Principle », in FREESTONE, D. & HEY, E. (ed.), *The Precautionary Principle and International Law : The Challenge of Implementation*, The Hague, Kluwer Law International, 1996, p. 13 ; et BODANSKY, D., « Customary (And Not So Customary) International Environmental Law », *Global Legal Studies Journal*, vol. 3, 1995, p. 111. Pour une opinion contraire, voir SCHACHTER, O., « The Greening of International Law », in

internationale de Justice, à de nombreuses reprises, a confirmé l'idée que l'État est tenu de mettre en œuvre tous les moyens à sa disposition pour éviter que les activités qui se déroulent sur son territoire, ou sur tout espace relevant de sa juridiction, ne causent un préjudice sensible à l'environnement d'un autre État[81]. Mais il subsiste encore un problème : le fait que l'obligation de prévention soit considérée comme faisant partie du droit coutumier ne détermine pas quelle conduite diligente ou quelles mesures concrètes l'État doit prendre pour s'acquitter de son obligation[82]. En revanche, le fait d'être une règle coutumière reste tout de même l'un des moyens qui permet de démontrer le caractère contraignant de cette notion, mise à part sa présence dans le droit conventionnel[83].

Même si l'obligation de prévention avait déjà été utilisée, comme l'on a vu[84], il faut adopter comme point de départ pour la présente analyse la Conférence de Stockholm de 1972, à l'occasion de laquelle la prévention commence à avoir davantage une connotation de protection de l'environnement plutôt que de protection de la

---

Humanité et droit international – Mélanges René-Jean Dupuy, Paris, Pedone, 1991, p. 272-273 et CONFORTI, B., *Diritto internazionale*, Napoli, Editoriale scientifica, 1997, p. 246.

[81] Voir l'*affaire relative à des Usines de pâte à papier sur le fleuve Uruguay (Argentine c. Uruguay)*, arrêt du 20 avril 2010, par. 101, et l'avis consultatif du 8 juillet 1996 sur la *Licéité de la menace ou de l'emploi d'armes nucléaires*, par. 29.

[82] Ainsi, certains auteurs soutiennent que, si l'étude du droit coutumier joue un rôle important dans la définition des principes généraux du droit international de l'environnement, il n'a pourtant pas beaucoup d'importance pratique, puisque les normes pour réglementer les activités polluantes doivent être très précises et détaillées. BODANSKY, D. ; BRUNNÉE, J. & HEY, E., « International Environmental Law : Mapping the Field », in BODANSKY, D. ; BRUNNÉE, J. & HEY, E. (dir.), *The Oxford handbook of international environmental law*, Oxford, Oxford University Press, 2007, p. 23.

[83] DUPUY, P.-M., « Formation of Customary International Law and General Principles », in BODANSKY, D. ; BRUNNÉE, J. & HEY, E. (ed.), *The Oxford handbook of international environmental law*, Oxford, Oxford University Press, 2007, p. 450.

[84] Outre l'*affaire de la Fonderie de Trail*, voir aussi l'a*ffaire du lac Lanoux (Espagne, France), 16 novembre 1957, Recueil des sentences arbitrales,* vol. XII, p. 285.

souveraineté des États[85]. Conformément au principe 21 de la Déclaration de Stockholm,

« *Les États ont le droit souverain d'exploiter leurs propres ressources selon leur politique d'environnement et ils ont le devoir de faire en sorte que les activités exercées dans les limites de leur juridiction ou sous leur contrôle ne causent pas de dommage à l'environnement dans d'autres États ou dans des régions ne relevant d'aucune juridiction nationale.* »[86]

L'objet de notre travail peut être résumé par une analyse superficielle du principe 21 de la Déclaration de Stockholm et par le problème d'interprétation qu'il pose : à partir de la lecture du texte, il n'apparaît pas clairement si l'obligation de prévention doit être interprétée comme une obligation de comportement ou comme une obligation de résultat. Autrement dit, l'on ne peut pas déterminer de façon claire s'il suffit aux États d'adopter toutes les mesures de diligence possibles pour s'acquitter de leur obligation ou si par ailleurs le respect du principe 21 exige l'interdiction pure et simple de tout dommage écologique, sans prendre en considération les efforts de l'État pour éviter un préjudice.

Le problème est que l'on peut tirer des conclusions totalement distinctes et quelquefois même contradictoires selon l'interprétation donnée au principe. En outre, à partir du moment où non seulement les

---

[85] Selon M. Pallemaerts, la Déclaration de Stockholm peut être considérée comme la fondation du droit international de l'environnement moderne. PALLEMAERTS, M., « International Environmental Law from Stockholm to Rio : Back to the Future ? », in SANDS, P. (éd.), *Greening international law,* London, Earthscan Publications, 1993, p. 2.

[86] Déclaration finale de la Conférence des Nations Unies sur l'environnement, in O.N.U., Doc. A/CONF.48/14/Rev.l, *Rapport de la Conférence des Nations Unies sur l'environnement – Stockholm, 5-16 juin 1972, Déclaration de la Conférence des Nations Unies sur l'environnement.* Vingt ans plus tard, le principe 2 de la Déclaration de Rio a reproduit cette disposition en ajoutant la nécessité de développement. Dans l'*affaire des Essais nucléaires*, la France indiqua « *qu'elle était d'accord pour reconnaître, en liaison avec le principe 21 de la Déclaration de Stockholm de 1972, repris au principe 2 de la déclaration de Rio de 1992, l'existence d'un devoir général de prévention des dommages à l'environnement* ». SANDS, P., « L'affaire des essais nucléaires II : contribution de l'instance au droit international de l'environnement », *R.G.D.I.P.*, n° 2, 1997, p. 462.

conséquences de sa violation, mais le contenu même de l'obligation se modifie selon l'interprétation choisie, il faut se demander s'il ne s'agit pas en réalité de deux obligations distinctes de prévention plutôt que d'une seule obligation interprétée différemment. En conséquence, le but primordial du travail sera de démontrer les particularités de ces deux « manières » d'envisager la prévention ainsi que d'analyser les conséquences des deux obligations dans le droit de la responsabilité internationale des États. S'il est clair que la violation d'une obligation de prévention de diligence donne naissance à la responsabilité internationale de l'État pour fait illicite, il faut se demander si l'on peut soutenir une idée de responsabilité internationale absolue lorsqu'il s'agit d'un manquement à l'obligation de prévention de résultat, qui simplement oblige les États à ne pas causer un dommage écologique, sans considérer le caractère légal ou illégal de l'activité polluante[87].

La Commission du droit international de l'Organisation des Nations Unies elle-même a mis en évidence l'importance pratique de la prévention à partir du moment où elle a associé les mesures préventives adoptées par les États à leur responsabilité internationale. En 1978, lors de sa trentième session, la Commission a décidé d'inscrire à son programme de travail le sujet de la « Responsabilité internationale pour les conséquences préjudiciables découlant d'activités qui ne sont pas interdites par le droit international »[88] et, après l'élaboration de plusieurs projets d'articles, elle a finalement décidé que cette responsabilité devrait être considérée comme comprenant tant la prévention que les moyens de remédier au dommage, c'est-à-dire qu'elle a abandonné la discussion sur une possible responsabilité absolue des États[89] et a orienté ses travaux vers l'adoption d'une règle primaire de prévention[90].

---

[87] Voir la Deuxième Partie de la présente thèse.

[88] Dans cette session, la Commission du droit international a créé un groupe de travail chargé d'examiner le sujet. Voir O.N.U., Doc. A/33/10, par. 9.

[89] Ou, selon l'expression adoptée, une responsabilité pour les activités qui ne sont pas interdites par le droit international.

[90] *Premier rapport sur la prévention des dommages transfrontières résultant d'activités dangereuses*, par Pemmaraju Sreenivasa Rao, O.N.U., Doc. A/CN.4/487, par. 2. Ensuite, Rao explique les raisons de la décision prise par la Commission

Étant donné que la relation entre l'obligation de prévention et la responsabilité internationale sera traitée plus tard dans chaque partie de la thèse, il faut seulement souligner qu'insister sur cette obligation « *présente l'avantage de donner aux parties susceptibles d'être victimes d'activités dangereuses la possibilité d'exercer un recours en cas de manquement à cette obligation, avant même qu'un dommage ou un préjudice se réalise* »[91]. Ainsi, en privilégiant les mesures de contrôle et de gestion pour éviter un dommage de même que la possibilité d'application d'un régime de responsabilité internationale sans qu'un dommage écologique soit produit, l'idée de protection de l'environnement sera naturellement renforcée.

En outre, comme la responsabilité internationale objective est encore très controversée dans la doctrine et que les États sont très réticents à son adoption[92], l'existence d'une règle primaire de prévention – soit une obligation de prévention de résultat soit une obligation de prévention de comportement –, évite le débat parfois infructueux sur le choix du régime de responsabilité qui doit être appliqué dans une situation concrète, étant donné qu'avec la violation d'une règle primaire on peut toujours envisager la mise en œuvre de la responsabilité classique pour un acte illicite[93].

Mais il nous reste une question : pourquoi prévenir ? Pourquoi, en ce qui concerne le droit international de l'environnement, l'approche préventive est-elle toujours la meilleure solution pour faire face aux défis de protection de la nature ? D'abord, pour prévenir un événement, il faut le connaître, c'est-à-dire qu'il est d'autant plus

---

d'examiner séparément la question de la prévention et celle de la responsabilité (par. 10).

91 *Deuxième rapport sur la prévention des dommages transfrontières résultant d'activités dangereuses*, par Pemmaraju Sreenivasa Rao, O.N.U., Doc. A/CN.4/501, par. 35.

92 Il suffit d'examiner l'histoire des travaux sur « la responsabilité internationale pour les conséquences préjudiciables découlant d'activités qui ne sont pas interdites par le droit international » pour apercevoir les positions en conflit dans la propre Commission. Voir l'introduction du *Premier rapport sur la prévention des dommages transfrontières résultant d'activités dangereuses*, par Pemmaraju Sreenivasa Rao, O.N.U., Doc. A/CN.4/487.

93 Mais il faut signaler que selon l'approche adoptée, les conséquences de la mise en œuvre de la responsabilité seront modifiées, comme sera analysé plus tard.

nécessaire de s'acquitter de l'obligation de prévention que l'on connaît de mieux en mieux le déroulement des activités dangereuses, les mesures de gestion et les risques encourus[94]. Ensuite, et du point de vue économique, la réparation d'un dommage écologique risque souvent d'être plus coûteuse que la prévention de son apparition. Enfin, le caractère d'irréversibilité du dommage[95] et la difficulté (ou impossibilité ?) de l'évaluer[96] exigent une approche anticipative, car les indemnisations ne permettent pas de rétablir la situation qui existait avant l'événement[97]. Ainsi, la Cour internationale de Justice, dans *l'affaire relative au Projet Gabcikovo-Nagymaros*, a observé que

« *dans le domaine de la protection de l'environnement, la vigilance et la prévention s'imposent en raison du caractère souvent irréversible des dommages causés à l'environnement et des limites inhérentes au mécanisme même de réparation de ce type de dommages* »[98].

En somme, l'histoire du principe de prévention est longue et complexe : à partir de son origine fondée sur le respect de l'intégrité territoriale et dans les relations de bon voisinage, il commence à incorporer des préoccupations environnementales après sa codification dans la Déclaration de Stockholm et, du moment où il obtient un caractère contraignant dans les traités et devient étroitement lié à la

---

[94] O.N.U., Doc. A/53/10, 1998, p. 23.

[95] FITZMAURICE, M., « International Environmental Law as a Special Field », *N.Y.I.L.*, vol. XXV, 1994, p. 185.

[96] Dans l'*affaire de la Fonderie de Trail*, le Tribunal n'a pas reconnu le dommage à l'environnement *per se*. JACQMOTTE, B., « Definition and Assessment of the Concept of Harm in a Regime of Transboundary Harm Prevention », *A.R.I.E.L.*, vol. 3, 1998, p 238. Et même aujourd'hui, la réparation du dommage écologique pur est encore très embryonnaire. BOISSON DE CHAZOURNES, L., « La mise en œuvre du droit international dans le domaine de la protection de l'environnement : enjeux et défis », *R.G.D.I.P.*, 1995, n° 1, p. 52.

[97] KISS, A., « Present Limits to the Enforcement of State Responsibility for Environmental Damage », in FRANCIONI, F. & SCOVAZZI, T. (ed.), *International Responsibility for Environmental Harm*, London/Dordrecht/Boston, Graham & Trotman/Martinus Nijhoff, 1991, p. 5.

[98] C.I.J., *Affaire relative au Projet Gabcikovo-Nagymaros*, arrêt du 25 septembre 1997, par. 140.

responsabilité internationale[99], il gagne l'attention des États qui ne peuvent désormais le négliger lors de l'élaboration de leurs politiques de développement et de gestion de leurs ressources naturelles[100].

Concernant son origine, il faut souligner que le fait d'avoir été initialement adopté par des instruments de *soft law* – principe 21 de la Déclaration de Stockholm de 1972 et principe 2 de la Déclaration de Rio de 1992 – ne diminue en rien son rôle dans l'affirmation du droit international de l'environnement[101]. Même si la *soft law* n'a pas de force obligatoire, l'on ne peut pas nier son importance pour le droit international de l'environnement[102]. En ce sens, aucun autre domaine du droit international n'est si influencé par une série de guides, de résolutions et d'autres déclarations, et répertorier ces documents dans la *soft law* (par opposition à la *hard law*) ne rend pas justice aux particularités des nouveaux moyens de mise en œuvre du droit international de l'environnement[103]. Ainsi, ils sont plus facilement adoptés lorsque la conclusion d'un acte contraignant est hors de portée des États[104] et ils ont un indéniable rôle en tant que précurseurs et

---

99 Certains traités ont simplement reproduit le principe 21 de la Déclaration de Stockholm. C'est le cas de l'article 3 de la Convention sur la diversité biologique de 1992.

100 VESSEY, J., « The Principle of Prevention in International Law », *A.R.I.E.L.*, vol. 3, 1998, p. 199.

101 Sur l'influence des instruments de *soft law* dans le droit international de l'environnement, voir DUPUY, P.-M., « Soft Law and the International Law of the Environment », in *M.J.I.L.*, vol. 12, n° 2, 1991, p. 420-435. Concernant spécifiquement l'influence de normes *soft law* dans le droit maritime, voir BIRNIE, P., « The Status of Environmental 'soft law' : Trends and Examples with Special Focus on IMO Norms, in Competing Norms », in *The Law of Marine Environmental Protection*, Londres/La Haye/Boston, Kluwer Law Int., 1997, p. 31-58.

102 SILVA, S. T., « Princípio da precaução : uma nova postura em face dos riscos e incertezas científicas », in VARELLA, M. D. & PLATIAU, A. F. B. (éd.), *Princípio da Precaução*, Belo Horizonte, Del Rey, 2004, p. 76. Voir également CHINKIN, C. M., « The Challenge of Soft Law, Development and Change », *I.C.L.Q.*, vol. 38, 1989, n° 4, p. 850-856.

103 HOHMANN, H., *Precautionary Legal Duties and Principles of Modern International Environmental Law. The Precautionary Principle : International Environmental Law Between Exploitation and Protection*, Boston, Graham and Trotman, 1994, p. 335.

104 ADEDE, A. O., « Towards New Approaches to Treaty-Making in the Field of Environment », *African Y.I.L.*, vol. 1, 1994, p. 104.

guides pour une future négociation et conclusion de traités par les États, comme l'on peut le constater en analysant les conventions environnementales[105].

L'obligation de prévention a été également consacrée par les différents droits internes. Alors qu'en 1960 on peut estimer que seule une dizaine d'États disposaient d'une législation protégeant l'environnement, aujourd'hui on peut affirmer que presque tous les États ont une législation destinée à préserver leur milieu naturel[106]. En fait, le développement du droit international s'est effectué parallèlement à celui du droit national de la plupart des États du monde[107], mais l'analyse de la législation nationale d'un certain pays ne sera faite que dans l'intérêt d'expliquer le comportement de l'État par rapport à l'adoption du principe de prévention comme une obligation de comportement ou de résultat, ou dans la mesure où les instruments préventifs du droit interne pourraient être utilisés comme exemples par le droit international, comme l'étude d'impact ou l'autorisation préalable, par exemple.

En ce qui concerne le droit européen, le Conseil européen a déjà affirmé que l'approche préventive est le meilleur moyen de protection de l'environnement[108] et le principe de prévention est reconnu par l'Union européenne depuis l'Acte unique de 1987[109]. Aujourd'hui,

---

[105] SZASZ, P., « International Norm-Making », in WEISS, E. B. (ed.), *Environmental Change and International Law*. New York/Tokyo, Transnational Publishers/United Nations University, 1992, p. 68

[106] KISS, A., « Dix ans après Stockholm – une décennie de droit international de l'environnement », *A.F.D.I.*, vol. 28, n° 28, 1982, p. 793.

[107] KISS, A., « Nouvelles tendances en droit international de l'environnement », *G.Y.I.L.*, vol. 32, 1989, p. 243.

[108] Selon le Programme d'action des Communautés européennes en matière d'environnement, « *la meilleure protection de l'environnement consiste à éviter dès l'origine la création de pollution ou de nuisances plutôt que de combattre ultérieurement leurs effets* ». COMMUNAUTÉS EUROPÉENNES, « Programme d'action communautaire en matière d'environnement », *Bulletin des Communautés Européennes*, supplément 3/73, 1973, p. 7.

[109] L'Acte unique a ajouté un titre VII sur l'environnement au Traité de Rome (Journal officiel n° L 169 du 29 juin 1987, p. 1-29). Voir CHARBONNEAU, S., *Droit communautaire de l'environnement*, Paris, L'Harmattan, 2006, p. 63. Voir également GAUTIER, P., « L'Acte unique et les principes de l'action communautaire en matière d'environnement : prévention ou réparation ? », in *La*

l'article 191, 2, du Traité sur le fonctionnement de l'Union européenne établit que

« *la politique de l'Union dans le domaine de l'environnement vise un niveau de protection élevé, en tenant compte de la diversité des situations dans les différentes régions de l'Union. Elle est fondée sur les principes de précaution et* d'action préventive, *sur le principe de la correction, par priorité à la source, des atteintes à l'environnement et sur le principe du pollueur-payeur.* » (c'est moi qui souligne)[110]

En outre, plusieurs directives ont été adoptées pour la protection de l'environnement, la première étant la directive Seveso de 1982[111], remplacée par la directive Seveso II, qui a comme objet « *la prévention des accidents majeurs impliquant des substances dangereuses et la limitation de leurs conséquences pour l'homme et l'environnement* »[112], s'appliquant à tout établissement où des substances dangereuses sont présentes ou sont susceptibles d'être produites en cas d'accident[113]. Mais en ce qui concerne l'obligation de prévention, la directive la plus importante est la directive 2004/35/CE du Parlement européen et du Conseil du 21 avril 2004 sur la responsabilité environnementale en ce qui concerne la prévention et la réparation des dommages environnementaux, car elle établit un cadre commun de responsabilité en vue de prévenir et de réparer les dommages environnementaux, en obligeant les autorités publiques à veiller à ce que les exploitants responsables prennent eux-mêmes ou

---

réparation des dommages catastrophiques. Les risques technologiques majeurs en droit international et en droit communautaire, Faculté de droit de l'Université catholique de Louvain, Bruylant, 1990, p. 70-87.

[110] Journal officiel n° C 83 du 30 mars 2010, p. 47-199, p. 132.

[111] Cette directive a été adoptée à la suite d'un accident industriel qui s'est produit dans la ville italienne de Seveso en 1976. Directive 82/501/CEE du Conseil, du 24 juin 1982, concernant les risques d'accidents majeurs de certaines activités industrielles (Journal officiel n° L 230 du 5 août 1982, p. 1-18).

[112] Article premier de la Directive 96/82/CE du Conseil du 9 décembre 1996 concernant la maîtrise des dangers liés aux accidents majeurs impliquant des substances dangereuses (Journal officiel n° L 010 du 14 janvier 1997, p. 13-33).

[113] Voir LONDON, C., « Risques industriels majeurs : de la non-application du principe de prévention ? », *L.P.A.*, n° 85, 29 avril 2002, p. 8.

financent les mesures nécessaires de protection[114]. Selon son article 5, « *lorsqu'un dommage environnemental n'est pas encore survenu, mais qu'il existe une menace imminente qu'un tel dommage survienne, l'exploitant* [doit] *prend sans retard les mesures préventives nécessaires* »[115], et si l'exploitant ne s'acquitte pas de ses obligations, c'est l'autorité compétente qui doit prendre elle-même ces mesures[116].

Il est intéressant d'analyser le droit européen car l'Union européenne possède une structure complexe comportant aussi des traits interétatiques similaires au droit international général[117]. Même si dans le présent travail on essayera au maximum de concentrer l'étude sur les conventions multilatérales de caractère général, certaines normes européennes relatives à la protection du milieu naturel posent les mêmes problèmes d'interprétation et d'application que les normes du droit international. Autrement dit, la difficulté d'interprétation des obligations de prévention et les solutions aux problèmes de protection environnementale sont identiques, et tant le

---

[114] PIROTTE, C., « La Directive 2004/35/CE sur la prévention et la réparation des dommages environnementaux », in CORDINI, G. & POSTIGLIONE, A. (ed.), *Prevention and remedying of environmental damage : proceedings of the Workshop on Environmental Law, Ostia Antica, 27 & 28 may 2005*, Bruxelles, Bruylant, 2005, p. 27. Sur la directive 2004/35/CE, voir aussi DE SADELEER, N., « La directive 2004/35/CE relative à la responsabilité environnementale : avancée ou recul pour le droit de l'environnement des États membres ? », in VINEY, G. & DUBUISSON, B. (éd.), *Les responsabilités environnementales dans l'espace européen*, Bruxelles, Bruylant, 2006, p. 731-777 et PIROTTE, C., « La directive 2004/35/CE du 21 avril 2004 sur la responsabilité environnementale : premiers commentaires », in VINEY, G. & DUBUISSON, B. (éd.), *Les responsabilités environnementales dans l'espace européen*, Bruxelles, Bruylant, 2006, p. 655-730.

[115] Journal officiel n° L 143 du 30 avril 2004, p. 56-75.

[116] KRÄMER, L., « Discussions on Directive 2004/35 Concerning Environmental Liability », *J.E.E.P.L.*, vol. 4, 2005, p. 252.

[117] Selon la Commission du droit international, le droit de l'Union européenne, ainsi que les nouvelles branches du droit international – y compris le droit international de l'environnement –, ne sont qu'un phénomène découlant de la diversification et de l'expansion du droit international. Concernant le droit européen, la relation est tellement étroite que même le Traité instituant la Communauté Européenne, dans son article 307, autorise les États membres à exécuter les accords antérieurs conclus avec des États tiers, et la Communauté est tenue de ne pas les en empêcher. Voir le rapport du Groupe d'étude de la Commission sur la Fragmentation du droit international : difficultés découlant de la diversification et de l'expansion du droit international, O.N.U., Doc. A/CN.4/L.682, du 13 avril 2006, notamment p. 158-159.

droit international que le droit de l'Union européenne peuvent être utilisés pour démontrer les différences entre l'obligation de prévention de résultat et l'obligation de prévention de comportement.

Quand on analyse la prévention dans ces domaines, on observe qu'elle reçoit en droit international une portée plutôt politique alors qu'en droit européen elle a une fonction de guide d'orientation et d'interprétation des règles de droit dérivé. En ce qui concerne les droits nationaux, elle peut revêtir une autorité qui égale celle des autres règles de droit positif, c'est-à-dire une norme directement applicable à des litiges concrets[118]. Mais il y a évidemment des exceptions et comme l'on va le démontrer, en droit international l'obligation de prévention peut revêtir, outre son attribut politique et d'orientation, un caractère aussi contraignant et direct que celui du droit interne, notamment lorsqu'elle est considérée comme une obligation de résultat.

Après avoir analysé son importance, il nous reste encore une question des plus fondamentales : quel concept de prévention va-t-on adopter ? Évidemment, la réponse à cette question viendra naturellement tout au long de la thèse et de l'analyse des différentes acceptions de l'obligation de prévention (moyens/résultat), toutefois, certaines caractéristiques peuvent être soulignées dès maintenant. D'une façon générale, l'obligation de prévention « *consiste à empêcher la survenance d'atteintes à l'environnement par des mesures appropriées dites préventives avant l'élaboration d'un plan ou la réalisation d'un ouvrage ou d'une activité* »[119]. Partant, elle consiste essentiellement en une surveillance, avec l'objectif de faire

---

[118] MORAND, C.-A., « Vers un droit de l'environnement souple et flexible : le rôle et le fonctionnement des principes », in OST, F. & GUTWIRTH, S. (éd.), *Quel avenir pour le droit de l'environnement ?*, Bruxelles, Publications des Facultés universitaires Saint-Louis, 1996, p. 264.

[119] PRIEUR, M., *Droit de l'environnement*, Paris, Dalloz, 2004, p. 71. Le même auteur ajoute que « *l'action préventive est une action anticipatrice et a priori qui, depuis fort longtemps, est préférée aux mesures a posteriori du type réparation, restauration ou répression qui interviennent après une atteinte avérée à l'environnement.* » *Ibid.*, p. 71.

échec, pour autant que cela soit matériellement possible, à un événement préjudiciable[120].

La Commission du droit international, à son tour, affirme que l'obligation de prévention « *s'analyse normalement comme une obligation de diligence, imposant aux États de prendre toutes les mesures raisonnables ou nécessaires pour éviter qu'un événement donné ne se produise, mais sans garantir que l'événement ne se produira pas* »[121].

Du point de vue juridique, il n'y a pas de définition précise de l'obligation de prévention, les traités se limitant à énoncer les actes que l'État doit prendre pour s'acquitter de ses obligations internationales. Toutefois, dans le droit de l'Union européenne l'on trouve une définition de « mesures préventives » : « *toute mesure prise en réponse à un événement, un acte ou une omission qui a créé une menace imminente de dommage environnemental, afin de prévenir ou de limiter au maximum ce dommage* »[122].

Tous ces concepts ont une caractéristique en commun : la certitude des dommages potentiels à éviter, car l'on ne peut prévenir que ce que l'on connaît. Ainsi, l'on constate la forte présence de la connaissance scientifique, c'est-à-dire de la certitude scientifique, pour la caractérisation de l'obligation de prévention. D'une façon très simpliste, David Freestone dit même que cette obligation doit être considérée comme la prévention des dommages et des risques qui sont connus et qui ont été prouvés scientifiquement[123]. Jean-Marc

---

120 Voir le Septième rapport sur la responsabilité des États, par M. Roberto Ago, O.N.U., Doc. A/CN.4/307.

121 L'obligation de prévention est ici envisagée comme une obligation de comportement. CRAWFORD, J., *Les articles de la C.D.I. sur la responsabilité de l'État. Introduction, Texte et Commentaires*, Paris, Pedone, 2003, p. 167.

122 La « *menace imminente de dommage* » est définie comme « *une probabilité suffisante de survenance d'un dommage environnemental dans un avenir proche* ». Article 2 (9 et 10) de la directive 2004/35/CE.

123 FREESTONE, D., « Implementing Precaution Cautiously : The Precautionary Approach in the 1995 Straddling Stocks Agreement", in HEY, E. (ed.), *Developments in international fisheries law*, Cambridge, Kluwer Law International, 1999, p. 297.

Lavieille, à son tour, affirme qu'il « *s'agit de mesures de gestion d'un risque connu* »[124].

La science occupe une place cruciale dans tous les instruments du droit de l'environnement[125], car dans la mesure où le risque est omniprésent, l'observation permanente des phénomènes écologiques est la meilleure – et peut-être la seule – façon de signaler les risques et d'éviter, en conséquence, les dommages[126]. Ainsi, afin d'anticiper certains risques environnementaux, les États ont une obligation permanente de recherche, c'est-à-dire qu'ils ont besoin de créer un système d'identification et de caractérisation des dangers pour ensuite déterminer quelles mesures leur semblent appropriées et nécessaires pour éviter que le risque ne se réalise[127].

---

124 LAVIEILLE, J.-M., *Droit international de l'environnement*, Paris, Ellipses, 2004, p. 89.

125 S. Andresen et J. B. Skjaerseth, par exemple, montrent comment la science et la technologie sont essentielles pour améliorer l'efficacité des politiques internationales sur la protection de l'environnement. ANDRESEN, S. & SKJAERSETH, J. B., « Science and Technology : From Agenda Setting to Implementation », in BODANSKY, D. ; BRUNNÉE, J. & HEY, E. (dir.), *The Oxford handbook of international environmental law*, Oxford, Oxford University Press, 2007, p. 183. Il faut pourtant remarquer que la relation entre le droit et la science n'est pas toujours facile. Lorsque la communauté scientifique ne se met pas d'accord sur une analyse ou une donné scientifique, le droit doit évidemment tenir compte des différentes opinions pour réglementer le sujet en question. Voir GUTWIRTH, S. & NAÏM-GESBERT, E., « Science et droit de l'environnement : réflexions pour le cadre conceptuel du pluralisme de vérités », *R.I.E.J.*, 1995, n° 34, p. 33-98.

126 Lorsqu'il analyse le lien entre les politiques environnementales et le rôle de la connaissance scientifique, Philippe Sands affirme que les questions environnementales posent invariablement des questions scientifiques concurrentes. SANDS, P., « Litigating Environmental Disputes : Courts, Tribunals and the Progressive Development of International Environmental Law », in NDIAYE, T. M. ; WOLFRUM, R. & KOJIMA, C. (dir.), *Law of the Sea, Environmental Law and Settlement of Disputes : liber amicorum Judge Thomas A. Mensah*, Leiden/Boston, Martinus Nijhoff Publishers, 2007, p. 315.

127 Mais en ce qui concerne sa mise en œuvre, les États font toujours une analyse coût-bénéfice des mesures de prévention à prendre, ce qui reflète directement non seulement sur le choix de l'obligation – moyens/résultat –, mais aussi sur son efficacité pour la protection de l'environnement. Sur ce sujet, voir BOUCKAERT, B. & DE GEEST, G. (eds.), *Encyclopedia of Law and Economics. Civil Law and*

En fait, le développement du droit international de l'environnement dépend de nombreux facteurs, parmi lesquels certains ne sont pas nécessairement juridiques[128]. Il est, par exemple, impossible d'analyser le dommage environnemental – ou même la possibilité de sa survenance – sans l'aide de l'expertise scientifique et de la connaissance d'autres sciences, telles que l'écologie, la biologie, la géologie, *etc.* En ce sens, la Cour internationale de Justice, dans l'*affaire relative à des Usines de pâte à papier sur le fleuve Uruguay*, a été sévèrement critiquée pour n'avoir pas recouru à l'opinion des experts pour juger le différend[129]. Dans leur opinion dissidente commune, les juges Awn Shawkat Al-Khasawneh et Bruno Simma ont fait remarquer que les méthodes d'appréciation des éléments de preuve utilisées par la Cour sont insuffisantes pour se prononcer sur la pertinence de faits aussi complexes, techniques et scientifiques, et que, par conséquent, il faut qu'elle change sa méthodologie vu que si elle se contente d'appliquer ses techniques juridiques traditionnelles, elle se privera sciemment de la capacité d'examiner pleinement les faits qui lui sont présentés[130]. Le juge Yusuf, lui aussi, en parlant de l'influence d'autres sciences dans le domaine juridique et de la possibilité du recours à l'expertise qui pourrait entamer la fonction du

---

Economics, vol. II, Cheltenham, Edward Elgar, 2000 ; RUSSEL, C. S., *Applying Economics to the Environment*, Oxford, Oxford University Press, 2001 ; FAURE, M., *L'analyse économique du droit de l'environnement*, Bruxelles, Bruylant, 2007 ; OATES, W. E. & MCGARTLAND, A. M., « Marketable permits for the prevention of environmental deterioration », *Journal of Environmental Economics and Management*, vol. 12, issue 3, September 1985, p. 207-228 ; RAO, P. K., *International Environmental Law and Economics*, Oxford, Wiley-Blackwell, 2001 ; SIEBERT, H., *Economics of the Environment : Theory and Policy*, Berlin, Springer-Verlag, 1995 ; et TURNER, K. ; PEARCE, D. W. & BATEMAN, I., *Environmental economics : an elementary introduction*, Baltimore, Johns Hopkins University Press, 1993.

[128] FAURE, M. & NIESSEN, N. (eds.), *Environmental Law in Development : Lessons from the Indonesian Experience*, Northampton, Edward Elgar, 2006, p. 6.

[129] Les juges Yusuf, Simma, Al-Khasawneh et le juge *ad hoc* Vinuesa, dans leurs opinions annexées à l'arrêt du 20 avril 2010, ont souligné le fait que la Cour aurait dû tenir compte de l'opinion des expertises. Voir C.I.J., *Affaire relative à des Usines de pâte à papier sur le fleuve Uruguay (Argentine c. Uruguay)*, arrêt du 20 avril 2010.

[130] Opinion dissidente commune des juges Al-Khasawneh et Simma, *Affaire relative à des Usines de pâte à papier sur le fleuve Uruguay (Argentine c. Uruguay)*, arrêt du 20 avril 2010, par. 3.

juge, a souligné que cela ne porte nullement atteinte au rôle du juge en tant qu'arbitre des faits, puisque c'est, en dernière instance, à la Cour qu'il incombe de se prononcer sur la pertinence et l'importance des résultats des travaux des experts[131].

Pourtant il faut souligner que plus récemment, dans les affaires jointes relatives à *Certaines activités menées par le Nicaragua dans la région frontalière* (Costa Rica c. Nicaragua) et à la *Construction d'une route au Costa Rica le long du fleuve San Juan* (Nicaragua c. Costa Rica), le greffier a informé les Parties que « *la Cour estimait utile que, au cours des audiences dans les deux affaires, celles-ci fassent entendre les experts dont elles avaient annexé les rapports à leurs écritures* »[132]. En ce qui concerne l'allégation de violation de l'obligation de ne pas causer de dommage transfrontière important au Nicaragua, elle a même « *fait remarquer que les éléments de preuve dont elle dispose sont fondés sur la modélisation et les estimations réalisées par les experts des deux Parties* »[133].

Mais dans le droit international de l'environnement, il existe d'autres principes qui utilisent également l'approche préventive face aux risques environnementaux – notamment les principes de précaution et du pollueur-payeur – et qui ont, par conséquent, une relation très étroite et parfois même de complémentarité avec l'obligation de prévention. Ces trois principes, loin de s'exclure mutuellement, servent leurs objectifs ensemble. Ainsi, même s'ils peuvent parfois déboucher sur des solutions très différentes, il convient de les appréhender non pas en termes d'opposition, mais bien d'interaction[134].

---

[131] Déclaration du juge Yusuf, *Affaire relative à des Usines de pâte à papier sur le fleuve Uruguay (Argentine c. Uruguay)*, arrêt du 20 avril 2010, par. 5.

[132] C.I.J., *Affaires jointes relatives à Certaines activités menées par le Nicaragua dans la région frontalière (Costa Rica c. Nicaragua) et à la Construction d'une route au Costa Rica le long du fleuve San Juan (Nicaragua c. Costa Rica)*, arrêt du 16 décembre 2015, par. 32.

[133] *Ibid.*, par. 186.

[134] Lada Šoljan souligne que le principe de prévention seule est trop vague pour servir de base pour des politiques concrètes, et que la prévention ne peut être efficacement mise en œuvre qu'avec l'utilisation de quatre autres principes – la précaution, la diligence due, l'étude d'impact et le pollueur-payeur. ŠOLJAN, L.,

Le principe du pollueur-payeur, par exemple, a une logique très simple : il s'agit de faire supporter le coût de la remise en état de l'environnement à celui qui l'a dégradé, c'est-à-dire qu'il a une fonction de réparation des dommages causés, étroitement liée à l'idée de responsabilité internationale[135]. Mais ce principe a aussi un effet dissuasif, dans la mesure où il oblige les entrepreneurs à prendre eux-mêmes les mesures nécessaires pour réduire ou éviter la pollution dont ils sont les auteurs, en internalisant le coût social que représentent pour les pouvoirs publics la prévention et la lutte contre la pollution[136]. Ainsi, s'il n'envisage pas directement l'obligation de prévention *per se*, lorsqu'il prend en considération l'internalisation des coûts de la pollution, l'on voit aussi qu'il existe également en dehors du droit de la responsabilité avec une forte dimension préventive[137].

Dans certaines situations pratiques, on éprouve une énorme difficulté à différencier le principe du pollueur-payeur du principe de prévention. Si l'on prend les deux acceptions du principe, on constate qu'elles sont étroitement liées aux deux interprétations proposées à la prévention. D'une part, l'acception économique qui exige l'internalisation des coûts externes de l'activité se rapproche de l'obligation de prévention de comportement, qui détermine à l'exploitant l'adoption des mesures de diligence pour éviter la pollution. D'autre part, dans son acception réparatrice, non seulement ses effets, mais son propre contenu est presque identique à l'obligation de prévention de résultat, qui simplement interdit le dommage

---

« The General Obligation to Prevent Transboundary Harm and its Relation to Four Key Environmental Principles », *A.R.I.E.L.*, vol. 3, 1998, p. 231.

135 SABRAN-PONTEVES, E., *Les transcriptions juridiques du principe pollueur-payeur*, Aix-en-Provence, Presses Universitaires d'Aix-Marseille, 2007, p. 169 et ss.

136 En analysant le principe du pollueur-payeur, R. Lefeber note que son objet est de mettre les coûts de prévention et de réparation du dommage à l'environnement à la source du dommage. LEFEBER, R., *Transboundary Environmental Interference and the Origin of State Liability*, The Hague, Kluwer Law International, 1996, p. 2.

137 O.C.D.E., *Le principe pollueur-payeur : définition, analyse, mise en œuvre*, Paris, O.C.D.E., 1975, p. 16.

écologique et, lorsqu'il survient, exige également la remise en état du milieu dégradé[138].

Pour les distinguer dans la première situation, il faut évoquer le caractère économique du principe du pollueur-payeur, étant donné que la prévention n'exige pas l'internalisation des coûts lorsqu'elle ordonne l'adoption des mesures préventives. Dans le deuxième cas, c'est le moment de l'application des principes qui va les différencier, car l'application du principe du pollueur-payer dans son acception réparatrice est ultérieure au préjudice. Ainsi, si l'obligation de prévention de résultat vise d'abord à éviter un dommage et que c'est seulement dans un deuxième moment et en cas de sa violation que l'on doit envisager la réparation, le principe du pollueur-payer, au contraire, ne concerne pas l'interdiction du dommage, mais simplement la canalisation du devoir et des coûts de réparation vers l'exploitant de l'activité. En outre, on constate que si le principe du pollueur-payeur n'envisage que la responsabilité du pollueur/exploitant, dans le cas de la prévention d'autres sujets peuvent également être obligés à réparer les préjudices causés, comme l'État sous la juridiction ou le contrôle duquel se déroule l'activité dans le cas d'une responsabilité subsidiaire, par exemple[139].

La Convention pour la protection du milieu marin de l'Atlantique du Nord-Est – Convention OSPAR nous offre un bon exemple du lien étroit entre les deux principes, car elle oblige les Parties contractantes à prendre toutes les mesures possibles afin de prévenir et de supprimer la pollution, en appliquant « *le principe du pollueur payeur, selon lequel les frais résultant des mesures de prévention, de réduction de la pollution et de lutte contre celle-ci doivent être supportés par le pollueur* »[140]. Ainsi, avec ce fort caractère économique, on peut affirmer que le principe du pollueur-payeur encourage une utilisation rationnelle des ressources environnementales limitées, car c'est l'un

---

[138] Sur le sujet, voir le Titre II de la Deuxième Partie de la thèse.
[139] Sur le sujet, voir le « Chapitre II. Les alternatives à la responsabilité absolue des États » du Titre II de la Deuxième Partie de la présente thèse.
[140] Article 2, b, de la Convention OSPAR de 1992.

des moyens le plus efficaces d'imputer aux États les coûts des mesures de prévention et de lutte contre la pollution[141].

En ce qui concerne le principe de précaution, il y a même des auteurs qui ne le différencient pas du principe de prévention[142], et d'autres qui affirment qu'il est simplement un prolongement naturel de l'obligation de prévention[143], mais il est pourtant bien plus qu'une simple variante de celle-ci. L'on ne peut pas nier le lien très étroit entre les deux principes, puisque les deux travaillent avec l'idée d'anticipation des risques, mais l'objectif de la précaution est d'aller au-delà de la logique classique de l'approche préventive vers une nouvelle culture du risque, étant donné qu'elle est appliquée dans un contexte d'incertitude[144]. Dans cette logique classique, seul un risque avéré justifie l'adoption de mesures de prudence : ce n'est qu'après la constatation du dommage ou de sa forte probabilité qu'il devient légitime de trouver les moyens pour empêcher sa réalisation[145].

La Déclaration de Rio définit la précaution comme le principe selon lequel, « *en cas de risque de dommages graves ou irréversibles, l'absence de certitude scientifique absolue ne doit pas servir de*

---

[141] Premier rapport sur la prévention des dommages transfrontières résultant d'activités dangereuses par S. Rao, Rapporteur spécial, O.N.U., Doc. A/CN.4/487, p. 24.

[142] Voir MILARÉ, E., *Direito do Ambiente : Doutrina, Prática, Jurisprudência, Glossário*, São Paulo, Revista dos Tribunais, 2000, p. 102 ; et ANTUNES, P. B., *Direito Ambiental*, Rio de Janeiro, Lumen Juris, 1999, p. 28-29.

[143] Quand les représentants des gouvernements ont proposé l'idée d'évoquer le principe de précaution dans le projet d'articles sur la Prévention des dommages transfrontières résultant d'activités dangereuses, le Rapporteur spécial a fait observer qu'à son avis « *ce principe était déjà englobé dans les principes de prévention et d'autorisation préalable et dans l'évaluation de l'impact sur l'environnement et ne pouvait en être dissocié* ». O.N.U., Doc. A/55/10, par. 716.

[144] McINTYRE, O. & MOSEDALE, T., « The Precautionary Principle as a Norm of Customary International Law », *J.E.L.*, vol. 9, 1997, p. 222.

[145] NOIVILLE, C., « Princípio da precaução e Organização Mundial do Comércio : da oposição filosófica para os ajustes técnicos ? », in VARELLA, M. D. & PLATIAU, A. F. B. (ed.), *Princípio da Precaução*, Belo Horizonte, Del Rey, 2004, p. 322.

prétexte pour remettre à plus tard l'adoption de mesures effectives visant à prévenir la dégradation de l'environnement »[146].

Par rapport au principe de prévention, la mise en œuvre d'une démarche de précaution marque donc une gradation supplémentaire dans l'anticipation par les pouvoirs publics de la survenance d'un dommage[147]. Si la prévention vise à empêcher le risque de *dommage potentiel*, c'est-à-dire à éviter qu'une activité reconnue comme dangereuse produise des effets indésirables, la précaution, en revanche, vise à empêcher le risque de *danger potentiel*, à savoir le risque qu'une activité puisse être « abstraitement » dangereuse[148].

Bien qu'il y ait des similitudes entre les deux principes, il faut remarquer deux différences fondamentales entre eux. D'abord, et certainement la différence la plus remarquable, si la prévention s'applique aux risques pleinement appréhendés, ou au moins probables, la précaution, au contraire, « *intervient dans les situations de risques possibles, soupçonnés, mais ni connus, ni "probabilisables"* »[149]. Et même si certains instruments conventionnels véhiculent la fausse idée selon laquelle la précaution est une simple transposition du principe de prévention dans le champ de l'incertitude scientifique[150], le *modus operandi* de la précaution est

---

[146] Principe 15 de la Déclaration de Rio. Dans le même sens, la loi française donne la notion suivante : « *le principe de précaution, selon lequel l'absence de certitudes, compte tenu des connaissances scientifiques et techniques du moment, ne doit pas retarder l'adoption de mesures effectives et proportionnées visant à prévenir un risque de dommages graves et irréversibles à l'environnement à un coût économiquement acceptable* ». Loi nº 95-101 du 2 février 1995 relative au renforcement de la protection de l'environnement – Loi Barnier –, article 1er (Journal officiel nº 29 du 3 février 1995, p. 1840).

[147] Pour une série d'articles sur la mise en œuvre du principe de précaution, voir FREESTONE, D. & HEY, E. (ed.), *The Precautionary Principle and International Law : The Challenge of Implementation*, The Hague, Kluwer Law International, 1996.

[148] HAMMERSCHMIDT, D., « O Risco na Sociedade Contemporânea e o Princípio da Precaução », in *Revista Seqüência*, n. 45, dez. 2002, p. 112.

[149] CAZALA, J., *Le principe de précaution en droit international*, Paris, Anthemis, 2006, p. 10.

[150] Selon Nicolas De Sadeleer, « *la séparation entre les principes de prévention et de précaution paraît au premier abord relativement aisée : alors que la certitude du risque appelle une attitude de prévention, son incertitude requiert la précaution ;*

complètement différent, car elle n'a pas vocation à s'appliquer *ad vitam ad aeternam*. En ce sens, dans la mesure où la science – ou le degré de certitude d'un risque – joue un rôle totalement différent de celui qui lui était réservé dans le cadre du modèle préventif, l'action de précaution doit s'accompagner en permanence d'une évaluation des connaissances produites et d'une actualisation des mesures prises[151]. Si l'action de prévention doit être pérenne tant que le risque existe, l'action de précaution, en revanche, est provisoire, parce qu'elle implique une obligation continue de recherche scientifique afin de réduire la part d'incertitude qui caractérise le risque. Ainsi, si d'une part le caractère provisoire de la précaution est tributaire de l'évolution des connaissances scientifiques, d'autre part il oblige l'État à agir, c'est-à-dire à effectuer des recherches pour obtenir les données scientifiques nécessaires à une évaluation plus objective du risque[152].

L'on peut constater l'interaction entre les trois principes et la difficulté de les distinguer lorsqu'on analyse, bien que de manière superficielle, un instrument typiquement préventif : l'étude d'impact[153]. Le principe du pollueur-payeur apparaît lorsque l'étude impose les coûts des mesures préventives ou compensatoires à la charge de l'entrepreneur, après avoir évalué les impacts potentiels sur l'environnement de l'activité en question. En ce qui concerne le lien entre la précaution et la prévention dans cet instrument, l'interaction est totale, et de nature circulaire : pendant les travaux de recherche sur les conséquences de l'activité, c'est le degré de connaissance scientifique qui va nous montrer si la situation exige des mesures de

---

mais il s'agit là d'une distinction subtile puisque l'ignorance ou la connaissance d'un risque n'est jamais absolue. » DE SADELEER, N., *Les principes du pollueur-payeur, de prévention et de précaution – Essai sur la genèse et la portée juridique de quelques principes du droit de l'environnement*, Bruxelles, Bruylant, 1999, p. 395.

151 MARTIN, G., « Principe de précaution, prévention des risques et responsabilité : quelle novation, quel avenir ? », *A.J.D.A.*, n° 40, 2005, p. 2224.

152 WIENER, J. B., « Precaution », in BODANSKY, D. ; BRUNNÉE, J. & HEY, E. (dir.), *The Oxford handbook of international environmental law*, Oxford, Oxford University Press, 2007, p. 610.

153 L'étude d'impact sera objet des réflexions plus profondes au moment de l'analyse de l'obligation de prévention de comportement.

prévention ou de précaution. En d'autres termes, une situation de prévention peut donner lieu à une situation de précaution et vice versa[154]. Toutefois, malgré les difficultés et aussi subtile que soit la différence, elle existe et il faut évidemment la souligner, comme nous l'avons fait.

4. Les deux approches de l'obligation de prévention – l'obligation de moyens/comportement et l'obligation de résultat

Pour mieux comprendre la distinction entre les obligations de résultat et les obligations de comportement, et comment elle peut être utilisée pour distinguer les deux obligations de prévention dans le droit international de l'environnement, il faut d'abord analyser les travaux de la Commission du droit international sur la responsabilité des États, notamment les rapports de Roberto Ago[155], et souligner les raisons pour lesquelles elle fut abandonnée dans le projet d'articles définitif[156]. Ensuite, il est nécessaire de démontrer en quoi il est important de revenir à cette distinction, dans la mesure où la Commission elle-même l'a abandonnée, pour enfin donner notre propre définition, plus proche du droit civil français – au contraire de l'approche du rapporteur spécial de la Commission.

La distinction entre ces deux types d'obligations, bien que communs aux systèmes de droit civil de certains pays – plus particulièrement ceux qui découlent du droit romain –, a été introduite en droit international au début du XXe siècle par H. Triepel et D.

---

154 MBENGUE, M. M., *Essai sur une théorie du risque en droit international public : l'anticipation du risque environnemental et sanitaire*, Paris, Pedone, 2009, p. 168.

155 C'est dans son Sixième rapport sur la responsabilité des États que le rapporteur spécial analyse la différence entre les obligations de moyens et les obligations de résultat. O.N.U., Doc. A/CN.4/302 et Add. 1, 2 & 3.

156 Les caractéristiques de chaque obligation seront évidemment analysées d'une manière plus approfondie dans chaque Partie de la présente thèse. L'objectif maintenant est de donner quelques éléments pour que l'on puisse établir notre propre définition des obligations de résultat et de comportement.

Anzilotti, et ensuite développée par d'autres auteurs[157]. Avec une vision dualiste de la société internationale, Dionisio Anzilotti, en analysant l'activité législative d'un État et le cas où était produite une loi contraire au droit international, dit que lorsque l'obligation est de résultat, le droit international se borne à déterminer la conduite que l'État doit tenir selon les circonstances données, en lui laissant toute liberté pour choisir les moyens internes qu'il juge propres à assurer cette conduite – dans ce cas : l'adoption d'une loi. En revanche, lorsque l'obligation est de comportement, le « *droit peut d'abord ordonner à l'État d'avoir ou de ne pas avoir les règles voulues* », ainsi la violation ressort du fait de ne pas avoir telle règle ou de maintenir en vigueur une règle défendue par le droit international[158].

De la même façon, Heinrich Triepel affirme que soit le droit international ordonne spécifiquement à l'État d'introduire certaines règles de droit dans son ordre juridique, soit il laisse l'État libre pour choisir les moyens à mettre en œuvre afin d'atteindre le résultat visé par la règle internationale concernée[159]. Toutefois, cette distinction est surtout liée au nom de Roberto Ago, qui a repris cette classification des obligations juridiques dans ses rapports sur la responsabilité internationale de l'État lorsqu'il propose sa théorie du fait internationalement illicite[160].

---

[157] Voir TRIEPEL, H., *Völkerrecht und Landesrecht*, Leipzig, 1899, et ANZILOTTI, D., « Teoria generale della responsabilità dello Stato nel diritto internazionale », in ANZILOTTI, D., *Scritti di diritto internazionale pubblico*, tomo I, Padova, CEDAM, 1956, p. 1-147. Voir également DONATI, D., *I trattati internazionali nel diritto constituzionale*, Turin, Unione tipografico editrice torinese, 1906, p. 343 ss ; et MARCHESI, A., *Obblighi di condotta e obblighi di risultato : contributo allo studio degli obblighi internazionali*, Milan, A. Giuffrè, 2002.

[158] ANZILOTTI, D., « La responsabilité internationale des États à raison des dommages soufferts par des étrangers », *R.G.D.I.P.*, vol. XIII, 1906, p. 294.

[159] TRIEPEL, H., *Völkerrecht und Landesrecht*, Leipzig, 1899, p. 299.

[160] Outre les rapports de R. Ago à la Commission, voir aussi son cours à l'Académie de droit international de 1939, où il présente sa distinction, mais avec une autre terminologie : il parle de *délits internationaux simples* et de *délits internationaux complexes* au lieu d'obligation de comportement et d'obligation de résultat, respectivement. AGO, R., « Le délit international », *R.C.A.D.I.*, vol. 68, 1939, p. 506.

Selon la Commission et son rapporteur spécial, si d'une part il est indubitable que le droit international connaît les deux catégories d'obligations, d'autre part vouloir simplement transposer la distinction telle qu'elle est conçue en droit interne au droit international risque d'échouer, car les obligations internationales présentent des structures différentes et un « *mode d'être* » très particulier. Ainsi, selon le rapporteur, si dans la plupart des cas les obligations qui sont des moyens dans le sens du droit civil le sont en même temps dans le sens du droit international, ce n'est pas toujours le cas ; et cela vaut aussi pour les obligations de résultat[161]. De plus, tous les pays ne connaissent pas cette distinction, notamment les pays de *common law*. Par conséquent, le rapporteur a fait une adaptation de la théorie du droit privé au droit international, et a même évité de définir directement les obligations comme de « moyens/comportement » ou de « résultat ». En fait, il parle d'obligation « *requérant de l'État l'adoption d'un comportement spécifiquement déterminé* » et d'obligation « *requérant de l'État l'obtention d'un résultat* »[162].

Toute obligation internationale vise un but, mais ledit but peut être atteint par une action sur le plan international ou sur le plan national. Ainsi, il arrive qu'une obligation internationale non seulement indique à l'État l'objectif à atteindre, mais précise aussi les mesures d'ordre législatif, exécutif ou judiciaire[163] par lesquels l'État doit y parvenir. Au contraire, elle peut, soucieuse de respecter la liberté intérieure de l'État, se borner à exiger de l'État la réalisation concrète d'un certain résultat, mais en le laissant libre du choix des moyens pour y aboutir sur le plan interne[164].

---

[161] *Annuaire... 1977*, vol. II, Deuxième partie, p. 13.

[162] *Annuaire... 1977*, vol. I, p. 221.

[163] Il peut être aussi une abstention.

[164] Dans son Sixième rapport, Roberto Ago affirme que « *l'on pourrait être tenté de qualifier d'« obligations internationales de comportement » les obligations requérant d'un État l'adoption d'une conduite active ou omissive spécifiquement déterminée – cela par opposition aux obligations qui posent à l'État l'exigence générique d'assurer un certain résultat, en lui laissant le choix des voies et moyens par lesquels y parvenir, et que l'on pourrait qualifier d'« obligations de résultat ».* » O.N.U., Doc. A/CN.4/302, p. 8.

L'obligation de comportement déterminé est donc celle qui exige des organes de l'État, soit une action, soit une omission, mais s'agissant toujours d'activités, comportements ou moyens spécifiquement déterminés et de caractère obligatoire. Le comportement peut être actif et dirigé vers les organes législatifs – adopter ou abroger une norme déterminée –, vers le pouvoir judiciaire – accepter une décision étrangère –, ou vers des organes exécutifs – la destruction d'un établissement militaire, par exemple. Mais le droit peut aussi demander un comportement d'omission, comme l'obligation de ne pas édicter certaines normes, ou de ne pas pénétrer dans certains locaux qui jouissent d'une protection spéciale, tel le siège d'une mission diplomatique ou consulaire[165].

À la lumière de cette considération, il suffit de comparer le comportement effectivement adopté au comportement requis par le droit international pour établir s'il y a exécution ou violation de l'obligation en question. Cela étant, lorsque l'obligation internationale exige de l'État un comportement déterminé – actif ou omissif –, tout comportement que l'État adopte et qui n'est pas conforme à celui qui est spécifiquement requis constitue immédiatement une violation directe de l'obligation juridique internationale existante[166].

---

[165] O.N.U., Doc. A/CN.4/302, p. 5-6. L'important est que dans ces cas le comportement est totalement indépendant du résultat voulu : si, par exemple, une convention internationale impose à l'État de sanctionner par une loi l'interdiction d'employer des produits chimiques dans l'environnement de façon à compromettre leur qualité ou leurs ressources naturelles, cette obligation est violée du seul fait que la loi prévoyant la punition de telles pratiques n'a pas été édictée, même si aucun cas concret d'emploi de produits chimiques et d'une pollution consécutive n'a été constaté dans l'État en question. C'est à cause de cette caractéristique que certains auteurs ont considéré l'obligation de comportement plus contraignante que celle de résultat, car outre l'obtention d'un résultat – l'essence de toute norme – elle fixe les moyens pour y arriver. STERN, B., « Responsabilité internationale », *Répertoire de droit international*, Paris, Dalloz, 1998, par. 64.

[166] TRIEPEL, H., *Droit international et droit interne,* Paris, Pedone, 1920, p. 297. En réalité, l'article proposé par le rapporteur spécial et approuvé en première lecture par la Commission en 1996 était conçu d'une manière assez simple : « *Article 20 – Violation d'une obligation internationale requérant de l'État l'adoption d'un comportement spécifiquement déterminé – Il y a violation par un État d'une obligation internationale requérant spécifiquement de celui-ci l'adoption d'un*

En ce qui concerne la possibilité de survenance d'un dommage, il faut donc signaler que peu importe que la non-conformité du comportement requis par le droit international ait ou non engendré des conséquences concrètement préjudiciables, car l'obligation est violée du seul fait que le comportement requis n'a pas été respecté[167].

L'obligation de résultat, à son tour, est celle qui laisse à l'État la liberté de choix quant aux moyens par lesquels assurer le résultat exigé, mais qui peut, malgré tout, marquer une préférence, indiquant qu'une mesure déterminée est la plus apte à réaliser le résultat exigé de l'État, sans pourtant l'obliger à prendre une telle mesure. Il peut arriver, dans de rares circonstances et pour autant que le résultat en question ne soit pas devenu définitivement irréalisable, que la structure de l'obligation internationale laisse également à l'État la possibilité de remédier aux effets d'un comportement initial opposé à l'obligation par une nouvelle mesure afin d'atteindre le résultat requis, ou encore plus rarement, et même là où le comportement initialement adopté aurait désormais rendu irréalisable le résultat requis, que l'obligation donne à l'État la possibilité de s'acquitter de son obligation en assurant un résultat de rechange[168].

L'on constate ainsi l'existence de quatre catégories d'obligations de résultat : l'obligation qui laisse une liberté absolue de choix à l'État ; l'obligation qui donne une suggestion de comportement, sans l'imposer ; l'obligation qui donne à l'État la possibilité de remédier aux effets d'un comportement initial contraire au résultat requis par l'obligation et, enfin, l'obligation qui permet à l'État de s'acquitter de son obligation par un résultat de rechange[169]. Selon le rapporteur

---

comportement déterminé du simple fait de l'adoption d'un comportement différent de celui qui était spécifiquement requis. » O.N.U., Doc. A/CN.4/302, p. 9.

[167] SALMON, J., « Le fait étatique complexe – une notion contestable », *A.F.D.I.*, vol. 28, 1982, p. 717.

[168] O.N.U., Doc. A/CN.4/302, p. 11-12.

[169] Pisillo-Mazzeschi, en résumant les travaux de la Commission sur le sujet, affirme que le rapporteur spécial propose la tripartition entre les obligations : les obligations de comportement spécifique, et les obligations de résultat, que, par sa foi, peuvent être divisées en obligations de résultat simples, dont la violation se fait par une seule action, et obligations de résultat prolongées, dont l'action initiale de l'État peut être corrigée. Il propose donc l'expression *obligations de résultat final* pour « *souligner le fait que ces obligations se proposent d'atteindre un certain résultat comme*

spécial, dès lors qu'une obligation comporte une possibilité de choix quant aux moyens d'exécution, elle est contraire à l'obligation de comportement spécifique. En fait, l'obligation de résultat se caractérise par rapport aux obligations de comportement par un degré, d'ailleurs variable, de permissivité : d'abord, elle est permissive puisqu'elle laisse l'État libre de choisir son comportement au départ ; elle est plus permissive lorsqu'elle permet à l'État d'autres possibilités après la constatation de l'échec du comportement initial ; et elle est trop permissive lorsqu'elle permet à l'État de s'acquitter de son obligation par un résultat équivalent[170].

Selon le rapporteur, établir la violation d'une obligation de résultat est plus difficile que dans le cas d'une obligation de comportement, où il faut simplement confronter le comportement adopté concrètement par l'État avec le comportement qu'en l'occurrence il était requis d'adopter. En revanche, pour établir la violation d'une obligation de résultat, ce n'est que le résultat effectivement réalisé par l'État, par rapport au résultat exigé par l'obligation, qui compte. Si l'on constate une coïncidence des résultats, l'obligation a été correctement exécutée ; dans le cas contraire, elle a été violée. En d'autres termes, la confrontation entre le résultat définitivement obtenu et celui que l'État aurait dû assurer est le seul critère pour établir si une obligation de résultat a été enfreinte[171].

---

objectif final d'un long processus ». PISILLO-MAZZESCHI, R., « Responsabilité de l'État pour violation des obligations positives relatives aux droits de l'homme », *R.C.A.D.I.*, n° 333, 2008, p. 276.

170 O.N.U., Doc. A/CN.4/302, p. 13.

171 *Annuaire... 1977*, vol. II, Deuxième partie, p. 31. Cela ressort clairement de l'article proposé par R. Ago dans son sixième rapport à la Commission : « *Article 21 – Violation d'une obligation internationale requérant de l'État l'obtention d'un résultat – 1. Il y a violation d'une obligation internationale requérant de l'État d'assurer* in concreto *un certain résultat, tout en le laissant libre de choisir au départ le moyen d'y parvenir, si, par le comportement adopté dans le cadre de cette liberté de choix, l'État n'a pas abouti concrètement à la réalisation du résultat internationalement requis. 2. Dans les cas où l'obligation internationale permet à l'État dont un premier comportement a abouti à une situation incompatible avec le résultat visé de remédier à cette situation, soit en réalisant par un nouveau comportement le résultat originairement requis, soit en assurant à la place de celui-ci un résultat équivalent, il y a violation de l'obligation si en plus l'État a manqué à*

À la lumière des considérations qui précèdent, on peut soutenir que la distinction en question concerne particulièrement la manière dont l'obligation internationale exige d'être exécutée par l'État. Ainsi, l'obligation de comportement détermine avec précision les moyens internes à utiliser pour atteindre le but de l'obligation – que soit une mesure administrative, législative ou judiciaire. En revanche, l'obligation de résultat s'arrête aux frontières de l'appareil étatique, car elle ne spécifie pas le type d'exécution interne, mais laisse l'État libre pour choisir les moyens d'exécution appropriés pour atteindre l'objectif visé par l'obligation. Comme conséquence directe de cette interprétation, il ressort que le caractère déterminé ou non de l'obligation joue lui aussi un rôle particulier dans la distinction proposée par R. Ago, dans la mesure où l'obligation de comportement serait une obligation précise et bien déterminée, tandis que l'obligation de résultat serait imprécise et plus abstraite[172].

Suivant le critère de distinction proposé par R. Ago, il nous semble qu'il énonce quatre types d'obligations internationales classées en deux groupes, en distinguant les cas où les moyens par lesquels l'obligation qui doit être atteinte est accomplie au plan international, dans une relation typiquement interétatique, et ceux où elle est accomplie au plan national : les premières sont les obligations de comportement déterminé ; les autres sont les obligations de résultat, qui comprennent les obligations de résultat simple, qui peuvent ou pas suggérer à l'État un moyen considéré comme le plus apte à réaliser le résultat exigé ; les obligations de résultat final dont l'action initiale contraire à l'objectif de la norme peut être corrigée par d'autres actions ultérieures ; et, le cas le plus complexe, les obligations de résultat final qui, même avec l'impossibilité d'arriver au résultat requis par la norme, laissent encore à l'État la possibilité de le substituer par un autre équivalent.

---

utiliser cette possibilité ultérieure et a par là complété le début de violation représentée par son premier comportement. » O.N.U., Doc. A/CN.4/302, p. 22.

172 MARCHESI, A., *Obblighi di condotta e obblighi di risultato. Contributo allo studio degli obblighi internazionali*, Milan, 2002, p. 39-40.

Il est intéressant de souligner que même la Commission, tout en approuvant en première lecture la classification de R. Ago[173], reconnaît qu'il y a des cas où des problèmes d'interprétation peuvent se poser quant à la question de savoir si une obligation internationale relève d'un type plutôt que d'un autre, mais l'existence d'un tel problème n'était pas à l'époque une raison suffisante pour que la distinction entre les obligations de résultat et les obligations de comportement soit écartée du projet d'articles sur la responsabilité internationale des États, car une telle distinction, selon la Commission, « *est tout à fait fondamentale pour déterminer comment la violation d'une obligation internationale se réalise dans un cas et dans l'autre* »[174].

Pourtant, la distinction entre les obligations de comportement spécifiquement déterminées et les obligations de résultat, selon le modèle présenté par le rapporteur spécial, se prête à une série de critiques, notamment le fait d'être entièrement fondé sur le principe de la souveraineté de l'État. Ainsi, bien que la distinction proposée puisse être encore valable sur le plan de la théorie générale des obligations, la doctrine a fortement critiqué la distinction telle qu'elle était conçue par la Commission, non seulement par la difficulté de son application, mais aussi parce qu'elle contribue plutôt à la confusion qu'à la détermination précise de la violation d'une obligation internationale[175].

D'abord, elle présente des défauts remarquables en ce qui concerne notamment les obligations que nous avons appelées de résultat final. En situant la naissance – ou la preuve – du fait internationalement illicite au dernier acte d'une chaîne de comportements de l'État, elle retarde jusqu'à ce moment la possibilité même de soutenir qu'il y a entre-temps une violation de l'obligation. Encore plus grave, même dans l'hypothèse où le résultat ne peut plus être obtenu, la règle en

---

173 *Annuaire... 1996,* vol. II, Deuxième partie, chap. III, sect. D.l.

174 De l'avis de la Commission, si un différend international s'élève sur l'interprétation à donné à une obligation internationale, il appartiendra aux instances de droit international habilitées à le faire de trancher la question. *Annuaire... 1977*, vol. II, Deuxième partie, p. 14.

175 LYSEN, G., *State Responsibility and International Liability of States for Lawful Acts. A Discussion of Principles*, Uppsala, Lustu Förlag, 1997, p. 63.

question peut donner à l'État la possibilité de s'acquitter de son obligation par des moyens de rechange ! L'obligation de résultat simple pose également quelques problèmes d'application pratique, car il est extrêmement difficile de la distinguer de l'obligation de comportement déterminé : quand la Convention de 1965 sur l'élimination de toutes les formes de discrimination raciale demande à chaque partie de « *prendre des mesures efficaces pour modifier, abroger ou annuler* »[176] toute norme ayant pour effet de créer la discrimination raciale, la Commission affirme qu'il s'agit d'une obligation exigeant un comportement spécifiquement déterminé, car le texte indique quels moyens internes doivent être utilisés. Mais quelle est la différence entre cette obligation de moyens et une obligation de résultat simple qu'indique, sans l'imposer, une mesure à prendre ? Parce qu'il y reste malgré tout trois options à l'État ! C'est donc le résultat qui compte, car le but de la norme est de demander à l'État de prendre des mesures efficaces pour empêcher la discrimination[177].

On trouve un autre exemple lors des commentaires sur les obligations de comportement s'adressant aux organes exécutifs de l'État : la Commission analyse l'article 115 du Traité de Versailles qui prévoyait la destruction des fortifications, des établissements militaires et des ports de l'île d'Héligoland aux frais du Gouvernement allemand, et conclut qu'il s'agit d'une obligation de moyens du seul fait que la norme requiert de l'État un comportement spécifiquement déterminé – ou, si l'on veut, un comportement d'organes étatiques spécifiquement désignés[178]. Or, cette obligation ne peut pas être considérée comme une obligation de comportement, mais justement le contraire ! Si l'on constate que les fortifications sont encore là, c'est-à-dire que le résultat – sa destruction – n'a pas été atteint, l'État a évidemment violé son obligation. L'important dans ce cas, c'est le

---

[176] Article II, 1, c, de la Convention.

[177] Selon le professeur Tomuschat, par exemple, difficile à appliquer, la distinction entre obligations de comportement et obligations de résultat n'est guère utile à ceux qui doivent déterminer s'il y a eu violation d'une obligation internationale. TOMUSCHAT, C., « What is a 'Breach' of the European Convention on Human Rights ? », in LAWSON, R. & BLOIS, M. (dir.), *The Dynamics of the Protection of Human Rights in Europe – Essays in Honour of Henry G. Schermers*, vol. III, Dordrecht/Boston/Londres, Martinus Nijhoff Publishers, 1994, p. 335.

[178] *Annuaire... 1977*, vol. II, Deuxième partie, p. 16.

résultat, mais comme le traité spécifie le comportement de l'État, la Commission se trompe dans son analyse. Si l'on adopte cette position, l'on peut arriver à l'absurdité d'exonérer la responsabilité de l'Allemagne même sans la destruction effective des fortifications, à condition qu'elle prouve l'adoption des mesures qui lui sont demandées par le traité, mais que celles-ci ont été inefficaces en raison de la résistance des bâtiments !

Et même en ce qui concerne son but de faciliter la preuve de la violation d'une obligation internationale pour établir la responsabilité d'un État, la distinction proposée échoue. À partir du moment où la Commission classe les obligations selon leur application dans le domaine interétatique (obligation de comportement) ou dans la sphère intérieure de l'État (obligation de résultat), elle donne un sens inverse au résultat voulu : pour elle, prouver l'existence de la violation d'une obligation de moyens est plus facile, car, pour qu'il y ait violation, il suffit alors que l'État adopte un comportement différent de celui qui était spécifiquement requis ; en revanche, lorsque le droit international impose à l'État l'obtention d'un certain résultat en lui laissant le choix des moyens à utiliser pour y parvenir, la détermination de l'existence d'une violation devient plus complexe, car la liberté que l'obligation internationale octroie quant à son exécution peut avoir des degrés très divers[179]. Le problème est que la distinction, comme l'on a déjà vu, n'est pas assez nette et donc pas très utile, car elle mélange l'obtention du résultat dans le plan international avec les actions prises en interne par l'État pour s'acquitter de son obligation. En outre, il est très difficile de classer les obligations dans un cas pratique, car « *il est fréquent qu'une fin soit aussi un moyen et inversement qu'un moyen puisse être considéré comme une fin* »[180]. Paul Reuter, par exemple, partant de la présomption que la distinction adoptée par la Commission n'est pas appropriée au plan terminologique, affirme exactement l'opposé :

---

[179] *Annuaire... 1977*, vol. I, p. 225.

[180] SALMON, J., « Le fait étatique complexe – une notion contestable », *A.F.D.I.*, vol. 28, 1982, p. 727. En fait, dans son article, l'auteur critique la notion de fait illicite complexe, mais qui est étroitement liée à la notion de l'obligation de résultat. Sur le fait ou délit complexe, et par conséquent sur l'obligation de résultat, l'auteur affirme qu'il s'agit d'une notion « *confuse, dangereuse et inutile* ». *Ibid.*, p. 738.

« *Lorsque l'on est en présence d'une obligation de résultat, la responsabilité est encourue du fait que le résultat n'est pas atteint (...) ; lorsqu'au contraire on est seulement en présence d'une obligation de comportement, il faut déterminer quel est le contenu de comportement et le problème est infiniment plus délicat* »[181].

Une autre critique à la distinction proposée, mais liée spécifiquement au projet d'articles sur la responsabilité de l'État, relève de ses conséquences pratiques dans les travaux de la Commission. La distinction entre obligations de comportement et obligations de résultat porte sur des règles de droit substantiel qui classent des obligations primaires et, à partir du moment où la Commission a décidé que ses travaux devraient porter exclusivement sur les règles secondaires, elle n'a plus sa place dans le projet[182]. En outre, étant donné que la seule importance de cette distinction réside dans l'effet sur la preuve pour l'établissement de la responsabilité internationale, elle n'a aucune conséquence matérielle sur le projet parce qu'il ne concerne pas la charge de la preuve ou tout autre problème procédural[183].

Ce changement d'approche sur le sujet a commencé quand James Crawford a été désigné rapporteur spécial pour succéder à Gaetano Arangio-Ruiz[184]. Après avoir constaté que la distinction proposé par

---

[181] REUTER, P., *Droit international public : la responsabilité internationale*, Paris, Les Nouvelles Institutes, 1955-56, p. 57.

[182] BELAÏC, F., « Les réactions des gouvernements au projet de la CDI sur la responsabilité des États », *A.F.D.I.*, vol.44, 1998, p. 522. Dans son article, l'auteur fait un compte rendu des positions des gouvernements sur six thèmes de réflexion liés au projet : la forme du texte auquel le projet doit aboutir ; le champ matériel couvert par le projet ; le rôle du dommage en tant qu'élément constitutif de la responsabilité de l'État ; les dispositions relatives au régime des contre-mesures ; les conséquences juridiques de la responsabilité ; et ce qui nous intéresse, la diversité des faits internationalement illicites et la conséquente distinction entre les obligations internationales.

[183] LEFEBER, R., *Transboundary Environmental Interference and the Origin of State Liability*, The Hague, Kluwer Law International, 1996, p. 74. Voir aussi CRAWFORD, J., *Les articles de la C.D.I. sur la responsabilité de l'État. Introduction, Texte et Commentaires*, Paris, Pedone, 2003, p. 26.

[184] Rapport de la Commission du droit international sur les travaux de sa quarante-neuvième session (12 mai-18 juillet 1997), O.N.U., Doc. A/52/10, par. 161, d.

R. Ago a été largement critiquée par la doctrine et par un certain nombre de gouvernements qui estimaient qu'elle « *revenait à couper les cheveux en quatre* » et que le projet devrait exposer uniquement des règles secondaires, il a remarqué l'existence des arguments convaincants militant en faveur de sa suppression pure et simple[185]. Ainsi, en soulignant que cette distinction ne semblait pas entraîner des conséquences directes pour ce qui est de son projet d'articles, malgré la possibilité d'aider à déterminer s'il y a eu une violation, la Commission a simplement évité d'entrer dans ce domaine dans son projet d'articles définitif en signalant qu'il y a violation d'une obligation internationale par un État quelle que soit la nature de celle-ci :

« *Article 12 – Existence d'une violation d'une obligation internationale*

Il y a violation d'une obligation internationale par un État lorsqu'un fait dudit État n'est pas conforme à ce qui est requis de lui en vertu de cette obligation, quelle que soit *l'origine ou* la nature *de celle-ci.* » (c'est moi qui souligne)[186]

Mais sans doute, la principale critique faite à la distinction réside dans son rapport avec des notions analogues ayant cours en droit interne. Ainsi, en empruntant cette distinction au droit français, basé sur le droit romain, le premier rapporteur spécial avait inversé les conséquences à en tirer : alors que dans l'interprétation classique du droit civil les obligations de résultat sont plus contraignantes que les obligations de comportement, dans le concept de l'ancien rapporteur, les obligations de résultat sont moins sévères parce que l'État a un pouvoir discrétionnaire quant aux mesures à être adoptées, et il n'en a pas vis-à-vis des obligations de comportement déterminé[187].

---

[185] Deuxième rapport sur la responsabilité des États présenté par M. James Crawford, O.N.U., Doc. A/CN.4/498, par. 89. Dans les paras. 52-80 le rapporteur explique les raisons pour l'abandon de la distinction.

[186] Voir notamment les commentaires dans l'*Annuaire... 2001,* vol. II, Deuxième partie, p. 137-140.

[187] J. Crawford ajoute qu'une fois que « *la souveraineté peut être affectée quant un État a une obligation spécifique, déterminée, d'agir, c'est précisément la valeur de la souveraineté d'État qui va subvertir le concept juridique.* » CRAWFORD, J.,

Au sens du droit romain, les obligations de résultat comportent dans une certaine mesure une garantie du résultat requis par la norme, alors que les obligations de moyens s'apparentent plutôt à une obligation de faire de son mieux, de faire tout ce qui est en son pouvoir pour parvenir à un résultat, mais sans assurer que le résultat final sera obtenu[188]. En ce qui concerne la détermination de la violation de l'obligation dans le système classique, pour l'obligation de résultat, l'inexécution résulte de l'absence du résultat promis, alors que pour l'obligation de comportement, l'inexécution découle du fait que l'État n'a pas fait preuve du soin ou de la diligence que requéraient les circonstances. Autrement dit, tels qu'elle est présentée dans les articles 20 et 21 et expliquée par R. Ago dans ses commentaires, la distinction entre les deux types d'obligations est fondée sur des éléments déterminés, c'est-à-dire que l'accent est mis sur le caractère déterminé du comportement en question, et non sur le risque, comme la distinction du droit interne[189]. En somme, le pivot de la distinction proposée par la Commission « *est désormais le degré de liberté laissée au débiteur de l'obligation dans le choix des procédés par lesquels il peut l'exécuter, et non plus le caractère plus ou moins aléatoire du résultat escompté.* »[190]

En outre, d'après la Commission du droit international, il n'existe pas de violation d'une obligation internationale dans l'abstrait[191] ; ainsi, il faut analyser la règle primaire pour déterminer si un comportement donné peut être considéré comme une violation du droit international attribuable à un État. Il est justement dans ce point que la distinction peut vraiment nous être utile : si elle n'a aucun effet pratique dans les travaux de la Commission sur la responsabilité

« Revising the Draft Articles on State Responsibility », *E.J.I.L.*, vol. 10, 1999, p. 441.

[188] DUPUY, P.-M., « Reviewing the Difficulties of Codification : On Ago's Classification of Obligations of Means and Obligations of Result in Relation to State Responsibility », *E.J.I.L.*, vol. 10, 1999, p. 378.

[189] O.N.U., Doc. A/54/10, par. 133.

[190] COMBACAU, J., « Obligations de résultat et obligations de comportement : quelques questions et pas de réponse », in *Mélanges offerts à P. Reuter. Le droit international : unité et diversité*, Paris, Pedone, 1981, p. 202.

[191] CRAWFORD, J., *Les articles de la C.D.I. sur la responsabilité de l'État. Introduction, Texte et Commentaires*, Paris, Pedone, 2003, p. 148.

internationale, elle peut pourtant être utilisée dans une étude sur les règles primaires, notamment vis-à-vis de la règle primaire de prévention.

En réalité, il ressort de l'analyse du droit conventionnel ainsi que de la pratique entre les États qu'en fonction de l'interprétation donnée à l'obligation de prévention on obtient des conséquences totalement distinctes non seulement vis-à-vis de sa mise en œuvre par les États mais aussi à l'égard des effets de sa violation sur le droit de la responsabilité internationale. Ainsi, au lieu d'affirmer l'existence d'une seule obligation, cette classification nous montre qu'il est parfaitement possible d'envisager deux obligations de prévention, telles sont ses différences de contenu et d'application.

Interpréter l'obligation de prévention comme une obligation de moyens signifie ordonner à l'État l'adoption de toutes les mesures de diligence nécessaires pour éviter un dommage. Par ailleurs, lorsqu'il s'agit d'une obligation de prévention de résultat, l'objectif de la norme n'est plus mesuré en fonction des efforts de l'État, mais en raison de son devoir de ne pas causer un dommage, c'est-à-dire que c'est le résultat qui compte. À partir du moment où l'on constate des différences marquantes concernant la preuve du respect de l'obligation, il faut se poser la question de savoir si ces différences n'ont pas comme effet l'application de régimes distincts de responsabilité internationale[192].

Étant donné qu'il y a deux manières de concevoir cette distinction, il faut maintenant définir quelle sera la notion d'obligation de comportement/moyens et d'obligation de résultat utilisée dans la présente thèse dorénavant. Sans nier l'importance théorique pour le droit international de la distinction proposée par Roberto Ago, dans ce travail la distinction adoptée sera plus proche de celle du droit interne, évidemment en l'adaptant aux particularités du système interétatique.

Avant de s'affirmer en droit international, la distinction entre les obligations de résultat et les obligations de comportement a son origine dans le droit civil des contrats de certains États, notamment

---

[192] Autrement dit, il faut analyser quelles sont les conséquences sur la responsabilité internationale des États de chaque obligation de prévention.

dans le droit français[193]. Elle a été proposée pour la première fois en 1925 par René Demogue[194], à propos de la charge de la preuve sur le terrain contractuel, permettant de saisir l'intensité de l'obligation vis-à-vis de celui qui l'assume[195]. D'autres auteurs ont adopté la distinction, mais avec une terminologie différente et parfois même avec une obligation en plus : Henri et Léon Mazeaud, par exemple, utilisent les expressions *obligation de prudence et de diligence, obligation déterminée* et *obligation de garantie* ; André Tunc, pour sa part, préfère les expressions *obligation de diligence, obligation de résultat et obligation de garantie*[196]. Nous allons adopter la terminologie la plus simple et la plus utilisée – obligation de résultat et

---

[193] PISILLO-MAZZESCHI, R., *Due Diligence e responsabilità internazionale degli Stati*, Milan, Giuffrè, 1989, p. 392. Sur la différence en droit civil français, voir FROSSARD, J., *La distinction des obligations de moyens et des obligations de résultat*, Paris, L.G.D.J., 1965 ; MAURY, F., « Réflexions sur la distinction entre obligations de moyens et obligation de résultat », *R.R.J.*, 1998, p. 1243-1255 ; MAZEAUD, H., « Essai de classification des obligations : obligations contractuelles et extracontractuelles ; 'obligations déterminées' et 'obligation générale de prudence et diligence' », *R.T.D.Civ.*, 1936, p. 1-58 ; PLANCQUEEL, A., « Obligations de moyens, obligations de résultat (Essai de classification des obligations contractuelles en fonction de la charge de la preuve en cas d'inexécution) », *R.T.D.Civ.*, 1972, p. 334-340 ; MARTON, G., « Obligations de résultat et obligations de moyens », *R.T.D.Civ.*, 1935, p. 499-543 ; et TUNC, A., « La distinction des obligations de résultat et des obligations de moyen », *J.C.P.-Semaine Juridique*, 1945, vol. I, 449.

[194] Selon J. Bellissent, lorsque l'on analyse le droit romain et même le droit français avant la promulgation du Code civil, d'une certaine manière il semble possible de dire que la distinction entre les obligations de moyens et de résultat a été toujours utilisée par les juristes de façon quotidienne, mais qu'ils n'ont pas aperçu qu'il y avait même une telle distinction. BELLISSENT, J., *Contribution à l'analyse de la distinction des obligations de moyens et des obligations de résultat*, Paris, L.G.D.J., 2001, p. 17.

[195] DEMOGUE, R., *Traité des obligations en général*, tome V, Paris, A. Rousseau, 1923, n° 1237.

[196] Pour ces auteurs, l'obligation de garantie serait une troisième catégorie, mais elle peut être considérée comme une obligation de résultat. Ainsi, M. Starck, par exemple, propose la distinction entre *l'obligation de moyens,* et *l'obligation de résultat*, tout en reconnaissant qu'il existerait des *obligations de résultat ordinaires* et des *obligations de résultat absolues*, ces dernières correspondant aux *obligations de garantie* mentionnées. Voir CREPEAU, P.-A., *L'intensité de l'obligation juridique ou des obligations de diligence, de résultat et de garantie*, Québec, Les Éditions Yvon Blais Inc./Centre de recherche en droit privé et comparé du Québec, 1989, p. 4-5.

de comportement/moyens –, mais en soulignant que la différence de vocabulaire n'a aucune influence sur le fond de la distinction.

D'une manière assez simple, l'on peut dire que tantôt le contenu de l'obligation est exactement précisé, la norme (ou le contrat, dans le cas du droit civil) ordonne d'accomplir ou d'éviter tel acte déterminé : il y a une obligation de résultat ; tantôt l'obligation a un contenu plus vague, la norme exige seulement un comportement prudent et diligent : il y a obligation de moyens/comportement[197]. En d'autres termes, il y a une obligation de résultat quand la norme impose que du comportement de l'obligé doit dériver un résultat ; il y a, en revanche, obligation de moyens lorsque la norme impose un certain comportement en soi, indépendamment des résultats dudit comportement. Ainsi, l'on constate que tandis que les obligations de résultat sont des obligations de réussir, les obligations de moyens ne sont que des obligations de s'efforcer[198].

En effet, dans certains cas, le résultat attendu reste incertain (obligation de moyens) tandis que dans d'autres, ce résultat est déterminé (obligation de résultat). Ainsi, chaque fois que le résultat cherché est aléatoire, on doit supposer que l'obligation assumée est une obligation de comportement parce que l'État ne s'engage pas à procurer un tel résultat, mais seulement à faire le possible pour essayer d'y parvenir. Chaque fois, au contraire, que le résultat en vue duquel le droit international a été passé n'est pas aléatoire, on peut affirmer que l'État a promis la réalisation de ce résultat[199].

C'est donc le degré de probabilité de la réalisation de l'objectif de la norme qui détermine la nature de l'obligation imposée à l'État : lorsque la réalisation est hautement probable, le droit international institue des obligations de résultat ; lorsqu'elle est aléatoire, le droit se

---

197 PACHE, P., *La distinction des obligations de moyens et des obligations de résultat en droit français et son application en droit suisse*, Lausanne, Imprimerie J. Bron, 1956, p. 21.

198 COMBACAU, J., « Obligations de résultat et obligations de comportement : quelques questions et pas de réponse », in *Mélanges offerts à P. Reuter. Le droit international : unité et diversité*, Paris, Pedone, 1981, p. 196.

199 MAZEAUD, H. & MAZEAUD, L., *Traité théorique et pratique de la responsabilité civile délictuelle et contractuelle*, Paris, Sirey, 1947, n° 103.

borne à réduire l'aléa et à ne mettre en œuvre qu'une obligation de comportement. L'exemple classique d'obligation de comportement en droit interne est celui des médecins et avocats, qui évidemment ne peuvent pas garantir à leurs clients, respectivement, la guérison ou le succès dans un procès[200]. Molière, en faisant référence à cette obligation de moyens imposée au médecin de chercher une solution de bon sens, mais sans garantir le résultat, a écrit qu'*« au médecin de soigner les malades selon les règles admises par la Faculté, et à eux de guérir s'ils le peuvent »*[201].

Ainsi, la différence entre ces obligations en droit interne réside essentiellement dans le risque et dans la conviction de l'État de pouvoir accomplir le but de l'obligation avec ses propres possibilités et sans interférence extérieure. Il y a des cas où la seule diligence de l'État suffit pour aboutir au résultat espéré, mais à chaque fois que l'exécution de l'obligation dépend pour une grande partie de circonstances extérieures sur lesquelles la volonté de l'État n'est pas prépondérante, il n'est tenu que d'une obligation de comportement/moyens. Au contraire, quand l'entreprise est certaine, on se trouve en présence d'une obligation de résultat et, par conséquent, l'État qui est tenu ne doit pas se contenter de s'engager à employer simplement les moyens appropriés dans une tâche à accomplir, « *il doit aboutir coûte que coûte à un résultat précis et déterminé* »[202].

En ce qui concerne la violation des obligations et sa preuve, le sens adopté dans la présente thèse est l'inverse de celui adopté par R. Ago : dans une obligation de comportement, en effet, la violation résulte du fait que l'obligé n'a pas fait usage de la diligence requise par les circonstances, n'a pas exécuté toutes les mesures possibles dans une telle situation – elle est donc plus complexe, car il faut faire preuve de

---

[200] Il y a toutefois des rares exceptions, comme confirmé par la jurisprudence française : « *Attendu qu'un médecin est tenu, vis-à-vis de son patient, en matière d'infection nosocomiale, d'une obligation de sécurité de résultat, dont il ne peut pas se libérer qu'en rapportant la preuve d'une cause étrangère* ». Cass. 1ère civ., 29 juin 1999 : 2e arrêt.

[201] MOLIERE, *Le malade imaginaire*, Paris, Hachette, 1991, p. 64.

[202] BENYAHIA, N. S., *L'évolution des concepts d'obligation de moyens et d'obligation de résultat*, Thèse, Rennes I, 1990, p. 99.

négligence ou d'imprudence. En revanche, dans le cas des obligations de résultat, pour démontrer la violation de l'obligation, il suffit de démontrer que le résultat visé par le droit n'a pas été atteint. Le système de preuve dans ce cas est partant très simplifié, car l'obtention du résultat est un fait positif, le plus souvent évident, et qui se confond parfois avec le dommage lui-même.

Mais pourquoi revenir sur cette distinction si la Commission du droit international a elle-même abandonné l'idée après que James Crawford a été choisi comme rapporteur spécial ? Quels sont les motifs pour y revenir ?

En premier lieu, il faut y revenir parce que l'on analyse maintenant une règle primaire, l'obligation de prévention. Si certains auteurs et même le dernier rapporteur spécial ont critiqué la distinction dans le projet d'articles sur la responsabilité de l'État, puisque celui-ci devait traiter seulement des règles secondaires de responsabilité, ils n'ont pas nié l'importance de la distinction pour l'analyse des règles primaires. Par conséquent, dans la présente thèse, la distinction est tout à fait pertinente et souhaitable[203], car l'on part de la présupposition qu'il y a toujours une règle primaire violée, qu'elle soit, par rapport à son origine, une obligation conventionnelle ou une règle du droit coutumier, ou qu'elle soit interprétée, par rapport à sa nature, comme une obligation de résultat ou comme une obligation de comportement[204].

En fait, l'examen de la pratique a confirmé la validité juridique et l'utilité pratique de la distinction : la Cour internationale de Justice, dans l'*affaire relative à l'Application de la Convention pour la prévention et la répression du crime de génocide*, entre la Bosnie-Herzégovine et la Serbie-et-Monténégro, a décidé que la Serbie était responsable pour un fait internationalement illicite d'omission – l'obligation de prévenir le génocide commis à Srebrenica –, en qualifiant cette obligation d'obligation de comportement et non de résultat. Ainsi, la Cour a indiqué qu'

---

[203] Voir les observations des gouvernements concernant les articles 20 et 21, O.N.U., Doc. A/CN.4/488, p. 70-72.

[204] On reprend ici la terminologie utilisée par l'article 12 du projet définitif sur la responsabilité des États mentionné ci-dessus.

« il est clair que l'obligation dont il s'agit est une obligation de comportement et non de résultat, en ce sens que l'on ne saurait imposer à un État quelconque l'obligation de parvenir à empêcher, quelles que soient les circonstances, la commission d'un génocide : l'obligation qui s'impose aux États parties est plutôt celle de mettre en œuvre tous les moyens qui sont raisonnablement à leur disposition en vue d'empêcher, dans la mesure du possible, le génocide. La responsabilité d'un État ne saurait être engagée pour la seule raison que le résultat recherché n'a pas été atteint ; elle l'est, en revanche, si l'État a manqué manifestement de mettre en œuvre les mesures de prévention du génocide qui étaient à sa portée, et qui auraient pu contribuer à l'empêcher. »[205]

Dans une autre affaire, celle du *Projet Gabcikovo-Nagymaros*, entre Hongrie et Slovaquie, et qui peut être considérée sans aucun doute comme le premier cas devant la Cour internationale de Justice portant essentiellement sur des questions environnementales, la Cour, en soulignant les divers objectifs du traité de 1977 conclu entre les deux États sur le Danube – objet principal pour trancher le différend –, et qu'aucun de ces objectifs ne s'est vu accorder de priorité absolue par rapport aux autres, a affirmé que pour les atteindre, les parties *« ont accepté d'assumer des obligations de comportement, des obligations de faire et des obligations de résultat »*[206].

Deuxièmement, à partir du moment où cette distinction nous donne la possibilité d'apprécier les contours précis des obligations juridiques, l'intérêt pratique de distinguer l'obligation de prévention entre l'obligation de moyens et l'obligation de résultat se fait particulièrement ressentir au moment de l'examen de la responsabilité qui découle de l'inexécution de cette obligation : la différente nature

[205] C.I.J., *Affaire relative à l'Application de la Convention pour la prévention et la répression du crime de génocide (Bosnie-et-Herzégovine c. Serbie-et-Monténégro)*, arrêt du 26 février 2007, par. 430. Et elle a ajouté que « *compte tenu de leur indéniable pouvoir d'influence, et des informations dont elles disposaient, faisant état de graves préoccupations, les autorités fédérales yougoslaves auraient dû, de l'avis de la Cour, faire de leur mieux pour tenter d'éviter que ne se produisent les tragiques événements qui s'annonçaient…* ». *Ibid.*, par. 438.

[206] C.I.J., *Affaire relative au Projet Gabcikovo-Nagymaros (Hongrie/Slovaquie)*, arrêt du 25 septembre 1997, *C.I.J. Recueil 1997*, p. 77, par. 135.

et la différente structure de l'obligation internationale de prévention ont nécessairement une influence sur la nature et la forme de la responsabilité en cas de violation. Dans la mesure où chaque norme primaire du droit international peut imposer à l'État une série d'obligations de nature différente, il faut analyser si la violation de ces obligations doit engendrer une mise en œuvre différente de la responsabilité[207]. La détermination du contenu de l'obligation de prévention, par le biais de sa classification en obligation de comportement et en obligation de résultat, ne revêt donc de réel intérêt pratique que dans le cadre d'une recherche de responsabilité internationale.

Une fois constaté le phénomène de prolifération des dommages transfrontières à l'environnement, l'objectif du droit international doit être de parvenir à l'attribution systématique et automatique d'une réparation au profit des victimes, mais cette réparation doit-elle s'appuyer sur l'analyse du comportement du pollueur, ou doit-elle résulter de la constatation matérielle de la pollution ? La distinction des obligations de moyens et des obligations de résultat, en ce qui concerne l'obligation de prévention, peut atténuer le problème de la détermination du caractère de la responsabilité. Elle peut être un facteur de simplification[208]. En outre, quels sont les éléments essentiels à analyser lorsque la prévention est interprétée comme une obligation de comportement et lorsqu'elle est interprétée comme une obligation de résultat ? Selon l'approche de la prévention adoptée, les obligations des États diffèrent évidemment.

En troisième lieu, outre la détermination du contenu de la règle primaire et la manière dont se concrétise la responsabilité pour violation de cette norme, un autre point positif de la distinction est celui de préciser le régime de la preuve en ce qui concerne l'exécution ou non de l'obligation. La distinction sert donc d'« *instrument de travail offert au juge pour faciliter sa tâche* », car la violation d'une

---

207 Voir PISILLO-MAZZESCHI, R., « Forms of International Responsibility for Environmental Harm », in FRANCIONI, F. & SCOVAZZI, T. (ed.), *International Responsibility for Environmental Harm*, London/Dordrecht/Boston, Graham & Trotman/Martinus Nijhoff, 1991, p. 34.

208 ESMEIN, P., « Remarques sur de nouvelles classifications d'obligations », in *Etudes de droit civil à la mémoire de Henri Capitant*, Paris, Dalloz, 1939, p. 239.

obligation de résultat ne lui pose, pour ainsi dire, aucun problème d'appréciation ; il est réduit à la constater[209]. Le seul fait qu'un dommage se produit ou que le résultat déterminé ne soit pas atteint constitue une faute[210]. Ainsi, pour obtenir une réparation, il suffira à l'État victime de démontrer – outre l'existence du préjudice – que la disposition conventionnelle n'a pas été respectée.

Enfin, il faut rappeler que Roberto Ago a proposé, outre les obligations de résultat et de comportement, une troisième catégorie d'obligations, celle des obligations de prévention, mais qui n'était pas, à notre avis, tout à fait correcte. Selon lui, l'obligation de prévention « *consiste essentiellement en une surveillance, en une vigilance, dans le but de faire échec, pour autant que cela soit matériellement possible, à cet événement* »[211]. Ensuite, il ajoute que les obligations qui ont pour objet la vigilance de l'État afin de prévenir certains événements peuvent être aussi bien des obligations qui requièrent que la vigilance soit exercée par des actions spécifiquement déterminées que des obligations qui laissent l'État libre dans le choix des moyens pour l'exercice de ladite vigilance[212]. Or, ce qu'il affirme clairement est que, dans sa propre classification des obligations, la prévention peut être interprétée tant comme une obligation de comportement que comme une obligation de résultat ! Pourquoi donc envisager une troisième catégorie ? Selon lui, distinguer cette obligation des précédentes est pleinement nécessaire à cause des conditions particulières de la réalisation de sa violation. Il a donc proposé l'article suivant :

« *Article 23 – Violation d'une obligation internationale requérant de prévenir un événement donné*

---

[209] DIESSE, F., « Les applications de l'article 1147 du Code civil de 1804 à 2004 », *R.G.D.*, vol. 34, 2004, p. 456.
[210] Pour éviter une discussion sur le caractère subjectif que l'expression « faute » peut provoquer lors de l'analyse de la responsabilité internationale des États, dans la présente thèse ce terme doit être entendu simplement comme la commission d'un acte interdit ou l'omission d'un acte commandé, c'est-à-dire la violation ou l'inexécution d'une obligation.
[211] Septième rapport sur la responsabilité des États, O.N.U., Doc. A/CN.4/307, p. 30.
[212] *Annuaire... 1977*, vol. I, p. 236.

Il n'y a violation par un État d'une obligation internationale le requérant de prévenir un événement donné que si, à la suite d'un défaut de prévention de la part de l'État, l'événement en question se produit. »[213]

Cela étant, pour pouvoir constater la violation d'une obligation de prévention, il faut donc démontrer le concours de deux conditions : un *défaut de prévention* de la part de l'État et l'occurrence de *l'événement en question* ou, en d'autres termes, un comportement illicite de l'État et un dommage. Ainsi, ni la survenance d'un préjudice sans qu'il y ait eu négligence de la part de l'État, ni cette négligence sans qu'aucun préjudice n'en ait découlé ne constituent, à eux seuls, une violation de l'obligation en question[214]. En outre, quel que soit l'événement qu'il s'agit de prévenir, le rapporteur affirme que cette prévention ne peut pas être absolue, c'est-à-dire que l'État ne peut pas être requis de faire en sorte que l'événement ne se produise en aucun cas, mais l'obligation lui impose uniquement de prendre toutes les mesures raisonnables ou nécessaires en son pouvoir pour prévenir l'événement[215].

Si l'on analyse l'article 23 maintenant selon la distinction du droit interne – celle adoptée dans le présent travail –, ce que R. Ago détermine n'est rien d'autre qu'une obligation de comportement. Ce que l'obligation de prévention qu'il a conçue tend à obtenir « *est que, **dans les limites du possible**, l'État obligé empêche l'événement en question de se produire* »[216]. Mais cette approche n'est pas la seule possible : la situation qu'il s'agit de prévenir peut être définie en termes de survenance d'un dommage, c'est-à-dire qu'un État pourrait, après tout, s'engager à ce qu'un certain événement ne se produise pas, ou il pourrait même prendre le risque de donner une garantie

---

213 O.N.U., Doc. A/CN.4/307 et Add. 1 et 2, p. 34.

214 Le rapporteur spécial affirme encore que l'« *on ne peut évidemment pas alléguer une violation par l'État de son obligation de prévenir un événement donné tant que celui-ci ne s'est en fait pas produit, et il en va de même si l'événement redouté s'est produit, mais sans que cela puisse être imputable à un défaut de prévoyance de la part de certains organes de l'État.* » *Ibid.*, p. 30.

215 *Annuaire... 1977*, vol. I, p. 236.

216 O.N.U., Doc. A/CN.4/307 et Add. 1 et 2, p. 33.

inconditionnelle à l'obtention d'un certain résultat[217]. Dans ce cas, c'est la simple survenance du résultat qui doit être évité qui donnera naissance à la responsabilité et non pas le fait de ne pas avoir pris les mesures de prévention exigées.

Il s'agit donc, dans chaque cas, de déterminer avant tout le contenu exact de l'obligation primaire pertinente. À la fin, toute politique préventive ne vise qu'un seul but : éviter un dommage écologique. Pourtant, la manière dont l'obligation de prévention est conçue peut changer complètement l'approche que l'État doit adopter pour s'acquitter de son obligation juridique. Soit le droit international ordonne la prise de mesures de contrôle par l'État dont le territoire ou sous la juridiction duquel se déroule une activité potentiellement polluante, soit il énonce simplement une obligation absolue de ne pas causer un dommage. Bien que l'objectif demeure le même, le contenu de chaque obligation est tellement différent qu'il faut plutôt parler de deux obligations distinctes de prévention que d'une seule obligation énoncée ou interprétée autrement.

En outre, à partir du moment où une obligation exige l'adoption d'un comportement tandis que l'autre exige l'obtention d'un résultat, la violation de ces obligations ne produiront pas les mêmes effets dans le droit de la responsabilité internationale des États. Pour la victime aussi, la preuve du manquement ne se fait pas de manière identique, puisque dans un cas il faut prouver une omission ou une action contraire aux mesures prescrites alors que dans l'autre il suffit de montrer que le résultat n'a pas été atteint.

Ainsi, la Première Partie sera consacrée à l'étude de l'obligation de prévention envisagée comme une obligation de moyens ou de comportement. Pour mieux la comprendre, il est nécessaire d'analyser non seulement les mesures de contrôle et de diligence que l'État doit adopter pour s'acquitter de son obligation internationale, mais aussi les conséquences de son manquement vis-à-vis de l'établissement et

---

[217] Deuxième rapport sur la responsabilité des États présenté par M. James Crawford, O.N.U., Doc. A/CN.4/498, par. 90. Selon le rapporteur, la signification d'une obligation donnée dépend de l'interprétation de la règle primaire pertinente.

de la mise en œuvre de la responsabilité internationale des États (Première Partie).

Ensuite, afin de soutenir l'idée selon laquelle le droit international de l'environnement adopte en réalité deux obligations distinctes de prévention, il faut préciser le contenu de l'obligation de prévention envisagée comme une obligation de résultat, notamment le rôle particulier que joue le dommage dans sa caractérisation, ainsi que répondre à certaines questions relatives à l'application de la responsabilité internationale des États lors de sa violation, parmi lesquelles la question de savoir si le fait d'avoir deux obligations distinctes entraîne en conséquence l'application de deux régimes différents de responsabilité (Deuxième Partie).

Ainsi, la première partie de la présente thèse sera dédiée à l'étude de « la prévention comme obligation de comportement » et la deuxième partie à celle de « la prévention comme obligation de résultat ».

PREMIÈRE PARTIE

LA PRÉVENTION COMME OBLIGATION DE COMPORTEMENT

Lorsque l'on analyse l'obligation de prévention dans le droit international, l'interprétation la plus fréquemment adoptée est celle qui l'envisage comme une obligation de comportement. Comme l'on verra, la grande majorité des traités relatifs à la protection de l'environnement adopte cette approche, et ce pour une raison très simple : un manquement à cette obligation entraîne des conséquences au titre de la responsabilité internationale de l'État liée à une conduite illicite de sa part, comme la Commission du droit international l'avait envisagé. En revanche, si la prévention est interprétée comme une obligation de résultat, le régime de responsabilité adopté sera plus proche d'une véritable responsabilité absolue[218] ou, selon l'expression utilisée par la Commission, d'une « responsabilité internationale pour les conséquences préjudiciables découlant d'activités qui ne sont pas interdites par le droit international », sujet qui est encore controversé dans la doctrine et très mal accepté par les États[219].

---

[218] Toutefois, il faut souligner qu'il ne s'agit pas d'une responsabilité objective, car il y a effectivement une obligation violée, qu'elle soit de comportement ou de résultat. Comme l'on verra, un manquement d'une obligation de prévention de résultat peut entrainer d'autres conséquences, et peut même se tourner vers l'exploitant, en déterminant un régime de responsabilité civile. Voir la Deuxième Partie de la présente thèse.

[219] Même la Commission n'est pas arrivée à adopter un projet d'articles définitif sur le sujet, et a décidé d'analyser d'abord la prévention des dommages transfrontières résultant d'activités dangereuses pour ensuite travailler sur un projet de principes sur la répartition des pertes en cas de dommage transfrontière découlant d'activités dangereuses. Voir O.N.U., Doc. A/52/10, p. 60.

Lors de ses travaux sur la prévention des dommages transfrontières résultant d'activités dangereuses, après avoir sollicité les observations des États sur la question de savoir si l'obligation de prévention devrait être toujours considérée comme une obligation de moyens et quel type de régime de responsabilité devrait s'appliquer dans le cas de sa violation, la Commission du droit international, en analysant les opinions des gouvernements sur la question posée, a considéré que cette obligation devrait être interprétée comme une obligation de comportement et a pris cette décision comme une orientation générale de ses travaux futurs sur le sujet[220].

L'importance de l'obligation de prévention de comportement se fait également présente dans ses travaux sur le droit relatif aux utilisations des cours d'eau internationaux à des fins autres que la navigation, étant donné qu'à cette occasion elle a même abandonné une notion initiale de prévention comme une obligation de résultat et a fini par adopter une obligation de prévention de comportement. Ainsi, la Commission a proposé une obligation qui n'est pas censée garantir que l'utilisation du cours d'eau international n'entraînera pas de dommages significatifs. Par conséquent, le projet d'article n'impose aux États qu'une obligation de faire preuve de toute la « *diligence due* »[221].

Il faut d'ores et déjà souligner que les notions « d'obligation de comportement » et « d'obligation de diligence due » – ou diligence requise – sont étroitement liées. Ceci ressort clairement de l'arrêt de la C.I.J. dans l'*affaire relative à des Usines de pâte à papier sur le fleuve Uruguay* : la question qui se posait était de savoir si l'article 36 du statut du fleuve Uruguay de 1975 établissait une obligation de comportement ou une obligation de résultat[222]. La Cour a considéré que l'obligation formulée à l'article 36 d'adopter des mesures réglementaires ou administratives et de les mettre en œuvre constituait

---

220 O.N.U., Doc. A/53/10, par. 32.

221 O.N.U., Doc. A/CN.4/412, p. 240.

222 L'article 36 prévoit que « [l]*es parties coordonnent, par l'intermédiaire de la commission, les mesures propres à éviter une modification de l'équilibre écologique et à contenir les fléaux et autres facteurs nocifs sur le fleuve et dans ses zones d'influence* ». *Recueil des traités des Nations Unies*, vol. 1295, n° I-21425, p. 348. L'Argentine soutenait qu'il s'agissait d'une obligation de résultat.

une obligation de comportement, et que les deux Parties devraient donc « *faire preuve de la diligence requise (« due diligence »)* » pour prendre les mesures nécessaires à la préservation de l'équilibre écologique du fleuve Uruguay[223]. Dans son Deuxième rapport sur la prévention des dommages transfrontières, P. S. Rao a même affirmé que « *le devoir de prévention, qui est une obligation de comportement, se résume essentiellement au devoir de diligence* »[224]. Ainsi, pour mieux comprendre l'obligation de prévention conçue comme une obligation de moyens/comportement, il est indispensable d'examiner non seulement la définition de la diligence due en droit international, mais aussi son contenu (Titre I).

L'importance pratique de la distinction entre les obligations de comportement et les obligations de résultat se fait sentir au moment d'une violation de l'obligation de prévention, c'est-à-dire lorsque l'on doit établir un régime de responsabilité internationale de l'État. Si l'obligation de prévention prévoit un devoir absolu d'empêcher un préjudice écologique – obligation de résultat –, l'accent sera mis sur le dommage, et pour que l'on puisse mettre en œuvre un régime de responsabilité, on doit considérer certains éléments tels que la gravité dudit dommage, l'existence d'un seuil de pollution, le lien de causalité entre le préjudice et l'activité sous contrôle de l'État d'origine[225], *etc.* En revanche, si l'on regarde l'obligation de prévention comme une obligation de moyens, le fait générateur est non pas la réalisation du dommage environnemental, mais le défaut de vigilance de l'État[226]. Il faut donc analyser le comportement exigé par la règle primaire, c'est-à-dire que l'accent sera mis sur la conduite de l'État prescrite par la

---

[223] C.I.J., *Affaire relative à des Usines de pâte à papier sur le fleuve Uruguay (Argentine c. Uruguay)*, arrêt du 20 avril 2010, par. 187.

[224] Deuxième rapport sur la responsabilité internationale pour les conséquences préjudiciables découlant d'activités qui ne sont pas interdites par le droit international (prévention des dommages transfrontières résultant d'activités dangereuses), par Pemmaraju Sreenivasa Rao, O.N.U., Doc. A/CN.4/501, par. 18.

[225] Selon le Projets de principes sur la répartition des pertes en cas de dommage transfrontière découlant d'activités dangereuses de la Commission du droit international, « *le terme « État d'origine » désigne l'État sur le territoire ou sous la juridiction ou le contrôle duquel s'exerce l'activité dangereuse* ». Voir *Annuaire... 2006*, vol. II, Deuxième partie, p. 126.

[226] CAZALA, J., *Le principe de précaution en droit international*, Paris, Anthemis, 2006, p. 351.

norme juridique internationale[227]. Par conséquent, après l'analyse de fond de la diligence requise, il faut absolument étudier les conséquences de sa violation et le régime de responsabilité internationale qui doit être appliqué (Titre II).

Ainsi, pour mieux comprendre l'obligation de prévention de comportement, il est important d'analyser non seulement son contenu – « Titre I. La diligence due » –, mais également les conséquences de sa violation – « Titre II. Conséquences de l'obligation de prévention de comportement sur la responsabilité internationale des États ».

---

[227] Il est intéressant de souligner que le comportement contenu dans la règle de protection de l'environnement peut être actif, tel qu'une action d'organes législatifs qui consiste à adopter une loi, ou une action d'organes exécutifs d'autorisation et surveillance d'une activité dangereuse ou l'obligation de réaliser une étude d'impact sur l'environnement avant de donner ladite autorisation ; mais il peut être également un comportement d'omission, tel qu'une obligation de ne pas édicter certaines normes, ou de ne pas pénétrer dans certains locaux protégés ou de s'abstenir d'entreprendre certaines activités ou de commercialiser certains produits nocifs à la santé humaine ou à l'environnement. Sixième rapport sur la responsabilité des États, par M. Roberto Ago, O.N.U., Doc. A/CN.4/302, p. 5-6.

TITRE I. LA DILIGENCE DUE

La doctrine considère actuellement de manière presque unanime que l'obligation de prévention des dommages à l'environnement, malgré quelques rares exceptions, est une obligation de diligence due ; et que cette « obligation de vigilance »[228] est une obligation de comportement, et non de résultat[229]. Cela provient du fait que normalement les actions concrètes et les mesures de prévention requises des autorités étatiques sont soumises à l'incertitude dans leur résultat. Bien que les mesures de préventions adoptées par les États soient généralement suffisantes pour empêcher le fait préjudiciable, elles ne peuvent pas garantir à titre absolu ce résultat, puisque celui-ci ne dépend pas seulement d'un effort particulier de diligence de ces organes, mais aussi de facteurs fortement aléatoires[230].

La diligence due a ainsi l'avantage d'être potentiellement plus flexible et de ne pas faire de l'État un assureur absolu de la prévention d'un préjudice dans la mesure où il est seulement tenu de faire de son mieux pour réduire le risque au minimum, mais sans garantir que des dommages ne surviendront pas. Selon cette conception, un État ne peut être tenu responsable des dommages transfrontières s'il a mis en place des mesures pour les prévenir : c'est son comportement qui

---

228 Jean Salmon préfère les expressions « obligation de diligence » ou « obligation de vigilance » que « diligence due », la traduction littérale de l'expression anglaise *due diligence*. SALMON, J., *Dictionnaire de droit international public*, Bruxelles, Bruylant, 2001, p. 341 et 770.

229 FITZMAURICE, M., « International Responsibility and Liability », in BODANSKY, D. ; BRUNNÉE, J. & HEY, E. (dir.), *The Oxford handbook of international environmental law*, Oxford, Oxford University Press, 2007, p. 1004.

230 PISILLO-MAZZESCHI, R., « Responsabilité de l'État pour violation des obligations positives relatives aux droits de l'homme », *R.C.A.D.I.*, n° 333, 2008, p. 390. Pour exemplifier cette affirmation, il suffit de rappeler l'accident récent de l'usine nucléaire de Fukushima, au Japon, qui, même avec un haut standard de sureté, a causé de nombreux dommages après le passage d'un tsunami.

déterminera s'il s'est acquitté de son obligation. La diligence adoptée pour prévenir la menace d'un dommage significatif n'est que la preuve qu'un État doit faire pour démontrer le respect à son obligation générale de prévention, si évidemment cette obligation a été en premier lieu interprétée comme une obligation de moyens[231].

Toutefois, certains auteurs ont fait une distinction entre les obligations de prévention et de diligence, en signalant que malgré leur fondement commun, elles n'ont ni la même nature ni la même fonction[232]. Ainsi, la diligence due serait une action simultanée au risque, avec la fonction de l'éviter tandis que la prévention serait une action isolée du risque, avec la fonction de l'affronter. La diligence due serait donc davantage centrée sur l'activité à risques avec l'objectif de veiller à ce que les conditions d'exploitation de l'activité ne soient pas bouleversées, c'est-à-dire avec une idée de jonction du risque et de l'activité. En revanche, l'obligation de prévention s'intéresserait au risque de dommage *per se* avec l'objectif de le contrer et de l'annihiler, c'est-à-dire avec une idée de différenciation du risque et de l'activité[233].

Il nous semble que cette discussion n'est utile ni dans une possible théorie d'analyse de risques ni dans la pratique internationale, dans la mesure où les États utilisent les deux expressions – « obligation de prévention » et « diligence due » – comme synonymes[234]. En fait, la diligence due n'est que l'obligation de prévention interprétée comme

---

[231] Cette position a été confirmée plusieurs fois par la Cour internationale de Justice. Voir C.I.J., *Activités armées sur le territoire du Congo (République démocratique du Congo c. Ouganda)*, arrêt du 19 décembre 2005, par. 209-211 ; C.I.J., *Affaire relative à l'Application de la Convention pour la prévention et la répression du crime de génocide (Bosnie-Herzégovine c. Serbie-et-Monténégro)*, arrêt du 26 février 2007, par. 430 ; et C.I.J., *Affaire relative à des Usines de pâte à papier sur le fleuve Uruguay (Argentine c. Uruguay)*, arrêt du 20 avril 2010, par. 187.

[232] Voir notamment MBENGUE, M. M., *Essai sur une théorie du risque en droit international public : l'anticipation du risque environnemental et sanitaire*, Paris, Pedone, 2009, p. 80-96.

[233] *Ibid.*, p. 90. Selon l'auteur, « *le risque est le doseur de la due diligence* [et la] *prévention est la mesure du risque* ». *Ibid.*, p. 82.

[234] Il faut pourtant souligner que dans le présent travail on ne doit considérer ces expressions comme synonymes qu'à partir du moment où l'on a déjà constaté que l'obligation de prévention en question est une obligation de moyes/comportement.

une obligation de comportement[235]. Mais une fois établi le lien entre la diligence due et la prévention, il nous reste encore à définir la genèse du devoir de diligence (« Chapitre I. La genèse de la diligence due ») ainsi que son contenu, en soulignant ses caractéristiques les plus marquantes (« Chapitre II. La mise en œuvre de la diligence due »).

---

[235] Le professeur Dupuy arrive même à combiner les deux expressions : « *l'intervention de ces activités doit s'accompagner effectivement d'une* diligence préventive, *à la mesure des risques qu'elles engendrent* ». DUPUY, P.-M., *La responsabilité internationale des États pour les dommages d'origine technologique et industrielle,* Paris, Pedone, 1976, p. 226.

CHAPITRE I. LA GENÈSE DE LA DILIGENCE DUE

L'obligation de diligence est adoptée de manière générale tant par le droit conventionnel que par le droit coutumier. Presque tous les traités de protection à l'environnement comportent une disposition sur la prévention de dommages[236]. L'un des premiers traités à adopter l'obligation de vigilance était le Traité entre le Venezuela et le Royaume-Uni relatif aux régions sous-marines du golfe de Paria, signé à Caracas le 26 février 1942. Selon son article 7,

« *Chacune des Hautes Parties contractantes prendra toutes mesures d'ordre pratique pour empêcher que l'exploitation de régions sous-marines quelconques revendiquées ou occupées par elle dans le golfe ne provoque la pollution des eaux territoriales de l'autre Partie par des huiles, de la vase ou tout autre liquide ou substance susceptible de contaminer les eaux navigables ou la côte, et elle se concertera avec l'autre Partie pour rendre lesdites mesures aussi efficaces que possible.* »[237]

Malgré le fait que les expressions « toutes les mesures possibles » et « diligence due » sont synonymes, la plupart des conventions n'utilisent pas directement la dernière. C'est une question de choix. Dans le projet d'articles sur la Responsabilité internationale pour les conséquences préjudiciables découlant d'activités qui ne sont pas interdites par le droit international (Prévention des dommages transfrontières résultant d'activités dangereuses), le rapporteur spécial a expliqué sa décision d'opter pour l'expression « toutes les mesures

---

[236] Voir l'Étude de la pratique des États concernant la responsabilité internationale pour les conséquences préjudiciables découlant d'activités qui ne sont pas interdites par le droit international du 16 octobre 1984, établie par le Secrétariat de l'Organisation des Nations Unies. O.N.U., Doc. A/CN.4/384.
[237] S.d.N., *Recueil des Traités*, vol. CCV, 1944-1946, p. 129-130.

appropriées » en disant qu'elle était « *plus souple et moins susceptible de créer la confusion que la deuxième* [diligence due] »[238].

La détermination de l'approche de l'obligation de prévention adoptée, dans le cas du droit conventionnel, se résume à la lecture et à l'interprétation de la règle primaire, c'est-à-dire qu'il faut examiner le dispositif de la convention pour préciser l'obligation énoncée. En revanche, en ce qui concerne le droit coutumier, l'analyse de l'obligation de prévention est plus complexe, car si d'une part l'on a déjà affirmé dans l'introduction que l'obligation générale de prévention est reconnue comme une règle coutumière, d'autre part il faut maintenant analyser si les deux interprétations de l'obligation sont également reconnues comme telles. Cela signifie soit que les États assument une responsabilité absolue de ne pas causer un dommage transfrontière – obligation de résultat –, soit qu'ils se contentent d'énoncer une obligation d'agir avec diligence, afin de s'efforcer d'éviter qu'une activité potentiellement dangereuse ne cause de dommages à autrui – obligation de comportement. En fait, c'est cette deuxième acception qui semble aujourd'hui être reconnue par le droit international coutumier[239]. Tout ce qui est exigé des États est qu'ils adoptent des mesures législatives, administratives et d'autres capables de protéger effectivement l'environnement. En somme, si le

---

[238] O.N.U., Doc. A/55/10, par. 718. Voir aussi HAFNER, G. & PEARSON, H. L. « Environmental Issues in the Work of the International Law Commission », *Y.I.E.L.*, vol. 11, 2001, p. 37.

[239] GAUTIER, P., « L'apport du droit international à la question de la responsabilité », in OST, F. & GUTWIRTH, S. (éd.), *Quel avenir pour le droit de l'environnement ?*, Bruxelles, Publications des Facultés universitaires Saint-Louis, 1996, p. 380. Pour d'autres auteurs soutenant cette même idée, voir FITZMAURICE, M., « International protection of the environment », *R.C.A.D.I.*, vol. 293, 2001, p. 106-111 ; PISILLO-MAZZESCHI, R., « The Due Diligence Rule and the Nature of the International Responsibility of States », *G.Y.I.L.*, vol. 35, 1992, p. 38-40 ; BARBOZA, J., « International liability for the injurious consequences of acts not prohibited by international law and protection of the environment », *R.C.A.D.I.*, vol. 247, 1994, p. 327 ; et TREVES, T., « La pollution résultant de l'exploration et de l'exploitation des fonds marins en Droit international », *A.F.D.I.*, vol. 24, 1978, p. 832. Voir aussi les décisions de la Cour international de Justice dans les affaires du *Détroit de Corfou* ; *Projet Gabcikovo-Nagymaros* ; *Application de la Convention pour la prévention et la répression du crime de génocide* ; *Activités armées sur le territoire du Congo* ; et *Usines de pâte à papier sur le fleuve Uruguay*.

droit international conventionnel reconnaît les deux obligations de prévention, dans un premier temps le droit international coutumier ne connaît que la prévention interprétée comme une obligation de moyens, ou de diligence due[240].

Mais il nous reste à déterminer ce qu'est la diligence due. Selon plusieurs auteurs, le critère de la diligence requise ne se voit pas attribuer une définition claire et précise qui permettrait de déterminer de façon objective et exacte les cas où l'État a été diligent dans l'exécution de ses obligations de vigilance[241]. Le Tribunal international du droit de la mer, lors de son analyse sur le sens de l'expression « obligation de veiller à », après avoir estimé qu'elle devait être interprétée comme une obligation de diligence requise[242], a observé qu'il était difficile de décrire en des termes précis le contenu de ces obligations parce que la notion de diligence a un caractère variable non seulement en raison de la nature de l'activité et de la capacité de l'État de maîtriser les risques, mais qu'elle peut aussi changer dans le temps lorsque les mesures réputées suffisamment diligentes à un moment donné peuvent ne plus l'être en fonction des nouvelles connaissances scientifiques ou technologiques[243].

En fait, selon Andrea Gattini, la doctrine n'a pas beaucoup progressé en cent ans, depuis qu'en 1887, le secrétaire d'État

---

240 Cependant, il faut se poser la question de savoir si aujourd'hui le droit international coutumier n'accepte pas une règle qui oblige les États à réparer les dommages causés lorsqu'ils sont significatifs, indépendamment de ses efforts de diligence. Autrement dit, est-il possible que dans certaines situations spécifiques où le préjudice écologique atteint le niveau de « significatif » on puisse envisager une obligation coutumière de prévention absolue ? Voir l'analyse dans la Deuxième Partie, notamment dans la « Section II. La reconnaissance de l'obligation de prévention de résultat et la (non) nécessité de la responsabilité absolue des États ».

241 *Annuaire... 1957*, vol. II, p. 138, par. 7.

242 Selon le Tribunal, « *l'obligation de l'État qui patronne « de veiller à » n'est pas une obligation d'obtenir dans chaque cas le résultat que le contractant patronné respecte les obligations précitées. Il s'agit plutôt d'une obligation de mettre en place les moyens appropriés, de s'efforcer dans la mesure du possible et de faire le maximum pour obtenir ce résultat.* » T.I.D.M., *Responsabilités et obligations des États qui patronnent des personnes et entités dans le cadre d'activités menées dans la zone*, avis consultatif du 1er février 2011, par. 110.

243 *Ibid.*, par. 117.

américain Bayard, dans l'*affaire Negrete*, déclara que la « *due diligence* » est la diligence qu'un bon gouvernement est habitué à exercer dans les conditions données[244]. Dans la Conférence pour la codification du droit international de La Haye de 1930, la troisième commission a été chargée de transformer le concept de diligence en un instrument opérationnel pour les États, et le rapporteur Charles De Visscher a fini par admettre que le sous-comité chargé de la rédaction « *avait vainement essayé de préciser la teneur de l'obligation. Il a été reconnu qu'il était impossible de le faire* »[245].

Certains auteurs ont même proposé une autre approche : de l'envisager seulement comme un standard, c'est-à-dire comme un critère du degré des mesures que l'État doit adopter pour prévenir l'occurrence d'un préjudice. Ainsi, la diligence ne serait qu'une règle d'interprétation du champ d'application de la règle primaire de prévention[246]. Mais malgré la difficulté à définir cette notion, il faut tout de même la conceptualiser, au moins de manière générale, car sa définition exacte est totalement dépendante des circonstances propres à chaque cas (« Section I. La notion de diligence due »). Ensuite, pour mieux comprendre cette difficulté de définition en raison de la dépendance des conditions de chaque situation, il faut analyser le degré – ou les degrés – de diligence requis (« Section II. Le degré de diligence »).

---

244 GATTINI, A., « La notion de faute à la lumière du projet de convention de la Commission du Droit International sur la responsabilité internationale », *E.J.I.L.*, vol. 3, 1992, p. 260-261.

245 Pour les travaux de la troisième commission de la Conférence de La Haye de 1930, voir S.d.N., *Actes de la Conférence pour la codification du droit international tenue à la Haye du 13 Mars au 12 Avril 1930 : Procès-verbaux de la Troisième Commission, vol. IV*, Genève, S.d.N., 1930, p. 120 et ss.

246 ŠOLJAN, L., « The General Obligation to Prevent Transboundary Harm and its Relation to Four Key Environmental Principles », *A.R.I.E.L.*, vol. 3, 1998, p. 217.

Section I. La notion de diligence due

Le débat doctrinal sur la notion de diligence due a commencé depuis la guerre civile américaine, et en particulier, depuis l'*affaire de l'Alabama*, un différend entre les États-Unis et la Grande-Bretagne relatif à des dommages causés à la flotte fédérale américaine par *l'Alabama,* navire sudiste armé dans des ports anglais[247]. Selon le tribunal arbitral, la question principale pour régler le différend était de savoir si la Grande-Bretagne avait manqué à son obligation de neutralité prévue par le traité de Washington de 1871[248] entre les deux pays, et, par conséquent, la définition du devoir de diligence d'un État neutre était l'élément fondamental pour apprécier si la responsabilité du gouvernement anglais devait être établie[249].

Les deux États ont donc proposé une notion différente de diligence. Selon la Grande-Bretagne, la diligence due devrait désigner les

---

247 Voir MOORE, J. B., *History and Digest of the International Arbitrations to which the United States has been a Party*, vol. I, Washington, Government Printing Office, 1898, p. 495-682.

248 L'expression « *due diligence* » est utilisée dans l'article 6 du traité, qui détermine qu'un gouvernement neutre doit «*faire preuve de la diligence due pour prévenir l'armement ou l'équipement sous sa juridiction d'un navire dont il y a des motifs raisonnables de croire qu'il est destiné à faire la guerre contre une Puissance avec laquelle il est en paix ; et il doit également adopter une telle diligence pour empêcher le départ de tout navire sous sa juridiction destiné à faire la guerre comme mentionné ci-dessus, si ce navire a été spécialement adapté sous sa juridiction, en tout ou en partie, à une utilisation belliqueux* » [*Traduction*]. Pour le texte complet du traité, en anglais, voir MARTENS, G. F., *Nouveau recueil général de traités, conventions et autre transactions remarquables servant à la connaissance des relations étrangères des puissances et États dans leurs rapports mutuels*, tome XX, Gottingue, Librairie de Dieterich, 1875, p. 698-775.

249 Pour une analyse détaillée sur l'*affaire de l'Alabama*, voir BINGHAM, T., « The Alabama Claims Arbitration », *I.C.L.Q.*, vol. 54, issue 1, 2005, p. 1-25; COOK, A., *The Alabama Claims : American Politics and Anglo-American Relations, 1865-1872*, Ithaca/London, Cornell University Press, 1975 ; REALE, E., *L'arbitrage international : le règlement judiciaire du conflit de l'Alabama*, Lausanne, Payot, 1929 ; BALCH, T. W., *The Alabama Arbitration*, Philadelphia, s.n., 1900 ; et RUSSELL, J. & ADAMS, C. F., *The official correspondence on the claims of the United States in respect to the « Alabama »*, London, Longmans, Green, and Co., 1867.

mesures de surveillance énoncées par une obligation internationale qu'un gouvernement souverain est tenu d'adopter afin de prévenir certains actes sous sa juridiction, en ajoutant qu'elle ne pouvait pas être définie avec précision sous la forme d'une règle générale, car elle est toujours dépendante des circonstances du cas en question. Ainsi, elle devrait être déduite de la nature de l'obligation elle-même et des considérations de justice et d'équité, mais surtout, le degré de vigilance devrait être proportionnel à celui que le gouvernement prendrait pour les affaires intérieures et auquel on pourrait raisonnablement s'attendre dans le contexte international[250]. En revanche, le gouvernement américain, qui était le plaignant, préconisait une définition moins restrictive selon laquelle la diligence voulue devrait être définie comme :

« une diligence proportionnelle à l'importance du sujet, à la dignité et à la force de la puissance qui l'exerce ; une diligence qui doit, par l'emploi d'une active vigilance et par tous les moyens au pouvoir du neutre, à toutes les phases de l'affaire, empêcher la violation de son territoire ; – une diligence qui doit, de toute manière, détourner ceux qui en auraient le dessein de commettre des actes de guerre sur le sol d'un neutre contre sa volonté »[251].

En somme, les États-Unis soutenaient une « diligence active » qui devrait être proportionnelle aux probables conséquences de sa violation, c'est-à-dire si les normes de l'État neutre étaient insuffisantes, par exemple, il devait les modifier[252]. Le tribunal arbitral a donné raison aux arguments américains en décidant que la *due diligence « devrait être exercée par les gouvernements neutres dans la proportion exacte des risques auxquels l'un des belligérants peut être exposé à la suite d'une violation de l'obligation de neutralité de leur*

---

[250] Voir le Deuxième rapport sur la responsabilité internationale pour les conséquences préjudiciables découlant d'activités qui ne sont pas interdites par le droit international (prévention des dommages transfrontières résultant d'activités dangereuses), par Pemmaraju Sreenivasa Rao, O.N.U., Doc. A/CN.4/501, p. 6.

[251] LAPRADELLE, A. G. & POLITIS, N., « Affaire de l'*Alabama* – 14 septembre 1872 », *Recueil des arbitrages internationaux,* vol. II, Paris, Pedone, 1923, p. 814-815.

[252] BLOMEYER-BARTENSTEIN, H. « Due Diligence », in BERNHARDT, R., *Encyclopedia of Public International Law*, vol. I, 1992, p. 1111.

part »[253]. La diligence à laquelle les gouvernements étaient tenus devait donc être mesurée par rapport aux conséquences de la violation de son obligation et non par rapport aux capacités de l'État de maîtriser les risques des activités sous sa juridiction. La diligence ainsi envisagée revêt un caractère presque absolu dans la mesure où un État sera responsable si un autre État peut prouver que le dommage qu'il a subi aurait pu être prévenu si des mesures avaient été adoptées, sans s'interroger sur les circonstances de l'occurrence[254].

La notion de diligence a pourtant beaucoup évolué depuis l'*affaire de l'Alabama*, et bien qu'il soit important – ou même fondamental – de prendre en compte le risque de dommage et le caractère dangereux de l'activité, il faut également considérer les moyens dont l'État dispose pour exécuter son obligation. Ainsi, le devoir de diligence n'est pas censé prévenir absolument tout dommage significatif si cela n'est pas possible[255]. Dans ce cas, l'État est tenu de faire de son mieux pour réduire le risque au minimum, sans garantir que des dommages ne surviendront pas, c'est-à-dire qu'il faut analyser l'ensemble des circonstances du dommage, et non seulement le risque de sa survenance[256].

L'Institut de Droit International a adopté cette acception de la diligence dans ses travaux sur la responsabilité internationale des États en raison de dommages causés sur leur territoire à la personne ou aux biens des étrangers, vu que la diligence est définie comme « *les mesures qu'il convenait de prendre normalement, selon les circonstances, pour prévenir ou réprimer de tels faits* »[257]. Cette

---

[253] MOORE, J. B., *History and Digest of the International Arbitrations to which the United States has been a Party*, vol. IV, Washington, Government Printing Office, 1898, p. 4082.

[254] DUPUY, P.-M., « Reviewing the Difficulties of Codification : On Ago's Classification of Obligations of Means and Obligations of Result in Relation to State Responsibility », *E.J.I.L.*, vol. 10, 1999, p. 375.

[255] Lorsque l'on est devant la force majeure, par exemple. Voir PISILLO-MAZZESCHI, R., « The Due Diligence Rule and the Nature of the International Responsibility of States », *G.Y.I.L.*, vol. 35, 1992, p. 46.

[256] Voir le commentaire relatif à l'article 3 du projet d'articles de la Commission du droit international sur la prévention des dommages transfrontaliers résultant d'activités dangereuses, adoptés en 2001.

[257] *Annuaire de l'Institut de Droit International*, vol. 33, tome III, 1927, p. 108.

approche a également prévalu dans les travaux de la Commission du droit international sur la prévention des dommages transfrontières résultant d'activités dangereuses et sur le droit relatif aux utilisations des cours d'eau internationaux à des fins autres que la navigation. Selon la Commission,

« s'acquitter du devoir de diligence c'est, pour un État, s'employer raisonnablement à s'informer des éléments de fait et de droit dont on peut prévoir qu'ils entreront en jeu dans une procédure envisagée et à arrêter en temps utile les mesures appropriées. Ainsi, les États sont tenus de prendre des mesures unilatérales pour prévenir les dommages transfrontières significatifs ou en tout état de cause pour réduire au minimum le risque de tels dommages que peuvent comporter les activités entrant dans le champ d'application de l'article premier. Ces mesures comprennent, en premier lieu, la définition de principes d'action destinés à prévenir les dommages transfrontières significatifs ou à en réduire le risque au minimum et, en second lieu, la mise en application de ces principes. »[258]

En réalité, à part son importance pour préciser les contours de la notion de diligence, l'histoire des travaux de la Commission sur le droit relatif aux utilisations des cours d'eau internationaux à des fins autres que la navigation, est l'exemple le plus éclairant sur la genèse de l'obligation de prévention de comportement, car elle peut être caractérisée, en ce qui concerne les deux obligations de prévention, comme l'histoire du passage – ou de l'abandon – d'une obligation de résultat vers une obligation de comportement.

Ses travaux sur les voies d'eau internationales ont commencé en 1970, après une recommandation de l'Assemblée générale[259]. Dès le début la Commission a utilisé comme source d'inspiration les règles sur les utilisations des eaux des fleuves internationaux adoptées par l'Association de droit international à sa cinquante-deuxième Conférence tenue à Helsinki en 1966 (Règles d'Helsinki), dont l'article X dispose que l'État est tenu de « *prendre toutes les mesures raisonnables pour réduire la pollution existante* » et de « *prévenir*

---

[258] O.N.U., Doc. A/56/10, p. 423.
[259] Résolution 2669 (XXV) du 8 décembre 1970.

toute nouvelle forme de pollution des eaux ou toute augmentation du degré de pollution existant d'un bassin de drainage international » qui risquerait de causer un dommage significatif au territoire d'un autre État du bassin. De la lecture de l'article, on peut soutenir qu'il s'agit d'une obligation de prévention de résultat, au moins en ce qui concerne les nouvelles formes de pollution[260] : l'État ne doit pas faire preuve de diligence, c'est-à-dire prouver qu'il a adopté toutes les mesures raisonnables pour éviter la pollution, la seule action exigée par l'obligation est qu'il empêche la survenance d'un dommage. Dès qu'il le cause, il a manqué à son obligation de prévention.

Suivant la même logique des Règles d'Helsinki, le deuxième rapporteur spécial – Stephen M. Schwebel – a adopté l'approche préventive en proposant un article concernant la responsabilité internationale d'un dommage appréciable :

« *Article 8. Responsabilité d'un dommage appréciable*

1. Le droit, pour un État d'un système de cours d'eau international, d'utiliser les ressources en eau du système est limité par l'obligation qui lui est faite de ne pas causer de dommage appréciable aux intérêts d'un autre État du système, si ce n'est dans la mesure qui peut être autorisée au titre de la détermination d'une participation équitable au système de cours d'eau international en question ;

2. Chaque État d'un système a l'obligation de ne pas se livrer, et d'empêcher toutes les personnes relevant de sa juridiction ou sous son contrôle de se livrer, à une activité qui pourrait causer un dommage appréciable aux intérêts d'un autre État du système, si ce n'est dans

---

[260] L'Association fait une distinction entre la pollution existante et les nouvelles formes de pollution, ce qui n'est pas acceptable aujourd'hui. Dans son premier rapport sur le droit relatif aux utilisations des cours d'eau internationaux à des fins autres que la navigation, Jens Evensen affirme que « *la pollution d'un système de cours d'eau international ne saurait être permise que la source de pollution soit déjà ancienne ou qu'elle soit nouvelle. L'exercice d'une activité qui pollue un système de cours d'eau international et cause ainsi un préjudice appréciable à d'autres États du système ne peut être considéré comme un droit acquis* ». O.N.U., Doc. A/CN.4/367 and Corr.1.

la mesure qui peut être autorisée en vertu du paragraphe 1 du présent article. »[261]

Même si le rapporteur spécial n'a pas expressément mentionné la distinction entre les obligations de résultat et de comportement, il ressort clairement de la lecture du dispositif qu'il a envisagé la prévention comme une obligation de résultat, étant donné que les dispositions concernant la responsabilité de l'article 8 subordonnent le droit de chaque État membre du système d'utiliser les eaux à l'obligation de ne pas causer de dommages transfrontières appréciables d'une manière absolue[262]. Par conséquent, il ne faut pas analyser la conduite de l'État, mais le résultat final, c'est-à-dire l'existence ou non d'un préjudice. Cette approche fut aussi adoptée par les rapporteurs suivants – Jens Evensen et Stephen C. McCaffrey – et la Commission a fini par adopter en 1991, en première lecture, un article sur l'obligation de ne pas causer de dommages appréciables à un autre État : « *Les États du cours d'eau utilisent le cours d'eau international de manière à ne pas causer de dommages appréciables aux autres États du cours d'eau.* »[263]

Si l'article 7 adopté provisoirement par la Commission nous donne encore l'impression qu'elle a adopté une obligation de prévention absolue, les articles suivants et les commentaires respectifs démontrent le début d'une nouvelle interprétation de cette obligation. Concernant la protection de l'environnement et la pollution[264], Stephen McCaffrey a proposé l'article qui suit :

---

[261] *Annuaire... 1982*, vol. II, Première partie, p. 125.

[262] Troisième rapport sur le droit relatif aux utilisations des cours d'eau internationaux à des fins autres que la navigation, par M. Stephen M. Schwebel, O.N.U., Doc. A/CN.4/348, par. 325.

[263] Article 7 du projet adopté en première lecture en 1991. O.N.U., Doc. A/46/10, p. 69.

[264] Un article spécifique sur la prévention liée à la protection de l'environnement a été proposé pour la première fois par Evensen dans son premier rapport : *« Article 23. Obligation de prévenir la pollution 1. Aucun État du système ne peut polluer ou laisser polluer les eaux d'un système de cours d'eau international si cette pollution cause ou risque de causer un préjudice appréciable aux droits ou aux intérêts d'autres États du système en ce qui concerne l'utilisation équitable par ces derniers*

« Article 16. Pollution des [systèmes de] cours d'eau internationaux [...]

2. *Les États du cours d'eau ne causent ni ne permettent l'a pollution d'un [système de] cours d'eau international d'une manière ou dans une mesure susceptible de causer un dommage appréciable aux autres États du cours d'eau ou à l'écologie de ce [système de] cours d'eau international. »*[265]

Tout d'abord, il nous semble que rien n'a changé et que l'obligation de prévention est encore envisagée comme une obligation de résultat, mais dans ses commentaires, le rapporteur spécial démontre que si le libellé de l'article pourrait donner à penser qu'un État où la pollution prend sa source serait de ce fait même, responsable de tout dommage appréciable causé par cette pollution, telle n'est pas toutefois son intention, car selon lui le dispositif énonce au contraire une obligation de faire preuve de diligence due pour ne pas causer de dommage appréciable à d'autres États du cours d'eau[266].

Mais le changement d'approche définitif se produit avec le dernier rapporteur. En rappelant que la situation de la protection de l'environnement a évolué depuis que la Commission a achevé son examen du texte en première lecture, il a proposé de remanier l'article 7 pour qu'il soit le plus clair possible : le nouveau libellé proposé par le rapporteur spécial n'imposerait aux États qu'une obligation de faire preuve de toute la diligence voulue, et non une obligation de ne pas causer de dommage appréciable ou significatif, c'est-à-dire qu'il a abandonné en définitive l'interprétation selon laquelle l'obligation de prévention doit être envisagée comme une obligation de résultat[267]. L'article du projet définitif se lit donc comme suit :

---

de ces ressources en eau partagées ou entraîne ou risque d'entraîner d'autres effets nuisibles sur leur territoire. » O.N.U., Doc. A/CN.4/367, par. 99.

[265] *Annuaire... 1988*, vol. II, Première partie, p. 238-239.

[266] Quatrième rapport sur le droit relatif aux utilisations des cours d'eau internationaux à des fins autres que la navigation, par M. Stephen C. McCaffrey, O.N.U., Doc. A/CN.4/412, p. 240.

[267] O.N.U., Doc. A/48/10, p. 95.

« Article 7. Obligation de ne pas causer de dommages significatifs

1. Les États du cours d'eau font preuve de toute la diligence voulue pour utiliser le cours d'eau international de manière à ne pas causer de dommages significatifs aux autres États du cours d'eau. »[268]

Dans les commentaires au projet d'articles, la Commission explique que l'obligation énoncée à cet article n'est pas censée garantir que l'utilisation du cours d'eau international n'entraînera pas de dommages significatifs étant donné qu'il « *s'agit d'une obligation de comportement, et non d'une obligation de résultat.* »[269] La modification ainsi apportée dans le projet définitif a eu pour effet principal, par rapport à l'article 7 du projet de 1991, de transformer une obligation de résultat en une obligation de comportement[270].

L'histoire des travaux de la Commission sur le droit de cours d'eau est remarquable pour démontrer la forte réticence des États à adopter une obligation de prévention plus stricte, et même dans le cas où le libellé d'un dispositif donne à penser qu'il s'agit d'une obligation de résultat, la Commission fait remarquer qu'un tel dispositif doit être toujours interprété comme une obligation de comportement, ou, pour utiliser l'expression de la Commission, comme une obligation de « diligence due »[271].

Enfin, lors de ses travaux de codification du droit de la responsabilité des États, l'Harvard Law School a également utilisé la diligence due pour définir la responsabilité d'un État, en soulignant un autre aspect de cette obligation : que le respect de cette notion présume que l'État est compétent pour prendre les mesures de prévention et qu'il a eu la possibilité de les prendre après avoir eu connaissance de l'imminence d'un dommage ou de circonstances laissant présager un tel dommage[272]. Il ressort de cela que les

---

[268] O.N.U., Doc. A/49/10, p. 108.
[269] O.N.U., Doc. A/49/10, p. 109.
[270] CAFLISCH, L., « La convention du 21 mai 1997 sur l'utilisation des cours d'eau internationaux à des fins autres que la navigation », *A.F.D.I.*, vol. 43, 1997, p. 764.
[271] O.N.U., Doc. A/CN.4/412, p. 240.
[272] L'article proposé énonçait : « *Art. 10 – Un État est responsable du dommage causé à un étranger par suite du manque de diligence requise afin de prévenir le dommage, si les vois de recours locales ont été épuisées sans réparation suffisante*

circonstances dans lesquelles la pollution s'est produite prennent une place fondamentale dans l'analyse du devoir de diligence. Il faut non seulement démontrer que l'État savait ou aurait dû savoir que ses comportements entraîneraient un dommage appréciable à un autre État, mais aussi qu'il disposait des moyens pour exercer le contrôle sur son territoire, c'est-à-dire qu'il possédait l'infrastructure juridique et administrative nécessaire pour assurer le respect de ses obligations internationales. En somme, la diligence due est la diligence que l'on est en droit d'attendre d'un gouvernement respectueux de ses obligations internationales, ou en d'autres termes, d'un « bon gouvernement »[273].

La notion de diligence due a donc plusieurs éléments constitutifs : d'abord, il faut que les actes dommageables ainsi que les comportements qui peuvent les causer soient prévisibles, et cette prévisibilité doit être également liée à la compétence de l'État pour agir[274]. Ensuite, les actes de vigilance pour prévenir l'événement doivent être adaptés aux circonstances et, enfin, l'État doit disposer d'un appareil juridique et matériel suffisant pour s'acquitter de son obligation. C'est justement cette possibilité matérielle de prévenir les dommages transfrontières par les moyens dont dispose l'État qui constitue l'élément fondamental de la notion de diligence, car elle va définir le degré d'attention que l'on est en droit d'attendre d'un bon gouvernement[275].

---

pour ce manque de diligence. La diligence requise dépend de la qualité privée ou publique de la personne de l'étranger et des circonstances d'espèce. » Voir HARVARD RESEARCH IN INTERNATIONAL LAW, « The Law of Responsibility of States for Damage Done in Their Territory to the Person or Property of Foreigners », *A.J.I.L.*, vol. 23, n° 2, Supplement, 1929, p. 131-239, notamment p. 187 et ss.

273 DUPUY, P.-M., « La diligence due dans le droit international de la responsabilité », in O.C.D.E., *Aspects juridiques de la pollution transfrontière*, Paris, O.C.D.E., 1977, p. 396. L'auteur ajoute que la diligence due « *apparaît à la fois comme la contrepartie de l'exercice exclusif des compétences territoriales et comme l'élément limitatif de la responsabilité internationale qui découle de sa méconnaissance* ». *Ibid.*, p. 398.

274 *Annuaire... 1961*, vol. II, p. 46.

275 Voir FITZMAURICE, M., « International protection of the environment », *R.C.A.D.I.*, vol. 293, 2001, p. 252.

Section II. Le degré de diligence

Il ressort des deux différentes positions sur la notion de diligence due dans l'*affaire de l'Alabama* que le degré de vigilance requise peut varier selon deux critères distincts : si d'une part les États-Unis ont soutenu la thèse selon laquelle le degré de diligence doit être analysé en proportion avec les risques de l'activité et les conséquences de la violation de l'obligation de prévention, c'est-à-dire une diligence tournée vers les effets extérieurs de l'activité (Paragraphe 1), d'autre part le gouvernement anglais proclamait un degré de vigilance tourné vers la capacité de l'État de maîtriser les risques de l'activité, proportionnel au soin que les gouvernements emploient ordinairement dans leurs affaires intérieures (Paragraphe 2).

Paragraphe 1. Le degré extérieur de diligence

Les effets transfrontières d'une activité ont une importance fondamentale dans le processus de décision de l'État des mesures qu'il doit adopter pour s'acquitter de son obligation de diligence. Si l'activité n'a aucun risque de causer un dommage transfrontière, ou si le préjudice qui pourrait être causé est insignifiant[276], l'activité ne concerne pas le droit international. En revanche, si les effets nocifs de l'activité peuvent dépasser les frontières de l'État, il doit évidemment adopter des mesures de contrôle pour éviter ou au mois atténuer un possible préjudice causé à d'autres États. L'un des arbitres de l'*affaire de l'Alabama* – Count Sclopis – a même affirmé l'impossibilité d'examiner la diligence due séparément de l'activité en question. Selon lui, l'expression de *due diligence* suppose nécessairement l'idée de relation entre l'obligation et son objet, en ajoutant qu'il est impossible de définir *a priori* et abstraitement une obligation absolue

[276] Sur la notion de dommage significatif, voir la Deuxième Partie de l'ouvrage.

de diligence, car le degré de vigilance requise est déterminé par l'activité qui est l'objet des mesures diligentes[277].

Si, d'une part, toutes les activités passibles de causer un dommage transfrontière doivent être surveillées, d'autre part, plus les activités sont dangereuses, plus il importe de respecter les obligations procédurales de prévention[278] et d'adopter des mesures de diligence rigoureuses. En d'autres termes, plus le dommage encouru est grave, plus le niveau de prévention requis doit être élevé. Lors de son étude des projets d'articles sur l'utilisation des cours d'eau internationaux à des fins autres que la navigation, la Commission du droit international a eu l'opportunité d'examiner la notion de *due diligence* dans le contexte du devoir de prévention, et elle a noté que la norme de vigilance qui devrait être applicable eu égard au principe de prévention était généralement considérée comme proportionnelle à l'importance du risque de dommage transfrontalier dans un cas donné[279].

Ainsi, si le degré de diligence doit être proportionnel au degré de risque que comporte l'activité, les facteurs tels que les ressources exploitées ou les biens produits, l'envergure des opérations, leur emplacement, les conditions climatiques particulières et les matériaux employés pour l'activité sont au nombre des éléments à prendre en considération pour déterminer quel niveau de diligence est requis[280]. Selon Pierre-Marie Dupuy, le simple emploi de techniques dangereuses ou la simple présence d'industries dangereuses impose aux États des devoirs nouveaux de vigilance, quel que soit, par ailleurs, le degré de leur développement général[281].

---

[277] Cité par MOORE, J. B., *History and Digest of the International Arbitrations to which the United States has been a Party*, vol. IV, Washington, Government Printing Office, 1898, p. 4069.

[278] Parmi d'autres, la réalisation d'une étude d'impact et l'autorisation préalable des activités dangereuses, par exemple.

[279] O.N.U., Doc. A/CN.4/510, par. 20.

[280] O.N.U., Doc. A/CN.4/501, par. 28.

[281] DUPUY, P.-M., « La diligence due dans le droit international de la responsabilité », in O.C.D.E., *Aspects juridiques de la pollution transfrontière,* Paris, O.C.D.E., 1977, p. 404.

En fait, si l'activité en question est ultradangereuse, l'obligation de prévention a tendance à devenir presque une obligation de résultat, car en cas de préjudice elle crée une présomption défavorable à l'État d'origine du dommage[282]. À cause de cette particularité, certains auteurs ont soutenu qu'il y a bien place en droit international pour une responsabilité internationale objective à raison des dommages engendrés par ces activités technologiques et industrielles, mais elle demeurerait dérogatoire et s'inscrivait nécessairement dans la conclusion d'accords spéciaux[283]. Comme l'on verra, les régimes de responsabilités qui peuvent être considérés comme les plus proches d'un régime de responsabilité objective sont justement ceux liés aux activités ultradangereuses d'utilisation de l'énergie nucléaire, de transport maritime d'hydrocarbures et de l'utilisation de l'espace extra-atmosphérique.

La dangerosité de l'activité joue un rôle tellement important dans la détermination du degré de diligence requise que l'on peut estimer que les règles du droit international – et par conséquent les mécanismes de diligence existants – devraient s'adapter à ce nouveau défi, car la défaillance technique du matériel employé ou la défaillance humaine (involontaire ou volontaire) dans l'usage de ce matériel peuvent causer un accident catastrophique[284]. Mais même si une catastrophe

---

282 PISILLO-MAZZESCHI, R., « Forms of International Responsibility for Environmental Harm », in FRANCIONI, F. & SCOVAZZI, T. (ed.), *International Responsibility for Environmental Harm*, London/Dordrecht/Boston, Graham & Trotman/Martinus Nijhoff, 1991, p. 35.

283 DUPUY, P.-M., *La responsabilité internationale des États pour les dommages d'origine technologique et industrielle,* Paris, Pedone, 1976, p. 257. Voir également JENKS, C. W., « Liability for ultra-hazardous activities in international law », *R.C.A.D.I.*, vol. 117, 1966, p. 99-200.

284 LEBEN, C., « Vers un droit international des catastrophes », in CARON, D. D. & LEBEN, C. (éd.), *Les aspects internationaux des catastrophes naturelles et industrielles – The International Aspects of Natural and Industrial Catastrophes*, The Hague, Martinus Nijhoff Publishers, 2001, p. 42. Sur le sujet, voir BALLARINO, T., « Questions de droit international privé et dommages catastrophiques », *R.C.A.D.I.*, vol. 220, 1990, p. 289-359 ; CARON, D. D. & LEBEN, C. (éd.), *Les aspects internationaux des catastrophes naturelles et industrielles – The International Aspects of Natural and Industrial Catastrophes*, The Hague, Martinus Nijhoff Publishers, 2001 ; et FACULTE DE DROIT DE UNIVERSITE DE LOUVAIN, *La réparation des dommages catastrophiques : les risques technologiques majeurs en droit international et en droit communautaire*,

produit des dommages supérieurs aux dommages significatifs et appréciables tels qu'ils sont définis dans les standards internationaux, son régime juridique est encore « *un sujet d'avenir* »[285]. Cependant, la dangerosité de l'activité reste comme un des principaux éléments pour que l'on puisse établir le degré de vigilance requise dans un cas donné et déterminer en conséquence si l'État a manqué à son devoir de diligence.

Il faut souligner que même les activités déjà entreprises mais qui sont source de pollution doivent respecter l'obligation de prévention et adopter en conséquence des mesures de diligence, soit pour arrêter en définitive le dommage, soit au moins pour limiter la pollution préexistante jusqu'à ce qu'elle parvienne à des limites acceptables par le droit international[286]. Cet exercice de contrôle environnemental peut varier non seulement en fonction de la nature de l'activité et de la gravité du risque, mais aussi en fonction des ressources dont l'État dispose, c'est-à-dire outre les conditions extérieures, pour que l'on puisse établir le degré exact de l'obligation de diligence il faut aussi analyser les conditions dans lesquelles la pratique interne de gestion environnementale se réalise.

Paragraphe 2. Le degré intérieur de diligence

Le gouvernement anglais, dans l'*affaire de l'Alabama*, a plaidé que l'affirmation selon laquelle la diligence due oblige un gouvernement à utiliser tous les moyens dont il dispose est une proposition vraie dans un sens, et faux dans un autre : vrai si elle signifie que le

---

Travaux des XIIIe Journées études juridiques Jean Dabin, coll. Bibliothèque de la Faculté de droit de Université de Louvain, Bruxelles, Bruylant, 1990, 579 p.

285 LIESA, C. R. F., « La responsabilité en cas de catastrophes écologiques, d'après les travaux de la CDI sur les activités non interdites par le droit international », in CARON, D. D. & LEBEN, C. (éd.), *Les aspects internationaux des catastrophes naturelles et industrielles*, The Hague, Martinus Nijhoff Publishers, 2001, p. 737.

286 Quatrième rapport sur le droit relatif aux utilisations des cours d'eau internationaux à des fins autres que la navigation, par Stephen C. McCaffrey, O.N.U., Doc. A/CN.4/412 and Add.1 & 2, p. 242.

gouvernement est tenu d'exercer honnêtement et avec un soin raisonnable les moyens à sa disposition ; « *faux, impraticable et absurde* » si elle signifie que l'État est responsable à chaque fois qu'il est possible de démontrer qu'un accident qui est survenu aurait pu être évité. Selon la Grande-Bretagne, le degré de diligence requise doit être celui employé dans les affaires nationales, car aucune obligation internationale entre les nations ne peut être plus élevée ou plus impérative que celles auxquelles chaque État est tenu envers ses propres citoyens[287].

Tout d'abord, cette formule a été traduite par l'idée de comportements attendus d'un « bon gouvernement ». Un tel gouvernement est censé posséder d'une manière permanente un système juridique et de ressources suffisantes pour gérer l'appareil administratif chargé de contrôler et de surveiller les activités sous sa juridiction[288]. Mais définir d'une manière générale une notion aussi abstraite que celle d'un « bon gouvernement » se révèle presque impossible en droit international étant donné que la communauté internationale est constituée d'États possédant les niveaux sociaux, économiques et culturels les plus variés possibles[289]. Ainsi, il faut analyser la situation particulière de chaque État et le degré de diligence qu'il utilise vis-à-vis de ses propres citoyens, c'est-à-dire que le concept d'un « bon gouvernement » peut varier selon les capacités scientifiques, techniques et économiques des États. En d'autres termes, le degré d'attention auquel on est en droit de s'attendre d'un État disposant d'une structure administrative et juridique et de ressources économiques et scientifiques considérables

---

[287] MOORE, J. B., *History and Digest of the International Arbitrations to which the United States has been a Party*, vol. I, Washington, Government Printing Office, 1898, p. 610.

[288] *Annuaire... 1988*, vol. II, Première partie, p. 241.

[289] Le professeur Crépeau, par exemple, observe que l'obligation de diligence peut être appréciée différemment selon un critère subjectif (diligence *in concreto*) ou selon un critère objectif (diligence *in abstracto*). Selon le premier critère, la diligence d'une personne s'apprécie selon ses propres normes d'évaluation de la conduite humaine, tandis que la diligence objective s'apprécie selon la conduite d'un type abstrait, comme le « bon père de famille », concept similaire à celui de « bon gouvernement ». CREPEAU, P.-A., *L'intensité de l'obligation juridique ou des obligations de diligence, de résultat et de garantie*, Québec, Les Éditions Yvon Blais Inc./Centre de recherche en droit privé et comparé du Québec, 1989, p. 7-8.

n'est pas le même pour les États développés que pour les États plus défavorisés[290].

Il en résulte que le degré intérieur de diligence de l'État doit s'accorder avec d'autres principes du droit international de l'environnement tels que le principe du développement durable[291] et le principe des responsabilités communes mais différenciées[292]. Par conséquent, l'application de l'obligation de diligence ne doit pas se faire de façon isolée ou sans tenir compte de considérations liées aux besoins et aux pratiques des pays en développement et des pays en transition. Ainsi, pour garantir une base sociale la plus uniforme possible – et pour favoriser la sécurité juridique internationale en conséquence –, l'obligation de diligence doit être liée d'une manière générale aux questions de renforcement des capacités et de mécanismes internationaux de financement. Le Protocole de Montréal relatif à des substances qui appauvrissent la couche d'ozone, par exemple, prévoit que le développement des moyens permettant aux

---

290 Premier rapport sur la prévention des dommages transfrontières résultant d'activités dangereuses, par Pemmaraju Sreenivasa Rao, O.N.U., Doc. A/CN.4/487, par. 15.

291 Pour une analyse de la notion de développement durable, voir le rapport « Notre avenir à tous » de la Commission mondiale sur l'environnement et le développement, aussi connue sous le nom de « Commission Brundtland », instituée par l'Assemblée générale des Nations Unies en 1983. Selon la Commission, le développement durable est celui qui « *répondrait aux besoins du présent sans compromettre la capacité des générations futures de répondre aux leurs* ». O.N.U., Doc. A/42/427, p. 65.

292 Sur le sujet, voir KOLARI, T., « The Principle of Common but Differentiated Responsibilities as Contributing to Sustainable Development through Multilateral Environmental Agreements », in BUGGE, H. C. & VOIGT, C. (ed.), *Sustainable development in international and national law : what did the Brundtland report do to legal thinking and legal development, and where can we go from here ?*, Groningen, Europa law publishing, 2008, p. 249-267 ; STONE, C. D., « Common but Differentiated Responsibilities in International Law », *A.J.I.L.*, vol. 98, issue 2, 2004, p. 276-301 ; MATSUI, Y., « The Principle of 'Common but Differentiated Responsibilities' », in SCHRIJVER, N. & WEISS, F. (ed), *International law and sustainable development : principles and practice*, Leiden, Martinus Nijhoff, 2004, p. 73-96 ; et CHOWDHURY, S. R., « Common but differentiated State Responsibility in international environmental law : from Stockholm (1972) to Rio (1992) », in GINTHER, K. *et al.* (dir.), *Sustainable Development and Good Governance*, Dordrecht, Nijhoff, 1995, p. 322 à 342.

pays en développement de s'acquitter de l'obligation de se conformer aux mesures de réglementation énoncées et de les appliquer « *dépendra de la mise en œuvre effective de la coopération financière prévue à l'article 10 et du transfert de technologie prévu à l'article 10A* »[293].

Le Protocole de Kyoto à la Convention-cadre des Nations Unies sur les changements climatiques adopte aussi cette approche de degré de diligence conditionné aux besoins de chaque pays, en annonçant que toutes les Parties, « *tenant compte de leurs responsabilités communes mais différenciées et de la spécificité de leurs priorités nationales et régionales de développement, de leurs objectifs et de leur situation* », doivent élaborer des programmes nationaux et, là où il y a lieu, régionaux, contenant des mesures destinées à atténuer les changements climatiques, ainsi que des mécanismes de coopération afin de promouvoir, faciliter et financer l'accès ou le transfert des technologies et pratiques écologiquement rationnelles présentant un intérêt du point de vue des changements climatiques, « *en particulier au profit des pays en développement* »[294].

En revanche, il faut souligner que le fait d'avoir des capacités économiques ou scientifiques réduites n'exonère pas l'État de son obligation internationale. De la même façon, l'adoption d'un degré de vigilance proportionnel à celui que l'État utilise normalement dans la conduite de ses affaires internes ne signifie pas que l'on récompense l'État le moins bien organisé et celui qui se soucie le moins des conséquences internationales de ses actions. Si d'un côté la norme de vigilance peut varier selon le degré de développement d'un État, de l'autre côté l'ordre juridique international exige que l'État possède un appareil juridique et administratif minimal, car cela constitue une condition pour que l'on puisse attribuer à l'entité la qualification même d'État[295]. La flexibilité attribuée au degré de la diligence due a

[293] Article 5 (5), du Protocole de Montréal.
[294] Article 10 du Protocole de Kyoto.
[295] Ces règles minimales constituent la norme au-dessous de laquelle la survie d'un État serait incompatible avec sa coexistence au sein de la communauté internationale. DUPUY, P.-M., « La diligence due dans le droit international de la responsabilité », in O.C.D.E., *Aspects juridiques de la pollution transfrontière,* Paris, O.C.D.E., 1977, p. 403.

pour but d'éviter toute discrimination à rencontre des pays les moins développés et de ne pas mettre un frein à leur développement économique[296], et ne doit pas être envisagée comme une possible cause d'exonération de la responsabilité de l'État.

Mais il reste à savoir si l'État n'est tenu qu'à exercer le degré de diligence qu'il utilise dans la conduite de ses affaires internes, qui est généralement décrite par l'expression « *diligentia quam in suis* », ou s'il est également tenu de respecter un standard minimal international de diligence. Il n'y a pas de pratique législative uniforme dans ce domaine et les deux possibilités ont des points positifs et négatifs. Si d'une part un standard minimal plus objectif et qui s'applique à tous les États a l'avantage d'empêcher qu'un État se cache derrière son « individualité » à chaque fois qu'il est confronté à la possibilité d'être tenu responsable d'un manquement à une obligation internationale[297], d'autre part, reconnaître ouvertement la *diligentia quam in suis* c'est reconnaître réalistement que les États ont des niveaux différents de développement et que la responsabilité cesse d'exister dès lors que l'État a employé de bonne foi les instruments dont il dispose, selon ses propres capacités techniques.

Le Programme des Nations Unies pour l'Environnement, par exemple, a observé que la question de la définition du degré de diligence requise dans le cadre des différents aspects de la gestion environnementale était parmi les plus épineuses dans le domaine du droit international de l'environnement et que la façon dont un État s'acquittait de son obligation de vigilance devait ainsi être envisagée avec une certaine souplesse notamment en ce qui concerne l'emploi des mesures internes de contrôle environnemental, qui peuvent varier en fonction des ressources techniques et matérielles disponibles dans

---

[296] Voir DERANI, C., *Direito Ambiental Econômico,* São Paulo, Max Limonad, 1997.

[297] Selon Guy de Lacharrière : « *L'appétit de spécificité se révèle dès que les circonstances le permettent. (L'État) veut être admis comme différent, à défaut d'être reconnu pour ce qu'il se sent vraiment, c'est-à-dire unique* ». LACHARRIERE, G., *La politique juridique extérieure*, Paris, Economica, 1983, p. 64-65.

chaque pays[298]. Cependant, il a proposé que, dans le cadre des procédures de diligence due, les États s'engagent à respecter des normes internationales minimales en matière d'environnement, telles que celles qui ont été élaborées par l'Organisation mondiale de la santé ou l'Organisation maritime internationale[299].

Les travaux de cette dernière institution sont un bon exemple de la manière dont deux degrés de diligence – *diligentia quam in suis* et standard minimal international – sont également utilisés, soit pour une meilleure harmonisation des règles dans la communauté internationale, soit pour que le droit respecte les particularités de développement de chaque État. La Convention sur la prévention de la pollution des mers résultant de l'immersion de déchets de 1972 oblige les Parties à prendre toutes les mesures appropriées pour prévenir la pollution des mers résultant de l'immersion, « *selon leurs possibilités scientifiques, techniques et économiques* »[300]. Suivant cette même logique, l'article 194 de la Convention des Nations Unies sur le droit de la mer, concernant les mesures visant à prévenir, réduire et maîtriser la pollution du milieu marin, prévoit que

« *Les États prennent, séparément ou conjointement selon qu'il convient, toutes les mesures compatibles avec la Convention qui sont nécessaires pour prévenir, réduire et maîtriser la pollution du milieu marin, quelle qu'en soit la source, ils mettent en œuvre à cette fin les moyens les mieux adaptés dont ils disposent, en fonction de leurs capacités, et ils s'efforcent d'harmoniser leurs politiques à cet égard.* »[301]

En revanche, la Convention internationale pour la prévention de la pollution par les navires (MARPOL), ainsi que presque toutes les

---

[298] Note sur la diligence due établie par le secrétariat du P.N.U.E. à l'intention du Groupe consultatif du Directeur exécutif sur les activités bancaires et l'environnement, octobre 1993, in O.N.U., Doc. A/CN.4/501, p. 10.
[299] P.N.U.E., *Rapport annuel 2010*, Nairobi, O.N.U./Section des services de publication, 2011, p. 53 et ss.
[300] Article 2 de la Convention.
[301] Article 194 (1) de la Convention des Nations Unies sur le droit de la mer de 1982.

conventions concernant le transport de substances dangereuses[302], adopte des règles minimales que les États doivent respecter pour exercer cette activité. De la même façon, mais dans un autre domaine, les activités liées à l'utilisation de l'énergie nucléaire doivent également respecter des standards minimaux de sécurité nucléaire, élaborés notamment par l'Agence internationale de l'énergie atomique – A.I.E.A.[303].

En somme, le degré de diligence doit être analysé dans chaque cas, car il peut varier non seulement en fonction de la gravité du risque et de la nature de l'activité, mais aussi en fonction du degré de développement et des moyens dont l'État dispose pour s'acquitter de son obligation[304]. Lors de son analyse de l'obligation de prévenir la commission d'un génocide, la Cour internationale de Justice a reconnu que l'obligation de diligence qui s'impose aux États est celle de mettre en œuvre tous les moyens à leur disposition en vue d'empêcher, dans la mesure du possible, le génocide, et que le premier paramètre pour apprécier si un État s'est correctement acquitté de son obligation en cause est « *la capacité, qui varie grandement d'un État à l'autre, à influencer effectivement l'action des personnes susceptibles de commettre, ou qui sont en train de commettre, un génocide* »[305]. Il

---

302 Voir notamment l'annexe I de la Convention MARPOL sur les règles relatives à la prévention de la pollution par les hydrocarbures. Voir aussi la Convention internationale de 1990 sur la préparation, la lutte et la coopération en matière de pollution par les hydrocarbures ; la Convention internationale pour la sauvegarde de la vie humaine en mer de 1974 et ses protocoles de 1978 et 1988 ; et la Convention internationale de 2001 sur le contrôle des systèmes antisalissure nuisibles.

303 Voir POLITI, M., « The Impact of the Chernobyl Accident on the State's Perception of International Responsibility for Nuclear Damage », in FRANCIONI, F. & SCOVAZZI, T. (ed.), *International Responsibility for Environmental Harm*, London/Dordrecht/Boston, Graham & Trotman/Martinus Nijhoff, 1991, p. 474.

304 Pour une liste des facteurs qui peuvent être utilisés pour déterminer le degré de diligence requise, voir PISILLO-MAZZESCHI, R., *Due Diligence e responsabilità internazionale degli Stati*, Milan, Giuffrè, 1989, p. 261-273. Parmi les plus utilisés dans la pratique internationale, il signale le contrôle effectif sur le territoire, l'importance du sujet protégé et la prévisibilité du dommage.

305 C.I.J., *Affaire relative à l'Application de la convention pour la prévention et la répression du crime de génocide (Bosnie-Herzégovine c. Serbie-et-Monténégro), arrêt, C.I.J. Recueil 2007*, par. 430.

n'en va pas différemment dans le droit international de l'environnement.

Conclusions du Chapitre I

Si dans l'*affaire de l'Alabama*, la question fondamentale était de savoir si l'obligation de diligence devrait être interprétée soit par rapport au caractère dangereux de l'activité et ses conséquences au plan international, soit par rapport aux capacités de l'État à maîtriser les risques des activités sous sa juridiction[306], aujourd'hui le droit international a évolué vers l'adoption d'une notion qui envisage les deux interprétations. Ainsi, le degré de diligence requise peut varier non seulement en fonction de la nature dangereuse de l'activité, mais également en fonction des capacités des États à maîtriser les risques.

Autrement dit, la diligence due signifie que, d'une part, plus les activités sont dangereuses, plus il importe d'adopter des mesures de surveillance rigoureuses, et d'autre part, que plus il y a des différences de développement entre les États, plus il faut prendre en compte des considérations liées à leurs capacités économiques et techniques à surveiller et contrôler les effets nocifs d'une activité. Cependant, même s'il faut analyser l'obligation par rapport aux comportements que l'on attend d'un « bon gouvernement », un standard minimal international de protection doit être toujours respecté par les États.

---

[306] Il faut souligner que l'adoption d'une position excluait forcément l'autre !

CHAPITRE II. LA MISE EN ŒUVRE DE LA DILIGENCE DUE

Dans le domaine de la prévention, il n'existe pas un ensemble de procédures précises et universellement acceptées par les États. Dans son projet d'articles sur la prévention des dommages transfrontières résultant d'activités dangereuses, la Commission du droit international a utilisé les mots « et d'autres » pour souligner la diversité des moyens à disposition des États pour qu'ils puissent exécuter son obligation de prévention ; et les mesures qui sont expressément mentionnées dans l'article ne le sont qu'à titre indicatif, étant donné que les États sont libres de décider leur manière d'agir selon leurs propres capacités scientifiques, économiques et techniques[307]. En fait, l'obligation de diligence peut être définie comme une véritable règle-cadre puisque la détermination de son contenu spécifique et sa mise en œuvre concrète dépendent d'autres obligations subsidiaires[308].

La pratique internationale signale pourtant quelques mesures comme étant les plus aptes à mettre en œuvre la prévention. Ainsi, à partir du moment où les mesures de diligence doivent exprimer les fonctions gouvernementales et souligner le contrôle juridique par l'État des activités exercées sur son territoire et sa réelle capacité d'exercer effectivement ce contrôle, ces mesures doivent d'abord revêtir un caractère législatif et réglementaire[309]. L'obligation de

---

[307] L'article proposé est le suivant : « *Article 5 – Mise en œuvre – Les États intéressés prennent les mesures législatives, administratives et autres, y compris la mise en place d'un mécanisme de surveillance approprié, nécessaires pour mettre en œuvre les dispositions des présents articles.* » Voir texte du projet d'articles et commentaires y relatifs in O.N.U., Doc. A/56/10.

[308] ROMANO, C. P. R., « L'obligation de prévention des catastrophes industrielles et naturelles », in CARON, D. D. & LEBEN, C. (éd.), *Les aspects internationaux des catastrophes naturelles et industrielles – The International Aspects of Natural and Industrial Catastrophes*, The Hague, Martinus Nijhoff Publishers, 2001, p. 426.

[309] XUE, H., *Transboundary Damage in International Law*, Cambridge, Cambridge University Press, 2003, p. 164.

vigilance impose donc à l'État d'origine l'obligation d'adopter et de mettre en œuvre, au plan interne, des dispositions législatives reprenant les normes internationales acceptées ou adoptant ses propres normes pour éviter la pollution transfrontière (Section I).

Néanmoins, les lois et les règlements, en tant que tels, peuvent ne pas constituer une réponse suffisante. Des mesures administratives visant à assurer le respect effectif des lois et règlements peuvent également être nécessaires. Ainsi, la prévention oblige l'État d'origine à mettre en œuvre toutes les mesures procédurales à sa disposition pour éviter ou minimiser un dommage transfrontière significatif pendant le cycle de vie de l'activité. À ce sujet, il faut rappeler que si d'une part il est fondamental de surveiller les phases de planification et de la mise en œuvre effective de l'activité, en exigeant une autorisation préalable ou la création de plans d'urgence en cas de dommage, d'autre part, il n'est pas moins important de surveiller l'activité après sa clôture, en adoptant des mesures pour assurer qu'aucun dommage ne sera causé dans le futur[310] (Section II).

Lors de son analyse sur les mesures de diligence due que l'État qui patronne doit prendre pour s'acquitter de la responsabilité qui lui incombe en application de la Convention de Montego Bay sur le droit de la mer, le Tribunal international du droit de la mer a été également d'avis que l'État est tenu d'adopter des lois et règlements et de prendre des mesures administratives, et que la nature et la portée de ces actes sont fonction du système juridique de l'État qui patronne. En outre, l'adoption des normes par l'État a été jugée nécessaire parce que, selon le Tribunal, « *il n'est pas possible de donner effet à toutes les obligations d'un contractant par la seule application de mesures administratives ou d'arrangements contractuels* »[311]. Il ressort de cela

---

[310] BELTRÃO, A. F. G., *Manual de Direito Ambiental*, São Paulo, Editora Método, 2008, p. 167.

[311] T.I.D.M., *Responsabilités et obligations des États qui patronnent des personnes et entités dans le cadre d'activités menées dans la zone*, avis consultatif du 1er février 2011, par. 218. Il est intéressant de souligner que dans le dispositif de l'avis, le Tribunal a considéré que l'État qui patronne ne dispose pas d'un pouvoir discrétionnaire absolu en ce qui concerne l'adoption de lois et règlements et la prise de mesures administratives, car « *il doit agir de bonne foi en prenant en*

que le contenu de l'obligation de diligence est indissociable de l'obligation de l'État d'agir tant sur le plan législatif que sur le plan administratif[312].

Malgré le fait que ces deux obligations ne sont mises en œuvre que par des mesures internes de l'État, il est évident que la pollution transfrontalière implique nécessairement la juxtaposition des libertés de deux ou plusieurs États – l'État d'origine et l'État affecté : d'une part, le premier possède le droit souverain d'exploiter ses ressources naturelles conformément à ses propres politiques environnementales ; d'autre part, il y a le droit exclusif de l'État lésé de décider quels actes auront lieu dans son territoire. La liberté de l'État d'origine d'entamer des activités économiquement avantageuses par l'utilisation de son territoire est en contraste avec la liberté de l'État affecté de profiter d'un environnement sain, et le conflit ne peut pas être résolu par une simple hiérarchie des « libertés ». Équilibrer les intérêts par la coopération internationale semble absolument inévitable afin d'arriver à une solution[313]. En d'autres termes, les mesures de coopération telles que l'échange d'informations et la possibilité de participer au processus de décision concernant une activité dangereuse rendent les mesures législatives et administratives plus efficaces afin de prévenir un préjudice transfrontière par l'application de la diligence due[314] (Section III).

Ainsi, pour mieux comprendre la mise en œuvre de l'obligation de prévention de comportement, il faut analyser son contenu, c'est-à-dire les mesures que les États doivent adopter pour s'acquitter de leur obligation internationale. Par conséquent, la structure du présent chapitre reflète les trois types de mesures énoncées par l'obligation de diligence : les mesures législatives (Section I) ; les mesures

---

considération les différentes options qui se présentent à lui d'une manière raisonnable, pertinente et favorable à l'intérêt de l'humanité tout entière ».

312 CLEMENT, M., *Droit européen de l'environnement – jurisprudence commentée*, Bruxelles, Larcier, 2010, p. 25.

313 KOSKENNIEMI, M., « The Politics of International Law », *E.J.I.L.*, vol. 1, 1990, p. 19.

314 Voir KISS, A., *Los principios generales del derecho del medio ambiente*, Valladolid, Universidad de Valladolid, 1975, p. 74.

administratives (Section II) ; et les mesures de coopération (Section III).

Section I. Les mesures législatives

Le processus législatif international concernant le droit de l'environnement a un caractère totalement spécial[315]. La communauté internationale doit tenir compte du fait que l'évolution rapide de la crise environnementale exige des mesures d'urgence. Ainsi, afin de faire face à l'incertitude scientifique entourant certains problèmes environnementaux, le droit international doit disposer d'instruments dynamiques et flexibles toujours en évolution. Le but est de permettre au droit d'anticiper en même temps que de s'adapter aux phénomènes nouveaux et émergents. Les progrès accomplis par les scientifiques concernant les causes et les effets des phénomènes réglementés rendent indispensable l'adaptation des obligations juridiques. On assiste dès lors au passage d'une approche classique du droit international – adoption ponctuelle de conventions déterminant des obligations juridiques parfois relativement vagues – à un processus normatif en continu[316].

L'utilisation des normes de *soft law* ainsi que des traités-cadres rendent possible cette nécessaire adaptation[317]. Si les premières ont

---

[315] Pour une analyse générale – et plutôt politique – du processus législatif dans le droit international de l'environnement, voir BARRETT, S., *Environment and Statecraft : The Strategy of Environmental Treaty-Making*, Oxford, Oxford University Press, 2003.

[316] KISS, A., « The implications of global change for the international legal system », in WEISS, E. B. (ed.), *Environmental Change and International Law : New Challenges and Dimensions*, Tokyo, The United Nations University, 1992, p. 320-323.

[317] Selon A. Kiss, une convention-cadre est « *un instrument conventionnel qui énonce les principes devant servir de fondement à la coopération entre les États parties dans un domaine déterminé, tout en leur laissant le soin de définir, par des accords séparés, les modalités et les détails de la coopération, en prévoyant, s'il y a lieu, une ou des institutions adéquates à cet effet.* » En outre, la lecture de la plupart des traités-cadres peut même faire penser à des instruments de *soft law* une fois que

l'avantage d'être plus facilement et rapidement rédigées et d'être plus adaptables aux circonstances que les traités[318], les conventions-cadres ont la capacité à catalyser le développement et l'adaptation des engagements face à l'évolution des circonstances[319]. Le traité-cadre pour la protection de la couche d'ozone – Convention de Vienne de 1985 – oblige les Parties non seulement à coopérer en vue de l'adoption de protocoles futurs, mais également à :

« *Adopt*[er] *les mesures législatives ou administratives appropriées et coop*[érer] *pour harmoniser les politiques appropriées visant à réglementer, limiter, réduire ou prévenir les activités humaines relevant de leur juridiction ou de leur contrôle s'il s'avère que ces activités ont ou sont susceptibles d'avoir des effets néfastes par suite de la modification, ou de la modification susceptible de se produire, de la couche d'ozone* »[320].

Il ressort de cela que cette adaptation aux nouvelles circonstances peut être faite par deux méthodes : par l'adoption de protocoles à la convention principale et par la réglementation interne des mesures de protection. Concernant le premier aspect, l'adoption des protocoles fixant des règles plus précises figure justement comme le caractère principal des traités-cadres, car ces normes n'exigent généralement de la part des États que l'engagement de continuer à négocier, mis en

---

son rôle est d'encourager les États à accepter plus rapidement des normes générales, tout en laissant des règles plus détaillées pour le futur. KISS, A., « Les traites-cadres : une technique juridique caractéristique du droit international de l'environnement », *A.F.D.I.*, vol. 39, 1993, p. 793-795.

[318] Les normes de *soft law* peuvent également être utilisées comme une première étape dans le processus législatif international et parfois elles deviennent contraignantes lorsque considérées comme des règles du droit coutumier par le biais de son application consistante. NEUHOLD, H., « The Inadequacy of Law-Making by International Treaties : 'Soft Law' as an Alternative ? », in WOLFRUM, R. & RÖBEN, V. (éd.), *Developments of International Law in Treaty Making*, Heidelberg, Springer, 2005, p. 52.

[319] En fait, ces conventions ont pour but non pas de fixer des règles de fond, mais d'établir un cadre institutionnel produisant de telles règles. CARON, D. D., « La protection de la couche d'ozone stratosphérique et la structure de l'activité normative internationale en matière d'environnement », *A.F.D.I.*, vol. 36, 1990, p. 707.

[320] Article 2 de la Convention.

œuvre par la réalisation constante des conférences des parties – COP[321]. Mais malgré quelques rares exceptions[322], le pouvoir de légiférer d'une COP en vue d'adopter un protocole additionnel reste quand même dans la pratique classique de création de normes du droit international, c'est-à-dire dans un processus normal d'expression du consentement de chaque État[323]. En outre, même les protocoles – qui

---

[321] Sur le rôle d'une COP dans le droit international de l'environnement, certains auteurs l'envisagent comme le plus proche de la figure d'un corps législatif dans la communauté internationale (ANDERSON, D., « Law-Making Process in the UN System – Some Impressions », *M.P.Y.U.N.L.*, vol. 2, 1998, p. 49), d'autres la considère comme une véritable organisation internationale (CHURCHILL, R. & ULFSTEIN, G., « Autonomous Institutional Arrengements in Multilateral Environmentla Agreements : A Little-Noticed Phenomenon in International Law », *A.J.I.L.*, vol. 94, nº 4, 2000, p. 626), et enfin, il y a ceux qui la regarde simplement comme un forum où l'élaboration des normes par les État a lieu, mais avec un caractère spécial, car elle facilite le processus continu de discussion et de négociation entre les experts techniques, les responsables politiques et les juristes (BRUNNEE, J., « Reweaving the Fabric of International Law ? Patterns of Consent in Environmental Framework Agreements », in WOLFRUM, R. & RÖBEN, V. (éd.), *Developments of International Law in Treaty Making*, Heidelberg, Springer, 2005, p. 107).

[322] Dans de cas exceptionnels, le traité autorise la COP à adopter des décisions obligatoires : 8 parmi les 28 articles du Protocole de Kyoto demandent à la COP d'élaborer des lignes directrices, des procédures, des standards et des règles, et malgré le fait que le Protocole ne détermine pas la nature juridique de ces actes, quelques décisions de la COP sont *de facto* contraignantes (sur le commerce d'émissions, par exemple). Mais selon G. Handl, l'expérience du Protocole de Kyoto est plus une anomalie que vraiment une alternative à la nécessité du consentement de l'État pour l'adoption des normes internationales. HANDL, G., « International 'Lawmaking' by Conferences of the Parties and Other Politically Mandated Bodies », in WOLFRUM, R. & RÖBEN, V. (éd.), *Developments of International Law in Treaty Making*, Heidelberg, Springer, 2005, p. 130. Pour une analyse des pouvoirs législatifs d'une COP, voir KLABBERS, J., *An Introduction to International Institutional Law*, Cambridge, Cambridge University Press, 2000, p. 202-206 ; PALMER, G., « New Ways to Make International Environmental Law », A.J.I.L., vol. 86, 1992, p. 279 ; et SAND, P. H., « Le rôle des 'Conférence des parties' aux conventions environnementales », in S.F.D.I. (org.), *Colloque d'Aix-en-Provence : Le droit international face aux enjeux environnementaux*, Paris, Pedone, 2010, p. 101-109.

[323] Pour une opinion contraire, voir ULFSTEIN, G., « Reweaving the Fabric of International Law ? Patterns of Consent in Environmental Framework Agreements », in WOLFRUM, R. & RÖBEN, V. (éd.), *Developments of International Law in Treaty Making*, Heidelberg, Springer, 2005. Selon l'auteur,

sont eux aussi des traités – peuvent énoncer des obligations concernant l'adoption des mesures législatives internes d'adéquation aux règles et standards internationaux. Dans le système créé par la Convention de Vienne pour la protection de la couche d'ozone de 1985, par exemple, le Protocole de Montréal relatif à des substances qui appauvrissent la couche d'ozone oblige les Parties à adopter des mesures législatives internes pour interdire l'importation de certaines substances réglementées[324].

Si tant les conventions-cadres que ses protocoles respectifs peuvent se servir de l'obligation de diligence pour prévenir un préjudice à l'environnement, l'analyse du contenu de cette obligation doit donc reposer sur la nécessité d'une réglementation interne. En réalité, les problèmes environnementaux sont majoritairement créés par des personnes privées. Étant donné que le droit international régit traditionnellement des conduites des États, le moyen qu'il a trouvé pour prévenir ces problèmes est d'obliger l'État à contrôler les activités sous sa juridiction par l'adoption d'une législation nationale (« Paragraphe 1. L'obligation de réglementation interne »). Mais ce devoir de réglementation interne doit aussi respecter certains standards internationaux minimaux. Ainsi, sans aller jusqu'à une uniformité dans la pratique législative de chaque État, les normes nationales doivent être formulées suivant les meilleures techniques disponibles[325] (« Paragraphe 2. Le recours aux meilleures techniques disponibles »).

Paragraphe 1. L'obligation de réglementation interne

L'obligation de diligence, dans sa perspective législative, peut être comparée aux normes programmatiques typiques du droit

---

malgré le fait d'être fondée sur un traité, ces institutions créées par le droit international de l'environnement sont tellement innovantes que le rôle du consentement dans le processus législatif a considérablement changé. *Ibid.*, p. 145 et 153.

[324] Voir article 4 du Protocole.

[325] On utilise également l'expression « meilleures technologies disponibles ».

constitutionnel, car elles imposent à l'État d'effectuer un effort continu visant à atteindre les objectifs de protection. Mais, outre les mesures administratives nécessaires, c'est par l'adoption d'une législation nationale que l'État va garantir immédiatement le respect de son obligation internationale de vigilance[326]. Il en résulte que la diligence due est violée si l'État reste totalement passif et n'adopte aucune mesure visant à atteindre ses obligations conventionnelles de légiférer ou s'il adopte, en exerçant effectivement ses pouvoirs législatifs, des mesures régressives par rapport à l'objectif du traité, c'est-à-dire des mesures qui vont dans une direction opposée et qui entravent, au lieu de favoriser, la réalisation de cet objectif.

Le devoir d'adopter une réglementation interne a été le point central d'un différend qui a surgi entre l'Allemagne et la Suisse à l'occasion de l'accident survenu dans les usines chimiques de Sandoz[327]. Dans la nuit du 30 octobre au 1er novembre 1986, un incendie s'est déclaré dans l'enceinte des usines Sandoz, à Muttenz, à la proximité des territoires allemand et français. Comme conséquence directe et immédiate, l'incendie a causé des émissions de substances chimiques dans l'atmosphère, mais les polluants ont été dispersés avec une relative rapidité. Les conséquences majeures de l'accident se sont produites indirectement : l'eau déversée par les pompiers pour

---

[326] Le professeur Pisillo-Mazzeschi appelle ces obligations d'« obligations à réalisation progressive » et les différencient des obligations de comportement et de résultat, car selon lui ces obligations n'imposent aux États ni de garantir immédiatement certains droits (obligations de résultat), ni de tenir certains comportements aptes à les garantir immédiatement (obligations de diligence due), mais elles imposent seulement de procéder par une série de mesures en vue d'assurer graduellement et avec le temps leur exercice effectif, c'est-à-dire elles requièrent de l'État « *un effort de diligence en vue d'atteindre un résultat final déterminé* ». À notre avis; ces obligation ne sont que des obligations de comportement, mais avec un objectif prolongé dans le temps. Or, le caractère plus immédiat d'un comportement ne change pas la nature de l'obligation qui l'a déterminé. Voir PISILLO-MAZZESCHI, R., « Responsabilité de l'État pour violation des obligations positives relatives aux droits de l'homme », *R.C.A.D.I.*, n° 333, 2008, p. 433-442.

[327] REST, A., « The Sandoz Conflagration and the Rhine pollution : liability issues », *G.Y.I.L.*, vol. 30, 1987, p. 163. Voir également SCHWABACH, A., « The Sandoz spill : the failure of international law to protect the Rhine from pollution », *Ecology law quarterly*, vol. 16, 1989, p. 443-480.

maîtriser l'incendie, en l'absence d'un bassin de rétention, a atteint le Rhin par les canalisations et y a entraîné environ 30 tonnes de substances chimiques toxiques[328]. En application de la Convention de Bonn de 1976 relative à la protection du Rhin contre la pollution chimique qui obligeait les Parties contractantes à prendre « *toutes les mesures législatives et réglementaires garantissant que la mise en dépôt des substances relevant des annexes I et II soit effectuée de telle manière qu'il n'y ait pas de menace de pollution pour les eaux du Rhin* »[329], le Gouvernement suisse a reconnu sa responsabilité pour avoir manqué à son devoir de diligence de manière à prévenir l'accident en imposant une réglementation appropriée à ses entreprises pharmaceutiques[330].

L'obligation de réglementation interne est importante d'abord parce qu'elle oblige l'État à surveiller la source de la pollution en réglementant les activités sous son contrôle et ensuite parce qu'elle permet aux États de s'adapter aux standards internationaux selon leurs propres capacités économiques et scientifiques. Des obligations définies de façon trop rigide déterminant des comportements précis peuvent conduire à l'inefficacité, dans la mesure où elles dissuaderont un nombre significatif d'États à prendre un engagement. Cela explique le fait que les traités élaborent des standards minimaux, mais laisse aux États l'obligation de les adopter au plan national[331]. La Déclaration de Rio sur l'environnement et le développement, par exemple, précise que les États doivent promulguer des mesures législatives efficaces en matière d'environnement mais qu'elles « *devraient être adaptées à la situation en matière d'environnement et*

---

328 OLIVEIRA, H. U. J., « The Sandoz blaze : the damage and the public and private liabilities », in FRANCIONI, F. & SCOVAZZI, T. (ed.), *International Responsibility for Environmental Harm*, London/Dordrecht/Boston, Graham & Trotman/Martinus Nijhoff, 1991, p. 429 et ss.

329 Article 7 de la Convention.

330 KISS, A., « Tchernobâle ou la pollution accidentelle du Rhin par les produits chimiques », *A.F.D.I.*, vol. 33, 1987, p. 720. Dans le même sens, voir DUROUSSEAU, M., « L'affaire Sandoz et la pollution transfrontalière du Rhin de novembre 1986 », in S.F.D.E., *Le dommage écologique en droit interne, communautaire et comparé*, Paris, Economica, 1992, p. 211-221.

331 PARADELL-TRIUS, L., « Principles of International Environmental Law : an Overview », *R.E.C.I.E.L.*, vol. 9, nº 2, 2000, p. 99.

de développement à laquelle ils s'appliquent », car « *les normes appliquées par certains pays peuvent ne pas convenir à d'autres pays, en particulier à des pays en développement, et leur imposer un coût économique et social injustifié* »[332].

La détermination d'un standard minimum reste l'un des éléments fondamentaux d'un traité énonçant le devoir de diligence, car en matière de protection de l'environnement, les lois et règlements nationaux ne peuvent pas être moins stricts ou moins efficaces que ceux adoptés dans le domaine international[333]. La Cour internationale de Justice, dans l'*affaire relative à des Usines de pâtes à papier sur le fleuve Uruguay*, a observé que l'obligation que les Parties s'engagent à respecter en vertu du statut de 1975, « *consiste à adopter les normes et mesures appropriées au sein de leurs systèmes juridiques nationaux respectifs afin de protéger et de préserver le milieu aquatique et d'en empêcher la pollution* », mais que ces normes et mesures sont encore renforcées par la double exigence qu'elles soient « *conform*[es] *aux accords internationaux applicables et, le cas échéant, en harmonie avec les directives et les recommandations des organismes techniques internationaux* ». En outre, le tribunal a souligné le fait que le statut « *mentionnent la nécessité pour les Parties de n'abaisser ni les normes techniques ni les pénalités en vigueur dans leurs législations respectives* »[334].

L'interdiction d'adopter une règlementation nationale plus souple que la réglementation internationale constitue non seulement une limite à la liberté législative de l'État en matière de diligence due, mais aussi une condition pour que le régime international de protection soit le plus clair et uniforme possible. Ainsi, si d'une part l'État a la liberté de choisir ses instruments réglementaires, d'autre

---

332 Principe 11 de la Déclaration de Rio.

333 Voir T.I.D.M., *Responsabilités et obligations des États qui patronnent des personnes et entités dans le cadre d'activités menées dans la zone*, avis consultatif du 1er février 2011, dispositif, réponse à la Question 3 soumise par le Conseil.

334 C.I.J., *Affaire relative à des Usines de pâte à papier sur le fleuve Uruguay (Argentine c. Uruguay)*, arrêt du 20 avril 2010, par. 195-197.

part il doit tenir compte des normes techniques convenues au niveau international[335].

La Convention sur les effets transfrontières des accidents industriels – Convention d'Helsinki de 1992 – nous démontre de façon magistrale comment utiliser cette approche diligente : elle énonce l'obligation générale des Parties de prendre « *les mesures législatives, réglementaires, administratives et financières appropriées pour prévenir les accidents industriels, s'y préparer et y faire face* »[336] et énumère les mesures qui peuvent être appliquées par les autorités compétentes ou les exploitants selon la législation et les pratiques nationales de chaque Partie, telles que l'adoption des dispositions législatives ou des directives concernant les mesures de sécurité ; l'élaboration d'un plan d'action en vue de l'application des mesures nécessaires ; ou l'application de la technologie la plus appropriée afin de prévenir les accidents industriels[337]. Outre l'indication de mesures possibles, la Convention signale les standards pour l'identification des activités dangereuses qui exigent l'application de mesures préventives spéciales. Elle présente donc une liste de substances et des respectives « quantités limites »[338] aux fins de la définition d'une activité dangereuse. Ainsi, toute activité dans laquelle une ou plusieurs substances dangereuses sont ou peuvent être présentes dans des quantités égales ou supérieures aux quantités limites, et qui sont

---

335 Pour une analyse des instruments de règlementation existants, voir STEWART, R. B., « Instrument Choice », in BODANSKY, D.; BRUNNÉE, J. & HEY, E. (dir.), *The Oxford handbook of international environmental law*. Oxford, Oxford University Press, 2007, p. 147-181. Il est intéressant de souligner que d'autres disciplines du droit national telles que le droit pénal ou fiscal peuvent aussi collaborer avec l'obligation de prévention : une augmentation des taux sur les nuisances doit naturellement inciter les pollueurs à limiter leurs rejets, ou la création de peines plus dissuasives peuvent aider à prévenir la commission des infractions vis-à-vis de l'environnement.

336 Article 3 (4). Voir aussi l'article 6, sur les mesures pour prévenir les accidents industriels, et l'article 8 sur les mesures appropriées pour organiser la préparation aux situations d'urgence.

337 Annexe IV de la Convention d'Helsinki.

338 Selon la Convention, cette notion représente la quantité maximale d'une substance permise dans chaque activité ou groupe d'activités. Voir l'annexe I de la Convention.

susceptibles d'avoir des effets transfrontières, est présumée dangereuse[339].

Mais la Convention ne représente pas un changement radical de paradigme vers un modèle alternatif de processus législatif international, avec des obligations et des standards extrêmement techniques et précis. Bien que dans le droit international de l'environnement on constate une forte présence de l'expertise scientifique, l'expérience de la Convention d'Helsinki constitue plutôt une exception que la règle générale. Ainsi, si d'un côté l'obligation de réglementation interne est souvent accompagnée de standards internationaux minimums, d'un autre côté ces standards font souvent référence à des concepts généraux tels que l'obligation d'utiliser les meilleures techniques disponibles.

Paragraphe 2. Le recours aux meilleures techniques disponibles

Le recours aux meilleures techniques disponibles[340] est généralement utilisé pour empêcher l'État d'adopter une réglementation plus souple quand il a la possibilité, selon ses propres capacités, d'être plus rigoureux vis-à-vis des activités dangereuses sous sa juridiction. Dans l'*affaire relative à des Usines de pâte à papier sur le fleuve Uruguay*, l'Uruguay a soutenu que l'obligation d'empêcher la pollution ne signifie pas l'interdiction de tout déversement dans le fleuve : seuls les rejets supérieurs aux limites fixées conjointement par les Parties, et qui ont pour cette raison des effets préjudiciables, sont susceptibles d'être qualifiés de pollution, mais que cela importe peu puisqu'il s'est acquitté de son devoir de diligence en exigeant de l'usine qu'elle réponde aux normes relatives aux meilleures techniques disponibles[341].

---

339 Voir les Annexes I et V de la Convention, ainsi que l'article premier, b.

340 Certains auteurs utilisent l'abréviation en anglais – B.A.T. – *best available technologies*.

341 C.I.J., *Affaire relative à des Usines de pâte à papier sur le fleuve Uruguay (Argentine c. Uruguay)*, arrêt du 20 avril 2010, par. 192.

Il faut toutefois souligner que si d'une part la notion de meilleure technique disponible a la fonction négative de limiter la liberté réglementaire de l'État en imposant un degré de surveillance minimal, d'autre part elle a la fonction positive d'obliger l'État à une amélioration perpétuelle et continue des moyens dont il dispose, car ce qui constitue la meilleure technique disponible dans un cas donné certainement évoluera dans le temps « *en fonction des progrès techniques, de facteurs économiques et sociaux et de l'évolution des connaissances et de la compréhension scientifiques* »[342]. Dans le même sens, la directive 96/61/CE du Conseil du 24 septembre 1996 relative à la prévention et à la réduction intégrées de la pollution énonce dans son préambule ce qui suit :

« *Considérant que, puisque les meilleures techniques disponibles sont appelées à évoluer avec le temps, particulièrement en fonction des progrès techniques, les autorités compétentes doivent se tenir au courant ou être informées de ces progrès* »[343].

Ce caractère évolutif est l'essence même de la notion de « meilleures technologies disponibles ». Ainsi, on peut définir cette technique comme étant le dernier stade de développement des normes, procédés, équipements ou méthodes d'exploitation indiquant qu'une mesure donnée est applicable dans la pratique pour éviter ou, lorsque cela s'avère impossible, pour réduire de manière générale les émissions et l'impact sur l'environnement dans son ensemble[344]. La directive 96/61/CE du Conseil, à son tour, adopte une définition plus détaillée. Son article 2 entend par meilleures techniques disponibles :

« *les techniques les plus efficaces pour atteindre un niveau général élevé de protection de l'environnement dans son ensemble* », « *mises*

---

342 Appendice I de Convention pour la protection du milieu marin de l'Atlantique du Nord-Est de 1992.

343 Voir aussi l'article 11 de la directive : « *Article 11 – Évolution des meilleures techniques disponibles*
Les États membres veillent à ce que l'autorité compétente se tienne informée ou soit informée de l'évolution des meilleures techniques disponibles. » Journal officiel n° L 257 du 10 octobre 1996, p. 26-40.

344 Voir l'Annexe I de la Convention sur la protection et l'utilisation des cours d'eau transfrontières et des lacs internationaux de 1992.

au point sur une échelle permettant de les appliquer dans le contexte du secteur industriel concerné, dans des conditions économiquement et techniquement viables, en prenant en considération les coûts et les avantages, que ces techniques soient utilisées ou produites ou non sur le territoire de l'État membre intéressé, pour autant que l'exploitant concerné puisse y avoir accès dans des conditions raisonnables »[345].

Il ressort de cela que les mesures doivent non seulement respecter les capacités techniques de l'État, mais aussi ces capacités économiques. La Convention sur la pollution atmosphérique transfrontière à longue distance de 1979, par exemple, détermine que chaque Partie s'engage à élaborer les meilleures politiques et stratégies, y compris des mesures de contrôle qui soient compatibles avec un développement équilibré, « *en recourant notamment à la meilleure technologie disponible et économiquement applicable* »[346]

Cette pondération du recours aux meilleures technologies disponibles par un facteur économique permet de conjuguer l'obligation de réglementation exigeant une technique efficace avec les intérêts financiers des entreprises. Le problème est que la meilleure technologie disponible est en effet aussi, généralement, la plus chère. Dès que le coût des nouvelles techniques s'avère trop onéreux, les entreprises ne tardent à alléguer que l'effort qui leur est imposé est disproportionné par rapport aux gains environnementaux et qu'en respectant cette exigence leur position concurrentielle peut s'affaiblir[347]. Selon Pierre-Marie Dupuy, il est politiquement et économiquement irréaliste d'espérer, même à terme, pouvoir exiger que les États imposent un tel choix de façon systématique à leurs entreprises, sur la base d'une hypothétique obligation internationale[348].

---

[345] Article 2 (11) de la directive.

[346] Article 6 de la Convention.

[347] WOLFRUM, R., « O Princípio da Precaução », in VARELLA, M. D. & PLATIAU, A. F. B. (dir.), *Princípio da Precaução*, Belo Horizonte, Del Rey, 2004, p. 21-23.

[348] DUPUY, P.-M., « Limites matérielles des pollutions tolérées », in BOTHE, M. *et al.*, *Rechtsfragen grenzüberschreitender Umweltbelastungen : Fachtagung – Les*

La question que l'on doit se poser est dans quelle mesure la prévention des atteintes à l'environnement doit céder devant les nécessités économiques, étant donné que la limite du coût acceptable peut faire douter de l'efficacité de cette technique[349]. Or, la santé financière d'une entreprise ne présente aucun rapport avec l'obligation de diligence qui est au cœur du dispositif relatif aux meilleures technologies disponibles. En outre, le fait de requérir un bon rapport coût/efficacité ne veut pas dire qu'au cas où le coût serait trop élevé, on serait dispensé d'appliquer le principe de prévention. Cela signifie que le choix des mesures de sécurité environnementale à mettre en œuvre doit se faire en fonction du critère des dépenses les plus basses possible, en d'autres termes, au meilleur prix[350].

Ce que l'obligation impose à l'État c'est qu'il adopte les meilleures techniques disponibles qui n'entraînent pas des coûts excessifs, mais sans affaiblir la portée de l'obligation de prévention[351]. Pour qu'il puisse adopter les mesures législatives internes, l'État doit se poser la question de savoir si la technologie ou les standards choisis sont bien nécessaires ou efficaces pour respecter les objectifs de qualité environnementale fixés de manière générale par le droit international. Mais encore faut-il que cette analyse se fasse de façon à prendre en compte tous les risques inhérents à l'activité en question. Deux bons exemples indiquant des critères que l'État doit observer lors de cette analyse sont donnés par la Convention pour la protection du milieu marin de l'Atlantique du Nord-est et par la Convention sur la protection et l'utilisation des cours d'eau transfrontières et des lacs internationaux. Cette dernière précise que pour déterminer si les mesures prises constituent la meilleure technologie disponible, il faut prendre tout particulièrement en considération :

---

problèmes juridiques posés par les pollutions transfrontières : Colloque : Saarbrücken von 13-15 Mai 1982, Berlin, Schmidt, 1984, p. 27-43.

349 MARTIN-BIDOU, P., *Droit de l'environnement*, Paris, Vuibert, 2010, p. 96.

350 LUCCHINI, L., « Le principe de précaution en droit international de l'environnement : ombres plus que lumières », *A.F.D.I.*, vol. 45, 1999, p. 727.

351 L'expression les « meilleures technologies disponibles n'entraînant pas des coûts excessifs » est aussi connue sous l'abréviation en anglais B.A.T.N.E.E.C. – *best available technologies not entailing excessive costs*. Voir BILLIET, C., « BAT et BATNEEC : quelques faits et réflexions », *Aménagement-Environnement*, n° 2, 1995, p. 71-77.

« *a) Les procédés, équipements ou méthodes d'exploitation comparables qui ont été récemment expérimentés avec succès ; b) Les progrès technologiques et l'évolution des connaissances et de la compréhension scientifiques ; c) L'applicabilité de cette technologie du point de vue économique ; d) Les délais de mise en œuvre tant dans les nouvelles installations que dans les installations existantes ; e) La nature et le volume des rejets et des effluents en cause ; f) Les technologies peu polluantes ou sans déchets* »[352].

Une étude faite sous la direction de la Commission européenne démontre que l'impact de l'utilisation des meilleures technologies disponibles sur la compétitivité d'une industrie dépend de la façon dont elle est mise en œuvre et qu'il n'existe aucune preuve que cette exigence empêche les entreprises qui les ont adoptées de rester compétitives au niveau national et international. En fait, les résultats de l'étude montrent même que les entreprises qui ont déjà adopté cette technique non seulement sont viables sur le long terme, mais que dans certains domaines cette performance technique les a rendues plus compétitives[353]. Il faut donc analyser chaque cas et les particularités de chaque activité pour définir la réglementation convenable, c'est-à-dire celle qui respecte l'obligation de diligence et prévient de façon efficace les préjudices à l'environnement, mais qui ne met pas en danger la position des entreprises sur le marché.

Enfin, lorsque l'on observe seulement les gains ou pertes économiques liés à la compétitivité d'une entreprise en raison de l'application de cette exigence, on oublie le caractère protecteur et, par conséquent, les gains sociaux et environnementaux des mesures adoptées. Bien que l'accent soit souvent mis sur la relation entre la réglementation environnementale et la compétitivité, la principale raison de cette réglementation est d'équilibrer une possible divergence entre les coûts sociaux et environnementaux et les avantages découlant des activités économiques, étant donné que l'obligation de

---

[352] Appendice 1 de la Convention. Voir aussi l'Annexe I de la Convention pour la protection du milieu marin de l'Atlantique du Nord-Est, rédigée presque de la même façon.

[353] HITCHENS, D. *et al.*, *The Impact of Best Available Techniques (BAT) on the Competitiveness of European Industry*, European Commission, Joint Research Centre, 2001, notamment p. 16, 20, 33 et 73.

diligence, dans cette fonction législative, essaye de corriger le coût de ces activités polluantes qui seraient autrement ignorées. Ainsi, l'implication de l'adoption des meilleures technologies disponibles doit être jugée en fonction de ces coûts et avantages généraux plutôt que selon l'impact sur la seule compétitivité[354].

Section II. Les mesures administratives

À chaque fois que l'on parle des mesures administratives, on pense immédiatement à l'ordre juridique interne et à la compétence de l'État pour régler ses propres affaires sans intervention extérieure. Mais si d'une part, il est vrai que la manière dont ces mesures seront mises en œuvre relève de la compétence réglementaire nationale de chaque État, et du droit administratif plutôt que du droit international, d'autre part, à partir du moment où les effets d'une activité sous le contrôle administratif des autorités publiques nationales peuvent dépasser la frontière de l'État, le droit international doit évidemment intervenir. L'obligation d'adopter des mesures administratives dans l'application de la diligence due est la preuve concrète qu'aujourd'hui toute matière est susceptible de faire l'objet d'une règle de fond du droit international public[355].

Ainsi, comme les conséquences d'une activité sous la juridiction d'un État peuvent se faire sentir dans un État voisin, le droit international de l'environnement oblige l'État d'origine à être vigilant

---

[354] Pour une étude approfondie sur ce sujet, mais circonscrite à l'Union européenne et aux activités de pâtes à papier, voir COMMISSION EUROPEENNE, *Integrated Pollution Prevention and Control (IPPC) : Reference Document on Best Available Techniques in the Pulp and Paper Industry*, Luxembourg, Office for official publications of the European communities, 2001.

[355] Certains États ont invoqué la théorie du domaine réservé pour alléguer que certaines matières seraient par nature insusceptibles d'une réglementation par le droit international, mais la pratique nous démontre que le domaine matériellement réservé aux États varie en fonction de l'état de la réglementation internationale. Voir ASCENSIO, H., « État », in ALLAND, D. (dir.), *Droit international public*, Paris, P.U.F., 2000, p. 145-146.

et adopter non seulement une législation interne, mais aussi les mesures procédurales nécessaires pour éviter au maximum un dommage transfrontière. Il est intéressant de signaler que l'État a une double obligation concernant les mesures administratives : celle de posséder de façon permanente un appareil administratif apte à garantir le respect des obligations préventives et celle d'utiliser un tel appareil avec la diligence requise par les caractéristiques propres à chaque activité ou substance à risques[356].

En raison de leur caractère dangereux, certaines activités exigent un contrôle plus rigoureux, qui peut requérir la forme d'une autorisation préalable pour qu'elles puissent s'installer et commencer à travailler (« Paragraphe 1. L'autorisation préalable des activités dangereuses »). En outre, l'institution publique compétente peut aussi demander à l'entrepreneur de réaliser une étude d'impact sur l'environnement pour savoir quels seront réellement les effets de l'activité en question et quelles mesures seront prises pour les éviter ou au mois les mitiger (« Paragraphe 2. L'étude d'impact sur l'environnement »).

Paragraphe 1. L'autorisation préalable des activités dangereuses

L'autorisation préalable est un instrument fondamental pour l'application effective de la diligence due. Selon Michel Prieur, la meilleure prévention passe par l'exigence d'une autorisation préalable pour l'exercice de toute activité polluante ou risquant de porter atteinte à l'environnement[357]. Mais après l'analyse de la notion d'autorisation préalable et de la réglementation donnée à cet instrument par le droit international conventionnel (A), il faut se

---

[356] Voir, par exemple, la décision de la Cour internationale de Justice dans l'*affaire relative au Personnel diplomatique et consulaire des États-Unis à Téhéran*. À cette occasion, elle a conclu que les autorités iraniennes disposaient des moyens de s'acquitter de leurs obligations, mais qu'ils ont totalement manqué de se conformer auxdites obligations. *C.I.J., Recueil 1980*, par. 68.

[357] PRIEUR, M., *Droit de l'environnement*, Paris, Dalloz, 2004, p. 101.

demander si son imposition par une obligation internationale soulève un problème de violation de la souveraineté de l'État (B).

A. La notion d'autorisation préalable dans le droit international de l'environnement

L'autorisation préalable peut être définie comme l'acte administratif par lequel l'autorité compétente de gestion environnementale établit les conditions, restrictions et mesures de contrôle environnemental qui doivent être respectées par l'entrepreneur, personne physique ou morale, afin de localiser, d'installer, de développer et d'exploiter des activités qui utilisent des ressources environnementales et qui sont considérées comme effectivement ou potentiellement polluantes ou celles qui, sous toute forme, peuvent causer un dommage à l'environnement[358].

La directive 96/61/CE du Conseil du 24 septembre 1996 relative à la prévention et à la réduction intégrées de la pollution, à son tour, définit l'autorisation comme « *la partie ou la totalité d'une ou de plusieurs décisions écrites accordant le droit d'exploiter tout ou une partie d'une installation sous certaines conditions permettant d'assurer que l'installation satisfait aux exigences* » légales[359]. Ensuite la directive détermine les conditions d'autorisation des nouvelles installations et des installations existantes, ainsi que le contenu d'une demande d'autorisation[360]. Selon la directive, les États doivent prendre les mesures nécessaires afin qu'une demande d'autorisation adressée à l'autorité compétente comprenne une description de ce qui suit :

« *de l'installation, ainsi que de la nature et de l'ampleur de ses activités ; des matières premières et auxiliaires, des substances et de*

---

[358] Voir l'article premier de la résolution relative à la réglementation de la procédure d'autorisation préalable des activités dangereuses au Brésil. BRÉSIL, Resolução CONAMA 237, de 1997.
[359] Article 2 (9), de la directive.
[360] Voir articles 4, 5 et 6 de la directive.

l'énergie utilisées dans ou produites par l'installation ; des sources des émissions de l'installation ; de l'état du site d'implantation de l'installation ; de la nature et des quantités des émissions prévisibles de l'installation dans chaque milieu ainsi qu'une identification des effets significatifs des émissions sur l'environnement ; de la technologie prévue et des autres techniques visant à prévenir les émissions provenant de l'installation ou, si cela n'est pas possible, à les réduire ; en tant que de besoin, des mesures concernant la prévention et la valorisation des déchets générés par l'installation ; des autres mesures prévues pour remplir les principes généraux des obligations fondamentales de l'exploitant visés à l'article 3[361] *; des mesures prévues pour la surveillance des émissions dans l'environnement ; et des principales solutions de substitution, s'il en existe, étudiées par l'auteur de la demande d'autorisation, sous la forme d'un résumé* »[362].

En somme, les régimes d'autorisation consistent à interdire certaines activités sauf si des autorités compétentes accordent un permis, qui peut être d'ordre général, concernant une activité déterminée, ou spécifique, délivré pour un cas précis[363]. La Commission du droit international, dans son projet d'articles sur la prévention, a convenu d'exiger des exploitants une autorisation préalable pour toute activité qui comporte un risque de causer un dommage transfrontière significatif comme une condition nécessaire à la mise en œuvre de l'obligation de diligence[364]. Selon la Commission, même les activités déjà en cours doivent se conformer à cette exigence, dans la mesure où l'autorisation n'est pas un instrument statique, bien au contraire, à chaque fois que de nouvelles dispositions législatives ou administratives sont adoptées pour renforcer l'objectif de protection de l'environnement, l'activité doit s'adapter pour satisfaire ces nouvelles exigences. En outre, l'autorisation préalable est requise également lorsqu'une modification substantielle d'une activité est envisagée, dans le cas où cette modification pourrait

---

[361] L'article 3 énonce l'obligation de prévention.

[362] Article 6 de la directive.

[363] KISS, A. & BEURIER, J.-P., *Droit international de l'environnement*, Paris, Pedone, 2000, p. 139.

[364] Voir l'article 6 du projet d'articles.

accroître le risque lié à cette activité ou modifier la nature ou l'étendue de ce risque[365].

Dans la pratique internationale conventionnelle on trouve plusieurs exemples de mesures de diligence obligeant les parties à adopter un processus interne d'autorisation. En analysant ces normes, on peut distinguer trois techniques d'utilisation de l'autorisation par le droit international de l'environnement qui vont d'une approche très générale simplement énonçant l'obligation et laissant au droit national de chaque partie le choix des activités concernées (1°), jusqu'à une interdiction de toutes les activités sauf celles autorisées (3°), en passant par un système de liste de certaines activités qui peuvent causer un préjudice (2°).

1°. La technique d'obligation générale

Plusieurs traités utilisent cette technique législative d'énoncer l'obligation d'autorisation sans pourtant la réglementer d'une manière précise. Déjà en 1967, le Traité sur les principes régissant les activités des États en matière d'exploration et d'utilisation de l'espace extra-atmosphérique, y compris la Lune et les autres corps célestes déterminait que « *les activités des entités non gouvernementales dans l'espace extra-atmosphérique, y compris la Lune et les autres corps célestes, doivent faire l'objet d'une autorisation et d'une surveillance continue de la part de l'État approprié partie au Traité* ». Concernant encore ce sujet, l'Accord régissant les activités des États sur la Lune et les autres corps célestes de 1979 ainsi que la Déclaration des principes juridiques régissant les activités des États en matière d'exploration et d'utilisation de l'espace extra-atmosphérique, de l'Assemblée générale des Nations Unies, adoptent la même position, celle d'obliger

[365] O.N.U., Doc. A/56/10, p. 431-432. Comme exemple de modification substantielle, la Commission liste le fait d'apporter des modifications aux investissements et à la production (volume et nature), à l'infrastructure ou aux émissions, ou encore d'augmenter le niveau de l'activité au-dessus du seuil autorisé.

l'État à surveiller les activités liées à l'utilisation de l'espace extra-atmosphérique par le biais d'une autorisation préalable[366].

La Convention d'Helsinki sur les effets transfrontières des accidents industriels de 1992 adopte également l'obligation d'autorisation d'une manière assez générale : avec l'objectif d'inciter les exploitants à agir en vue de réduire le risque des accidents industriels, elle oblige les États parties à prendre les mesures appropriées, selon la législation et les pratiques nationales, pour « *identifier les activités dangereuses qui exigent l'application de mesures préventives spéciales, y compris éventuellement un système de licences ou d'autorisations* »[367]. De la même façon, la Convention des Nations Unies sur le droit de la mer prévoit l'adoption par les États des lois, règlements et toutes autres mesures nécessaires pour prévenir, réduire et maîtriser la pollution du milieu marin par immersion, tout en garantissant que nulle immersion ne peut se faire sans l'autorisation des autorités compétentes des États[368].

Enfin, la Convention sur la protection et l'utilisation des cours d'eau transfrontières et des lacs internationaux de 1992 ordonne l'élaboration, l'adoption et l'application des mesures juridiques, administratives, économiques, financières et techniques pertinentes pour faire en sorte que « *les eaux transfrontières soient protégées contre la pollution provenant de sources ponctuelles grâce à un système qui subordonne les rejets d'eaux usées à la délivrance d'une autorisation par les autorités nationales compétentes et que les rejets autorisés soient surveillés et contrôlés* ». En outre, elle insiste sur la nécessité de mettre au point et d'appliquer les « meilleures pratiques environnementales » aux fins de prévention, de maîtrise et de réduction de l'impact transfrontière. Parmi les mesures susceptibles de constituer la meilleure pratique environnementale, on trouve l'adoption d'un système d'octroi d'autorisation assorti d'une série de restrictions ou d'une interdiction[369].

---

366 Voir article VI du Traité, article 14 (1) de l'Accord, et principe 5 de la Déclaration.

367 Voir article 6 et Annexe IV de la Convention.

368 Voir l'article 210 de la Convention.

369 Voir l'article 3 ainsi que l'Annexe II, 1, g, de la Convention.

2°. La technique de listes

La technique de création des listes est peut-être la plus utilisée dans le droit international de l'environnement. Elle consiste à créer des listes – d'activités, de produits, d'animaux, de lieux protégés, *etc.* – dont le contenu reçoit une réglementation spéciale en raison de son importance ou de son impact sur l'environnement. La Convention de Londres de 1972 sur la prévention de la pollution des mers résultant de l'immersion de déchets a servi de modèle à un certain nombre de conventions ultérieures. Dans ses annexes figurent des listes de produits dont l'immersion est limitée ou interdite. L'objectif est de prévenir la pollution des mers par l'immersion de déchets et d'autres matières susceptibles de mettre en danger la santé de l'homme, de nuire aux ressources biologiques ou de gêner toutes autres utilisations légitimes de la mer par l'interdiction de certains produits et par un système d'autorisation général ou spécifique, selon la dangerosité du déchet[370]. Ainsi, son article IV énonce ce qui suit :

« *Article IV*

1. Conformément aux dispositions de la présente Convention, chaque Parties contractante interdira l'immersion de tous déchets ou autres matières sous quelque forme et dans quelque condition que ce soit, en se conformant aux dispositions ci-dessous :

a) l'immersion de tous déchets ou autres matières énumérés à l'Annexe I est interdite;

b) l'immersion de déchets et autres matières énumérés à l'Annexe II est subordonnée à la délivrance préalable d'un permis spécifique;

c) l'immersion de tous autres déchets et matières est subordonnée à la délivrance préalable d'un permis général.

---

[370] Article I de la Convention.

2. Aucun permis ne sera délivré sans examen attentif de tous les facteurs énumérés à l'Annexe III, y compris l'étude préalable des caractéristiques du lieu de l'immersion conformément aux sections B et C de ladite Annexe. »

Il est intéressant de souligner que la Convention de Londres oblige encore les parties à désigner une ou plusieurs autorités compétentes pour délivrer les permis spécifiques et les permis généraux qui seront exigés préalablement à l'immersion de déchets[371]. Le Protocole de Montréal relatif à des substances qui appauvrissent la couche d'ozone a suivi cette même ligne directrice en obligeant chacune des Parties à mettre en œuvre un système d'autorisation des importations et des exportations de substances réglementées nouvelles, utilisées, recyclées et régénérées de ses annexes A, B, C et E[372].

La technique de listes joue un rôle fondamental dans la protection des espèces menacées. Avec une approche un peu différente des normes antérieures, la Convention pour la protection des phoques de l'Antarctique de 1972 énumère d'abord les espèces de phoques protégées qui, en raison de cette protection, ne peuvent pas être tués ou capturés dans la zone à laquelle s'applique la Convention. Toutefois, la Convention permet aux Parties contractantes la possibilité de délivrer des permis spéciaux de chasse pour la destruction ou la capture de phoques en nombres limités et conformément aux objectifs et principes de la Convention aux fins d'alimentation, de recherche scientifique ou pour fournir des spécimens pour les musées, les établissements d'enseignement et les institutions culturelles[373].

Mais peut-être le système le plus complexe est-il celui créé par la Convention sur le commerce international des espèces de faune et de flore sauvages menacées d'extinction de 1973 – la Convention C.I.T.E.S. Elle possède trois annexes : l'Annexe I comprend toutes les espèces menacées d'extinction qui sont ou pourraient être affectées

---

371 Article VI de la Convention.

372 Article 4, b, du Protocole.

373 Article 4 de la Convention. Pour une analyse de cette convention, voir PEYROUX, E., « Les réglementations internationales de protection des phoques », *R.G.D.I.P.*, vol. 80, 1976, p. 104-129.

par le commerce, qui doit donc être soumis à une réglementation particulièrement stricte afin de ne pas mettre davantage leur survie en danger ; l'Annexe II comprend toutes les espèces qui, bien que n'étant pas nécessairement menacées actuellement d'extinction, pourraient le devenir si le commerce des spécimens de ces espèces n'était pas soumis à une réglementation stricte ayant pour but d'éviter une exploitation incompatible avec leur survie, ainsi que certaines espèces qui doivent faire l'objet d'une réglementation, afin de rendre efficace le contrôle du commerce d'autres espèces menacées ; et l'Annexe III comprend toutes les espèces qu'une Partie déclare soumises, dans les limites de sa compétence, à une réglementation ayant pour but d'empêcher ou de restreindre leur exploitation, et nécessitant la coopération des autres Parties pour le contrôle du commerce[374]. L'exportation ainsi que l'importation de ces espèces ne peuvent être réalisées que si un organe de gestion compétent désigné à cette fin par l'État octroie une autorisation appropriée, c'est-à-dire le permis d'exportation ou d'importation[375].

L'avantage de la technique de listes est de laisser aux États l'obligation de contrôler les produits[376], tout en déterminant par avance quels seront les produits contrôlés[377]. En outre, dans la mesure où l'objet de l'autorisation se trouve dans les annexes, la possibilité de modification dans le but d'insérer ou retirer de nouveaux produits est facilitée[378], ce qui est tout à fait cohérent avec la nécessité d'adaptation et d'évolution constantes du droit international de l'environnement[379].

---

[374] Article II de la Convention.
[375] Voir articles III, IV et V de la Convention.
[376] Ou l'immersion de déchets, le commerce d'animaux, la capture de phoques, *etc.*
[377] Voir MARTIN, A. F., *El Régimen Jurídico de la Autorización Ambiental Integrada*, Madrid, Ecoiuris, 2004, p. 403-408.
[378] Sur le processus de modification de la Convention C.I.T.E.S., voir FAVRE, D. S., *International trade in endangered species : a guide to CITES*, Dordrecht, Nijhoff, 1989 ; et HUTTON, J. & DICKSON, B. (ed.), *Endangered species : threatened convention : the past, present and future of CITES, the Convention on International Trade in Endangered Species of Wild Fauna and Flora*, London, Earthscan, 2000.
[379] Voir SANDS, P., *Principles of International Environmental Law*, Cambridge, Cambridge University Press, 2003, p. 138-140.

3°. La technique de l'interdiction d'activités ou produits

La technique de l'interdiction d'activités ou de produits est la plus rigoureuse et, pour cela, peut-être la plus efficace pour prévenir une possible dégradation de l'environnement. D'une manière générale, elle consiste à interdire tout, sauf ce qui est autorisé. Cette approche part de la présomption que l'exercice de l'activité en l'espèce est très dangereux et pourra certainement causer une pollution, mais que dans certaines conditions exceptionnelles et avec un contrôle préalable par une autorité compétente, elle peut se réaliser. Cette technique se différencie de la technique de listes par son caractère général et abstrait, dans la mesure où elle n'énumère pas les activités permises ou interdites : elle interdit simplement la pratique d'une activité déterminée à moins qu'elle ne soit autorisée.

Cette approche est notamment utilisée dans la réglementation des activités qui peuvent être menées en Antarctique, surtout en raison de son statut juridique et politique spécial de protection[380]. Ainsi, la Convention sur la régulation des activités relatives aux ressources minérales de l'Antarctique – Convention de Wellington de 1988 – établit un régime particulièrement développé : l'exploration et l'exploitation des ressources minérales n'étaient permises que lorsqu'une Commission avait défini une zone d'exploration et d'exploitation et qu'un comité de la Réglementation avait délivré un permis[381]. Cependant, cette convention n'est jamais entrée en vigueur, non pas en raison de son régime d'autorisation, mais parce que, la jugeant insuffisante en matière de protection de l'environnement, certains États ont refusé de la ratifier[382]. Cet échec a conduit à

---

[380] Les États ont reconnu « *qu'il est de l'intérêt de l'humanité tout entière que l'Antarctique soit à jamais réservée aux seules activités pacifiques et ne devienne ni le théâtre ni l'enjeu de différends internationaux* ». Préambule du Traité sur l'Antarctique de 1959.

[381] Article 47 de la Convention. Pour une analyse du régime minier créé par la Convention et les problèmes liés à la protection de l'environnement, voir COURATIER, J., « La Convention sur la réglementation des activités relatives aux ressources minérales de l'Antarctique (Wellington – 2 juin 1988) », *A.F.D.I.*, vol. 34, 1988, p. 764-785.

[382] CHOQUETA, A. & QUEFFELEC, B., « À la recherche d'un régime juridique pour la bioprospection en Antarctique », *Natures Sciences Sociétés*, vol. 13, n° 3, 2005, p. 322-323.

l'adoption d'un autre traité sur les activités dans l'Antarctique : le Protocole de Madrid de 1991 relatif à la protection de l'environnement[383].

Dans la mesure où l'obligation de prévention est le fondement du Protocole[384], il utilise la technique d'interdiction d'activités pour essayer de protéger au maximum l'environnement en Antarctique et les écosystèmes dépendants et associés. Ainsi, le Protocole établit un régime de protection de certaines zones. En conséquence, toute région, y compris toute région maritime, peut être désignée comme « zone spécialement protégée de l'Antarctique », et l'accès à cette zone sera donc interdit à toute personne sauf en cas d'autorisation particulière[385]. En outre, en ce qui concerne la conservation de la faune et de la flore, il ordonne que « *la prise ou toute interférence nuisible est interdite, à moins qu'elle ne soit autorisée par un permis* ». Même la délivrance de ces permis est limitée de manière à garantir l'équilibre des systèmes écologiques existants dans la zone du Traité sur l'Antarctique[386]. Concernant l'introduction d'espèces qui ne sont pas natives, l'Annexe II du Protocole énonce ce qui suit :

« *Article 4 – Introduction d'espèces non indigènes, de parasites et de maladies*

1. Aucune espèce animale ou végétale non indigène de la zone du Traité sur l'Antarctique n'est introduite sur le continent ou sur la

---

[383] Il est intéressant de souligner que l'article 7 du Protocole a fini par interdire toute activité relative aux ressources minérales : « *Toute activité relative aux ressources minérales, autre que la recherche scientifique, est interdite* ». Le Protocole a donc adopté une obligation de prévention absolue en ce qui concerne l'exploitation minérale.

[384] Toutes les activités menées tant à l'intérieur qu'à l'extérieur de la zone du Traité sur l'Antarctique doivent être surveillées de façon régulière et efficace afin de faciliter la détection précoce des éventuels effets imprévus sur l'environnement en Antarctique ainsi que sur les écosystèmes dépendants et associes. Voir l'article, 3, §2, du Protocole.

[385] Voir l'article 3 de l'Annexe V du Protocole. L'article 7 de l'Annexe établit les conditions de délivrance du permis, qui doit préciser l'étendue et la situation de la zone, les activités autorisées, quand, où et par qui elles sont autorisées, ainsi que toute autre condition imposée par le plan de gestion de la zone.

[386] Voir l'article 3 de l'Annexe II du Protocole.

plate-forme glaciaire ou dans les eaux de cette zone, à moins qu'un permis ne l'autorise. »

Quelle que soit la technique adoptée, l'importance de l'autorisation préalable comme un instrument de contrôle et de gestion environnementale est indéniable, dans la mesure où les organes compétents de l'État, par la mise en œuvre d'un système de permis, ont l'opportunité d'exercer la diligence nécessaire pour que les activités menées sous la juridiction nationale ne causent pas de préjudices aux conditions environnementales d'un État voisin[387].

B. L'autorisation préalable et la souveraineté des États

À partir du moment où l'autorisation préalable des activités dangereuses doit être prévue, réglementée et mise en œuvre par les autorités administratives nationales, certains auteurs ont affirmé la nécessité et l'importance de cet instrument pour la protection de l'environnement, mais avec une forte opposition à sa consécration par voie conventionnelle. L'argument soutenu est que tant l'autorisation que la définition des activités dangereuses sont des sujets réservés au droit interne et que, par conséquent, l'exigence d'une l'autorisation par le droit international devait être envisagée comme une ingérence dans un domaine de compétence de l'État (1°). Cet aspect – ainsi que d'autres – liés à un possible conflit entre l'obligation d'autorisation et la souveraineté est mieux illustré par l'analyse de la décision arbitrale relative à la ligne du Rhin de Fer, différend entre la Belgique et les Pays-Bas (2°).

1°. L'absence d'ingérence dans les affaires intérieures de l'État

La première question que l'on doit se poser est celle de savoir si la technique de l'autorisation préalable est une ingérence dans les

---

[387] MILARÉ, E., *Direito do Ambiente : Doutrina, Prática, Jurisprudência, Glossário*, São Paulo, Revista dos Tribunais, 2000, p. 406.

affaires intérieures de l'État. Est-il vraiment approprié de donner à cet instrument un caractère contraignant par le biais d'une réglementation de droit international ?

Dans les travaux de la Commission du droit international sur la responsabilité internationale pour les conséquences préjudiciables découlant d'activités qui ne sont pas interdites par le droit international, diverses opinions ont été exprimées à ce sujet. Tout d'abord, certains membres ont soutenu que le permis d'exercer une activité sur un territoire est un domaine entièrement réservé aux autorités publiques de l'État concerné, car les conditions environnementales pour qu'une installation puisse obtenir une autorisation – et même la forme que celle-ci doit revêtir – sont données par les organes nationaux compétents de gestion environnementale. Ensuite, d'autres membres ont douté de l'opportunité de cette obligation, arguant qu'en présence d'une activité dangereuse, tous les États du monde exigeraient une autorisation pour défendre les intérêts de leurs propres citoyens, étant donné que c'est la population ou l'environnement de l'État d'origine proprement dit qui subit en premier lieu un préjudice du fait d'une telle activité et que, par conséquent, c'est celui-ci qui a principalement intérêt à exiger une autorisation préalable. Enfin, il a été déclaré que dans certains cas il serait impossible d'évaluer les répercussions transfrontières d'une activité sans examiner le territoire du possible État voisin affecté[388].

Pour répondre à ces questions, le rapporteur spécial a souligné que l'on ne saurait voir dans l'obligation d'autorisation préalable une ingérence inacceptable dans les affaires intérieures d'un État, dans la mesure où elle vise à prévenir la violation du droit de l'État à son intégrité physique et territoriale. Le fondement de l'autorisation est d'obliger un État à vérifier si des activités comportant un risque éventuel de causer un dommage transfrontière sont exercées sous son contrôle. En outre, le fait d'exiger la création et la mise en œuvre par

---

[388] Neuvième rapport sur la responsabilité internationale pour les conséquences préjudiciables découlant d'activités qui ne sont pas interdites par le droit international, par Julio Barboza, rapporteur spécial, O.N.U., Doc. A/CN.4/450, par. 15.

le droit international de cet instrument ne limite pas la liberté de l'État de choisir la forme qu'il doit prendre. En fait, dans son projet définitif sur la prévention des dommages transfrontières résultant d'activités dangereuses, la Commission a renforcé le principe selon lequel les États sont libres de choisir la forme de l'autorisation et que le devoir de diligence n'oblige les États qu'à assumer un rôle responsable et actif dans l'encadrement de ces activités[389].

En ce qui concerne l'intérêt de l'État de protéger son propre territoire, la Commission a souligné que le fait que l'État d'origine puisse se trouver lui-même affecté par le dommage résultant d'activités menées sur son propre territoire ne lève pas son obligation d'utiliser son territoire de manière à ne pas causer de préjudices aux droits d'États tiers. En outre, le rapporteur a envisagé certains cas où une activité peut causer un dommage dont les effets se font sentir en tout ou en partie hors du territoire de l'État d'origine et qui, de ce fait, n'affecte ni sa population ni son environnement ou les affecte en tout cas beaucoup moins que ceux d'un État voisin[390].

Finalement, concernant l'analyse des effets dans un pays voisin, cela n'empêche pas l'exigence d'autorisation, mais renforce la nécessité de coopération entre les intéressés, que ce soit par un échange d'informations, par une notification, ou par un permis de l'État affecté de procéder sur place à l'étude qui permettra de se prononcer de manière catégorique sur les risques inhérents à l'activité considérée. Mais même si l'État ne donne pas son accord, il est possible dans un grand nombre de cas de déterminer si l'activité est susceptible de produire des dommages transfrontières rien qu'en examinant les substances ou la technologie utilisées ou en ayant une connaissance générale du territoire de l'État voisin affecté[391].

En effet, la question se résume à savoir si l'exercice de la gestion environnementale – traduite ici par l'exigence d'autorisation préalable – est un domaine réservé de l'État ou, de façon plus générale, s'il existe des matières qui, par leur nature, relèvent toujours de la

---

[389] O.N.U., Doc. A/56/10, p. 430-431.
[390] Une installation située à proximité d'une frontière, par exemple.
[391] *Annuaire... 1993*, vol. II, Première partie, p. 205.

compétence domestique de chaque État. Sans analyser profondément la notion de domaine réservé[392], il faut simplement dire qu'elle est un concept juridique directement fondé sur le droit international. Il ressort de cela que les limites, ainsi que les matières, du domaine réservé sont fixées par le droit international lui-même[393]. En d'autres termes, puisque c'est le droit international qui détermine l'étendue des compétences discrétionnaires des États, l'étendue du domaine réservé dépend de la portée des engagements internationaux de chaque État[394]. En outre, selon G. Arangio-Ruiz, « *cette lecture des réserves de la compétence nationale est* [...] *contredite par l'inexistence manifeste de matières par nature non susceptibles d'être couvertes par des obligations internationales* »[395].

Rien n'empêche les États de soumettre leur compétence à des règles internationales, ou au moins de réglementer certains aspects de la gestion environnementale par le droit conventionnel. Ainsi, l'exigence d'autorisation préalable des activités dangereuses par le droit international ne pose aucun problème du point de vue d'une possible ingérence dans les affaires intérieures de l'État.

2°. La conciliation entre l'autorisation préalable et la souveraineté : l'arbitrage du « Rhin de Fer »

L'arbitrage du Rhin de fer, ou *IJzeren Rijn* en néerlandais, a statué sur un différend opposant le Royaume de Belgique et le Royaume des

---

[392] Cette notion a été définie par l'Institut de droit international en 1954 : « *Le domaine réservé est celui des activités étatiques où la compétence de l'État n'est pas liée par le droit international. L'étendue de ce domaine dépend du droit international et varie suivant son développement.* » Article premier de la résolution du 29 avril 1954 concernant « La détermination du domaine réservé et ses affaires », dans *Annuaire de l'Institut de droit international,* vol. 45, n° II, 1954, p. 292.
[393] DINH, N. Q. ; DAILLIER, P. & PELLET, A., *Droit international public*, Paris, L.G.D.J., 2002, p. 439.
[394] Voir KOLB, R., « Du domaine réservé : réflexions sur la théorie de la compétence nationale », *R.G.D.I.P.*, vol. 110, n. 3, 2006, p. 597-630.
[395] ARANGIO-RUIZ, G. « Le domaine réservé : l'organisation internationale et le rapport entre droit international et droit interne - cours général de droit international public », *R.C.A.D.I.*, vol. 225, 1990, p. 27.

Pays-Bas sur la remise en service d'une ligne de chemin de fer reliant le port d'Anvers, en Belgique, au bassin de la Ruhr en Allemagne et traversant certaines provinces aux Pays-Bas. Le tribunal arbitral a été saisi pour interpréter des traités conclus entre les deux pays au XIXe siècle qui octroyaient certains pouvoirs à la Belgique sur le territoire des Pays-Bas, et pour étudier l'habilitation des Pays-Bas à insister sur les conditions définies par le droit néerlandais, en particulier relativement à la protection de l'environnement et à la nécessité d'une autorisation préalable pour la remise en service du chemin de fer[396]. La question qui se pose donc est celle de savoir si un État peut exiger une autorisation préalable en conformité avec son droit national d'une activité déjà permise par le droit conventionnel ou, dans le cas d'espèce, si les Pays-Bas peuvent imposer unilatéralement la construction de tunnels, de déviations et toute autre mesure similaire de protection à l'environnement, ainsi que les normes de construction et de sécurité y afférentes.

L'origine de la ligne remonte aux négociations relatives à la séparation de la Belgique et des Pays-Bas dans les années 1830 et, en particulier, au Traité entre la Belgique et les Pays-Bas relatif à la Séparation de leurs territoires respectifs de 1839[397], qui donnait à la Belgique le droit de créer une liaison de communication entre Anvers et l'Allemagne en traversant certaines parties du territoire néerlandais. Celle-ci serait construite, au choix de la Hollande, soit par des ingénieurs et ouvriers que la Belgique obtiendrait l'autorisation d'employer à cet effet, soit par des ingénieurs et ouvriers que la Hollande fournirait, et qui exécuteraient, aux frais de la Belgique, les travaux convenus, le tout sans charge aucune pour la Hollande, et sans préjudice de ses droits de souveraineté exclusifs sur le territoire que traverserait la route ou le canal en question[398].

---

[396] DOMINICÉ, C., « The Iron Rhine Arbitration and the Emergence of a Principle of General International Law », in NDIAYE, T. M., WOLFRUM, R. & KOJIMA, C. (dir.), *Law of the Sea, Environmental Law and Settlement of Disputes : liber amicorum Judge Thomas A. Mensah*, Leiden/Boston, Martinus Nijhoff Publishers, 2007, p. 1067.
[397] Série des Traités Consolidés – C.T.S., 1838-1839, vol. 88, p. 427.
[398] Voir l'article XII du Traité de Séparation.

La ligne fut achevée en 1879, mais au cours des années qui ont suivi la Seconde Guerre mondiale elle ne fut que très peu utilisée. Dans les années 1990, un certain nombre de mesures juridiques ont été prises par les Pays-Bas relativement au classement de réserves naturelles, dont certaines sont situées sur le tracé de la ligne du Rhin de fer, et en 1998 des discussions formelles entre les deux pays sur la question de l'utilisation, la réfection, l'adaptation et la modernisation de la ligne du Rhin de fer ont été initiées[399].

Parmi les problèmes soulevés à l'occasion, ce qui nous intéresse est l'insistance du gouvernement néerlandais sur le fait que son droit et le pouvoir décisionnel qui en découle s'appliquent à toutes les lignes de chemin de fer traversant leur territoire, y compris la ligne du Rhin de fer, c'est-à-dire que pour être réactivée, la voie doit se moderniser pour se conformer au droit néerlandais, notamment en ce qui concerne la protection de l'environnement. Ainsi, les Pays-Bas soutenaient que bien qu'ils ne contestent pas le droit de passage de la Belgique sur leur territoire, dans la mesure où ils ont conservé leur droit d'exercer pleinement leur pouvoir législatif, exécutif et judiciaire sur la réactivation de la voie, elle doit maintenant passer par un processus d'autorisation interne pour s'adapter aux exigences environnementales. La raison de l'octroi du permis repose sur le fait que la demande belge de réactivation de la ligne du Rhin de fer équivaut presque à une demande de nouvelle ligne, car l'usage envisagé implique une adaptation et une modernisation considérables de l'infrastructure existante, dont l'état actuel ne permet pas l'usage souhaité par la Belgique. Finalement, les Pays-Bas soutenaient que la totalité des coûts et des risques financiers liés à la modernisation du tracé historique du Rhin de fer sur son territoire devrait être supportée par la Belgique[400].

La Belgique soutenait quant à elle que l'exercice des droits d'utilisation de la voie ne doit pas être rendu « anormalement

---

[399] Voir TOFAN, C. (ed.), *Iron Rhine arbitration (Belgium/Netherlands) : Permanent Court of Arbitration 2005*, Oisterwijk, International Courts Association, 2008, p. 65 et ss.

[400] C.P.A., *Arbitrage relatif à la ligne du Rhin de fer (Belgique v. Pays Bas), sentence du tribunal arbitral du 24 mai 2005*, par. 217-218.

difficile » du fait notamment des mesures de protection environnementales « très onéreuses » que les Pays-Bas cherchent à imposer dans le cadre de la réactivation, et que le droit néerlandais relatif aux lignes de chemin de fer ne s'applique pas de la même manière à la ligne du Rhin de fer puisqu'il y a un traité sur le sujet[401]. Le gouvernement belge a également reconnu que les exigences des Pays-Bas relativement aux travaux de protection environnementale ne constituent pas en elles-mêmes un exercice déraisonnable de leurs droits. Cependant, si les coûts de l'adéquation de la voie aux normes néerlandaises de protection environnementale devaient être entièrement supportés par la Belgique, comme le soutenait les Pays-Bas, cela pourrait constituer un déni de son droit de passage. En fait, la Belgique conteste non pas le droit des Pays-Bas d'effectuer ces classements de zones protégées dans le cadre de sa politique environnementale, mais leur implication financière pour les Parties[402].

En somme, il faut se demander dans quelle mesure le droit international peut limiter les pouvoirs internes de réglementation d'un État. Si, d'une part, on a déjà vu que l'exercice des compétences étatiques – c'est-à-dire du domaine réservé – peut être limité par le droit international, d'autre part il faut souligner que même si les normes internationales réglementent une activité, cela ne signifie pas que l'État ait renoncé à tous les aspects de la réglementation, surtout

---

[401] C.P.A., *Ibid.*, par. 23-26. Voir aussi D'ARGENT, P., « De la fragmentation à la cohésion systémique : la sentence arbitrale du 24 mai 2005 relative au 'Rhin de Fer' (IJzeren Rijn) », in *Droit du pouvoir, pouvoir du droit : mélanges offerts à Jean Salmon*, Bruxelles, Bruylant, 2007, p. 1113-11137.

[402] C.P.A., *Ibid.*, par. 193. La Belgique alléguait que les mesures demandées, notamment la construction d'un tunnel dans une région protégée par la loi néerlandaise, rendaient trop onéreux les travaux de modernisation pour la réactivation de la voie. Selon les Pays-Bas, la décision d'obliger la Belgique à construire un tunnel sur le site du Meinweg était une décision de leur gouvernement en se fondant sur la Loi de protection de la Faune et de Flore (*Flora en Faunawet*), mais d'une manière compatible avec les directives européennes pertinentes. En outre, ils ont rappelé le principe contenu dans l'Article 176 du Traité CE, selon lequel les États membres ont le droit d'imposer des conditions-cadres et des mesures de protection de l'environnement plus strictes que celles prescrites par les directives européennes. Sur le sujet, voir BLADEL, I., « The Iron Rhine Arbitration Case : on the Right Legal Track ? An Analysis of the Award and of its Relation to the Law of the European Community », *H.Y.I.L.*, vol. 18, 2006, p. 3-22.

vis-à-vis de ses pouvoirs de police. Il est parfaitement concevable qu'une obligation internationale oblige l'État à adopter certaines mesures internes, tout en sauvegardant également une certaine sphère de liberté (substantielle ou procédurale) de l'État pour mettre en œuvre l'acte demandé[403].

Ainsi, le Tribunal s'est appuyé sur la thèse selon laquelle « *les Pays-Bas peuvent exercer leur droit de souveraineté sur le territoire sur lequel passe la ligne du Rhin de fer, sauf si l'exercice de ce droit est en contradiction avec les droits accordés à la Belgique par le Traité ou avec les droits dont la Belgique pourrait jouir en vertu du droit international général* »[404].

Il a aussi rappelé que le droit international exige aujourd'hui l'intégration de mesures de protection de l'environnement appropriées dans la conception et la mise en œuvre des activités de développement économique. Ainsi, lorsque le développement risque de porter atteinte de manière significative à l'environnement, il doit exister une obligation d'empêcher, ou au moins d'atténuer, cette pollution. Il faut donc concilier croissance économique et protection de l'environnement et, ce faisant, prendre en considération de nouvelles règles, y compris lorsque des activités commencées dans le passé sont étendues et modernisées. Il ressort de cela que le traité de 1839 doit être interprété à la lumière des nouvelles exigences environnementales parce que le « *traité ne peut pas être isolé des développements du droit intervenus après leur adoption, il doit s'adapter à de nouvelles normes du droit international* »[405]. Pour renforcer cette position, le Tribunal a rappelé la décision de la Cour internationale de Justice dans l'*affaire relative au projet Gabcikovo-Nagymaros*, dans laquelle elle a précisé que ces normes nouvelles de protection de l'environnement doivent être prises en considération non seulement lorsque des États

---

403 ARANGIO-RUIZ, G. « Le domaine réservé : l'organisation internationale et le rapport entre droit international et droit interne - cours général de droit international public », *R.C.A.D.I.*, vol. 225, 1990, p. 88.
404 C.P.A., *Ibid.*, par. 56.
405 C.P.A., *Ibid.*, par. 80-81. Voir aussi BLADEL, I., « The Iron Rhine Case and the Art of Treaty Interpretation : the Application of Nineteenth Century Obligations in the Twenty-first Century », in *The Netherlands in court : essays in honour of Johan G. Lammers*, Leiden, Nijhoff, 2006, p. 1-18.

envisagent de nouvelles activités, mais aussi lorsqu'ils poursuivent des activités qu'ils ont engagées dans le passé[406].

Le Tribunal conclut que les Pays-Bas n'ont pas abandonné plus de souveraineté que ce qui était nécessaire pour la construction de la voie afin de relier commercialement la Belgique et l'Allemagne. Ils conservent donc tous les pouvoirs de police sur le secteur concerné, c'est-à-dire non seulement le pouvoir de définir des normes de sécurité pour les travaux effectués sur la voie, mais aussi le pouvoir de définir des normes de protection de l'environnement. Par conséquent, la réactivation du Rhin de fer devait respecter le droit administratif et environnemental néerlandais, qui exige une autorisation préalable pour l'activité en l'espèce[407].

Le Tribunal affirma également que les mesures envisagées actuellement par les Pays-Bas ne peuvent pas être considérées comme un déni du droit de passage de la Belgique et qu'elles ne rendent pas anormalement difficile l'exercice de ce droit. Toutefois, les coûts ne doivent pas être assumés exclusivement par la Belgique comme s'il s'agissait d'une nouvelle route mais ne doivent pas non plus être assumés exclusivement par les Pays-Bas. En conséquence, pour concilier l'exercice du droit de passage de la Belgique et les préoccupations légitimes des Pays-Bas en ce qui concerne leur environnement, les obligations financières des Parties doivent être soigneusement équilibrées[408].

Il faut retenir de cette affaire que l'obligation de prévention adoptée par le Tribunal ne limite pas les droits de la Belgique, mais implique

---

[406] Voir C.I.J., *Affaire relative au Projet Gabcikovo-Nagymaros (Hongrie/Slovaquie)*, arrêt du 25 septembre 1997, *C.I.J. Recueil 1997*, p. 78, par. 140.

[407] C.P.A., *ibid.*, par.178-179. Voir aussi par. 87.

[408] C.P.A., *Ibid.,* par. 220-221. Le Tribunal a considéré que bien que l'obligation générale, en termes de financement, demeure celle de la Belgique, il convient également de tenir compte de tout élément susceptible de représenter un avantage quantifiable particulier pour les Pays-Bas lors de la répartition des coûts entre les Parties, « *résultant notamment d'une amélioration de la circulation et de la sécurité routière, d'une réduction du niveau sonore et d'un potentiel, supérieur au développement envisagé actuellement, d'utilisation supplémentaire de la ligne par les trains néerlandais* ». Voir par. 230.

que d'importantes mesures de protection de l'environnement soient prises. Concernant l'autorisation préalable, on constate qu'il n'y a pas de conflit entre cet instrument et la souveraineté des États ou l'application du droit international, bien au contraire : le Tribunal lui-même a affirmé que l'obligation de diligence est désormais devenue un principe du droit international général et qu'elle s'applique non seulement aux activités autonomes, mais également aux activités entreprises pour mettre en œuvre des traités spécifiques conclus entre les Parties[409]. Ainsi, outre sa contribution à l'intégration du droit de l'environnement dans le processus de décision[410], la sentence rendue est importante parce qu'elle affirme le droit légitime de l'État d'exiger une autorisation préalable des activités dans son territoire en application de la diligence due, quelle que soit la manière ou la source juridique en vertu de laquelle cette activité a été acceptée de manière générale par les États[411].

Paragraphe 2. L'étude d'impact sur l'environnement

D'une manière assez générale, l'étude d'impact sur l'environnement est un processus systématique destiné à identifier, prévoir et évaluer les effets sur l'environnement d'activités ou de projets[412]. Ainsi, elle est devenue le principal instrument pour l'application effective de l'obligation de prévention dans le sens où,

---

[409] C.P.A., *Ibid.*, par. 59.

[410] Voir sur le sujet, BARRAL, V., « La sentence du Rhin de fer, une nouvelle étape dans la prise en compte du droit de l'environnement par la justice internationale », *R.G.D.I.P.*, vol. 110, 2006, p. 647-668.

[411] Pour une analyse d'autres aspects de l'arbitrage, voir WARBRICK, C. (ed.), *L'arbitrage du « Rhin de Fer » (Belgique-Pays-Bas) sentence de 2005*, The Hague, T.M.C. Asser Press, 2007.

[412] Pour une étude approfondie sur l'étude d'impact, voir PETTS, J. (ed), *Handbook of Environmental Impact Assessment, Volume 1 : Environmental Impact Assessment : Process, Methods and Potential*, Oxford, Blackwell Science Ltd, 1996 ; et PETTS, J. (ed), *Handbook of Environmental Impact Assessment, Volume 2 : Environmental Impact Assessment in Practice : Impact and Limitations*, Oxford, Blackwell Science Ltd, 1996.

pour prévenir la réalisation d'un dommage, il faut, sinon le connaître parfaitement, au moins essayer de l'appréhender globalement. En outre, dans la mesure où son but est de fournir aux décideurs des informations sur les conséquences des activités projetées pour l'environnement, elle est également indissociable de l'obligation d'autorisation préalable : pour prendre sa décision d'octroyer un permis à une activité, l'autorité compétente doit être informée de toutes les caractéristiques et des possibles conséquences de l'exercice de cette activité sur l'environnement[413].

L'étude d'impact a pris de plus en plus d'importance dans les prises de décision en matière de développement parce que les impacts sont plus complexes, plus étendus et ont des effets potentiels plus lourds qu'il y a quarante ans. Aujourd'hui il y a plus de 200 systèmes d'évaluation d'impact adoptés par les États et les Organisations internationales et cet instrument est requis par toutes les banques de développement et par la plupart des agences internationales d'aide au développement, ce qui démontre son importance pour la protection de la nature[414]. Son rôle protecteur a été reconnu formellement par la Déclaration de Rio sur l'environnement et le développement :

« *Une étude d'impact sur l'environnement, en tant qu'instrument national, doit être entreprise dans le cas des activités envisagées qui risquent d'avoir des effets nocifs importants sur l'environnement et dépendent de la décision d'une autorité nationale compétente.* »[415]

Pour mieux comprendre cette technique juridique, il faut analyser son processus de création et de développement (« A. La genèse de l'étude d'impact ») de même que son rôle pour la mise en œuvre effective de l'obligation de diligence (« B. La fonction de l'étude

---

413 CANTER, L. W., *Environmental Impact Assessment*, New York, McGraw Hill, 1996, p. 30.

414 Voir, par exemple, BANQUE MONDIALE, *Manuel d'évaluation environnementale*, Volumes I, II et III, Washington, Banque Mondiale, 1991. Pour une liste de conventions et de recommandations internationales sur l'étude d'impact, voir TIMOSHENKO, A. S., « The Problem of Preventing Damage to the Environment in National and International Law », *P.E.L.R.*, vol. 5, nº 2, 1988, p. 480-481.

415 Principe 17 de la Déclaration de Rio.

d'impact »). Enfin, même si elle est un instrument relevant plutôt du droit interne que du droit international et si, par conséquent, c'est l'État qui possède le devoir et la compétence pour déterminer son contenu, le droit conventionnel exige parfois que l'étude ait un contenu minimum que nous devons préciser (« C. Le contenu de l'étude d'impact »).

A. La genèse de l'étude d'impact

La procédure d'évaluation des incidences de projets déterminés sur l'environnement provient des États-Unis – *National Environmental Policy Act* (N.E.P.A., 1969)[416] – et s'est généralisée par la suite dans les traités internationaux. L'expression signifie tant le processus d'analyse scientifique des possibles conséquences de l'activité à l'environnement que le document produit par l'équipe technique responsable[417] et peut être définie soit d'une manière assez vague, comme le fait la Convention sur l'évaluation de l'impact sur l'environnement dans un contexte transfrontière – Convention Espoo de 1991[418] –, soit d'une manière assez précise. Ainsi, l'étude d'impact n'est que la nécessité d'identifier et prédire l'impact sur

---

416 Plusieurs facteurs ont contribué à l'introduction de l'étude dans le NEPA aux États-Unis, notamment l'inquiétude du public pour l'environnement, les effets croissants de nouvelles technologies, le gigantisme de certains projets de développement et finalement le fait que les techniques d'évaluation économique utilisées à l'époque ne prenaient pas en compte l'impact environnemental et social des grands projets. Sur le NEPA, voir CLARK, E. R. & CANTER, L. W. (ed.), Environmental Policy and NEPA : Past, Present, and Future, Boca Raton, Saint Lucie Press, 1997 ; et notamment COUNCIL ON ENVIRONMENTAL QUALITY, *The National Environmental Policy Act : A Study of Its Effectiveness After Twenty-five Years*, 1997, disponible sur <http://ceq.hss.doe.gov/nepa/nepa25fn.pdf>, consulté le 15 août 2011, 51 p.

417 NAIM-GESBERT, E., « Expertise scientifique et droit de l'environnement », in OST, F. & GUTWIRTH, S. (éd.), *Quel avenir pour le droit de l'environnement ?*, Bruxelles, Publications des Facultés universitaires Saint-Louis, 1996, p. 74.

418 Selon son article premier, vi, l'expression évaluation de l'impact sur l'environnement « *désigne une procédure nationale ayant pour objet d'évaluer l'impact probable d'une activité proposée sur l'environnement* ».

l'environnement, la santé et le bien-être humain des propositions législatives, politiques, programmes, projets et procédures opérationnelles, et d'interpréter et communiquer des informations sur l'impact[419]. De façon plus technique, le Programme des Nations Unies sur l'environnement donne la définition suivante de « l'évaluation de l'impact sur l'environnement » :

« *L'identification, la prévision et l'évaluation systématiques, reproductibles et interdisciplinaires, l'atténuation et la gestion d'impacts à partir d'une proposition de développement et de ses alternatives acceptables. Parfois appelée évaluation environnementale.* »[420]

En somme, l'étude d'impact n'est qu'un procès systématique qui examine les conséquences environnementales des actions de développement par avance[421]. Son but général est de rendre plus facile la décision des responsables, car il offre un ensemble d'informations sur la planification de l'activité qui peut aider à la formulation des actions de développement et de protection de l'environnement. Puisqu'il n'est pas contesté que le principe de prévention est de nature coutumière, certains auteurs ont même affirmé que consacrer ce principe c'est, au moins implicitement, consacrer la nature coutumière de l'obligation de réaliser une étude d'impact, au moins dans une acception large d'évaluation des effets d'un projet sur l'environnement. Concernant le droit maritime, par exemple, la Convention des Nations Unies sur le droit de la mer énonce ce qui suit :

« *Lorsque des États ont de sérieuses raisons de penser que des activités envisagées relevant de leur juridiction ou de leur contrôle risquent d'entraîner une pollution importante ou des modifications considérables et nuisibles du milieu marin, ils évaluent, dans la*

---

419 MUNN, R. E., *Environmental Impact Assessment : principles and procedures*, New York, Wiley, 1979, p. 46.

420 P.N.U.E., *Manuel de formation sur l'étude d'impact environnemental*, Geneva, U.N.E.P., 2002, p. 573.

421 GLASSON, J. ; THERIVEL, R. & CHADWICK, A., *Introduction to Environmental Impact Assessment*, New York, Routledge, p. 4.

mesure du possible, les effets potentiels de ces activités sur ce milieu et rendent compte des résultats de ces évaluations »[422].

Prenant comme référence cet article, le Tribunal international du droit de la mer a souligné que « *l'obligation de procéder à une évaluation de l'impact potentiel sur l'environnement constitue également une obligation directe en vertu de la Convention* [de droit de la mer] *et une obligation générale en vertu du droit international coutumier* »[423]. Mais s'il n'y a pas de doute à considérer l'étude d'impact comme une obligation coutumière du droit maritime, notamment vis-à-vis de la protection régionale dans les mers Méditerranée, du Nord et Baltique qui possèdent un régime plus développé de réglementation[424], en ce qui concerne la protection de l'environnement en général, les auteurs ne sont pas unanimes à soutenir cette thèse. Selon Laura Pineschi, on ne peut pas dire que les États considèrent que la pratique de l'évaluation de l'impact sur l'environnement soit une obligation de droit international général, parce que, pour l'heure, cette pratique n'est guère plus qu'une tendance du droit international et qu'à l'exception de l'obligation de notification en cas d'urgence, aucune des obligations de procédure – y compris l'étude d'impact – ne fait partie du droit international coutumier[425].

Toutefois, dans l'*affaire relative à des Usines de pâte à papier sur le fleuve Uruguay*, la Cour internationale de Justice a déclaré l'existence d'une pratique acceptée si largement par les États ces dernières années que l'on peut désormais considérer que l'obligation

---

422 Article 206 de la Convention de Montego Bay.

423 T.I.D.M., *Responsabilités et obligations des États qui patronnent des personnes et entités dans le cadre d'activités menées dans la zone*, avis consultatif du 1er février 2011, par. 145.

424 GAVOUNELI, M., « Responsibility For Catastrophes : New Concepts in Their Conventional Application », in CARON, D. D. & LEBEN, C. (éd.), *Les aspects internationaux des catastrophes naturelles et industrielles – The International Aspects of Natural and Industrial Catastrophes*, The Hague, Martinus Nijhoff Publishers, 2001, p. 647.

425 Voir PINESCHI, L., « The Antarctic Treaty System and General Rules of International Environmental Law », in FRANCIONI, F. & SCOVAZZI, T. (ed.), *International Law for Antarctica*, The Hague, Kluwer Law International, p. 187-246.

de procéder à une étude d'impact sur l'environnement lorsque l'activité industrielle projetée risque d'avoir un impact préjudiciable important dans un cadre transfrontière est devenue une règle du droit international général. De plus, la Cour a observé que l'évaluation d'impact peut être un facteur intéressant à prendre en considération lors de l'analyse d'une possible violation de l'obligation de diligence due parce que l'on ne peut pas considérer qu'un État s'est acquitté de son obligation de diligence s'il n'a pas procédé à une évaluation d'impact permettant d'apprécier les effets d'une activité sur l'environnement dès lors qu'il a prévu de réaliser un ouvrage suffisamment important pour causer un préjudice à un État voisin[426]. En d'autres termes, il est très difficile pour l'État de prouver qu'il a agi avec diligence s'il n'a pas réalisé une étude[427].

Le problème avec l'étude d'impact réside justement dans cette différence entre celle prescrite par le droit international et celle adoptée par plusieurs État dans leur droit interne : l'objectif principal du droit international est d'interdire un dommage transfrontière significatif à l'environnement ; pour le droit interne, au contraire, l'objectif est de considérer non seulement les préoccupations environnementales, mais aussi les préoccupations économiques et sociales dans le processus d'autorisation d'un projet, c'est-à-dire qu'il y a d'autres questions devant être analysées que l'occurrence d'un dommage significatif[428].

---

426 C.I.J., *Affaire relative à des Usines de pâte à papier sur le fleuve Uruguay (Argentine c. Uruguay)*, arrêt du 20 avril 2010, par. 204.

427 BASTMEIJER, K. & KOIVUROVA, T., « Transboundary Environmental Impact Assessment : An Introduction », in BASTMEIJER, K. & KOIVUROVA, T. (ed.), *Theory and practice of transboundary environmental impact assessment*, Leiden/Boston, Martinus Nijhoff Publishers, 2008, p. 7. Suivant cette même position, voir aussi WOODLIFFE, J., « Environmental Damage and Environmental Impact Assessment », in BOWMAN, M. & BOYLE, A. (dir.), *Environmental Damage in International and Comparative Law : Problems of Definition and Valuation*, Oxford, Oxford University Press, 2002, p. 135 ; et McINTYRE, O., « The Role of Customary Rules and Principles of International Environmental Law in the Protection of Shared International Freshwater Resources », *N.R.J.*, vol. 46, 2006, p. 200.

428 KNOX, J. H., « The Myth and Reality of Transboundary Environmental Impact Assessment », *A.J.I.L.*, vol. 96, n° 2, 2002, p. 298.

En conséquence, la question est de savoir quel est le degré de compromis de l'État dans la prévention d'un dommage à l'environnement, ou en d'autres termes, quelle est l'efficacité de son étude pour prévenir un dommage interne à l'environnement. Il faut également prendre en compte le fait que les entrepreneurs sont souvent, de manière consciente ou inconsciente, en faveur de leurs propositions, et que l'équipe responsable pour l'élaboration de l'étude doit avoir une certaine indépendance afin d'assurer l'objectivité nécessaire pour évaluer les impacts négatifs du projet et les mesures possibles pour les atténuer[429]. En outre, comme l'étude est liée au processus administratif interne d'autorisation préalable, à aucun moment elle n'oblige à la modification du projet en raison de ses conséquences environnementales : cela reste à la discrétion de l'autorité nationale compétente. Mais même s'il n'y a pas un droit de modification du projet, la pratique internationale démontre que les États généralement adoptent des mesures spécifiques pour prendre en compte les intérêts des États potentiellement affectés[430].

Malgré ces critiques, l'étude d'impact est un instrument qui a fait ses preuves pour analyser les effets des projets de développement sur l'environnement et pour réduire leurs effets négatifs potentiels. Selon A. Kiss, ce mécanisme administratif signifie une révolution dans la pensée scientifique : alors que depuis les débuts de l'ère industrielle le principe était de ne pas limiter le développement de la science et de la technologie, sans se préoccuper des conséquences, le principe imposant l'évaluation préalable des effets sur l'environnement est en réalité un retour à des conceptions véritablement scientifiques puisqu'il prend en compte non seulement les actes, mais aussi leurs effets, notamment sur l'environnement et la santé humaine[431].

---

429 ROBINSON, N. A., « International Trends in Environmental Impact Assessment », *B.C.E.A.L.R.*, vol. 19, 1992, p. 597.

430 OKOWA, P. N., « Procedural Obligations in International Environmental Agreements », *B.Y.B.I.L.*, vol. 67, 1996, p. 308.

431 KISS, A., « Nouvelles tendances en droit international de l'environnement », *G.Y.I.L.*, vol. 32, 1989, p. 259.

B. La fonction de l'étude d'impact

L'étude d'impact doit être la première phase de tout projet susceptible d'avoir des répercussions dommageables sur l'environnement, car c'est son résultat qui déclenchera la mise en œuvre du régime de prévention : une fois qu'il est clairement établi que l'activité envisagée est susceptible de causer des dommages à l'environnement, des mesures pour empêcher ou au moins atténuer les effets doivent être mises en œuvre[432]. Cela ressort clairement des recommandations du P.N.U.E. concernant les évaluations d'impact sur l'environnement adoptés par son Conseil d'administration lors de sa 14e session :

« *Les États (y compris leurs autorités compétentes) ne devraient entreprendre ou autoriser des activités sans avoir au préalable étudié au plus tôt leurs effets sur l'environnement. Lorsque du fait de son ampleur, de sa nature ou de son emplacement, une activité proposée est susceptible d'avoir des effets sensibles sur l'environnement, une évaluation globale d'impact sur l'environnement devrait être entreprise conformément aux principes suivants.* »[433]

De l'analyse du droit européen, notamment la Directive 85/337/CEE du Conseil du 27 juin 1985 concernant l'évaluation des incidences de certains projets publics et privés sur l'environnement, on constate que l'étude d'impact a comme mission de décrire et d'évaluer de manière appropriée, en fonction de chaque cas particulier, les effets directs et indirects d'un projet sur l'homme, la faune, la flore, le sol, l'eau, l'air, le climat, le paysage, les biens matériels et le patrimoine culturel[434]. Par conséquent, elle doit fournir la base pour la prise de décision de l'autorité compétente pour que les projets acceptés répondent aux normes environnementales et de santé

---

[432] Il faut également souligner que si l'étude d'impact n'a pas permis de lever les doutes sur les effets de l'activité sur l'environnement, c'est le régime de précaution qui sera déclenché.

[433] Principe 1 des « Buts et principes de l'évaluation de l'impact sur l'environnement », O.N.U., Doc. UNEP/GC.14/17, Annexe III.

[434] Article 3 de la Directive.

et aux objectifs de gestion des ressources. Elle doit donc fixer les termes et conditions de réalisation d'une activité en matière environnementale afin d'améliorer la conception du projet, c'est-à-dire qu'elle doit identifier les mesures nécessaires pour atténuer les impacts potentiels du projet de sorte que les ressources soient utilisées correctement et efficacement. Mais il faut également souligner que l'étude doit non seulement indiquer les conditions nécessaires pour prévenir les dommages connus, mais aussi établir un régime de contrôle et de gestion des impacts imprévus ou des mesures de réductions qui n'ont pas donné le résultat escompté[435].

Outre son objectif immédiat de faciliter la prise de décisions optimales en tenant compte explicitement des considérations environnementales, l'étude d'impact a également un objectif à long terme, reflétant les idéaux de développement durable[436]. C'est surtout cet objectif à long terme qui nous intéresse, parce qu'il a une relation très étroite avec le droit international dans la mesure où il veille à ce que le développement des États soit adapté aux possibilités et aux capacités des ressources disponibles. Ainsi, l'étude a comme but final de sauvegarder les ressources précieuses, les zones naturelles et les composantes de l'écosystème ; d'éviter toute perte irréversible et inacceptable et la détérioration du capital naturel ; d'optimiser l'utilisation, les méthodes de conservation et la gestion, des ressources naturelles ; de protéger la santé humaine et le bien-être collectif ; et enfin, d'examiner les questions relatives à la perturbation des populations et des modes de vie traditionnels, en renforçant les aspects sociaux d'un projet[437].

---

435 Voir ARTS, J. & NOOTEBOOM, S., « Environmental Impact Assessment Monitoring and Auditing », in PETTS, J. (ed), *Handbook of Environmental Impact Assessment, Volume 1 : Environmental Impact Assessment : Process, Methods and Potential*, Oxford, Blackwell Science Ltd, 1996, p. 229-251.

436 HARROP, O. D. & NIXON, A. J., *Environmental Assessment in Practice*, London, Routledge Environmental Management Series, 1999, p. 115.

437 Voir SADLER, B., *Étude internationale sur l'efficacité de l'évaluation environnementale – Rapport Final – L'évaluation environnementale dans un monde en évolution : Évaluer la pratique pour améliorer le rendement*, Ottawa, Agence canadienne d'évaluation environnementale et International Association for Impact Assessmentt (I.A.I.A.), 1996, p. 17.

En somme, l'évaluation de l'impact sur l'environnement est un instrument fondamental pour promouvoir le développement durable et la prévention des atteintes à l'environnement parce qu'elle donne à l'environnement la place qui lui revient dans le processus de prise des décisions en améliorant la qualité de l'information présentée aux autorités compétentes de manière qu'ils puissent prendre des décisions en veillant soigneusement à réduire au minimum les impacts et à améliorer la planification des activités et la protection des écosystèmes[438].

C. Le contenu de l'étude d'impact

Généralement, le soin de déterminer quel devrait être, plus précisément, le contenu de l'étude d'impact sur l'environnement est laissé à la législation interne de l'État qui y procède. La Cour internationale de Justice a déjà noté qu'il revient à chaque État de déterminer, dans le cadre de sa législation nationale ou du processus d'autorisation du projet, la teneur exacte de l'étude d'impact requise dans chaque cas en prenant en compte la nature et l'ampleur du projet en cause et son impact négatif probable sur l'environnement[439]. De la même façon, dans ses travaux sur la prévention la Commission du droit international a également laissé cette question au droit interne, en énonçant que toute décision relative à l'autorisation d'une activité repose sur une évaluation de l'impact sur l'environnement, sans pourtant préciser quel devrait être le contenu de cette évaluation du risque[440]. En suivant cette logique, la Convention sur la diversité biologique de 1992 a simplement énoncé ce qui suit :

---

[438] Voir le rapport de la Commission économique des Nations Unies pour l'Europe intitulé *Les politiques et systèmes en matière d'évaluation de l'impact sur l'environnement*. O.N.U., Doc. ECE/ENVWA/15, 1961, p. 1.

[439] C.I.J., *Affaire relative à des Usines de pâte à papier sur le fleuve Uruguay (Argentine c. Uruguay),* arrêt du 20 avril 2010, par. 205.

[440] Voir l'article 7 du projet d'articles sur la prévention des dommages transfrontières résultant d'activités dangereuses et commentaires y relatifs. O.N.U., Doc. A/56/10, p. 433-437.

« *Article 14. Études d'impact et réduction des effets nocifs*

1. Chaque Partie contractante, dans la mesure du possible et selon qu'il conviendra :

a) Adopte des procédures permettant d'exiger l'évaluation des impacts sur l'environnement des projets qu'elle a proposés et qui sont susceptibles de nuire sensiblement à la diversité biologique en vue d'éviter et de réduire au minimum de tels effets ».

Toutefois, le droit international, afin de promouvoir une coopération internationale active, ainsi qu'une harmonisation des mesures de prévention des dommages à l'environnement, détermine parfois un contenu minimum que les États doivent respecter. Ainsi, d'une façon beaucoup plus détaillée, le Protocole au Traité sur l'Antarctique relatif à la protection de l'environnement de 1991 prévoit d'abord l'évaluation de l'impact sur l'environnement de toute activité identifiée comme ayant « *un impact moindre que mineur ou transitoire ; un impact mineur ou transitoire ; ou un impact supérieur à un impact mineur ou transitoire* »[441], et ensuite il énonce une procédure d'évaluation en quatre phases[442].

Dans une étape préliminaire, l'État est tenu d'analyser, conformément aux procédures nationales appropriées, si l'activité a un impact moindre que « mineur » ou « transitoire ». Dans ce cas, elle peut être entreprise immédiatement[443]. Ensuite, s'il a été constaté que l'activité a un impact plus important que « mineur » ou « transitoire », l'État doit réaliser une évaluation préliminaire d'impact sur

[441] Article 8 du Protocole. Il est intéressant de souligner que le même article prévoit également que lorsque des activités sont organisées conjointement par plusieurs Parties, les Parties concernées désignent l'une d'entre elles pour coordonner la mise en œuvre des procédures relatives à l'étude d'impact.

[442] Selon le Programme des Nations Unies sur l'environnement, un processus national d'étude d'impact doit comprendre les étapes suivantes : étude préalable ; étude de champ ; examen des alternatives ; analyse d'impact ; réduction et gestion des impacts ; évaluation de l'incidence ; préparation de la déclaration d'impact environnemental ou rapport d'E.I.E. ; contrôle de l'E.I.E. ; et prise de décision. P.N.U.E., *Manuel de formation sur l'étude d'impact environnemental*, Geneva, U.N.E.P., 2002, p. 127.

[443] Article premier de l'Annexe I du Protocole.

l'environnement comprenant une description de l'activité envisagée, ainsi que son objectif, sa localisation, sa durée et son intensité, et un examen d'alternatives à l'activité envisagée et de tous les impacts que cette activité peut avoir sur l'environnement, y compris la prise en considération des impacts cumulatifs qui peuvent se manifester eu égard aux activités existantes et aux activités envisagées qui sont connues. Si cette évaluation indique qu'une activité envisagée n'aura pas plus qu'un impact mineur ou transitoire, elle peut être entreprise à condition que des procédures appropriées soient mises en place pour évaluer et vérifier l'impact causé[444]. Dans une troisième étape, si l'évaluation préliminaire révèle que l'activité envisagée aura probablement un impact plus important que « mineur » ou « transitoire », l'État doit procéder à une évaluation globale d'impact sur l'environnement, comprenant ce qui suit :

« *a) une description de l'activité envisagée, notamment de son objectif, de sa localisation, de sa durée et de son intensité, ainsi que des alternatives possibles à cette activité, y compris celle qui consiste à ne pas l'entreprendre, et une description des conséquences de ces alternatives ;*

b) une description de l'état initial de l'environnement, qui sert de référence et auquel les changements prévus doivent être comparés, ainsi qu'une prévision de ce que serait, en l'absence de l'activité envisagée, l'état de l'environnement qui sert de référence ;

c) une description des méthodes et données utilisées pour prévoir les impacts de l'activité envisagée ;

d) une estimation de la nature, de l'étendue, de la durée et de l'intensité des impacts directs probables de l'activité envisagée ;

e) un examen d'éventuels impacts indirects ou secondaires de l'activité envisagée ;

f) un examen des impacts cumulatifs de l'activité envisagée eu égard aux activités existantes et aux autres activités envisagées qui sont connues ;

---

[444] Article 2 de l'Annexe I du Protocole.

g) une identification des mesures, y compris des programmes de surveillance, pouvant être prises pour réduire à un niveau minimum ou atténuer les impacts de l'activité envisagée et pour détecter des impacts imprévus, ainsi que des mesures permettant de donner au plus tôt l'alerte sur tout effet négatif de l'activité et de répondre rapidement et efficacement aux accidents ;

h) une identification des impacts inévitables de l'activité envisagée ;

i) un examen des effets de l'activité envisagée sur la conduite de la recherche scientifique et sur les autres usages existants et valeurs ;

j) une identification des lacunes dans les connaissances acquises et des incertitudes rencontrées lors de la collecte des informations requises aux termes de ce paragraphe ;

k) un résumé non technique des informations fournies dans le cadre de ce paragraphe ; et

l) le nom et l'adresse de la personne ou de l'organisation qui a réalisé l'évaluation globale d'impact sur l'environnement, et l'adresse à laquelle les commentaires la concernant doivent être adressés. »[445]

Même si l'État reste encore le seul responsable de toute décision d'entreprendre ou non une activité, aucune décision définitive d'autorisation n'est prise avant que le projet d'évaluation globale d'impact sur l'environnement n'ait pu être examiné par la Réunion consultative du Traité sur l'Antarctique, agissant sur avis du Comité pour la protection de l'environnement[446]. Cette institution, créée par le Protocole, a pour fonction, parmi d'autres, de donner des avis et de formuler des recommandations aux Parties sur la mise en œuvre des procédures d'évaluation d'impact sur l'environnement et sur l'efficacité des mesures de diligence prises[447]. Enfin, si l'État décide d'entreprendre l'activité, il doit encore mettre en place des procédures de surveillance pour évaluer et vérifier tous ses impacts, afin de

---

[445] Article 3 de l'Annexe I du Protocole.
[446] Article 3 (4 et 5), et art. 4 de l'Annexe I du Protocole.
[447] Sur les fonctions du Comité, voir les articles 11 et 12 du Protocole.

fournir des informations utiles pour les réduire à un niveau minimum ou les atténuer, ainsi que, le cas échéant, des informations sur la nécessité de suspendre, d'arrêter définitivement ou de modifier l'activité[448].

La Directive 85/337/CEE du Conseil concernant l'évaluation des incidences de certains projets sur l'environnement a également indiqué le contenu d'une étude d'impact. Selon son article 5, les informations à fournir par le maître d'ouvrage[449] comportent au minimum une description du projet, y compris des informations relatives à son site, à sa conception et à ses dimensions ; une description des mesures envisagées pour éviter et réduire des effets négatifs importants et, si possible, y remédier ; et les données nécessaires pour identifier et évaluer les effets principaux que le projet est susceptible d'avoir sur l'environnement[450].

Mais peut-être la réglementation la plus importante concernant l'évaluation d'impact sur l'environnement est celle de la Convention Espoo de 1991[451]. Elle exige que l'État d'origine veille à ce qu'il soit

---

448 Article 5 de l'Annexe I du Protocole. Cette mesure fut également soulignée par la doctrine : selon le professeur Gavouneli, l'obligation de procéder à une étude d'impact comprend également l'obligation de surveiller en permanence le fonctionnement de l'installation dangereuse, même après l'octroi de l'autorisation. GAVOUNELI, M., « Responsibility For Catastrophes : New Concepts in Their Conventional Application », in CARON, D. D. & LEBEN, C. (éd.), *Les aspects internationaux des catastrophes naturelles et industrielles – The International Aspects of Natural and Industrial Catastrophes*, The Hague, Martinus Nijhoff Publishers, 2001, p. 659.

449 La directive entend par « maître d'ouvrage » soit l'auteur d'une demande d'autorisation concernant un projet privé, soit l'autorité publique qui prend l'initiative à l'égard d'un projet. Article premier, 2.

450 Voir aussi son Annexe III, qui énumère de manière plus détaillée les informations nécessaires dans une étude. Pour une analyse de la jurisprudence relative au droit de l'Union européenne portant sur la directive, voir CLÉMENT, M., *Droit européen de l'environnement – jurisprudence commentée*, Bruxelles, Larcier, 2010, p. 109-152, notamment l'*affaire Kraaijeveld*, arrêt C-72/95.

451 SCHRAGE, W., « The Convention on Environmental Impact Assessment in a Transboundary Context », in BASTMEIJER, K. & KOIVUROVA, T. (ed.), *Theory and practice of transboundary environmental impact assessment*, Leiden/Boston, Martinus Nijhoff Publishers, 2008, p. 50. Pour une analyse de l'histoire de l'adoption de la Convention, voir CONNELY, R., « The UN Convention on EIA in

procédé à une évaluation de l'impact sur l'environnement et la constitution d'un dossier avant que ne soit prise la décision d'autoriser ou d'entreprendre une activité susceptible d'avoir un impact transfrontière préjudiciable important[452]. De façon similaire au Protocole sur l'Antarctique de 1991, la Convention détaille les renseignements minimums devant figurer dans le dossier d'évaluation de l'impact sur l'environnement :

« *a) Description de l'activité proposée et de son objet ;*

b) Description, s'il y a lieu, des solutions de remplacement (par exemple en ce qui concerne le lieu d'implantation ou la technologie) qui peuvent être raisonnablement envisagées sans omettre l'option "zéro" ;

c) Description de l'environnement sur lequel l'activité proposée et les solutions de remplacement sont susceptibles d'avoir un impact important ;

d) Description de l'impact que l'activité proposée et les solutions de remplacement peuvent avoir sur l'environnement et estimation de son importance ;

e) Description des mesures correctives visant à réduire autant que possible l'impact préjudiciable sur l'environnement ;

f) Indication précise des méthodes de prévision et des hypothèses de base retenues ainsi que des données environnementales pertinentes utilisées ;

g) Inventaire des lacunes dans les connaissances et des incertitudes constatées en rassemblant les données requises ;

h) S'il y a lieu, aperçu des programmes de surveillance et de gestion et des plans éventuels pour l'analyse a posteriori ;

---

a transboundary context : a historical perspective », *Environmental Impact Assessment Review*, vol. 1, 1999, p. 37-46.

452 Article 2 de la Convention.

i) Résumé non technique avec, au besoin, une présentation visuelle (cartes, graphiques, etc.). »[453]

En somme, la structure essentielle des règles sur l'évaluation est la même dans tous les États qui l'adoptent[454]. L'important lors d'une procédure d'évaluation est d'adopter une approche globale des liens et de prendre en compte l'interaction entre les problèmes examinés pour que l'étude puisse identifier les avantages et les coûts du projet, y compris les coûts environnementaux. Dans la pratique, l'étude d'impact doit se concentrer sur les effets négatifs du projet pour l'environnement, en se basant sur un certain nombre d'aspects essentiels qui permettent d'identifier les effets potentiels significatifs[455].

Mais il nous reste encore la question de savoir quelles sont les activités pour lesquelles une étude préalable est obligatoire. Même si l'énumération exacte des activités dangereuses peut varier d'un État à l'autre[456], les activités qui comportent un risque de causer un dommage transfrontière significatif présentent un certain nombre de caractéristiques identifiables, ce qui peut donner aux États – ou au droit international – des indications pour déterminer pour quelles activités une étude d'impact sur l'environnement devra être réalisée. La Convention Espoo, par exemple, énumère quelques critères pour savoir si l'activité envisagée est susceptible d'avoir un impact

---

[453] Appendice II de la Convention. Pour un autre exemple de description du contenu d'une étude, mais d'une règle non contraignante, voir l'article 4 des Buts et principes de l'évaluation de l'impact sur l'environnement du Programme des Nations Unies sur l'environnement, O.N.U., Doc. UNEP/GC.14/17, Annexe III.

[454] Voir U.N.E.P., *Studies of EIA Practice in Developing Countries*, Geneva, U.N.E.P., 2003. Pour une analyse générale sur le sujet, voir LEE, N. & GEORGE, C. (eds), *Environmental Assessment in Developing and Transitional Countries*, Chichester, John Wiley & Sons, 2000.

[455] U.N.E.P., *Environmental Impact Assessment and Strategic Environmental Assessment : Towards an Integrated Approach*, Geneva, U.N.E.P., 2004, p. 8.

[456] Pour une analyse de divers exemples de législations internes concernant les activités qui doivent réaliser une étude d'impact, voir ECONOMIC COMMISSION FOR EUROPE, *Current Policies, Strategies and Aspects on Environmental Impact Assessment in a Transboundary Context*, Geneva, United Nations, 1996, p. 26-35.

transfrontière préjudiciable important, tels que son ampleur, sa localisation ou encore ses effets[457].

Quoi qu'il en soit, le fait de ne pas être dans une liste ne signifie pas que l'activité ne doit pas faire l'objet d'une étude si elle risque manifestement de causer un dommage transfrontière significatif, car l'obligation internationale de prévention exige que l'État applique les mesures de diligence due, dont l'une des plus importantes est l'évaluation des risques de l'activité en cause. La Commission du droit international, dans ses commentaires sur le champ d'application de son projet d'articles sur la prévention, a noté en outre qu'il est toujours loisible aux États d'indiquer que telle ou telle activité relève du champ d'application de son projet d'articles dans des accords régionaux ou bilatéraux ou dans leur législation nationale réglementant les activités en question et donnant effet à leurs obligations internationales de prévention[458]. En d'autres termes, si l'activité comporte un risque de causer un dommage transfrontière significatif, une étude doit être réalisée, qu'elle soit mentionnée ou non dans une liste nationale ou internationale d'activités dangereuses.

L'étude d'impact environnemental est fondamentale pour l'application effective de l'obligation de diligence due parce qu'elle confère un effet pratique à des obligations qui sont souvent énoncées de manière générale[459]. En outre, d'une certaine façon, l'étude peut être considérée comme un instrument de décision à disposition des autorités compétentes de gestion environnementale qui institutionnalisent la prévention. Enfin, elle joue un rôle social très important dans la mesure où elle oblige les entrepreneurs à tenir

---

[457] Voir l'Appendice III de la Convention.
[458] Commentaires sur l'article premier de son projet d'articles, qui énonce ce qui suit : « *Les présents articles s'appliquent aux activités non interdites par le droit international qui comportent un risque de causer un dommage transfrontière significatif de par leurs conséquences physiques* ». O.N.U., Doc. A/56/10, p. 409.
[459] PLATER, Z. J. B. *et al.*, *Environmental Law and Policy : Nature, Law and Society*, New York, Aspen Publishers, 2004, p. 523.

compte non seulement des coûts économiques, mais aussi des coûts sociaux et surtout environnementaux de leurs actions[460].

Section III. Les mesures de coopération

Les mesures de coopération ne sont pas propres au droit international de l'environnement, mais ils ont ici une présence particulièrement forte. À partir du moment où une activité sous la juridiction ou sous le contrôle d'un État peut causer des effets dans le territoire d'autres États, la coopération est absolument nécessaire. Peu importe si ledit effet est dommageable puisque le simple caractère *transfrontière* de l'impact exige déjà la coopération entre les intéressés. En outre, certaines menaces sur l'environnement telles que la destruction de la couche d'ozone, les changements climatiques, la diminution de la diversité biologique et la pollution des mers et océans revêtent un caractère global, intéressant donc tous les États. De ce fait, certains économistes ont même considéré l'environnement comme un « *bien public mondial* »[461]. D'un point de vue strictement juridique, il est difficile de donner une telle qualification à l'environnement, notamment en raison du principe de la souveraineté des États et du principe 21 de la Déclaration de Stockholm, selon lequel les États ont le droit souverain d'exploiter leurs propres ressources selon leur politique d'environnement[462]. Cependant, cette notion fait bien apparaître l'idée d'interdépendance des éléments écologiques à

---

[460] BROWN, H. L., « Expanding the Effectiveness of the European Union's Environmental Impact Assessment Law », *B.C.I.C.L.R.*, vol. 20, nº 2, 1997, p. 319-320. Voir également sur le sujet VANCLAY, F. & BRONSTEIN, D. (eds), *Environmental and Social Impact Assessment*, Chichester, John Wiley & Sons, 1995.

[461] Voir KAUL, I. ; GRUNBERG, I. & STERN, M. A., *Les biens publics à l'échelle mondiale : la coopération internationale au XXème siècle*, Oxford, Oxford University Press, 1999, 290 p.

[462] On peut même dire que chaque État est « propriétaire » des ressources naturelles sous sa juridiction.

l'échelle planétaire et la nécessité de coopération pour répondre aux défis de protection des ressources environnementaux[463].

Si cette situation actuelle de l'environnement mondial pose un sérieux défi aux autorités publiques nationales et internationales et au droit international de l'environnement lui-même, elle offre également une opportunité sans précédent pour la coopération internationale. En fait, selon A. Kiss, la finalité de ces corps de règles « *n'est pas de réglementer directement les relations entre États, sujets du droit international, mais de conjuguer leurs efforts, voire de les faire coopérer, pour améliorer le sort de l'humanité* »[464]. La coopération n'est pas seulement désirable, elle est fondamentale pour faire face à la dégradation de l'environnement et, pour cela, elle est un élément indispensable de la prévention : l'une n'existe pas sans l'autre[465].

Le droit international va finalement traduire cette interdépendance des éléments de l'environnement et cette nécessité de coopération par le passage d'un droit plutôt bilatéral fondé sur le principe de bon voisinage et sur la réciprocité des droits et d'obligations, à un droit plutôt multilatéral, axé davantage sur la prévention et la régulation que sur la responsabilité et la réparation[466]. Ainsi, si d'une part, ce droit de coopération continue à s'appuyer sur des obligations réciproques typiques du droit international général, d'autre part on voit l'utilisation croissante des obligations intégrales, dont la force est « *autonome, absolue et intrinsèque pour chaque partie* » et dont l'exécution ne dépend pas d'une exécution correspondante par les autres parties : elle

---

463 MALJEAN-DUBOIS, S., « La 'fabrication' du droit international au défi de la protection de l'environnement », in S.F.D.I. (org.), *Colloque d'Aix-en-Provence : Le droit international face aux enjeux environnementaux*, Paris, Pedone, 2010, p. 11.

464 KISS, A., « Le droit international de l'environnement, un aspect du droit international de l'avenir ? », in DUPUY, R.-J. (éd.), *L'avenir du droit international de l'environnement : Colloque La Haye, 12-14 novembre 1984*, Dordrecht/Boston, Martinus Nijhoff Publishers, 1985, p. 479.

465 FRANCIONI, F., « International Co-operation for the Protection of the Environment : The Procedural Dimension », in LANG, W. ; NEUHOLD, H. & ZEMANECK, K. (eds.), *Environmental Protection and International Law*, London, Graham & Trotman, 1991, p. 204.

466 ABI-SAAB, G., « Cours général de droit international public », *R.C.A.D.I.*, vol. 207, 1987, p. 319-327.

constitue pour ainsi dire, « *une obligation à l'égard du monde entier plutôt qu'une obligation à l'égard des parties au traité* »[467].

Si l'on prend l'obligation de notification en cas d'urgence, par exemple, on constate que son exécution par un État est entièrement indépendante de l'exécution par les autres parties concernées : elle se suffit à elle seule pour s'imposer, c'est-à-dire pour exister et pour être exécutée, et même en cas de non-exécution d'une part, l'obligation subsiste, dès qu'elle a pour but la protection d'un intérêt commun déterminé par les États au profit de la communauté internationale dans son ensemble[468]. Mais cela survient également avec les mesures législatives et administratives précitées[469]. L'intérêt de cette approche est que si dans le passé les relations internationales étaient choisies et non subies – et cela sur une base de réciprocité –, dans la société actuelle les États ont compris que la meilleure solution aux problèmes écologiques est une coopération transnationale, et que parfois le fait de conditionner l'exécution d'une obligation par une partie par l'exécution correspondante par toutes les parties peut être dangereux et doit donc être abandonné, ou au moins concilié avec d'autres types d'obligations[470].

---

[467] COULEE, F., *Droit des traités et non-réciprocité : recherches sur l'obligation intégrale en droit international public*. Thèse, Paris II, 1999, p. 10. Le professeur Coulée ajoute que « *l'obligation intégrale est une obligation conventionnelle non réciproque dont le régime concilie la réciprocité formelle de l'engagement* [la réciprocité des ratifications qui crée l'obligation] *et la non-réciprocité matérielle de l'obligation* ». *Ibid.*, p. 31.

[468] Selon L. Condorelli, c'est justement dans les domaines du droit humanitaire, des droits de l'homme et de la protection de l'environnement que l'abandon de la logique de la réciprocité se fait présent. CONDORELLI, L., « Le droit international humanitaire en tant qu'atelier d'expérimentation juridique », in *Im Dienst an der Gemeinschaft, Festschrift für Dietrich Schindler*, Bâle, Helbing & Lichtenhahn, 1989, p. 197.

[469] L'obligation d'internaliser un standard international ou l'obligation d'autorisation préalable, par exemple, sont des obligations qui fonctionnent de façon unilatérale, c'est-à-dire que la partie qui s'oblige maîtrise entièrement son exécution, puisqu'elle est indépendante de l'exécution des autres parties.

[470] Pour une analyse des enjeux politiques résultant de ce constat, c'est-à-dire de la reconnaissance de la nécessité de coopération, voir BECK, U., *La dynamique politique de la société mondiale du risque*, Paris, I.D.D.R.I., 2002.

Mais comme l'objectif ici n'est pas de faire un examen minutieux de l'obligation de coopération – ni des obligations intégrales –, mais plutôt de l'analyser par rapport à son importance pour la mise en œuvre de l'obligation de prévention, on doit diriger nos études vers deux aspects de son application : d'une part, l'obligation de coopération donne des lignes directrices générales aux États pour qu'ils puissent s'acquitter de leur obligation de prévention (Paragraphe 1), d'autre part elle peut être mise en place par des obligations spécifiques plus détaillées (Paragraphe 2), dont les exemples les plus importants sont la notification et la consultation.

Paragraphe 1. L'obligation générale de coopération

Aujourd'hui, même si certains auteurs considèrent que la coopération doit être envisagée simplement comme un but à atteindre ou comme un guide de conduite pour les États plutôt que comme une obligation juridique stricte dont la violation met en jeu la responsabilité internationale de l'auteur d'une infraction[471], le droit conventionnel ainsi que la pratique des États confirment son caractère contraignant.

Lors de la Conférence de Stockholm de 1972, les États membres de l'Organisation des Nations Unies ont affirmé pour la première fois que la coopération internationale possède un caractère « *indispensable pour limiter efficacement, prévenir, réduire et éliminer les atteintes à l'environnement résultant d'activités exercées dans tous les domaines, et ce dans le respect de la souveraineté et des intérêts de tous les États* »[472]. Vingt ans plus tard, l'Organisation a estimé que la coopération, « *dans un esprit de partenariat mondial* », était essentielle non seulement à la mise en œuvre du principe du

---

[471] Voir les discussions concernant l'article sur l'obligation générale de coopérer du projet d'articles de la Commission du droit international sur le droit relatif aux utilisations des cours d'eau internationaux à des fins autres que la navigation, notamment l'opinion de Carlos Calero Rodriguez. *Annuaire... 1987*, vol. I, p. 72-76.
[472] Principe 24 de la Déclaration de Stockholm.

développement durable, mais également à la prévention des dommages à l'environnement[473]. Mais il faut rappeler que ce sont des instruments de *soft law*, c'est-à-dire non contraignants[474].

Concernant le droit conventionnel, l'on constate que presque toutes les normes environnementales après la Conférence de Stockholm ont adopté la coopération comme un principe à respecter dans l'application effective des obligations de prévention par les États. Dans un premier temps, les États se sont contentées de l'invoquer d'une manière générale dans le préambule du texte, ce qui pouvait aller d'une simple mention jusqu'à la détermination exacte des obligations connexes pour sa mise en œuvre. Ainsi, si la Convention sur le commerce international des espèces de faune et de flore sauvages menacées d'extinction – C.I.T.E.S. – simplement reconnaît « *que la coopération internationale est essentielle à la protection de certaines espèces de la faune et de la flore sauvages contre une surexploitation par suite du commerce international* », la Convention sur la pollution atmosphérique transfrontière à longue distance de 1979, à son tour, affirme d'une manière plus détaillée la résolution des États « *de renforcer la coopération internationale active pour élaborer les politiques nationales nécessaires et, par des échanges d'informations, des consultations et des activités de recherche et de surveillance, de coordonner les mesures prises par les pays pour combattre la pollution de l'air, y compris la pollution atmosphérique transfrontière à longue distance* »[475].

---

[473] Voir les principes 5, 6, 7, 9, 12 et 27 de la Déclaration de Rio.

[474] Outre les deux Déclarations sur l'environnement, les Nations Unies ont plusieurs fois réaffirmé la nécessité de coopération dans ses résolutions. Voir notamment la résolution 2995 (XXVII) du 15 décembre 1972 de l'Assemblée générale relative à la coopération entre les États dans le domaine de l'environnement et la résolution 3129 (XXVIII) du 13 décembre 1973 de l'Assemblée générale relative à la coopération dans le domaine de l'environnement en matière de ressources naturelles partagées par deux ou plusieurs États.

[475] Voir aussi le préambule de la Convention sur le droit relatif aux utilisations des cours d'eau internationaux à des fins autres que la navigation de 1997 ; de la Convention sur la notification rapide d'un accident nucléaire de 1986 ; et de la Convention sur la conservation de la faune et la flore marines de l'Antarctique de 1980. Pour une reconnaissance plus spécifique de l'obligation dans le préambule, suivant la logique de la Convention sur la pollution atmosphérique, voir la

Mais la consécration conventionnelle de cette obligation peut être mieux illustrée par le constat de son passage progressif du préambule aux obligations de fond des traités environnementaux. La Convention de Berne de 1979, par exemple, détermine comme son objectif principal la promotion de la coopération entre les États parties dans la mesure où elle est le moyen le plus efficace pour assurer la conservation de la flore et de la faune sauvages de l'Europe[476]. De la même façon, la Convention sur la diversité biologique de 1992 oblige chaque Partie contractante, « *dans la mesure du possible et selon qu'il conviendra* », à coopérer avec d'autres Parties contractantes pour la conservation et l'utilisation durable de la diversité biologique[477]. La coopération est également envisagée *vis-à-vis* de la lutte contre la désertification[478], de l'utilisation de l'énergie nucléaire[479], de la protection des végétaux[480], et du contrôle des mouvements transfrontières de déchets dangereux[481]. On trouve dans ce dernier cas l'exemple le plus détaillé de l'exigence de coopération entre les États : l'article 10 de la Convention de Bâle, en plus d'obliger d'une manière générale les Parties à coopérer entre elles « *afin d'améliorer et d'assurer la gestion écologiquement rationnelle des déchets dangereux* », détermine avec exactitude quelles sont les mesures que

---

Convention sur la préparation, la lutte et la coopération en matière de pollution par les hydrocarbures de 1990.

[476] Voir l'article 1 (1), de la Convention relative à la conservation de la vie sauvage et du milieu naturel de l'Europe de 1979.

[477] Article 5 de la Convention.

[478] Article 2 de la Convention sur la lutte contre la désertification dans les pays gravement touches par la sécheresse et/ou la désertification, en particulier en Afrique, de 1994.

[479] Article 1 de la Convention sur la sûreté nucléaire de 1994.

[480] Article VIII de la Convention internationale pour la protection des végétaux de 1997.

[481] Articles 10 et 11 de la Convention de Bamako sur l'interdiction d'importer en Afrique des déchets dangereux et sur le contrôle des mouvements transfrontières et la gestion des déchets dangereux produits en Afrique de 1991 et Articles 4 (2, h) et 10 de la Convention de Bâle sur le contrôle des mouvements transfrontières de déchets dangereux de 1989.

les États doivent adopter pour s'acquitter de leur obligation générale[482].

Si la prévention des dommages causés aux ressources naturelles ou au territoire d'un État nécessite de la coopération, c'est lorsqu'il s'agit de prévenir des dommages à des espaces communs sans aucune juridiction d'État que la coopération apparaît comme indispensable. Ainsi, tant la Convention de Vienne pour la protection de la couche d'ozone que le Protocole au Traité sur l'Antarctique relatif à la protection de l'environnement exigent la coopération entre les parties pour que les activités menées par les États n'aient pas d'incidences négatives sur l'environnement dans ces zones[483]. Concernant la prévention de la pollution du milieu marin, notamment en haute mer et dans la zone, les activités des États doivent être conduites afin de « *promouvoir la coopération internationale et la compréhension*

---

[482] L'article 10 est ainsi conçu : « *Article 10. Coopération internationale – 1. Les Parties coopèrent entre elles afin d'améliorer et d'assurer la gestion écologiquement rationnelle des déchets dangereux et d'autres déchets. 2. À cette fin, les Parties : a) Communiquent sur demande des renseignements, sur base bilatérale ou multilatérale, en vue d'encourager la gestion écologiquement rationnelle des déchets dangereux et d'autres déchets, y compris par l'harmonisation des normes et pratiques techniques visant à une bonne gestion des déchets dangereux et d'autres déchets ; b) Coopèrent en vue de surveiller les effets de la gestion des déchets dangereux sur la santé humaine et l'environnement ; c) Coopèrent, sous réserve des dispositions de leurs lois, réglementations et politiques nationales, à la mise au point et à l'application de nouvelles techniques écologiquement rationnelles produisant peu de déchets et à l'amélioration des techniques existantes en vue d'éliminer dans la mesure du possible, la production de déchets dangereux et d'autres déchets et d'élaborer des méthodes plus efficaces pour en assurer la gestion d'une manière écologiquement rationnelle, notamment en étudiant les conséquences économiques, sociales et environnementales de l'adoption de ces innovations ou perfectionnements techniques ; d) Coopèrent activement, sous réserve des dispositions de leurs lois, réglementations et politiques nationales, au transfert des techniques relatives à la gestion écologiquement rationnelle des déchets dangereux et d'autres déchets et des systèmes d'organisation de cette gestion. Elles coopèrent aussi pour favoriser le développement des moyens techniques des Parties et notamment de celles qui auraient besoin d'une aide technique dans ce domaine et en feraient la demande ; e) Coopèrent à la mise au point de directives techniques et/ou de codes de bonne pratique appropriés. (...)* »

[483] Voir l'article 2, 2, de la Convention de Vienne et l'Article 6 du Protocole au Traité sur l'Antarctique.

mutuelle »[484] de façon à ce que l'exploitation des ressources biologiques ou d'autres activités menées dans ces régions n'affectent pas l'environnement marin.

Après la constatation de la large reconnaissance de l'obligation de coopération par le droit conventionnel, on peut maintenant se demander si cette obligation peut être considérée comme faisant partie du droit international coutumier. Malgré l'opinion contraire selon laquelle l'on ne pouvait considérer que les nombreuses dispositions sur la coopération qui se retrouvent dans les traités en vigueur constituaient un ensemble de normes internationales coutumières pouvant être réputées s'appliquer d'une manière générale aux questions environnementales[485], la plupart des auteurs considèrent que l'existence en droit international coutumier d'une obligation de coopérer à l'échelle internationale en vue de prévenir les dommages transfrontaliers est, à l'instar de l'obligation de prévention elle-même, universellement reconnue[486].

Dans l'*affaire du lac Lanoux*, un arbitrage entre Espagne et France concernant l'utilisation des cours d'eau internationaux de 1957, l'existence d'une obligation générale coutumière de coopérer avait déjà été suggérée :

« *La pratique internationale reflète la conviction que les États doivent tendre à conclure de tels accords* [d'utilisation des fleuves internationaux]*; il y aurait ainsi une obligation d'accepter de bonne*

---

484 Article 138 de la Convention des Nations Unies sur le droit de la mer de 1982. Voir aussi les articles 118, 119, 194 et 197. Voir également l'Article VII de la Convention sur la prévention de la pollution des mers résultant de l'immersion de déchets de 1972 et l'Article 13 de la Convention de Paris pour la prévention de la pollution marine d'origine tellurique de 1974.

485 STOLL, P.-T., « The International Environmental Law of Cooperation », in WOLFRUM, R. (ed.), *Enforcing Environmental Standards : Economic Mechanisms as Viable Means ?*, Berlin, Springer, 1996, p. 48.

486 ROMANO, C. P. R., « L'obligation de prévention des catastrophes industrielles et naturelles », in CARON, D. D. & LEBEN, C. (éd.), *Les aspects internationaux des catastrophes naturelles et industrielles – The International Aspects of Natural and Industrial Catastrophes*, The Hague, Martinus Nijhoff Publishers, 2001, p. 403. Voir également BIRNIE, P. & BOYLE, A., *International Law & The Environment*, Oxford, Oxford University Press, 2002, p. 105.

foi tous les entretiens et les contacts qui doivent par une large confrontation d'intérêts et par une bonne volonté réciproque, les mettre dans les meilleures conditions pour conclure des accords. »[487]

La Cour internationale de Justice a eu elle-aussi l'occasion de se prononcer sur le sujet et si elle n'a pas mentionné le caractère coutumier de cette obligation, elle a souligné son importance en affirmant que les mesures destinées à atténuer les problèmes de protection de l'environnement ne pouvaient être prises que dans le cadre d'une coopération entre les États[488]. Selon cette même logique, la Commission du droit international a également adopté le principe de coopération dans son projet d'articles sur la prévention des dommages transfrontières résultant d'activités dangereuses, en soulignant son caractère essentiel tant pour définir que pour mettre en œuvre des moyens efficaces dans la prévention des dommages transfrontières significatifs ou en tout état de cause dans le but d'en réduire le risque au minimum[489]. En résumé, de même que pour l'obligation de prévention, aujourd'hui il est impossible de nier le caractère coutumier de l'obligation de coopération internationale pour la protection de l'environnement, attesté tant par la pratique entre les États que par les divers régimes conventionnels en vigueur[490].

Avant de passer à l'analyse des obligations spécifiques de coopération, il faut enfin souligner que le fait de privilégier l'obligation générale de coopération ne signifie pas que d'autres

---

487 *Affaire du lac Lanoux (Espagne, France), 16 novembre 1957, Recueil des sentences arbitrales*, vol. XII, p. 308.

488 C.I.J., *Affaire relative au Projet Gabcikovo-Nagymaros (Hongrie/Slovaquie)*, arrêt du 25 septembre 1997, *C.I.J. Recueil 1997*, p. 20, par. 17.

489 L'article 4 du projet d'articles énonce ce qui suit : « *Les États intéressés coopèrent de bonne foi et au besoin cherchent à obtenir l'assistance d'une ou de plusieurs organisations internationales compétentes pour prévenir un dommage transfrontière significatif ou en tout état de cause pour en réduire le risque au minimum.* » Dans les articles qui suivent – articles 8 à 17 – la Commission prévoit des formes de coopération plus spécifiques, tels que la notification, la consultation, l'échange d'informations, *etc.*

490 Outre cela, il faut rappeler que même la Charte des Nations Unies précise comme l'un de ses buts « *réaliser la coopération internationale en résolvant les problèmes internationaux d'ordre économique, social, intellectuel ou humanitaire…* ». Article 1, 3, de la Charte.

actions de préventions seront indésirables ou inefficaces. Selon D. Bodansky, caractériser une action d'unilatérale aujourd'hui équivaut à la condamner[491]. Cependant, bien que la préférence pour une action internationale de coopération pour prévenir un dommage et pour protéger l'environnement soit compréhensible, une action unilatérale peut parfois jouer un rôle fondamental dans le développement d'un régime international de protection[492]. Et parfois une action unilatérale d'un État peut attirer l'attention de la communauté internationale sur des problèmes communs qui seront mieux réglés avec une approche coopérative. L'adoption par le Canada de mesures unilatérales d'élargissement de sa juridiction sur les ressources biologiques marines, par exemple, a conduit à l'idée selon laquelle la seule réponse à la menace de l'épuisement des espèces exploitées est, outre l'exploitation responsable, la coopération internationale afin d'adopter des règles et de mesures de conservation, position adoptée par la Convention de Montego Bay sur le droit de la mer[493].

Paragraphe 2. Les obligations spécifiques de coopération

À partir du moment où les considérations politiques jouent un rôle important dans la volonté de coopération des États[494], outre une obligation générale souvent conçue de manière trop vague, le droit international de l'environnement énonce également diverses

---

[491] BODANSKY, D., « What's So Bad about Unilateral Action to Protect the Environment ? », *E.J.I.L.*, vol. 11, nº 2, 2000, p. 339.

[492] Suivant cette approche, le professeur Bilder affirme que « *toute perspective qui ignore le rôle de l'action unilatérale de l'État* […] *est susceptible de se révéler incomplète et irréaliste* ». BILDER, R. B., « The Role of Unilateral State Action in Preventing International Environmental Injury », *Vanderbilt Journal of Transnational Law*, vol. 14, 1981, p. 51 et ss.

[493] Voir les articles 61 à 68 et 119 de la Convention. Sur le sujet, voir GOTLIEB, A. & DALFEN, C., « National Jurisdiction and International Responsibility : New Canadian Approaches to International Law », *A.J.I.L.*, vol. 67, n° 2, 1973, p. 229-258.

[494] KISS, A., « La coopération paneuropéenne dans le domaine de l'environnement », *A.F.D.I.*, vol. 25, 1979, p. 724.

obligations de coopération plus spécifiques, dont l'objectif est d'amener les États avec une plus grande précision à entreprendre une action dans laquelle les intérêts des uns et des autres seront pris en considération pour la réalisation des objectifs communs. Certains auteurs parlent même d'obligations procédurales de coopération dès que leur rôle est d'exiger des États des mesures concrètes pour qu'ils puissent s'acquitter de leur obligation abstraite de coopération[495]. Sur le plan des procédures, la coopération implique l'obligation de notifier un dommage – potentiel ou effectif – aux États qui risquent d'être touchés (« A. L'obligation de notification ») et de les consulter afin de concilier les intérêts divergents et de parvenir à une solution avantageuse ou satisfaisante pour toutes les parties (« B. L'obligation de consultation »). Ce sont sans doute les deux fondements de la coopération internationale et, pour cela, une analyse plus poussée est nécessaire. En raison de leur importance et de leur présence constante dans le droit conventionnel, il n'est pas difficile de trouver des opinions les considérant comme des règles coutumières, notamment lorsqu'il s'agit d'activités ultradangereuses ou en cas d'accident ou de situation d'urgence[496].

Mais le droit international de l'environnement connaît également d'autres mesures de coopération. Si ces mesures n'ont pas l'importance politique et juridique de la notification et de la consultation, elles ont déjà été reconnues comme essentielles à la mise en œuvre efficace de régimes de coopération internationale et elles ont

---

[495] LAMMERS, J. G., « International and European Community Law Aspects of Pollution of International Watercourses », in LANG, W. ; NEUHOLD, H. & ZEMANECK, K. (eds.), *Environmental Protection and International Law*, London, Graham & Trotman, 1991, p. 128. La Commission du droit international a elle aussi adopté cette terminologie : voir le Premier rapport sur la prévention des dommages transfrontières résultant d'activités dangereuses par S. Rao, Rapporteur spécial, O.N.U., Doc. A/CN.4/487.

[496] BOYLE, A. E., « Nuclear Energy and International Law : an Environmental Perspective », *B.Y.B.I.L.*, vol. 60, 1989, p. 278-287. Voir aussi WOLFRUM, R., « Purposes and Principles of International Environmental Law », *G.Y.I.L.*, 1990, vol. 33, p. 313-315. Toutefois, selon R. Pisillo-Mazzeschi, la pratique internationale permet d'affirmer l'existence seulement de l'obligation de notification en cas d'accidents ou d'émergence, mais cette obligation est liée à l'obligation générale de prévention. PISILLO-MAZZESCHI, R., « The Due Diligence Rule and the Nature of the International Responsibility of States », *G.Y.I.L.*, vol. 35, 1992, p. 38.

su s'affirmer dans la pratique internationale comme nécessaires à la prévention et à la protection des ressources naturelles (« C. D'autres obligations spécifiques de coopération »).

A. L'obligation de notification

L'obligation de notification peut être définie comme l'action unilatérale d'un sujet de droit international visant à informer d'une situation, d'un fait ou d'un acte un autre sujet de droit international, soit en raison d'une obligation juridique qu'il a contractée, soit « *pour que l'objet de cette notification soit considéré comme juridiquement connu de celui à qui elle a été faite, avec les effets juridiques qui découlent de cette connaissance* »[497]. On trouve une définition plus générale de cette obligation dans la Loi Type sur la Biosécurité en Afrique :

« *Le terme* notification *désigne la communication des informations et, le cas échéant, la fourniture des échantillons aux autorités compétentes, tout en prenant la responsabilité de l'exactitude et de l'intégralité de ces informations.* »[498]

La notification est sans doute le premier pas pour que les États puissent constituer un régime international de coopération afin de prévenir un possible dommage transfrontière à l'environnement. Elle est même l'un des éléments principaux des relations diplomatiques entre les États, étant donné que c'est souvent elle qui initie le processus de négociation entre eux[499]. Même si aujourd'hui l'obligation de notifier le risque de dommage transfrontière aux pays susceptibles d'être affectés fait partie du corps de règles du droit

---

497 SALMON, J., *Dictionnaire de droit international public*, Bruxelles, Bruylant, 2001, p. 758.

498 Article premier de la Loi Type sur la Biosécurité en Afrique de 2001.

499 Voir SILVA, G. E. N., « Les relations diplomatiques et consulaires », in BEDJAOUI, M. (ed.), *Droit international : bilan et perspectives*, Paris, Pedone, 1991, p. 459-470.

international coutumier[500], les États ont senti la nécessité de la réaffirmer dans les divers traités de protection de l'environnement, en donnant quelquefois des contours plus précis à l'obligation en question. Ainsi, à partir de l'analyse du droit conventionnel ainsi que de la pratique internationale, on constate que soit l'État a l'obligation de faire une notification aux autres États intéressés avant d'entreprendre une activité susceptible de causer un dommage transfrontière (« 1°. La notification préalable des activités dangereuses »), soit l'activité est déjà en cours mais l'on remarque l'existence d'une situation d'urgence en raison d'un risque imminent de dommage ou d'un dommage déjà causé (« 2°. La notification d'un risque imminent de dommage ou d'un dommage effectif »).

1°. La notification préalable des activités dangereuses

La notification préalable des activités dangereuses est une conséquence directe et logique de l'évaluation d'impact sur l'environnement, car à partir du moment où l'État d'origine prend connaissance qu'une activité projetée comporte effectivement un risque de causer un dommage transfrontière, il doit le notifier à tous les États susceptibles d'être affectés. Dans son projet d'articles sur la prévention, la Commission du droit international a établi que si l'évaluation fait apparaître un risque de dommage transfrontière significatif, l'État d'origine doit notifier en temps utile à l'État susceptible d'être affecté de même qu'il doit lui communiquer les informations techniques et toutes autres informations pertinentes disponibles sur lesquelles l'évaluation est fondée[501]. L'intérêt du projet d'articles est qu'il prévoit aussi des procédures en cas d'absence de notification : si un État a donc des motifs raisonnables de penser qu'une activité projetée dans un autre État risque de lui causer un

---

[500] HAFNER, G. & BUFFARD, I., « Les travaux de la Commission du droit international : de la responsabilité à la prévention des dommages », in S.F.D.I. (org.), *Colloque d'Aix-en-Provence : Le droit international face aux enjeux environnementaux*, Paris, Pedone, 2010, p. 161.

[501] Article 8 du projet d'articles. O.N.U., Doc. A/56/10, p. 437.

dommage transfrontière significatif, il peut demander à celui-ci de lui fournir les informations pertinentes[502].

La Commission a simplement suivi la pratique internationale, car cette obligation est largement reconnue par un certain nombre d'accords internationaux, de décisions de cours et tribunaux internationaux, de déclarations et de résolutions adoptées par des organisations internationales[503]. Ainsi, avant même d'être expressément reconnue par les conventions de droit international de l'environnement, l'obligation de notifier un risque de dommage a été consacrée par la Cour internationale de Justice dès son premier arrêt.

D'abord, dans l'*affaire du Détroit de Corfou*, la Cour a estimé que le gouvernement albanais avait, « *conformément aux principes généraux du droit international et aux règles d'humanité* » l'obligation de faire connaître l'existence d'un champ de mines dans ses eaux territoriales et d'avertir les navires de guerre britanniques du danger imminent auquel les exposait ce champ de mines[504]. Ensuite, et plus de soixante ans après cette première décision, dans l'arrêt rendu à propos de l'*affaire relative à des Usines de pâte à papier sur le fleuve Uruguay*, la Cour a réaffirmé l'importance de la notification pour prévenir un possible dommage transfrontière avant d'entreprendre une activité dangereuse, en soulignant l'obligation du gouvernement de l'Uruguay de notifier ses projets à l'Argentine au cas où ils seraient susceptibles de causer un préjudice à son territoire :

« *L'obligation de notifier est destinée, selon la Cour, à créer les conditions d'une coopération fructueuse entre les parties leur permettant, sur la base d'une information aussi complète que possible, d'évaluer l'impact du projet sur le fleuve et, s'il y a lieu, de*

---

502 Mais pour une telle demande, il faut que l'État ait « *des motifs raisonnables de penser* » que l'activité risque de causer un dommage et qu'il présente « *un exposé documenté qui en explique les raisons* » Voir l'article 11 du projet d'articles et commentaires. O.N.U., Doc. A/56/10, p. 450-452.

503 Pour une analyse de ces instruments, voir le Troisième rapport sur le droit relatif aux utilisations des cours d'eau internationaux à des fins autres que la navigation, par Stephen C. McCaffrey, O.N.U., Doc. A/CN.4/406 and Corr.1 and Add.1 & 2, par. 63 à 87.

504 C.I.J., *Affaire du Détroit de Corfou (Royaume-Uni c. Albanie)*, arrêt du 9 avril 1949, *Recueil 1949*, p. 10 et 22.

négocier les aménagements nécessaires pour prévenir les préjudices éventuels qu'il pourrait causer. (...). L'obligation de notifier est donc essentielle dans le processus qui doit mener les parties à se concerter pour évaluer les risques du projet et négocier les modifications éventuelles susceptibles de les éliminer ou d'en limiter au minimum les effets. »[505]

En fait, l'obligation de notification est largement reconnue par les divers régimes de protection de l'environnement, mais c'est dans le contexte de l'utilisation des cours d'eau internationaux et des mouvements transfrontières des déchets dangereux qu'elle prend une place primordiale. Concernant ce dernier sujet, la Convention de Bâle oblige l'État d'exportation d'informer par écrit l'autorité compétente des États concernés de tout mouvement transfrontière de déchets dangereux, ou d'exiger du producteur ou de l'exportateur qu'il le fasse[506]. La Convention énumère aussi toutes les informations à fournir lors de la notification[507], mais le plus intéressant est que selon son article 9, est réputé constituer un trafic illicite tout mouvement transfrontière de déchets dangereux « *effectué sans qu'une notification ait été donnée à tous les États concernés* ».

À propos de l'utilisation des cours d'eau internationaux, au cours de tous ses travaux sur le sujet, la Commission du droit international a souligné le rôle de l'obligation de notification dans le processus de coopération internationale pour prévenir les dommages transfrontières[508]. Cela étant, la convention adoptée exige la notification « *avant qu'un État du cours d'eau mette en œuvre ou permette que soient mises en œuvre des mesures projetées susceptibles d'avoir des effets négatifs significatifs pour les autres États du cours*

---

505 C.I.J., *Affaire relative à des Usines de pâte à papier sur le fleuve Uruguay (Argentine c. Uruguay)*, arrêt du 20 avril 2010, par. 113.
506 Article 6 de la Convention de Bâle sur le contrôle des mouvements transfrontières de déchets dangereux de 1989. Voir aussi l'article 6 de la Convention de Bamako sur l'interdiction d'importer en Afrique des déchets dangereux et sur le contrôle des mouvements transfrontières et la gestion des déchets dangereux produits en Afrique de 1991, écrit de façon très analogue.
507 Voir l'Annexe V-A de la Convention.
508 Voir O.N.U., Doc. A/49/10, p. 111-113.

d'eau »[509]. Ensuite, la Convention détermine avec précision les mesures procédurales à adopter après la notification, notamment vis-à-vis de l'État auteur de la notification, qui doit non seulement coopérer avec les États auxquels la notification a été adressée en leur fournissant toutes données et informations supplémentaires demandées, mais également s'abstenir de mettre en œuvre ou de permettre que soient mises en œuvre les mesures projetées sans le consentement des États auxquels la notification a été adressée[510].

En résumé, le droit conventionnel ainsi que la jurisprudence internationale ont déjà reconnu le fait que les États sont juridiquement tenus de procéder à des échanges d'informations dès qu'ils ont des raisons de penser qu'une activité proposée ou en cours sur leur territoire ou sous leur juridiction comporte un risque de dommages frontaliers importants.

2°. La notification d'un risque imminent de dommage ou d'un dommage effectif

Si la notification préalable a pour but de concilier les intérêts de l'État d'origine et des États qui peuvent être affectés par l'activité, en essayant de conjuguer leurs efforts pour prévenir un dommage avant que l'activité soit mise en œuvre, la notification ici part de la présomption que l'activité est déjà en cours et qu'une situation d'urgence est survenue à cause d'un dommage effectif ou d'un risque imminent de dommage ; et peu importe si la situation en question découle de causes naturelles ou d'un comportement de l'homme. Ainsi, lors de la Conférence des Nations Unies sur l'environnement et le développement, les États ont adopté le principe suivant :

« *Les États doivent notifier immédiatement aux autres États toute catastrophe naturelle ou toute autre situation d'urgence qui risque d'avoir des effets néfastes soudains sur l'environnement de ces*

---

509 Article 12 de la Convention sur le droit relatif aux utilisations des cours d'eau internationaux à des fins autres que la navigation de 1997.

510 Article 14 de la Convention. Pour d'autres règles procédurales, voir les articles 13, 15 et 16.

derniers. La communauté internationale doit faire tout son possible pour aider les États sinistrés. »[511]

Il en résulte que l'objectif ici est d'avertir sans tarder les États intéressés pour qu'ils puissent dans un premier temps se préparer pour faire face aux effets nocifs ou les atténuer en adoptant des mesures internes de prévention et ensuite pour qu'ils puissent mettre en place un régime de coopération afin d'adopter des mesures conjointes d'assistance pour réduire les risques ou les effets du dommage. Pour que la prévention soit efficace et pour que la notification soit délivrée le plus rapidement possible, les États doivent adopter des mesures par anticipation plutôt qu'après coup, c'est-à-dire il faut que des systèmes d'alerte et d'alarme soient mis en place. Selon l'Assemblée générale des Nations Unies, ces systèmes constituent « *l'élément clef dans la prévention des catastrophes* »[512].

La Convention sur la protection et l'utilisation des cours d'eau transfrontières et des lacs internationaux de 1992, par exemple, exige que les parties riveraines mettent en place des systèmes coordonnés ou communs de communication, d'alerte et d'alarme dans le but d'obtenir et de transmettre des informations[513]. De la même façon, la Convention d'Helsinki sur les effets transfrontières des accidents industriels demande aux parties de prendre des mesures appropriées pour organiser la préparation aux situations d'urgence afin de pouvoir faire face aux accidents industriels[514]. Outre l'établissement des plans d'action en cas d'urgence, elle exige aussi que les parties prévoient la mise en place et l'exploitation de « *systèmes de notification des accidents industriels compatibles et efficaces aux niveaux appropriés, afin de recevoir et de communiquer des notifications d'accidents industriels contenant les informations nécessaires pour combattre les effets transfrontières* »[515]. L'objectif de ces systèmes est de permettre

---

[511] Principe 18 de la Déclaration de Rio de 1992.
[512] Résolution sur la Stratégie internationale de prévention des catastrophes, O.N.U., Doc. A/RES/58/214.
[513] Article 14 de la Convention.
[514] Article 8 de la Convention. Selon son annexe VII, tous les plans d'urgence devraient être coordonnés « *de façon à disposer d'un ensemble complet de mesures permettant de faire face efficacement aux accidents industriels* ».
[515] Article 10 de la Convention. Voir aussi l'annexe IX de la Convention.

la communication le plus rapidement possible des informations pertinentes pour non seulement donner l'alerte et intervenir, mais également pour prendre des mesures afin de limiter autant que possible les conséquences d'effets transfrontières et les circonscrire.

Si quelques conventions du droit international de l'environnement prévoyaient déjà l'obligation de notification en cas de danger imminent ou d'une pollution effectivement provoquée[516], les discussions concernant le sujet se sont vraiment intensifiées après l'accident nucléaire de Tchernobyl du 26 avril 1986. L'enquête intervenue après l'événement a établi que l'accident avait été causé par des erreurs et des négligences humaines, car les mesures de sécurité indispensables n'avaient pas été prises lors de la mise en arrêt du réacteur pour des opérations intermédiaires d'entretien[517]. Comme conséquence internationale de l'accident, un nuage radioactif s'est dispersé au-dessus de plusieurs pays, atteignant en premier lieu les pays Scandinaves, à cause des changements dans la direction des vents.

Cet événement a donc posé le problème de la prévention de tels accidents et celui de la réduction de leurs conséquences au minimum par une meilleure coopération internationale[518]. Il était bien clair que le gouvernement soviétique avait le devoir d'informer les États voisins au moins à partir du moment où il était devenu évident que le nuage radioactif allait traverser leurs frontières, mais il ne l'a pas fait, ou alors tardivement[519]. Par conséquent, étant donné que plusieurs effets nocifs auraient pu être évités par une simple communication de

---

[516] Voir, par exemple, la Convention de Montego Bay sur le droit de la mer de 1982, dont l'article 198 énonce ce qui suit : « *Tout État qui a connaissance de cas où le milieu marin est en danger imminent de subir des dommages ou a subi des dommages du fait de la pollution, en informe immédiatement les autres États qu'il juge exposés à ces dommages ainsi que les organisations internationales compétentes.* »

[517] Voir PETROSYANTS, A., « Le développement de l'énergie nucléaire en Union Soviétique », *Bulletin de l'Agence internationale de l'énergie atomique*, vol. 28, n° 3, automne 1986, p. 5-9.

[518] KISS, A., « L'accident de Tchernobyl : ses conséquences au point de vue du droit international », *A.F.D.I.*, vol. 32, 1986, p. 140.

[519] SANDS, P., *Chernobyl : Law and Communication – transboundary nuclear air pollution : the legal materials*, Cambridge, Grotius Publications, 1988, p. 2.

l'accident à la communauté internationale, les États, avec la collaboration directe de l'Agence internationale de l'énergie atomique – A.I.E.A., organisation internationale spécialement créée pour la coopération dans le domaine des utilisations pacifiques de l'énergie nucléaire –, ont décidé d'élaborer une convention sur la notification rapide d'un accident nucléaire, adoptée juste cinq mois après l'accident et entrée en vigueur un mois plus tard[520].

L'objectif de la Convention est de renforcer encore la coopération internationale dans le développement et l'utilisation sûrs de l'énergie nucléaire et pour cela elle a simplement évoqué des règles déjà existantes en droit international : l'obligation essentielle imposée aux parties est de notifier sans délai l'accident nucléaire et de fournir rapidement les informations disponibles pertinentes pour limiter le plus possible les conséquences radiologiques dans les autres États[521]. Lors des réunions d'experts chargés d'élaborer la Convention, le gouvernement australien a soutenu que « *l'omission de toute référence spécifique aux obligations de notification et de consultation qui en découlent en ce qui concerne les dommages transfrontières à l'environnement n'affaiblit en aucune façon lesdites obligations* », car elles sont déjà consacrées par le droit international coutumier[522]. Dans l'ensemble, l'un des principaux effets juridiques de l'accident de Tchernobyl a été l'affirmation comme coutume internationale de l'obligation pour les États de notifier rapidement tout risque appréciable de dommage transfrontalier. Selon O. Schachter, après cette catastrophe, l'obligation de notification à temps des situations

---

[520] La Convention sur la notification rapide d'un accident nucléaire a été adoptée par la Conférence générale de l'A.I.E.A. et a été ouverte à la signature le 26 septembre 1986. Elle est entrée en vigueur le 27 octobre 1986, c'est-à-dire trente jours après la date à laquelle trois États ont exprimé leur consentement à être liés par la Convention, comme stipulé à son article 12.

[521] Article 2 de la Convention. Voir également l'article 5, qui énonce les informations à fournir pour que la notification soit efficace en vue de prévenir le dommage à l'environnement.

[522] Voir le rapport du Conseil des gouverneurs de l'A.I.E.A., Doc. GC (SPL.I)/2 du 24 septembre 1986.

d'urgence est probablement devenue la règle la moins controversée du droit international général de l'environnement[523].

Il est intéressant de souligner que les régimes de coopérations développés dans le domaine de l'utilisation de l'énergie nucléaire possèdent les plus hauts niveaux de précision des obligations vis-à-vis des États opérateurs d'installations nucléaires. Par exemple, soucieux « *d'assurer l'efficacité de leurs dispositifs respectifs de protection des populations dans les situations d'urgence pouvant avoir des conséquences radiologiques transfrontières* »[524], les gouvernements de la France et de la Suisse ont renforcé leur système d'information mutuelle établi par la Convention sur la notification rapide d'un accident nucléaire de 1986. Le niveau de précision est tellement élevé que dans un échange de lettres entre les deux gouvernements précisant les modalités d'application de l'Accord, les deux États non seulement déterminent quelles seront les autorités compétentes chargées d'effectuer la notification en cas d'accident, mais élaborent également une liste qui comporte les adresses, numéros de téléphone, télex et téléfax des instances mentionnées[525].

Un autre exemple de système de prévention/coopération très détaillée qui adopte une obligation de notification en situation d'urgence est celui de la Convention sur la préparation, la lutte et la coopération en matière de pollution par les hydrocarbures de 1990, car elle spécifie une série d'obligations procédurales pour l'État en cas de pollution impliquant toutes les personnes qui peuvent aider à prévenir

---

523 SCHACHTER, O., *International Law in Theory and Practice*, Dordrecht, Martinus Nijhoff Publishers, 1991, p. 373.

524 Préambule de l'Accord entre le Gouvernement de la République française et le Conseil fédéral suisse sur les échanges d'informations en cas d'incident ou d'accident pouvant avoir des conséquences radiologiques de 1989. Voir le Décret n° 90-246 du 14 mars 1990 portant publication dudit accord (*Journal officiel* du 21 mars 1990, p. 3421).

525 *Ibid.* Voir également le Décret n° 2009-1329 du 28 octobre 2009 portant publication de l'accord sous forme d'échange de lettres complétant certaines dispositions de l'accord du 30 novembre 1989 entre le Gouvernement de la République française et la Confédération fédérale suisse sur l'échange d'informations en cas d'incident ou d'accident pouvant avoir des conséquences radiologiques (ensemble une annexe), signées à Berne le 5 novembre 2008 et à Colmar le 20 novembre 2008 (*Journal officiel* du 30 octobre 2009, p. 18546).

le dommage[526]. Tout d'abord, les États parties doivent exiger que les navires autorisés à battre leur pavillon aient à bord un plan d'urgence contre la pollution par les hydrocarbures afin de prévenir le dommage à la source. Ensuite, les parties doivent exiger que les capitaines de navires battant leur pavillon signalent sans retard tout événement survenu à bord de leur navire qui entraînerait ou risquerait d'entraîner un rejet d'hydrocarbures ainsi que toute présence d'hydrocarbures observée en mer[527]. Lorsqu'une partie reçoit des informations sur une pollution causée, elle doit évaluer la nature et les conséquences éventuelles de l'événement pour ensuite aviser sans retard tous les États dont les intérêts sont concernés par cet événement ou sont susceptibles de l'être. Enfin, elle ouvre la possibilité aux États de notifier à toutes les parties une demande d'assistance technique ou matérielle pour faire face à un dommage causé par les hydrocarbures[528]. Toutefois, si cette possibilité est fondamentale pour qu'une coopération internationale en matière de lutte contre la pollution soit mise en place, les États ne s'obligent qu'en « *fonction de leurs moyens et de la disponibilité de ressources appropriées* »[529].

En somme, l'objectif principal de la notification – que ce soit la notification préalable des activités dangereuses ou la notification en cas de situation d'urgence – est de mettre en place un système d'échange d'informations et de consultation pour que tous les États intéressés puissent se manifester. Cela signifie que sur le plan des procédures touchant la coopération, c'est justement l'obligation de notification qui va initier la consultation entre les États visant la solution d'un problème environnemental commun[530].

---

[526] La Convention énonce donc des obligations vis-à-vis des capitaines et autres personnes ayant la charge de navires, des personnes ayant la charge de ports maritimes et d'installations de manutention d'hydrocarbures, des agents compétents des instructions et des navires ou aéronefs chargés de l'inspection des mers, et même des pilotes d'aéronefs civils. Voir l'article 4 de la Convention.
[527] Cette obligation est également valable vis-à-vis de personnes mentionnées dans la note précédente.
[528] Voir les articles 3 à 10 de la Convention.
[529] Article 7 de la Convention.
[530] Déjà en 1972 l'O.C.D.E. faisait mention à la notification comme un mécanisme d'action recommandé aux États pour développer la coopération et la consultation internationales concernant la protection de l'environnement. Voir O.C.D.E.,

B. L'obligation de consultation

L'obligation de consultation est la conséquence logique de la notification internationale. Après avoir déterminé les activités susceptibles de causer de dommages transfrontières significatifs et établi la nécessité d'en avertir les États concernés, l'application effective du devoir de coopération nous amène à une obligation de consulter les États intéressés au sujet des informations communiquées ou demandées afin de concilier les intérêts divergents et de parvenir à une solution avantageuse ou satisfaisante pour toutes les parties. La consultation peut être également importante pour définir les bases mêmes d'une future coopération : la Convention pour la protection du milieu marin de l'Atlantique du Nord-Est de 1992, par exemple, prévoit que lorsqu'une pollution provenant d'un État partie est susceptible de porter atteinte aux intérêts d'autres Parties à la Convention, les États concernés « *entrent en consultation en vue de négocier un accord de coopération* »[531].

La consultation est donc le processus par lequel l'État qui propose une activité susceptible de causer un dommage transfrontière à l'environnement initie un échange d'informations et d'opinions avec les États potentiellement touchés pour que tous les intérêts des États concernés soient pris en compte dans sa décision finale[532]. L'obligation de consultation est adoptée – expressément ou implicitement – par tous les traités du droit international de l'environnement qui envisagent un régime de coopération pour prévenir un dommage transfrontière, vu que le processus de négociation est un corollaire nécessaire de la coopération internationale.

Recommandation du Conseil sur les principes directeurs relatifs aux aspects économiques des politiques de l'environnement sur le plan international du 26 mai 1972, Doc. C(72)128.

[531] Article 21 de la Convention.

[532] FRANCIONI, F., « International Co-operation for the Protection of the Environment : The Procedural Dimension », in LANG, W. ; NEUHOLD, H. & ZEMANECK, K. (eds.), *Environmental Protection and International Law*, London, Graham & Trotman, 1991, p. 210.

Le Traité sur les principes régissant les activités des États en matière d'exploration et d'utilisation de l'espace extra-atmosphérique, y compris la Lune et les autres corps célestes énonçait déjà en 1967 que si un État a lieu de croire qu'une activité envisagée par lui-même ou par ses ressortissants dans l'espace extra-atmosphérique « *causerait une gêne potentiellement nuisible* » aux activités d'autres États en matière d'exploration et d'utilisation pacifiques de l'espace extra-atmosphérique, il devrait engager les consultations internationales appropriées avant d'entreprendre ladite activité. De la même façon, si un État croit qu'une activité envisagée par un autre État causerait des effets transfrontières préjudiciels, il peut demander que des consultations soient ouvertes au sujet de ladite activité[533].

La Convention Espoo sur l'évaluation de l'impact sur l'environnement dans un contexte transfrontière, de son côté, non seulement exige que l'État d'origine engage des consultations avec les États touchés lorsque l'évaluation d'impact constate la possibilité d'un dommage transfrontière, mais en précise le contenu, qui peut porter sur les solutions de remplacement possibles de l'activité, ainsi que sur toutes les formes d'assistance mutuelle envisageables pour atténuer tout impact transfrontière préjudiciable important de l'activité proposée[534].

De l'analyse du texte des conventions il ressort que l'État potentiellement pollueur doit tout simplement être prêt à discuter de l'information qu'il a transmise à l'État potentiellement victime, qui peut alors formuler des observations sur le projet en cause[535]. La consultation ne requiert pas qu'un accord intervienne avec l'État affecté, mais elle exige que son point de vue soit pris en compte. Selon C. Romano, « *la consultation implique davantage que la simple*

---

[533] Article IX du Traité.

[534] Article 5 de la Convention.

[535] Voir également l'article 5 de la Convention sur la pollution atmosphérique transfrontière à longue distance de 1979 ; l'article 6 de la Convention sur la notification rapide d'un accident nucléaire de 1986 ; et l'article 10 de la Convention de Bâle sur le contrôle des mouvements transfrontières de déchets dangereux de 1989.

notification, mais moins que le consentement »[536]. De cette façon, il faut remarquer que l'obligation de négocier, lorsqu'elle s'impose après la consultation, n'implique pas une obligation de parvenir à un accord, c'est-à-dire l'obligation faite à l'État de consulter et de négocier de bonne foi ne revient ni à lui imposer l'obligation d'obtenir le consentement préalable des autres États parties aux consultations, ni à conférer à ceux-ci un droit de veto[537]. Les États susceptibles d'être affectés ont simplement le droit de demander à participer à la conception et, le cas échéant, à la mise en œuvre du système de gestion des risques qu'ils partagent avec l'État d'origine[538].

En réalité, la pratique internationale recourt de préférence à des solutions moins extrêmes, en se bornant à obliger les États à rechercher, par des négociations préalables, les termes d'un accord, sans subordonner à la conclusion de cet accord l'exercice de leurs compétences. La Convention sur le droit relatif aux utilisations des cours d'eau internationaux à des fins autres que la navigation de 1997, par exemple, se limite à exiger que les États intéressés engagent des consultations et, au besoin, des négociations en vue de résoudre la situation d'une manière équitable, et que cet échange de vues se déroule selon le principe que chaque État doit de bonne foi tenir raisonnablement compte des droits et des intérêts légitimes de l'autre État. Cependant, elle ne conditionne pas la mise en œuvre de l'activité à un accord entre les parties[539].

Cela correspond à la manière dont la Commission du droit international a abordé le sujet lors de son projet d'articles sur la prévention de dommages transfrontières résultant d'activités

---

[536] ROMANO, C. P. R., « L'obligation de prévention des catastrophes industrielles et naturelles », in CARON, D. D. & LEBEN, C. (éd.), *Les aspects internationaux des catastrophes naturelles et industrielles – The International Aspects of Natural and Industrial Catastrophes*, The Hague, Martinus Nijhoff Publishers, 2001, p. 414.
[537] MURTHY, B. S., « Diplomacy and Resolution of International Disputes », in *Le droit international comme langage des relations internationales*, The Hague, Kluwer Law International, 1996, p. 163.
[538] Troisième rapport sur la responsabilité internationale pour les conséquences préjudiciables découlant d'activités qui ne sont pas interdites par le droit international (prévention des dommages transfrontières résultant d'activités dangereuses), O.N.U., Doc. A/CN.4/510, p. 17.
[539] Voir l'article 17 de la Convention.

dangereuses. Selon la Commission, l'objectif de la consultation est de maintenir un équilibre entre deux considérations également importantes : si, d'une part, l'État a le droit souverain de projeter des activités qui sont importantes pour son développement économique mais qui peuvent causer des effets transfrontières, d'autre part il serait injuste à l'égard d'autres États de permettre que ces activités soient conduites sans qu'ils soient consultés et sans que les mesures préventives appropriées soient prises[540].

Pour qu'une solution soit trouvée, la Commission donne l'orientation aux États de prendre en considération tous les facteurs pertinents pour parvenir à un juste équilibre des intérêts. Même s'il est impossible de dresser une liste exhaustive des facteurs pertinents dans tous les cas d'espèce, la Commission précise certaines circonstances qui permettront aux parties de comparer les coûts et avantages qui pourraient être en jeu dans un cas donné[541]. Le but ici est que la procédure de consultation proposée ne prévoie ni une simple formalité que l'État d'origine devrait accomplir sans vraiment avoir l'intention de prendre en compte les considérations des autres États, ni un droit de veto au bénéfice des États susceptibles d'être affectés[542].

---

[540] L'article 9 du projet d'articles énonce ce qui suit : « *1. Les États intéressés engagent des consultations, à la demande de l'un quelconque d'entre eux, en vue de parvenir à des solutions acceptables concernant les mesures à adopter pour prévenir un dommage transfrontière significatif ou en tout cas en réduire le risque au minimum. Les États intéressés fixent ensemble un délai raisonnable pour la tenue de ces consultations, au moment où ils les engagent. 2. Les États intéressés recherchent des solutions fondées sur un juste équilibre des intérêts, à la lumière de l'article 10. 3. Si les consultations visées au paragraphe 1 ne permettent pas d'aboutir à une solution concertée, l'État d'origine tient néanmoins compte des intérêts de l'État susceptible d'être affecté s'il décide d'autoriser la poursuite de l'activité, sans préjudice des droits de tout État susceptible d'être affecté.* »

[541] Voir aussi l'article 6 de la Convention sur le droit relatif aux utilisations des cours d'eau internationaux à des fins autres que la navigation de 1997, énonçant les facteurs pertinents pour une utilisation équitable et raisonnable.

[542] L'article 10 du projet d'articles énonce ce qui suit : « *Pour parvenir à un juste équilibre des intérêts selon les termes du paragraphe 2 de l'article 9, les États intéressés prennent en considération tous les facteurs et circonstances pertinents, notamment : a) Le degré de risque d'un dommage transfrontière significatif et la mesure dans laquelle il existe des moyens de prévenir ce dommage ou d'en réduire le risque au minimum ou de le réparer ; b) L'importance de l'activité, compte tenu*

La réflexion sur la nécessité d'un assentiment préalable et la possibilité d'un droit de veto des États affectés constituait le fond du débat opposant la France et l'Espagne dans l'*affaire du lac Lanoux* de 1957. Le différend portait sur l'intention du gouvernement français de mettre en œuvre un projet de production d'énergie électrique comportant la dérivation des eaux du lac Lanoux. Le gouvernement espagnol reprochait au gouvernement français d'avoir imposé son projet d'aménagement des eaux du lac unilatéralement, sans l'associer à la recherche commune d'une solution acceptable, ainsi que de ne pas avoir pris en considération des projets qui, de son avis, auraient comporté un faible sacrifice pour les intérêts français et de grands avantages pour l'économie rurale espagnole, surtout en matière d'irrigation. En outre, l'Espagne soutenait que le gouvernement français ne pouvait pas exécuter les travaux d'utilisation des eaux du lac, car si préalablement un accord n'intervenait pas entre les deux gouvernements sur le problème de l'aménagement des dites eaux, le gouvernement français commettrait une infraction aux dispositions pertinentes d'un traité signé en 1866 entre les deux pays. Selon le Tribunal :

« *Admettre qu'en une matière déterminée il ne peut plus être exercé de compétence qu'à la condition ou par la voie d'un accord entre deux États, c'est apporter une restriction essentielle à la souveraineté d'un État, et elle ne saurait être admise qu'en présence d'une démonstration certaine. Sans doute, la pratique internationale révèle-t-elle quelques cas particuliers dans lesquels cette hypothèse se vérifie (...) Mais ces cas sont exceptionnels et la jurisprudence*

---

des avantages globaux d'ordre social, économique et technique qui en découlent pour l'État d'origine par rapport au dommage qui peut en résulter pour l'État susceptible d'être affecté ; c) Le risque de dommage significatif pour l'environnement et la mesure dans laquelle il existe des moyens de prévenir ce dommage ou d'en réduire le risque au minimum, et de réhabiliter l'environnement ; d) La mesure dans laquelle l'État d'origine et, le cas échéant, l'État susceptible d'être affecté sont prêts à assumer une partie du coût de la prévention ; e) La viabilité économique de l'activité, compte tenu du coût de la prévention et de la possibilité de mener l'activité ailleurs ou par d'autres moyens ou encore de la remplacer par une autre activité ; f) Les normes de prévention appliquées à la même activité ou à des activités comparables par l'État susceptible d'être affecté et celles qui sont appliquées à des activités comparables au niveau régional ou international. »

internationale n'en reconnaît pas volontiers l'existence, surtout lorsqu'ils portent atteinte à la souveraineté territoriale d'un État, ce qui serait le cas dans la présente affaire. »[543]

Le tribunal a donc affirmé que la faculté pour un État d'entreprendre des activités n'est subordonnée à l'assentiment préalable de l'autre État qu'en cas d'une règle conventionnelle. Cependant, le tribunal a également considéré qu'il « *faut tenir compte, quelle qu'en soit la nature, de tous les intérêts qui risquent d'être affectés par les travaux entrepris* »[544]. En d'autres termes, un avis donné concernant une activité ne doit pas s'épuiser en lui-même, mais doit constituer simplement une notification qui permettra à l'autre État d'adopter l'attitude la plus propre à sauvegarder ces droits et intérêts. Dans le cas d'espèce, l'État d'amont avait, d'après les règles de la bonne foi, l'obligation de prendre en considération les différents intérêts en présence et de montrer qu'il avait un souci réel de concilier les intérêts de l'autre riverain avec les siens propres. Enfin, après avoir affirmé que l'existence d'une règle imposant un accord préalable ne pouvait résulter, entre l'Espagne et le France, que d'un acte conventionnel, le tribunal a examiné les traités existants pour arriver à une conclusion négative en ce qui concerne l'obligation d'un tel accord.

L'enseignement important de cette décision arbitrale est la constatation que si les États sont obligés de coopérer par un processus de consultation, rien ne les oblige à parvenir à un accord[545]. En outre, la décision de mettre en place l'activité reste soumise aux

---

543 *Affaire du lac Lanoux (Espagne, France), 16 novembre 1957, Recueil des sentences arbitrales*, vol. XII, p. 306.
544 *Ibid.*, p. 315.
545 La Cour international de Justice a eu l'occasion de mettre l'accent sur les caractéristiques de l'obligation de négocier et sur le comportement qu'elle prescrit aux États concernés : « *les parties ont l'obligation de se comporter de telle manière que la négotiation ait un sens* » (*Affaire du Plateau continental de la mer du Nord (République fédérale d'Allemagne/Danemark ; République fédérale d'Allemagne/Pays-Bas)*, arrêt du 20 février 1969, C.I.J. Recueil 1969, p. 47, par. 85). Cependant, La Cour permanente de Justice internationale a affirmé que « *l'engagement de négocier n'implique pas celui de s'entendre* » (*Trafic ferroviaire entre la Lithuanie et la Pologne,* avis consultatif du 15 octobre 1931, *C.P.J.I. série A/B n° 42*, p. 116).

compétences exclusives de l'État, sans préjudice des droits de tout État susceptible d'être affecté. Toutefois, même s'il n'y a pas un droit de veto, la pratique internationale démontre que les États reportent généralement le projet à plus tard, le restructurent ou même adoptent des mesures spécifiques pour prendre en compte les intérêts des États potentiellement affectés[546].

C. D'autres obligations spécifiques de coopération

Il est absolument impossible d'énumérer et d'analyser toutes les formes de coopération existantes dans le droit international de l'environnement. Même l'utilisation permanente des conventions-cadres peut être considérée comme une technique de coopération, car il s'agit d'une première étape dans un processus réglementaire vers un régime plus élaboré et contraignant, c'est-à-dire qu'elles instaurent une sorte de négociation continue[547].

En outre, toutes les dispositions conventionnelles prévoyant des mécanismes financiers et institutionnels, ainsi que les dispositions sur le règlement de différends peuvent également être considérées comme des obligations spécifiques visant la coopération internationale. Le Protocole de Montréal relatif à des substances qui appauvrissent la couche d'ozone de 1987, par exemple, prévoit d'une manière innovante un mécanisme de financement pour assurer aux pays en développement parties à la Convention « *une coopération financière et technique* » afin de leur permettre de respecter les mesures de prévention prévues[548].

---

546 OKOWA, P. N., « Procedural Obligations in International Environmental Agreements », *B.Y.B.I.L.*, vol. 67, 1996, p. 308.

547 MALJEAN-DUBOIS, S., « La 'fabrication' du droit international au défi de la protection de l'environnement », in S.F.D.I. (org.), *Colloque d'Aix-en-Provence : Le droit international face aux enjeux environnementaux*, Paris, Pedone, 2010, p. 20.

548 Article 10 du Protocole. Voir également l'article 21 de la Convention sur la diversité biologique de 1992 et l'article 11 de la Convention-cadre des Nations Unies sur les changements climatiques de 1992.

Toutefois, à l'instar de ce que l'on avait déjà constaté vis-à-vis de la notification et de la consultation, on observe que quelques mesures sont plus fréquemment adoptées par le droit conventionnel, notamment l'échange d'informations (1°) et l'assistance technique et le transfert de technologie (2°). Certes ces mesures n'ont pas l'importance et le caractère coutumier de la notification et de la consultation ; mais leur apport à un régime de coopération afin de prévenir les dommages à l'environnement est incontestable.

1°. L'échange d'informations

Toute politique préventive repose effectivement sur la maîtrise d'une information suffisante, laquelle est censée permettre aux décideurs d'effectuer des choix pertinents en pleine connaissance de cause. Ainsi, une diffusion correcte des informations est le corollaire nécessaire de toute procédure de coopération[549].

Dans l'*affaire de l'Usine MOX*, entre l'Irlande et le Royaume-Uni, l'allégation selon laquelle le Royaume-Uni a manqué à son obligation de coopérer pour protéger le milieu marin de la mer d'Irlande en refusant de partager des informations sur l'autorisation de construction de l'usine, notamment celles qui concernaient la possibilité des transferts internationaux de matières radioactives, était l'une des questions centrales du différend[550]. Le Tribunal, après avoir considéré que l'obligation de coopérer constitue un principe fondamental en matière de prévention de la pollution du milieu marin, a donc prescrit une mesure conservatoire obligeant les parties à coopérer en échangeant des informations relatives aux risques ou effets qui

---

[549] NORDSTROM, N., « Managing Transboundary Environmental Accidents : The State Duty To Inform », in CARON, D. D. & LEBEN, C. (éd.), *Les aspects internationaux des catastrophes naturelles et industrielles – The International Aspects of Natural and Industrial Catastrophes*, The Hague, Martinus Nijhoff Publishers, 2001, p. 292.

[550] Voir SCHRIJVER, N. J., *The MOX plant case (Ireland v. United Kingdom) : record of the proceedings, 2001-2008*, The Hague, Permanent Court of Arbitration, 2010 ; et CHURCHILL, R. & SCOTT, J., « The MOX Plant Litigation : the first Half-Life », *I.C.L.Q.*, vol. 53, n° 3, 2004, p. 643-676.

pourraient découler ou résulter de la mise en service de l'usine MOX pour la mer d'Irlande[551].

La nécessité d'échanger des informations fut également soulignée par l'O.C.D.E. comme un principe fondamental afin d'éviter ou de réduire les effets d'une pollution transfrontière. Selon l'O.C.D.E., il est essentiel de faire en sorte que les frontières entre pays membres ne constituent pas un obstacle à la transmission des informations nécessaires pour la protection de la santé humaine et de l'environnement en cas d'accidents susceptibles de provoquer des dommages transfrontières[552].

De la même façon, la Commission du droit international, tant dans ses travaux sur le droit relatif aux utilisations des cours d'eau internationaux à des fins autres que la navigation que sur la prévention des dommages transfrontières, a observé que les États intéressés doivent échanger des informations pendant toutes les phases de l'activité, dans la mesure où l'obligation de prévention fondée sur le devoir de diligence ne s'exécute pas une fois pour toutes, mais exige des efforts continus[553].

Mais il reste à savoir quelles sont les informations pertinentes pour une mise en œuvre efficace de l'obligation de prévention. La Convention d'Aarhus sur l'accès à l'information, la participation du public au processus décisionnel et l'accès à la justice en matière d'environnement de 1998 nous donnent des indications précises sur le sujet :

« *L'expression "information(s) sur l'environnement" désigne toute information disponible sous forme écrite, visuelle, orale ou électronique ou sous toute autre forme matérielle, et portant sur :*

---

551 T.I.D.M., *Affaire de l'Usine MOX (Irlande c. Royaume-Uni), mesures conservatoires*, ordonnance du 3 décembre 2001, par. 82 et 89.

552 Voir O.C.D.E., *Décision du Conseil sur l'échange d'informations concernant les accidents susceptibles de provoquer des dommages transfrontières du 8 juillet 1988*, Doc. C(88)84/Final.

553 O.N.U., Doc. A/56/10, p. 453. Voir les articles 8 et 12 du Projet d'articles sur la prévention des dommages transfrontières résultant d'activités dangereuses et l'article 9 du Projet d'articles sur le droit relatif aux utilisations des cours d'eau internationaux à des fins autres que la navigation.

a) L'état d'éléments de l'environnement tels que l'air et l'atmosphère, l'eau, le sol, les terres, le paysage et les sites naturels, la diversité biologique et ses composantes, y compris les organismes génétiquement modifiés, et l'interaction entre ces éléments ;

b) Des facteurs tels que les substances, l'énergie, le bruit et les rayonnements et des activités ou mesures, y compris des mesures administratives, des accords relatifs à l'environnement, des politiques, lois, plans et programmes qui ont, ou risquent d'avoir, des incidences sur les éléments de l'environnement relevant de l'alinéa a) ci-dessus et l'analyse coût-avantages et les autres analyses et hypothèses économiques utilisées dans le processus décisionnel en matière d'environnement ;

c) L'état de santé de l'homme, sa sécurité et ses conditions de vie ainsi que l'état des sites culturels et des constructions dans la mesure où ils sont, ou risquent d'être, altérés par l'état des éléments de l'environnement ou, par l'intermédiaire de ces éléments, par les facteurs, activités ou mesures visés à l'alinéa b) ci-dessus. »[554]

Cette obligation n'est pourtant pas absolue, et d'autres questions juridiques peuvent jouer un rôle important en imposant quelques limites à l'obligation qu'ont les États de fournir des informations dans un processus de coopération internationale. Ainsi, d'une part, les États ne sont pas tenus de divulguer des informations qui sont vitales pour leur sécurité nationale[555]. D'autre part, les informations protégées par des droits de propriété intellectuelle et celles concernant les secrets industriels sont également exclues de l'obligation générale d'information. Ce type de clause de sauvegarde n'est pas rare dans les instruments juridiques qui imposent l'échange d'informations. La Convention sur la protection et l'utilisation des cours d'eau transfrontières et des lacs internationaux, par exemple, précise que ses dispositions ne portent pas atteinte aux droits des États de protéger, conformément à leur système juridique national et aux règlements supranationaux applicables, les informations relevant du secret

---

[554] Article 2, 3, de la Convention.

[555] Voir, par exemple, l'article 31 de la Convention sur le droit relatif aux utilisations des cours d'eau internationaux à des fins autres que la navigation de 1997.

industriel et commercial, y compris de la propriété intellectuelle, ou de la sécurité nationale[556].

Enfin, pour qu'un échange d'informations soit efficace, il faut que l'État dispose d'un mécanisme de surveillance continu des situations comportant des risques sérieux de pollution, car seul le suivi est en mesure de permettre la création et l'analyse des données sans interruption pour une prise en compte permanente des risques[557]. Malgré le caractère essentiellement interne des mesures de surveillance ou d'inspection, l'on trouve dans le droit international quelques exemples de programmes conjoints de contrôle environnemental : la Convention pour la prévention de la pollution par les navires de 1973, par exemple, oblige les États parties à coopérer à la recherche des infractions aux dispositions de la Convention en utilisant tous les moyens pratiques appropriés de surveillance continue du milieu ainsi que des méthodes satisfaisantes de transmission des renseignements et de rassemblement des preuves[558].

Mais le plus souvent ce rôle consistant à établir et coordonner des programmes d'action communs pour faire face à une menace à l'environnement est laissé aux organisations internationales créées pour faciliter la coopération entre les États parties au traité[559]. Parmi plusieurs conventions, l'on peut citer la Convention sur la conservation de la faune et de la flore marines de l'Antarctique de 1980, qui institue un comité scientifique dont la principale fonction est de promouvoir la collecte, l'étude et l'échange d'informations sur les ressources marines vivantes auxquels la convention s'applique[560]. Actuellement, la création d'un cadre institutionnel est la règle générale en ce qui concerne le droit international de l'environnement. En

---

556 Article 8 de la Convention.

557 SMETS, H., « The Right to Information on the Risks Created by Hazardous Installations at the National and International Levels », in FRANCIONI, F. & SCOVAZZI, T. (ed.), *International Responsibility for Environmental Harm*, London/Dordrecht/Boston, Graham & Trotman/Martinus Nijhoff, 1991, p. 456.

558 Article 6 de la Convention.

559 On peut citer comme exemple le rôle qui joue l'A.I.E.A. concernant l'utilisation de l'énergie nucléaire, ou l'Organisation maritime internationale concernant la pollution du milieu marin.

560 Voir les articles XIV et XV de la Convention.

d'autres termes, « *aujourd'hui il ne peut pas y avoir de coopération en dehors de cadres institutionnels internationaux* »[561].

2°. L'assistance technique et le transfert de technologie

La protection de l'environnement est un domaine éminemment technique dans lequel la nécessité de coopération ne fait aucun doute, notamment lorsque l'on observe le lien étroit entre la capacité à faire face aux défis de prévention des dommages transfrontières et le niveau de développement d'un pays[562]. Ainsi, dans la mesure où les États les plus hétérogènes possible participent à des régimes de règlement et de gestion de l'environnement et doivent par conséquent s'acquitter des leurs obligations conventionnelles, il faut qu'ils maîtrisent un minimum de conditions techniques nécessaires pour mettre en œuvre les mesures de protection. Il ressort de cela que la coopération pour promouvoir la mise au point et le transfert de technologie et de connaissances joue un rôle fondamental pour que les besoins des pays en développement soient pris en compte[563].

La plupart des traités environnementaux prévoient une coopération plus systématique concernant les activités de recherche et/ou de développement, non seulement dans différents domaines des sciences exactes et des techniques mais aussi en ce qui concerne l'évaluation économique, sociale et écologique des mesures pouvant être envisagées et l'élaboration de programmes d'enseignement et de formation concernant la pollution[564]. Les Nations Unies ont plusieurs fois attiré l'attention des États sur ce sujet, notamment au cours de leurs deux conférences sur l'environnement[565]. La Déclaration de

---

561 KISS, A., « L'accident de Tchernobyl : ses conséquences au point de vue du droit international », *A.F.D.I.*, vol. 32, 1986, p. 152.
562 YUSUF, A. A., « Le transfert de technologie », in BEDJAOUI, M. (ed.), *Droit international : bilan et perspectives*, Paris, Pedone, 1991, p. 745.
563 Voir, sur le sujet, A.I.E.A., *Transfert de technologie pour le développement*, Vienne, A.I.E.A./Division de l'information, 1990.
564 Voir REMICHE, B. (dir.), *Transfert de technologie : enjeux économiques et structures juridiques*, Paris, Economica, 1983.
565 Voir LANGLOIS, A., *Les Nations Unies et le transfert de technologie*, Paris, Economica, 1980.

Stockholm, par exemple, encourage dans tous les États, particulièrement ceux en voie de développement, la recherche scientifique et les activités de mise au point technique ainsi que la facilitation de la libre circulation des informations les plus récentes et le transfert des données d'expérience, en vue d'aider à la résolution des problèmes d'environnement[566]. De façon similaire, la Déclaration de Rio énonce ce qui suit :

« *Les États devraient coopérer ou intensifier le renforcement des capacités endogènes en matière de développement durable en améliorant la compréhension scientifique par des échanges de connaissances scientifiques et techniques et en facilitant la mise au point, l'adaptation, la diffusion et le transfert de techniques, y compris de techniques nouvelles et novatrices.* »[567]

Mais la question qui se pose est de savoir quelles sont les mesures concrètes à adopter pour que les États puissent mettre en œuvre un régime de coopération dans le domaine technique. D'abord, les États peuvent mettre en route des programmes communs de recherche et de développement[568]. Cette mesure est au cœur de tous les systèmes de coopération en ce qui concerne la conservation et l'utilisation durable des éléments constitutifs de la diversité biologique. Si la grande majorité du patrimoine génétique de la planète se trouve dans les territoires des pays en développement, la technologie nécessaire pour l'étudier et l'exploiter d'une manière durable et responsable se trouve dans les pays les plus riches[569]. Ainsi, la Convention sur la diversité biologique de 1992 établit comme objectifs l'utilisation durable de ses éléments et le partage juste et équitable des avantages découlant de l'exploitation des ressources génétiques[570], c'est-à-dire qu'il faut concilier l'accès satisfaisant aux ressources génétiques – intéressant les pays développés – avec un transfert approprié des techniques

---

[566] Principe 20 de la Déclaration.
[567] Principe 9 de la Déclaration.
[568] Voir l'article 9, d, de la Convention sur la préparation, la lutte et la coopération en matière de pollution par les hydrocarbures de 1990.
[569] O.C.D.E., *Propriété intellectuelle, transfert de technologie et ressources génétiques : une étude de l'OCDE sur les pratiques et politiques actuelles*, Paris, O.C.D.E., 1996, p. 17.
[570] Article 1 de la Convention.

pertinentes – intéressant les pays en développement –, compte tenu de tous les droits sur ces ressources et techniques[571]. C'est la seule mesure possible pour que tous les pays aient des avantages dans l'exploitation des ressources génétiques.

Les États peuvent également, sans qu'il y ait l'exigence d'un transfert de technologie, fournir directement une assistance technique appropriée à la demande d'un autre État. C'est la solution envisagée par la Convention sur les polluants organiques persistants de 2001. Ainsi, la Convention reconnaît que la fourniture en temps utile d'une assistance technique appropriée à la demande de Parties qui sont des pays en développement ou à économie en transition est essentielle pour les aider à développer et à renforcer leurs moyens de s'acquitter de leurs obligations[572]. Dans la plupart des cas cette assistance technique devient le premier pas vers la création d'un régime de coopération qui favorisera un transfert ultérieur de technologie entre les pays en question.

Cependant, le plus souvent la coopération est faite dans le domaine de l'éducation. Les États peuvent alors apporter aux États qui en font la requête une assistance technique en vue de former du personnel scientifique, technique et de gestion[573]. Il n'est pas rare que les conventions prévoient aussi une structure institutionnelle pour rendre possible cette formation. La Convention-cadre des Nations Unies sur les changements climatiques de 1992, par exemple, prévoit la création d'un organe subsidiaire de conseil scientifique et technologique ouvert à la participation de toutes les Parties et chargé de non seulement recenser les technologies et savoir-faire novateurs et performants, indiquer les moyens d'en encourager le développement et d'en assurer le transfert, mais également de fournir des avis sur les programmes scientifiques, sur la coopération internationale en matière de

---

[571] Voir les articles 15 à 20 de la Convention, notamment l'article 19 sur la répartition des avantages de la gestion de la biotechnologie.
[572] Article 12 de la Convention.
[573] Voir l'article IX de la Convention de 1972 sur la prévention de la pollution des mers résultant de l'immersion de déchets et l'article 17 de la Convention pour la prévention de la pollution par les navires – Convention MARPOL de 1973.

recherche-développement et sur les moyens d'aider les pays en développement à se doter d'une capacité propre[574].

La Convention de Vienne pour la protection de la couche d'ozone de 1985, elle aussi, énonce des mesures à prendre pour promouvoir la coopération scientifique et technique, mais de façon plus détaillée. Ainsi, après avoir encouragé l'échange de renseignements scientifiques, techniques, socio-économiques, commerciaux et juridiques entre les parties, elle oblige les États à coopérer pour promouvoir la mise au point et le transfert de technologie et de connaissances, qui se feront notamment par l'assurance d'une formation appropriée du personnel scientifique et technique ; par l'acquisition de technologies de remplacement par les autres Parties ; par la fourniture des renseignements sur les technologies et le matériel de remplacement et par la fourniture du matériel, des installations de recherche et d'observations systématiques nécessaires[575]. En outre, dans son annexe elle liste quels sont les renseignements scientifiques, techniques, juridiques, socio-économiques et commerciaux nécessaires afin de s'assurer que les mesures qui pourraient être prises soient appropriées et équitables[576].

Pour conclure, il faut citer brièvement le système de coopération relatif au droit de la mer, sans doute l'un des plus complexes, car il doit prescrire des mesures de transfert de technologie intégrant les intérêts de tous les États – ceux qui sont développés et ceux qui sont en développement, ceux sans littoral, ceux tournés vers la pêche comme activité principale, ceux qui sont insulaires, *etc.*[577] De cette façon, dans le but de répondre aux besoins particuliers des pays en développement, y compris les États sans littoral ou géographiquement désavantagés, la Convention de Montego Bay sur le droit de la mer exige que les États favorisent le transfert de technologie en ce qui concerne « *l'exploration, l'exploitation, la conservation et la gestion*

---

[574] Article 9 de la Convention.

[575] Voir l'article 4 de la Convention.

[576] Voir l'annexe II – Échange de renseignements de la Convention.

[577] Sur le sujet, voir GONÇALVES, M. E., « Eléments pour l'étude de la contribution du nouveau droit de la mer au droit international en matière de transfert de technologie », in *New directions in international law : essays in honour of Wolfgang Abendroth*, Frankfurt, Campus Verlag, p. 234-256.

des ressources de la mer, la protection et la préservation du milieu marin, la recherche scientifique marine et autres activités s'exerçant dans le milieu marin qui sont compatibles avec la Convention »[578]. En vue d'atteindre ces objectifs, les États doivent établir des programmes de coopération technique en favorisant la création de centres nationaux et régionaux de recherche scientifique et technique marine, ainsi qu'utiliser le cadre institutionnel déjà existant, notamment l'Autorité et l'Organisation maritime internationale[579].

Conclusions du Chapitre II

En somme, la mise en œuvre de l'obligation de prévention de comportement peut être traduite par l'adoption des mesures de surveillance et de contrôle qu'un État doit adopter lorsqu'il s'agit d'une activité exercée dans son territoire ou sous sa juridiction. L'analyse de la pratique internationale nous démontre que le contenu de ces mesures peut prendre plusieurs formes et que si les mesures législatives et administratives jouent un rôle fondamental dans l'établissement d'un régime réglementaire et la création des instruments de gestion préventive, l'on constate qu'elles sont dans la plupart des cas tournées vers le plan interne.

Ainsi, de façon à faciliter l'application de ces mesures sur le plan international, l'obligation de diligence exige également des États l'adoption de plusieurs mesures de coopération. Ces mesures permettent non seulement le partage des expériences de succès – qu'il s'agisse d'une règle ou d'un instrument créé – dans la protection de l'environnement, mais favorisent également une meilleure harmonisation des actions des États en ce qui concerne la prévention des dommages.

---

578 Article 266 de la Convention.

579 Pour toutes les dispositions concernant le développement et transfert des techniques marines, voir la Partie XIV de la Convention : articles 266 à 278.

Conclusions du Titre I

Interpréter l'obligation de prévention comme une obligation de comportement équivaut à l'interpréter comme une obligation de diligence. Aujourd'hui, en raison de son adoption généralisée par les États, il n'y a plus de doute à affirmer qu'elle est même devenue une règle du droit international coutumier. Cependant, la reconnaissance de son importance par le droit international – tant conventionnel que coutumier –, ne nous permet pas, à elle seule, de déterminer de façon objective les cas où l'État a été diligent dans l'exécution de ses obligations. L'analyse de la pratique internationale nous démontre qu'en raison de la variété de moyens à la disposition des États pour qu'ils puissent s'acquitter de leurs devoirs, le degré de diligence adopté peut varier non seulement en fonction de la nature de l'activité, mais également en fonction des capacités économiques et techniques des États à maîtriser les risques. Par conséquent, l'obligation doit être analysée pour chaque cas.

En réalité, même si l'État est en principe libre de choisir les mesures de diligence nécessaires à la mise en œuvre de ses obligations internationales, le droit international doit évidemment établir des standards minimaux de comportement ainsi que des mesures spécifiques pour prévenir un dommage transfrontière. De cette façon, après l'analyse du contenu de l'obligation de prévention de comportement, on constate que sur le plan interne les États doivent adopter des règles nationales de diligence, exigeant des opérateurs d'une activité dangereuse le recours aux meilleures technologies disponibles. Ils doivent également mettre en œuvre des mesures directes de surveillance telles que l'exigence d'une étude d'impact sur l'environnement et d'une autorisation administrative avant que l'activité soit entreprise.

En outre, en raison de la nature propre du dommage écologique qui ne connaît pas de frontières politiques entre États, la diligence due implique la mise en œuvre de plusieurs mesures de coopération au plan international, qui non seulement rendent l'application des mesures législatives et administratives plus efficaces, mais qui créent également des régimes d'assistance multilatérale en cas de risque imminent de dommage ou dans une situation de dommage effectif.

TITRE II. CONSÉQUENCES DE L'OBLIGATION DE PRÉVENTION DE COMPORTEMENT SUR LA RESPONSABILITÉ INTERNATIONALE DES ÉTATS

La responsabilité, d'une manière générale, joue un rôle prépondérant dans toute structure juridique, car non seulement elle détermine et indique le niveau d'intégration du système, mais elle précise également quels sont les concepts les plus importants concernant la nature des droits et des obligations, les conséquences de sa violation et les fondements éthiques sur lesquels repose l'ensemble de ses normes[580].

Concernant le droit international, outre les caractéristiques mentionnées ci-dessus, communes à toutes les disciplines juridiques, la responsabilité procéderait du fait que les États se reconnaissent mutuellement comme souverains. Il ressort de cela que la responsabilité peut être envisagée comme le corollaire nécessaire de l'égalité des États, étant donné que la violation d'une obligation est souvent considérée comme l'équivalent de celle de comportement contraire aux droits d'autrui[581]. En conséquence, la responsabilité internationale est l'instrument nécessaire pour que la légalité et l'harmonie entre les États soient établies lors de la violation d'une obligation juridique. Conçue d'abord comme l'obligation qui pèse sur un État de réparer les préjudices causés à un autre sujet de droit

580 DUPUY, P.-M., « The International Law of State Responsibility : Revolution or Evolution ? », *M.J.I.L.*, vol. 11, 1989, p. 126.

581 DE VISSCHER, C., « La responsabilité des États : cours professé à l'Académie de droit international de La Haye, juillet 1923 », in *Bibliotheca Visseriana*, vol. II, Leyden, E. J. Brill, 1924, p. 90.

international par des faits présentant certains caractères et qui lui sont imputables, la responsabilité ne se limite plus uniquement à l'obligation de réparer. Toutefois, elle demeure toujours la conséquence directe de la violation d'une obligation internationale[582].

Aujourd'hui, c'est justement le rétablissement de l'équilibre dans les relations internationales perturbé par la violation d'une règle qui constitue le caractère le plus important de la responsabilité des États. Ainsi, sa fonction traditionnelle de réparation d'un dommage par équivalent a évolué et elle doit être vue maintenant plutôt comme un moyen d'assurer le contrôle de la légalité internationale[583]. Après plus de quarante ans de travail, la Commission du droit international est arrivée à cette conclusion en soulignant que le dommage n'est plus nécessaire pour qu'un État soit responsable, il suffit qu'il y ait violation du droit international. Selon la Commission, tout fait internationalement illicite de l'État engage sa responsabilité internationale – considérant comme fait internationalement illicite un comportement attribuable à l'État en vertu du droit international et qui constitue une violation d'une obligation internationale de l'État[584]. La responsabilité n'est donc plus orientée vers le traitement d'un dommage, mais vers le renforcement et l'assurance de l'exécution des obligations internationales[585]. Comme le souligne A. Pellet,

« *le fait internationalement illicite est la condition nécessaire et suffisante de l'engagement de la responsabilité (...). Il s'en déduit que*

---

[582] DUPUY, P.-M., « Le fait générateur de la responsabilité internationale des États », *R.C.A.D.I.*, vol. 188, 1984, p. 25.

[583] DUPUY, P.-M., « L'Affaire des essais nucléaires français et le contentieux de la responsabilité international publique », *G.Y.I.L.*, vol. 20, 1977, p. 405.

[584] Voir les articles 1 et 2 du projet d'articles sur la responsabilité de l'État pour fait internationalement illicite et commentaires y relatifs, dans l'*Annuaire... 2001*, vol. II, Deuxième partie, p. 65-77.

[585] Selon D. Anzilotti, le dommage se trouve compris implicitement dans le caractère anti juridique de l'acte. La violation de la règle est effectivement toujours un dérangement de l'intérêt qu'elle protège, et, par voie de conséquence, aussi du droit subjectif de la personne à laquelle l'intérêt appartient. ANZILOTTI, D., « La responsabilité internationale des États à raison des dommages soufferts par des étrangers », *R.G.D.I.P.*, vol. XIII, 1906, p. 5-28, p. 13. Pour un commentaire, voir DUPUY, P.-M., « Dionisio Anzilotti and the Law of International Responsibility of States », *E.J.I.L.*, vol. 13, n° 1, 1992, p. 139-148.

la responsabilité est engagée indépendamment de ses conséquences éventuelles et c'est cela la véritable 'révolution', la vraie rupture avec la conception dominante antérieure : la responsabilité est définie par un fait 'objectif'; elle résulte du manquement, quelles qu'en puissent être les conséquences. Cette conception s'oppose très nettement à la vision intersubjective traditionnelle dans laquelle la responsabilité n'était réputée engagée que si un intérêt juridiquement protégé d'un autre sujet du droit international était atteint. Elle témoigne des progrès – relatifs – de la société internationale. »[586]

Néanmoins, il faut remarquer que si la Commission du droit international adopte désormais une définition « objective » de la responsabilité – ou plutôt de son origine –, elle reste à mi-chemin d'une modification intégrale. En effet, s'agissant des règles procédurales relatives à la mise en œuvre de la responsabilité[587], l'on constate que soit la violation s'accompagne d'un dommage à un État – et seul donc l'État lésé pourra invoquer la responsabilité de l'État auteur de la violation du droit – soit la violation porte atteinte à tous ceux qui sont liés par la règle, en raison d'un préjudice juridique autonome et inhérent à toute violation de certaines règles particulières[588]. En d'autres termes, si d'une part, la preuve d'un préjudice à un intérêt de l'État n'est plus nécessaire pour que la responsabilité soit constituée dans le plan théorique, une fois qu'il suffit la violation d'une règle, d'autre part, pour que la responsabilité soit constituée dans le plan processuel il est encore nécessaire de prouver un lien subjectif à la règle violée, c'est-à-dire que l'État doit encore prouver qu'il a un intérêt à agir.

De cette façon, dans un traité multilatéral mettant en œuvre des intérêts collectifs, chaque État aurait un intérêt juridiquement protégé à ce que cette norme soit respectée et pourrait donc mettre en cause la

---

[586] PELLET A., « Remarques sur une révolution inachevée, le projet d'articles de la CDI sur la responsabilité internationale des États », *A.F.D.I.*, vol. 42, 1996, p. 12.
[587] Voir notamment les articles 42 à 48 du projet d'articles sur la responsabilité des États.
[588] Selon l'article 48 du projet d'articles, il s'agit des obligations dues à un groupe d'États – on peut donc parler d'obligations *erga omnes partes* – ou dues à la communauté internationale dans son ensemble – et l'on parle alors d'obligations *erga omnes*.

responsabilité d'un État qui ne la respecte pas, même si ce non-respect ne lui porte pas atteinte directement. Lorsqu'il s'agit d'une obligation de comportement, cette question de qui peut invoquer la responsabilité ou, autrement dit, s'il faut faire preuve d'un préjudice subi pour être en droit de le faire, joue un rôle prépondérant, car le plus souvent le manquement d'une obligation de prévention de moyens ne cause pas un préjudice matériel et/ou moral aux autres États. Ainsi, si l'État viole ses engagements internationaux et n'exige pas de l'exploitant la réalisation d'une étude d'impact ou l'obtention une autorisation préalable, tous les États parties peuvent invoquer sa responsabilité, même en l'absence de tout dommage matériel. Même si la Commission ne le reconnaît pas, ou simplement s'abstient de le dire, l'idée d'un préjudice juridique – à côté des préjudices moral et matériel – constitué par la violation du droit en tant que telle est absolument présente[589].

Si une obligation internationale est faite pour être respectée, le droit ne peut pas être indifférent à sa violation. Ainsi, concernant les obligations de comportement dans une convention multilatérale, même si elles ne causent aucun préjudice matériel à un autre État, il est évident que les États parties au traité ont l'intérêt juridique de voir les règles respectées[590]. Lorsqu'il s'agit des obligations qui ne restent pas dans un cadre exclusivement bilatéral, la seule manière d'exiger son application en cas de non-respect est considérer que la responsabilité internationale admet l'existence d'un préjudice juridique inhérent à toute violation du droit international et indépendant d'un dommage matériel. Ainsi, même s'il n'y a pas un État directement lésé – au moins du point de vue traditionnel du droit international conformément adopté par la Commission du droit international – tous les États liés par l'obligation en question auraient

---

[589] STERN, B., « Et si on utilisait la notion de préjudice juridique ? Retour sur une notion délaissée à l'occasion de la fin des travaux de la C.D.I. sur la responsabilité des États », *A.F.D.I.*, vol. 47, 2001, p. 13.

[590] Selon G. Perrin, « *chaque État lié par un régime indissociable a un droit subjectif au respect de ce régime non seulement à son égard, mais à celui de ses partenaires* ». PERRIN, G., « La détermination de l'État lésé. Les régimes dissociables et les régimes indissociables », in *Theory of International Law at the Threshold of the 21st Century. Essays in Honor of Krystof Skubiszewski*, La Haye, Kluwer, 1996, p. 245.

intérêt à ce que cette règle soit respectée[591]. D'une façon générale, dans un traité environnemental qui fixe des obligations de prévention de comportement, les États contractants n'ont pas d'intérêt propre, mais plutôt un intérêt commun qui est inhérent au caractère essentiel de la règle pour la collectivité qu'elle concerne. Il en résulte que tous les États parties peuvent réclamer le respect du droit[592].

La notion de « faute » a été elle aussi abandonnée, ou du moins modifiée lors de la codification de la responsabilité internationale de l'État pour fait internationalement illicite par la Commission. La faute aujourd'hui doit être interprétée comme une illicéité objective constituée par un acte ou une omission en conflit objectif avec une obligation internationale[593]. En d'autres termes, elle fait partie de l'obligation et, pour cela, lorsqu'elle est utilisée dans son sens objectif ou normatif, elle devient synonyme de « violation du droit » ou d'« omission d'une obligation »[594]. Selon la Commission, la faute n'a pas le sens psychologique comme auparavant ou comme en droit interne et elle n'est donc pas nécessaire, dans la mesure où seul importe le fait de l'État, indépendamment de toute intention[595]. Si

---

591 C'est le cas des obligations intégrales, par exemple.

592 Pour une analyse sur les notions de « dommage légal » – ou « préjudice juridique » – et d'« État lésé », voir respectivement la « Section II – La réparation du préjudice causé par le fait illicite » du présent Titre et la « Section II – Le caractère transfrontière du dommage » du Chapitre II du Titre I de la Deuxième Partie de la présente thèse. Cependant, notre objectif n'est pas de faire une analyse approfondie sur la notion d'État lésé ; par conséquent, parmi la littérature extrêmement abondante sur le sujet, voir SIMMA, B., « From Bilateralism to Community Interests in Internationa Law », *R.C.A.D.I.*, vol. 250, 1994, p. 217-384 ; SACHARIEW, K., « State Responsibility for Multilateral Treaty Violations : Identifying the 'Injured State' and its Legal Status », *N.I.L.R.*, vol. XXXV, n° 3, 1988, p. 273-289 ; et FROWEIN, J. A., « Reactions by Not Directly Affected States to Breaches of Public International Law », *R.C.A.D.I.*, vol. 248, 1994, p. 345-437.

593 KOSKENNIEMI, M., « International Pollution in the System of International Law », *Oikeustiede-Jurisprudentia*, vol. XVII, 1984, p. 115.

594 PINTO, M. C. W., « Reflections on international liability for injurious consequences arising out of acts not prohibited by international law », *N.Y.I.L.*, 1985, vol. XVI, p. 33-34.

595 Voir les commentaires de l'article 2 du projet d'articles sur la responsabilité des États, *Annuaire... 2001*, vol. II, Deuxième partie, p. 71-77. Selon cette conception aujourd'hui consacrée, il ne faut plus s'engager dans la recherche psychologique des intentions des auteurs de l'acte, il lui suffira de mettre en évidence l'écart objectif

l'acte dommageable constitue une violation d'une obligation selon le droit international, l'acte *per se* est une faute de la personne en question[596].

Si la survenance d'un dommage n'est donc pas un élément obligatoire du fait illicite, pour savoir si une obligation particulière a été violée, il faut partir du contenu et de l'interprétation de l'obligation primaire. S'agissant de l'obligation de prévention, la manière dont elle est interprétée – comportement ou résultat – a des conséquences profondes et quelquefois même très différentes dans la responsabilité internationale des États. Le problème est que le droit conventionnel a montré une certaine réticence à aborder franchement la question de la responsabilité des États en matière de dommage à l'environnement, qui demeure encore une sorte de tabou que les États ne veulent pas affronter[597].

Ainsi, sans nier l'importance de l'institution de la responsabilité[598], la plupart des conventions se bornent à la réserver pour une étape ultérieure[599]. Néanmoins, l'absence de dispositions conventionnelles

---

existant entre le comportement réel de l'État et le contenu de son obligation juridique, car le fait illicite n'est pas une faute, mais un simple manquement au droit.

[596] DIGGELMANN, O., « Fault in the Law of State Responsibility – Pragmatism *ad infinitum* ? », *G.Y.I.L.*, vol. 49, 2007, p. 294.

[597] Certaines conventions estiment même plus prudent d'exclure expressément toute référence à la responsabilité des États. C'est ainsi que la Convention sur la pollution atmosphérique transfrontière à longue distance de 1979, dans une note de bas de page s'ajoutant à son article 8, f, précise que « *la présente convention ne contient pas de dispositions concernant la responsabilité des États en matière de dommages* ».

[598] Voir, par exemple, le principe 22 de la déclaration de Stockholm de 1972 et le principe 13 de la déclaration de Rio de 1992.

[599] En ce sens, voir l'article X de la Convention sur la prévention de la pollution des mers résultant de l'immersion de déchets de 1972 ; l'article 12 de la Convention de Bâle sur le contrôle des mouvements transfrontières de déchets dangereux de 1989 ; l'article 16 du Protocole au Traité sur l'Antarctique relatif à la protection de l'environnement de 1991 ; l'article 13 de la Convention d'Helsinki sur les effets transfrontières des accidents industriels de 1992 ; l'article 7 de la Convention sur la protection et l'utilisation des cours d'eau transfrontières et des lacs internationaux de 1992 ; l'article 27 du Protocole de Cartagena sur la prévention des risques biotechnologiques de 2000 et l'article XXIV de la Convention africaine sur la conservation de la nature et des ressources naturelles de 2003.

explicites a pour seule conséquence qu'aucune dérogation n'est apportée au jeu des règles de droit international général concernant la responsabilité internationale, susceptibles de produire leurs effets si elles ne sont pas écartées[600]. La Convention de Montego Bay sur le droit de la mer, par exemple, fait référence à la responsabilité des États en ce qui concerne la protection et la préservation du milieu marin en renvoyant au droit international général, sans préciser sa portée ni son contenu[601].

La plupart des auteurs soulignent que les États ont des devoirs de diligence dans la réglementation et le contrôle des activités qui se déroulent sur leur territoire ou sous leur juridiction, et la violation de ceux-ci peut entraîner leur responsabilité[602]. Ainsi, dans un premier temps, il faut analyser les règles primaires pour savoir si l'obligation en question a été violée et, en conséquence, si les principes du droit international général en matière de responsabilité des États seront appliqués en l'espèce (Chapitre I).

Par ailleurs, dans un deuxième temps, il faut analyser les conséquences de l'inobservance de l'obligation. Si la prévention est envisagée comme une obligation de comportement, la responsabilité internationale peut avoir une double fonction. Outre les conséquences juridiques résultant de la violation du devoir de diligence, la responsabilité orientée vers la simple violation du droit peut avoir un caractère essentiellement préventif – et quelquefois même dissuasif –, étant donné qu'un État ne doit pas attendre un dommage, en plus de la violation d'une obligation internationale, pour qu'il puisse agir[603].

---

600 BOISSON DE CHAZOURNES, L., « La mise en œuvre du droit international dans le domaine de la protection de l'environnement : enjeux et défis », *R.G.D.I.P.*, 1995, n° 1, p. 42.

601 Article 235 de la Convention. Suivant cette même ligne, voir l'article 12 du Protocole sur la responsabilité civile et l'indemnisation en cas de dommages causés par les effets transfrontières d'accidents industriels sur les eaux transfrontières de 2003 et l'article 16 du Protocole de Bâle sur la responsabilité et l'indemnisation en cas de dommages résultant de mouvements transfrontières et de l'élimination de déchets dangereux de 1999.

602 TREVES, T., « La pollution résultant de l'exploration et de l'exploitation des fonds marins en Droit international », *A.F.D.I.*, vol. 24, 1978, p. 842.

603 Selon la Commission du droit international, un État est en droit d'invoquer la responsabilité d'un autre État si son droit a été nié ou compromis par le fait

Ainsi, même en l'absence de tout préjudice matériel, un État peut exiger de l'autre, par exemple, la réalisation d'une étude d'impact environnemental ou la présentation d'un rapport d'émission de substances polluantes à condition qu'ils soient liés par une telle obligation conventionnelle[604].

Même la perspective d'une possible réparation en cas de dommage peut influencer positivement le comportement des États en les incitant à renforcer les mesures de diligence qui leur incombent vis-à-vis des activités dangereuses sous leur juridiction[605]. La responsabilité internationale peut jouer ainsi autant un rôle de réparation que de prévention, deux fonctions d'ailleurs nécessaires pour une meilleure protection de l'environnement, mais malgré l'importance de son caractère dissuasif, c'est sa fonction réparatrice[606] la plus importante – et donc l'objet de notre analyse –, car elle est l'essence même de tout système de responsabilité (Chapitre II).

En somme, pour que l'on puisse analyser les conséquences de la responsabilité internationale (Chapitre II), il est nécessaire d'étudier en premier lieu la violation de l'obligation de prévention de comportement (Chapitre I).

---

internationalement illicite, ou s'il a été particulièrement affecté par ce fait. En outre, si l'obligation violée est due à un groupe d'États ou à la communauté internationale dans son ensemble, un État autre que l'État lésé est également en droit d'invoquer la responsabilité. On trouve ici une idée de dommage juridique, comme l'on verra plus tard. Voir les commentaires à l'article 42 et 48 du projet d'articles sur la responsabilité internationale des États, *Annuaire... 2001*, vol. II, Deuxième partie, p. 317 et ss.

604 GRAEFRATH, B., « Responsibility and damages caused : relationship between responsibility and damages », *R.C.A.D.I.*, vol. 185, 1984, p. 38.

605 En effet, ces derniers tentent de prendre des mesures tendant à éviter qu'ils ne tombent sous le coup d'une condamnation à réparer. GARANE, A., « La responsabilité internationale de l'état : un instrument économique de la protection de l'environnement ? », in BOTHE, M. & SAND, P. H. (eds.), *La politique de l'environnement : de la réglementation aux instruments économiques / Environmental policy : From Regulation to Economic Instruments*, La Haye, Martinus Nijhoff Publishers, 2003, p. 616. Il est pourtant évident que ce caractère de la responsabilité est plus prononcé lorsqu'il s'agit d'une obligation de prévention de résultat. Voir le Titre II de la Deuxième Partie.

606 Ici, ce mot « réparation » doit être compris dans un sens général, c'est-à-dire signifiant simplement les conséquences de la violation du droit.

CHAPITRE I. LA VIOLATION DE L'OBLIGATION DE PRÉVENTION DE COMPORTEMENT

Dans l'obligation de prévention de comportement, il faut considérer les efforts de l'État pour accomplir ses devoirs, au contraire de l'obligation de prévention absolue – de résultat –, dont le respect est indépendant de l'effort qu'a fourni l'État pour la respecter. Ainsi, la violation d'une obligation internationale sera toujours établie par la comparaison entre le comportement prévu en droit par l'obligation en question et celui effectivement adopté par l'État ou, suivant les termes du projet d'articles sur la responsabilité des États, « *il y a violation d'une obligation internationale par un État lorsqu'un fait dudit État n'est pas conforme à ce qui est requis de lui en vertu de cette obligation, quelle que soit l'origine ou la nature de celle-ci* »[607].

Par ailleurs, il n'existe pas de violation d'une obligation internationale dans l'abstrait. Dès lors, la question de savoir si et quand un comportement d'État n'a pas été conforme à la règle en question dépend des termes précis de l'obligation et de son interprétation[608]. La responsabilité ne doit donc pas être considérée abstraitement comme un phénomène universel, mais elle doit être analysée concrètement vis-à-vis des obligations de prévention spécifiques[609].

Ainsi, à l'égard de l'obligation de prévention de comportement, si les actes d'un État ne sont pas conformes à ce qui est requis de lui, cette non-conformité à la règle donnera lieu à sa responsabilité. Il en résulte que la diligence due n'est pas un élément particulier et subjectif de la responsabilité, mais bien le contenu de l'obligation

---

607 Article 12 du projet d'articles.

608 Sur le sujet, voir FERNÁNDEZ DE CASADEVANTE ROMANI, C., *La interpretación de las normas internacionales*, Pamplona, Aranzadi, 1996, et YASSEEN, M. K., « L'interprétation des traités d'après la convention de Vienne sur le droit des traités », *R.C.A.D.I.*, vol. 151, 1976, p. 1-114.

609 ALLOTT, P., « State Responsibility and the Unmaking of International Law », *H.I.L.J.*, vol. 29, 1988, p. 12.

internationale de prévention de l'État[610]. Le fait de ne pas adopter une mesure législative, administrative, ou de coopération, ainsi que le fait d'agir d'une manière non compatible avec ces mesures lorsqu'il y a une obligation fixant leur adoption, donne donc lieu à des relations juridiques nouvelles couramment qualifiées de « responsabilité internationale pour fait internationalement illicite ». Lorsque l'on est en présence d'une obligation de diligence, la responsabilité pour son manquement sera toujours pour fait illicite[611].

De cette façon, dans le présent chapitre il n'est pas question de discuter une possible responsabilité absolue de l'État, parce que l'on part de la présomption qu'une obligation concrète de prévention a été effectivement violée – dans ce cas, l'obligation de diligence due. Ainsi, toute discussion sur la différence entre les règles primaires et secondaires qui peut nous amener à une possible et hypothétique responsabilité pour fait licite[612] est inutile, étant donné qu'il y a effectivement une règle inobservée[613]. L'incapacité de l'État d'adopter des mesures de diligence requises constitue l'acte illicite, ou pour être

---

[610] Voir ANZILOTTI, D., « Teoria generale della responsabilità dello Stato nel diritto internazionale », in ANZILOTTI, D., *Scritti di diritto internazionale pubblico*, tomo I, Padova, CEDAM, 1956, p. 137.

[611] CONDORELLI, L., « L'imputation à l'état d'un fait internationalement illicite : solutions classiques et nouvelles tendances », *R.C.A.D.I.*, vol. 189, 1984, p. 119.

[612] Ou, suivant les termes de la Commission du droit international, une responsabilité pour des conséquences préjudiciables découlant « *d'activités qui ne sont pas interdites par le droit international* ».

[613] Dans son Deuxième rapport sur la responsabilité des États, Roberto Ago établi cette distinction : les obligations primaires sont celles qui, « *dans un secteur ou dans un autre des relations interétatiques, imposent aux États des obligations déterminées* » et les obligations secondaires sont celles qui couvrent précisément le domaine de la responsabilité et qui « *s'attachent à déterminer les conséquences d'un manquement aux obligations établies par les premières* ». Voir O.N.U., Doc. A/CN.4/233, par. 11. Pour une critique à la distinction proposée par Ago et adoptée par la Commission du droit international, voir COMBACAU, J. & ALLAND, D., « Primary and Secondary Rules in the Law of State Responsability : Categorizing International Obligations », *N.Y.I.L.*, 1985, vol. XVI, p. 81-109. Toutefois, selon Crawford, « *malgré la difficulté de faire cette distinction dans certains cas, elle a cependant permis d'établir la structure juridique du droit de la responsabilité des États sans définir le contenu de ces obligations* ». CRAWFORD, J., *Les articles de la C.D.I. sur la responsabilité de l'État. Introduction, Texte et Commentaires*, Paris, Pedone, 2003, p. 18 et 89.

plus précis, cette incapacité constitue la règle primaire violée dont l'inobservation va entraîner des conséquences juridiques pour l'État responsable, c'est-à-dire l'application des règles secondaires liées à la responsabilité des États[614].

Toutefois, même s'il s'agit d'un fait illicite, il sera tout de même utile pour notre étude de nous pencher sur le projet d'articles de la Commission du droit international sur la responsabilité internationale pour les conséquences préjudiciables découlant d'activités qui ne sont pas interdites par le droit international, malgré son abandon ultérieur par la Commission et l'orientation de son étude vers l'établissement d'une règle primaire de prévention[615]. En effet, ses travaux peuvent nous aider à mieux comprendre certaines questions liées à la violation d'une obligation de diligence, notamment l'éventuelle distinction entre l'acte illicite et l'activité en cause, qui n'est pas en soi illicite[616].

Il faut donc nous concentrer sur les articles de la Commission du droit international sur la responsabilité des États, dans la mesure où ils nous aident à analyser des conditions générales pour qu'un État soit considéré comme responsable d'actes contraires à l'obligation de diligence et aux conséquences juridiques qui en découlent. D'abord, l'article 12 mentionné ci-dessus souligne que peu importe la nature de l'obligation violée. Dans la pratique, plusieurs classifications d'obligations internationales ont été développées[617], mais à la fin il faut tout simplement interpréter la règle pour savoir si elle a été respectée ou non. Dans la présente thèse, par exemple, le fait d'interpréter la prévention comme une obligation de résultat ou de comportement ne va pas changer le fait que la responsabilité

[614] KISS, A. & SHELTON, D., « Strict Liability in International Environmental Law », in NDIAYE, T. M. ; WOLFRUM, R. & KOJIMA, C. (dir.), *Law of the Sea, Environmental Law and Settlement of Disputes : liber amicorum Judge Thomas A. Mensah*, Leiden/Boston, Martinus Nijhoff Publishers, 2007, p. 1131.
[615] *Annuaire... 1984*, vol. II, Deuxième partie, p. 79, par. 235.
[616] L'analyse de la responsabilité internationale pour les conséquences préjudiciables découlant d'activités qui ne sont pas interdites par le droit international – et sa relation directe avec l'obligation de prévention de résultat – sera développée dans la Deuxième Partie de la présente thèse.
[617] Voir PROVOST, R. (ed.), *State Responsibility in International Law*, Aldershot, Dartmouth/Ashgate, 2001, p. xi-xiii.

internationale pour fait illicite serait engagée si l'État n'avait pas observé cette obligation initiale[618]. En d'autres termes, s'il y a un manquement à la règle primaire de prévention, qu'elle soit de comportement ou de résultat, la responsabilité pourra être engagée.

Ensuite, l'article 12 signale qu'il y a violation du droit international quelle que soit l'origine de la règle violée, c'est-à-dire tous les procédés de création d'obligations juridiques du droit international, qu'elles soient établies par un traité, par un principe général de droit international, par un acte unilatéral ou par une règle du droit international coutumier, peuvent être l'objet d'une violation et l'origine de cette obligation ne modifie en rien la conclusion selon laquelle la responsabilité de l'État sera engagée si l'on en constate la violation[619]. Cette idée a très clairement été reconnue par la Cour internationale de Justice dans l'*affaire relative au Projet Gabcikovo-Nagymaros*[620].

Même si l'origine de la norme juridique internationale ne modifie en rien le caractère illicite de l'acte ou de l'omission et la responsabilité qui en découle, il est intéressant de distinguer l'obligation coutumière de l'obligation conventionnelle de prévention dans la mesure où la première possède des spécificités qui exigent une analyse plus approfondie, surtout vis-à-vis du rôle du dommage dans la constatation de sa violation. Il ne s'agit pas d'une distinction entre deux régimes différents de responsabilité[621], mais l'on constate

---

[618] Le fait que l'État reste responsable ne change pas, mais il y a évidemment d'autres caractéristiques qui vont changées selon l'interprétation de l'obligation de prévention adoptée.

[619] Cette formule « quelle que soit l'origine » renvoie à toutes les sources possibles d'obligations internationales. Ainsi, par exemple, la France s'est engagée par voie d'acte unilatéral à ne plus procéder à des essais nucléaires atmosphériques. Voir les décisions de la Cour relatives à l'*affaire des essais nucléaires (Australie c. France)*, arrêt du 20 décembre 1974, *Recueil 1974*, p. 253 et à l'*affaire des essais nucléaires (Nouvelle-Zélande c. France)*, arrêt du 20 décembre 1974, *Recueil 1974*, p. 457.

[620] La Cour a affirmé que la responsabilité internationale d'un État sera engagée dès lors qu'il a commis un acte internationalement illicite, « *quelle que soit la nature de l'obligation méconnue* ». *C.I.J. Recueil 1997*, p. 38, par. 47.

[621] En ce qui concerne l'origine de l'obligation violée, il n'existe qu'un seul régime général de responsabilité internationale. Dans l'*affaire du Rainbow Warrior*, par exemple, le Tribunal a affirmé qu'« *il n'y a pas, en droit international, de*

quelques particularités au sujet de la vérification et de la preuve de la violation d'une obligation coutumière de prévention (« Section II. La violation d'une obligation coutumière »). L'évaluation du contenu et la constatation d'une violation sont évidemment plus faciles lorsqu'il s'agit d'une norme conventionnelle (« Section I. La violation d'une obligation conventionnelle »).

Section I. La violation d'une obligation conventionnelle

Dans un premier temps, il nous semble beaucoup plus simple d'examiner le contenu des règles conventionnelles que des règles coutumières ; mais c'est une simplicité apparente parce que le droit international de l'environnement est souvent constitué de normes insuffisamment précises. Si l'on prend comme exemple tous les traités qui reprennent le principe 21 de la Déclaration de Stockholm[622], on remarque que s'ils énoncent la règle générale qui interdit aux États de causer un dommage transfrontière, ils ne déterminent pas quand une situation de pollution peut être considérée comme un fait illicite selon le droit international[623]. Ainsi, dans cet état d'incertitude, l'obligation de contrôler les sources de pollution représentée par les dispositions qui reprennent le principe 21 peut être interprétée soit comme une obligation de diligence, soit comme une prévention absolue de tous les dommages. Mais cela ne se résume pas à une simple question de

---

distinction entre la responsabilité contractuelle et la responsabilité délictuelle ». Affaire concernant les problèmes nés entre la Nouvelle-Zélande et la France relatifs à l'interprétation ou à l'application de deux accords conclus le 9 juillet 1986 lesquels concernaient les problèmes découlant de l'affaire du Rainbow Warrior *(Nouvelle-Zélande/France), sentence arbitrale du 30 avril 1990, Recueil des sentences arbitrales*, vol. XX, 1990, p. 251, par. 75.

622 L'article 3 de la Convention sur la diversité biologique, par exemple, est une transcription mot à mot du principe 21.

623 Et concernant le contenu du principe 21, les travaux préparatoires de la Conférence ne sont pas concluants, ne donnant que quelques indices qui peuvent appuyer la thèse selon laquelle il s'agit en l'occurrence d'une obligation de comportement. HANDL, G., « The Environment : International Rights and Responsibilities », in *American Society of International Law – Proceedings of the Annual Meeting*, vol. 74, april 17-19, 1980, p. 229.

choix, parce que l'interprétation effectivement choisie peut entraîner des conséquences profondes – et même contradictoires – sur le droit, dans la mesure où cette dernière interprétation – obligation de résultat – peut nous amener à l'idée d'une responsabilité stricte ou absolue de l'État[624].

Toutefois le problème se pose uniquement lorsque l'obligation de prévention est énoncée d'une manière générale, comme le fait le principe 21. En revanche, à partir du moment où le droit conventionnel indique des mesures spécifiques de diligence, l'interprétation du contenu de la règle devient en principe plus simple[625]. Ainsi, si la norme juridique fixe l'obligation de réaliser des actes spécifiques tels que la réalisation d'une étude d'impact ou la notification aux États intéressés avant l'installation d'une activité dangereuse, la vérification d'un manquement de l'État à ces règles ne pose pas de difficultés majeures[626].

Il faut également souligner que tant la violation de la norme que la responsabilité qui en découle doivent être évaluées à l'égard d'un comportement étatique. On ne discute pas ici d'une possible responsabilité conjointe et solidaire entre l'entrepreneur de l'activité et l'État sous la juridiction duquel l'activité se déroule, même si la responsabilité internationale de ce dernier est déclenchée par un acte

---

[624] Voir DUPUY, P.-M., « La responsabilité internationale des États pour les dommages causés par les pollutions transfrontières », in O.C.D.E., *Aspects juridiques de la pollution transfrontière*, Paris, O.C.D.E., 1977, p. 382 et JIMENEZ DE ARÉCHAGA, E., « International law in the past third of a century », *R.C.A.D.I.*, vol. 159, 1978, p. 272. Il faut pourtant remarquer que la responsabilité fondée sur la causalité pure n'est pas acceptée par la pratique internationale. Voir HANDL, G., « International Liability of States for Marine Pollution », *C.Y.I.L.*, vol. XXI, 1983, p. 94.

[625] Voir le « Chapitre II – La mise en œuvre de la diligence due » du Titre I de la présente Partie.

[626] Dans ce sens, P. Gautier souligne qu'« *en donnant plus de consistance, de densité, au principe de due diligence, l'accroissement des obligations de nature préventive permet une mise en cause plus aisée de la responsabilité internationale des États pour fait illicite* ». GAUTIER, P., « L'apport du droit international à la question de la responsabilité », in OST, F. & GUTWIRTH, S. (éd.), *Quel avenir pour le droit de l'environnement ?*, Bruxelles, Publications des Facultés universitaires Saint-Louis, 1996, p. 396-397.

contraire à l'obligation de diligence résultant d'un manquement initial d'une personne ou d'une entité privée à ses obligations. La responsabilité de l'État et celle des personnes privées existent parallèlement et l'on ne peut pas confondre les deux sujets, c'est-à-dire que la responsabilité incombant à l'État résulte d'un manquement à ses propres obligations[627].

Cela ressort clairement des articles de la Commission du droit international sur la responsabilité des États : en droit international, les actes d'une entité privée ne sont pas directement imputables à un État, sauf si l'entité en question est habilitée à agir en tant qu'organe de cet État ou si son comportement est reconnu et adopté par l'État comme étant le sien[628] Ainsi, une possible responsabilité résiduelle ne sera engagée que si elle est expressément prévue par une disposition conventionnelle. En signalant cet aspect de la responsabilité des États, on remarque également que l'important dans l'obligation internationale de diligence, est le comportement effectivement pris par l'État, indépendamment du comportement de la personne qui réalise concrètement l'activité en question. En d'autres termes, peu importe que la personne ait agi d'une manière compatible ou non avec ses obligations, car c'est le comportement de l'État qu'il faut toujours prendre en considération[629].

L'État est donc exonéré de toute responsabilité s'il a pris toutes les mesures de diligence nécessaires et appropriées pour assurer le respect

---

[627] Sur le sujet, voir l'avis consultatif du Tribunal international du droit de la mer concernant les obligations de patronage vis-à-vis du contractant patronné et de l'État qui patronne et la conséquente responsabilité en cas de dommage, notamment les commentaires relatifs à la question 2 soumise au Tribunal. T.I.D.M., *Responsabilités et obligations des États qui patronnent des personnes et entités dans le cadre d'activités menées dans la zone*, avis consultatif du 1er février 2011, par. 164-211.

[628] Voir les articles 5 et 11 du projet d'articles de la Commission du droit international sur la responsabilité de l'État.

[629] Toutefois, si la personne a agi sans observer ses obligations, sa responsabilité sera évidemment engagée, mais selon les normes de droit interne. Les Conventions adoptent souvent cette approche – l'article 4 de la Convention MARPOL pour la prévention de la pollution par les navires de 1973, par exemple, énonce ce qui suit : « *Toute violation des dispositions de la présente Convention est sanctionnée par la législation de l'Autorité dont dépend le navire en cause, quel que soit l'endroit où l'infraction se produit.* »

effectif, par les personnes sous sa juridiction, des obligations qui leur incombent. En revanche, s'il a manqué à son obligation de surveillance, nous pouvons, en règle générale, établir la possibilité de deux modes de réalisation du fait illicite international[630] : le premier mode sera caractérisé par un délit d'omission, par le fait de ne pas avoir exercé l'activité qui était spécifiquement demandée (« Paragraphe 1. La violation de l'obligation de diligence par une omission de l'État »). Le deuxième mode, au contraire, sera caractérisé par un délit d'action, par le fait d'avoir exercé l'activité qui était spécifiquement défendue (« Paragraphe 2. La violation de l'obligation de diligence par une action de l'État »). Il faut souligner que la distinction que nous avons privilégiée s'attache à faciliter la compréhension des expressions fréquemment utilisées par le droit conventionnel[631], étant donné qu'il n'existe en principe aucune différence entre l'action et l'omission pour que la responsabilité internationale d'un État soit invoquée[632]. Il faut également remarquer que la distinction proposée a comme point de référence le comportement de l'État, et non l'obligation en cause qui a été violée[633]. Enfin, dans certains cas il peut s'avérer difficile d'isoler dans la pratique un cas d'omission d'un cas d'action de l'État pour la détermination de la responsabilité[634].

---

[630] Sur le sujet, voir AGO, R., « Le délit international », *R.C.A.D.I.*, vol. 68, 1939, notamment p. 508-509.

[631] Notamment les expressions « veiller à » et « raisonnable ».

[632] *Annuaire... 2001*, vol. II, Deuxième partie, p. 72.

[633] Ayant comme point de départ l'obligation violée – et non le comportement de l'État – R. Ago propose une distinction entre les délits d'action et les délits d'omission : « *le délit d'action est l'infraction d'une obligation juridique de ne pas accomplir une certaine action, tandis que le délit d'omission est l'infraction d'une obligation juridique d'accomplir la même action, infraction qui peut consister aussi bien en une inaction absolue qu'en une action matérielle différente de l'action voulue par l'obligation enfreinte* ». AGO, R., « Le délit international », *R.C.A.D.I.*, vol. 68, 1939, p. 501.

[634] On constate même la possibilité d'un cumul d'une action et d'une omission pour fonder la responsabilité. Par exemple, selon l'article 4 de la Convention de La Haye (VIII) du 18 octobre 1907 relative à la pose des mines sous-marines automatiques de contact, toute puissance neutre qui place des mines automatiques de contact devant ses côtes, mais omet d'en avertir les autres États parties est susceptible d'être tenue pour responsable des conséquences de cette omission. Il faut donc l'action de mettre en place les mines et l'omission d'en avertir.

Paragraphe 1. La violation de l'obligation de diligence par une omission de l'État

L'omission de l'État est sans doute la forme la plus courante de violation de l'obligation de diligence requise, car le droit conventionnel énonce généralement des obligations d'agir, de prendre des mesures concrètes afin de mettre en œuvre la prévention. Ainsi, soit l'action de diligence demandée est dirigée vers une activité menée par l'État lui-même, soit l'action fait référence à ses pouvoirs publics de contrôle des activités menées par des entités non gouvernementales dans son territoire ou sous sa juridiction.

Dans la première hypothèse, l'action de surveillance de l'État se confond avec sa propre activité d'exploitation, étant donné que l'État doit agir non seulement comme entrepreneur mais aussi comme contrôleur de l'activité en question. C'est le cas de l'Accord régissant les activités des États sur la Lune et les autres corps célestes de 1979, qui oblige les États, lorsqu'ils explorent et utilisent la Lune, à prendre « *des mesures pour éviter de perturber l'équilibre existant du milieu en lui faisant subir des transformations nocives, en le contaminant dangereusement par l'apport de matière étrangère ou d'une autre façon* »[635]. Dans ce cas, si l'on prouve que l'État a manqué à son obligation de diligence en conduisant l'activité – qui est une activité menée dans la plupart des cas par des organes publics –, peu importe le fait qu'il a agi comme entrepreneur ou comme contrôleur, il sera responsable pour n'avoir pas pris les mesures de diligence appropriées pour assurer le respect effectif de ces obligations internationales.

En ce qui concerne la deuxième hypothèse, les fonctions de contrôle de l'État sont totalement indépendantes de la conduite de l'activité en question, étant donné qu'elle est menée par des personnes ou entités privées soumises à la réglementation du droit interne. On peut ainsi distinguer deux moments précis : l'activité en soi et le devoir de surveillance de l'État et, pour le droit international de la responsabilité, seules importent les actions de contrôle étatique. Ainsi,

---

[635] Article 7 de l'Accord.

si l'on a déjà vu que les comportements d'individus ou d'entités privées soumis à la juridiction d'un État ou à son contrôle ne peuvent pas être considérés comme des « faits de l'État » et ne peuvent par conséquent lui être attribués, c'est l'omission de l'État de contrôler leurs activités qui constitue un manquement à l'obligation de diligence.

Cela renvoie à l'idée même de souveraineté internationale : si l'État est en droit de revendiquer l'exclusivité du pouvoir sur un espace territorial, il est parfaitement vrai qu'il a en contrepartie une série d'obligations portant sur la gestion de cet espace et sur la régulation des activités humaines qui s'y déroulent[636]. Dans la sentence arbitrale concernant l'*affaire de l'Ile de Palmas*, ce rapport entre souveraineté territoriale et responsabilité a été établi de façon parfaitement claire. À cette occasion, l'arbitre Max Huber a démontré que l'obligation de diligence de chaque État de surveiller les activités qui se déroulent dans les espaces soumis à sa souveraineté conformément aux exigences du droit international n'est rien d'autre que le revers de la médaille représentée par la souveraineté. En d'autres termes, le droit de souveraineté a pour corollaire l'obligation de veiller à ce que le droit des autres États ne soit pas violé, en particulier leur droit à l'intégrité et l'inviolabilité[637].

La majorité absolue des traités du droit international de l'environnement utilisent cette deuxième hypothèse pour énoncer des obligations de comportement pesant sur les États. Le problème se pose lorsque l'on constate que cette même majorité recourt à des expressions trop vagues pour définir ces obligations. Le Traité sur l'Antarctique de 1959 illustre ce que nous venons d'affirmer et peut être une sorte de résumé de l'imprécision de tous les autres traités environnementaux :

« *Chacune des Parties Contractantes s'engage à prendre des mesures appropriées, compatibles avec la Charte des Nations Unies,*

---

[636] PEREIRA, A. C. A., « Soberania e pós-modernidade », in BRANT, L. N. C. (org.), *O Brasil e os Novos Desafios do Direito Internacional*, Rio de Janeiro, Forense, 2004, p. 638.
[637] Voir *Island of Palmas case (Netherlands, United States), 4 April 1928, Recueil des sentences arbitrales*, vol. II, p. 838-839.

en vue d'empêcher que personne n'entreprenne dans l'Antarctique aucune activité contraire aux principes ou aux intentions du présent Traité. »[638]

Outre l'expression « s'engage à prendre des mesures appropriées », le droit conventionnel utilise souvent l'expression « veiller à » pour définir les obligations de contrôle de l'État. La Convention internationale pour la protection des végétaux de 1997, par exemple, oblige chaque partie contractante à s'engager « *à veiller, sur son territoire, à l'application des mesures* [de prévention] *prescrites par la présente Convention* »[639]. Ainsi, pour que l'on puisse savoir si l'État a failli ou non à ses devoirs de diligence, il faut analyser à quoi se réfère exactement l'expression « veiller à »[640]. À cet égard, l'avis consultatif du Tribunal international du droit de la mer sur les *Responsabilités et obligations des États qui patronnent des personnes et entités dans le cadre d'activités menées dans la Zone* a apporté des éléments utiles à la compréhension de cette expression.

Le Tribunal du droit de la mer a dû se prononcer sur les obligations de diligence qui incombe aux États, à savoir veiller à ce que les activités menées dans la Zone, que ce soit par eux-mêmes, par leurs entreprises d'État ou par des personnes physiques ou morales possédant leur nationalité ou effectivement contrôlées par eux ou leurs ressortissants, le soient conformément à la Convention des Nations Unies sur le droit de la mer[641]. Selon le Tribunal, l'expression « veiller à » est la traduction de la diligence due, qui consiste « *à imposer aux États Parties des obligations que ceux-ci doivent remplir en exerçant les pouvoirs dont ils disposent sur les entités qui ont leur nationalité ou qui sont soumises à leur contrôle* », c'est-à-dire qu'il ne s'agit pas d'obtenir dans chaque cas le résultat que les personnes sous leur

[638] Article X du Traité.

[639] Article I, 2, de la Convention.

[640] De même que l'expression « s'engage à prendre… ».

[641] Notamment les articles 139, §1 ; 153, §4 ; et l'article 4, §4 de l'Annexe III à la Convention.

contrôle respectent les obligations de la Convention, mais plutôt de mettre en place les moyens nécessaires pour obtenir ce résultat[642].

En règle générale, si le comportement de personnes ou d'entités privées n'est pas attribuable à l'État d'après le droit international, il faut établir un mécanisme par lequel les règles du droit international produisent leur effet à l'égard des personnes privées dont le statut juridique relève du droit interne. Ce mécanisme consiste à exiger de l'État une action diligente traduite par la prise des mesures législatives et administratives au sein de son système juridique ; et s'il s'abstient d'adopter les actions nécessaires pour obliger les activités sous son contrôle à s'adapter aux exigences internationales, sa responsabilité sera évidemment engagée[643].

La Cour internationale de Justice a également adopté cette position dans l'*affaire relative à des Usines de pâte à papier sur le fleuve Uruguay*, affirmant que l'obligation d'empêcher un dommage transfrontière à l'environnement impose d'exercer la diligence requise vis-à-vis de toutes les activités qui se déroulent sous la juridiction et le contrôle des États, et que cette obligation « *implique la nécessité non seulement d'adopter les normes et mesures appropriées, mais encore d'exercer un certain degré de vigilance dans leur mise en œuvre* » ainsi qu'en assurant la surveillance des activités entreprises par des opérateurs publics et privés[644]. La responsabilité d'un État ne serait donc engagée que s'il était démontré qu'il n'avait pas agi avec la diligence requise, faute d'avoir pris toutes les mesures appropriées pour assurer l'application des obligations pertinentes aux personnes et entités privées relevant de sa juridiction.

Cela permet de comprendre pourquoi, face à des obligations de prévention de comportement, la responsabilité internationale de l'État est déclenchée, si l'occasion se présente, non pas du seul fait qu'un comportement individuel a eu lieu dans l'espace territorial relevant de sa juridiction, mais du fait que ce comportement met en exergue

---

642 T.I.D.M., *Responsabilités et obligations des États qui patronnent des personnes et entités dans le cadre d'activités menées dans la zone*, avis consultatif du 1er février 2011, par. 108-110.
643 *Ibid.*, par. 118-120.
644 C.I.J., *Recueil 2010*, par. 197.

l'inaction de la part de l'État de contrôler ledit espace par l'adoption des mesures de diligence requises par la règle en question[645].

Enfin, il faut souligner que si l'omission de l'État concerne surtout des mesures législatives et administratives qui découlent de l'obligation de prévention, quelquefois l'on constate également la possibilité d'une omission judiciaire. La Convention du droit de la mer, par exemple, prévoit que les États parties doivent veiller « *à ce que leur droit interne offre des voies de recours permettant d'obtenir une indemnisation rapide et adéquate ou autre réparation des dommages résultant de la pollution du milieu marin par des personnes physiques ou morales relevant de leur juridiction.* »[646] Ainsi, l'État peut manquer à ses obligations internationales s'il n'adopte pas un mécanisme interne de règlement de différends ou même si une procédure en cours n'arrive pas à donner dans un temps raisonnable une réponse « *rapide et adéquate* » au différend. Si on n'a pas trouvé jusqu'à présent une telle situation à l'égard du droit international de l'environnement, la jurisprudence relative aux droits de l'homme nous offre de nombreux exemples en ce sens[647].

Paragraphe 2. La violation de l'obligation de diligence par une action de l'État

Avec l'obligation de diligence, il faut toujours s'en tenir aux efforts de l'État pour accomplir ses devoirs. Ainsi, si l'omission est caractérisée par le fait de ne pas faire ce qui lui est ordonné, c'est-à-dire de ne pas agir, il peut parfois arriver que l'État ait effectivement agi, mais que la mesure prise soit totalement contraire ou ne soit pas suffisante à satisfaire les besoins de prévention de la norme juridique.

---

[645] CONDORELLI, L., « L'imputation à l'État d'un fait internationalement illicite : solutions classiques et nouvelles tendances », *R.C.A.D.I.*, vol. 189, 1984, p. 106.
[646] Article 235, 2, de la Convention.
[647] Voir, sur le sujet, SHELTON, D., « Ensuring justice with deliberate speed : case management in the European Court of Human Rights and the United States Courts of Appeals », *Human Rights Law Journal*, vol. 21, 2000, p. 337-348.

Si dans le premier cas il faut se borner à la règle pour savoir si elle exige un comportement spécifique de l'État – étant donné qu'une inaction ne pose pas des problèmes majeurs d'analyse – dans ce dernier cas, il faut non seulement faire attention à la règle, mais aussi à l'action effectivement prise, c'est-à-dire qu'il est fondamental d'observer les mesures adoptées par l'État pour savoir s'il a mis en œuvre ses obligations internationales[648].

Il y a deux possibilités de violation d'une obligation de diligence par une action de l'État : soit l'action prise est totalement contraire à la norme juridique (A), soit la mesure adoptée n'est pas du tout illicite mais elle n'est également pas suffisante pour atteindre les objectifs prévus (B).

A. L'action contraire à l'obligation internationale

Bien que le droit international de l'environnement comporte souvent des obligations vagues et imprécises, il existe aussi des obligations détaillées et surtout des standards techniques qui obligent les États d'une manière mieux définie. Évidemment, si un État prend une mesure en contradiction avec son obligation ou sans respecter un standard établi par le droit international lorsqu'il y a une obligation générale de diligence, sa responsabilité pour fait internationalement illicite sera engagée. En revanche, pour être en mesure de déterminer si une obligation particulière a été violée, il faut toujours partir du contenu et de l'interprétation de l'obligation primaire[649].

Concernant les standards internationaux, la technique législative de détermination des seuils de pollution ou de limites spécifiques à l'exploitation de certaines ressources est très utilisée par le droit de l'environnement. Cela peut aller d'une interdiction absolue de certaines activités afin de maintenir l'environnement libre de toute

---

648 LEFEBER, R., *Transboundary Environmental Interference and the Origin of State Liability*, The Hague, Kluwer Law International, 1996, p. 61-63.
649 *Annuaire... 2001*, vol. II, Deuxième partie, p. 72.

modification jusqu'à l'acceptation de l'idée que certaines modifications dans la qualité de l'environnement sont inévitables et peuvent être tolérées par le droit[650].

Il faut pourtant souligner qu'encore une fois tout se résume à l'interprétation de la règle primaire. Si la fixation du seuil est énoncée d'une manière générale selon une formule « les États parties doivent adopter les mesures nécessaires pour que l'émission de polluantes ne dépasse... », il s'agit d'une obligation de comportement. En revanche, si l'obligation est conçue en termes absolus – « il est interdit de rejeter au milieu naturel des substances qui dépassent... », l'obligation sera donc une obligation de résultat, dès lors qu'elle ne vise pas les efforts de l'État, mais le résultat en cause[651]. Ainsi, en ce qui concerne l'adoption des normes techniques limitant le pouvoir discrétionnaire des États vis-à-vis des émissions de polluants, le Protocole de Montréal relatif à des substances qui appauvrissent la couche d'ozone de 1987, par exemple, exige des États parties qu'ils adoptent les mesures nécessaires pour ne pas excéder un certain niveau calculé de consommation de substances réglementées, tout en prenant également en compte la situation particulière des pays en développement[652].

La même idée de limitation est aussi valable pour l'utilisation des ressources naturelles, y compris l'obligation de prendre des mesures

---

650 LE PRESTRE, P., *Ecopolítica Internacional*, São Paulo, Senac, 2000, p. 346. Pour des exemple de normes internationales fixant des niveaux d'exploitation ou de pollution afin de maintenir l'environnement libre d'ingérence par des substances ou activités spécifiques, voir SANDS, P., *Principles of International Environmental Law*, Cambridge, Cambridge University Press, 2003, p. 155.

651 Comme exemple d'une obligation de comportement fixant un seuil, l'article 2A du Protocole de Montréal de relatif à des substances qui appauvrissent la couche d'ozone est ainsi conçu : « *Pendant la période de douze mois commençant le premier jour du septième mois qui suit la date d'entrée en vigueur du présent Protocole, et ensuite pendant chaque période de douze mois,* chacune des Parties veille à *ce que son niveau calculé de consommation des substances réglementées du groupe I de l'annexe A n'excède pas son niveau calculé de consommation de 1986.* » (c'est moi qui souligne) Pour des exemples d'obligations de résultat, voir notamment l'introduction de la « Deuxième Partie – La prévention comme une obligation de résultat ».

652 Articles 2 à 5 du Protocole. Voir également la Convention MARPOL pour la prévention de la pollution par les navires de 1973 et le Protocole de Kyoto à la Convention-cadre des Nations Unies sur les changements climatiques de 1997.

pour régler la capture d'espèces déterminées : la Convention internationale pour la réglementation de la chasse à la baleine de 1946, par exemple, met en place un système de protection de certaines espèces et de limitation de leur capture[653]. De la même façon, la Convention pour la protection des phoques de l'Antarctique de 1972 impose aux États l'obligation d'adopter des mesures « *se rapportant à la protection, à l'étude scientifique et à l'exploitation rationnelle et humaine des populations de phoques* » dans la région antarctique, y compris la possibilité de délivrer des permis spéciaux de chasse pour la destruction ou la capture de phoques[654]. Il est donc nécessaire de souligner que malgré l'interdiction de capturer ou tuer certaines espèces – obligation de résultat – l'objectif général est toujours d'obliger l'État à prendre toutes les mesures nécessaires – obligation de comportement – afin de contrôler son industrie de la pêche, soit en adoptant des lois et règlements, soit en adoptant un système de permis de capture pour mettre en œuvre la Convention[655].

Il est intéressant de signaler que la Cour internationale de Justice a récemment décidé une controverse sur ce sujet. En 2010 l'Australie a introduit une instance devant la Cour contre le gouvernement japonais, affirmant que l'exécution par le Japon d'un vaste programme de chasse à la baleine dans le cadre de son programme de recherche scientifique sur les baleines constitue une violation des obligations contractées par cet État relatives à la préservation des mammifères marins et de l'environnement marin. Par conséquent, l'Australie prie

---

[653] Voir l'article III de la Convention ainsi que le règlement établi par la Commission internationale de la chasse à la baleine. Il faut cependant signaler que le régime de protection à la baleine possède tant des obligations de comportement que des obligations de résultat (notamment l'interdiction de capture), plus nombreuses que les premières.

[654] Voir les articles 2 à 4 de la Convention. Il faut portant remarquer que conformément à l'article 4 de la Convention, les permis délivrés ont pour objectif « *(a) fournir l'alimentation nécessaire aux hommes et aux chiens ; (b) permettre la recherche scientifique ; ou (c) fournir des spécimens pour les musées, les établissements d'enseignement et les institutions culturelles.* »

[655] La Convention comprend une annexe précisant les mesures que les États parties peuvent adopter : son article 7, par exemple, détermine que « *Les Parties contractantes adopteront, dans la mesure nécessaire, des règles s'appliquant à leurs ressortissants et aux navires battant leur pavillon engagés dans ces opérations de chasse et de capture* ». Voir également l'article 3 de la Convention.

la Cour d'ordonner au Japon de mettre fin à l'exécution de son programme de recherche, de révoquer toute autorisation permettant que soient entreprises les activités visées par la présente requête et de donner des assurances et des garanties qu'il n'entreprendra aucune nouvelle action dans le cadre dudit programme ou de tout programme similaire[656]. L'allégation australienne se résume à l'adoption par le Japon de mesures contraires aux obligations de diligence prévues tant par la Convention internationale pour la réglementation de la chasse à la baleine que par les Conventions sur la diversité biologique et sur le commerce international des espèces de faune et de flore sauvages menacées d'extinction (C.I.T.E.S.).

Le 31 mars 2014 la Cour internationale de Justice a rendu son arrêt définitif sur la question, en disant que, si d'une part, le programme japonais est tout à fait légitime et comporte des activités susceptibles d'être globalement qualifiées de recherches scientifiques, d'autre part, sa conception et mise en œuvre ne sont pas raisonnables au regard de ses objectifs annoncés[657]. En d'autres termes, la Cour a décidé que les permis spéciaux au titre desquels le Japon autorise la mise à mort, la capture et le traitement de baleines dans le cadre de JARPA II ne sont pas délivrés «en vue de recherches scientifiques» au sens de la convention. Elle a ordonné donc au Japon de révoquer tout permis, autorisation ou licence déjà délivré pour mettre à mort, capturer ou traiter des baleines dans le cadre de JARPA II, et de s'abstenir d'accorder tout nouveau permis, ne jugeant pas nécessaire d'ordonner d'autres mesures sollicitées par le gouvernement australien[658].

La finalité de ces mesures est de permettre à l'environnement et à certaines espèces menacées de se développer sans interférence humaine ou même de se reconstituer après un dommage, ainsi que de garantir le temps nécessaire pour que des études additionnelles soient faites avant que l'activité puisse causer un dommage[659]. Avec cette

---

[656] Voir C.I.J., *Affaire relative à la Chasse à la baleine dans l'Antarctique (Australie c. Japon)*, requête introductive d'instance du 31 mai 2010, p. 18-19.
[657] C.I.J., *Affaire relative à la Chasse à la baleine dans l'Antarctique (Australie c. Japon ; Nouvelle-Zélande (intervenant))*, arrêt du 31 mars 2014, par. 227.
[658] *Ibid.*, par. 245.
[659] Voir CURTIS, C., « The London Convention and Radioactive Waste Dumping at Sea : A Global Treaty Regime in Transition », *Proceedings of the Woods Hole*

finalité, le droit international de l'environnement exige souvent des États l'adoption de mesures spéciales de surveillance à la suite d'une fixation d'un délai ou d'une suspension de certaines activités. Ainsi, à la suite d'une proposition faite par le gouvernement espagnol à la réunion consultative des Parties contractantes à la Convention de Londres de 1972 sur la prévention de la pollution des mers résultant de l'immersion de déchets, les États ont adopté un moratoire pour toute évacuation de déchets radioactifs dans la mer[660]. Dans le cas de l'immersion de déchets radioactifs, les États ont fini par une prohibition définitive après la recommandation d'une commission d'experts réunis pour étudier le sujet, c'est-à-dire qu'ils sont passés d'une obligation de surveillance de comportement à une obligation d'interdiction de résultat[661].

Outre la prescription de standards généralement très techniques qui fixent des limites aux activités qui risquent de causer un dommage, il n'est pas rare que le droit conventionnel établisse pareillement des obligations d'action objective. La Convention sur les polluants organiques persistants de 2001, par exemple, demande aux États parties d'interdire ou de prendre les mesures juridiques et administratives qui s'imposent pour éliminer la production, l'utilisation, l'importation et l'exportation des substances chimiques inscrites à son annexe A. On a déjà vu que si l'État omet de prendre de telles mesures, il viole son obligation de prévention. Par ailleurs, s'il adopte des mesures juridiques ou administratives pour faciliter l'utilisation de ces substances ou pour favoriser sa production, il viole de même les obligations du traité[662]. Lorsqu'il y a une obligation directe et précise d'adoption d'un comportement, il suffit donc de

---

Oceanographic Institution Conference on 'Radioactivity and Environmental Security in the Oceans : New Research and Policy Priorities in the Arctic and North Atlantic', 7-9 June, Massachussetts, 1993, p. 541-555.

[660] Voir Résolution L.C. 14 (7) de 1983 et Résolution L.C. 21 (9) de 1985. Voir aussi sur le sujet SJÖBLOM, K.-L. & LINSLEY, G., « Evacuation des déchets radioactifs dans la mer : Convention de Londres de 1972 », *Bulletin de l'Agence internationale de l'énergie atomique*, vol. 2, 1994, p. 12-16.

[661] Résolution L.C. 51 (16) de 1993, adoptée lors de la 16ème réunion consultative des parties contractantes à la Convention de Londres. Concernant l'étude, voir la Résolution L.C. 28 (10) de 1993.

[662] Article 3 de la Convention.

comparer la prescription normative et le comportement effectivement adopté par l'État pour savoir s'il est conforme ou non aux exigences du traité.

Comme l'on vient de le constater, dans certains cas la simple comparaison entre l'obligation de diligence et l'action prise ne suffit pas, et parfois il faut tenir compte des circonstances du cas en espèce de même que de la finalité de la règle en question. En adoptant cette approche dans l'*affaire relative à des Usines de pâte à papier sur le fleuve Uruguay*, la Cour internationale de Justice a conclu que l'Uruguay avait méconnu l'ensemble du mécanisme de coopération prévu par les articles 7 à 12 du statut de 1975 parce que, en autorisant la construction des usines avant la fin de la période de négociation, il n'avait pas respecté entièrement l'obligation de négocier prévue par le traité. En d'autres termes, bien qu'il ait adopté des mesures pour mettre en place un régime de négociation, il a agi contrairement aux objectifs du régime créé puisqu'il n'a pas attendu la conclusion du processus de coopération internationale pour prendre sa décision[663].

En somme, le droit international laisse au juge, quand il y a des doutes, le soin d'apprécier *in concreto* le comportement étatique[664]. Ainsi, même en adoptant certaines mesures pour s'acquitter de ses obligations de diligence, le juge peut déduire que les actions prises ne sont pas efficaces ou suffisantes, concluant donc qu'il y a une violation de l'obligation de prévention.

B. L'action insuffisante ou déraisonnable

Tout d'abord, il faut établir une distinction entre les cas d'actions insuffisantes ou déraisonnables et les situations dans lesquelles l'obligation de prévention doit être interprétée comme une obligation

---

663 C.I.J., *Affaire relative à des Usines de pâte à papier sur le fleuve Uruguay (Argentine c. Uruguay)*, arrêt du 20 avril 2010, par. 149.
664 DUPUY, P.-M., *La responsabilité internationale des États pour les dommages d'origine technologique et industrielle,* Paris, Pedone, 1976, p. 261.

de résultat. Il ne s'agit pas ici d'analyser le caractère suffisant ou insuffisant d'une mesure prise à l'égard du résultat voulu par la règle, mais à l'égard de sa conformité avec l'obligation en soi. Ainsi, si une norme exige expressément de l'État l'adoption de deux critères de prévention – l'interdiction de tout dommage transfrontière ainsi que l'élaboration d'une étude complète d'impact sur l'environnement –, l'État peut violer l'une de ses obligations s'il réalise une étude incomplète, même si aucun dommage n'a été causé : la mesure prise sera donc insuffisante par rapport à l'un des critères de prévention. Au contraire, si un dommage est survenu même avec la réalisation d'une étude d'impact complète, la responsabilité sera également engagée : l'obligation de diligence a été respectée, mais il y a pourtant un résultat contraire à l'autre critère de prévention, qui dans ce cas peut être traduit par un critère de prévention absolue. L'origine de la responsabilité est complètement différente dans ces deux situations : dans le premier cas, c'est à cause de la violation de la diligence requise, dans le deuxième cas, de la non-conformité au résultat voulu.

Il est beaucoup plus simple de constater cette situation dans les cas d'accidents liés aux forces de la nature : même en adoptant toutes les mesures de sécurité et de diligence, après une catastrophe naturelle – telle qu'un grave séisme ou l'éruption d'un volcan – un dommage peut se produire[665]. Si dans cette situation hypothétique l'État n'est obligé par une norme juridique internationale que d'être diligent, il ne faut pas examiner le dommage causé, mais les mesures prises avant la catastrophe[666].

---

[665] Voir par exemple, le récent accident nucléaire de Fukushima, au Japon, à cause d'un tsunami. Sur les différentes notions de catastrophes internationales, voir OKERE, B. & MAKAWA, E. M., « Global Solidarity and the International Response To Disasters », in CARON, D. D. & LEBEN, C. (éd.), *Les aspects internationaux des catastrophes naturelles et industrielles – The International Aspects of Natural and Industrial Catastrophes*, The Hague, Martinus Nijhoff Publishers, 2001, p. 431-436.

[666] Il est intéressant de souligner que même les conventions qui travaillent avec un régime de responsabilité civile de l'exploitant de l'activité adoptent des clauses d'exonération de responsabilité si les dommages résultent « *d'un phénomène naturel de caractère exceptionnelle, inévitable et irrésistible* ». Voir l'article III, §2, a, de la Convention de Bruxelles sur la responsabilité civile pour les dommages dus à la pollution par les hydrocarbures de 1969 ; l'article 8, a, de la Convention de Lugano

Il en résulte que l'analyse du caractère suffisant d'une mesure de diligence se rattache à sa conformité à l'obligation en question et aux circonstances de son adoption et non au résultat voulu, c'est-à-dire qu'il faut juger si avec les mesures prises l'État a été véritablement diligent, indépendamment du résultat final de ses actions. En recourant à des expressions telles que « *prendre des mesures appropriées* »[667], « *prendre des mesures possibles* »[668], « *s'efforcer de prévenir* »[669], « *prendre des mesures nécessaires* »[670] ou encore « *des mesures raisonnables* »[671], la norme juridique de prévention elle-même oblige que l'on fasse le lien nécessaire entre les mesures adoptées et les circonstances de son adoption pour savoir si une mesure de diligence a été suffisante. En suivant cette logique, le Protocole au Traité sur l'Antarctique relatif à la protection de l'environnement de 1991 a donné sa propre définition de la notion :

« *Par 'raisonnable', lorsque ce terme est appliqué aux mesures de prévention et aux actions en cas d'urgence, on entend les mesures ou actions qui sont appropriées, possibles, proportionnées et fondées sur*

---

de 1993 sur la responsabilité civile des dommages résultant d'activités dangereuses pour l'environnement ; l'article 7, §2, a, de la Convention sur la responsabilité et l'indemnisation pour les dommages liés au transport par mer de substances dangereuses de 1996 ; l'article 4, §5, b, du Protocole de Bâle sur la responsabilité et l'indemnisation en cas de dommages résultant de mouvements transfrontières et de l'élimination de déchets dangereux de 1999 ; et l'article 4, §2, b, du Protocole sur la responsabilité civile et l'indemnisation en cas de dommages causés par les effets transfrontières d'accidents industriels sur les eaux transfrontières de 2003. L'article 9 de la Convention de Paris sur la responsabilité civile dans le domaine de l'énergie nucléaire de 1960 adopte l'expression « *cataclysmes naturels de caractère exceptionnel* ».

667 Article 6 de la Convention d'Helsinki sur les effets transfrontières des accidents industriels de 1992.

668 Article I de la Convention sur la prévention de la pollution des mers résultant de l'immersion de déchets de 1972 et l'article 2 de la Convention pour la protection du milieu marin de l'Atlantique du Nord-Est de 1992.

669 Article 2 de la Convention sur la pollution atmosphérique transfrontière à longue distance de 1979.

670 Article 194 de la Convention des Nations Unies sur le droit de la mer de 1982 et l'article IV de la Convention africaine sur la conservation de la nature et des ressources naturelles de 2003.

671 Articles 115 et 232 de la Convention des Nations Unies sur le droit de la mer de 1982.

la disponibilité de critères objectifs et d'informations, y compris : (i) les risques pour l'environnement en Antarctique et le taux de sa résilience ; (ii) les risques pour la vie et la sécurité humaines ; et (iii) la faisabilité économique et technologique. »[672]

La difficulté qui se pose est que même si le concept de « mesures raisonnables » ne se confond pas avec la notion de prévention absolue et donc avec l'obligation d'obtenir un résultat spécifique, il est indéniable que le caractère suffisant d'une mesure ne peut être apprécié qu'à l'égard de l'objectif et de la finalité de la norme, c'est-à-dire que pour qu'une mesure soit raisonnable, il faut au moins qu'elle soit nécessaire et indispensable pour obtenir le résultat voulu par la règle en question[673]. En conséquence, il faut vérifier l'existence d'un lien entre les moyens employés et le but de l'obligation, en appréciant l'acceptabilité juridique et environnementale des mesures prises[674].

Dans l'*affaire des Pêcheries de l'Atlantique Nord*, par exemple, la Cour permanente d'arbitrage a considéré que la Grande-Bretagne a utilisé de son pouvoir de réglementation de façon suffisante pour respecter ses obligations internationales de diligence, en affirmant que les règlements qui sont « *appropriés ou nécessaires* » pour la protection et la conservation de pêcheries ne sont pas incompatibles avec l'obligation d'exécuter le traité de bonne foi et sont, par suite, raisonnables[675]. Cette décision affirme exactement cette nécessité d'un lien entre les mesures de diligence prises (la réglementation) et le but

---

[672] Article 2, e, de l'Annexe VI du Protocole, sur la Responsabilité découlant de situations critiques pour l'environnement. Il faut souligner que l'Annexe VI n'est pas encore en vigueur.

[673] En ce sens, voir l'utilisation du concept de « mesures raisonnables » par la Cour internationale de Justice dans le domaine du traitement des étrangers, notamment l'opinion dissidente du juge Read. C.I.J., *Affaire Nottebohm (Liechtenstein c. Guatemala), deuxième phase, arrêt du 6 avril 1955, C.I.J. Recueil 1955*, p. 46-47.

[674] Selon C. Perelman, « *le raisonnable et le déraisonnable sont liés à une marge d'appréciation admissible et a ce qui, excédant les bornes permises, paraît socialement inacceptable* ». PERELMAN, C., « Le raisonnable et le déraisonnable en droit », *Archives de Philosophie du droit*, vol. XXIII – Formes de rationalité en droit, Paris, Sirey, 1978, p. 42.

[675] *The North Atlantic Coast Fisheries Case (Great Britain, United States), 7 September 1910, Recueil des sentences arbitrales*, vol. XI, p. 189-190.

légitime de la norme (la protection de pêcheries)[676]. En outre, à aucun moment le tribunal ne dit qu'il s'agit d'une obligation de résultat, bien au contraire ; il conclut qu'il suffit d'une réglementation appropriée pour que l'obligation [de prévention] soit respectée. En d'autres termes, il ne faut pas que la mesure prise obtienne le résultat visé, mais qu'elle soit au moins capable de l'obtenir.

Reste encore la question de savoir pourquoi le droit international de l'environnement fait souvent usage de cette expression. Tout d'abord, les États utilisent cette notion lorsqu'ils veulent éviter la détermination du contenu précis d'une norme, laissant aux interprètes le soin d'indiquer ce qui sera en pratique convenable, c'est-à-dire que ce qualificatif « raisonnable » donne aux concepts auxquels il s'attache une certaine souplesse d'application que ne leur aurait pas conférée une mesure spécifique, telle que l'exigence d'une notification ou d'une autorisation préalable[677].

Le concept laisse donc une marge de manœuvre aux États pour adapter leurs mesures diligentes aux circonstances et laisse à ses interprètes une très large marge d'appréciation[678]. Le problème est que ce qui est raisonnable « *dépend essentiellement d'une part des circonstances de fait qui entourent le cas d'espèce, d'autre part des valeurs qui sont agitées par l'application concrète du droit au cas*

---

676 En conclusion, selon O. Corten, « *tant la pratique que la théorie placent la notion d'objet et de but au centre de la méthode de détermination du contenu du raisonnable* » CORTEN, O., *L'utilisation du 'raisonnable' par le juge international*, Bruxelles, Bruylant, 1997, p. 533. L'auteur analyse également les nombreuses possibilités d'utilisation de cette notion par le droit international.

677 SALMON, J., « Le concept de raisonnable en droit international public », in *Mélanges offerts à P. Reuter. Le droit international : unité et diversité*, Paris, Pedone, 1981, p. 449.

678 SALMON, J., « Le fait dans l'application du droit international », *R.C.A.D.I.*, vol. 175, 1982, p. 351. Plusieurs auteurs ont vu dans la profusion de ces notions imprécises le signe d'une modification des pouvoirs du juge international qui doit maintenant adapter les normes en fonctions des besoins de la société. Voir LENOBLE, J., *Droit et communication. La transformation du droit contemporain*, Paris, Cerf, 1994, p. 17-18 ; VAN COMPERNOLLE, J., « Vers une nouvelle définition de la fonction de juger : du syllogisme à la pondération des intérêts », in *Nouveaux itinéraires en droit : hommage à François Rigaux*, Bruxelles, Bruyant, 1993, p. 498-501 ; et DUPUY, P.-M., « Le juge et la règle générale », *R.G.D.I.P.*, 1989, n° 3, p. 569-598.

d'espèce » et ces valeurs « *sont infiniment variables dans le temps et dans l'espace* »[679]. À cause de son caractère subjectif et imprécis, cette notion a occasionnellement fait l'objet de critiques[680], mais l'indétermination du concept, loin de constituer un défaut, représente donc sa qualité première[681].

L'utilisation du « raisonnable » ressort du fait que le droit international de l'environnement ne peut pas prévoir toutes les évolutions technologiques et tous les nouveaux cas d'application des mesures de diligence qui en résulteront[682]. Ainsi, il faut que le juge ou les États puissent examiner une situation donnée afin de trouver l'interprétation la plus efficace par rapport à l'objectif de l'obligation[683], étant donné que le droit international de l'environnement se présente de plus en plus comme le résultat d'une synthèse où se mêlent, de façon variable, des éléments émanant de la volonté des États, de la construction des juristes, et des considérations pragmatiques, de nature sociale, politique, morale, environnementale et surtout économique[684].

---

679 SALMON, J., « Les notions à contenu variable en droit international public », in PERELMAN, C. & VANDER ELST, R. (dir.), *Les notions à contenu variable en droit*, Bruxelles, Bruylant, 1984, p. 265.

680 Voir, par exemple, l'opinion individuelle du juge Ammoun dans l'*affaire du Plateau continental de la mer du Nord, arrêt du 20 février 1969, C.I.J. Recueil 1969*, p. 137. Suivant cette même idée, A. Aarnio affirme que le « raisonnable » est une notion confuse à une « *texture ouverte* » parce qu'il se prêt à plusieurs interprétations. AARNIO, A., *Le rationnel comme raisonnable. La justification en droit*, Paris, L.G.D.J., 1992, p. 202.

681 ABI-SAAB, G., « Eloge du 'droit assourdi' : quelques réflexions sur le rôle de la *soft law* en droit international contemporain », in *Nouveaux itinéraires en droit : hommage à François Rigaux*, Bruxelles, Bruyant, 1993, p. 67.

682 VOICU, I., *De l'interprétation authentique de traités internationaux*, Paris, Pedone, 1968, p. 13.

683 Pour cette raison, R. Legros définit le « raisonnable » comme « *le retour à la recherche de la solution juste, acceptable, admissible, emportant l'adhésion, convaincante, c'est la volonté constante de servir la justice* ». LEGROS, R., « L'invitation au raisonnable », *R.R.D.*, vol. I, 1976, p. 6.

684 Selon le professeur Recasens-Siches, en règle générale, la fonction du raisonnable est d'apprécier l'adéquation des moyens aux buts de la norme juridique, à l'égard de la convenance et de l'efficacité des mesures prises. RECASENS-SICHES, L., « La logique matérielle du raisonnement juridique », in HUBIEN, H.

L'autre fonction de ce terme concerne les limites imposées aux pouvoirs discrétionnaires des États[685]. Cela semble un peu contradictoire, parce que si d'une part, l'utilisation du terme « raisonnable » augmente la marge de manœuvre des États en ne précisant pas les mesures spécifiques de diligence, d'autre part ce même terme qualifie les mesures requises, limitant le pouvoir des États d'adopter n'importe quelle mesure diligente. En d'autres termes, cette même fonction d'adaptation des mesures aux circonstances limite la marge d'appréciation des États, car la règle est définie en excluant certaines situations : il ne s'agit pas de n'importe quelle mesure, mais seulement de celles qui sont raisonnables[686]. Ainsi, le simple fait d'agir n'exclut pas automatiquement la responsabilité internationale, il faut que l'action soit suffisante pour que l'on puisse considérer que l'État s'est effectivement acquitté de son obligation de diligence. La Chambre pour le règlement des différends relatifs aux fonds marins du Tribunal international du droit de la mer a adopté cette position dans son avis consultatif sur les *Responsabilités et obligations des États qui patronnent des personnes et entités dans le cadre d'activités menées dans la Zone* en concluant que la diligence requise impose à l'État non seulement de prendre des mesures au sein de son ordre juridique, mais que ces mesures doivent être « *raisonnablement appropriées* »[687].

De cette façon, on peut affirmer que certaines activités exigent un contrôle plus strict de l'État : dans l'installation d'une usine nucléaire, par exemple, il est évident que l'État ne pourra pas utiliser les mêmes mesures de diligence qu'il adopterait à l'égard d'une activité moins

---

(dir.), *Le raisonnement juridique*, Bruxelles, Bruylant, 1971, p. 135. Sur le rôle du juge d'interpréter et d'adapter les normes juridiques à la réalité concrète des faits, voir PERELMAN, C., « Droit positif et droit naturel », in *Le raisonnable et le déraisonnable en droit. Au-delà du positivisme juridique*, Paris, L.G.D.J., 1984, p. 25.

685 JOVANOVIC, S., *Restrictions des compétences discrétionnaires des États en droit international*, Paris, Pedone, 1988, p. 152-153.

686 CORTEN, O., *L'utilisation du 'raisonnable' par le juge international*, Bruxelles, Bruylant, 1997, p. 154.

687 T.I.D.M., *Responsabilités et obligations des États qui patronnent des personnes et entités dans le cadre d'activités menées dans la zone*, avis consultatif du 1er février 2011, par. 120.

risquée. Ainsi, si la norme juridique n'indique pas ou ne donne pas d'exemples de mesures à prendre par les États, l'étalon du raisonnable doit être déterminé par la pratique, à ce qui se produit le plus fréquemment[688]. Une mesure déraisonnable sera donc celle qui mène à des conséquences pratiques injustifiables, c'est-à-dire qu'un acte ne sera pas raisonnable s'il s'écarte d'un modèle socialement établi.

Pour cette raison, si l'État adopte les meilleures technologies disponibles dans l'installation et la mise en œuvre de son activité, l'on peut sans doute soutenir qu'il a adopté les « mesures raisonnables » et, en conséquence, qu'il a accompli ses obligations de prévention. Une mesure qualifiée de raisonnable ne sera donc admise que si l'État peut la justifier à l'égard du but pour lequel les dispositions de diligence en cause ont été prévues[689]. Dans l'*affaire relative à des Usines de pâte à papier sur le fleuve Uruguay*, le gouvernement de l'Uruguay a estimé qu'à partir du moment où l'article en cause crée une obligation de comportement, et non de résultat, peu importe l'analyse des conséquences de l'activité sur l'environnement «*puisqu'il s'est acquitté de son devoir d'empêcher la pollution en exigeant de l'usine qu'elle réponde aux normes relatives aux meilleures techniques disponibles* »[690] La Cour est arrivée à cette même conclusion, en décidant que l'Uruguay a effectivement pris les mesures nécessaires à la préservation de l'équilibre écologique du fleuve[691].

En somme, même si un État n'omet pas ou ne prend pas des mesures totalement contraires à son obligation de prévention, ses actions doivent cependant être suffisantes pour faire preuve à la diligence requise. En revanche, si les mesures adoptées ne sont pas

---

[688] Voir, par exemple, le rôle de l'Agence internationale de l'énergie atomique dans le domaine de l'assistance technique et de la fixation des normes de sûreté et sécurité nucléaires. A.I.E.A., *Rapport annuel de l'AIEA 2010*, Vienne, A.I.E.A., 2010, 131 p.
[689] Voir BOURNE, C., « The Primacy of the Principle of Equitable Utilization in the 1997 Watercourse Convention », *C.Y.I.L.*, 1997, vol. 35, p. 215-232.
[690] C.I.J., *Affaire relative à des Usines de pâte à papier sur le fleuve Uruguay (Argentine c. Uruguay)*, arrêt du 20 avril 2010, par. 192.
[691] *Ibid.*, par. 265.

« raisonnables », l'obligation de prévention a été violée et la responsabilité internationale de l'État sera par suite engagée[692].

Section II. La violation d'une obligation coutumière

La réaffirmation répétée sous une forme ou une autre, dans le contexte international, a fait de l'obligation de prévention un principe général reconnu de force obligatoire pour tous les membres de la communauté internationale[693]. En d'autres termes, le droit international reconnaît une obligation générale de diligence de prévenir tous les dommages transfrontières significatifs (ceux qui dépassent un certain seuil de tolérance) causés par une action intentionnelle ou négligente de l'État, soit directement, provoquant des tels dommages, soit permettant que des entités ou des personnes privées sous sa juridiction les provoquent et que la violation de cette obligation coutumière engage en conséquence la responsabilité internationale de l'État par fait illicite[694]. Cependant, bien qu'il y ait un accord aujourd'hui sur l'existence d'une règle du droit coutumier de prévention de la pollution transfrontière, le champ d'application précis de ce principe est encore incertain[695].

D'abord, comme l'on a déjà affirmé dans l'introduction du présent chapitre, la Commission du droit international considère qu'il y a violation d'une obligation internationale lorsque le fait en question n'est pas conforme à ce qui est requis par cette obligation « *quelle que*

---

[692] Certains auteurs évoquent même l'idée selon laquelle tous les actes arbitraires et déraisonnables sont interdits. ILUYOMADE, B. O., « The Scope and Content of a Complaint of Abuse of Right in International Law », *H.I.L.J.*, vol. 16, 1975, p. 84. p.47-92.
[693] *Annuaire... 1982*, vol. II, Première partie, p. 114, par. 117.
[694] BARBOZA, J., « International liability for the injurious consequences of acts not prohibited by international law and protection of the environment », *R.C.A.D.I.*, vol. 247, 1994, p. 319.
[695] BOYLE, A. E., « Nuclear Energy and International Law : an Environmental Perspective », *B.Y.B.I.L.*, vol. 60, 1989, p. 285.

soit l'origine de celle-ci »[696]. Cela signifie que le projet d'articles sur la responsabilité internationale des États s'applique à une obligation conventionnelle ainsi qu'à une obligation du droit coutumier, sans distinction. Ainsi, pour la détermination de la non-conformité du comportement étatique à l'obligation de diligence, la même analyse faite dans la section antérieure sur la violation d'une obligation conventionnelle est également valable pour les obligations coutumières, c'est-à-dire qu'une règle coutumière de prévention peut elle-aussi être violée par une omission ou une action de l'État : il suffit d'interpréter la règle primaire du droit coutumier.

Dès lors, pourquoi dédier la présente section à l'analyse de la violation d'une obligation coutumière ? La raison en est que la règle coutumière de prévention dans le droit international de l'environnement a des spécificités, notamment à l'égard de la preuve (« Paragraphe 1. La preuve de la violation de l'obligation coutumière de diligence ») et du rôle du dommage dans la vérification de la violation (« Paragraphe 2. Le dommage, est-il nécessaire pour que l'obligation coutumière de diligence soit violée ? »).

Paragraphe 1. La preuve de la violation de l'obligation coutumière de diligence

La preuve de la violation d'une règle coutumière relève du droit international général et la littérature sur le sujet est très vaste[697]. L'objectif ici n'est pas de faire une analyse de la preuve d'une coutume en soi, mais de démontrer qu'en matière de responsabilité

---

[696] *Annuaire... 2001*, vol. II, Deuxième partie, p. 133.

[697] Voir, par exemple, SUR, S., *La coutume internationale*, Paris, Librairies techniques, 1990 ; BARBERIS, J. A., « Réflexions sur la coutume internationale », *A.F.D.I.*, vol. 36, 1990, p. 9-46 ; FERRARI BRAVO, L., « Méthodes de recherche de la coutume internationale dans la pratique des États », *R.C.A.D.I.*, vol. 192, 1985, p. 233-330 ; MOUTTAKI, S. K., « La coutume internationale : sujets de droit, consentement et formation de la norme coutumière », *R.D.O.*, vol. 35, n° 2, 2004, p. 255-275 ; et KELSEN, H., « Théorie du droit international coutumier », in LEBEN, C. (dir.), *Hans Kelsen : écrits français de droit international*, Paris, P.U.F., p. 27-57.

internationale pour dommage à l'environnement il est peut-être plus facile de démontrer l'existence d'une coutume internationale de prévention que d'alléguer la possibilité d'une responsabilité par la simple constatation d'un dommage transfrontière subi. Pour l'essentiel, il s'agit d'analyser la dichotomie entre le cas typique de dommage transfrontière causé de manière intentionnelle ou négligente violant une obligation de prévention, ce qui entraîne la responsabilité comme une obligation secondaire, et la situation exceptionnelle d'un tel dommage causé accidentellement et sans négligence – c'est-à-dire sans violer une obligation internationale –, donnant lieu à une responsabilité comme une obligation primaire, ou en d'autres termes, une responsabilité objective ou absolue fondée sur la notion de risque de l'activité[698].

Ce qu'il faut souligner c'est que si l'existence d'une véritable responsabilité absolue pour dommage à l'environnement est loin de trouver un accueil favorable par la pratique internationale des États, l'existence d'une obligation coutumière de diligence peut surmonter cette difficulté initiale[699]. Au fond, s'il y a une obligation de prévention d'origine coutumière ordonnant des mesures de diligence, peu importe que le droit international accepte une telle responsabilité objective, il suffit à l'État qui a subi un préjudice de prouver non pas le dommage, qui n'a pas de rapport avec la constitution du fait illicite[700], mais que l'État d'origine n'a pas pris les mesures diligentes nécessaires. On ne discute pas ici le fait qu'un État a causé un dommage et qu'une conséquente responsabilité sans faute pourrait être mise en place, mais le fait qu'il a manqué à ses obligations coutumières de prévention[701].

---

698 HANDL, G., « Liability as an obligation established by a primary rule of international law », *N.Y.I.L.*, 1985, vol. XVI, p. 49.

699 Sur la responsabilité absolue pour dommage à l'environnement, voir le Titre II de la Deuxième Partie de la présente thèse.

700 Article 2 du projet d'articles sur la responsabilité internationale des États.

701 Évidemment, la preuve d'un comportement négligent ou imprudent pose beaucoup plus de difficultés aux victimes que la simple constatation d'un dommage, tel est le cas de la responsabilité absolue. Sur le sujet, voir également le Chapitre I du Titre II de la Deuxième Partie, notamment la « Section II. La reconnaissance de

La doctrine est unanime à reconnaître aujourd'hui l'existence d'une obligation coutumière de diligence de l'État lorsqu'il s'agit des activités exercées dans son territoire ou sous sa juridiction ou contrôle. Mais là encore, nous tombons dans la responsabilité pour fait illicite, l'État ayant manqué à une obligation qui lui incombait[702]. Cela ressort clairement de l'analyse de l'*affaire de la fonderie de Trail* entre les États-Unis et le Canada. Plusieurs auteurs ont vu dans cette affaire la preuve que dans certaines circonstances liées à la protection de l'environnement le droit international peut adopter un régime de responsabilité sans faute (responsabilité absolue)[703], mais en réalité l'affaire démontre justement le contraire : la question fondamentale du différend était la recherche d'une règle primaire pour établir le manquement à une obligation internationale pour ainsi donner naissance à la responsabilité internationale pour fait illicite entraînant une obligation de réparer. La vraie difficulté du gouvernement américain était non pas de prouver l'existence d'une responsabilité absolue en droit international, comme il a essayé de le faire dans un premier temps, mais de prouver la violation d'une obligation coutumière de diligence du Canada, qui n'a pas agi avec la diligence requise.

Dans une première décision de 1938, le Tribunal arbitral a prouvé l'existence des dommages causés par la fonderie canadienne dans le territoire des États-Unis, mais il n'a pas accepté l'allégation du gouvernement américain d'une responsabilité sans faute en raison d'une « *violation de souveraineté* » à cause du dommage et n'a pas octroyé d'indemnité pour cela[704]. Ensuite, dans un deuxième temps, l'effort du gouvernement des États-Unis n'était pas de prouver

---

l'obligation de prévention de résultat et la (non) nécessité de la responsabilité absolue des États ».

[702] GARANE, A., « La responsabilité internationale de l'état : un instrument économique de la protection de l'environnement ? », in BOTHE, M. & SAND, P. H. (eds.), *La politique de l'environnement : de la réglementation aux instruments économiques / Environmental policy : From Regulation to Economic Instruments*, La Haye, Martinus Nijhoff Publishers, 2003, p. 627.

[703] Voir, par exemple, JENKS, C. W., « Liability for ultra-hazardous activities in international law », *R.C.A.D.I.*, vol. 117, 1966, p. 122.

[704] *Trail smelter case (United States, Canada), 16 April 1938 and 11 March 1941, Recueil des sentences arbitrales*, vol. III, p. 1933.

l'existence d'une responsabilité absolue en cas de dommage, mais l'existence d'un manquement à une obligation de surveillance du gouvernement canadien qui entraînerait un régime de responsabilité internationale classique basé sur l'acte illicite. Ainsi, le Tribunal a modifié son approche du différend dans le sens d'une possible violation d'une obligation internationale et, en 1941, il a affirmé l'existence du principe général de *due diligence* en décidant qu'un État a à tout moment le devoir de protéger les autres États contre les actes préjudiciables causés par des individus sous sa juridiction[705].

La solution à laquelle le tribunal a abouti insistait sur la nécessité de prévenir le préjudice, mais tout en prévoyant l'indemnisation de tout dommage matériel subi du fait du fonctionnement de la fonderie en raison de l'adoption de la responsabilité internationale pour fait illicite et du manquement du gouvernement canadien à ses obligations de diligence[706]. En outre, en ce qui concerne les activités ultérieures de la fonderie, le Tribunal laisse la porte ouverte à la possibilité d'adoption d'une responsabilité absolue dans le futur, lorsqu'il énonce que le Canada doit réparer un possible dommage futur même sans négligence et ayant adopté toutes les mesures raisonnables pour éviter la pollution, c'est-à-dire sans avoir violé son devoir de diligence[707].

En somme, la solution à laquelle le Tribunal a abouti règle les intérêts en conflit d'une manière à permettre la poursuite de l'exploitation de la fonderie au Canada, mais sous réserve des restrictions et des limitations afin de prévenir les dommages aux États-Unis, autant que prévisibles. La décision dans l'*affaire de la fonderie de Trail*, outre le fait d'affirmer l'existence de la règle coutumière de diligence, nous démontre qu'il est possible de demander la réparation d'un dommage transfrontière à l'environnement dans le cas de la responsabilité internationale pour fait illicite, tout en évitant l'utilisation de la théorie de la responsabilité internationale sans faute,

---

[705] *Ibid.*, p. 1963.

[706] Voir le Quatrième rapport sur le droit relatif aux utilisations des cours d'eau internationaux à des fins autres que la navigation, O.N.U., Doc. A/CN.4/412, par. 85.

[707] Part V de la décision, in *Recueil des sentences arbitrales*, vol. III, p. 1980-1981. Voir également HANDL, G., « Liability as an obligation established by a primary rule of international law », *N.Y.I.L.*, vol. XVI, 1985, p. 61.

qui est encore très controversée et qui n'est pas utilisée dans la pratique des États[708].

Paragraphe 2. Le dommage, est-il nécessaire pour que l'obligation coutumière de diligence soit violée ?

Lorsqu'il s'agit d'analyser la relation entre l'existence d'une règle coutumière de prévention et la nécessité d'un dommage pour la mise en œuvre de la responsabilité internationale, l'on se trouve dans deux extrêmes : le caractère illicite du fait de causer une perte ou un dommage à un autre État n'est, en principe, pas douteux[709] ; il est cependant tout aussi clair dans la pratique des États que, si un État conduit ses affaires légitimes de manière diligente, le fait de causer une perte ou un dommage incident à un autre État n'engagera pas nécessairement sa responsabilité internationale[710]. Ainsi, l'on constate que même en présence d'un dommage, si l'État prouve qu'il a agi avec la diligence requise, sa responsabilité ne sera pas engagée, c'est-à-dire que l'existence d'un dommage ne signifie pas un manquement automatique à l'obligation coutumière de diligence. Par ailleurs, il y a une autre question que l'on doit se poser : faut-il apporter la preuve d'un dommage matériel comme un élément indispensable de la violation d'une obligation coutumière de diligence ?

Dans un premier temps, la pratique des États démontrait que l'obligation de diligence ne serait violée qu'en présence d'un dommage effectivement constaté. Dans l'*affaire de la fonderie de Trail*, par exemple, pour expliquer la responsabilité internationale du

[708] Voir l'Étude de la pratique des États concernant la responsabilité internationale pour les conséquences préjudiciables découlant d'activités qui ne sont pas interdites par le droit international du 16 octobre 1984, établie par le Secrétariat de l'Organisation des Nations Unies – O.N.U., Doc. A/CN.4/384.
[709] Voir le Titre I de la Deuxième Partie de la présente thèse.
[710] Voir le Troisième rapport sur la responsabilité internationale pour les conséquences préjudiciables découlant d'activités qui ne sont pas interdites par le droit international, par M. Robert Q. Quentin-Baxter, O.N.U., Doc. A/CN.4/360, par. 50.

Canada, le Tribunal a considéré que la violation de son obligation de diligence était liée à la preuve d'un dommage effectivement subi par les États-Unis[711]. Rien de plus cohérent, étant donné qu'à ce moment-là le droit international de la responsabilité était fondé sur l'idée de dommage comme un troisième élément – à côté des éléments subjectif et objectif – pour la constitution d'un fait internationalement illicite[712]. Le Tribunal a donc décidé qu'outre la conduite imputable au Canada (élément subjectif) et le manquement à une obligation internationale qui était à sa charge – dans ce cas une omission (élément objectif), la preuve du dommage était également indispensable pour qu'il puisse être tenu pour responsable.

Pourtant, le droit international a progressivement évolué vers l'élimination explicite du dommage de la définition de la responsabilité internationale des États[713]. L'objectif est de faire naître la responsabilité dès lors que l'ordre juridique international est violé. Anzilotti adoptait déjà cette idée lorsqu'il souligne qu'un dommage matériel éventuellement causé peut représenter une donnée décisive pour la détermination du montant de la réparation due, mais il ne peut contribuer à établir si un droit subjectif d'un autre État a été lésé. En outre, selon lui, la violation du droit d'un autre État est la raison d'être

---

711 Dans ce cas, le Tribunal a utilisé comme référence la décision de la Cour Suprême des États-Unis dans l'affaire *Story Parchment Company v. Paterson Parchment Paper Company*, 282 U. S. 555 (1931). Voir *Trail smelter case (United States, Canada), 16 April 1938 and 11 March 1941, Recueil des sentences arbitrales*, vol. III, p. 1920.

712 Voir, par exemple, FREEMAN, A. V., *The International Responsibility of States for Denial of Justice,* Londres, Longmans, 1938, p. 22 ; GUGGENHEIM, P., *Traité de droit international public : avec mention de la pratique internationale et suisse*, vol. II, Genève, Librairie de l'Université, Georg et Cie S.A., 1954, p. 1 ; et JIMENEZ DE ARECHAGA, E., « International Responsibility », in SORENSEN, M. (éd.), *Manual of Public International Law*, Londres, MacMillan, 1968, p. 534.

713 Voir le paragraphe 9 du Commentaire de l'article 2 du projet d'Articles de la Commission du droit international sur la responsabilité internationale des États. Il faut cependant souligner que le dommage se trouve évacué de l'origine de la responsabilité internationale, et non pas du droit de la responsabilité : il demeure l'élément fondamental concernant les dispositions relatives à la réparation du préjudice, par exemple.

de la responsabilité internationale et toute lésion d'un droit d'un État est, en elle-même, un dommage matériel ou moral pour cet État[714].

En somme, on assiste aujourd'hui à une reconceptualisation de la notion même de responsabilité internationale qui, par l'élimination du dommage comme condition de son apparition, s'est trouvée « objectivée » en ce sens que, d'une approche purement interétatique, on est passé à une vision plus « communautaire », c'est-à-dire que la responsabilité existe en soi, indépendamment de ses effets[715]. Et cette même évolution est constatée à l'égard de l'obligation coutumière de prévention. Pour être en mesure de déterminer si le dommage est un élément nécessaire à la constitution du fait illicite, il faut partir du contenu et de l'interprétation de l'obligation primaire, et l'on a déjà vu que la seule règle coutumière de prévention reconnue de manière générale[716] par les États est celle de la diligence due ![717]

Ainsi, comme l'a indiqué le Tribunal arbitral dans l'*affaire du Rainbow Warrior*, dans les relations interétatiques, le concept de dommage n'a pas un caractère exclusivement patrimonial, dès lors qu'il y a aussi la possibilité de dommages moral ou légal. Par conséquent, une action illicite contre des intérêts non-matériels peut aussi donner à l'État victime le droit de demander une réparation adéquate, même si ces actes n'ont pas causé un préjudice matériel ou pécuniaire[718].

---

714 Selon D. Anzilotti, le dommage en droit international se confond avec la violation de l'obligation parce que dans les relations interétatiques l'honneur et la dignité des États priment souvent les intérêts économiques. ANZILOTTI, D., *Corso di diritto internazionale,* Padova, CEDAM, 1955, vol. I, p. 425.

715 PELLET A., « Remarques sur une révolution inachevée, le projet d'articles de la CDI sur la responsabilité internationale des États », *A.F.D.I.*, vol. 42, 1996, p. 10.

716 L'expression « de manière générale » souligne le fait que lorsqu'il s'agit de n'importe quel dommage – même un préjudice qui n'est pas sérieux – les États ne reconnaissent que l'obligation coutumière de diligence. Cependant, lorsque nous sommes en présence d'un dommage significatif, il est parfaitement possible de soutenir l'existence d'une autre obligation coutumière de prévention. Voir, sur le sujet, le Chapitre I du Titre II de la Deuxième Partie de la présente thèse.

717 Voir l'introduction du Chapitre I.

718 *Affaire concernant les problèmes nés entre la Nouvelle-Zélande et la France relatifs à l'interprétation ou à l'application de deux accords conclus le 9 juillet 1986 lesquels concernaient les problèmes découlant de l'affaire du* Rainbow

D'une façon plus explicite, la Chambre pour le règlement des différends relatifs aux fonds marins du Tribunal international du droit de la mer a estimé qu'aux termes de l'article 139 de la Convention des Nations Unies sur le droit de la mer, tout manquement d'un État qui patronne aux obligations qui lui incombent entraîne sa responsabilité uniquement en cas de dommage. Nonobstant, cette disposition constitue une exception au droit international coutumier en matière de responsabilité, car « *un État peut être tenu responsable en vertu du droit international coutumier, même si le manquement de cet État à ses obligations internationales n'a entraîné aucun dommage matériel* »[719].

Malgré l'abandon de la nécessité de dommage pour la preuve de l'obligation coutumière de prévention, le dommage reste tout de même important – et parfois essentiel – pour la découverte d'un fait illicite. En d'autres termes, ce n'est qu'après l'appréhension d'un dommage matériel dans son territoire que les États affectés remarquent la possibilité d'une violation de l'obligation internationale de prévention et commencent par conséquent à chercher la source du dommage, autrement dit l'État ou les États responsables.

Conclusions du Chapitre I

D'une manière générale, l'État viole une obligation internationale lorsque son comportement n'est pas conforme à ce qui est requis de lui en vertu de cette obligation, quelle que soit l'origine ou la nature de celle-ci. Ainsi, tant une règle coutumière de prévention qu'une règle conventionnelle peuvent engager la responsabilité d'un État pour fait illicite en cas de manquement de sa part. L'on peut constater

---

Warrior *(Nouvelle-Zélande/France), sentence arbitrale du 30 avril 1990, Recueil des sentences arbitrales,* vol. XX, 1990, p. 217, par. 109-110. Voir sur le sujet APPOLIS, G., « Le règlement de l'affaire 'Rainbow Warrior' », *R.G.D.I.P.*, vol. 91, 1987, p. 9-43.

719 T.I.D.M., *Responsabilités et obligations des États qui patronnent des personnes et entités dans le cadre d'activités menées dans la zone*, avis consultatif du 1er février 2011, par. 178.

l'importance de l'obligation coutumière de diligence lorsqu'il s'agit d'éviter toute discussion sur l'existence d'une responsabilité absolue de l'État en l'absence de règles conventionnelles. Par conséquent, même si la preuve d'un comportement non diligent est souvent difficile à établir, l'existence d'une telle coutume donne la possibilité aux victimes de demander réparation en s'appuyant sur un régime de responsabilité internationale pour fait illicite.

Concernant l'obligation conventionnelle de diligence, même si parfois l'utilisation d'expressions trop abstraites et imprécises, telles que « veiller à » ou « mesures raisonnables », peut poser quelques difficultés d'interprétation, ces concepts sont importants dans la mesure où ils laissent aux États une marge de manœuvre pour adapter les mesures diligentes aux circonstances particulières de chaque cas. Ce qui est primordial, c'est d'obliger les États à mettre en place les moyens nécessaires pour éviter les dommages écologiques et de prouver que le comportement adopté par l'État n'était pas conforme à ce qui était requis de lui en vertu de ses devoirs de diligence, même en l'absence de tout dommage matériel causé à autrui.

CHAPITRE II. LES CONSÉQUENCES DE LA RESPONSABILITÉ INTERNATIONALE DES ÉTATS

Une fois constatée la violation de l'obligation de diligence, la responsabilité internationale comporte des conséquences juridiques pour l'État qui est à l'origine du fait illicite. Si l'on regarde le projet d'articles de la Commission du droit international sur le sujet, l'on observe que soit la responsabilité des États donne naissance à de nouvelles obligations internationales vis-à-vis de l'État responsable, soit elle dote l'État lésé d'une faculté d'appliquer des contre-mesures pour amener l'auteur d'une infraction à s'acquitter de ses obligations internationales[720].

En ce qui concerne l'adoption de contre-mesures, il ressort de la nature même du droit protégé – droit de l'environnement – que si la possibilité d'utilisation de ce recours peut être élargie, son contenu doit être très limité. Si l'on admet qu'il existe, en matière de prévention de dommage à l'environnement, des obligations coutumières ou conventionnelles *erga omnes*, il faut aussi admettre que, en cas de non-respect d'une de ces obligations, tout État destinataire de la norme a la faculté d'appliquer des sanctions à l'encontre de l'État auteur de la violation, qu'il ait été ou non directement affecté[721]. Ainsi, si l'on accepte l'existence d'une telle

---

[720] Voir les articles 28 et 49 du projet d'articles. Selon B. Stern, « *jadis synonyme d'obligation de réparer, la responsabilité internationale est aujourd'hui multiforme et comporterait, dans le cas général, cinq aspects différents : maintien de l'obligation de respecter la règle violée (article 29), cessation de la violation (article 30. 1), assurances et garanties de non-répétition (article 30. 2), réparation (article 31), autorisation donnée à l'État lésé d'adopter des contre-mesures (article 49).* » STERN, B., « Et si on utilisait la notion de préjudice juridique ? Retour sur une notion délaissée à l'occasion de la fin des travaux de la C.D.I. sur la responsabilité des États », *A.F.D.I.*, vol. 47, 2001, p. 9.

[721] SPINEDI, M., « Les conséquences juridiques d'un fait internationalement illicite causant un dommage à l'environnement », in FRANCIONI, F. & SCOVAZZI, T. (ed.), *International Responsibility for Environmental Harm*, London/Dordrecht/Boston, Graham & Trotman/Martinus Nijhoff, 1991, p. 123-124

obligation, tous les États sont habilités à prendre des mesures licites à l'encontre d'un autre État afin d'assurer la cessation de la violation ainsi que la réparation dans l'intérêt des bénéficiaires de l'obligation violée ou de l'État lésé[722].

En revanche, il faut tout d'abord écarter la possibilité d'utilisation de « contre-mesures environnementales », c'est-à-dire de contre-mesures dirigées vers les ressources naturelles de l'État responsable du fait illicite. Il faut souligner que rien n'empêche la prise de contre-mesures à la suite d'une violation du droit international de l'environnement[723] ; ce que nous considérons comme interdit est l'adoption de représailles directes contre le milieu naturel d'un autre État qui risquent de causer un dommage environnemental. Cela ressort tant des critères de proportionnalité[724] que des limitations expressément énoncées dans le projet d'articles :

« *Les contre-mesures ne peuvent porter aucune atteinte :*

a) À l'obligation de ne pas recourir à la menace ou à l'emploi de la force telle qu'elle est énoncée dans la Charte des Nations Unies ;

b) Aux obligations concernant la protection des droits fondamentaux de l'homme ;

c) Aux obligations de caractère humanitaire excluant les représailles ;

d) Aux autres obligations découlant de normes impératives du droit international général. »[725]

---

722 Article 54 du projet d'articles. Voir également l'article 48.

723 Ainsi, par exemple, l'État lésé peut prendre à l'encontre de l'État responsable du fait internationalement illicite de contre-mesures dans le domaine économique ou politique ensuite à la violation d'une obligation du droit de l'environnement.

724 Voir l'article 51 du projet d'articles. Sur le sujet, voir KOLB, R., « La proportionnalité dans le cadre des contre-mesures et des sanctions : essai de clarification conceptuelle », in SICILIANOS, L.-A. & FORLATI, L. P. (éd.), *Les sanctions économiques en droit international*, Leiden, Martinus Nijhoff Publishers, 2004, p. 379-443.

725 Article 50 du projet d'articles.

Même si l'existence des obligations de prévention ou de protection de l'environnement découlant des normes impératives du droit international est loin d'être accepté sans controverses[726], l'on trouve plusieurs autres arguments pour interdire une action de contre-mesure affectant directement l'environnement. Outre l'interdiction expresse du droit international humanitaire de causer « *des dommages étendus, durables et graves* » à l'environnement[727], il n'y a pas de doute aujourd'hui que la protection de l'environnement est un droit fondamental de l'homme[728]. Le Protocole de San Salvador additionnel à la Convention américaine relative aux droits de l'homme, par exemple, détermine que « *toute personne a le droit de vivre dans un environnement salubre et de bénéficier des équipements collectifs*

---

[726] Lauri Hannikainen, par exemple, souligne la possibilité d'existence de normes impératives concernant la protection de l'environnement de certains espaces internationaux. HANNIKAINEN, L., *Peremptory Norms (Jus Cogens) in International Environmental Law : Historical Development, Criteria, Present Status*, Helsinki, Finnish Lawyers' Publishing Company, 1988, p. 521-595. Voir également KORNICKER UHLMANN, E. M., « State community interests, Jus Cogens and protection of the global environment : developing criteria for peremptory norms », *G.I.E.L.R.*, vol. 11, nº 1, p. 101-135. Pour une analyse générale du sujet, voir TOMUSCHAT, C. & THOUVENIN, J.-M. (éds.), *The Fundamental Rules of the International Legal Order : Jus Cogens and Obligations Erga Omnes*, Leiden/Boston, Martinus Nijhoff Publishers, 2006, 471 p. et DUPUY, P.-M. (éd.), *Obligations multilatérales, droit impératif et responsabilité internationale des États*, Paris, Pedone, 2003, 296 p.

[727] Voir les articles 35 et 55 du Protocole additionnel aux Conventions de Genève du 12 août 1949 relatif à la protection des victimes des conflits armés internationaux (Protocole I), de 1977. Bien que limitée aux situations de conflits armés, cette interdiction démontre de façon claire le « *caractère humanitaire* » de la protection de l'environnement.

[728] Voir TRINDADE, A. A. C., *Derechos Humanos, Desarrollo Sustentable y Médio Ambiente*, San José, I.I.D.H.-B.I.D., 1995 ; GORMLEY, W. P., « The legal obligation of the international community to guarantee a pure and decent environment : the expansion of human rights norms », *G.I.E.L.R.*, vol. 3, issue 1, 1990, p. 85-116 ; SHELTON, D., « Human Rights, Environmental Rights, and the Right to Environment », *S.J.I.L.*, vol. 28, 1991, p. 103-138 ; KROMAREK, P. (ed.), *Environnement et droits de l'homme*, Paris, UNESCO, 1987, 178 p. ; et CONSEIL DE L'EUROPE (org.), *Manuel sur les droits de l'homme et l'environnement : principes tirés de la jurisprudence de la Cour européenne des Droits de l'Homme*, Strasbourg, Éd. du Conseil de l'Europe, 2006, 90 p.

essentiels », et oblige les États parties à encourager « *la protection, la préservation et l'amélioration de l'environnement* »[729].

En outre, adopter une action qui risque de causer un dommage environnemental équivaut à nier l'essence même des contre-mesures, étant donné que d'une part, elles « *sont limitées à l'inexécution temporaire d'obligations internationales de l'État prenant les mesures envers l'État responsable* »[730], et d'autre part, elles doivent cesser « *dès que l'État responsable s'est acquitté des obligations qui lui incombent à raison du fait internationalement illicite* »[731]. Or, les contre-mesures ne peuvent pas être utilisées comme une forme de répression d'un comportement illicite, car l'objectif est de rétablir une situation de licéité entre les États en question, et non de créer de nouvelles situations qui ne seront pas réversibles quelle que soit la réaction de l'État responsable aux demandes présentées contre lui. Et même si l'obligation de choisir des mesures réversibles n'est pas absolue, « *le fait d'infliger à l'État responsable des dommages irréparables pourrait constituer une mesure répressive ou une sanction pour inexécution et non une contre-mesure au sens des articles.* »[732] Le critère est toujours celui de la proportionnalité : dans l'*affaire relative au Projet Gabcikovo-Nagymaros*, la Cour a par exemple estimé que le détournement du Danube effectué par la Tchécoslovaquie n'était pas une contre-mesure licite, faute d'être proportionnée[733].

Si le droit de prendre des contre-mesures est l'une des conséquences possibles du manquement à l'obligation de diligence, sa réglementation relève pourtant du droit international général et sauf les questions mentionnées ci-dessus, il n'y a pas d'intérêt à analyser plus profondément cet instrument vis-à-vis de son utilisation par le

---

729 Article 11 du Protocole additionnel à la Convention américaine relative aux droits de l'homme traitant des droits économiques, sociaux et culturels de 1988 – Protocole de San Salvador.

730 Article 49 du projet d'articles.

731 Article 53 du projet d'articles.

732 *Annuaire... 2001*, vol. II, Deuxième partie, p. 358.

733 *C.I.J. Recueil 1997*, p. 56, par. 87.

droit international de l'environnement[734]. Les règles concernant les contre-mesures ne changeront pas en raison du « caractère environnemental » d'une situation de violation d'une norme internationale. Par ailleurs, si l'on prend l'autre conséquence de la responsabilité internationale – la naissance de nouvelles obligations – le caractère spécifique et les besoins de la réglementation environnementale nous posent quelques questions, tant à l'égard de la cessation de la situation d'illégalité créée et des garanties de non-répétition de la violation du droit (Section I) qu'à l'égard de la réparation du préjudice causé par le fait internationalement illicite (Section II).

Section I. Le retour à la légalité internationale et les garanties de non-répétition

Insister sur l'adoption de l'obligation de prévention comme une obligation de comportement présente l'avantage de donner aux États susceptibles d'être victimes d'activités dangereuses la possibilité d'exercer un recours en cas de manquement à cette obligation, avant même qu'un dommage ou un préjudice se réalise[735]. Une fois constatée la violation d'une obligation internationale de prévention, le projet d'articles sur la responsabilité des États détermine deux effets immédiats : d'abord, les États lésés peuvent demander à l'État responsable d'exécuter l'obligation violée[736]. Cela signifie que l'État responsable a également l'obligation de mettre fin au fait illicite si ce

[734] Sur le sujet, voir LEBEN, C., « Les contre-mesures interétatiques et les réactions à l'illicite dans la société internationale, *A.F.D.I.*, vol. 28, 1983, p. 9-77 ; ALLAND, D., *Justice privée et ordre juridique international : étude théorique des contre-mesures en droit international public*, Paris, Pedone, 1994, 503 p. ; et SICILIANOS, L.-A., « La codification des contre-mesures par la Commission du droit international », *R.B.D.I.*, vol. 38, nº 1-2, 2005, p. 447-500.

[735] Deuxième rapport sur la prévention des dommages transfrontières résultant d'activités dangereuses, par Pemmaraju Sreenivasa Rao, O.N.U., Doc. A/CN.4/501, par. 35.

[736] Voir les articles 29 et 30, a, du projet d'articles.

fait continue[737], ce qui est souvent le principal objet de la controverse et la question essentielle dans un litige concernant la responsabilité internationale des États[738]. Dans l'*affaire relative au Projet Gabcikovo-Nagymaros*, par exemple, la Cour a observé que la question pourrait être résolue de façon satisfaisante si chacune des Parties renonçait à toutes ses demandes et contre-demandes d'ordre financier ou les annulait, compte tenu du fait qu'elles ont commis des actes illicites croisés[739].

Ainsi, si l'une des conséquences directes du devoir d'exécuter l'obligation primaire est la cessation du comportement illicite s'il continue, cela nous amène à la question de savoir quel est vraiment le comportement étatique illicite. En d'autres termes, il faut se demander si la continuation de l'activité qui a effectivement causé ou que risque de causer un dommage transfrontière à l'environnement est en soi illicite et, par conséquent, si les États affectés peuvent également revendiquer son interdiction (« Paragraphe 1. La différence entre l'acte et l'activité »).

En outre, à partir du moment où le droit de l'environnement est plutôt tourné vers la prévention que la réparation d'un dommage, étant donné que l'action préventive est beaucoup plus souhaitable qu'une indemnisation[740], l'État responsable peut être également obligé d'offrir des assurances ou garanties de non-répétition de son acte. Ces mesures visent à rétablir la confiance entre l'État qui a causé et celui qui a subi un préjudice dans une relation continue, bien qu'elles offrent beaucoup plus de souplesse que la cessation du fait illicite et l'exécution de l'obligation violée[741] (« Paragraphe 2. Les mesures pour garantir le respect de l'obligation de prévention violée »).

---

737 Sur le sujet, voir le commentaire de l'article 14 du projet d'articles sur la responsabilité des États.

738 Voir GRAY, C., *Judicial Remedies in International Law*, Oxford, Clarendon Press, 1987, p. 77-92.

739 *C.I.J. Recueil 1997*, p. 81, par. 153.

740 BILDER, R. B., « The settlement of disputes in the field of the international law of the environment », *R.C.A.D.I.*, 1975, vol. 144, p. 155.

741 Voir l'article 30, b, du projet d'articles.

Paragraphe 1. La différence entre l'acte et l'activité

Les premiers effets de la mise en place de la responsabilité internationale des États sont la cessation de la situation d'illégalité – qui ici n'est plus que le manquement à l'obligation de prévention envisagée comme une obligation de comportement – et la reprise de l'exécution de l'obligation violée. Pour mettre fin à cette situation, il faut donc prendre tous les actes nécessaires prescrits par le droit international – conventionnel ou coutumier – afin de contrôler les risques de survenance d'un dommage transfrontière significatif. Ainsi, il est fondamental d'établir la distinction entre l'activité et l'acte parce que si l'on considère que le fait internationalement illicite est la poursuite même de l'activité, pour mettre fin à la situation d'illégalité il faut donc l'arrêter. En revanche, si le fait illicite est simplement l'omission ou l'action contraire à la diligence requise, l'effet de la responsabilité sera d'obliger l'État à adopter les mesures requises, et une fois que l'État les a effectivement mises en œuvre, l'activité pourra continuer ses travaux sans problèmes.

Dans son étude sur la responsabilité internationale pour les conséquences préjudiciables découlant d'activités qui ne sont pas interdites par le droit international, la Commission du droit international a déjà eu l'opportunité d'insister sur cette distinction : la question fondamentale soulevée à l'occasion était de savoir quand et si un comportement de l'État qui produit des effets transfrontières préjudiciables, mais qui est en soi licite puisqu'il relève de l'exercice légitime d'un droit souverain, doit être considéré comme internationalement illicite. L'objectif était de couvrir tous les cas dans lesquels l'État, même en respectant ses obligations internationales de diligence, a pourtant causé un dommage transfrontière.

Selon la Commission, « *tous les préjudices ne sont pas illicites ; mais le droit n'est jamais indifférent à la survenance ou à l'éventualité d'un préjudice quand il menace les droits d'autres*

États »[742]. Ainsi, le rapporteur spécial était d'avis que l'institution d'un régime unique de responsabilité objective applicable en cas d'accident survenu en dépit du respect des « normes internationales acceptées » serait la moins dure pour l'État d'origine parce que la prévention, au lieu de constituer une obligation distincte, serait une simple résultante de l'effet dissuasif de l'obligation de réparer qui est inhérente au régime de la responsabilité objective. Selon lui, la solution trouvée présenterait également l'avantage de ne pas qualifier d'illicite le comportement étatique et de ne pas imposer la cessation de l'activité, dont les effets seraient néanmoins réparés, ce qui permettrait de parvenir à une solution plus souple[743].

La principale différence entre l'analyse de la Commission et celle faite ici est que pour mettre en place un régime de responsabilité stricte il faut partir de la présomption que l'État s'est acquitté de ses obligations, quel que soit le degré de diligence exigé, mais que malgré cela un dommage est survenu dont la réparation ne serait que sa conséquence inévitable. Les perspectives sont complètement différentes : on n'a pas besoin d'examiner ici la possibilité d'application d'un régime de responsabilité absolue ou stricte, car il y a effectivement une violation d'une obligation internationale, dont la conséquence est l'application de la responsabilité classique pour fait illicite. En outre, l'on a déjà vu que le dommage ne joue aucun rôle dans la détermination d'une violation de l'obligation de diligence, sauf détermination expresse d'une règle conventionnelle[744].

Par ailleurs, si les circonstances de l'analyse de la Commission et celles de la présente thèse sont complètement différentes puisqu'il

---

742 O.N.U., Doc. A/CN.4/346, par. 40. Dans le même document, le rapporteur affirme que « *tout préjudice transfrontière n'est pas illicite; mais un préjudice transfrontière notable n'est jamais négligeable sur le plan juridique*. » *Ibid.*, par. 59.
743 O.N.U., Doc. A/CN.4/423, par. 50.
744 Même si nous ne sommes pas d'accord, il faut dire qu'il y a des auteurs qui considèrent qu'en cas de dommage, puisque la demande pour compensation exige la violation d'une règle de droit international, l'activité en question doit être classifiée comme interdite et, par conséquent, elle ne pourra pas continuer ses activités de manière licite. Voir DOEKER, G. & GEHRING, T., « Private or International Liability for Transnational Environmental Damage : The Precedent of Conventional Liability Regimes », *J.E.L.*, vol. 2, nº 1, 1990, p. 2.

s'agit ici d'une responsabilité pour fait illicite, la distinction de la Commission est tout à fait pertinente vis-à-vis du non-respect de l'obligation de prévention. De la même façon qu'elle a insisté sur l'importance de l'utilisation de l'expression « activités qui ne sont pas interdites par le droit international » pour démontrer la différence entre la responsabilité objective et la responsabilité pour fait illicite, il faut reprendre cette distinction pour indiquer que les litiges liés à la non-application du principe de prévention ou au manquement à l'obligation de diligence due n'impliquent en aucun cas que l'activité elle-même soit illicite ou interdite[745]. En réalité, la Commission est elle-même arrivée à cette conclusion tant lors de ses travaux sur la prévention que dans son projet de principes sur la répartition des pertes en cas de dommage transfrontière découlant d'activités dangereuses[746].

Dans cette mesure, la responsabilité d'un État pour manquement à l'obligation de prévention peut être engagée sans que l'activité considérée soit pour autant susceptible d'interdiction, ce qui ne compromettrait nullement le respect de la liberté de l'État et de sa souveraineté sur son territoire et ses ressources à l'égard des activités nécessaires de développement et autres activités bénéfiques qu'il entreprend[747]. Lorsqu'une activité occasionne une quantité innombrable d'actes particuliers qui lui sont intimement liés, il peut y avoir parmi eux quelques actes illicites qui ne rendent pas pour autant l'ensemble de l'activité illicite[748]. L'effet primaire de la responsabilité

---

[745] O'KEEFE, C., « Transboundary pollution and the Strict Liability Issue : The Work of the International Law Commission on the Topic of International Liability for Injurious Consequences Arising Out of Acts Not Prohibited by International Law », *D.J.I.L.P.*, vol. 18, n° 2, 1990, p. 192.

[746] Dans ses travaux sur la répartition des pertes, la Commission a affirmé que « *le non-respect de l'obligation de prévention prévue par le projet d'articles sur la prévention pourrait engager la responsabilité de l'État sans nécessairement impliquer que l'activité elle-même est interdite* ». O.N.U., Doc. A/61/10, p. 122.

[747] Voir le Premier rapport sur la prévention des dommages transfrontières résultant d'activités dangereuses, O.N.U., Doc. A/CN.4/487/Add. 1, par. 116.

[748] *Annuaire... 1986*, vol. II, Première partie, p. 166.

internationale sera donc la cessation de l'acte dommageable, l'activité restant quant à elle permise[749].

Il est évident qu'il faut empêcher ou réduire les activités comportant un risque significatif de causer un dommage substantiel, mais si toutes les mesures de prévention possibles sont prises et si les avantages découlant de l'activité dépassent de loin les avantages qu'il y aurait à éliminer le risque, il n'est pas aisé de considérer comme illicites certaines activités dangereuses, car cela obligerait à mettre fin à l'activité elle-même[750]. Ainsi, à partir du moment où la non-conformité aux obligations de diligence a été prouvé, la responsabilité permet aux États susceptibles d'être affectés seulement d'insister sur l'exécution des obligations violées, mais elle ne donne pas un droit de veto à l'égard des activités relevant de la juridiction de l'État auteur de l'infraction. En outre, sauf quelques exceptions énoncées par le droit conventionnel, la légalité ou l'illégalité d'une activité déterminée relève du droit interne de chaque pays[751].

En somme, il est erroné de considérer que l'interdiction d'une activité qui risque de causer un dommage transfrontière est le résultat inévitable de la responsabilité internationale des États pour faits illicites et qu'il n'est pas possible d'équilibrer les avantages et les inconvénients de ces activités qui, en fin de compte, sont très utiles et même indispensables à la société actuelle[752]. Le fait d'établir clairement cette distinction permet d'affirmer que c'est le non-respect des mesures de diligence qui est interdit, et non l'activité elle-même.

---

[749] AKEHURST, M. B., « International Liability for Injurious Consequences Arising out of Acts not Prohibited by International Law », *N.Y.I.L.*, 1985, vol. XVI, p. 8.
[750] MUNRO, R. D. & LAMMERS, J. G. (ed.), *Environmental Protection and Sustainable Development : Legal Principes and Recommandations*, Boston/Londres/Dordrecht, Graham & Trotman/Martinus Nijhoff, 1987, p. 79.
[751] Les exceptions à cette règle sont les activités expressément interdites par le droit international, telles que l'exploitation de ressources minérales en Antarctique, par exemple. Voir l'article 7 du Protocole au Traité sur l'Antarctique relatif à la protection de l'environnement de 1991.
[752] ZEMANEK, K., « State Responsibility and Liability », in LANG, W. ; NEUHOLD, H. & ZEMANECK, K. (eds.), *Environmental Protection and International Law*, London, Graham & Trotman, 1991, p. 197.

Finalement, il faut préciser que l'on discute ici une violation d'une obligation internationale incombant à un État, et non à l'exploitant d'une activité. En d'autres termes, même si c'est à l'activité qu'est associée l'idée de risque et même si c'est elle qui dicte la forme que prend le préjudice, il faut s'en tenir à l'action ou l'omission de l'État[753]. Ainsi, la responsabilité permet seulement aux États susceptibles d'être affectés d'insister sur l'exécution des obligations créées et qui n'ont pas été respectées, et une possible demande visant l'arrêt de l'activité concernée ne pourra être prise que dans un deuxième moment : si l'État auteur de l'infraction n'exécute pas les mesures de diligence qui lui incombe pour rétablir la situation de légalité qui a été violée après l'engagement de sa responsabilité.

Paragraphe 2. Les mesures pour garantir le respect de l'obligation de prévention violée

Dès lors que la violation d'une obligation de diligence n'implique pas nécessairement un dommage matériel et peut bien souvent se limiter à un dommage légal, c'est-à-dire à la simple violation d'une règle juridique, le rétablissement de l'exécution des obligations et l'effacement, dans la mesure du possible, des conséquences de la violation constituent l'issue la plus favorable après la violation de la norme et la seule assimilable à la réparation intégrale du préjudice causé[754]. À partir du moment où l'objectif du droit international de l'environnement à l'égard de la responsabilité des États est plutôt de mettre fin à l'acte illicite et de prévenir des violations ultérieures que de réparer un possible dommage, il est fort souhaitable que l'État responsable prenne les mesures nécessaires pour que, de façon plus

[753] Voir O.N.U., Doc. A/CN.4/510, par. 30.

[754] COULEE, F., *Droit des traités et non-réciprocité : recherches sur l'obligation intégrale en droit international public*, Thèse Université Paris II – Panthéon-Assas, 1999, p. 548. L'auteur ajoute qu'« *en l'absence de dommage matériel, de perte à caractère économique, une réparation pécuniaire n'apporte pas nécessairement une réponse adaptée à la violation.* »

abstraite, l'obligation violée reçoive à l'avenir une application pleine et entière.

L'offre d'assurances et de garanties de non-répétition du comportement illicite par l'État responsable peut répondre à ce besoin du droit international de l'environnement puisqu'il a en soi une fonction préventive et peut être considérée comme un « *renforcement positif de l'exécution future* » pour la restauration de la relation juridique à laquelle la violation a porté atteinte[755]. Ainsi, ces mesures ne sont pas exigées dans tous les cas, mais seulement dans ceux pour lesquels l'État lésé a des raisons suffisantes de croire que le simple rétablissement de la situation de légalité préexistante ne le protège pas de manière satisfaisante. Les assurances et garanties mettent l'accent sur le respect futur de l'obligation violée et non pas sur la violation qui a déjà eu lieu, c'est-à-dire qu'elles ne sont qu'un « *aspect du maintien et du rétablissement de la relation juridique à laquelle la violation a porté atteinte* »[756].

La question de savoir si un État peut exiger des assurances et garanties de non-répétition comme l'une des conséquences de la mise en place de la responsabilité internationale a été traitée dans l'*affaire LaGrand* entre l'Allemagne et les États-Unis, un différend qui ne portait pas sur la protection de l'environnement, mais sur l'exécution par le gouvernement américain de deux ressortissants allemands – Karl et Walter LaGrand – sans la notification requise pour permettre à l'Allemagne l'exercice de sa protection diplomatique à l'égard de ses ressortissants[757]. Elle présente cependant un intérêt général, y compris pour notre sujet. Même si les États-Unis ont reconnu la violation à la Convention de Vienne sur les relations consulaires, ils ont pourtant contesté la compétence de la Cour pour juger la demande allemande d'obtention d'assurances et de garanties que de tels actes illicites ne se reproduiront pas en soulignant que « *le pouvoir qu'a la Cour de trancher des affaires... n'englobe pas celui d'ordonner à un État de*

---

755 Commentaires à l'article 30 du projet d'articles sur la responsabilité, *Annuaire... 2001,* vol. II, Deuxième partie, p. 233.

756 *Ibid.,* p. 238.

757 C.I.J., *Affaire LaGrand (Allemagne c. États-Unis d'Amérique), arrêt du 27 juin 2001, C.I.J. Recueil 2001*, p. 472.

fournir une 'garantie' visant à conférer des droits additionnels à l'État requérant »[758].

La Cour, après avoir décidé qu'elle avait compétence pour connaître de cette question, a jugé que les mesures déjà prises par les États-Unis aux fins de mettre en œuvre les obligations découlant du traité doivent être considérées « *comme satisfaisantes à la demande de l'Allemagne visant à obtenir une assurance générale de non-répétition* »[759]. Cependant, la Cour a également souligné qu'aucun État ne pourrait fournir l'assurance qu'il n'y aura plus jamais de manquement à une obligation internationale[760]. Si l'*affaire LaGrand* joue un rôle fondamental concernant la question de savoir si l'obligation de fournir des garanties de non-répétition peut être une conséquence juridique d'un fait illicite, elle n'a pas précisé quelles sont les mesures d'assurance requises, laissant à l'État le choix des moyens pour mettre en œuvre cet effet de la responsabilité internationale.

Dans l'*affaire de la fonderie de Trail*, en revanche, le Tribunal arbitral a précisé les mesures que devait adopter la fonderie afin de prévenir efficacement des émissions significatives de fumée à l'avenir, c'est-à-dire qu'il a élaboré un programme d'actions détaillé pour assurer et garantir la non-répétition de la violation de l'obligation de diligence par le gouvernement du Canada. Ainsi, dans sa décision de 1938, le Tribunal a établi une série de mesures temporaires pour mieux connaître les divers facteurs d'influence concernant l'émission

---

758 *Ibid.*, p. 484.

759 En réalité, la Cour a remarqué que la demande allemande a été libellée de façon à laisser aux États-Unis le choix des moyens propres à mettre en œuvre les mesures de garantie nécessaires et qu'à partir du moment où les États-Unis ont présenté des activités auxquelles ils se livrent aux fins de mettre en œuvre les obligations découlant du traité, ces mesures étaient satisfaisantes. *Ibid.*, p. 513.

760 La Cour a souligné que si les États-Unis, en dépit de la garantie offerte, « *manquaient à leur obligation de notification consulaire au détriment de ressortissants allemands, des excuses ne suffiraient pas dans les cas où les intéressés auraient fait l'objet d'une détention prolongée ou été condamnés à des peines sévères. Dans le cas d'une telle condamnation, les États-Unis devraient permettre le réexamen et la révision du verdict de culpabilité et de la peine en tenant compte de la violation des droits prévus par la convention.* » *Ibid.*, p. 513-514.

de polluants, notamment les conditions météorologiques de la région, et pour améliorer les méthodes d'opération et de contrôle de l'industrie afin de pouvoir déterminer dans le futur un régime permanent de contrôle de l'activité[761].

Suivant ce programme provisoire, le Tribunal a obligé l'industrie à installer tous les équipements nécessaires pour collecter les informations sur son opération et sur les conditions climatiques de la région. Pour surveiller l'exécution du programme, il a également désigné deux conseillers techniques qui possédaient le pouvoir de demander à la fonderie des rapports réguliers sur ses méthodes de fonctionnement pendant cette période. Finalement, le Tribunal a ordonné des limitations à l'activité de la fonderie, notamment en ce qui concerne son émission de gaz, et même considérant qu'il n'était pas prêt à faire de telles limitations permanentes, il était d'avis que cette limitation réduirait sans doute le risque ou la possibilité des dommages dans la région susceptible d'être affectée[762].

Dans sa décision finale, en 1941, après avoir analysé les résultats du programme provisoire entrepris[763], le Tribunal a donc défini un régime permanent pour la fonderie proposant des mesures de surveillance et de prévention telles que la fixation d'émissions maximales admissibles ou l'installation permanente d'instruments pour prévoir les conditions météorologiques et pour mesurer la concentration de polluants dans l'atmosphère[764]. Selon le Tribunal, le régime prescrit devrait permettre de mettre fin à toutes les causes du différend et de prévenir tout dommage de nature matérielle aux États-Unis dans le futur[765]. Malgré cela, le Tribunal a exigé du Canada qu'il

---

761 *Trail smelter case (United States, Canada), 16 April 1938 and 11 March 1941*, *Recueil des sentences arbitrales*, vol. III, p. 1934.
762 *Ibid.*, p. 1934-1936.
763 Voir le rapport final des conseillers techniques, DEAN, R. S. & SWAIN, R. E., *Meteorological Investigations near Trail, B.C.*, 1938-1940, 374 p.
764 *Trail smelter case (United States, Canada), 16 April 1938 and 11 March 1941*, *Recueil des sentences arbitrales*, vol. III, p. 1974-1978. Il faut souligner que les parties ont évidemment la possibilité de modifier ou même de suspendre le régime en commun accord si les circonstances futures l'exigent.
765 *Ibid.*, p. 1980. Il faut souligner que ce régime ne concerne que les dommages futurs, car le tribunal a octroyé d'indemnités pour les dommages déjà causés. Voir la deuxième partie de la décision, notamment p. 1959-1960.

verse une indemnité pour les pertes ou préjudices causés dans le futur, c'est-à-dire qu'il admet que les mesures d'assurance et de garantie ne sont pas infaillibles et qu'en cas de dommage même avec l'adoption des mesures prescrites une réparation serait donc nécessaire[766].

Cependant, la pratique internationale concernant la responsabilité environnementale démontre que malgré son importance et son rôle préventif, les tribunaux internationaux sont très réticents à utiliser ce recours, et ne le font que s'il y a vraiment des indices que le comportement illicite peut se répéter dans le futur. Dans l'*affaire relative à des Usines de pâte à papier sur le fleuve Uruguay*, l'Argentine a prié la Cour d'exiger de la République orientale de l'Uruguay « *des garanties adéquates qu'elle s'abstiendra à l'avenir d'empêcher l'application du statut du fleuve Uruguay de 1975 et, en particulier, du mécanisme de consultation institué par le chapitre II de ce traité* »[767]. Pourtant, la Cour n'a pas envisagé de circonstances spéciales requérant d'ordonner une telle mesure, tout en soulignant qu'« *il n'y a pas lieu de supposer que l'État dont un acte ou un comportement a été déclaré illicite par la Cour répétera à l'avenir cet acte ou ce comportement, puisque sa bonne foi doit être présumée* »[768].

De la même façon, dans l'*affaire relative au Projet Gabcikovo-Nagymaros*, la Slovaquie a demandé « *l'assurance formelle que les*

---

[766] En commentant la décision du Tribunal, Robert Q. Quentin-Baxter a affirmé que dans cette affaire « *la réparation a donc pris la forme de mesures préventives assorties d'une garantie* », car l'évaluation des dommages en réparation des pertes établies n'a constitué qu'une phase préliminaire et d'importance secondaire des travaux du tribunal arbitral. Ce qui comptait était « *d'éviter une perte ou un préjudice à l'avenir sans pour autant compromettre la poursuite des activités de la fonderie dans des conditions économiques viables* ». Voir *Annuaire... 1983*, vol. II, Première partie, p. 224.

[767] C.I.J., *Affaire relative à des Usines de pâte à papier sur le fleuve Uruguay (Argentine c. Uruguay)*, arrêt du 20 avril 2010, par. 23 et 24.

[768] *Ibid.*, par. 278. Voir également les affaires : *Essais nucléaires (Australie c. France)*, arrêt du 20 décembre 1974, *C.I.J. Recueil 1974*, p. 272, par. 60 ; *Essais nucléaires (Nouvelle-Zélande c. France)*, arrêt du 20 décembre 1974, *C.I.J. Recueil 1974*, p. 477, par. 63 ; et *Activités militaires et paramilitaires au Nicaragua et contre celui-ci (Nicaragua c. États-Unis d'Amérique)*, compétence et recevabilité, arrêt du 26 novembre 1984, *C.I.J. Recueil 1984*, p. 437, par. 101.

faits internationalement illicites de la Hongrie ne se reproduiront pas »[769]. La Cour, sans répondre directement à la question, a simplement constaté que le traité de 1977 est toujours en vigueur et régit par conséquent les relations entre les Parties et étant donné qu'aucune des parties n'a pleinement exécuté le traité depuis des années, elles doivent trouver d'un commun accord une solution en tenant compte de la situation existante et « *doivent prendre toutes mesures nécessaires à l'effet d'assurer la réalisation des objectifs du traité* »[770]. En d'autres termes, elle a évité de s'exprimer sur l'obligation d'offrir des garanties de non-répétition en affirmant que les parties sont encore juridiquement tenues d'exécuter les obligations du traité.

En règle générale, comme la Cour l'a souligné dans le *Différend relatif à des droits de navigation et des droits connexes* entre le Costa Rica et le Nicaragua, concernant les obligations procédurales de comportement, la cessation de la violation – s'il s'agit d'une situation qui présente un caractère continu – et le rétablissement de la situation légale qui en découle constituent une forme de réparation au bénéfice de l'État lésé, et

« *si* [elle] *peut, comme il lui est arrivé de le faire, ordonner à l'État responsable d'un comportement internationalement illicite d'offrir à l'État lésé des assurances et des garanties de non-répétition, c'est seulement si les circonstances le justifient, ce qu'il lui appartient d'apprécier* »[771].

En somme, si l'offre d'assurances et de garanties de non-répétition ne peut évidemment pas jouer un rôle majeur de prévention dans le droit international de l'environnement puisqu'il ne peut être exigé qu'après la survenance d'un acte illicite et la mise en œuvre de la responsabilité internationale de l'État auteur de l'infraction, il peut toutefois être considéré comme le mécanisme fondamental de prévention dans un deuxième moment, visant à empêcher une

---

[769] C.I.J., *Affaire relative au Projet Gabcikovo-Nagymaros* (Hongrie/Slovaquie), arrêt du 25 septembre 1997, *C.I.J. Recueil 1997*, p. 75, par. 129.
[770] *Ibid.*, p. 83, par. 155. Voir également p. 76, par. 132 et 133.
[771] C.I.J., *Différend relatif à des droits de navigation et des droits connexes (Costa Rica c. Nicaragua)*, arrêt du 13 juillet 2009, *C.I.J. Recueil 2009*, p. 267, par. 150.

nouvelle violation de l'obligation de prévention. Cependant, ce mécanisme n'est utilisé que si les circonstances l'exigent, c'est-à-dire lorsqu'il y a vraiment une possibilité de répétition d'une violation de l'obligation internationale.

Section II. La réparation du préjudice causé par le fait illicite

Dans la section précédente ont été analysés les effets qui découlent de façon directe et immédiate de la constatation d'une violation du droit et de la mise en place consécutive de la responsabilité internationale, indépendamment de toute preuve ou allégation de survenance d'un dommage matériel effectif. Il s'agit maintenant d'étudier les effets découlant de la constatation d'un dommage résultant du fait internationalement illicite[772]. Ainsi, la réparation du préjudice causé par le fait illicite a pour objectif non pas de rétablir immédiatement la situation de légalité, mais de rétablir l'état qui aurait vraisemblablement existé si ledit acte n'avait pas été commis, c'est-à-dire que le but est de retourner, autant que possible, au *statu quo ante* en réparant intégralement le préjudice causé[773].

Selon la Commission du droit international, cette obligation de réparation intégrale du préjudice causé est « *la seconde obligation générale* » qui découle pour l'État de l'engagement de sa responsabilité internationale, et elle constitue encore aujourd'hui, et

---

[772] L'article 31 du projet d'articles sur la responsabilité des États détermine que « *l'État responsable est tenu de réparer intégralement le préjudice causé par le fait internationalement illicite* ». Voir également le chapitre II de la deuxième partie du projet d'articles, articles 34-39.

[773] C.P.J.I., *Affaire relative à l'Usine de Chorzów, compétence, arrêt du 26 juillet 1927, C.P.J.I. série A, n° 9*, p. 21. À cette occasion, la Cour a défini de manière assez claire l'essence de l'obligation de réparer : « *Le principe essentiel, qui découle de la notion même d'acte illicite et qui semble se dégager de la pratique internationale, notamment de la jurisprudence des tribunaux arbitraux, est que la réparation doit, autant que possible, effacer toutes les conséquences de l'acte illicite et rétablir l'état qui aurait vraisemblablement existé si ledit acte n'avait pas été commis* ». *Ibid.*, p. 47.

sans doute pour longtemps, le noyau dur du système international de responsabilité[774]. En réalité, après la restauration des relations de normalité entre les États en raison de la cessation du fait illicite et de l'exécution de l'obligation violée, la réparation peut être en effet considérée comme une garantie pour la souveraineté des États et leur sauvegarde patrimoniale, à partir du moment où ils ont la certitude – au moins du point de vue juridique – que le préjudice subi sera réparé[775].

Il faut souligner que la notion de préjudice doit être la plus large et étendue pour que tout dommage soit réparé, c'est-à-dire que peu importe le caractère « matériel » ou « moral » du préjudice, la réparation doit toujours avoir lieu ; mais la forme que prendra la réparation peut varier en fonction du dommage subi[776]. Il ressort de cela que l'existence d'un dommage matériel n'est pas un préalable nécessaire pour qu'un État soit habilité à demander une forme ou une autre de réparation. Le projet d'articles sur la responsabilité internationale précise que la réparation d'un préjudice causé peut prendre la forme de la restitution, de l'indemnisation et de la satisfaction, séparément ou conjointement[777]. Ce sont les circonstances du cas en l'espèce qui vont déterminer la forme (ou les formes) la plus apte à réparer intégralement le préjudice causé : s'il n'y a qu'un dommage légal insusceptible d'évaluation financière, par

---

[774] In CRAWFORD, J., *Les articles de la C.D.I. sur la responsabilité de l'État. Introduction, Texte et Commentaires*, Paris, Pedone, 2003, p. 241. Selon P.-M. Dupuy, « *la fonction principale sinon exclusive de la responsabilité internationale en droit positif reste, pour l'heure, la réparation.* » DUPUY, P.-M., « Le fait générateur de la responsabilité internationale des États », *R.C.A.D.I.*, vol. 188, 1984, p. 81.

[775] Il n'y a aujourd'hui aucun doute que l'obligation qu'a un État de fournir une réparation intégrale – *restitutio in integrum* – fait actuellement partie du droit international coutumier. BOISSON DE CHAZOURNES, L., « Les mécanismes conventionnels d'assistance économique et financière et le Fonds pour l'environnement mondial », in IMPERIALI, C. (éd.), *L'effectivité du droit international de l'environnement : contrôle de la mise en œuvre des conventions internationales*, Paris, Economica, 1998, p. 193.

[776] Dans l'*affaire de l'Usine de Chorzów*, par exemple, une fois que le préjudice était matériel, la Cour permanente de Justice internationale n'a examiné que deux formes de réparation : la restitution et l'indemnisation.

[777] Article 34 du projet d'articles.

exemple, c'est la satisfaction que l'État responsable doit fournir pour s'acquitter de son obligation de réparation intégrale[778].

Le contenu de l'obligation primaire violée joue également un rôle important en ce qui concerne la forme de la réparation. Mais comme l'objectif ici n'est pas de faire une analyse générale de la réparation internationale[779], mais de l'analyser vis-à-vis de ses effets sur le non-respect d'une obligation de prévention, il faut canaliser notre étude sur les problèmes et spécificités du droit international de l'environnement.

Même si l'on peut comprendre les motifs qui ont amené la Commission du droit international à abandonner l'idée d'une double notion de dommage dans son projet d'articles[780], il est intéressant de reprendre cette distinction entre le dommage légal – ou juridique – et le dommage matériel lors de l'analyse des effets de la responsabilité internationale pour la violation d'une obligation de prévention de comportement[781]. Ainsi, dans le cas du non-respect de l'obligation de diligence, si cette violation de la norme – ce que l'on appelle le

---

[778] Voir les commentaires à l'article 36 du projet d'articles, par 1.

[779] Pour cela, voir les travaux de la Commission sur la responsabilité des États.

[780] La Commission a donc préféré adopter une « *conception 'objective' de la responsabilité définie comme la conséquence du seul fait internationalement illicite* ». PELLET A., « Remarques sur une révolution inachevée, le projet d'articles de la CDI sur la responsabilité internationale des États », *A.F.D.I.*, vol. 42, 1996, p. 13.

[781] Selon B. Stern, si la Commission avait adopté la notion de préjudice juridique dans son projet d'articles, la mise en œuvre de la responsabilité serait plus claire : « *Ce que la CDI appelle un 'État lésé', c'est-à-dire un État individuellement ou spécialement atteint, serait lésé à la fois au niveau juridique (préjudice juridique) et autrement (préjudice matériel et/ou moral) et pourrait donc demander réparation intégrale (...) c'est-à-dire restitution de l'ordre juridique violé par l'obtention de la cessation de la violation et des garanties de non-renouvellement, qui participent de la même logique consistant à assurer la légalité internationale pour la réparation du préjudice juridique et restitution ou indemnisation ou satisfaction pour l'ordre matériel ou moral violé. Ce que la CDI appelle 'un État autre que l'État lésé' subirait quant à lui uniquement un préjudice juridique, ce qui lui permettrait précisément de demander ce que la CDI lui donne le droit d'invoquer dans l'article 48, mais sans que l'on sache sur quel fondement juridique, à savoir le rétablissement de l'ordre juridique par la cessation de la violation et les garanties éventuelles de non renouvellement.* » STERN, B., « Et si on utilisait la notion de préjudice juridique ? Retour sur une notion délaissée à l'occasion de la fin des travaux de la C.D.I. sur la responsabilité des États », *A.F.D.I.*, vol. 47, 2001, p. 31.

dommage légal – occasionne également un dommage matériel, cela a des conséquences sur la mise en œuvre de la réparation de l'acte illicite. Autrement dit, s'il n'y a qu'une simple violation de l'obligation de prévention sans la survenance d'un dommage transfrontière à l'environnement[782], la réparation du préjudice juridique se confond avec la cessation elle-même et exécution de l'obligation violée[783]. Dans ce cas, la *restitutio in integrum* n'est que l'exécution de la norme violée et la restauration de la situation de légalité préexistante[784]. En revanche, si la violation cause aussi un dommage matériel, outre le retour à la légalité internationale, l'État sera obligé de prendre des actions concrètes visant la remise en état de l'environnement dégradé.

En résumé, on peut conclure que les formes de réparation doivent être appropriées au préjudice subi, compte tenu de la nature du fait illicite dont il procède. Comme la Cour l'a souligné dans l'*affaire Avena*, « *savoir ce qui constitue 'une réparation dans une forme adéquate'... dépend, manifestement, des circonstances concrètes de chaque affaire ainsi que de la nature exacte et de l'importance du préjudice* »[785]. En ce qui concerne les deux obligations de prévention existantes, si toute violation d'une obligation de prévention de résultat a comme conséquence un préjudice matériel – en réalité, le dommage matériel est le contenu même de l'obligation violée[786] – toute violation

---

782 On peut citer comme exemple la non-réalisation d'une étude d'impact sur l'environnement ou l'absence de notification aux États intéressés avant l'exécution effective de l'activité en cause. Si l'activité potentiellement polluante n'a pas commencé ses travaux, il n'y a évidemment pas un dommage matériel, bien que l'on puisse pourtant constater le manquement de l'État à ses obligations de diligence.

783 La réparation intégrale ne peut pas permettre à l'État lésé d'obtenir plus que ce à quoi il aurait pu prétendre si l'obligation avait été exécutée.

784 Il faut pourtant souligner que même sans un dommage matériel, l'État a le droit de demander réparation pour un possible dommage moral ou légal, mais dans ce cas il ne pourra pas demander une réparation pécuniaire. Ainsi, outre la cessation et l'exécution de l'obligation, l'État lésé peut demander une satisfaction de l'État responsable, qui peut consister en une reconnaissance de la violation ou des excuses formelles, par exemple. Voir l'article 37 du projet d'articles ainsi que le Paragraphe 2 de la présente Section.

785 C.I.J., *Affaire Avena et autres ressortissants mexicains (Mexique c. États-Unis d'Amérique)*, arrêt du 31 mars 2004, *C.I.J. Recueil 2004*, p. 59, par. 119.

786 Voir le Titre I de la Deuxième Partie.

d'une obligation de prévention de comportement ne cause pas exclusivement un dommage légal[787]. Il y a des cas où ce préjudice juridique, que l'on peut simplement traduire comme le manquement à l'obligation, ne provoque pas un dommage matériel, et d'autres situations où il est accompagné d'un dommage matériel effectif, dont l'*affaire de la fonderie de Trail* est l'exemple le plus connu[788].

Par conséquent, si du manquement à l'obligation de prévention de comportement résulte un dommage, outre l'exécution des mesures de diligence énoncée par la norme – qui n'est que le retour à la légalité internationale –, il faut remédier à la pollution transfrontière causée. Dans ce cas, si l'origine de la responsabilité reste toujours la même – le non-respect d'un comportement exigé par le droit international – les conséquences de la responsabilité seront similaires à celles d'une situation de violation d'une obligation de résultat, étant donné que la réparation et non plus le rétablissement de l'ordre juridique international violé devient le principal objectif du droit international de l'environnement.

À cause de cette similitude, plusieurs auteurs ont soutenu que l'*affaire de la fonderie de Trail* reconnaît soit l'existence d'une obligation absolue de ne pas causer un dommage transfrontière (prévention comme résultat !), soit la responsabilité stricte pour dommage à l'environnement. Mais comme nous avons déjà remarqué, en réalité il ne s'agit que d'une violation des obligations de surveillance du gouvernement du Canada, suivi d'un dommage matériel au territoire des États-Unis. La différence entre cette situation de Trail et celle d'une obligation de prévention de résultat est que dans la première le préjudice matériel n'est qu'une conséquence du fait

---

[787] Ainsi, si le dommage juridique est toujours présent dans une violation de l'obligation de prévention – qu'elle soit de comportement ou de résultat –, le dommage matériel n'est pas nécessairement toujours présent dans le cas de manquement à une obligation de diligence.

[788] Il faut rappeler qu'à l'occasion le Canada a été jugé comme responsable pour un manquement à son devoir de diligence et comme l'une des conséquences il a été obligé de réparer tous les dommages matériels causés au territoire américain. Il faut également remarquer que l'existence d'un lien de causalité entre les dommages et la violation de l'obligation de diligence est absolument nécessaire.

illicite, qui peut se produire ou non[789]. Concernant l'obligation de résultat, le préjudice n'est ni la conséquence du manquement à l'obligation internationale ni le fait générateur de la responsabilité de l'État, mais tout simplement l'élément de l'obligation de prévention violée.

Après avoir d'une part, signalé la distinction entre la conception et le rôle du dommage dans les deux cas de l'obligation de prévention et observé d'autre part la possibilité qu'un préjudice juridique puisse s'accompagner d'un préjudice matériel dans le cas de non-respect de la diligence due, il faut souligner que le dommage environnemental possède des particularités qui rendent difficile non seulement le choix, mais l'application même des instruments classiques de responsabilité visant l'obtention d'une réparation intégrale du préjudice causé (« Paragraphe 1. Les difficultés concernant la réparation intégrale du dommage à l'environnement »). Malgré les difficultés – ou peut-être à cause de ces difficultés –, le droit international de l'environnement a développé des instruments pour surmonter cette apparente impossibilité d'une réparation intégrale. Ainsi, si la restitution – remise en état – n'est souvent pas possible et si l'indemnisation ne couvre pas souvent tous les coûts du dommage, le droit conventionnel a trouvé des alternatives aux instruments de réparation traditionnels (« Paragraphe 2. L'alternative du droit international de l'environnement aux formes traditionnelles de réparation : la procédure de non-respect »).

Paragraphe 1. Les difficultés concernant la réparation intégrale du dommage à l'environnement

La réparation intégrale est constituée par l'ensemble des mesures tendant à rétablir, soit en nature, soit par équivalent, la situation qui existerait si certains événements dommageables ne s'étaient pas produits. À ce titre, la restitution est la première forme de réparation à

[789] On a vu que dans certaines situations la violation d'une obligation de diligence ne causera qu'un préjudice juridique, sans aucune perte matérielle.

laquelle peut prétendre un État qui a subi un dommage transfrontière en conséquence du manquement d'une obligation internationale de prévention. Elle prime sur toute autre mode de réparation, car elle oblige l'État responsable à effacer les conséquences juridiques et matérielles de son fait illicite[790].

Il convient pourtant de noter que la remise en état de l'environnement n'est pas toujours réalisable. Outre les limites imposées par le critère de proportionnalité de l'article 35, b, du projet d'articles sur la responsabilité des États[791], dans un grand nombre de situations concernant un dommage par pollution la restitution n'est pas envisageable soit en raison de la complexité des modifications qui sont déjà produites soit en raison des effets collatéraux pendant et après l'application des mesures de réparation (« A. La restitution en cas de dommage à l'environnement »).

Et si la restitution est la forme de réparation la plus conforme au rétablissement de la situation qui aurait existé si une violation n'avait pas été commise, dans les cas de dommages causés à l'environnement, le retour au *statu quo ante* n'est souvent pas possible ou est d'une telle complexité que les autres formes de réparation peuvent primer. Cependant, cela ne rend pas la réparation plus simple ou plus facile à réaliser parce que même l'indemnisation ou la satisfaction trouvent des difficultés lorsqu'elles concernent la réparation d'un dommage à l'environnement (« B. L'indemnisation d'un dommage à l'environnement »). Comme l'a souligné O. Fuchs, « *si le dommage écologique est une réalité scientifiquement constatée et socialement ressentie, paradoxalement, sa réparation reste en droit encore largement virtuelle et soulève de nombreuses interrogations* »[792].

---

[790] Voir les commentaires à l'article 35 du projet d'articles.

[791] Selon l'article, l'État est tenu de procéder à la restitution dès lors et pour autant qu'elle « *n'impose pas une charge hors de toute proportion avec l'avantage qui dériverait de la restitution plutôt que de l'indemnisation* ».

[792] FUCHS, O., *Le dommage écologique – Quelles responsabilités juridiques ?*, Paris, Éditions Rue d'Ulm, 2011, p. 16. Concernant le droit interne, l'auteur analyse certains obstacles à la réparation effective du dommage écologique, notamment la détermination de la victime du préjudice ; la charge de la preuve et les affaires de la causalité ; et les difficultés d'évaluation financière du dommage à l'environnement. *Ibid.*, p. 43-47.

A. La restitution en cas de dommage à l'environnement

La « réparation en nature » du dommage à l'environnement est la première option d'un droit de la responsabilité qui ne vise pas la juste compensation de l'État victime, mais tout d'abord la prévention du dommage écologique et la restauration de l'environnement dégradé[793]. Pourtant, les travaux de la Commission d'indemnisation des Nations Unies nous démontrent d'une manière assez claire les difficultés inhérentes à la réparation intégrale d'un dommage à l'environnement, notamment en ce qui concerne la possibilité de remise en état des zones affectées. Selon le Comité de commissaires chargé d'examiner les réclamations pour dommages à l'environnement et perte de ressources naturelles résultant directement de l'invasion et de l'occupation du Koweït par l'Iraq, l'objectif de la remise en état devrait être de rétablir l'environnement ou les ressources endommagées dans l'état où ils se seraient trouvés si l'invasion n'avait pas eu lieu[794]. Selon le Comité, pour cela il fallait mettre l'accent sur

« le rétablissement de l'environnement dans l'état où il se trouvait avant l'invasion, du point de vue de son fonctionnement écologique global, plutôt que sur l'élimination de tel ou tel contaminant ou sur le rétablissement de l'environnement dans un état physique particulier »[795].

Le Comité a cependant noté que, dans certaines circonstances, les mesures visant à rétablir les conditions physiques antérieures peuvent avoir des effets nocifs sur l'environnement et même comporter des risques inacceptables de dommages écologiques. En conséquence, il a estimé que si les mesures de restitution proposées en vue de

---

[793] REHBINDER, E., « Rapport général – Évaluation et réparation du dommage écologique », in S.F.D.E., *Le dommage écologique en droit interne, communautaire et comparé*, Paris, Economica, 1992, p. 113.
[794] Rapport et recommandations du Comité de commissaires concernant la cinquième tranche de réclamations « F4 », O.N.U., Doc. S/AC.26/2005/10, par. 42.
[795] Rapport et recommandations du Comité de commissaires concernant la première partie de la quatrième tranche de réclamations « F4 », O.N.U., Doc. S/AC.26/2004/16, par. 50.

l'élimination complète des polluants risquaient d'avoir des effets plutôt défavorables sur l'environnement, elles ne sauraient être considérées comme raisonnablement nécessaires pour nettoyer l'environnement et le remettre en état[796]. En effet, lorsqu'on applique le principe de la restitution à une réclamation environnementale particulière, il faut tenir compte de plusieurs éléments, notamment le lieu où se trouvent les ressources endommagées, la possibilité d'effets nocifs ultérieurs, la viabilité des mesures de remise en état proposées et la nécessité d'éviter des dommages collatéraux pendant et après leur application[797]. Par conséquent, la remise en état n'est justifiée que lorsque l'évaluation de l'environnement, l'évaluation des risques et l'analyse des différentes solutions possibles montrent que les risques créés par les dommages à l'environnement sont supérieurs aux risques présentés par les mesures correctives envisagées[798].

Si même quand il est possible, en raison du caractère du dommage, la restauration peut être déconseillée, parfois elle est même matériellement impossible, tel est le cas d'extinction d'une espèce ou des pertes considérables de la biodiversité, par exemple[799]. La

---

[796] O.N.U., Doc. S/AC.26/2005/10, par. 43.

[797] Rapport et recommandations du Comité de commissaires concernant la troisième tranche de réclamations de la catégorie « F4 », O.N.U., Doc. S/AC.26/2003/31, par. 47.

[798] On peut citer comme exemple d'effets collatéraux les mesures prises après l'accident avec le pétrolier Exxon Valdez qui s'échoua sur la côte de l'Alaska en 1989 : au lieu d'améliorer, les mesures adoptées par l'entreprise responsable ont causé plus de dommages. SMITH, T. T., « Les déversements de pétrole en mer aux États-Unis – L'Exxon Valdez et au-delà », in S.F.D.E., *Le dommage écologique en droit interne, communautaire et comparé*, Paris, Economica, 1992, p. 208. Voir également GOLD, E., « Marine Pollution Liability after 'Exxon Valdez' : The U.S. 'All-or-Nothing' Lottery », *J.M.L.C.*, vol. 22, 1991, p. 423-444 ; GOLDBERG, V. P., « Recovery for Economic Loss following the Exxon Valdez Oil Spill », *J.L.S.*, vol. 23, 1994, p. 1-39 ; REST, A., & LEINEMANN, R., « The Environmental Catastrophe off the Coast of Alaska : Who Will Pay the Bill for the Oil Pollution Caused by the 'Exxon Valdez' ? », *T.M.A.*, 1990, p. 13-24 ; et BARDWICK, D. S., « The American Tort System's Response to Environmental Disaster : The Exxon Valdez Oil Spill as a Case Study », *S.E.L.J.*, vol. 19, nº 1, 2000, p. 259-289.

[799] Une affaire intéressante sur le sujet, malgré le fait de n'avoir pas eu des conséquences internationales, est celle du *snail darter*, un poisson qui risquait de disparaitre en raison de la construction d'un barrage dans la rivière *Little Tennessee* aux États-Unis. Voir U. S. SUPREME COURT, *TVA v. Hill*, 437 U.S. 153 (1978).

modification peut avoir aussi un caractère si complexe qu'il est impossible de rétablir le *statu quo ante*, comme dans les situations concernant un dommage causé par les organismes génétiquement modifiés, qui ont le potentiel d'interagir activement avec les organismes sauvages dès qu'ils sont introduits dans l'environnement[800].

Mais les problèmes liés à la réparation de l'environnement commencent avant même l'adoption des mesures de restitution, étant donné que le droit international actuellement en vigueur ne possède pas une définition précise des termes « préjudice » ou « dommage » qui soit généralement applicable[801]. Selon Bollecker-Stern, la notion de dommage – qui dans les droits internes eux-mêmes est souvent difficile à appréhender – nécessite pour sa définition en droit international « *de véritables acrobaties intellectuelles* »[802]. Une question fréquemment posée est celle de savoir quel est l'objet de la réparation[803] : dans l'*affaire de la fonderie de Trail*, par exemple, le Tribunal n'a pas accepté l'allégation des dommages indépendants de l'atteinte aux biens ou aux personnes. Il a pourtant accordé une indemnité aux États-Unis pour la perte de valeur des terres affectées par la pollution[804]. D'un côté, les États sont très hésitants à reconnaître un dommage écologique sans qu'aucun intérêt humain ne soit

---

Pour une analyse de l'affaire, voir MURCHISON, K. M., *The Snail Darter Case : TVA Versus the Endangered Species Act*, Lawrence, University Press of Kansas, 2007, 240 p.

800 CULLET, P., « Liability and Redress for Modern Biotechnology », *Y.I.E.L.*, vol. 15, 2005, p. 170.

801 L'objectif ici est simplement d'indiquer les possibles difficultés, sans les analyser profondément. Pour une analyse précise de la notion de dommage à l'environnement, voir la Deuxième Partie de la présente thèse.

802 BOLLECKER-STERN, B., *Le préjudice dans la théorie de la responsabilité internationale*, Paris, Pedone, 1973, p. 25.

803 Voir SPINEDI, M., « Les conséquences juridiques d'un fait internationalement illicite causant un dommage à l'environnement », in FRANCIONI, F. & SCOVAZZI, T. (ed.), *International Responsibility for Environmental Harm*, London/Dordrecht/Boston, Graham & Trotman/Martinus Nijhoff, 1991, p. 103.104. Voir également notre analyse dans le Chapitre I de la Deuxième Partie de la présente thèse.

804 *Trail smelter case (United States, Canada), 16 April 1938 and 11 March 1941, Recueil des sentences arbitrales*, vol. III, p. 1940.

directement et immédiatement lésé[805]. D'un autre côté l'on ne peut pas nier que les dommages à l'environnement vont au-delà de ceux qui peuvent être évalués en termes de dépenses faites pour prévenir la pollution ou y remédier ou pour nettoyer les zones affectées[806].

Outre les raisons environnementales, la restitution trouve également des obstacles politiques à son application : à partir du moment où l'État a le contrôle exclusif sur son territoire, la restitution peut être physiquement possible, mais « *politiquement malaisée* », puisqu'elle exige l'intervention matérielle de l'État responsable sur le territoire des États affectés[807]. Dans l'*affaire du Rhin de fer*, par exemple, le Tribunal a dû trancher plusieurs questions liées à l'exécution des travaux dans un autre État, notamment en ce qui concerne le respect des normes internes de l'État sur le territoire duquel les travaux seront exécutés[808]. Cela étant, les États préfèrent souvent obtenir réparation sous la forme d'une indemnisation et faire eux-mêmes les travaux nécessaires pour remédier à des dommages causés par une pollution.

Le but ici était de montrer que même si la remise en état de l'environnement est l'objectif ultime de toute mesure de réparation et même si l'on dispose de données de base suffisantes pour déterminer l'état exact de l'environnement avant le dommage, dans la plupart des

---

[805] Pour une analyse de la notion de dommage, notamment l'existence du dommage écologique pur, voir le « Chapitre I. La définition du dommage à l'environnement », du Titre I de la Deuxième Partie.

[806] CHEROT, J.-Y., « Droit et environnement : introduction au Séminaire », in CHÉROT, J.-Y. *et al.* (dir.), *Droit et l'environnement – propos pluridisciplinaire sur un droit en construction*, Aix-en-Provence, Presses Universitaires d'Aix-Marseille, 1995, p. 17. Pour une opinion contraire, c'est-à-dire que seuls les dommages à des personnes doivent être satisfaits, voir CANE, P., « Are Environmental Harms Special », *J.E.L.*, vol. 13, nº 1, 2001, p. 10.

[807] GARANE, A., « La responsabilité internationale de l'état : un instrument économique de la protection de l'environnement ? », in BOTHE, M. & SAND, P. H. (eds.), *La politique de l'environnement : de la réglementation aux instruments économiques / Environmental policy : From Regulation to Economic Instruments*, La Haye, Martinus Nijhoff Publishers, 2003, p. 615.

[808] En effet, les États sont très réticents à l'idée de permettre à un gouvernement étranger de réaliser des travaux sur leur territoire. Voir C.P.A., *Arbitrage relatif à la ligne du Rhin de fer (Belgique v. Pays Bas), sentence du tribunal arbitral du 24 mai 2005.*

cas il n'est pas forcément possible ou raisonnable de rétablir complètement les conditions physiques antérieures du milieu naturel.

B. L'indemnisation d'un dommage à l'environnement

Si la restitution est devenue impossible ou inenvisageable, l'indemnisation peut combler ces lacunes de manière à assurer l'intégralité de la réparation. Toutefois, concernant le dommage à l'environnement, elle ne soulève pas moins de difficultés que la restitution. Sans doute le principal obstacle à la mise en œuvre de cette mesure concerne le fait que le droit international ne prescrit aucune méthode détaillée pour quantifier l'indemnité à accorder pour des actes illicites des États. Aucun sujet du droit international relatif au règlement des différends n'est plus fragmentaire et confus que celui concernant l'évaluation d'un dommage, et ni la doctrine ni les tribunaux internationaux n'ont donné beaucoup d'attention à la nécessité de décider sur des principes cohérents pour régler le sujet[809].

Concernant le dommage à l'environnement, les difficultés sont encore plus grandes. D'abord, la définition même de la notion de dommage à l'environnement pose des difficultés, car s'il est certain que les dépenses faites par l'État lésé pour nettoyer les zones affectées sont indemnisables, les États sont très hésitants à accepter sans réserve l'indemnisation des dommages écologiques purs. En outre, il peut avoir aussi de causes parallèles ou concomitantes de dommages. Lors des travaux de la Commission d'indemnisation des Nations Unies, l'Irak a affirmé que certains des dommages dont les requérants demandaient à être indemnisés résulteraient aussi d'autres facteurs. D'après l'Iraq, l'environnement dans les pays requérants n'était pas intact avant l'invasion et l'occupation[810].

---

[809] GRAEFRATH, B., « Responsibility and damages caused : relationship between responsibility and damages », *R.C.A.D.I.*, vol. 185, 1984, p. 98.
[810] O.N.U., Doc. S/AC.26/2005/10, par. 36. Il faut souligner que selon la Commission, « *le fait que d'autres facteurs auraient pu contribuer aux pertes ou dommages subis n'exonère pas l'Iraq de sa responsabilité à l'égard des pertes ou*

Cette difficulté de mettre en œuvre un régime de responsabilité internationale pour les dommages environnementaux s'explique peut-être par le fait que les États sont à la fois victimes et pollueurs[811]. Ainsi, il n'est pas rare que les parties dans un différend finissent par le régler à l'amiable avant qu'une procédure visant l'évaluation d'un dommage – ou la définition même de ce qui est un dommage – soit mise en place[812].

Même après la détermination exacte de ce qui doit être indemnisé, l'on trouve encore des difficultés, notamment concernant l'évaluation du dommage[813]. Après la détermination du Conseil de sécurité de rendre l'Iraq responsable des dommages causés en raison de son invasion et de son occupation illicites du Koweït – « *y compris les atteintes à l'environnement et la destruction des ressources naturelles* »[814], la Commission d'indemnisation des Nations Unies a souligné les difficultés intrinsèques d'attribuer une valeur monétaire à des ressources naturelles ayant subi des dommages, en particulier des ressources qui ne sont pas commercialisées[815]. Toutefois, cela ne

---

des dommages résultant directement de l'invasion et de l'occupation. La question de savoir si des atteintes à l'environnement ou des pertes au titre desquelles une indemnisation est demandée résultent directement de l'invasion et de l'occupation du Koweït par l'Iraq est fonction des moyens de preuve présentés pour chacun des préjudices considérés ».

811 BOISSON DE CHAZOURNES, L. ; DESGAGNE, R. ; MBENGUE, M. M. & ROMANO, C., *Protection internationale de l'environnement,* Paris, Pedone, 2005, p. 671.

812 Voir la Deuxième partie de la présente thèse, « Section II. Les régimes d'indemnisation complémentaires à la responsabilité civile ».

813 Sur le sujet, voir POINT, P., « Principes économiques et méthodes d'évaluation du préjudice écologique », in S.F.D.E., *Le dommage écologique en droit interne, communautaire et comparé*, Paris, Economica, 1992, p. 123-141. Voir également la Recommandation de l'O.C.D.E. sur l'utilisation des instruments économiques pour faciliter la conservation et l'exploitation durable de la biodiversité du 21 avril 2004, Doc. C(2004)81, qui propose quelques principes et directrices pour évaluer les biens et services offerts par la biodiversité.

814 Résolution 687 (1991) du Conseil de sécurité, par. 16.

815 Concernant les techniques d'évaluation d'un dommage écologique en droit français, il faut souligner les travaux du Centre d'analyse stratégique : le groupe de travail créé pour étudier le sujet a attribué un prix à la nature, c'est-à-dire il a évalué de manière chiffrée les services que l'environnement rend et cette méthode de calcul a été même utilisée par la cour d'appel de Paris dans l'affaire de *l'Erika.* Voir

devait pas empêcher les cours et tribunaux d'évaluer les dommages et de déterminer ce qui constitue une indemnisation adéquate[816]. À cet égard, la Commission du droit international a affirmé que le dommage à l'environnement n'est pas moins réel et indemnisable que les dommages aux biens, même s'il est sans doute plus difficile à évaluer[817]. Ainsi que le tribunal arbitral a déclaré dans l'*affaire de la fonderie de Trail*,

« *ce serait pervertir les principes fondamentaux de la justice que de refuser tout secours à la victime – et par là même libérer l'auteur du préjudice de l'obligation de réparation – sous prétexte que l'acte illicite est de nature à empêcher que le montant de l'indemnité puisse être déterminé avec certitude : en pareil cas, si le montant de l'indemnité ne doit pas être établi par simple spéculation ou conjecture, il suffira néanmoins que l'ampleur des dommages soit démontrée par une déduction juste et raisonnable, quand bien même le résultat n'en serait qu'approximatif* »[818].

Selon le Secrétariat de l'Organisation des Nations Unies, si l'indemnisation d'un dommage à l'environnement est toujours possible – même avec toutes ces difficultés d'évaluation – la jurisprudence et la pratique des États montrent que seuls des préjudices environnementaux matériels peuvent donner lieu à indemnisation[819]. Étant donné que la notion de préjudice non matériel n'a pas été acceptée dans la pratique des États concernant les activités causant des dommages transfrontières, les États n'ont pas indemnisé pécuniairement ni réparé autrement des préjudices non matériels. Toutefois, cela n'a pas empêché le Canada, dans sa réclamation contre l'U.R.S.S. pour les dommages causés par le satellite soviétique

---

CHEVASSUS-AU-LOUIS, B. (dir.), *Approche économique de la biodiversité et des services liés aux écosystèmes*, Paris, La Documentation française, 2009.

[816] O.N.U., Doc. S/AC.26/2004/16, par. 80.

[817] *Annuaire... 2001*, vol. II, Deuxième partie, p. 108.

[818] *Trail smelter case (United States, Canada), 16 April 1938 and 11 March 1941*, *Recueil des sentences arbitrales*, vol. III, p. 1920.

[819] Étude de la pratique des États concernant la responsabilité internationale pour les conséquences préjudiciables découlant d'activités qui ne sont pas interdites par le droit international du 16 octobre 1984, établie par le Secrétariat – O.N.U., Doc. A/CN.4/384, par. 522.

Cosmos 954, de demander une indemnisation pour la violation de sa souveraineté territoriale en déclarant, pour fonder sa réclamation, que « *les précédents internationaux reconnaissent qu'une violation de la souveraineté donne naissance à l'obligation de réparer* »[820].

En effet, dans les cas de préjudices immatériels – de dommages qui ne sont pas susceptibles d'évaluation financière, mais qui constituent un affront pour l'État –, les États lésés peuvent recourir à la satisfaction[821]. Comme l'a souligné le Tribunal arbitral dans l'*affaire du Rainbow Warrior*, la satisfaction est une pratique bien établie en droit international qui s'applique particulièrement aux cas de dommages moraux ou légaux du fait direct d'un État[822]. Ainsi, ce n'est que dans les cas d'un dommage immatériel ou lorsque la restitution et l'indemnisation n'ont pas permis d'assurer une réparation intégrale, que la satisfaction peut être nécessaire. Si l'on prend comme exemple une situation dans laquelle il y a une violation de l'obligation de diligence sans la survenance d'un dommage matériel, le recours à la satisfaction va parfaitement garantir la réparation intégrale du préjudice causé. Dans l'*Affaire relative à des Usines de pâte à papier sur le fleuve Uruguay*, par exemple, la Cour a constaté que l'Uruguay a violé ses obligations de prévention de nature procédurale lui incombant en vertu du statut du fleuve Uruguay de

---

[820] CANADA, « Claim against the Union of Soviet Socialist Republics for Damage Caused by Soviet Cosmos 954 », *I.L.M.*, vol. 18, nº 4, 1979, p. 907, par. 21.

[821] Selon l'article 37 du projet d'articles, « *1. L'État responsable d'un fait internationalement illicite est tenu de donner satisfaction pour le préjudice causé par ce fait dans la mesure où il ne peut pas être réparé par la restitution ou l'indemnisation. 2. La satisfaction peut consister en une reconnaissance de la violation, une expression de regrets, des excuses formelles ou toute autre modalité appropriée. 3. La satisfaction ne doit pas être hors de proportion avec le préjudice et ne peut pas prendre une forme humiliante pour l'État responsable.* »

[822] *Affaire concernant les problèmes nés entre la Nouvelle-Zélande et la France relatifs à l'interprétation ou à l'application de deux accords conclus le 9 juillet 1986 lesquels concernaient les problèmes découlant de l'affaire du* Rainbow Warrior *(Nouvelle-Zélande/France), sentence arbitrale du 30 avril 1990, Recueil des sentences arbitrales, vol. XX, 1990,* p. 272-273, par. 122.

1975 « *et que la constatation par la Cour de cette violation constitue une satisfaction appropriée* »[823].

Paragraphe 2. L'alternative offerte par le droit international de l'environnement aux formes traditionnelles de réparation : la procédure de non-respect

L'on a déjà souligné que peu importe les difficultés de la réparation concernant l'environnement ; étant donné que l'État a violé son obligation de diligence et que sa responsabilité est engagée, il sera tenu de réparer intégralement, autant que possible, les préjudices causés par son fait internationalement illicite. Lorsque l'on parle d'obligations de prévention de comportement, l'objectif de la réparation est sans doute d'obliger l'État responsable à prendre des mesures de diligence prescrites par la norme juridique internationale qu'il n'a pas respectée. Ainsi, en cas de préjudice juridique, il faut simplement analyser le contenu de la règle primaire de prévention, car la réparation intégrale n'est que l'exécution de ces obligations violées – et une possible satisfaction si les circonstances l'exigent[824]. En conséquence, pour que l'État responsable puisse s'acquitter de ses obligations, tous les mécanismes de coopération prévus par le droit conventionnel et déjà énumérés dans la présente thèse peuvent être appliqués[825], notamment les mécanismes de financement établis par certains traités pour assurer aux États parties une coopération

---

[823] C.I.J., *Affaire relative à des Usines de pâte à papier sur le fleuve Uruguay (Argentine c. Uruguay)*, arrêt du 20 avril 2010, par. 282.

[824] Dans l'*affaire de l'I'm Alone*, par exemple, outre l'indemnisation, le gouvernement canadien a exigé d'excuses formelles par la perte du navire, ce qui a été accepté par le Tribunal. Voir *S. S. "I'm Alone" (Canada, United States), 30 June 1933 and 5 January 1935, Recueil des sentences arbitrales*, vol. III, p. 1618. Voir également l'*affaire du Rainbow Warrior, Recueil des sentences arbitrales,* vol. XX, 1990, p. 217.

[825] Sur le sujet, voir la « Section III. Les mesures de coopération » du Chapitre II du Titre I de la présente Partie.

financière et technique afin de leur permettre de respecter toutes ses obligations conventionnelles[826].

Par ailleurs, si la violation de la diligence due est accompagnée d'un dommage matériel, les formes de réparation classiques trouvent beaucoup de difficultés pour restaurer l'état qui aurait existé si l'acte illicite n'avait pas été commis[827]. Pour cette raison il faut absolument insister sur l'obligation de prévention, conclusion à laquelle la Commission du droit international est parvenue lors de ses travaux sur la Responsabilité internationale pour les conséquences préjudiciables découlant d'activités qui ne sont pas interdites par le droit international en décidant d'adopter un texte sur la règle primaire de prévention avant de passer à l'analyse de la responsabilité des États[828]. Il est plus facile – et également fort préférable – de protéger l'environnement par la prévention que d'essayer de réparer des dommages environnementaux une fois qu'ils se sont produits, car la restitution n'est fréquemment pas possible et les indemnisations ne permettent bien souvent pas de rétablir la situation qui prévalait avant l'événement ou l'accident[829]. Le contenu même de l'obligation de diligence réaffirme cette idée, dans la mesure où l'accent est mis sur un comportement que l'État doit adopter pour éviter la survenance d'un dommage.

Pour qu'un État soit contraint à adopter plus rapidement des mesures nécessaires pour rétablir la situation de légalité violée, le droit international de l'environnement a développé un mécanisme de contrôle plus souple qu'une procédure d'invocation de la responsabilité d'un État ou des instruments classiques de règlement international de différends : la procédure de non-respect ou de non-

---

826 Voir, par exemple, l'article 10 du Protocole de Montréal relatif à des substances qui appauvrissent la couche d'ozone de 1987.

827 Voir KISS, A., « La réparation pour atteinte à environnement », in S.F.D.I. (org.), *Colloque du Mans : La responsabilité dans le système international*, Paris, Pedone, 1991, p. 225-237.

828 *Annuaire...1997*, vol. II, Deuxième partie, p. 60.

829 Voir U.N.E.P., *Final Report of the Expert Group Workshop on International Environmental Law Aiming at Sustainable Development*, O.N.U., Doc. UNEP/IEL/WS/3/2, 4 October 1996.

conformité[830]. Plutôt que de remplacer le système de responsabilité internationale des États, cet instrument mélange des méthodes classiques de règlement des différends avec de nouvelles procédures pour améliorer le respect et pour répondre à la non-exécution de l'obligation internationale[831]. Au lieu de chercher à imposer le respect du traité selon un processus de confrontation avec l'État qui a violé ces obligations, le mécanisme de non-respect aide les États en question à s'acquitter de leurs obligations. Comme l'a souligné S. Maljean-Dubois, « *les traditionnelles réactions à l'illicite ne jouent qu'un rôle marginal, l'accent étant davantage placé sur la promotion du respect du droit* »[832].

L'objectif est d'amener les États à se mettre en conformité avec les obligations environnementales dans une approche préventive et pour cela l'on utilise plutôt des mesures d'orientation – avec une assistance technique et financière si nécessaire – que de sanctions internationales[833]. Si d'une part, les liens avec la responsabilité internationale sont très étroits, étant donné que cette procédure vise également à garantir l'exécution des obligations internationales contractées, d'autre part les moyens pour y arriver sont complètement différents[834]. Nonobstant quelques critiques[835], la procédure de non-

---

830 Selon M. Koskenniemi, c'est une caractéristique de la société internationale actuelle la recherche pour des solutions plus flexibles des différends entre les États, de façon à équilibrer tous les intérêts en conflit. KOSKENNIEMI, M., « The Politics of International Law », *E.J.I.L.*, vol. 1, 1990, p. 31-32.

831 CHINKIN, C., « Alternative Dispute Resolution under International Law », in EVANS, M. (ed.), *Remedies in International Law, The Institutional Dilemma*, Oxford, Hart Publishing, 1996, p. 128.

832 MALJEAN-DUBOIS, S., « Un mécanisme original : la procédure de 'non compliance' du Protocole relatif aux substances appauvrissant la couche d'ozone », in IMPERIALI, C. (éd.), *L'effectivité du droit international de l'environnement : contrôle de la mise en œuvre des conventions internationales*, Paris, Economica, 1998, p. 227.

833 IMPERIALI, C., « Le contrôle de la mise en œuvre des conventions internationales », in IMPERIALI, C. (éd.), *L'effectivité du droit international de l'environnement : contrôle de la mise en œuvre des conventions internationales*, Paris, Economica, 1998, p. 9.

834 Voir FITZMAURICE, M. & REDGWELL, C., « Environmental Non-Compliance Procedures and International Law », *N.Y.I.L.*, vol. 31, 2000, p. 35-65.

835 Voir KOSKENNIEMI, M., « Breach of Treaty or Non-Compliance ? Reflections on the Enforcement of the Montreal Protocol », *Y.I.E.L.*, vol. 3, 1992, p. 123-162.

conformité illustre parfaitement la solution du droit international de l'environnement face à l'inadaptation des moyens classiques à répondre à une violation d'une obligation internationale environnementale[836].

Le mécanisme de non-conformité a été prévu pour la première fois par le Protocole de Montréal relatif à des substances qui appauvrissent la couche d'ozone et ensuite il a été également adopté par d'autres régimes de protection de l'environnement[837]. L'essence de la procédure est son caractère non-accusatoire et le rôle fondamental qui joue la Réunion des Parties, organe plénier du Protocole qui a le pouvoir décisionnel concernant les mesures qui pourraient être prises en cas de non-respect des dispositions du traité[838]. La procédure est unique, car elle peut être déclenchée non seulement par une autre partie ou par le Secrétariat[839] lors qu'ils ont des réserves quant à l'exécution par une autre Partie de ses obligations découlant du

---

Selon l'auteur, « *ce qui est nécessaire maintenant c'est moins l'adoption de nouveaux instruments que la mise en œuvre plus effective de ceux qui existent déjà* ».

836 HANDL, G., « Compliance Control Mechanisms and International Environmental Obligations », *T.J.I.C.L.*, vol. 5, 1997, p. 31-32. Voir également SCHALLY, H. M., « The Role and Importance of Implementation Monitoring and Non-compliance Procedures in International Environmental Regimes », in LANG, W. (ed.), *The Ozone Treaties and Their Influence on the Building of International Environmental Regimes*, Vienna, Oesterreichische aussenpolitische Dokumentation, 1996, p. 82-92.

837 Prévue dans l'article 8 du Protocole, la procédure de non-respect a été adoptée par la Décision IV/5 de la quatrième Réunion des Parties en 1992. Pour d'autres exemples d'adoption d'une procédure de non-respect, voir l'article 7 du Protocole à la Convention sur la pollution atmosphérique transfrontière à longue distance de 1979, relatif à une nouvelle réduction des émissions de soufre, de 1991 ; l'article 15 de la Convention Aarhus sur l'accès a l'information, la participation du public au processus décisionnel et l'accès a la justice en matière d'environnement de 1998 ; l'article 18 du Protocole de Kyoto à la Convention-cadre des Nations Unies sur les changements climatiques de 1997 ; et l'article 23 de la Convention pour la protection du milieu marin de l'Atlantique du Nord-Est de 1992.

838 Voir SZELL, P., « Implementation Control : Non-compliance Procedure and Dispute Settlement in the Ozone Regime », in LANG, W. (ed.), *The Ozone Treaties and Their Influence on the Building of International Environmental Regimes*, Vienna, Oesterreichische aussenpolitische Dokumentation, 1996, p. 43-50.

839 Il s'agit du Secrétariat de l'ozone, organe établi conformément a l'article 7 de la Convention de Vienne et article 12 du Protocole de Montréal.

Protocole, mais par un État partie qui, même en faisant de son mieux en toute bonne foi, n'est pas en mesure de s'acquitter intégralement de ses engagements[840]. Selon Laurence Boisson de Chazournes,

« *Ce dernier aspect est sans doute l'un des traits les plus remarquables de la procédure. En effet, la possibilité pour un État de faire cas de ses propres difficultés aux autres membres met en exergue un des objectives de la procédure, celui de créer un rapport de confiance entre les parties et de rechercher une solution satisfaisante, plutôt que de sanctionner le manquement. Il apparaît très clairement qu'un tel système 'd'auto-soumission' serait absurde dans un contexte de pure responsabilité juridique* »[841].

Pour mettre en œuvre la procédure, les parties ont établi un Comité d'application responsable pour veiller à la réception, procéder à l'examen et rendre compte de toute communication faite par les États ou le Secrétariat. Pour cela, le Comité a également la fonction de demander, lorsqu'il le juge nécessaire, des informations sur les questions qu'il examine en vue de résoudre la question à l'amiable. Après l'examen de toutes les communications, renseignements et observations présentés, le Comité doit soumettre à la Réunion des Parties un rapport accompagné de toutes les recommandations qu'il juge utiles[842]. Si la question n'est pas encore résolue, la Réunion peut donc formuler des recommandations aux États concernés ou même décider la fourniture d'une assistance appropriée, notamment l'assistance technique, le transfert de technologie et l'assistance financière[843].

---

840 Voir l'Annexe II du Rapport de la dixième Réunion des Parties au Protocole de Montréal relatif à des substances qui appauvrissent la couche d'ozone, O.N.U., Doc. UNEP/OzL.Pro.10/9.

841 BOISSON DE CHAZOURNES, L. ; DESGAGNE, R. ; MBENGUE, M. M. & ROMANO, C., *Protection internationale de l'environnement,* Paris, Pedone, 2005, p. 723.

842 O.N.U., Doc. UNEP/OzL.Pro.10/9, Annexe II, par. 7-9.

843 Pour les décisions relatives aux situations de non-respect et les mesures demandés par les deux Comités, voir SECRETARIAT DE L'OZONE, *Manuel du Protocole de Montréal relatif à des substances qui appauvrissent la couche d'ozone*, Nairobi, P.N.U.E., 2006, p. 244-328.

Ces mesures démontrent bien le caractère préventif de la procédure, étant donné que c'est le retour à la légalité qui est privilégié et non une réparation d'un dommage causé. Même la preuve de l'existence d'une violation d'une obligation internationale n'est pas ici une condition *sine qua non* au déclenchement de la procédure[844]. Pour cette raison certains auteurs affirment que la procédure de non-respect est une sorte de « *soft responsibility* » vis-à-vis des mécanismes de règlement de différends du droit international[845]. Dans le cas du Protocole de Montréal, la Réunion des Parties peut seulement suspendre de droits et de privilèges spécifiques découlant du Protocole, pour une durée limitée ou illimitée, notamment ceux concernant la rationalisation industrielle, la production, la consommation, les échanges, le transfert de technologie, les mécanismes de financement et les arrangements institutionnels[846].

Il faut souligner que le mécanisme de non-conformité n'est pas un procédé juridictionnel de règlement de différends, ni ne peut être compris comme un régime spécial de responsabilité. En d'autres termes, étant donné qu'il possède un « *caractère non conflictuel, non judiciaire et consultatif* »[847], il n'exclut pas le régime de responsabilité internationale pour fait illicite. Ainsi, l'Organe exécutif de la Convention sur la pollution atmosphérique transfrontière à longue distance a précisé que « *l'application des présentes procédures*

---

[844] VICTOR, D. G., « The Montreal Protocol's Non-compliance Procedure : Lessons for Making other International Environmental Regimes more Effective », in LANG, W. (ed.), *The Ozone Treaties and Their Influence on the Building of International Environmental Regimes*, Vienna, Oesterreichische aussenpolitische Dokumentation, 1996, p. 63-64.

[845] GAUTIER, P., « L'apport du droit international à la question de la responsabilité », in OST, F. & GUTWIRTH, S. (éd.), *Quel avenir pour le droit de l'environnement ?*, Bruxelles, Publications des Facultés universitaires Saint-Louis, 1996, p. 395 et FITZMAURICE, M., « International protection of the environment », *R.C.A.D.I.*, vol. 293, 2001, p. 378.

[846] Annexe V du Rapport de la quatrième Réunion des Parties au Protocole de Montréal relatif à des substances qui appauvrissent la couche d'ozone, O.N.U., Doc. UNEP/OzL.Pro.4/15.

[847] Article 15 de la Convention Aarhus sur l'accès à l'information, la participation du public au processus décisionnel et l'accès a la justice en matière d'environnement de 1998.

relatives au respect des obligations est sans préjudice des dispositions des protocoles en matière de règlement des différends »[848].

Dans cette perspective consistant à anticiper les conflits plutôt qu'à les régler, le Protocole de Kyoto a suivi l'exemple du Protocole de Montréal et a également développé une procédure de non-respect[849], mais avec une particularité : la possibilité d'imposer des sanctions en cas de constatation d'un manquement[850]. Il faut pourtant souligner que les sanctions n'interviennent qu'en dernier ressort, seulement lorsque les recommandations et l'assistance demeurent sans effet et que l'État ne collabore pas suffisamment ou fait preuve de mauvaise volonté[851].

Pour la mise en œuvre du mécanisme de Kyoto, la Conférence des Parties a prévu la création d'un Comité de contrôle du respect des dispositions du Protocole divisé en deux groupes : le groupe de la facilitation et celui de l'exécution[852]. Si le premier est chargé de donner des conseils et d'apporter une aide aux États aux fins de promouvoir le respect des engagements qu'ils ont pris – les mêmes fonctions du Comité du Protocole de Montréal –, le groupe de l'exécution présente des traits semblables à ceux d'un organe juridictionnel, dans la mesure où il a non seulement la fonction

---

848 Article 12 de l'Annexe III du Rapport de la quinzième session de l'Organe exécutif, du 7 janvier 1998, O.N.U., Doc. ECE/EB.AIR/53, p. 31. De la même façon, le mécanisme de non-conformité prévu par le Protocole de Montréal relatif à des substances qui appauvrissent la couche d'ozone sera appliqué « *sans préjudice de la procédure relative au règlement des différends prévue à l'article 11 de la Convention de Vienne* [pour la protection de la couche d'ozone] ». O.N.U., Doc. UNEP/OzL.Pro.10/9, Annexe II.

849 Pour d'autres exemples, outre les Protocoles de Montréal et de Kyoto, voir MALJEAN-DUBOIS, S., « Procédures de non-respect des conventions internationales de protection de l'environnement », in *Jurisclasseur de droit de l'environnement*, n° 4930, 5, 2007.

850 Voir BANKOBEZA, G. M., « The Ozone Protection Non-Compliance Mechanism : A Model for Implementation of Climate Change Convention and the Kyoto Protocol », in DIXIT, R. K. & JAYARAJ, C. (eds.), *Dynamics of inter national law in the new millennium*, New Delhi, Indian Society of International Law, 2001, p. 346-360.

851 URBINATI, S., « Non-Compliance Procedure under the Kyoto Protocol », *Baltic Y.I.L.*, vol. 3, p. 231.

852 Voir la Décision 24/CP.7 de la Conférence des Parties à la Convention-cadre sur les changements climatiques, adoptée à Marrakech en 2001.

d'établir si les Parties respectent ou non leurs engagements, mais qu'il est également chargé d'appliquer des sanctions en cas de non-respect[853]. Ainsi, outre le pouvoir d'exiger des Parties concernées l'élaboration d'un plan d'action pour le respect de leurs obligations, le groupe de l'exécution peut même suspendre l'éligibilité de l'État défaillant à bénéficier des mécanismes de flexibilité du Protocole ayant trait à la mise en œuvre conjointe, à l'échange de droits d'émission et au mécanisme de développement propre[854].

Si la procédure de non-conformité est l'alternative pratique développée par le droit international de l'environnement pour surmonter les difficultés liées à la réparation intégrale d'un dommage dans un régime traditionnel de responsabilité des États, elle doit s'appliquer sans préjudice de mécanismes classiques de règlement des différends. En d'autres termes, même si l'objectif des deux régimes reste le même – l'exécution des mesures découlant du traité –, ils ne se confondent pas. En réalité, lorsqu'il s'agit simplement d'une obligation de comportement, sans la survenance d'un dommage transfrontière, la procédure de non-respect peut non seulement remplacer – d'un point de vue pratique, évidemment – la responsabilité internationale des États, mais peut aller plus loin : d'abord, la procédure peut être déclenchée par tous les États intéressés ainsi que par l'État qui n'a pas respecté les obligations du traité lui-même, ce qui est très intéressant du point de vue de la prévention, car les exigences procédurales typiques d'un règlement juridictionnel ne sont pas présentes[855]. En outre, après la constatation du manquement, au lieu de simplement obliger l'État à prendre les mesures nécessaires pour qu'il puisse s'acquitter de ses engagements internationaux, le mécanisme de non-respect peut l'aider à le faire, étant donné que la réunion des parties[856] a le pouvoir de recommander l'adoption de certaines mesures, telles que l'assistance appropriée, notamment pour la collecte et la communication des données, l'assistance technique, le

---

[853] WERKSMAN, J., « Compliance and the Kyoto Protocol : Building a Backbone into a 'Flexible Regime' », *Y.I.E.L.*, vol. 9, 1998, p. 56.
[854] Section XV de la Décision 24/CP.7 de la Conférence des Parties.
[855] La preuve de la violation, par exemple.
[856] Dans les régimes qui adoptent la procédure de non-conformité, la réunion de parties est généralement l'organe compétent pour indiquer les mesures de coopération en ce qui concerne le non-respect des dispositions du traité.

transfert de technologie et l'assistance financière. En résumé, ces nouvelles procédures entretiennent un lien étroit avec la responsabilité internationale des États, qui peut être mise en œuvre à tout moment par un État affecté[857].

Conclusions du Chapitre II

En somme, si l'on analyse le projet d'articles sur la responsabilité de l'État pour fait internationalement illicite, la violation d'une obligation de prévention de comportement donne aux victimes le droit de demander soit le retour à la légalité internationale ainsi que des garanties de non-répétition, soit la réparation du préjudice causé par le comportement illicite. La différence entre les deux réside dans le fait que si la cessation du comportement illicite et l'exécution de l'obligation violée sont toujours possibles lorsqu'il s'agit d'un manquement à une obligation de prévention de comportement, la réparation ne sera concevable que dans le cas où un dommage matériel effectif a été causé. Concernant l'offre d'assurances et de garanties de non-répétition, la pratique internationale détermine son utilisation seulement dans les cas où l'État lésé a des raisons suffisantes de croire que le simple rétablissement de la situation de légalité préexistante ne le protège pas de manière satisfaisante.

En outre, le droit international de l'environnement a développé un mécanisme de respect des obligations conventionnelles plus souple qu'un régime de responsabilité internationale. Ainsi, au lieu d'imposer l'exécution du traité à l'issue d'une procédure contradictoire juridictionnelle de règlement de différend entre États, le mécanisme de non-conformité cherche à aider les États à s'acquitter de leurs obligations par l'adoption de mesures de coopération telles que l'assistance technique ou financière.

---

[857] WOLFRUM, R., « Means of Ensuring Compliance with and Enforcement of International Environmental Law », *R.C.A.D.I.*, vol. 272, 1998, p. 102.

Conclusions du Titre II

Dans le droit international actuel, le fait internationalement illicite est la condition nécessaire et suffisante de l'engagement de la responsabilité internationale des États. Ainsi, en ce qui concerne l'obligation de prévention de diligence, il suffit que la preuve d'une action – ou d'une omission – déraisonnable ou contraire à l'obligation internationale soit faite pour que la responsabilité d'un État soit engagée.

Dans ce processus d'analyse du comportement de l'État qui vise à savoir s'il s'est acquitté de son obligation, il faut s'en tenir, dans un premier temps, au contenu de la règle primaire de prévention. Et s'il est parfois difficile de prouver un manquement de l'État ou même d'interpréter des dispositions imprécises du droit conventionnel, l'absence du dommage comme élément du fait illicite donne aux États qui craignent de subir un dommage la possibilité d'utilisation d'un recours avant même qu'un préjudice matériel soit produit. À cela s'ajoute la reconnaissance par la communauté internationale de l'existence d'une obligation coutumière de diligence, ce qui rend possible la mise en place d'un régime de responsabilité traditionnelle pour fait illicite même sans aucune règle conventionnelle sur la prévention de dommages écologiques applicable à la situation en question.

En analysant les cas de violation de l'obligation de prévention de comportement, l'on constate que le droit international a évolué vers la fonction suivante : celle de garantir la légalité internationale plutôt que de réparer les préjudices causés. Ainsi, outre le devoir de réparation toujours présent lorsqu'il y a un dommage, le droit exige également la cessation du fait illicite et l'exécution de l'obligation violée. Il faut pourtant souligner que le manquement à l'obligation de diligence ne signifie pas que l'activité en question soit illicite ou qu'elle doive être interdite. Le « fait illicite » concerne l'absence de surveillance et de contrôle de l'activité par l'État et une fois que celui-ci a rétabli la situation de légalité qui a été violée ou qu'il a donné des garanties de non-répétition de son comportement, l'exploitant peut continuer son activité sans aucun problème.

Une question plus difficile à traiter concerne les cas où un dommage a été causé par la violation de la diligence requise. Dans la mesure où la remise en état de l'environnement n'est pas toujours possible et que le calcul de la valeur d'indemnisation pour les ressources naturelles dégradées pose beaucoup de difficultés d'ordre pratique, le droit international a développé une alternative pratique aux formes traditionnelles de réparation : la procédure de non-respect, qui a pour but d'aider les États à s'acquitter de leurs obligations de prévention d'une manière plus souple – mais non moins efficace – que les régimes de responsabilité internationale des États.

CONCLUSIONS DE LA PREMIÈRE PARTIE

L'obligation de prévention de comportement n'est que le devoir de diligence qu'un État doit adopter pour éviter qu'une activité sur son territoire ou sous sa juridiction ne cause un dommage transfrontière. En raison du nombre considérable de facteurs aléatoires qui peuvent empêcher la réalisation du résultat voulu – dans ce cas, la prévention d'un dommage écologique –, l'obligation de diligence est la plus fréquemment adoptée par la communauté internationale. Ainsi, au lieu d'interdire de façon absolue la survenance d'un dommage, les États choisissent de mettre en œuvre des régimes de protection prévoyant des mesures concrètes de surveillance et de contrôle des activités à risque.

Cela s'explique par le fait que les États veulent réglementer les activités dangereuses par l'adoption d'instruments internationaux qui prévoient des mesures de diligence, tout en gardant leur droit souverain d'exploiter leurs ressources naturelles selon leurs propres besoins économiques et de développement industriel. Autrement dit, si l'obligation internationale de diligence est suffisamment stricte pour exiger de l'État d'origine la prise en compte du risque des activités exercées sous sa juridiction et l'adoption de toutes les mesures de surveillance nécessaires pour éviter un dommage transfrontière à l'environnement, elle est suffisamment souple pour permettre aux États la mise en œuvre des mesures de contrôle selon leurs propres capacités techniques et économiques.

Il faut pourtant souligner que cette liberté de choix n'est pas illimitée[858]. Le droit international cherche non seulement à harmoniser l'application des instruments préventifs par la coopération entre les États et par la réglementation des mesures spécifiques de prévention –

[858] Au contraire de l'obligation de prévention de résultat, pour laquelle l'État est totalement libre de choisir les moyens pour s'acquitter de l'obligation de ne pas causer un dommage.

telles que l'étude d'impact sur l'environnement ou l'autorisation préalable des activités dangereuses –, mais également à fixer des standards minimaux de protection et de prévention, tels que l'exigence d'adoption des mesures « raisonnables » et le recours aux meilleures technologies disponibles.

Le choix pour une obligation de prévention de comportement va également influencer le régime de responsabilité internationale appliquée dans le cas de sa violation. De cette façon, à partir du moment où la diligence due ordonne l'adoption de mesures concrètes de contrôle sans toutefois exiger la preuve d'un dommage pour que l'obligation en question soit violée, elle donne aux victimes un recours avant même qu'un préjudice soit causé, renforçant par conséquent les objectifs de prévention du droit international de l'environnement. Étant donné que le dommage n'est plus nécessaire pour qu'un fait internationalement illicite soit constaté, dans la plupart des cas de violation de la diligence due, la cessation du comportement illicite et l'exécution de l'obligation violée suffisent ainsi à assurer une réparation intégrale du préjudice causé[859]. Et lorsqu'il y a un dommage, aux mécanismes traditionnels de réparation[860] s'ajoutent de nouveaux mécanismes propres au droit international de l'environnement, tels que la procédure de non-respect, qui essaye d'adapter la nécessité de prévention et de réparation aux particularités du dommage écologique transfrontière.

---

[859] Il faut comprendre le préjudice ici dans son aspect immatériel, c'est-à-dire le dommage juridique causé par la violation du droit.

[860] C'est-à-dire la restitution, l'indemnisation et la satisfaction. Voir l'article 34 du projet d'articles sur la responsabilité de l'État pour fait internationalement illicite.

DEUXIÈME PARTIE

LA PRÉVENTION COMME OBLIGATION DE RÉSULTAT

Tout d'abord, il faut souligner que même si l'interprétation la plus adoptée par la pratique internationale est celle qui envisage l'obligation de prévention comme une obligation de comportement, dans certains cas les États ont décidé d'établir une obligation de prévention absolue, soit en raison de la dangerosité de l'activité, soit en raison des difficultés concernant la preuve d'un dommage et la réparation subséquente par le système traditionnel de responsabilité des États. Même si quelques auteurs considèrent que cette interprétation peut imposer un fardeau inacceptable à la liberté des États de mettre en œuvre ses propres politiques de développement et de protection de l'environnement, et d'utiliser ses ressources naturelles, cette option a été approuvée par certains traités de droit international de l'environnement[861]. Dans ces travaux sur la responsabilité des États, la Commission du droit international admettait déjà cette possibilité. Selon le rapporteur spécial, Roberto Ago,

« ... *les obligations internationales de prévention d'un événement peuvent avoir une origine coutumière ou conventionnelle, et leur contenu ainsi que le degré de prévention requis peuvent être très variables. À la rigueur, il n'est pas exclu que certaines d'entre elles soient absolues.* [...] *Dans le domaine de la pollution, ces deux espèces d'obligations* [de résultat et de comportement] *se rencontrent.*

---

[861] BIRNIE, P. & BOYLE, A., *International Law & The Environment*, Oxford, Oxford University Press, 2002, p. 14.

Il arrive parfois que les États aient l'obligation de prendre des mesures, notamment des mesures normatives, et dans d'autres cas qu'ils doivent veiller à empêcher la survenance d'événements déterminés, comme certains déversements »[862].

En dernière analyse, la question de savoir si une obligation de prévention est une obligation de comportement ou de résultat dépend de l'énoncé exact de la règle primaire en question ; rien ne peut remplacer l'interprétation et l'application des règles elles-mêmes, compte tenu de leur contexte, de leur objet et de leur but. Ainsi, les États peuvent accepter qu'une obligation de prévention soit définie en termes de survenance d'un dommage et, dans ce cas, une analyse de la mise en œuvre des mesures de diligence n'est pas pertinente, car l'existence du fait internationalement illicite n'est conditionnée que par la seule présence d'un dommage effectif[863] causé à un autre État[864].

L'adoption d'obligations de résultat par le droit international de l'environnement est une conséquence de l'idée de prévention des dommages écologiques. Alors que les obligations de l'État ont longtemps trouvé leur source dans des règles très générales, plusieurs conventions ont substitué à ces obligations de diligence, des obligations de résultat, dont le but est de privilégier la prévention totale des dommages plutôt que la remise en l'état et la réparation[865]. En réalité, le développement des nouvelles technologies a augmenté le risque de dommage transfrontière significatif sans que l'activité en question soit interdite, et pour faire face à ce nouveau problème, le droit conventionnel a proposé une sorte d'abandon de l'exception de

---

[862] *Annuaire... 1978*, vol. I, p. 10-11.

[863] Dans ce cas, il faut comprendre le « dommage » comme l'absence du résultat voulu.

[864] Selon J. Crawford, « *les États peuvent assumer l'obligation d'empêcher que certaines personnes ou le territoire d'autres États ne subissent un dommage, et il se peut, dans ce cas, que ce soit la survenance du dommage qui donne naissance à la responsabilité et non pas le fait de ne pas avoir pris les mesures de prévention voulues* » Voir le Deuxième rapport sur la responsabilité des États présenté par James Crawford, O.N.U., Doc. A/CN.4/498, par. 77 et 87.

[865] BOISSON DE CHAZOURNES, L. ; DESGAGNE, R. ; MBENGUE, M. M. & ROMANO, C., *Protection internationale de l'environnement,* Paris, Pedone, 2005, p. 672.

la diligence due vis-à-vis de certaines activités et l'adoption d'une obligation absolue de ne pas causer un dommage significatif[866].

Si l'obligation de diligence met l'accent sur les moyens pour prévenir un préjudice au milieu naturel ; l'obligation de prévention de résultat quant à elle se concentre sur la fin, c'est-à-dire qu'au lieu d'obliger l'État à adopter des mesures de contrôle sans garantir qu'elles éviteront tout dommage, cette dernière obligation simplement interdit la survenance d'un dommage, laissant à l'État le choix des mesures à prendre.

Toutefois, même si cette approche de la prévention est la plus souhaitable du point de vue de la protection de l'environnement, car elle envisage l'interdiction du dommage en termes absolus, dans la pratique internationale les États et même les tribunaux internationaux sont très réticents à son adoption expresse[867]. Dans son projet d'articles sur le droit relatif aux utilisations des cours d'eau internationaux à des fins autres que la navigation, le grand problème soulevé par la Commission du droit international était la question de savoir quel principe devrait être utilisé de façon prioritaire en cas de différend entre deux États – le principe d'utilisation équitable et raisonnable ou le principe de ne pas causer de dommages significatifs[868].

Elle a d'abord dirigé ses travaux vers l'adoption d'une obligation de prévention de résultat, étant donné que le rapporteur spécial a proposé l'interdiction absolue de la pollution causant un préjudice

---

866 LEFEBER, R., *Transboundary Environmental Interference and the Origin of State Liability*, The Hague, Kluwer Law International, 1996, p. 316-317.

867 Sur la différence entre la *lex lata* et la *lex ferenda*, c'est-à-dire entre le droit en vigueur et celui qui ne l'est pas, même s'il est souhaitable qu'il le fût, voir VIRALLY, M., « À propos de la « lex ferenda » », in *Mélanges offerts à P. Reuter. Le droit international : unité et diversité*, Paris, Pedone, 1981, p. 519- 533.

868 Selon le professeur Fitzmaurice, les commentaires des gouvernements sur l'article proposé par la Commission ont démontré deux groupes d'États : les États d'amont voulaient renforcer le principe de l'utilisation équitable, tandis que les États d'aval et quelques autres États concernés avec l'environnement voulaient renforcer la règle de l'utilisation non dommageable. Voir FITZMAURICE, M., « General Principles Governing the Cooperation between States in Relation to Non-Navigational Uses of International Watercourses », *Y.I.E.L.*, vol. 14, 2004, p. 18.

appréciable à d'autres États du système de cours d'eau international considéré[869]. Pourtant, dans son projet d'articles définitif, cette obligation de ne pas causer de dommages a été assouplie par l'obligation de diligence raisonnable dans l'utilisation des cours d'eau et l'obligation de consultation dans les cas où un dommage significatif se produit malgré l'adoption des mesures de diligence requises[870]. La Commission a donc fini par adopter une obligation de prévention de comportement à l'égard de l'utilisation des cours d'eau internationaux[871].

Concernant la protection de l'environnement[872], la Cour internationale de Justice a également eu l'opportunité d'analyser une obligation de prévention dont l'interprétation était douteuse. Dans l'*affaire relative à des Usines de pâte à papier sur le fleuve Uruguay*, l'Argentine a soutenu que, suivant leur sens ordinaire, les articles 36 et 41 du statut de 1975 établissent l'un et l'autre une obligation de résultat parce que le premier oblige les parties à coordonner « *les mesures propres à éviter une modification de l'équilibre écologique et à contenir les fléaux et autres facteurs nocifs sur le fleuve et dans ses zones d'influence* » et le deuxième les oblige « *à protéger et à préserver le milieu aquatique et, en particulier, à en empêcher la*

---

[869] Voir le premier rapport sur le droit relatif aux utilisations des cours d'eau internationaux à des fins autres que la navigation, par M. Jens Evensen, O.N.U., Doc. A/CN.4/367, par.167-173. L'article 23 proposé dispose qu'« *aucun État du système ne peut polluer ou laisser polluer les eaux d'un système de cours d'eau international si cette pollution cause ou risque de causer un préjudice appréciable aux droits ou aux intérêts d'autres États du système en ce qui concerne l'utilisation équitable par ces derniers de ces ressources en eau partagées ou entraîne ou risque d'entraîner d'autres effets nuisibles sur leur territoire.* ». Voir également l'article 7 du projet adopté en première lecture en 1991, ainsi que l'introduction de la Première Partie de la présente thèse pour une analyse de ce changement d'approche.

[870] HAFNER, G. & PEARSON, H. L., « Environmental Issues in the Work of the International Law Commission », *Y.I.E.L.*, vol. 11, 2001, p. 12.

[871] L'article définitif stipule que « *les États du cours d'eau font preuve de toute la diligence voulue pour utiliser le cours d'eau international de manière à ne pas causer de dommages significatifs aux autres États du cours d'eau.* » O.N.U., Doc. A/49/10, p. 108.

[872] Pour une analyse des obligations de résultat, mais dans le domaine de la protection diplomatique, voir l'*affaire ELSI*, notamment l'opinion dissidente du juge Schwebel. C.I.J., *Affaire de l'Elettronica Sicula S.P.A. (ELSI) (États-Unis d'Amérique c. Italie), arrêt du 20 juillet 1989, C.I.J. Recueil 1989*, p. 117-121.

pollution en établissant des normes et en adoptant les mesures appropriées »[873]. La Cour a pourtant considéré que les obligations en question imposent aux États d'adopter un comportement spécifique consistant à prendre les mesures nécessaires de façon coordonnée pour éviter toute modification de l'équilibre écologique et que

« *L'obligation d'adopter des mesures réglementaires ou administratives, que ce soit de manière individuelle ou conjointe, et de les mettre en œuvre constitue une obligation de comportement. Les deux Parties doivent donc, en application de l'article 36, faire preuve de la diligence requise (« due diligence ») en agissant dans le cadre de la commission pour prendre les mesures nécessaires à la préservation de l'équilibre écologique du fleuve.* »[874]

Mais ces deux exemples « niant » une interprétation de l'obligation de prévention comme une obligation de résultat ne signifient pas qu'une telle obligation n'est pas utilisée par le droit international de l'environnement. Lorsqu'il s'agit d'activités dangereuses qui, par leur nature même, risquent de causer un dommage transfrontière, le droit conventionnel est davantage enclin à les adopter, soit d'une manière directe, énonçant l'interdiction d'une activité polluante, soit de façon indirecte, par le développement de régimes spéciaux de responsabilité internationale dans le cadre duquel la mise en œuvre des mesures de diligence n'exonère pas du devoir de réparer un préjudice causé[875].

---

[873] C.I.J., *Affaire relative à des Usines de pâte à papier sur le fleuve Uruguay (Argentine c. Uruguay)*, arrêt du 20 avril 2010, par. 186. Dans un autre passage, l'Argentine affirme en outre que « *l'obligation d'empêcher la pollution du fleuve est une obligation de résultat et qu'elle ne porte pas seulement sur la protection du milieu aquatique proprement dit, mais s'étend également à toute utilisation raisonnable et légitime du fleuve, y compris au tourisme et aux autres usages récréatifs* ». *Ibid.*, par. 191.

[874] *Ibid.*, par. 187. Selon M. G. Kohen, cette approche timide de la prévention adoptée par la Cour démontre bien ses difficultés d'adopter une attitude plus audacieuse en matière environnementale. Voir KOHEN, M. G., « Les principes généraux du droit international de l'eau à la lumière de la jurisprudence récente de la Cour internationale de Justice », in S.F.D.I. (org.), *Colloque d'Orléans : L'eau en droit international*, Paris, Pedone, 2011, p. 99 et 108.

[875] Il est intéressant de signaler que concernant les droits de l'homme, la pratique internationale n'a aucun doute sur l'existence et l'utilisation des obligations de résultat. R. Pisillo-Mazzeschi, par exemple, donne comme exemples d'obligations

Ainsi, convaincus des effets négatifs significatifs que certaines activités peuvent causer à un écosystème fragile, les États ont décidé d'interdire « *toute activité relative aux ressources minérales, autre que la recherche scientifique* » dans la zone du Traité de l'Antarctique[876]. C'est la circonstance selon laquelle le résultat visé par l'obligation internationale n'est pas atteint qui, seule, caractérise ici le mode de réalisation d'une possible violation[877]. En d'autres termes, si le résultat voulu n'est pas atteint, peu importe l'analyse des mesures prises par l'État pour s'acquitter de l'obligation en question ; l'obligation ne sera respectée que si les États arrivent effectivement à empêcher l'activité en cause. Dans ce cas, le problème qui se pose est celui de savoir ce qui doit être entendu comme « recherche scientifique » ou comme « activités relatives aux ressources minérales », mais cela relève de la fonction du juge d'interpréter les circonstances du cas d'espèce lorsqu'il y a des doutes sur le contenu et la caractérisation des actions prises par l'État[878]. Cela n'a aucune

---

de ce genre relatives aux droits de l'homme l'obligation d'avoir une législation qui respecte et sauvegarde ce droit et l'obligation d'avoir un appareil adéquat de prévention, d'enquête et d'administration de la justice pour constater les cas de violation. PISILLO-MAZZESCHI, R., « Responsabilité de l'État pour violation des obligations positives relatives aux droits de l'homme », *R.C.A.D.I.*, n° 333, 2008, p. 311-389. De la même façon, la Cour interaméricaine de droits de l'homme a plusieurs fois reconnu l'existence des obligations de résultat : voir, parmi d'autres, les affaires *Suárez-Rosero* v. *Ecuador*, arrêt du 12 novembre 1997, série C, nº 35 ; *Castillo-Petruzzi* et al. v. *Peru*, arrêt du 30 mai 1999, série C, nº 52 ; *Velásquez Rodríguez* v. *Honduras*, arrêt du 29 juillet 1988, série C, nº 4 ; *Cinco Pensionistas* v. *Peru*, arrêt du 28 février 2003, série C, nº 98 ; et l'avis consultatif sur la *Compatibilidad de un Proyecto de ley con el artículo 8.2.h de la Convención Americana sobre Derechos Humanos*, OC-12/91 du 6 décembre 1991, série A, nº 12.

[876] Article 7 du Protocole de Madrid au Traité sur l'Antarctique relatif à la protection de l'environnement de 1991.

[877] Voir O.N.U., Doc. A/CN.4/302, p. 13.

[878] Selon la Cour international de Justice, « *ce qui est raisonnable et équitable dans un cas donné dépend forcément des circonstances* ». C.I.J., *Affaire du Plateau continental (Tunisie/Jamahiriya arabe libyenne)*, arrêt du 24 février 1982, *C.I.J. Recueil 1982*, p. 60, par. 72. Sur la fonction d'interprétation du juge international, voir de manière générale DE VISSCHER, C., *Problèmes d'interprétation judiciaire en droit international public*, Paris, Pedone, 1960, 534 p. et ECO, U., *I limiti dell'interpretazione*, Milan, Bompiani, 1990, 369 p.

influence sur la constatation que cette obligation de prévention est une obligation de résultat[879].

Suivant cette même logique d'interdiction d'activités polluantes dans un milieu spécifique – et dans une grande mesure en raison du naufrage du pétrolier libérien *Torrey Canyon* dans la région de la Manche –, les États ont développé un régime de protection du milieu marin concernant la prévention de la pollution par les navires[880]. La Convention MARPOL de 1973, par exemple, établit dans son Annexe I sur les règles relatives à la prévention de la pollution par les hydrocarbures qu'« *il est interdit à tout navire auquel la présente Annexe s'applique de rejeter à la mer des hydrocarbures ou des mélanges d'hydrocarbures* »[881], notamment dans les zones spéciales de protection établies par la Convention[882]. Dans ce cas, le choix en faveur d'une obligation de résultat s'explique par la nature même des substances en question, dont le rejet à la mer causera certainement un dommage significatif. Ainsi, au lieu de stipuler une obligation

---

879 À cause de son caractère fréquemment technique, le droit international de l'environnement utilise une infinité d'expressions que doivent être analysées *in concreto*. Justement pour cela, en des nombreux cas les traités énoncent expressément sa propre définition des mots utilisés, ce qui n'empêche pas davantage qu'il y ait des doutes dans un cas donné. Pour un exemple, voir la Convention de 1972 sur la prévention de la pollution des mers résultant de l'immersion de déchets, qui expose clairement dans son article III, 1, ce que l'expression « immersion » vise et ce qu'elle ne vise pas.

880 Voir sur le sujet QUENEUDEC, J.-P., « L'incidence de l'affaire du Torrey Canyon sur le droit de la mer », *A.F.D.I.*, vol. 14, 1968, p. 701-718 ; et LIBRANDO, G., « Influence of the 'Torrey Canyon' Incident on the Liability and Compensation Regimes developed under the Auspices of the IMO », in *Serving the rule of international maritime law : essays in honour of professor David Joseph Attard*, London, Routledge, p. 315-327.

881 Règle 9 de l'Annexe I de la Convention. La règle 11 de l'Annexe détermine pourtant trois cas d'exonération de responsabilité : le rejet est permis pour assurer la sécurité du navire ou celle d'un autre navire ou pour sauver des vies humaines en mer ; si le rejet provient d'une avarie survenue au navire à condition que toutes les précautions raisonnables aient été prisses après l'avarie pour empêcher ou réduire ce rejet ; et si le rejet est approuvé par l'Autorité pour lutter contre un cas particulier de pollution afin de réduire les dommages dus à cette pollution.

882 Les zones spéciales sont la zone de la mer Méditerranée ; la zone de la mer Baltique ; la zone de la mer Noire ; la zone de la mer Rouge ; et la « zone des golfes », définies dans la règle 10 de l'Annexe.

générale de diligence, la norme fixe expressément le résultat à atteindre : le non-rejet d'hydrocarbure dans le milieu marin.

Ces deux exemples ont comme point en commun le fait que l'énoncé de l'obligation interdit « littéralement » la survenance d'un événement et non le dommage proprement dit[883]. Mais même si cela n'est mentionné expressément, les obligations de résultat stipulées dans ces conventions sont étroitement liées à la notion de dommage, car ces activités sont interdites en raison de la présomption qu'elles causeront une pollution inacceptable du milieu naturel. Ainsi, en ce qui concerne le droit international de l'environnement et l'obligation de prévention absolue, l'idée d'éviter un effet négatif sur l'environnement est toujours présente : la survenance d'un dommage est la situation à prévenir, soit par l'adoption d'une règle primaire stipulant le principe d'utilisation non dommageable du territoire et l'interdiction de causer un dommage transfrontière significatif, soit par l'interdiction de certaines activités à risque dont on présume que la mise en œuvre causerait un dommage.

Outre ces deux situations, il est également intéressant de mentionner les règles du droit international humanitaire concernant la protection de l'environnement, car elles procèdent d'une double idée : interdire certaines activités dangereuses et interdire directement les dommages[884]. Ainsi, la Convention sur l'interdiction d'utiliser des techniques de modification de l'environnement à des fins militaires ou toutes autres fins hostiles, de 1976 – Convention ENMOD –, dispose que

---

883 Concernant cette différence subtile entre un « dommage » et un « événement » dans une obligation de prévention, voir les comptes rendus analytiques de la 1476e et de la 4777e séance de la Commission du droit international, notamment les commentaires de MM. Reuter et Njenga et du rapporteur spécial. *Annuaire... 1978*, vol. I, p. 7-11. Mais dans le domaine de l'environnement, même lorsqu'il s'agit de prévenir un événement, cet événement interdit sera toujours associé à son caractère dommageable, c'est-à-dire la règle prévient l'occurrence d'un événement pour éviter à la fin la pollution qu'il causera certainement.

884 Pour une analyse générale sur le sujet, voir GRUNAWALT, R. J. *et al.* (dir.), *Protection of the environment during armed conflict*, Newport, Naval War College, 1996, et le numéro spécial de la Revue internationale de la Croix-Rouge sur le thème de l'environnement – *I.R.R.C.*, vol. 92, nº 879, 2010.

« *Chaque État partie à la présente Convention s'engage à ne pas utiliser à des fins militaires ou toutes autres fins hostiles des techniques de modification de l'environnement ayant des effets étendus, durables ou graves, en tant que moyens de causer des destructions, des dommages ou des préjudices à tout autre État partie.* »[885]

En outre, la Convention oblige l'État à « *prendre toutes les mesures qu'il jugera nécessaires* » pour interdire et prévenir toute activité non-conforme à ces objectifs[886]. Si à la lecture de cet article l'on peut être amené à interpréter toutes les obligations de la convention comme des obligations de comportement, en réalité il s'agit ici d'un renforcement des mesures de prévention absolues établies précédemment[887]. La norme vise un résultat spécifique, la non-utilisation des techniques mentionnées ; mais en plus de l'interdiction absolue – ou justement pour la renforcer –, la Convention exige également des États qu'ils prennent des mesures législatives pour interdire et prévenir toute activité contrevenant aux dispositions de la Convention. Cependant, il faut souligner que l'activité en question n'est interdite que si elle risque de causer des

[885] Article 1 de la Convention. Dans l'article 2, la Convention définit l'expression « techniques de modification de l'environnement » comme « *toute technique ayant pour objet de modifier – grâce à une manipulation délibérée de processus naturels – la dynamique, la composition ou la structure de la Terre, y compris ses biotes, sa lithosphère, son hydrosphère et son atmosphère, ou l'espace extra-atmosphérique.* » Comme des exemples de phénomènes qui pourraient être provoqués par l'utilisation de ces techniques, on peut citer : tremblements de terre ; tsunamis ; bouleversement de l'équilibre écologique d'une région ; modifications des conditions atmosphériques (nuages, précipitations, cyclones de différents types et tornades) ; modifications des conditions climatiques, des courants océaniques, de l'état de la couche d'ozone ou de l'ionosphère, *etc.* Voir *Rapport de la Conférence du Comité du désarmement*, vol. I, Assemblée générale, documents officiels : Trente et unième session, Supplément N° 27 (Doc. A/31/27), New York, Nations Unies, 1976, p. 101-102.

[886] Article 4 de La Convention.

[887] Voir YUZON, E. F. J., « Deliberate environmental modification through the use of chemical and biological weapons : 'greening' the international laws of armed conflict to establish an environmentally protective regime », *A.U.J.I.L.P.*, vol. 11, n° 5, 1996, p. 793-846.

« *effets étendus, durables ou graves* » à l'environnement[888]. Il convient en effet de rappeler ici qu'en période de conflit armé des atteintes à l'environnement sont inévitables[889]. Par conséquent, le but des règles de droit international humanitaire relatives à la protection de l'environnement « *ne consiste donc pas à exclure totalement ces atteintes à l'environnement mais bien plutôt à les limiter à un niveau jugé tolérable* »[890].

Suivant l'exemple de la Convention ENMOD, le Protocole I additionnel aux Conventions de Genève du 12 août 1949 relatif à la protection des victimes des conflits armés internationaux de 1977 envisage également des obligations de résultat concernant la protection de l'environnement naturel. L'article 55 du Protocole dispose que

« *La guerre sera conduite en veillant à protéger l'environnement naturel contre des dommages étendus, durables et graves. Cette protection inclut l'interdiction d'utiliser des méthodes ou moyens de guerre conçus pour causer ou dont on peut attendre qu'ils causent de tels dommages à l'environnement naturel, compromettant, de ce fait, la santé ou la survie de la population.* »[891]

Si l'expression « *en veillant à* » peut, dans un premier moment, nous donner l'impression qu'il s'agit d'une obligation de comportement, la deuxième phrase du dispositif démontre que la

---

888 ALMOND JR. H. H., « Weapons, war and the environment », *G.I.E.L.R.*, vol. 3, nº 1, 1990, p. 153.

889 DESGAGNÉ, R., « The prevention of environmental damage in time of armed conflict : proportionality and precautionary measures », *Y.I.H.L.*, vol. 3, 2000, p. 112. Voir également ROBERTS, A., « Environmental destruction in the 1991 Gulf War », *I.R.R.C.*, nº 291, 1992, p. 538-553.

890 BOUVIER, A., « Recent studies on the protection of the environment in time of armed conflict », *I.R.R.C.*, nº 291, 1992, p. 556. L'auteur cite comme exemple les traces laissées par la Première et la Seconde Guerre mondiale, dont certains champs de bataille sont encore aujourd'hui impropres à l'exploitation ou présentent des risques considérables pour la population en raison des mines et projectiles dont ils sont truffés.

891 Voir les commentaires de l'article en question dans C.I.C.R., *Commentaire des Protocoles additionnels du 8 juin 1977 aux Conventions de Genève du 12 août 1949*, Dordrecht, Martinus Nijhoff Publishers, 1986.

raison d'être de la règle est d'éviter un résultat précis : les dommages étendus, durables et graves[892]. Ainsi, les États sont désormais obligés de prendre en compte des considérations environnementales dans le processus de décision de ses objectifs militaires pour qu'un dommage de ce type ne se produise pas. Les articles 35 (3) et 56 (1) confirment cette interprétation dans la mesure où le premier établi cette interdiction comme une règle fondamentale concernant les limites au droit des Parties au conflit de choisir des méthodes ou moyens de guerre, et le deuxième confirme le but d'éviter un tel dommage en interdisant une attaque contre des ouvrages et installations contenant des forces dangereuses telles que les barrages, les digues et les centrales nucléaires de production d'énergie électrique[893].

Pour démontrer la violation d'une obligation de résultat, il suffit de prouver que le résultat visé par l'obligation n'a pas été atteint et, comme dans ce cas, la règle violée indique presque toujours clairement ce résultat[894]. Le problème est que concernant l'obligation de prévention dans le domaine de la protection de l'environnement le contenu du résultat visé est la non réalisation d'un dommage, qui est souvent très difficile à définir de façon précise et objective. Ainsi, comme le dommage joue un rôle central tant dans la détermination du

---

[892] Pour une opinion contraire, voir HULME, K., « Taking care to protect the environment against damage : a meaningless obligation ? », *I.R.R.C.*, vol. 92, n° 879, 210, p. 679. Selon l'auteur, il s'agit d'une obligation de comportement à cause de l'absence de toute « garantie » de la protection.

[893] Les articles sont ainsi conçus : « *Article 35 – 3. Il est interdit d'utiliser des méthodes ou moyens de guerre qui sont conçus pour causer, ou dont on peut attendre qu'ils causeront des dommages étendus, durables et graves à l'environnement naturel.* » et « *Article 56 – 1. Les ouvrages d'art ou installations contenant des forces dangereuses, à savoir les barrages, les digues et les centrales nucléaires de production d'énergie électrique ne seront pas l'objet d'attaques, même s'ils constituent des objectifs militaires, lorsque de telles attaques peuvent provoquer la libération de ces forces et, en conséquence, causer des pertes sévères dans la population civile. Les autres objectifs militaires situés sur ces ouvrages ou installations ou à proximité ne doivent pas être l'objet d'attaques lorsque de telles attaques peuvent provoquer la libération de forces dangereuses et, en conséquence, causer des pertes sévères dans la population civile.* »

[894] PISILLO-MAZZESCHI, R., « Responsabilité de l'État pour violation des obligations positives relatives aux droits de l'homme », *R.C.A.D.I.*, n° 333, 2008, p. 287.

résultat voulu que dans la violation de l'obligation en question, il est absolument nécessaire de l'analyser (Titre I).

La deuxième façon dont le droit international de l'environnement peut adopter l'obligation de prévention absolue est celle de la mise en œuvre d'un régime spécial de responsabilité internationale, l'interdiction d'un dommage étant alors prescrite indirectement. En d'autres termes, la norme n'énonce pas la prohibition de causer un dommage ; elle énonce simplement la nécessité de prouver le lien de causalité entre le préjudice effectif et l'activité polluante pour que la responsabilité soit engagée. Même si la norme en question ne pose pas expressément une règle primaire de prévention, mais plutôt une obligation de réparation objective, seul le résultat concrètement réalisé compte, c'est-à-dire qu'il faut à tout prix éviter le dommage !

Sans mettre au premier plan la question du dommage, l'on constate que le régime de responsabilité concernant les activités des États en matière d'exploration et d'utilisation de l'espace extra-atmosphérique adopte une obligation de prévention de résultat des dommages causés. Dans son préambule, la Convention de 1972 reconnaît que malgré les mesures de précaution prises par les États qui se livrent au lancement d'objets spatiaux, « *ces objets peuvent éventuellement causer des dommages* ». Dans ce cas, son article II prévoit qu'un « *État de lancement a la responsabilité absolue de verser réparation pour le dommage causé par son objet spatial à la surface de la Terre ou aux aéronefs en vol* »[895]. Même si l'idée de réparation est liée davantage au principe du pollueur-payeur, il faut tout d'abord souligner que

[895] Convention sur la responsabilité internationale pour les dommages causés par des objets spatiaux de 1972. Il faut souligner que déjà en 1967 le Traité sur les principes régissant les activités des États en matière d'exploration et d'utilisation de l'espace extra-atmosphérique, y compris la Lune et les autres corps célestes énonçait des principes sur ce sujet : son article VII dispose que « *Tout État partie au Traité qui procède ou fait procéder au lancement d'un objet dans l'espace extra-atmosphérique, y compris la Lune et les autres corps célestes, et tout État partie dont le territoire ou les installations servent au lancement d'un objet, est responsable du point de vue international des dommages causés par ledit objet ou par ses éléments constitutifs, sur la Terre, dans l'atmosphère ou dans l'espace extra-atmosphérique, y compris la Lune et les autres corps célestes, à un autre État partie au Traité ou aux personnes physiques ou morales qui relèvent de cet autre État.* »

l'objectif ultime de la norme n'est pas de faire payer en cas de préjudice transfrontière, mais d'éviter la survenance d'un dommage. En outre, l'on a déjà expliqué *supra* les liens étroits entre le principe de prévention et le principe du pollueur-payeur, et comment ce dernier peut avoir un caractère dissuasif, contribuant ainsi aux objectifs de prévention et de protection de la vie humaine et du milieu naturel[896]. À partir du moment où tout dommage causé par des objets spatiaux engagera la responsabilité de l'État de lancement, même si toutes les mesures de diligence requises ont été prises pour éviter le préjudice, cela signifie que la Convention pose une obligation de prévention absolue, quoique de façon indirecte.

On peut donc considérer que tous les régimes de responsabilité internationale qui admettent l'idée de responsabilité objective de l'exploitant pour dommages transfrontières envisagent la prévention comme une obligation absolue[897]. L'exploitant – que ce soit l'État ou une personne privée – ne peut pas s'exonérer de sa responsabilité en prouvant que toutes les mesures de diligence ont été prises, ce qu'il faut faire est d'empêcher le dommage. Étant donné que ces régimes de responsabilité couvrent plusieurs activités dangereuses, l'on doit se demander si le droit international de l'environnement adopte un régime différent de responsabilité pour la violation d'une obligation de prévention absolue par rapport à celui qu'il adopte concernant l'obligation de diligence déjà analysée (Titre II).

En somme, suivant la même structure de la Première Partie, il est nécessaire d'analyser le contenu de l'obligation de prévention de résultat – « Titre I. L'interdiction de causer un dommage environnemental » – pour ensuite étudier les conséquences de sa

---

[896] Voir l'introduction de la présente thèse, notamment « 3. La prévention dans le droit international de l'environnement – pourquoi prévenir ? ».

[897] Selon J. Barboza, dans la pratique, aucune clause de prévention *ex ante* est inclue dans les conventions internationales de responsabilité civile, peut-être parce que la responsabilité *sine delicto* est parfois considérée comme un moyen de dissuasion suffisant contre la négligence, étant donné qu'elle travaille indirectement avec l'obligation de résultat de ne pas causer un dommage. BARBOZA, J., « International liability for the injurious consequences of acts not prohibited by international law and protection of the environment », *R.C.A.D.I.*, vol. 247, 1994, p. 361.

violation – « Titre II. Conséquences de l’obligation de prévention de résultat sur la responsabilité internationale des États ».

TITRE I. L'INTERDICTION DE CAUSER UN DOMMAGE À L'ENVIRONNEMENT

Analysant le contenu de l'obligation de prévention de comportement dans la Première Partie de la présente thèse, on a considéré qu'elle se confondait avec la notion de diligence due. S'agissant de l'obligation de prévention de résultat désormais, on constate qu'elle peut être décrite comme l'obligation de ne pas causer un dommage transfrontière à l'environnement. En d'autres termes, si dans le premier cas il a fallu examiner les mesures législatives, administratives et de coopération prises par les États pour comprendre la conception et la mise en œuvre de l'obligation de diligence, ici, dans le cas d'une obligation de prévention absolue, il faut analyser le dommage environnemental, qui est l'élément essentiel non seulement de l'obligation de prévention de résultat, mais de toutes les mesures de prévention en général.

En effet, l'action de prévention dans le droit international de l'environnement tire son fondement de la nature même des dommages susceptibles d'être causés au milieu naturel : c'est à cause de son caractère généralement irréversible ainsi que des coûts souvent trop élevés des mesures de nettoyage et de restauration des écosystèmes pollués que la conviction de la nécessité de concentrer les efforts sur les mesures préventives de protection de l'environnement a été renforcée[898]. Il faut également souligner que, si efficace que soit la

---

[898] GARANE, A., « La responsabilité internationale de l'état : un instrument économique de la protection de l'environnement ? », in BOTHE, M. & SAND, P. H. (eds.), *La politique de l'environnement : de la réglementation aux instruments économiques / Environmental policy : From Regulation to Economic Instruments*, La Haye, Martinus Nijhoff Publishers, 2003, p. 607.

prévention, elle n'empêchera pourtant jamais que des dommages se produisent[899].

Toutefois, malgré son importance, ce serait une erreur de croire que, dans le droit international actuellement en vigueur, il existe une définition précise du terme « dommage » qui soit généralement applicable dans tous les domaines[900]. À cause de cette difficulté, la Commission du droit international a décidé d'adopter un concept le plus général possible dans son projet d'articles sur la responsabilité des États. En effet, elle a adopté la notion de « préjudice » afin de couvrir tout dommage, tant matériel que moral, résultant du fait internationalement illicite de l'État[901]. Selon son rapporteur spécial, le « préjudice », c'est-à-dire « *le fait illicite commis à l'encontre d'un autre et résultant d'une violation d'une obligation* » ne se confond pas avec le « dommage » parce que si dans certaines situations le dernier peut être l'élément principal du préjudice, dans d'autres cas, il ne le sera pas[902].

---

[899] VERHOEVEN, J., « Une réparation communautaire ou internationale des catastrophes ? », in *La réparation des dommages catastrophiques. Les risques technologiques majeurs en droit international et en droit communautaire*, Faculté de droit de l'Université catholique de Louvain, Bruylant, 1990, p. 463.

[900] Il est évident que la notion de dommage du droit international de l'environnement est différente de celle du droit commercial international, ou des droits de l'homme, du droit pénal international, *etc.* Selon James Crawford, les expressions « dommages », « préjudice », « perte », *etc.*, ne sont pas définis de façon cohérente dans le droit international et il n'existe pas d'équivalences exactes ou accordées entre eux dans les différentes langues officielles de l'Organisation des Nations Unies. CRAWFORD, J. ; PEEL, J. & OLLESON, S., « The ILC's Articles on Responsibility of States for Internationally Wrongful Acts : Completion of the Second Reading », *E.J.I.L.*, vol. 12, 2001, p. 971.

[901] Voir l'article 31 du projet d'articles et commentaires y relatifs. Par dommage matériel, la Commission entend « *le dommage causé à des biens ou à d'autres intérêts de l'État ou de ses nationaux susceptible d'être évalué en termes pécuniaires* » tandis que par dommage moral elle vise « *les souffrances causées à l'individu, la perte d'êtres chers ou une injure personnelle associée à une intrusion dans le domicile ou une atteinte à la vie privée.* » *Annuaire... 2001*, vol. II, Deuxième partie, p. 242-243.

[902] CRAWFORD, J., *Les articles de la C.D.I. sur la responsabilité de l'État. Introduction, Texte et Commentaires*, Paris, Pedone, 2003, p. 34-36. Concernant le droit interne, B. Jouvenel propose encore une autre distinction : selon lui, il faut distinguer la nuisance de la pollution parce que la première désigne « *tous*

Spécifiquement dans le domaine de la protection de l'environnement, le terme le plus couramment utilisé est « dommage ». Cela s'explique d'abord du fait que le dommage environnemental ne peut pas être considéré dans un sens large, englobant tant les préjudices moraux que matériels[903]. Même si dans le droit international il n'y a pas d'exigence générale de dommage matériel pour qu'un État soit habilité à demander réparation[904], dans le cas de l'obligation de résultat concernant la protection de l'environnement, l'existence d'un dommage matériel effectif est fondamentale étant donné qu'il est l'élément même à l'origine du fait illicite. Ainsi, le dommage environnemental doit être envisagé comme un « *préjudice 'physique', 'quantitatif' ou 'tangible' porté aux intérêts d'un État* »[905], excluant donc les préjudices non matériels tels que les dommages moraux, monétaire, socio-économiques ou politiques[906].

Par ailleurs, il faut souligner que le Protocole d'amendement de la Convention de Vienne relative à la responsabilité civile en matière de dommages nucléaires de 1997 propose une définition de « dommage nucléaire » englobant « *tout dommage immatériel résultant d'une*

---

changements du milieu physique, apportés par l'action humaine, et assez généralement ressentis comme défavorables, autrement dit faisant l'objet d'une appréciation négative ». Selon cette conception, une modification du milieu jugée mauvaise sera considérée comme une nuisance, mais ne sera pas nécessairement une pollution ; l'auteur cite comme exemple la dévastation d'une forêt par une carrière dans une exploitation agricole, qui est une nuisance, mais non une pollution. Voir JOUVENEL, B., « Le thème de l'environnement », *Analyse et Prévision*, vol. X, 1970, p. 517-533.

903 Voir les Projets de principes sur la répartition des pertes en cas de dommage transfrontière découlant d'activités dangereuses et commentaires y relatifs, in *Annuaire... 2006*, vol. II, Deuxième partie, p. 125.

904 Ainsi, un fait qui provoque une atteinte à des intérêts non matériels de l'État tels que sa dignité ou son prestige peut fonder une demande de réparation.

905 Voir l'Étude de la pratique des États concernant la responsabilité internationale pour les conséquences préjudiciables découlant d'activités qui ne sont pas interdites par le droit international du 16 octobre 1984, établie par le Secrétariat de l'Organisation des Nations Unies : O.N.U., Doc. A/CN.4/384, par. 115.

906 Il faut pourtant souligner que dans le cas de violation d'une obligation de comportement, sans la présence d'un dommage, rien n'empêche qu'un État puisse demander une réparation concernant un préjudice moral qu'il a subi. On a déjà vu que dans l'*affaire relative à des Usines de pâte à papier sur le fleuve Uruguay*, par exemple, la Cour a prévu la satisfaction comme une mesure de réparation adéquate.

perte ou d'un dommage ». Mais ce n'est pas un dommage immatériel à l'égard de l'État, mais un dommage moral subi par une personne comme la conséquence directe de tout décès ou de toute perte de biens ou tout dommage à ses biens. Il s'agit effectivement d'un dommage immatériel, mais qui ne peut être demandé que par un individu et en total accord avec les conséquences physiques sur ses biens ou sur sa santé[907].

S'il n'y a plus de doute quant à l'exigence d'une conséquence physique pour caractériser le dommage à l'environnement, la constatation de ces conséquences est loin d'être évidente. Il y a plusieurs difficultés concernant la preuve d'un dommage environnemental : d'abord, il n'est pas rare qu'un dommage se produise à la suite d'une interaction avec d'autres facteurs ou des sources multiples[908]. Le dommage peut également résulter des effets graduels d'une activité lorsque par sa répétition et par son insistance, il excède les capacités naturelles d'assimilation des substances polluantes dans les cycles biologiques[909]. Enfin, d'autres critères peuvent jouer un rôle décisif dans la caractérisation du dommage, comme le lieu où il se produit : il y a évidemment des régions qui sont plus fragiles à la pollution que d'autres[910].

---

[907] Voir l'article 2, 2, k, du Protocole. Dans le même sens, voir l'article I, A, vii, du Protocole portant modification de la Conventions du 29 juillet 1960 sur la responsabilité civile dans le domaine de l'énergie nucléaire de 2004.

[908] La pluie acide est peut-être l'exemple le plus connu de cette possible interaction entre les éléments présents dans le milieu naturel. Concernant les réclamations pour dommages à l'environnement et perte de ressources naturelles résultant directement de l'invasion et de l'occupation du Koweït, par exemple, l'Irak a soutenu que tous les dommages n'avaient pas été causés par la guerre, mais qu'il y avait d'autres causes qui ont contribué au dommage et qu'il fallait absolument prendre en compte tous les cas de dommages concurrents. Voir GAUTIER, P., « Environmental Damage and the United Nations Claims Commission : New Directions for Future International Environmental Cases? », in NDIAYE, T. M. & WOLFRUM, R. (dir.), *Law of the Sea, Environmental Law and Settlement of Disputes : Liber Amicorum Judge Thomas A. Mensah*, Leiden/Boston, Martinus Nijhoff Publishers, 2007, p. 197.

[909] XUE, H., *Transboundary Damage in International Law*, Cambridge, Cambridge University Press, 2003, p. 13.

[910] MARTIN, G. J., « Réflexions sur la définition du dommage à l'environnement : le dommage écologique 'pur' », in CHÉROT, J.-Y. *et al.* (dir.), *Droit et*

En raison de ses spécificités et de sa complexité, on ne peut pas assimiler les dommages de pollution à des dommages classiques simplement transposés sur une autre échelle. Selon P. Girod, « *c'est à un phénomène nouveau que le droit de la responsabilité doit s'adapter* »[911]. Et même si en tenant compte des difficultés de détermination du dommage écologique, certains auteurs affirment que le définir relève « *de la mission impossible* »[912], étant donné que la notion de dommage environnemental – ou son interdiction – se confond avec le propre contenu de l'obligation de prévention de résultat, il est absolument nécessaire de le faire (« Chapitre I. La définition du dommage à l'environnement »).

Enfin, à partir du moment où l'État accepte d'exécuter une obligation de résultat, il engage sa responsabilité du seul fait de que le résultat promis n'a pas été atteint, c'est-à-dire que l'on n'a pas besoin de rechercher pourquoi l'obligation n'a pas été exécutée, s'il y a eu un écart de conduite, une imprudence ou une négligence[913]. La preuve de la violation de l'obligation n'est que la constatation du dommage. Pourtant, la majorité des spécialistes du droit international conviennent que les interférences sur le territoire d'autres États ne constituent un fait internationalement illicite que lorsqu'elles

---

l'environnement – propos pluridisciplinaire sur un droit en construction, Aix-en-Provence, Presses Universitaires d'Aix-Marseille, 1995, p. 119-121.

911 GIROD, P., *La réparation du dommage écologique*, Paris, L.G.D.J., 1974, p. 20. Pour une opinion contraire, voir CANE, P., « Are Environmental Harms Special », *J.E.L.*, vol. 13, nº 1, 2001, p. 7-9. Selon l'auteur, la nature du dommage à l'environnement ne donne pas des motifs pour développer un système de responsabilité spéciale sur le sujet : le dommage à l'environnement peut causer des pertes économiques, de dommages aux propriétés et à la santé des personnes, comme d'autres dommages ; il peut être irréversible, comme d'autres dommages ; il ne respecte pas les frontières des États, comme d'autres dommages ; il peut affecter un grand nombre de personnes et causer une grande quantité de dommages, comme d'autres dommages ; il peut prendre du temps pour se matérialiser, comme d'autres dommages ; et il peut être difficile à établir le lien de causalité entre la pollution et le dommage souffert, mais ces dommages analysés sont encore des dommages causés à des personnes à cause de la pollution.

912 LITTMANN-MARTIN, M.-J. & LAMBRECHTS, C., « Rapport général – La spécificité du dommage écologique », in S.F.D.E., *Le dommage écologique en droit interne, communautaire et comparé*, Paris, Economica, 1992, p. 45.

913 BENYAHIA, N. S., *L'évolution des concepts d'obligation de moyens et d'obligation de résultat*, Thèse, Rennes I, 1990, p. 158.

produisent un préjudice important ou significatif[914]. En d'autres termes, dans le droit international de l'environnement, même l'obligation de prévention absolue possède des limites, car il faut que le préjudice causé ait un minimum de gravité pour que l'obligation primaire soit considérée comme non respectée (« Chapitre II. La gravité du dommage à l'environnement »).

---

914 INTERNATIONAL LAW ASSOCIATION, *Report of the Sixtieth Conférence held at Montréal*, Montréal, International Law Association, 1982, p. 161.

CHAPITRE I. LA DÉFINITION DU DOMMAGE À L'ENVIRONNEMENT

Dans le droit conventionnel, il n'y a pas d'uniformité concernant l'expression à utiliser pour faire référence aux préjudices causés par l'altération défavorable du milieu naturel. Ainsi, à la notion de dommage s'ajoutent d'autres notions, ce qui rend une définition précise de l'expression « dommage à l'environnement » encore plus difficile. La Convention de Vienne pour la protection de la couche d'ozone de 1985, par exemple, propose l'expression « effets néfastes » comme signifiant

« les modifications apportées à l'environnement physique ou aux biotes, y compris les changements climatiques, qui exercent des effets nocifs significatifs sur la santé humaine ou sur la composition, la résistance et la productivité des écosystèmes naturels ou aménagés, ou sur les matériaux utiles à l'humanité. »[915]

La notion de « pollution » est également utilisée pour définir un dommage environnemental, mais avec une particularité : chaque régime de protection qui adopte le concept donne sa propre définition de « pollution » en l'adaptant aux nécessités et aux caractéristiques propres du système protégé[916]. La Convention sur le droit relatif aux

---

[915] Article I, 2, de la Convention. Voir également l'article 1 de la Convention-cadre des Nations Unies sur les changements climatiques de 1992, qui « *entend par 'effets néfastes des changements climatiques' les modifications de l'environnement physique ou des biotes dues à des changements climatiques et qui exercent des effets nocifs significatifs sur la composition, la résistance ou la productivité des écosystèmes naturels et aménagés, sur le fonctionnement des systèmes socio-économiques ou sur la santé et le bien-être de l'homme* ».

[916] En raison de l'utilisation des deux expressions sans distinction par le droit conventionnel, nous sommes d'avis que rien ne justifie une distinction entre les notions de pollution et de dommage à l'environnement, même si certains auteurs sont à faveur d'une telle proposition. Selon P. Birnie et A. Boyle, par exemple, la notion de pollution est plus restreinte que la notion de dommage environnemental.

utilisations des cours d'eau internationaux à des fins autres que la navigation de 1997, par exemple, entend par « pollution d'un cours d'eau international » « *toute modification préjudiciable de la composition ou de la qualité des eaux d'un cours d'eau international résultant directement ou indirectement d'activités humaines* »[917].

De son côté, la Convention sur la pollution atmosphérique transfrontière à longue distance de 1979 désigne comme « pollution atmosphérique » « *l'introduction dans l'atmosphère par l'homme* » de substances ou d'énergie ayant des effets nocifs sur l'environnement ou sur la santé humaine[918]. Pareillement, la Convention des Nations Unies sur le droit de la mer de 1982 entend par « pollution du milieu marin »

« *l'introduction directe ou indirecte, par l'homme, de substances ou d'énergie dans le milieu marin, y compris les estuaires, lorsqu'elle a ou peut avoir des effets nuisibles tels que dommages aux ressources biologiques et à la faune et la flore marines, risques pour la santé de l'homme, entrave aux activités maritimes, y compris la pêche et les autres utilisations légitimes de la mer, altération de la qualité de l'eau de mer du point de vue de son utilisation et dégradation des valeurs d'agrément* »[919].

L'Organisation de coopération et de développement économiques utilise elle aussi cette notion au lieu de « dommage ». Selon l'Organisation, pollution signifie

« *l'introduction par l'homme, directement ou indirectement, de substances ou d'énergie dans l'environnement, qui entraîne des conséquences préjudiciables de nature à mettre en danger la santé humaine, à nuire aux ressources biologiques et aux systèmes*

BIRNIE, P. & BOYLE, A., *International Law & The Environment*, Oxford, Oxford University Press, 2002, p. 124.

917 Article 21 de la Convention.

918 Article 1, a, de la Convention sur la pollution atmosphérique.

919 Voir l'article 1 (4) de la Convention de Montego Bay de 1982. La définition de « pollution » est également proposée de manière générale par l'article 1, d, de la Convention pour la protection du milieu marin de l'Atlantique du Nord-Est de 1992.

écologiques, à porter atteinte aux agréments ou à gêner les autres utilisations légitimes de l'environnement. »[920]

Malgré le nombre d'expressions utilisées et leur caractère plus ou moins adapté aux spécificités de chaque régime de protection, on constate qu'elles sont d'une manière générale toutes équivalentes. Pourtant, il existe des traités qui, tout en évitant de donner une définition précise du dommage ou autre expression similaire, simplement énumèrent les substances dangereuses dont l'introduction dans le milieu naturel est considérée comme dommageable[921]. D'autres conventions définissent le dommage en fonction de ses effets, comme la Convention sur la pollution atmosphérique transfrontière à longue distance susmentionnée. Mais cela ne change pas le fait qu'il faut absolument analyser et définir ce qui doit être compris comme dommage à l'environnement pour que l'obligation de prévention absolue soit violée. Ainsi, même s'il y a quelques difficultés, la pratique internationale nous démontre qu'une notion traditionnelle de dommage écologique peut être établie[922] (« Section I. Le dommage à l'environnement traditionnel »).

---

920 Recommandation du Conseil concernant des Principes relatifs à la pollution transfrontière, 14 novembre 1974, Doc. C(74)224.

921 Ainsi, par exemple, la Convention pour la prévention de la pollution marine d'origine tellurique de 1974 travaille avec trois types de substances : celles de la Partie I de son Annexe A sont *interdites* parce qu'elles ne sont pas rapidement décomposées ou rendues inoffensives par des processus naturels, parce que la pollution qu'elles causent exige des mesures urgentes, et parce qu'elles sont très nocives à la chaîne alimentaire et aux écosystèmes marins, ainsi qu'elles peuvent gêner gravement la récolte des produits de la mer ou les autres utilisations légitimes de la mer. Les substances de la Partie II sont *strictement limitées*, étant donné qu'elles semblent moins nocives ou sont plus rapidement rendues inoffensives par un processus naturel que celles de la Partie I ; et enfin, les substances de la Partie III ont les mêmes caractères que celles de la Partie I, mais elles font déjà l'objet de contrôle dans d'autres traités – ce sont les substances radioactives, y compris les déchets. Voir articles 4 et 5 et l'Annexe A de la Convention.

922 Pour une analyse de la pratique française, voir GUIHAL, D., « Le dommage environnemental en France », in CORDINI, G. & POSTIGLIONE, A. (dir.), *Prevention and remedying of environmental damage : proceedings of the Workshop on Environmental Law, Ostia Antica, 27 & 28 may 2005*, Bruxelles, Bruylant, 2005, p. 145-147.

Mais en raison de la prise de conscience de l'importance de la protection des ressources naturelles et de la valeur intrinsèque de l'environnement, ainsi que de l'évolution de la technologie capable de causer et de réparer un dommage au milieu naturel, il faut se poser la question de savoir si cette notion de dommage comprend le dommage écologique pur. En réalité, toute tentative de définition du dommage à l'environnement est marquée par un choix structurant : faut-il traiter les dommages causés aux hommes et aux biens et les dommages causés à la nature en tant que telle de la même manière ou faut-il les traiter séparément ? (« Section II. L'existence d'un dommage environnemental pur »)

Section I. Le dommage à l'environnement traditionnel

Pour déterminer ce qui constitue un dommage écologique, le droit international traditionnellement s'appuie sur le fait qu'il doit constituer une certaine privation de valeur pour l'homme, c'est-à-dire qu'il doit représenter plus qu'un simple changement dans la situation naturelle des ressources[923]. En analysant les traités du droit international de l'environnement, on constate un point commun à toute définition du dommage : le fait qu'il soit conditionné à la preuve d'un préjudice soit à la santé humaine soit aux biens d'une personne ou de l'État. Donc, il faut que les modifications causées aient des répercussions sur les personnes ou sur les biens pour que le droit d'un État à demander réparation soit constitué.

Ainsi, la Convention sur la responsabilité internationale pour les dommages causés par des objets spatiaux de 1972 définit « dommage » comme la perte de vies humaines ou autres atteintes à la santé ou la perte de biens d'État, d'organisations internationales ou de personnes physiques ou morales ou les dommages causés aux dits biens[924]. La Convention de Vienne relative à la responsabilité civile en matière de dommages nucléaires de 1963 prévoit aussi une notion de

---

[923] O.N.U., Doc. A/CN.4/384, par. 156.
[924] Article I de la Convention.

dommage environnemental en raison de tout dommage aux personnes et aux biens, mais donne la possibilité d'élargir le concept dans une situation concrète d'accident afin d'inclure toute autre perte ou tout autre dommage ainsi provoqué « *dans le cas et dans la mesure où le droit du tribunal compétent le prévoit* »[925].

Outre les dommages causés aux personnes et aux biens, le droit conventionnel souvent caractérise le dommage écologique en raison du coût des mesures de sauvegarde et des autres préjudices causés par ces mesures. L'objectif d'affirmer expressément que le dommage englobe aussi les coûts des mesures nécessaires pour faire face à la pollution afin d'éviter ou de limiter une dégradation plus grave est de renforcer l'obligation de prévention, étant donné que toutes les mesures d'urgence prises par un État à la suite d'un dommage peuvent en principe être indemnisées. Il a donc la garantie, au moins du point de vue juridique formel, que les mesures d'urgence prises seront à la charge de l'État qui a causé la pollution. Ceci dit, il faut pourtant souligner que les mesures adoptées doivent non seulement être raisonnables, mais avoir un lien direct avec le dommage en question. Ce n'est pas parce qu'un gouvernement ou un autre organisme public a décidé de prendre certaines mesures que celles-ci sont raisonnables aux fins d'une possible indemnisation : les demandes relatives à des travaux qui consisteraient à apporter des améliorations plutôt qu'à réparer les dégâts résultant de la pollution, par exemple, ne peuvent pas être acceptées comme indemnisables[926].

En raison de la nécessité de prendre des mesures correctives et de contention des polluants le plus rapidement possible, la plupart des conventions relatives à la prévention de la pollution par les hydrocarbures dans le milieu marin ou relatives au transport des substances dangereuses adoptent expressément une telle notion de

---

925 Article premier, 1, de la Convention.

926 JACOBSSON, M., « Uniform Application of the International Regime on Liability and Compensation for Oil Pollution Damage », in NDIAYE, T. M., WOLFRUM, R. & KOJIMA, C. (dir.), *Law of the Sea, Environmental Law and Settlement of Disputes : liber amicorum Judge Thomas A. Mensah*, Leiden/Boston, Martinus Nijhoff Publishers, 2007, p. 428.

dommage[927]. Ainsi, la Convention de Bruxelles sur la responsabilité civile pour les dommages dus à la pollution par les hydrocarbures de 1969[928], la Convention CRTD sur la responsabilité civile pour les dommages causés au cours du transport de marchandises dangereuses par route, rail et bateaux de navigation intérieure de 1989[929], la Convention sur la responsabilité civile pour les dommages dus à la pollution par hydrocarbures de 1992[930], la Convention sur la responsabilité et l'indemnisation pour les dommages liés au transport par mer de substances dangereuses de 1996[931], et la Convention Bunker sur la responsabilité civile pour les dommages dus à la pollution par les hydrocarbures de soute de 2001[932] déterminent que le dommage est constitué non seulement par les effets nocifs causés aux personnes et aux biens, mais également par « *le coût des mesures de riposte, y compris toute perte ou tout dommage causé par ces mesures* »[933].

Le dernier élément traditionnellement reconnu par le droit conventionnel comme composant la notion de dommage est celui relatif à « *toute perte ou dommage résultant de l'altération de l'environnement,* (…) *pourvu que la réparation au titre de l'altération de l'environnement, autre que pour le manque à gagner dû à cette altération, soit limitée au coût des mesures de remise en état qui ont été effectivement prises ou qui le seront* »[934].

À la première lecture, on peut penser qu'il s'agit de la reconnaissance de la valeur intrinsèque de l'environnement, mais en

---

927 Voir LUCAS, L. R., « La protección internacional del medio ambiente marino : factores de presión y medidas de control », in SINDICO, F. *et al.* (org.), *Derecho internacional del medio ambiente : una visión desde Iberoamérica*, London, Cameron May, 2011, p. 236-271.
928 Article I (6) de la Convention.
929 Article premier, 10, de la Convention.
930 Article premier, 6, de la Convention.
931 Article premier, 6, de la Convention.
932 Article I (9) de la Convention.
933 Article 2 du Protocole sur la responsabilité civile et l'indemnisation en cas de dommages causés par les effets transfrontières d'accidents industriels sur les eaux transfrontières de 2003.
934 Article 2 (7) de la Convention de Lugano de 1993 sur la responsabilité civile des dommages résultant d'activités dangereuses pour l'environnement.

réalité ce qui est défini comme dommage donnant droit à l'indemnisation est le coût des mesures de restauration de l'environnement endommagé effectivement prises ou devant l'être, et non une possible évaluation de la valeur des ressources ou de l'écosystème dégradé[935]. Si la première partie du dispositif désigne comme dommage tout changement causé à l'environnement, la deuxième partie limite le concept au coût des mesures de restauration de la zone affectée. Le Protocole d'amendement de la Convention de Vienne relative a la responsabilité civile en matière de dommages nucléaires de 1997 exclut même le coût des mesures de remise en état si le dommage causé est insignifiant, ce qui démontre bien la réticence des États à adopter une notion plus large du dommage écologique[936].

La pratique des tribunaux internationaux confirme et évidemment renforce cette notion traditionnelle de dommage écologique, excluant le dommage à l'environnement pris de manière autonome et sans répercussions sur les personnes ou sur les biens. Dans la déclaration présentée par l'agent du gouvernement des États-Unis dans l'*affaire de la fonderie de Trail*, une demande de réparation a été postulée concernant la réduction de la valeur d'utilisation des terres de la région affectée, les dommages causés aux animaux entretenus pour la production agricole, les dommages causés aux propriétés de la ville de Northport, la violation de la souveraineté des États-Unis et les dommages causés au commerce de la région, notamment la détérioration de la situation économique des résidents de la zone affectée[937]. Le Tribunal n'a pourtant retenu que la première catégorie de dommages demandés – la réduction de la valeur des propriétés – en soulignant que le droit ne reconnaît pas les dommages « *trop vagues, incertains, et indirects* » pour l'octroi d'une indemnité[938].

Dans l'*affaire du lac Lanoux*, le tribunal a noté qu'un simple prélèvement d'eau ne constitue pas un dommage apte à fonder une

---

935 Article 2 (2) de la Convention.
936 Voir l'article 2, 2, k, iv, du Protocole.
937 *Trail smelter case (United States, Canada), 16 April 1938 and 11 March 1941*, *Recueil des sentences arbitrales*, vol. III, p. 1920-1933 et p. 1940.
938 *Ibid.*, p. 1931. Voir également JACQMOTTE, B., « Definition and Assessment of the Concept of Harm in a Regime of Transboundary Harm Prevention », *A.R.I.E.L.*, vol. 3, 1998, p. 238.

demande en réparation et que la dérivation d'eaux internationales d'un bassin fluvial ne peut constituer un préjudice qu'à l'égard d'une utilisation humaine des eaux. En réponse à l'allégation de l'Espagne selon laquelle toute dérivation d'eaux internationales portait en soi un préjudice à ses intérêts, le tribunal a donc décidé que

« *L'unité d'un bassin n'est sanctionnée sur le plan juridique que dans la mesure où elle correspond à des réalités humaines. L'eau qui constitue par nature un bien fongible peut être l'objet d'une restitution qui n'altère pas ses qualités au regard des besoins humains. Une dérivation avec restitution, comme celle envisagée par le projet français, ne modifie pas un état de choses ordonné en fonction des exigences de la vie sociale.* »[939]

Il est intéressant de souligner que même lorsqu'il s'agit de décisions internes concernant un dommage de répercussion internationale, cette notion de dommage environnementale ne change pas. Dans l'affaire concernant le naufrage du pétrolier *Amoco Cadiz* au large des côtes bretonnes en 1978, le tribunal des États-Unis, après décider d'adopter la législation française pour régler le différend, n'a pas envisagé la possibilité de compensation pour le dommage à l'environnement *per se*[940]. De toute façon, cela n'aurait pas non plus été possible s'il avait adopté la législation américaine ou même la Convention de Bruxelles sur la responsabilité civile pour les dommages dus à la pollution par les hydrocarbures de 1969[941]. Le tribunal a décidé que les dommages environnementaux peuvent inclure, outre les dommages aux biens et aux personnes, les coûts des mesures de remise en état de l'environnement dégradé et les coûts des

---

939 *Affaire du lac Lanoux (Espagne, France),* 16 novembre 1957, *Recueil des sentences arbitrales*, vol. XII, p. 304.

940 *In The Matter Of : Oil Spill By The Amoco Cadiz Off The Coast Of France On March 16, 1978*, United States Court of Appeals for the Seventh Circuit, 954 F.2d 1279 (1992). Voir également « Affaire concernant la pollution par l'Amoco-Cadiz au large des côtes de France le 16 mars 1978 : compte rendu de la décision et du jugement pour l'établissement des responsabilités / Cour de district des États-Unis, district Nord de l'Illinois, Chambre Est », in *Annuaire de droit maritime et aérien*, vol. 8, 1985, p. 355-422.

941 SCOVAZZI, T., « Amoco Cadiz », in JUSTE RUIZ, J. & SCOVAZZI, T. (coord.), *La práctica internacional en materia de responsabilidad por accidentes industriales catastróficos*, Valencia, Tirant lo Blanch, 2005, p. 28.

mesures prises, ou à entreprendre, afin de répondre aux préjudices effectivement causés[942].

En général, lorsque les dommages ne sont pas directement liés aux droits de propriété ou lorsqu'ils ne peuvent pas facilement se mesurer en termes financiers comme dans le cas d'une atteinte directe aux ressources naturelles ou de la perte de biodiversité, la pratique internationale démontre une certaine réticence à considérer une compensation conçue sous une forme monétaire[943]. L'analyse des travaux du Fonds international d'indemnisation pour les dommages dus à la pollution par les hydrocarbures – également connu sous le nom F.I.P.O.L. – démontre clairement l'approche du droit international concernant le dommage à l'environnement jusqu'à présent et résume bien ce qui peut être considéré comme la notion traditionnelle du dommage écologique[944].

Comme les normes concernant les dommages dus à la pollution par les hydrocarbures ne donnent pas une définition précise du dommage, elles laissent une marge considérable d'interprétation des dispositions des traités[945]. Ainsi, pour éviter des divergences entre les Etats à l'égard du contenu de la notion de dommage à l'environnement et de ce qui peut être indemnisable, le F.I.P.O.L. a défini en détail le régime d'indemnisation en vigueur ainsi que les principaux types de

---

942 Voir SCOVAZZI, T., « La sentenza d'appello ul caso 'Amoco Cadiz' », *Rivista giuridica dell'Ambiente*, vol. 7, n° 2, 1992, p. 443-447.

943 CULLET, P., « Liability and Redress for Modern Biotechnology », *Y.I.E.L.*, vol. 15, 2005, p. 172.

944 Le F.I.P.O.L. est une organisation intergouvernementale à vocation mondiale crée en 1971 et modifié 1992 pour offrir une indemnisation pour les dommages par pollution résultant de déversements d'hydrocarbures persistants provenant de navires-citernes. Voir la Convention internationale de 1992 portant création d'un Fonds international d'indemnisation pour les dommages dus à la pollution par les hydrocarbures. Sur le sujet, voir JACOBSSON, M., « La répartition des dommages de pollution maritime et le rôle du Fipol », *Le droit maritime français*, vol. 41, 1989, p. 619-638.

945 JACOBSSON, M., « Uniform Application of the International Regime on Liability and Compensation for Oil Pollution Damage », in NDIAYE, T. M. ; WOLFRUM, R. & KOJIMA, C. (dir.), *Law of the Sea, Environmental Law and Settlement of Disputes : liber amicorum Judge Thomas A. Mensah*, Leiden/Boston, Martinus Nijhoff Publishers, 2007, p. 436.

dommages par pollution qui sont couverts[946]. Un sinistre entraînant une pollution par les hydrocarbures peut en général donner lieu à des demandes d'indemnisation au titre de cinq catégories de dommages. D'abord, tous les dommages causés aux biens sont indemnisables de même que les frais au titre d'opérations de nettoyage et de sauvegarde visant à prévenir ou limiter les effets de la pollution[947]. Selon le Fonds, le dommage englobe aussi le préjudice consécutif, c'est-à-dire le manque à gagner subi par les propriétaires de biens contaminés[948] et le préjudice économique pur prévu au titre du manque à gagner dû à la pollution subie par des personnes dont aucun bien n'a été pollué, comme le secteur du tourisme, par exemple[949].

Enfin, le Fonds reconnaît le dommage à l'environnement, mais limité seulement au coût des mesures de remise en état raisonnables qui ont été effectivement prises ou qui le seront visant à accélérer le processus naturel de rétablissement de l'environnement à la suite de la pollution[950]. En outre, étant donné qu'il est pratiquement impossible de remettre un site endommagé dans l'état écologique où il aurait été si une pollution n'avait pas eu lieu, le Fonds fait remarquer que « *toute mesure de remise en état raisonnable devrait viser à rétablir une communauté biologique dont les organismes caractéristiques au moment du sinistre sont présents et fonctionnent de façon normale* » et que l'État doit prouver que lesdites mesures facilitent effectivement le

---

[946] Voir F.I.P.O.L., *Manuel des demandes d'indemnisation – Édition de décembre 2008*, Londres, F.I.P.O.L., 2008, 37 p.

[947] Il faut souligner que les dépenses au titre des mesures de sauvegarde sont remboursables même si aucun déversement d'hydrocarbures ne s'est produit, pour autant qu'il y ait eu une menace grave et imminente de dommage par pollution. Voir PIQUEMAL, A., « L'indemnisation des dommages écologiques par le système international d'indemnisation du FIPOL », *Espaces et ressources maritimes*, n° 14, 2001, p. 123-151.

[948] On peut citer comme exemple les pertes économiques subies par les professionnels de la pêche et de la mariculture qui sont donc dans l'impossibilité de travailler en attendant que leurs filets soient nettoyés ou remplacés.

[949] F.I.P.O.L., *Sinistres dont les FIPOL ont eu à connaître – 2010*, Londres, F.I.P.O.L., 2011, p. 4.

[950] JACOBSSON, M., « L'indemnisation des dommages résultant des atteintes à l'environnement dans le cadre du régime international CLC/FIPOL », *Le droit maritime français*, vol. 62, 2010, p. 466.

rétablissement des éléments endommagés de l'environnement[951]. Ainsi, l'indemnisation au titre des dommages environnementaux se limite aux dépenses correspondant à des mesures de restauration du milieu contaminé. En d'autres termes, les demandes au titre de dommages à l'écosystème fondées sur des calculs abstraits effectués d'après des modèles théoriques ne sont pas recevables[952], ce qui renforce la notion traditionnelle de dommage écologique qui, de son côté, n'envisage pas les atteintes au milieu naturel prises en tant qu'un bien juridique autonome.

Section II. L'existence du dommage environnemental pur

La notion de dommage environnemental a beaucoup évolué depuis la première fois qu'elle a été utilisée pour fonder une demande de réparation en droit international. Si au début la notion de pollution était entendue comme un droit d'exercice souverain de son territoire, niant donc la possibilité d'une demande de réparation d'un dommage transfrontière, depuis la décision rendue par le tribunal arbitral en 1941 dans l'*affaire de la Fonderie de Trail* on remarque une première évolution de la notion, car les États ont considéré de façon inédite la nécessité de mettre en œuvre un système de responsabilité internationale lors d'un dommage environnemental matériel aux biens ou aux personnes dans un autre pays[953].

Ensuite, la notion de dommage à l'environnement a été étendue pour inclure les atteintes aux ressources naturelles composantes d'un système écologique, mais toujours selon une approche anthropocentrique, liée à la possibilité d'utilisation de ladite ressource

---

[951] F.I.P.O.L., *Manuel des demandes d'indemnisation – Édition de décembre 2008*, Londres, F.I.P.O.L., 2008, p. 35.

[952] F.I.P.O.L., *Foire aux questions – indemnisation*, disponible sur <http://fr.iopcfund.org/compensation.htm#c8>, consulté le 07 mars 2012.

[953] Sur cette évolution de la notion de pollution, voir SPRINGER, A. L., « Towards a Meaningful Concept of Pollution in International Law », *I.C.L.Q.*, vol. 26, 1977, p. 536-537. Selon l'auteur, la pollution indique le niveau du seuil de dommage ou de nuisance à l'environnement qui est significatif du point de vue juridique.

par l'homme et limitant la réparation aux coûts des mesures de remise en état[954].

Finalement, on doit se demander si aujourd'hui, compte tenu de l'évolution de la notion de pollution, la vision traditionnelle du concept a été élargie de façon à comprendre non seulement les atteintes au milieu naturel en tant qu'instrument utile aux intérêts humains, mais également les atteintes à la qualité de l'environnement considéré de manière autonome, c'est-à-dire un dommage causé directement à l'ensemble du milieu naturel ou à une de ses composantes pris en tant que tel indépendamment de ses répercussions sur les personnes et sur les biens[955].

Ainsi, si le droit conventionnel présente quelques éléments qui peuvent être utilisés pour démontrer la possibilité d'adopter une notion de dommage qui comprend le dommage écologique pur, ils ne représentent que des indices. On est encore loin de pouvoir affirmer sans aucun doute cette possibilité, étant donné que la notion de dommage écologique du droit conventionnel donne encore lieu à des interprétations divergentes, voire contradictoires (« Paragraphe 1. Le dommage environnemental pur : une possibilité théorique »)[956]. Mais si seuls d'indices sont présents dans le droit conventionnel, le droit de l'Union européenne ainsi que les travaux de la Commission d'indemnisation des Nations Unies chargée de statuer sur les demandes de réparation des pertes, dommages et préjudices subis en raison de la guerre du Golfe illustrent une tendance nouvelle à admettre l'existence du dommage à l'environnement *per se* dans le droit international (« Paragraphe 2. Le dommage environnemental pur : l'affirmation pratique »).

---

[954] Sur la notion de dommage liée à l'utilisation des ressources naturelles, voir, par exemple, la Convention sur le droit relatif aux utilisations des cours d'eau internationaux à des fins autres que la navigation de 1997, notamment son article 21.

[955] Voir CABALLERO, F., *Essai sur la notion juridique de nuisance*, Paris, L.G.D.J., 1981, p. 293. Pour une analyse de l'évolution de la notion de dommage écologique dans le droit français, voir REBEYROL, V., *L'affirmation d'un « droit à l'environnement » et la réparation des dommages environnementaux*, Paris, Defrénois, 2010, p. 267-375.

[956] Sans doute cette incertitude est due aux différents concepts de dommage environnemental proposés par les divers traités de protection de l'environnement.

Paragraphe 1. Le dommage environnemental pur : une possibilité théorique

Si le droit international n'affirme pas catégoriquement la possibilité d'un dommage écologique pur, dans le droit interne de plusieurs États cette question a trouvé une réponse[957]. Concernant le régime de responsabilité environnementale au Brésil, par exemple, la législation protégeant l'environnement en tant que tel a été adoptée depuis les années 1980 et maintenant on trouve une jurisprudence consolidée sur le sujet[958]. Aux États Unis, si dans l'affaire relative à la pollution causée par l'*Amoco Cadiz* le tribunal a adopté la législation française et n'a pas envisagé la possibilité de compensation pour le dommage à l'environnement *per se*, après l'échouement en 1989 de l'*Exxon Valdez* en Alaska, le gouvernement américain a adopté l'*Oil Pollution Act* qui prévoit la compensation de tels dommages[959].

En France, pendant plusieurs années les tribunaux sont restés plus que réticents à admettre la possibilité d'indemniser ce type de dommage ; pourtant, ils ont constaté que certaines activités causent

---

957 C. Klemm cite comme exemple les lois colombienne, suédoise, brésilienne, portugais, indonésienne, suisse, italienne et grecque. KLEMM, C., « Les apports du droit comparé », in S.F.D.E., *Le dommage écologique en droit interne, communautaire et comparé*, Paris, Economica, 1992, p. 144-145. Voir également SMITH, T. T., « Le dommage écologique et le droit américain », in S.F.D.E., *Le dommage écologique en droit interne, communautaire et comparé*, Paris, Economica, 1992, p. 79-91.

958 Après définir juridiquement l'environnement comme « *l'ensemble de lois, de conditions, d'influences et d'interactions de nature physique, chimique et biologique qui permet, abrite et régit la vie sous toutes ses formes* », le droit brésilien affirme que « *le pollueur est obligé, indépendamment de l'existence d'une faute, d'indemniser ou de réparer les dommages causés à l'environnement et à tiers par son activité* » (traduction). BRÉSIL, Loi Fédéral nº 6.938 du 31 aout 1981, articles 3, I, et 14, §1º. Voir, sur le sujet, LEITE, J. R. M., *Dano Ambiental : do Individual ao Coletivo Extrapatrimonial*, São Paulo, Revista dos Tribunais, 2000.

959 GAUTIER, P., « Environmental Damage and the United Nations Claims Commission : New Directions for Future International Environmental Cases? », in NDIAYE, T. M. & WOLFRUM, R. (dir.), *Law of the Sea, Environmental Law and Settlement of Disputes : Liber Amicorum Judge Thomas A. Mensah*, Leiden/Boston, Martinus Nijhoff Publishers, 2007, p. 181.

des dommages à des ressources naturelles sans qu'aucun intérêt humain ne soit directement et immédiatement lésé[960]. Ainsi, pour des raisons qui tiennent autant à l'économie, qu'à la politique juridique et à l'éthique, il est évident que le droit doit rendre compte d'une telle situation[961]. Même si l'on trouve quelques jugements qui amorçaient une évolution des juridictions vers une admission autonome des dommages causés à l'environnement, c'est en effet le jugement relatif à la marée noire engendrée par le naufrage de *l'Erika* qui consacre clairement la possibilité d'une indemnisation du préjudice résultant d'une atteinte à l'environnement, en dehors du préjudice moral et du préjudice matériel[962]. Dans son jugement, la cour d'appel a accepté non seulement les pertes économiques et le préjudice matériel tel que les opérations de nettoyage et de remise en état et les dommages aux biens, mais elle a également accepté le droit à indemnisation pour les dommages causés strictement au patrimoine naturel par la pollution, y compris les dommages aux ressources environnementales non commercialisables et d'intérêt légitime pour la collectivité[963]. Il faut

---

[960] COUTANT-LAPALUS, C., « L'incitation à la reconnaissance et au respect de l'ordre public écologique par les sanctions civiles », in BOUTELET, M. & FRITZ, J.-C. (dir.), *L'Ordre Public Ecologique*, Bruxelles, Brulant, 2005, p. 312-313.

[961] MARTIN, G. J., « Réflexions sur la définition du dommage à l'environnement : le dommage écologique 'pur' », in CHÉROT, J.-Y. *et al.* (dir.), *Droit et l'environnement – propos pluridisciplinaire sur un droit en construction*, Aix-en-Provence, Presses Universitaires d'Aix-Marseille, 1995, p. 115.

[962] Selon le rapport n° 348 (2007-2008) de M. Jean Bizet, fait au nom de la commission des Affaires économiques sur le projet de loi relatif à la responsabilité environnementale, le jugement rendu le 16 janvier 2008 à propos de l'*Erika* n'est pas à proprement parler une première, car en 2006 la Cour d'appel de Bordeaux a indemnisé plusieurs associations au titre du préjudice subi par la flore et les invertébrés du milieu aquatique. De la même façon, le tribunal de grande instance de Narbonne a également indemnisé, en octobre 2007, les préjudices causés à un parc naturel régional consécutif à l'écoulement de produits chimiques dans les eaux maritimes et a évalué le préjudice en distinguant le dommage « matériel », « moral » et « environnemental subi par le patrimoine naturel » du parc naturel. BIZET, J., *Rapport sur le projet de loi relatif à la responsabilité environnementale*, Paris, Sénat, session ordinaire de 2007-2008, p. 22. Voir également le jugement du tribunal correctionnel de Paris : T.G.I. PARIS, 11ème chambre, 4ème section, Jugement n° 9934895010 du 16 janvier 2008, notamment p. 239.

[963] COUR D'APPEL DE PARIS, pôle 4 chambre 11 E, Dossier n° 08/02278, arrêt rendu le 30 mars 2010, p. 481-483. Voir également DUMONT, T. & HUTEN, N., « Le jugement Erika ou la consécration inachevée d'une approche patrimoniale de

également souligner que la Cour de Cassation a récemment confirmé toutes les condamnations prononcées en 2010, ce qui renforce la reconnaissance du dommage environnemental *per se*[964].

Les exemples du droit interne témoignent que malgré un certain nombre de difficultés concernant la mise en œuvre de la réparation du dommage écologique pur, sa reconnaissance juridique ne fait plus guère de difficulté sur le plan théorique[965]. Même lorsque le dommage à la nature porte sur des ressources appropriées, le dommage aux propriétaires ne doit pas se confondre avec le dommage au milieu naturel lui-même, d'abord parce que ce dommage peut dépasser la somme des dommages particuliers, ensuite parce que l'intérêt général de protection de l'environnement n'est pas nécessairement le même que l'intérêt du propriétaire des biens affectés. Il est donc parfaitement normal que le dommage à l'environnement ait son autonomie[966]. Selon le professeur Fuchs,

« *Lorsqu'il est confronté à des dommages causés aux écosystèmes, sans victime identifiable autre que la nature ou la société, le juriste doit ainsi remettre en cause des concepts bien établis. L'anthropocentrisme du droit de la responsabilité, en particulier,*

---

l'environnement », *R.J.E.*, 2008, p. 205-221 ; MEMLOUK, M., « Préjudice écologique pur : du mirage à l'impasse », *B.D.E.I.*, n° 16, 2008, p. 33-42 ; et VAN LANG, A., « Affaire de l'Erika : la consécration du préjudice écologique par le juge judiciaire », *A.J.D.A.*, n° 17, 2008, p. 934-941.

964 Voir Cass. Chambre criminelle, Arrêt n° 3439 du 25 septembre 2012, Pourvoi n° 10-82.938, disponible sur <http://www.courdecassation.fr/jurisprudence_2/chambre_criminelle_578/arret_n_24143.html>, consulté le 07 novembre 2012. Outre la condamnation pénale, la Cour de cassation a également condamné Total sur le plan civil « *à réparer les conséquences du dommage solidairement avec ses coprévenus d'ores et déjà condamnés* » à des dommages et intérêts.

965 VAN LANG, A., *Droit de l'environnement*, Paris, P.U.F., 2002, p. 261.

966 CHEROT, J.-Y., « Droit et environnement : introduction au Séminaire », in CHÉROT, J.-Y. *et al.* (dir.), *Droit et l'environnement – propos pluridisciplinaire sur un droit en construction*, Aix-en-Provence, Presses Universitaires d'Aix-Marseille, 1995, p. 15.

s'accommode mal du caractère écocentré des dommages écologiques. »[967]

En ce qui concerne le droit international, certaines décisions internationales ainsi qu'un nombre considérable de normes conventionnelles indiquent également la possibilité d'un dommage écologique pris de manière autonome. Même s'il y a encore des opinions divergentes[968], la Cour internationale de Justice a déjà affirmé qu'elle a « *conscience que l'environnement n'est pas une abstraction, mais bien l'espace où vivent les êtres humains et dont dépendent la qualité de leur vie et leur santé, y compris pour les générations à venir* »[969]. Et si les cas de définitions précises sont rares dans le droit conventionnel, de son analyse l'on peut nonobstant arriver à la conclusion que la notion d'environnement couvre au moins les dommages causés aux ressources naturelles comme l'air, le sol, l'eau, la faune et la flore ainsi qu'à leur interdépendance[970]. Certains traités adoptent un concept un peu plus large pour englober d'autres éléments et valeurs écologiques tels que « *les biens qui composent l'héritage culturel ou les aspects caractéristiques du paysage* »[971]. Ainsi, la Convention d'Helsinki sur les effets transfrontières des accidents industriels de 1992 dispose que le terme « effets » désigne toute conséquence nocive d'un accident industriel, notamment sur les

---

[967] FUCHS, O., *Le dommage écologique – Quelles responsabilités juridiques ?*, Paris, Éditions Rue d'Ulm, 2011, p. 16.

[968] Pierre Lascoumes, par exemple, affirme que l'environnement n'existe pas, qu'il s'agit d'une « *construction sociale* ». LASCOUMES, P., *L'Eco-pouvoir : environnements et politiques*, Paris, La Découverte, 1994.

[969] C.I.J., *Licéité de la menace ou de l'emploi d'armes nucléaires, avis consultatif, C.I.J. Recueil 1996,* par. 29.

[970] Voir l'étude faite par Julio Barboza sur la définition de l'environnement dans son Onzième rapport sur la responsabilité internationale pour les conséquences préjudiciables découlant d'activités qui ne sont pas interdites par le droit international, O.N.U., Doc. A/CN.4/468. Dans ses Projets de principes sur la répartition des pertes en cas de dommage transfrontière découlant d'activités dangereuses, la Commission a enfin donné une définition d'environnement : « *le terme 'environnement' comprend les ressources naturelles, abiotiques et biotiques, telles que l'air, l'eau, le sol, la faune et la flore et les interactions de ces mêmes facteurs, et les aspects caractéristiques du paysage* ». *Annuaire... 2006*, vol. II, Deuxième partie, p. 126.

[971] Article 2 (10), de la Convention de Lugano de 1993 sur la responsabilité civile des dommages résultant d'activités dangereuses pour l'environnement.

êtres humains, la flore, la faune, les sols, l'eau, l'air et le paysage, ainsi que l'interaction entre ces facteurs et les biens matériels et le patrimoine culturel, y compris les monuments historiques[972].

Ces définitions juridiques démontrent que le droit international a abandonné l'approche « territorialiste » de l'environnement en faveur d'une approche systémique, en mettant l'accent sur l'ensemble du système plutôt que sur ses éléments individuels[973]. La Convention sur le droit relatif aux utilisations des cours d'eau internationaux à des fins autres que la navigation de 1997, par exemple, oblige les États à protéger et préserver « *les écosystèmes des cours d'eau internationaux* »[974]. De la même façon, et sans doute comme exemple le plus important d'une vision d'ensemble de l'environnement, le régime de protection de l'Antarctique établi par le Protocole de 1991 dispose que « *les Parties s'engagent à assurer la protection globale de l'environnement en Antarctique et des écosystèmes dépendants et associés.* »[975] Le système de l'Antarctique protège donc non seulement le milieu naturel d'un continent entier, mais également tout écosystème qui peut exercer une influence ou être influencé par les éléments de l'environnement en Antarctique. En outre, et sans doute le caractère le plus significatif pour la reconnaissance du dommage écologique pur, le Protocole établit comme l'un de ses principes relatifs à la protection de l'environnement

« *la préservation de la* valeur intrinsèque *de l'Antarctique, qui tient notamment à ses qualités esthétiques, à son état naturel et à son intérêt en tant que zone consacrée à la recherche scientifique, en particulier celle qui est essentielle pour comprendre l'environnement global, constituent des éléments fondamentaux à prendre en*

---

972 Article premier, c, de la Convention. Voir également la définition d'environnement de la Convention sur la protection et l'utilisation des cours d'eau transfrontières et des lacs internationaux de 1992.

973 BRUNÉE, J. & TOOPE, S., « Environmental Security and Freshwater Resources : A Case for International Ecosystem Law », *Y.I.E.L.*, vol. 5, 1994, p. 55.

974 Article 20 de la Convention.

975 Article 2 du Protocole.

considération dans l'organisation et la conduite de toute activité dans la zone du Traité sur l'Antarctique ». (c'est moi qui souligne)[976]

Cette reconnaissance de la valeur intrinsèque des composants du milieu naturel est fondamentale pour doter l'environnement de l'autonomie juridique qui permettra, par conséquent, la constitution du dommage écologique pur comme une catégorie distincte des autres types de dommages déjà indemnisés dans un système traditionnel de responsabilité internationale des États tels que les dommages causés aux hommes et aux biens.

Si le régime de protection de l'Antarctique est le pionnier, il n'est pourtant le seul : la Convention OSPAR reconnaît « *la valeur intrinsèque du milieu marin de l'Atlantique du Nord-est et la nécessité d'en coordonner la protection* »[977] et la Convention relative à la conservation de la vie sauvage et du milieu naturel de l'Europe reconnaît non seulement la valeur intrinsèque mais également la valeur esthétique, scientifique, culturelle, récréative et économique de la flore et de la faune sauvages de l'Europe[978]. Finalement, dans la Convention sur la diversité biologique de 1992 les États parties affirment la valeur intrinsèque de la diversité biologique « *sur les plans environnemental, génétique, social, économique, scientifique, éducatif, culturel, récréatif et esthétique* »[979].

Admettre la valeur intrinsèque des éléments naturels équivaut à admettre également la possibilité d'un dommage qui est sans répercussion sur un intérêt humain particulier mais qui affecte un intérêt collectif légitime, étant donné que non seulement les composants matériels de l'environnement sont pris en considération, mais aussi les processus écologiques d'interaction entre ces composants et les fonctions assurées au bénéfice d'une ressource naturelle[980]. À cause de cette constatation, M. Fitzmaurice a affirmé

---

[976] Article 3 (1), du Protocole.

[977] Préambule de la Convention pour la protection du milieu marin de l'Atlantique du Nord-Est de 1992 – Convention OSPAR.

[978] Préambule de la Convention de Berne de 1979.

[979] Préambule de la Convention.

[980] FUCHS, O., *Le dommage écologique – Quelles responsabilités juridiques ?*, Paris, Éditions Rue d'Ulm, 2011, p. 26.

que le concept contemporain de dommage sans doute comprend non seulement les dommages aux personnes et aux biens, mais aussi la valeur intrinsèque de l'environnement, y compris les composants individuels et l'ensemble de l'écosystème[981].

Néanmoins, même quand une convention reconnaît la valeur de l'environnement ou le définit d'une manière à englober les composants matériels et immatériels du milieu, elle n'affirme pas expressément l'existence du dommage à l'environnement *per se*, ce qui laisse encore des doutes sur sa reconnaissance juridique. L'exemple de la Convention de Lugano sur la responsabilité civile des dommages résultant d'activités dangereuses pour l'environnement est éclairant, car certains auteurs ont même affirmé qu'elle admet la possibilité du dommage écologique pur[982]. Pourtant, si elle définit l'environnement selon une approche systémique et inclut dans le concept de dommage « *toute perte ou dommage résultant de l'altération de l'environnement* », elle limite la réparation « *au coût des mesures de remise en état qui ont été effectivement prises ou qui le seront* »[983]. De cette façon, la Convention ne fait que suivre les divers traités de responsabilité civile des exploitants d'une activité dangereuse en adoptant une vision traditionnelle du dommage écologique. Mais on aperçoit nonobstant quelques indices dans le droit conventionnel à propos de l'existence d'un dommage à l'environnement *per se*.

---

[981] FITZMAURICE, M., « International Responsibility and Liability », in BODANSKY, D. ; BRUNNÉE, J. & HEY, E. (dir.), *The Oxford handbook of international environmental law*, Oxford, Oxford University Press, 2007, p. 1015.
[982] KERBRAT, Y., « Le droit international face au défi de la réparation des dommages à l'environnement », in S.F.D.I. (org.), *Colloque d'Aix-en-Provence : Le droit international face aux enjeux environnementaux*, Paris, Pedone, 2010, p. 142.
[983] Article 2, (7 et 10), de la Convention.

Paragraphe 2. Le dommage environnemental pur : l'affirmation pratique

Si jusqu'à présent les traités de droit international n'ont fourni que des indices sur la possibilité d'appliquer la responsabilité internationale pour les dommages causés à l'environnement en tant que tel, le droit européen, de son côté, a déjà clarifié le sujet en affirmant expressément cette possibilité. Il est intéressant d'analyser l'Union européenne à part parce que, même si sa nature juridique est encore discutée par la doctrine, elle est aussi une association d'États au sein de laquelle ceux-ci décident d'adopter des actes obligatoires de portée générale[984]. Ainsi, elle montre bien le processus de décision d'un groupe d'États dans le but d'affirmer l'existence du dommage à l'environnement *per se*. Dans ce cas, l'Union a adopté une norme juridique qui oblige les États à prendre les mesures législatives et réglementaires nécessaires pour transposer la notion de dommage écologique pur en droit interne[985].

---

[984] Certains auteurs l'assimilent à un État, mais selon Jean Paul Jacqué, « *si l'Union présente, et présente de plus en plus au fur et à mesure des révisions successives des traités, certains traits étatiques, elle ne saurait en aucun cas être analysée comme une entité étatique* ». JACQUE, J.-P., *Droit Institutionnel de L'Union européenne*, Paris, Dalloz, 2009, p. 104. Voir également CONSTANTINESCO, V., « Vers quelle Europe ? Europe fédérale, Confédération européenne, Fédération d'États-nations ? », *Les Cahiers français*, nº 298, 2000, p. 80-89.

[985] Certes, l'objectif ici n'est pas de faire une analyse approfondie sur les actes de l'Union européenne. Toutefois, il faut dire quelques mots sur les effets des directives : même si en principe les directives ne produisent pas d'effets directs puisqu'elles sont adressées aux États membres et doivent faire l'objet d'une transposition en droit interne, dans certains cas il faut reconnaître l'effet direct des directives. Ainsi, si l'État n'a pas (ou a mal) transposé la directive à l'expiration du délai de transposition, dans cette hypothèse, refuser l'effet direct reviendrait à enlever tout effet utile à la directive alors qu'elle est un acte obligatoire. Voir sur le sujet PAQUES, M., « Effet direct du droit communautaire, interprétation conforme et responsabilité de l'État, en général et en matière d'environnement », in VAN DUNNÉ, J. M. (éd.), *Non-point source river pollution : the case of the river Meuse : technical, legal, economic and political aspects*, The Hague, Kluwer Law International, 1996, p. 89-139 et LEITÃO, A. R., « L'effet direct des directives : une mythification ? », *Revue trimestrielle de droit européen*, vol. 17, 1981, p. 425-441.

Ainsi, avec l'objectif d'établir au niveau européen un cadre commun de responsabilité environnementale pour la prévention et la réparation des dommages environnementaux, la directive 2004/35/CE du Parlement européen et du Conseil du 21 avril 2004, outre une définition générale du « dommage »[986], donne la définition suivante du « dommage environnemental » :

« *Aux fins de la présente directive, on entend par : 1. 'dommage environnemental' : a) les dommages causés aux espèces et habitats naturels protégés, à savoir tout dommage qui affecte gravement la constitution ou le maintien d'un état de conservation favorable de tels habitats ou espèces ; l'importance des effets de ces dommages s'évalue par rapport à l'état initial (...) ; b) les dommages affectant les eaux, à savoir tout dommage qui affecte de manière grave et négative l'état écologique, chimique ou quantitatif ou le potentiel écologique des eaux concernées (...) ; c) les dommages affectant les sols, à savoir toute contamination des sols qui engendre un risque d'incidence négative grave sur la santé humaine du fait de l'introduction directe ou indirecte en surface ou dans le sol de substances, préparations, organismes ou micro-organismes* »[987].

De façon innovante, la directive étend donc la responsabilité aux dommages à l'environnement *per se* et même si l'on peut critiquer la limitation de son champ d'application ou l'énumération d'activités auxquelles elle ne s'applique pas[988], cette norme affirme, au moins au niveau européen, l'existence du dommage écologique pur.

---

[986] La directive entend par « dommages » « *une modification négative mesurable d'une ressource naturelle ou une détérioration mesurable d'un service lié à des ressources naturelles, qui peut survenir de manière directe ou indirecte* ». Article 2 (2) de la directive.

[987] Article 2 (1) de la directive.

[988] Voir l'article 4 de la directive. Selon Winter, la principale critique à la directive porte justement sur l'exclusion de son application aux dommages causés par un phénomène naturel de nature exceptionnelle, inévitable et irrésistible et aux dommages qui ont déjà une réglementation, tels que les dommages causés par les hydrocarbures ou par l'utilisation de l'énergie nucléaire. WINTER, G. *et al.*, « Weighing up the EC Environmental Liability Directive », *J.E.L.*, vol. 20, nº 2, p. 172-173.

Toutefois, l'exemple le plus important d'affirmation de cette notion dans le droit international ne vient pas d'une norme juridique négociée et adoptée de façon traditionnelle entre les États intéressés, mais d'une résolution du Conseil de sécurité des Nations Unies. Suite à l'invasion du Koweït par les forces armées irakiennes, le Conseil de sécurité s'est appuyé sur le chapitre VII de la Charte des Nations Unies pour adopter la résolution 687 (1991) du 3 avril 1991, l'une des plus longues et des plus complexes adoptées jusqu'à présent[989]. La résolution tient l'Irak pour « *responsable, en vertu du droit international, de toute perte, de tout dommage – y compris les atteintes à l'environnement et la destruction de ressources naturelles – et de tous autres préjudices directs subis par des États étrangers et des personnes physiques et sociétés étrangères du fait de son invasion et de son occupation illicites du Koweït* »[990] et pour cela elle décide de créer un fonds d'indemnisation pour les paiements dus au titre des réclamations des États affectés et « *de constituer une commission qui sera chargée de gérer ledit fonds* »[991].

La décision du Conseil est singulière parce qu'il étend sa compétence à un domaine qui lui était auparavant étranger[992]. La Commission créée est un organe appelé à statuer sur tous les aspects relatifs aux demandes de réparation des pertes, dommages et préjudices subis par les victimes de l'invasion. Pour accomplir cette fonction, elle doit examiner les réclamations, en vérifier la validité, évaluer les pertes, déterminer le montant des paiements et résoudre les différends relatifs aux réclamations. Ainsi, même si elle est amenée à remplir une fonction quasi judiciaire, elle n'est pourtant pas une

---

[989] Pour une analyse sur les pouvoirs du Conseil en raison du chapitre VII de la Charte, voir COT, J.-P. ; PELLET, A. & FORTEAU, M. (dir.), *La charte des Nations Unies : commentaire article par article*, vol. 1, Paris, Economica, 2005, p. 1131-1361 et SIMMA, B., *The Charter of the United Nations : a commentary*, Oxford, Oxford University Press, 2002, p. 701-806.

[990] Par. 16 de la résolution.

[991] Par. 18 de la résolution.

[992] BOUONY, L., « Regard sur la Commission d'indemnisation des Nations Unies », *A.F.D.I.*, vol. 43, 1997, p. 116.

juridiction *ad hoc*, mais un organe administratif autonome de réparation de dommages de guerre[993].

Peut-être en réponse à la quête d'une justice rapide et effective pour les États affectés par l'invasion, l'aspect le plus important des travaux de la Commission concernant les dommages à l'environnement est l'affirmation que la destruction ou le gaspillage délibéré des ressources naturelles peut être objet d'une demande d'indemnisation[994]. Concernant la reconnaissance du dommage écologique pur, l'Iraq a affirmé que la demande d'indemnisation pour la perte provisoire de ressources naturelles sans valeur économique n'est pas fondée en droit et que, par conséquent, l'indemnisation, même modeste, d'une perte de cette nature, quelle qu'elle soit, « *reviendrait à transformer radicalement le droit international* »[995].

Le Comité chargé d'examiner les réclamations pour dommages à l'environnement était cependant d'avis que l'affirmation selon laquelle le droit international général exclut l'indemnisation pour les dommages purement écologiques n'est pas fondée. Selon lui, le fait que certaines conventions internationales relatives à la responsabilité

---

[993] Même si la Commission a été créée par un organe essentiellement politique – le Conseil de sécurité – elle présente malgré tout un fort aspect juridictionnel. Voir STERN, B., « Les problèmes de responsabilité posés par la crise et la 'guerre' du Golfe », in *Les aspects juridiques de la guerre du Golfe, Cahiers internationaux*, n° 6, CEDIN-Nanterre, Paris, Montchrestien, 1991, p. 361.

[994] Selon G. Cottereau, « *les demandes pourront réclamer une compensation des dépenses engagées pour la réduction et la prévention des dommages à l'environnement en y incluant celles liées à l'incendie des puits de pétrole et à l'endiguement de la pollution par immersion de celui-ci dans les eaux côtières et internationales du Golfe. Seront aussi recevables les dossiers se fondant sur les dépenses engagées et celles raisonnablement nécessaires pour nettoyer et restaurer l'environnement, celles qui dans le même contexte correspondent à la surveillance et l'établissement du dommage, à son évaluation à la réduction de la menace qui plane sur cet environnement. S'y ajoutent les dépenses raisonnables de surveillance de la santé publique et de tests médicaux exécutés pour rechercher et combattre l'accroissement des risques pour la santé consécutifs aux atteintes à l'environnement. Enfin, la demande pourra invoquer l'épuisement des ressources naturelles ou les dommages à elles causés par les agissements illicites de l'Iraq* ». COTTEREAU, G., « Problèmes de la responsabilité de l'Iraq selon la résolution 687 », *A.F.D.I.*, vol. 37, 1991, p. 103.

[995] O.N.U., Doc. S/AC.26/2005/10, par. 47.

civile pour les dommages et l'indemnisation écartent l'idée d'une réparation pour des dommages purement écologiques n'est pas une raison valable d'affirmer que le droit international exclut, en règle générale, l'indemnisation pour de tels dommages quel que soit le cas, même lorsque les dommages résultent d'un acte internationalement illicite[996].

De l'avis du Comité, ces dommages doivent être considérés comme étant englobés dans la notion d'« *atteintes à l'environnement* » et de « *destruction des ressources naturelles* », au sens de la résolution 687 du Conseil de sécurité. La Commission a donc donné une définition très étendue de « *dommages à l'environnement et perte de ressources naturelles* », qui doit compris les pertes ou frais dus :

« *a) Aux mesures prises pour réduire et prévenir les dommages à l'environnement, y compris les frais liés directement à la lutte contre les incendies de puits de pétrole et aux mesures prises pour enrayer la marée noire dans les eaux côtières et internationales ; b) Aux mesures raisonnables déjà prises pour nettoyer l'environnement et le remettre en état ou aux mesures dont il est raisonnable de penser, preuves à l'appui, qu'elles seront nécessaires pour ce faire ; c) À une surveillance et une évaluation raisonnables des dommages causés à l'environnement afin d'estimer et de réduire les dommages et de remettre l'environnement en état ; d) À une surveillance raisonnable de la santé publique et aux tests de dépistage médicaux visant à enquêter sur les risques accrus pour la santé qu'entraînent les dommages causés à l'environnement et à prévenir ces risques ; e) Aux pertes de ressources naturelles ou aux dommages causés à ces ressources* »[997].

Malgré le caractère déjà très général de la définition, la Commission a nonobstant souligné que cette liste n'était pas exhaustive et ne donnait que des indications concernant les types d'activités et d'événements à l'origine de pertes ou de dépenses

---

[996] *Ibid.*, par. 58.
[997] Décision 7 du Conseil d'administration de la Commission, O.N.U., Doc. S/AC.26/1991/7/Rev.1, par. 35.

indemnisables[998]. Elle a même énuméré quelques actions de l'Iraq ayant causé les préjudices indemnisables[999]. Mais si la Commission a reconnu le dommage à l'environnement *per se*, elle a considéré que la question essentielle à trancher pour chaque réclamation était celle de la preuve du lien entre les actes irakiens et les préjudices causés. Elle a donc recherché si les éléments de preuve fournis par chaque demandeur étaient suffisants pour démontrer la réalité de la perte de ressources naturelles ou des dommages causés à de telles ressources et, dans l'affirmative, si cette perte ou ces dommages résultaient directement de l'invasion et de l'occupation du Koweït par l'Iraq[1000].

De cette façon, en ce qui concerne les règles régissant la procédure des réclamations, la Commission a déclaré que l'Iraq n'était responsable qu'à l'égard des pertes ou des dommages résultant directement de l'invasion et de l'occupation et que pour évaluer l'indemnisation elle adopterait comme critère la situation de l'environnement qui aurait existé si l'Irak n'avait pas envahi le Koweït[1001]. Ainsi, après s'être assurée que les exigences en matière de preuve concernant les circonstances et le montant du dommage ou de la perte avaient bien été respectées, la Commission a effectivement accordé une indemnisation à 109 des 168 demandes d'indemnisation

---

[998] O.N.U., doc. S/AC.26/2004/16, par. 29. Voir également O.N.U., Doc. S/AC.26/2002/26, par. 22 et O.N.U., Doc. S/AC.26/2003/31, par. 25.
[999] Selon la Commission, les dommages à l'environnement sont dus notamment : « *a) Aux polluants produits par les incendies de puits de pétrole et les activités d'extinction au Koweït ; b) Aux déversements d'hydrocarbures dans le golfe Persique, provenant d'oléoducs, de terminaux au large des côtes et de pétroliers ; c) À l'afflux de réfugiés sur le territoire de certains des requérants ; d) Aux mouvements de véhicules et de personnels militaires ; e) Aux mines et autres restes de guerre ; f) Au fait que les populations ont été exposées aux polluants produits par les incendies de puits de pétrole et aux déversements d'hydrocarbures au large du Koweït, ainsi qu'aux hostilités et à divers actes de violence* ». O.N.U., Doc. S/AC.26/2005/10, par. 4.
[1000] *Ibid.*, par. 56-57.
[1001] GAUTIER, P., « Environmental Damage and the United Nations Claims Commission : New Directions for Future International Environmental Cases? », in NDIAYE, T. M. & WOLFRUM, R. (dir.), *Law of the Sea, Environmental Law and Settlement of Disputes : Liber Amicorum Judge Thomas A. Mensah*, Leiden/Boston, Martinus Nijhoff Publishers, 2007, p. 213.

pour dommage à l'environnement et perte de ressources naturelles analysées[1002].

Même si la notion de dommage écologique pur a été adoptée dans une situation extrême de réponse à une situation de rupture de la paix, les travaux de la Commission démontrent bien la possibilité pratique de reconnaissance de la valeur intrinsèque de la nature à côté de sa valeur d'utilisation liée aux besoins économiques des États[1003], admettant par conséquent la possibilité d'indemniser les dommages causés à l'environnement *per se*.

Conclusions du Chapitre I

En somme, on peut affirmer qu'à côté de l'approche traditionnelle du dommage environnemental adoptée par la plupart des traités relatifs à la protection de l'environnement, l'on remarque aujourd'hui l'apparition d'une nouvelle façon d'envisager les préjudices causés au milieu naturel, obligeant l'État pollueur à réparer non seulement les dommages écologiques liés aux personnes et aux biens, mais

---

[1002] Ce qui correspond, par rapport au montant en dollars, à 6,2% du total demandé. Voir THE UNITED NATIONS COMPENSATION COMMISSION, *Status of Processing and Payment of Claims*, disponible sur <http://www.uncc.ch/status.htm>, consulté le 19 mars 2012.

[1003] Il est intéressant de remarquer les travaux réalisés en France en vue de proposer une nomenclature des préjudices environnementaux englobant tant la notion traditionnelle que la notion du dommage écologique *per se*. Ainsi, avec l'objectif de dépasser le désordre relatif à l'identification et à la délimitation des préjudices liés au dommage à l'environnement, un groupe de travail dirigé par Laurent Neyret et Gilles J. Martin a défini le dommage environnemental comme « *l'atteinte portée à l'intégrité et/ou à la qualité de l'environnement naturel. Ce dommage ne donne pas systématiquement naissance à un préjudice pris en compte par le droit. Lorsque c'est le cas, les préjudices retenus peuvent être répartis en deux catégories : les préjudices causés à l'environnement et les préjudices causés à l'homme. Les premiers rendent compte des détériorations de l'environnement au-delà et indépendamment des répercussions connues sur les intérêts humains. Les seconds envisagent les conséquences négatives du dommage environnemental pour l'homme.* » NEYRET, L. & MARTIN, G. J. (dir.), *Nomenclature des préjudices environnementaux*, Paris, L.G.D.J., 2012, p. 15.

également le dommage écologique pur, pris indépendamment des répercussions sur les intérêts humains.

CHAPITRE II. LA GRAVITÉ DU DOMMAGE À L'ENVIRONNEMENT

À partir du moment où les obligations de diligence sont souvent conçues comme des obligations procédurales, une discussion sur la gravité du dommage environnemental ne devient nécessaire que dans le cadre d'une obligation de prévention de résultat[1004]. Ici, au contraire de la diligence due, l'obligation absolue de ne pas causer un dommage est étroitement liée à la gravité de l'altération causée au milieu naturel. Sans doute, le droit ne doit pas être indifférent à la survenance ou à l'éventualité d'un préjudice quand il menace les droits d'autres États. Pour autant, nier l'existence d'une obligation de tolérance à l'égard de certaines atteintes à l'environnement, celles qui sont supportables, serait nier l'existence même de l'homme dans son milieu[1005].

De cette façon, même si certains auteurs sont d'avis qu'il faut interdire toute atteinte à l'environnement d'un autre État[1006], vouloir prétendre que tout dommage transfrontière est illicite ou donne automatiquement droit à réparation constituerait une source d'inquiétude justifiée et une entrave au progrès[1007]. Le droit international de l'environnement ne cherche pas la disparition totale des nuisances, mais entend les limiter à un niveau tolérable pour les États. Spécifier un niveau de gravité du dommage au-dessous duquel la modification causée doit être tolérée permet d'éviter un recours trop

---

1004 LEFEBER, R., *Transboundary Environmental Interference and the Origin of State Liability*, The Hague, Kluwer Law International, 1996, p. 83.

1005 Selon Caballero, « *il existe une tolérabilité naturelle de l'homme et de son environnement à un certain niveau d'agression* ». CABALLERO, F., *Essai sur la notion juridique de nuisance*, Paris, L.G.D.J., 1981, p. 342-343.

1006 GAINES, S. E., « Taking Responsibility for Transboundary Environmental Effects », *H.I.C.L.R.*, vol. 14, n° 4, 1990-1991, p. 796-97.

1007 Voir O.N.U., Doc. A/CN.4/360, par. 43.

fréquent au régime de responsabilité des États qui pourrait paralyser les systèmes de décision et l'innovation technologique[1008].

Cette exigence d'atteindre un certain niveau de gravité pour qu'un dommage puisse être considéré comme inadmissible en droit international a donné des nouveaux contours à la notion de la souveraineté des États, tant à l'égard de l'État pollueur qu'à l'égard de l'État affecté par la pollution. D'un côté, cela soumet la compétence territoriale exclusive de l'État pollueur à une règle supérieure interdisant une action qui va causer un dommage transfrontière significatif. D'un autre côté, cela implique aussi le rejet du principe de la souveraineté territoriale absolue de l'État victime, dans la mesure où il doit supporter un préjudice qui n'est pas significatif[1009]. Ainsi, après l'identification dans le chapitre antérieur des éléments qui composent le dommage à l'environnement, il faut ici souligner que pour que l'obligation de prévention absolue soit respectée, le dommage ne doit pas attendre un certain seuil de nuisance. En d'autres termes, pour caractériser l'obligation de prévention de résultat, il est indispensable d'analyser les circonstances dans lesquelles, d'un point de vue juridique, un dommage tolérable devient significatif et en conséquence intolérable et, à cause de cela, engagera la responsabilité internationale de l'État d'origine de l'activité polluante (« Section I. La notion de dommage significatif »).

Par ailleurs, outre la caractérisation d'un niveau minimum pour que le dommage écologique soit reconnu dans l'univers juridique, il faut également qu'il ait un caractère transfrontalier pour être reconnu par le droit international. Évidemment, aussi grave que soit une atteinte au milieu naturel, si elle reste totalement dans le domaine territorial d'un seul État, les régimes de responsabilité et de réparation applicables seront ceux du droit interne. Pour qu'un dommage écologique puisse être pris en considération par le droit international de l'environnement,

---

1008 CAZALA, J., *Le principe de précaution en droit international*, Paris, Anthemis, 2006, p. 130.

1009 ROMANI, C. F. C., *La protección del medio ambiente en derecho internacional, derecho comunitario europeo y derecho español*, Vitoria-Gasteiz, Eursko Jaurvaritzaren Argitalpen-Zerbitzu Nagusia, 1991, p. 57.

il faut absolument que ses effets dépassent la frontière de l'État pollueur (« Section II. Le caractère transfrontière du dommage »).

Section I. La notion de dommage significatif

À la conviction idéologique selon laquelle on doit soutenir le développement des États et les manifestations du progrès technologique et scientifique, s'oppose une conviction éthique, non moins fondée, qui répugne à nier un droit à réparation pour les dommages transfrontières causés, et amène à en faire porter le poids à l'État ou à l'entrepreneur qui les cause[1010]. Toutefois, le droit international ne doit prendre en considération que les dommages importants, qui dépassent le seuil que les États doivent tolérer dans leur coexistence physique[1011].

Dans l'*affaire du lac Lanoux* cette question a été synthétisée, quoiqu'indirectement, en deux phrases qui ont acquis une certaine notoriété : « *La France peut user de ses droits, elle ne peut ignorer les intérêts espagnols. L'Espagne peut exiger le respect de ses droits et la prise en considération de ses intérêts* »[1012]. Lorsque le tribunal énonce une distinction entre les droits et les intérêts des États concernés, la question fondamentale est de savoir à quelle moment s'opère le passage qualitatif de la sphère des intérêts à celle des droits.

À partir du moment où certains dommages correspondaient à un droit, d'autres à un simple intérêt, il fallait indiquer le seuil à partir duquel un intérêt obtient la protection juridique et devient un droit. Cela revenait à s'interroger sur la gravité de l'altération environnementale causée par le projet français d'aménagement des eaux du lac. Ayant constaté que le volume des eaux « *au passage de*

[1010] CAUBET, C. G., « Le droit international en quête d'une responsabilité pour les dommages résultant d'activités qu'il n'interdit pas », *A.F.D.I.*, vol. 29, 1983, p. 109.
[1011] HANDL, G., « International Liability of States for Marine Pollution », *C.Y.I.L.*, vol. XXI, 1983, p. 91.
[1012] *Affaire du lac Lanoux (Espagne, France),* 16 novembre 1957, *Recueil des sentences arbitrales*, vol. XII, p. 316.

la frontière, ne subira, à aucun moment, une diminution », le tribunal n'a pas considéré que les travaux français causeraient un dommage significatif capable d'engager la responsabilité de la France[1013].

Cet exemple démontre bien le fait que le dommage écologique suppose une détérioration substantielle ou durable du fonctionnement écologique de la ressource naturelle en question, c'est-à-dire qu'un certain seuil de dommage est indispensable[1014]. Selon Francis Caballero, « *le dommage n'existe que dans la mesure où un certain seuil de nuisance a été dépassé, en deçà duquel il n'y a pas dommage* »[1015]. Étant donné que la notion de pollution est toujours liée à la capacité de l'homme ou de la nature à supporter des atteintes à l'environnement, un dommage ne doit être pris en compte juridiquement que lorsqu'il revêt une certaine intensité supérieure au seuil de tolérance qui marque le passage d'une situation acceptable de nuisance à une situation inacceptable[1016]. Par conséquent, les dommages minimes ou négligeables et qui sont seulement détectables ou notables ne doivent pas être pris en compte par le droit.

Le seuil exprime donc une idée tant de limite que de tolérance : d'une part, il fixe le niveau de nuisance à partir de laquelle il y a atteinte à l'environnement, d'autre part il impose aux États une obligation de supporter certaines atteintes qui ne sont pas significatives. Ainsi, il a la fonction d'établir une relation automatique entre le dépassement d'un certain niveau de nuisance et la constatation du non-respect de l'obligation de prévention de résultat, tout en

---

[1013] *Ibid.*, p. 303.

[1014] REHBINDER, E., « Rapport général – Évaluation et réparation du dommage écologique », in S.F.D.E., *Le dommage écologique en droit interne, communautaire et comparé*, Paris, Economica, 1992, p. 117.

[1015] CABALLERO, F., *Essai sur la notion juridique de nuisance*, Paris, L.G.D.J., 1981, p. 243.

[1016] ROUX, D., « La spécificité de la théorie des troubles de voisinage ou le pouvoir reconnu au juge civil de statuer 'en équité' », in SCHWARZ-LIEBERMANN VON WAHLENDORF, H.-A. (dir.), *Exigences sociales, jugement de valeur et responsabilité civile en droit français, allemand et anglais*, Paris, L.G.D.J., 1983, p. 78.

évitant également l'interdiction totale d'une interférence ou d'un préjudice transfrontière mineur à l'environnement[1017].

Dans l'*affaire de la fonderie de Trail*, le tribunal arbitral a utilisé l'expression « *conséquences sérieuses* »[1018] pour définir le seuil de nuisance pour la première fois en droit international. La pratique des États démontre cependant que la notion a beaucoup évolué, et qu'aujourd'hui d'autres expressions sont également adoptées pour définir le niveau de pollution transfrontière acceptable et tolérable entre les États (« Paragraphe 1. L'évolution de la notion de seuil du dommage »). Par ailleurs, si on peut constater une évolution et un changement positif – à notre avis – dans la notion de seuil, on constate aussi des difficultés persistantes dans la fixation de la limite entre une nuisance acceptable et une nuisance inacceptable. Ces problèmes existent aussi bien à propos du règlement des différends relatifs à un possible dommage causé, que dans l'élaboration d'une règle conventionnelle précise de prévention d'un dommage et de protection de l'environnement (« Paragraphe 2. La spécification du seuil dans la pratique »).

Paragraphe 1. L'évolution de la notion de seuil du dommage

La notion de seuil consiste à préciser le niveau d'agression au-delà duquel la nuisance causée à l'environnement est considérée comme inacceptable et doit être, par conséquent, réparée. En d'autres termes, c'est la définition du niveau à partir duquel les facultés naturelles d'absorption du milieu sont épuisées. Ainsi, pour qu'il y ait un dommage significatif, il faut que l'altération causée au milieu dépasse le seuil de tolérance de telle sorte qu'elle excède les inconvénients

---

1017 SACHARIEW, K., « The Definition of Thresholds of Tolerance for Transboundary Environmental Injury under International Law : Development and Present Status », *N.I.L.R.*, vol. XXXVII, n° 2, 1990, p. 202.
1018 *Trail smelter case (United States, Canada), 16 April 1938 and 11 March 1941*, *Recueil des sentences arbitrales*, vol. III, p. 1965.

ordinaires d'une relation normale de voisinage entre les États[1019]. Toutefois, s'il est clair que la caractérisation du dommage comme « significatif » indique que les États acceptent un certain niveau de dommage, il faut aussi se poser la question de savoir quel est le niveau généralement accepté.

Le problème se pose lorsque l'on constate que la pratique internationale utilise plusieurs adjectifs pour assortir le terme « dommage » d'une réserve de tolérance : ainsi, les termes « significatif », « sérieux », « substantiel », « appréciable », « grave », « important », « sensible », « considérable », *etc.*, sont adoptés par le droit conventionnel d'une manière confuse et incohérente et sans aucune précision. Selon B. Graefrath, cette méthode consistant à définir le seuil par une caractérisation abstraite d'intensité en attachant aux effets transfrontières l'attribut de « significatif » est tellement incertaine qu'elle est utilisée par les tribunaux davantage comme une référence que vraiment comme une règle de droit[1020].

Depuis l'*affaire de la fonderie de Trail*, il n'y a aucun doute sur la reconnaissance par le droit international du fait qu'il n'y a dommage transfrontière que s'il s'agit de conséquences « sérieuses » et si le préjudice est établi par des preuves claires et convaincantes[1021]. Dans la pratique actuelle, les États utilisent l'adjectif « significatif » plutôt que le qualificatif « sérieux » pour préciser le dommage. La question qui se pose est celle de savoir si la qualification du seuil a effectivement changé avec cette nouvelle façon de caractériser le préjudice ou si tous ces adjectifs sont synonymes. En d'autres termes, il faut savoir si le critère pour définir un dommage a été progressivement assoupli de « sérieux » vers « significatif », reflétant un changement réel pour diminuer le seuil, ou s'il s'agit simplement

---

1019 GREVECHE, M.-P., *La notion de seuil en droit de l'environnement*, Thèse, Paris I, 2002, p. 290.

1020 GRAEFRATH, B., « Responsibility and damages caused : relationship between responsibility and damages », *R.C.A.D.I.*, vol. 185, 1984, p. 115.

1021 HANDL, G., « Transboundary Impacts », in BODANSKY, D. ; BRUNNÉE, J. & HEY, E. (dir.), *The Oxford handbook of international environmental law*, Oxford, Oxford University Press, 2007, p. 535.

d'une modification linguistique sans influence sur la qualification du dommage[1022].

Les travaux de la Commission du droit international sur l'utilisation des cours d'eau internationaux à des fins autres que la navigation et sur la prévention des dommages transfrontières résultant d'activités dangereuses sont fondamentaux pour répondre à la question de savoir s'il y a un seul ou plusieurs degrés de l'expression « significatif ». Si l'on interprète le « dommage significatif » comme synonyme de « dommage grave ou sérieux », on risque de mettre la limite trop haute, ce qui permettrait l'introduction d'une pollution considérablement plus grande dans l'environnement avant que l'on puisse dire qu'il y a eu préjudice. En revanche, si l'on interprète l'expression comme synonyme d'« appréciable », on risque de mettre la limite trop bas et d'être trop rigide, ce qui permettrait l'interdiction des effets transfrontières même insignifiants[1023]. Les travaux de la Commission démontrent enfin que « *'significatif' est plus que 'détectable', mais sans nécessairement atteindre le niveau de 'grave' ou 'substantiel'* »[1024]. Concernant l'utilisation des cours d'eau, la

---

[1022] KERBRAT, Y., « Le droit international face au défi de la réparation des dommages à l'environnement », in S.F.D.I. (org.), *Colloque d'Aix-en-Provence : Le droit international face aux enjeux environnementaux*, Paris, Pedone, 2010, p. 132-133.

[1023] Certains membres de la Commission ont exprimé des doutes sur la signification exacte de l'expression « dommage appréciable ». Selon leur opinion, ce critère était par nature assez imprécis et subjectif, et essayer de définir l'expression ne faisait qu'ajouter à la confusion. De plus, de l'avis de ces membres, un tel critère paraissait inutilement rigide, car la stricte application de ce critère risquait de ralentir l'activité industrielle. Ainsi, on a dit qu'une expression telle que « dommage substantiel » constituerait un critère plus objectif et technique. En revanche, d'après d'autres membres de la Commission, l'emploi du terme « substantiel » comme critère permettrait qu'il y eût introduction d'une pollution considérablement plus grande dans le cours d'eau avant que l'on puisse dire qu'il y avait eu préjudice. Voir le Rapport de la C.D.I. sur les travaux de sa quarantième session, O.N.U., Doc. A/43/10, sup. 10, par. 154.

[1024] *Annuaire... 2001*, vol. II, Deuxième partie, p. 163. Il faut souligner que même dans la Commission les expressions sont utilisées de manière confuse. Dans son rapport sur la responsabilité internationale pour les conséquences préjudiciables découlant d'activités qui ne sont pas interdites par le droit international, après affirmer que l'uniformité n'est pas obligatoire, même s'il est souhaitable d'harmoniser la terminologie utilisée par la Commission, J. Barboza a adopté

Commission a adopté au début l'adjectif « appréciable » pour caractériser le dommage. L'objectif était de montrer aussi clairement que possible que l'effet transfrontière doit au moins avoir des conséquences d'une certaine importance pour constituer une atteinte à un intérêt protégé par le droit international, sans que ces conséquences ne soient nécessairement ni vastes ni graves[1025]. Selon S. Schwebel,

« *le terme* appreciable *(appréciable) désigne un effet quantitativement plus grand que le terme* perceptible *(notable, sensible), que l'on peut interpréter comme signifiant simplement perceptible. Le terme* appreciable *qualifie par contre un effet moindre que l'effet 'grave' (*serious*), ou 'substantiel', 'important' (*substantial*)* »[1026].

Stephen C. McCaffrey – le rapporteur suivant – a également adopté le terme « appréciable » pour définir un dommage « *qui n'est ni minime ni insignifiant, mais qui n'est pas 'substantiel'* »[1027]. Cependant, après l'analyse de plusieurs instruments internationaux, la Commission a changé d'avis et a adopté en définitive l'expression « significatif », tout en soulignant que cette notion a un sens de « mesurable », c'est-à-dire qu'il faut que le dommage produit puisse être établi par des constatations objectives et qu'il y ait atteinte véritable à l'utilisation des eaux en question. En outre, la Commission a fait remarquer que le mot « significatif » n'est pas employé dans le sens de considérable parce qu'il n'est pas nécessaire qu'un dommage transfrontière atteigne un tel degré[1028]. Dans son projet d'articles sur la prévention, la Commission a également adopté l'expression

---

l'expression « appréciable » en donnant un sens plus grave au terme « significatif » : « *La notion de 'dommage appréciable', formulée dès l'article 1er, est le seul type de dommage méritant d'être pris en considération dans le projet à l'examen. Un dommage moindre est, comme on l'a vu, dépourvu de pertinence. (...) on pourrait préférer les adjectifs 'significatif', 'important' ou 'substantiel', qui donnent l'idée de seuils plus élevés, mais cela, estime le Rapporteur spécial, n'est pas souhaitable* ». *Annuaire... 1989*, vol. II, Première partie, p. 150.

1025 *Annuaire... 1982*, vol. II, Première partie, p. 122.

1026 Troisième rapport sur le droit relatif aux utilisations des cours d'eau internationaux à des fins autres que la navigation, par M. Stephen M. Schwebel, O.N.U., Doc. A/CN.4/348 et Corr.1, par. 138.

1027 *Annuaire...1988*, vol. II, Première partie, p. 240.

1028 *Annuaire... 1994*, vol. II, Deuxième partie, p. 99.

« dommage significatif », en précisant qu'« *il s'agit d'un dommage plus que 'détectable' ou 'notable' mais pas nécessairement 'grave' ni 'substantiel'* »[1029].

Il ressort de l'analyse des travaux de la Commission que la notion de seuil adoptée dans l'*affaire de la fonderie de Trail* est différente de celle adoptée actuellement par la plupart des traités environnementaux. Avec le changement du comportement des États par rapport aux nouvelles préoccupations environnementales, notamment après la conférence des Nations Unies de 1972, la qualification du seuil a aussi changé : de grave il est passé à significatif[1030]. Ainsi, aujourd'hui la méthode la plus utilisée pour définir le seuil significatif est de le placer entre sa valeur maximale et minimale, c'est-à-dire que le dommage significatif est placé entre le dommage mineur et le dommage sérieux, ce que nous amène à la conclusion que l'utilisation du qualificatif « significatif » implique une diminution du seuil par comparaison avec le seuil défini dans l'*affaire de la fonderie de Trail*.

Il faut pourtant signaler que le seuil déterminant la nécessité d'un « dommage significatif » n'est pas le seul à être utilisé par le droit international de l'environnement. Si la pratique internationale démontre une différence entre le niveau de pollution d'un dommage significatif et celui d'un dommage sérieux, elle démontre également que les États ont la liberté de choisir lequel sera adopté dans un régime conventionnel de protection. La Convention-cadre des Nations Unies sur les changements climatiques, par exemple, oblige les États à prendre des mesures de précaution quand il y a risque de « *perturbations graves ou irréversibles* », adoptant donc un seuil plus élevé que celui du dommage significatif[1031].

[1029] *Annuaire... 1998*, vol. II, Première partie, p. 197.

[1030] SACHARIEW, K., « The Definition of Thresholds of Tolerance for Transboundary Environmental Injury under International Law : Development and Present Status », *N.I.L.R.*, vol. XXXVII, n° 2, 1990, p. 195.

[1031] Article 3 (3) de la Convention. Voir également l'article 4 (3) de la Convention sur la protection du milieu marin et du littoral de la Méditerranée de 1976, telle que modifiée par les amendements de 1995 (cette convention était originalement appelée

De son côté, le droit international humanitaire prévoit l'interdiction absolue de causer un « *dommage étendu, grave et durable* » à l'environnement[1032]. Ainsi, dans la mesure où les trois conditions sont cumulatives, cette expression établit un seuil de nuisance très élevé. Selon le Comité du désarmement de l'Organisation des Nations Unies, outre une perturbation ou un dommage sérieux, il faut également que les effets du dommage s'étendent à une superficie de plusieurs centaines de kilomètres carrés et qu'ils durent une période de plusieurs mois, ou environ une saison[1033]. À son tour, le Tribunal pénal international pour l'ex-Yougoslavie a souligné que la notion de « durable » du Protocole additionnel I devrait être mesurée en années plutôt qu'en mois, adoptant un seuil encore plus élevé et par conséquent plus difficile à atteindre dans une situation concrète de dommage transfrontière[1034].

L'exemple du droit humanitaire révèle que s'il n'y a plus de doute aujourd'hui que les États doivent tolérer le premier degré du dommage – celui qui n'est pas important ou intolérable – après le deuxième degré – celui du « dommage significatif » – les possibilités pour la définition du niveau de gravité du préjudice sont presque infinies, car il suffit d'ajouter d'autres critères et adjectifs pour qualifier le dommage. Concernant l'exemple ci-dessus, si les articles 35 et 55 du

---

Convention pour la protection de la mer Méditerranée contre la pollution, ou simplement Convention de Barcelone).

[1032] Voir les articles 35 (3) et 55 du Protocol additionnel aux Conventions de Genève du 12 août 1949 relatif à la protection des victimes des conflits armés internationaux ainsi que l'article 1 (1) de la Convention sur l'interdiction d'utiliser des techniques de modification de l'environnement à des fins militaires ou toutes autres fins hostiles de 1976.

[1033] Voir l'accord interprétatif relatif à l'article premier de la Convention sur l'interdiction d'utiliser des techniques de modification de l'environnement à des fins militaires ou toutes autres fins hostiles de 1976, dans le Rapport de la Conférence du Comité du désarmement, O.N.U., Doc. A/31/27, vol. I, p. 101.

[1034] I.C.T.Y., *Final Report to the Prosecutor by the Committee Established to Review the NATO Bombing Campaign Against the Federal Republic of Yugoslavia*, 2000, par. 15. En raison du seuil très élevé adopté par le tribunal, l'utilisation des bombes à l'uranium appauvri dans le conflit dans les Balkans a été considérée comme légitime par certains auteurs. RONZITTI, N., « Is the *non liquet* of the Final Report by the Committee Established to Review the NATO Bombing Campaign Against the Federal Republic of Yugoslavia acceptable ? », *I.R.R.C.*, nº 840, 2000, p. 1021.

Protocole additionnel I renforcent en théorie l'idée de protection de l'environnement en temps de conflit armé, le seuil établi est tellement élevé que la limitation des conséquences environnementales de la conduite des hostilités entre les belligérants a un champ d'application très réduit : seuls les dommages écologiques de grande magnitude seront concernés[1035]. Et il ne faut pas oublier qu'il y a encore ceux qui affirment l'existence aujourd'hui d'un véritable « droit de catastrophes » : par définition, toute catastrophe produira « *des dommages supérieurs aux dommages significatifs et appréciables tels qu'ils sont définis dans les standards internationaux* » et pour cela, dépasseront dès lors de loin le seuil de préjudice du droit international[1036].

En conclusion, si la gravité nécessaire à la constatation du dommage a beaucoup évolué depuis le premier cas de dommage transfrontière pour privilégier un seuil de tolérance plus bas au bénéfice de la protection de l'environnement, cela ne représente pas une règle générale applicable à toutes les situations de pollution. En outre, même si actuellement on aperçoit une différence de gradation entre les adjectives « significatif » et « sérieux » ou « grave », cela ne répond pas à la question de savoir quelle est la limite précise qui va rendre possible la distinction entre le respect et la violation d'une obligation de prévention de résultat ou, en utilisant le langage du tribunal arbitral dans l'*affaire du lac Lanoux*, entre le dommage qui porte atteinte à des « intérêts » et celui qui viole les « droits » d'un État.

[1035] DESGAGNÉ, R., « The prevention of environmental damage in time of armed conflict : proportionality and precautionary measures », *Y.I.H.L.*, vol. 3, 2000, p. 113.

[1036] LIESA, C. R. F., « La responsabilité en cas de catastrophes écologiques, d'après les travaux de la CDI sur les activités non interdites par le droit international », in CARON, D. D. & LEBEN, C. (éd.), *Les aspects internationaux des catastrophes naturelles et industrielles*, The Hague, Martinus Nijhoff Publishers, 2001, p. 737. Voir aussi BERRAMDANE, A., « L'obligation de prévention des catastrophes et risques naturels », *Revue du droit public et de la science politique en France et à l'étranger*, vol. 113, nº 6, 1997, p. 1717-1751.

Paragraphe 2. La spécification du seuil dans la pratique

L'existence d'une gradation dans la notion de dommage – de significatif à sérieux – ne change pas la nécessité d'une spécification précise du seuil pour que les États puissent être sûrs du respect ou de la violation d'une obligation de prévention absolue. Bien au contraire, l'existence de deux paramètres de gravité – ou de trois si l'on considère outre les critères de significatif et grave, celui de tolérable – peut aggraver les difficultés concernant la définition du dommage.

Certains auteurs affirment qu'il appartient au juge de dire, pour chaque cas d'espèce, si le seuil de tolérance a été dépassé ou pas, son appréciation étant souveraine. Tout devient alors question de preuve[1037]. De cette façon, le comité du Tribunal pénal international pour l'ex-Yougoslavie chargé d'analyser les mesures prises par l'Organisation du traité de l'Atlantique Nord – O.T.A.N., notamment le bombardement, au cours des conflits dans les Balkans, est arrivé à la conclusion que les dommages environnementaux causés par le bombardement n'avaient pas atteint le seuil nécessaire pour constituer un dommage « *étendu, grave et durable* » à l'environnement, bien que, prises séparément, les conditions avaient été remplies dans certains cas[1038]. Ainsi, le comité a été d'avis que le conflit au Kosovo n'avait pas causé une « *catastrophe environnementale affectant toute la région des Balkans* », tout en remarquant que dans certaines localités la pollution détectée était « *sérieuse* » et présentait une grave menace pour la santé humaine[1039].

[1037] Selon Marie-Paule Grevêche, pour aider à cette tâche, « *il est souvent fait appel à des expertises scientifiques propres à éclairer les magistrats sur la consistance et les effets des différents troubles subis par les victimes* ». GREVECHE, M.-P., *La notion de seuil en droit de l'environnement*, Thèse, Paris I, 2002, p. 292.

[1038] I.C.T.Y., *Final Report to the Prosecutor by the Committee Established to Review the NATO Bombing Campaign Against the Federal Republic of Yugoslavia*, 2000, par. 14-25.

[1039] *Ibid.*, par. 16. Voir également le rapport final de l'Equipe spéciale pour les Balkans chargé de collecter des informations et d'analyser l'impact des opérations militaires perpétrées dans la région des Balkans sur l'environnement et les établissements humains. U.N.E.P. & U.N.C.H.S., *The Kosovo Conflict :*

L'affirmation du comité selon laquelle le dommage causé à l'environnement au cours de la campagne de bombardements de l'O.T.A.N. n'a pas atteint le seuil du Protocole additionnel I a suscité beaucoup de critiques des écologistes, qui ont remis en cause l'efficacité environnementale du seuil institué par le droit international humanitaire[1040]. Sur la base de ces dispositions, il semble extrêmement difficile de prouver qu'un préjudice écologique causé dans un conflit armé a atteint le niveau de gravité nécessaire pour être prise en considération par le droit et, à cause de cela, le Protocole additionnel I a une importance très limitée vis-à-vis d'une possible responsabilité pénale pour les dommages à l'environnement[1041].

En réalité, on peut se demander si la notion de seuil, en dépit de son automaticité apparente, n'est pas plus ambiguë et relative qu'il n'y paraît. Elle est ambiguë dans la mesure où elle valide un certain niveau de nuisance prenant évidemment en considération des impératifs économiques et technologiques. Comment être sûr que le niveau retenu correspond exactement à la limite entre ce qui est tolérable et ce qui ne l'est pas ? Elle est également relative dans la mesure où la notion peut varier dans le temps et dans l'espace : ce qui est licite aujourd'hui ne le sera peut-être plus demain, et ce qui est nuisance dans un État ne l'est pas forcément ailleurs. Le même niveau d'émission d'un produit polluant permis dans un État industrialisé peut causer une catastrophe dans un État qui possède un écosystème plus protégé et plus sensible à une altération quelconque, par exemple[1042]. Comme des considérations économiques et sociales –

Consequences for the Environment & Human Settlements, Genève, U.N.E.P./U.N.C.H.S., 1999, p. 61. Sur les travaux de l'Equipe, voir O.N.U., Doc. UNEP/GC.22/2/Add.7.

1040 Cette difficulté d'évaluer si un dommage a dépassé le seuil peut en partie expliquer le désaccord quant à savoir si les dommages causés par les déversements d'hydrocarbures et les incendies dans la guerre du Golfe de 1990/91 ont techniquement franchi le seuil du Protocole additionnel I. Voir ROBERTS, A., « Environmental Issues in International Armed Conflict : the Experience of the 1991 Gulf War », in GRUNAWALT, R. J. *et al.* (dir.), *Protection of the environment during armed conflict*, Newport, Naval War College, 1996, p. 222-227.

1041 MARAUHN, T., « Environmental damage in times of armed conflict – not 'really' a matter of criminal responsibility ? », *I.R.R.C.*, n° 840, 2000, p. 1036.

1042 CABALLERO, F., *Essai sur la notion juridique de nuisance*, Paris, L.G.D.J., 1981, p. 79-80.

ainsi que de considérations relatives aux objectifs militaires dans un conflit armé – doivent également être prises en compte, la fixation des seuils ne concerne pas seulement des préoccupations environnementales.

De ce fait, selon certains auteurs, l'idée de seuil n'est que l'application du principe de proportionnalité, selon lequel il doit exister un juste rapport entre tous les intérêts en question[1043]. Concernant la prévention des dommages significatifs aux cours d'eau internationaux, le critère de seuil adopté par la Commission du droit international et ensuite par la Convention sur le droit relatif aux utilisations des cours d'eau internationaux à des fins autres que la navigation est étroitement lié au principe de l'utilisation équitable et raisonnable, qui représente en soi l'idée de proportionnalité[1044].

Par ailleurs, le fait de convertir l'obligation de prévenir un dommage en une obligation d'utilisation équitable et raisonnable du territoire ou le fait d'ajouter l'idée de l'équilibre d'intérêts à la prévention d'un dommage peut être trop favorable à l'État d'origine de la pollution, car outre la constatation d'un dommage transfrontière significatif – qui pose déjà des difficultés –, il faut également prendre en compte tous les facteurs pertinents pour un tel équilibre[1045].

1043 BRAIBANT, G., « Le principe de la proportionnalité », in *Mélanges offerts à Marcel Waline : le juge et le droit public*, tome II, Paris, L.G.D.J., 1974, p. 297.
1044 McINTYRE, O., « The Role of Customary Rules and Principles of International Environmental Law in the Protection of Shared International Freshwater Resources », *N.R.J.*, vol. 46, 2006, p. 163.
1045 BOYLE, A. E., « Nuclear Energy and International Law : an Environmental Perspective », *B.Y.B.I.L.*, vol. 60, 1989, p. 275. Selon l'article 6 de la Convention sur le droit relatif aux utilisations des cours d'eau internationaux à des fins autres que la navigation, l'utilisation de manière équitable et raisonnable d'un cours d'eau international implique la prise en considération de tous les facteurs et circonstances pertinents, notamment : « *a) Les facteurs géographiques, hydrographiques, hydrologiques, climatiques, écologiques et autres facteurs de caractère naturel ; b) Les besoins économiques et sociaux des États du cours d'eau intéressés ; c) La population tributaire du cours d'eau dans chaque État du cours d'eau ; d) Les effets de l'utilisation ou des utilisations du cours d'eau dans un État du cours d'eau sur d'autres États du cours d'eau ; e) Les utilisations actuelles et potentielles du cours d'eau ; f) La conservation, la protection, la mise en valeur et l'économie dans l'utilisation des ressources en eau du cours d'eau ainsi que les coûts des mesures*

Conditionner la prévention à des considérations de proportionnalité peut permettre une situation où l'utilité de l'activité l'emporte sur la gravité du dommage, ayant comme effet ultime la transformation d'une obligation de prévention en une obligation d'utilisation raisonnable du territoire, ce qui peut être extrêmement dangereux et préjudiciable à l'idée de protection de l'environnement[1046].

La vérité est qu'il est extrêmement difficile de s'entendre sur un seuil clair et fixe qui sépare les dommages tolérables de ceux qui ne peuvent être tolérés qu'avec l'assentiment de la partie lésée. Et même la qualification du dommage significatif et ce qui le distingue du dommage tolérable, lequel n'exige ni consultations ni négociations préalables, soulèvent des difficultés qui ne semblent pas avoir été traitées de façon uniforme dans la pratique des États. Après avoir analysé le droit conventionnel, le Secrétariat de l'Organisation des Nations Unies a constaté que quelques traités énumèrent les types de préjudices considérés comme intolérables par les parties contractantes, de sorte que les activités susceptibles de les causer sont interdites. D'autres conventions mentionnent en termes généraux certaines activités pouvant causer certains préjudices et, enfin, il existe également des traités et des décisions judiciaires qui exigent des consultations et des négociations préalables quelle que soit l'activité[1047].

En conséquence, il ne faut pas définir le seuil d'une façon si arbitraire et générale qu'il en perdrait toute signification. La qualification de « significatif » d'un dommage ne peut être donnée qu'à la lumière des circonstances de chaque cas[1048]. Selon Charles Leben, cette imprécision est justement le caractère le plus important

---

prises à cet effet ; g) L'existence d'autres options, de valeur comparable, susceptibles de remplacer une utilisation particulière, actuelle ou envisagée. »

1046 BIRNIE, P. & BOYLE, A., *International Law & The Environment*, Oxford, Oxford University Press, 2002, p. 123.

1047 Étude de la pratique des États concernant la responsabilité internationale pour les conséquences préjudiciables découlant d'activités qui ne sont pas interdites par le droit international du 16 octobre 1984, établie par le Secrétariat de l'Organisation des Nations Unies – O.N.U., Doc. A/CN.4/384, par. 115.

1048 LAMMERS, J. G., *Pollution of International Watercourses*, The Hague, Martinus Nijhoff Publishers, 1984, p. 347.

de l'expression « dommage significatif », car elle renvoie à une analyse ponctuelle de chaque cas pour que la nature et les paramètres quantitatifs du seuil soient définis. Selon lui, un même événement dommageable peut avoir des conséquences totalement différentes compte tenu de la capacité de l'État d'y faire face : une pollution d'un cours d'eaux peut être traitée d'une manière relativement simple par un État développé, qui a la technologie et les ressources disponibles pour prévenir ce dommage, alors qu'elle risque de se transformer en une situation catastrophique dans un pays où les structures étatiques de gestion de l'environnement sont encore faibles[1049].

En outre, il faut convenir qu'il est impossible d'énoncer une règle générale de droit international fixant un seuil à partir duquel les dommages causés par la pollution transfrontière peuvent être considérés comme importants, car le degré de tolérance auquel on s'attend le plus généralement en ce qui concerne les conséquences préjudiciables des différentes activités peut varier d'une activité à une autre[1050]. Il semble également inutile de le faire étant donné que, par la force des choses, la notion doit être définie d'un commun accord sur la base des données scientifiques disponibles et des réalités concrètes du contexte[1051]. Selon l'Association de droit international, « *il vaut mieux déterminer ce seuil en tenant compte du critère technique et du niveau de pollution généralement acceptés dans la région concernée ou même de l'ampleur de l'ensemble des dommages causés par l'action de l'homme sur l'environnement* »[1052].

[1049] LEBEN, C., « Vers un droit international des catastrophes », in CARON, D. D. & LEBEN, C. (éd.), *Les aspects internationaux des catastrophes naturelles et industrielles – The International Aspects of Natural and Industrial Catastrophes*, The Hague, Martinus Nijhoff Publishers, 2001, p. 37.

[1050] O.N.U., Doc. A/CN.4/373, par. 27 et O.N.U., Doc. A/CN.4/487, par. 87.

[1051] CAUBET, C. G., « Le droit international en quête d'une responsabilité pour les dommages résultant d'activités qu'il n'interdit pas », *A.F.D.I.*, vol. 29, 1983, p. 110.

[1052] INTERNATIONAL LAW ASSOCIATION, *Report of the Sixtieth Conférence held at Montréal*, Montréal, International Law Association, 1982, p. 160. La Commission du droit international est elle aussi arrivée à cette conclusion lors de ses travaux sur les cours d'eau internationaux : « *Faute d'une formule mathématique permettant de fixer la mesure dans laquelle l'utilisation des eaux d'un système doit être modifiée pour justifier la participation à des négociations, le critère que l'on propose est de dire que l'effet ressenti par l'État du système doit être « sensible ».*

De cette façon, à partir du moment où les seuils définissant un dommage significatif peuvent varier d'une activité à l'autre et d'une région à l'autre, il faut prendre en compte, outre les facteurs scientifiques, les facteurs politiques et économiques pour établir le degré de gravité du dommage. En fonction de la vulnérabilité en jeu et des solutions disponibles pour répondre aux besoins essentiels de la population, le seuil définissant un dommage significatif ne peut pas être le même dans un pays très développé et dans un autre pays qui accomplit des efforts considérables pour parvenir à son développement[1053]. Si les critères scientifiques sont liés à la capacité technique d'un État à résoudre les possibles conséquences négatives d'une activité, les critères politiques et économiques expriment l'idée d'un compromis entre la protection de l'environnement et la continuation d'une activité qui, même dangereuse ou polluante, est considérée comme indispensable pour une société en quête de progrès[1054].

Même si le terme « significatif » suppose un jugement de valeur qui dépend des circonstances du cas considéré et du moment où ce jugement est porté, ou pour plus floue que soit la limite qui sépare les dommages tolérables de ceux qui produisent des effets dans le droit de la responsabilité des États, il existe pourtant certains critères, plus ou moins communs à différentes formes de pratique des États, qui peuvent aider à préciser le seuil de dommage d'une activité spécifique d'une manière concrète et objective. Ainsi, les effets nocifs produits pour certaines activités – telles que l'utilisation de l'énergie nucléaire – nous amènent à la présomption qu'en cas de dommage, il s'agira

---

Un tel effet peut être mesuré par des constatations objectives (à condition qu'elles puissent être faites). Il doit y avoir une véritable atteinte à l'utilisation ». *Annuaire... 1980*, vol. II, Deuxième partie, p. 116.

1053 Voir SCHACHTER, O., *International Law in Theory and Practice*, Dordrecht, Martinus Nijhoff Publishers, 1991, p. 368. Cela est tout à fait d'accord avec les principes du développement durable et de responsabilités communes mais différenciées.

1054 LOCHARD, J., « L'évolution de la notion de limite en radioprotection », *Annales des mines – Responsabilité et environnement*, nº 3, 1996, p. 89.

toujours d'un dommage significatif[1055]. Il y a également des critères géographiques : le fait que l'activité soit localisée dans une région frontière entre États, ou proche d'un écosystème sensible peut évidemment nous donner des indications sur la gravité et l'importance d'un préjudice causé[1056].

Pour savoir si un dommage a dépassé le seuil de significatif, le Protocole additionnel de Nagoya – Kuala Lumpur sur la responsabilité et la réparation relatif au Protocole de Cartagena sur la prévention des risques biotechnologiques de 2010 prévoit la prise en compte des critères suivants :

« *Le caractère 'significatif' d'un effet défavorable est déterminé sur la base de facteurs tels que : a) La modification à long terme ou permanente, c'est-à-dire ne pouvant se corriger de manière naturelle dans un délai raisonnable ; b) L'ampleur des modifications qualitatives ou quantitatives qui nuisent aux éléments constitutifs de la diversité biologique ; c) La réduction de la capacité qu'ont les éléments constitutifs de la diversité biologique de fournir des biens et des services ; d) L'ampleur de tout effet défavorable sur la santé humaine dans le contexte du Protocole* »[1057].

Malgré l'impossibilité d'éviter une certaine incertitude à chaque fois que l'on parle d'un seuil de pollution, il y a cependant des traités qui essayent de régler le problème d'une manière plus concrète, en introduisant des critères objectifs pour définir la limite entre le dommage significatif et celui tolérable[1058]. Sans effectivement définir un seuil, la Convention de Wellington sur la réglementation des activités relatives aux ressources minérales de l'Antarctique de 1988

[1055] Voir sur le sujet MOLODSTOVA, E., « Nuclear Energy and Environmental Protection : Responses of International Law », *P.E.L.R.*, vol. 12, nº 1, 1994, p. 193-200.

[1056] HANDL, G., « Transboundary Impacts », in BODANSKY, D. ; BRUNNÉE, J. & HEY, E. (dir.), *The Oxford handbook of international environmental law*, Oxford, Oxford University Press, 2007, p. 536.

[1057] Article 2 (3) du Protocole.

[1058] LIESA, C. R. F., « La responsabilité en cas de catastrophes écologiques, d'après les travaux de la CDI sur les activités non interdites par le droit international », in CARON, D. D. & LEBEN, C. (éd.), *Les aspects internationaux des catastrophes naturelles et industrielles*, The Hague, Martinus Nijhoff Publishers, 2001, p. 736.

fait un premier pas vers la spécification du niveau de gravité du dommage permis dans la mesure où elle prévoit la création d'un organe international chargé d'analyser dans chaque cas quelle niveau d'utilisation/exploitation des ressources peut être adopté sans causer de dommage significatif à l'écosystème antarctique[1059].

Sans faire référence à la notion de dommage significatif, le Protocole de Montréal de 1987 reconnaît que les émissions à l'échelle mondiale de certaines substances peuvent appauvrir de façon significative la couche d'ozone d'une manière qui risque de causer des effets néfastes sur l'environnement et, pour faire face à cette situation, il adopte des mesures de réglementation visant à établir des niveaux calculés de la production, des importations, des exportations et de la consommation de certaines substances dangereuses[1060]. Ainsi, après un premier calcul ayant comme point de référence l'année 1986, chacune des Parties doit veiller à ce que son niveau calculé de consommation des substances réglementées n'excède pas celui de 1986. Ensuite, le Protocole établit une réduction progressive des niveaux de consommation pour les années suivantes avec l'objectif final d'éliminer complètement de telles substances en fonction de l'évolution des connaissances scientifiques et compte tenu de considérations techniques et économiques de chaque État[1061].

Mais l'exemple par excellence de l'utilisation de la notion de seuil pour préciser les obligations imposées aux États dans un régime spécifique de protection du milieu naturel est celui de la Convention-cadre sur les changements climatiques et ses protocoles additionnels. D'abord, la Convention fixe comme objectif ultime la stabilisation « *des concentrations de gaz à effet de serre dans l'atmosphère à un niveau qui empêche toute perturbation anthropique dangereuse du système climatique* »[1062].

Plus tard, le Protocole de Kyoto a précisé les engagements de chaque partie en se basant sur le principe des responsabilités communes mais différenciées, c'est-à-dire en fixant un seuil

---

1059 Voir les articles 18 et 21 de la Convention.
1060 Voir notamment le préambule et les articles 2 à 3 du Protocole.
1061 Articles 2A-2I du Protocole.
1062 Article 2 de la Convention.

individuel pour chaque État en raison de son développement technique et de son rôle quant au changement climatique de la planète. Le Protocole spécifie donc que les quantités d'émissions anthropiques agrégées des gaz à effet de serre indiqués à son annexe A[1063] ne doivent pas dépasser le seuil fixé pour chaque État listé à son annexe B, en vue de réduire au total les émissions de ces gaz d'au moins 5% par rapport au niveau de 1990 au cours de la période d'engagement allant de 2008 à 2012[1064].

Ainsi, les parties qui ont effectivement des obligations de réduction sont réputées s'être acquittées de ces engagements pour autant que le total cumulé de leurs émissions anthropiques agrégées des gaz à effet de serre ne dépasse pas les quantités qui leur sont attribuées par le Protocole[1065]. Sans adopter expressément le terme « seuil » – ou même « dommage » – à partir du moment où le Protocole travaille avec l'idée d'« *engagements chiffrés de limitation ou de réduction des émissions* »[1066], il constitue le meilleur exemple jusqu'à présent d'une qualification précise et objective du seuil dans le droit international de l'environnement.

L'analyse du récent accident dans la centrale nucléaire à Fukushima peut nous aider à mieux comprendre non seulement l'importance de la notion de seuil dans la pratique, mais également son rôle dans la détermination d'une violation de l'obligation de prévention de résultat[1067]. Tout d'abord, il faut souligner que le Japon

---

[1063] L'annexe A énumère six gaz à effet de serre : dioxyde de carbone (CO_2) ; méthane (CH_4) ; oxyde nitreux (N_2O) ; hydrofluorocarbones (HFC) ; hydrocarbures perfluorés (PFC) ; et hexafluorure de soufre (SF_6). L'Amendement de Doha au Protocole de Kyoto, qui n'est pas encore en vigueur, a proposé l'inclusion d'un autre gaz à effet de serre : le trifluorure d'azote (NF_3). Sur l'Amendement de Doha, voir CONVENTION-CADRE SUR LES CHANGEMENTS CLIMATIQUES DE 1992, Décision 1/CMP.8, de 08 décembre 2012, adoptée à la huitième Conférence des Parties agissant comme réunion des Parties au Protocole de Kyoto.

[1064] Article 3 du Protocole.

[1065] Article 4 du Protocole.

[1066] Voir l'annexe B du Protocole.

[1067] L'accident nucléaire de Fukushima a eu lieu le 11 mars 2011 au Japon, à la suite d'un tsunami. Il s'agit d'un accident nucléaire majeur classé au niveau 7 (le plus élevé) de l'échelle internationale des événements nucléaires, ce qui le place au même degré de gravité que la catastrophe de Tchernobyl de 1986. Pour une analyse des

n'est pas partie aux conventions sur la responsabilité civile pour dommage nucléaire existantes[1068], c'est-à-dire que ni l'État ni l'exploitant ne sont liés par une norme particulière de responsabilité internationale prévoyant une obligation primaire de réparation en cas de dommage[1069]. Ainsi, il faut chercher à savoir si une obligation internationale a été violée par le gouvernement japonais pour que l'on puisse appliquer un régime traditionnel de responsabilité internationale pour fait illicite.

Du point de vue du droit international, à partir du moment où il nous semble que le Japon n'a violé aucun de ses engagements internationaux concernant l'adoption des mesures de contrôle et de sûreté nucléaire et qu'il a pris toutes les mesures de diligence requises lorsqu'il a constaté que la centrale nucléaire a été fortement endommagée, ses obligations internationales de prévention de comportement ont été respectées[1070]. Pourtant, un dommage est

---

aspects techniques de l'accident, voir LEGAL AFFAIRS SECTION OF THE OECD NUCLEAR ENERGY AGENCY, « Regulatory and institutional framework in Japan against the background of Fukushima », *N.L.B.*, vol. 87, n° 1, 2011, p. 28-29. Voir également le rapport sur l'accident de Fukushima réalisé par TEPCO : TOKYO ELECTRIC POWER COMPANY, *Fukushima Nuclear Accident Analysis Report*, 2012, disponible sur <http://www.tepco.co.jp>, consulté le 30 octobre 2012.

1068 Le Japon a pourtant ratifié les Conventions sur la notification rapide d'un accident nucléaire et sur l'assistance en cas d'accident nucléaire ou de situation d'urgence radiologique de 1986.

1069 Il faut également souligner que selon la loi japonaise, l'exploitant n'est pas responsable des dommages causés par un accident nucléaire si cet accident est directement dû à des catastrophes naturelles. Toutefois, la position actuelle du gouvernement japonais ne suggère pas l'adoption d'une telle clause d'exonération de responsabilité. En outre, l'opérateur de l'usine, *Tokyo Electric Power Company* – TEPCO, a déjà assumé la responsabilité pour l'accident nucléaire, mais limitant la discussion aux conséquences de l'accident sur la population locale, sans référence à un possible dommage transfrontière. VASQUEZ-MAIGNAN, X., « Fukushima : liability and compensation », *N.L.B.*, vol. 88, n° 2, 2011, p. 63.

1070 Pour une position contraire, notamment en ce qui concerne les effets internes de l'accident, voir SUZUKI, T., « The Fukushima nuclear accident : Lessons learned and possible implications », *CTBTO Spectrum*, issue 19, September 2012, p. 24-27. Selon l'auteur, même si l'accident a été directement causé par un tremblement de terre et un tsunami sans précédent, il était évitable et, par conséquent, il s'agit là d'un accident causé par l'homme (« *man-made accident* »). Voir également le rapport de la commission d'investigation indépendante crée par le Parlement japonais, THE NATIONAL DIET OF JAPAN, *The official report of The Fukushima*

survenu, et étant donné l'inexistence d'une responsabilité absolue en dehors du régime conventionnel créé pour les dommages causés par des objets spatiaux[1071], il nous reste à déterminer si le dommage nucléaire en question a dépassé le seuil du tolérable, c'est-à-dire si le Japon a violé son obligation de prévention de résultat qui interdit la survenance de tout dommage transfrontière significatif[1072].

Selon la Commission préparatoire de l'Organisation du Traité d'interdiction complète des essais nucléaires (CTBTO), organisation responsable de la gestion des niveaux de radioactivité dans le monde, les doses de radiations subies par les populations après l'accident nucléaire survenu restent très en deçà des normes admises[1073]. L'Organisation mondiale de la santé est également arrivée à cette conclusion, en affirmant non seulement que les matières radioactives libérées dans l'atmosphère par les centrales nucléaires japonaises endommagées ne causent pas de risques pour la santé, mais que les niveaux de radioactivité mesurés dans d'autres pays sont bien en dessous du niveau de la radioactivité de fond auquel sont exposées la plupart des personnes dans leur vie de tous les jours[1074]. En conséquence, même si le Premier ministre japonais de l'époque – M. Naoto Kan – a fréquemment affirmé que le gouvernement japonais devait assumer sa responsabilité, soit en raison de la politique énergétique menée jusqu'à présent au Japon, soit en raison d'une

---

Nuclear Accident Independent Investigation Commission (NAIIC), Executive summary, 2012, p. 16-17. Il faut pourtant signaler que jusqu'à présent, c'est-à-dire plus d'un an après l'accident, aucun État n'a manifesté la moindre intention d'alléguer une possible violation des obligations de diligence du Japon.

1071 Voir le « Chapitre I. Le rapport entre l'obligation de prévention de résultat et la responsabilité absolue des États » de la Deuxième partie de la présente thèse.

1072 Même si l'industrie nucléaire est l'un des plus strictement réglementés, on ne peut pas affirmer qu'il n'y a pas de risques d'accidents.

1073 Évidemment, le rapport de la Commission ne prend en compte ni les personnes évacuées de la zone très proche de la centrale nucléaire ni les travailleurs qui nettoient le site. Voir CTBTO, COMMISSION PRÉPARATOIRE, *Fukushima – related measurements by the CTBTO*, disponible sur <http://www.ctbto.org/?id=3234>, consulté le 02 novembre 2012. Voir également le rapport annuel de la Commission relatif à 2011, Doc. CTBT/ES/2011/5, p. 26.

1074 Voir O.M.S., *Préoccupations liées au nucléaire au Japon*, disponible sur <http://www.who.int/hac/crises/jpn/faqs/fr/index.html>, consulté le 02 novembre 2012.

possible responsabilité subsidiaire à la responsabilité primaire de l'exploitant[1075], il semble que les effets transfrontières de l'accident nucléaire à Fukushima seront réduits, c'est-à-dire qu'ils ne seront pas significatifs, au moins sur le plan international[1076].

S'il est évident qu'un dommage grave ou significatif a été causé, au regard des informations disponibles, cette gravité reste circonscrite au territoire japonais. Ainsi, cette brève analyse de la catastrophe de Fukushima illustre bien non seulement l'importance du seuil dans la pratique, mais également l'importance de l'analyse du caractère transfrontière du dommage écologique pour savoir s'il a des répercussions importantes en droit international[1077].

Section II. Le caractère transfrontière du dommage

À côté d'un seuil minimum de dégradation, il faut absolument prendre en considération l'élément transfrontière pour qu'un dommage causé soit juridiquement reconnu par le droit international. Même si, par définition, tous les effets transfrontières d'une activité doivent franchir le seuil de significatif pour être admis comme violant

---

[1075] Voir les conférences de presse du Premier ministre Naoto Kan du 10 et 18 mai 2011, disponible sur <http://www.kantei.go.jp/foreign/incident/press_conferences.html>, consulté le 03 novembre 2012.

[1076] KUŞ, S., « International nuclear law in the 25 years between Chernobyl and Fukushima and beyond... », *N.L.B.*, vol. 87, n° 1, 2011, p. 24. Sur les conséquences de l'accident sur le territoire japonais, voir le rapport du comité d'investigation crée par le gouvernement du Japon, INVESTIGATION COMMITTEE ON THE ACCIDENT AT THE FUKUSHIMA NUCLEAR POWER STATIONS, *Final Report*, July 2012, disponible sur <http://icanps.go.jp/eng/>, consulté le 02 novembre 2012, 529 p. Selon le rapport, étant donné les circonstances extrêmes de l'accident, le Japon a réagi de la meilleure façon possible et selon les principes de l'A.I.E.A.. *Ibid.*, p. 406.

[1077] On parle évidemment des répercussions sur la responsabilité internationale des États, parce que l'influence de l'accident sur les discussions récentes concernant la sûreté nucléaire et la politique énergétique interne des États qui utilisent le nucléaire comme source d'énergie est indéniable.

l'obligation de prévention de résultat, le simple fait de dépasser les frontières d'un État nous donne déjà l'indication que le dommage causé peut être un dommage significatif[1078].

Il faut pourtant souligner que le caractère transfrontière du dommage ne concerne que les effets physiques concrets et mesurables directement liés à la pollution en question, c'est-à-dire au milieu même où le dommage se produit. Il faut que le caractère transfrontière du dommage ait donc une nature matérielle. De cette façon, même si le droit international n'est pas indifférent au rayonnement international d'une activité d'entreprise, la notion de transfrontière ici adoptée ne comprend pas les effets hors frontière de l'internationalisation de l'économie moderne, qui réalise l'exportation et l'internationalisation des risques par le moyen de l'exportation des capitaux[1079]. En conséquence, la notion de dommage transfrontière n'implique pas les dommages causés par les filiales et une possible reconnaissance de la responsabilité des sociétés mères, pour plus « internationales » – et actuelles – que soient ces questions[1080].

[1078] Il faut évidemment prendre en compte les activités installées dans les zones frontières, dont les effets pour plus modestes qu'ils soient seront certainement sentis par les États voisins.

[1079] Tito Ballarino distingue le dommage international du dommage transnational : « *Tandis que, dans la plupart des cas que l'on vient d'examiner, l'élément transfrontière a une nature substantielle (pollution pétrolière, émission de fumées, dommages causés par des aéronefs ou engins spatiaux...), il possède, dans les cas que j'appelle transnationaux, un caractère juridique : ce n'est pas, en effet, la substance polluante qui traverse la frontière, mais le risque d'accident* ». BALLARINO, T., « Questions de droit international privé et dommages catastrophiques », *R.C.A.D.I.*, vol. 220, 1990, p. 356. Voir également SCOVAZZI, T., « Gli incidenti industriali e il « velo » delle società transnazionali », in *L'unificazione del diritto internazionale privato e processuale. Studi in memoria di M. Giuliano*, Padova, CEDAM, 1989, p. 839-86.

[1080] Cette exportation du risque devient possible du fait qu'il existe des grandes sociétés ayant un champ d'action qui s'étend sur le territoire de plusieurs États. Dans l'accident de Bhopal de 1984, par exemple, tous les facteurs qui peuvent jouer un rôle dans ce type de contentieux transnational ont été mis en lumière. Sur le sujet, voir KOLVENBACH, W., « Bophal : storm over the multinationals ? », *Zeitschrift für Unternehmens- und Gesellschaftsrecht*, vol. 15, 1986, p. 47-69 ; et McGARITY, T. O., « Bophal and the export of hazardous technologies », *T.I.L.J.*, vol. 20, 1985, p. 333-339.

De cette façon, l'O.C.D.E. propose une définition de « dommage transfrontière » comme étant « *la pollution qui trouve son origine dans un pays et qui a des effets dans d'autres pays* », après avoir franchi des frontières naturelles par des milieux naturels tels que l'air et l'eau[1081]. Il ressort de cela que cette notion de transfrontière repose sur les notions bien établies de territoire, juridiction et contrôle d'un État souverain (« Paragraphe 1. Les dommages causés à d'autres États »).

En revanche, le concept de l'O.C.D.E. n'envisage pas les dommages causés dans les *global commons*, c'est-à-dire dans les espaces sans aucune juridiction étatique, tels que l'atmosphère, l'Antarctique, l'espace cosmique, les fonds marins, *etc.* Il faut donc se demander si les préjudices causés dans ces zones sont envisagés par la notion de transfrontière adoptée par le droit international (« Paragraphe 2. Les dommages causés aux espaces communs »).

Paragraphe 1. Les dommages causés à d'autres États

D'une manière générale, la reconnaissance d'un dommage transfrontière produit dans un autre État ne pose pas des problèmes majeurs, car l'État qui a subi le dommage a l'intérêt réel de protéger son territoire des effets d'une pollution qui n'est pas causée sous sa juridiction ou son contrôle et de chercher, par conséquent, les éléments nécessaires pour prouver le préjudice subi pour qu'il soit dûment réparé ou indemnisé[1082]. Ainsi, dès l'*affaire de la fonderie de Trail* la pratique internationale montre que les cas de dommage transfrontières opposent toujours un État d'origine et un État – ou plusieurs États – affecté matériellement par la pollution[1083].

[1081] Recommandation du Conseil concernant des Principes relatifs à la pollution transfrontière, 14 novembre 1974, Doc. C(74)224.

[1082] LAVIEILLE, J.-M., *Droit international de l'environnement*, Paris, Ellipses, 2004, p. 65.

[1083] Cela a également des conséquences dans la responsabilité des États, dans la mesure où seul un État lésé est en droit d'invoquer la responsabilité d'un autre État

Cette notion « classique » du critère transfrontalier qui n'envisage que les atteintes provoquées à la souveraineté d'un autre État, y compris évidemment les dommages écologiques, est non seulement celle la plus souvent adoptée par les États, mais aussi par les organisations internationales qui ont déjà analysé le sujet. Outre la définition de l'O.C.D.E. mentionnée ci-dessus, le Programme des Nations Unies sur l'environnement a adopté, à son tour, une notion d'« impacts transfrontières » comme signifiant

« *tout impact, qui n'est pas exclusivement de nature mondiale, se produisant dans un secteur soumis à la législation d'une Partie et causé par une activité proposée dont l'origine physique se trouve entièrement ou en partie dans un secteur soumis à la législation d'une autre Partie* »[1084].

La Commission du droit international a également eu l'opportunité d'examiner la notion de « dommage transfrontière », qu'elle définit comme « *un dommage causé à des personnes, à des biens ou à l'environnement sur le territoire ou en d'autres lieux placés sous la juridiction ou le contrôle d'un État autre que l'État d'origine* »[1085]. Dans ce sens, suivant l'approche normalement adoptée par le droit international, la Commission exclut tout dommage causé à des zones sans juridiction d'un État. En réalité, même si elle a reconnu l'impossibilité de « *prévoir toutes les formes possibles, dans l'avenir, du 'dommage transfrontière'* »[1086], dès le début de ses travaux, soit sur la responsabilité pour dommages découlant d'activités qui ne sont pas interdites par le droit international, soit sur la prévention ou sur la répartition des pertes en cas de dommages transfrontières résultant

---

pour exiger l'exécution de l'obligation de réparation dans son intérêt. Et même si un État autre qu'un État lésé est aussi en droit d'invoquer la responsabilité d'un autre État lorsque l'obligation violée est due à un groupe d'États dont il fait partie ou à la communauté international dans son ensemble, il ne peut exiger que la cessation du fait internationalement illicite et des assurances et garanties de non-répétition. Voir les articles 42 et 48 du projet d'articles sur la responsabilité des États.

[1084] P.N.U.E., *Manuel de formation sur l'étude d'impact environnemental*, Geneva, U.N.E.P., 2002, p. 574.

[1085] Voir le principe 2, e, des Projets de principes sur la répartition des pertes en cas de dommage transfrontière découlant d'activités dangereuses, *Annuaire... 2006*, vol. II, Deuxième partie, p. 126.

[1086] O.N.U., Doc. A/56/10, p. 419.

d'activités dangereuses, elle a fait remarquer que l'expression « dommage transfrontière » ne couvre pas les atteintes aux espaces sans juridiction d'un État[1087].

Dans le droit conventionnel, on trouve également quelques exemples d'une définition juridique de la notion de dommage transfrontière. La Convention sur la pollution atmosphérique transfrontière à longue distance de 1979, par exemple, adopte le concept suivant de dommage transfrontalier :

« *l'expression 'pollution atmosphérique transfrontière à longue distance' désigne la pollution atmosphérique dont la source physique est comprise totalement ou en partie dans une zone soumise à la juridiction nationale d'un État et qui exerce des effets dommageables dans une zone soumise à la juridiction d'un autre État à une distance telle qu'il n'est généralement pas possible de distinguer les apports des sources individuelles ou groupes de sources d'émission* »[1088].

D'une manière plus détaillée, la Convention d'Helsinki sur la protection et l'utilisation des cours d'eau transfrontières et des lacs internationaux de 1992 désigne comme « impact transfrontière »

« *tout effet préjudiciable important qu'une modification de l'état des eaux transfrontières causée par une activité humaine dont l'origine physique se situe entièrement ou en partie dans une zone relevant de la juridiction d'une Partie produit sur l'environnement d'une zone relevant de la juridiction d'une autre Partie* »[1089].

En outre, la Convention ajoute que cet effet sur l'environnement d'un autre État peut consister en une atteinte à la santé et à la sécurité de l'homme ou aux ressources naturelles telles que la flore, la faune, le sol, l'air, l'eau, le climat, le paysage et les monuments historiques ou autres constructions, ou l'interaction de plusieurs de ces facteurs,

---

1087 Outre le texte du projet d'articles et commentaires y relatifs – O.N.U., Doc. A/56/10, voir le Premier rapport sur la prévention des dommages transfrontières, O.N.U., Doc. A/CN.4/487, p. 36.
1088 Article 1, b, de la Convention.
1089 Article premier de la Convention.

ainsi qu'une atteinte au patrimoine culturel ou aux conditions socio-économiques résultant de modifications de ces facteurs[1090].

Enfin, la Convention Espoo sur l'évaluation de l'impact sur l'environnement dans un contexte transfrontière de 1991 entend par « impact transfrontière » « *tout impact, et non pas exclusivement un impact de caractère mondial, qu'aurait dans les limites d'une zone relevant de la juridiction d'une Partie une activité proposée dont l'origine physique se situerait en tout ou partie dans la zone relevant de la juridiction d'une autre Partie* »[1091].

Ces exemples nous amènent à la conclusion que peu importe que les États aient ou non une frontière commune, il faut toujours que le dommage soit causé sur le territoire ou en d'autres lieux extérieurs au territoire, mais placés sous la juridiction ou le contrôle d'un État autre que celui sur le territoire duquel ou sous la juridiction ou le contrôle duquel les activités dangereuses sont exercées. Il reste pourtant la question de savoir si les dommages causés aux zones sans aucune juridiction étatique sont inclus dans la notion de dommage transfrontière.

Paragraphe 2. Les dommages causés aux espaces communs

Tout d'abord, il faut définir la notion d'espaces communs (*global commons* en anglais) ou d'« *espaces publics internationaux* », pour utiliser l'expression adoptée par la Commission du droit international[1092], comme les zones ou les ressources en dehors de la juridiction de tout État ou groupe d'États[1093].

[1090] *Ibid.*

[1091] Article premier, viii, de la Convention.

[1092] Selon la Commission, « *que les* global commons *soient considérés comme* res communis *à tous les États ou comme appartenant au domaine éminent de la communauté internationale dans son ensemble, c'est-à-dire distincte de la somme de ses membres – auquel cas il faudrait la personnifier –, il n'y aurait apparemment pas de grandes différences dans la pratique. Dans les deux cas, les États en auraient*

Dans ses travaux sur la responsabilité internationale pour les conséquences préjudiciables découlant d'activités qui ne sont pas interdites par le droit international, la Commission a étudié la possibilité d'étendre cette responsabilité aux dommages causés aux espaces publics internationaux. Cette question a été en particulier examinée à la quarante-troisième session, en 1991. À l'occasion, la Commission a signalé que

« *L'obligation de réparer devrait être étendue aux cas d'atteinte aux espaces ne relevant pas des juridictions nationales (*global commons*), compte tenu de l'objectif général visant à protéger l'environnement. Néanmoins, étant donné la diversité des vues sur la question, il serait sage de ne prendre de décision sur ce point qu'une fois que le sujet aura été plus amplement développé.* »[1094]

Même si à l'occasion elle a considéré nécessaire de réfléchir à nouveau sur certaines notions juridiques fondamentales ayant trait à la responsabilité pour inclure une telle possibilité, à la fin elle a décidé d'exclure les dommages causés à l'environnement mondial en soi du champ d'application de son projet d'articles[1095].

Toutefois, dans ses articles sur la prévention de dommages transfrontières résultant d'activités dangereuses, si elle exclut du champ d'application du projet « *les dommages causés aux espaces publics internationaux qui n'ont pas de répercussions sociales ou d'effets sur les personnes, les biens ou les intérêts d'un État et pour lesquels on ne peut établir un lien de cause à effet* », elle affirme que ces dommages « *sont réglementés conformément aux principes applicables du droit international ou par des régimes juridiques qui devront être établis séparément* »[1096]. En d'autres termes, même si sa décision peut être sévèrement critiquée, la Commission ne nie pas

---

*l'*usage commun*, consacré par la pratique jusqu'à nos jours* ». O.N.U., Doc. A/CN.4/428 & Corr.1-4 and Add.1, par. 71.

1093 DUNOFF, J. L., « Reconciling International Trade with Preservation of the Global Commons : Can We Prosper an Protect ? », *Washington and Lee Law Review*, vol. 49, 1992, p. 1408.

1094 *Annuaire... 1991*, vol. I, p. 102.

1095 O.N.U., Doc. A/CN.4/428 & Corr.1-4 and Add.1, par. 77.

1096 O.N.U., Doc. A/CN.4/487, p. 36.

l'existence d'un tel dommage, mais simplement considère sans pertinence de le traiter dans son projet d'articles sur la prévention[1097]. Cela ressort du fait qu'au contraire des dommages causés à d'autres États, les dommages causés à l'environnement dans les espaces communs soulèvent plusieurs difficultés d'appréciation dans la pratique (A).

Cependant, pour plus complexe qu'un tel dommage soit, le droit ne peut pas être indifférent à une modification défavorable du milieu naturel, même causée dans des régions ne relevant d'aucune juridiction nationale. Bien au contraire, c'est surtout dans cette hypothèse que le droit international de l'environnement doit se faire présent. Ainsi, en analysant le droit conventionnel des dernières années, on constate une augmentation significative des traités énonçant des règles de protection des espaces communs (B).

A. Les problèmes d'appréciation du dommage aux espaces communs

Les problèmes liés à l'existence d'un dommage aux espaces publics internationaux expliquent en partie la réticence des États à adopter une définition précise du dommage transfrontière qui comprenne les atteintes à ces régions[1098]. Certains traités ont même

---

[1097] Pour une analyse des travaux de la Commission sur le sujet, voir XUE, H., *Transboundary Damage in International Law*, Cambridge, Cambridge University Press, 2003, p. 191-235.

[1098] Selon la Commission du droit international, l'analyse d'un dommage causé à l'environnement dans les espaces publics internationaux (*global commons*), présente de réelles difficultés, une fois que : « *a) le dommage causé à l'environnement proprement dit est un élément nouveau ; b) l'impact, sur les personnes ou sur les biens, du dommage causé dans les espaces publics internationaux ne peut pas être mesuré de façon suffisamment précise pour que l'on puisse établir un régime de responsabilité ; c) on ne peut pas savoir avec précision si un dommage identifiable causé dans les espaces publics internationaux provoquerait un dommage identifiable pour les êtres humains. On pourrait seulement établir une corrélation générale entre la qualité de l'environnement dans les zones en question et le bien-*

exclu expressément une telle possibilité : après avoir établi qu'il s'appliquait au dommage résultant de mouvements transfrontières d'organismes vivants modifiés, le Protocole additionnel de Nagoya – Kuala Lumpur sur la responsabilité et la réparation relatif au Protocole de Cartagena sur la prévention des risques biotechnologiques limite son champ d'application « *au dommage survenu dans des zones situées dans les limites de la juridiction nationale des Parties* »[1099].

La première difficulté concerne la découverte même du dommage, puisqu'il n'y a pas, en principe, d'État lésé. Certains systèmes ont essayé de surmonter ces difficultés par la création d'institutions autonomes chargées de surveiller les activités des États dans certains espaces communs[1100]. La Convention de Wellington sur la réglementation des activités relatives aux ressources minérales de l'Antarctique, par exemple, propose la création d'une Commission de ressources minérales de l'Antarctique chargée, parmi d'autres fonctions, d'identifier et d'évaluer un possible dommage ainsi que d'adopter les mesures nécessaires pour prévenir l'occurrence d'un dommage imminent ou pour faire face à un dommage effectivement causé[1101]. De la même façon, la Convention des Nations Unies sur le droit de la mer dote l'Autorité internationale des fonds marins de pouvoirs pour examiner toute question de caractère général ayant trait aux activités menées dans la Zone[1102].

L'inexistence d'un État affecté pose également des problèmes concernant l'entité susceptible d'invoquer une possible réparation d'un dommage constaté dans les différentes hypothèses[1103]. Selon C. Tomuschat, étant donné que ces organisations internationales ont pour

---

être des êtres humains et la qualité de leur vie ». O.N.U., Doc. A/CN.4/428 & Corr.1-4 and Add.1, par. 74.

1099 Article 3 du Protocole.

1100 Voir OSTROM, E., *Governing the Commons : The evolution of the institutions for collective action*, Cambridge, Cambridge University Press, 1990.

1101 Voir l'article 21 de la Convention.

1102 Article 160 de la Convention.

1103 Voir ARSANJANI, M. H. & REISMAN, W. M., « The Quest for an International Liability Regime for the Protection of the Global Commons », in WELLENS, K. C. (éd.), *International law : theory and practice : essays in honour of Eric Suy* », The Hague, Martinus Nijhoff, 1988, p. 469-492.

fonction de surveiller l'utilisation des ressources communes, elles auraient également le *jus standi* international pour demander la réparation d'un dommage causé[1104]. Il faut pourtant souligner que si certains tribunaux reconnaissent le droit d'agir aux organisations internationales[1105], le statut de la Cour internationale de Justice, « *l'organe judiciaire principal de l'Organisation des Nations Unies* », prévoit que seuls les États ont qualité pour se présenter devant elle[1106]. On constate ainsi que le droit de la responsabilité internationale des États ne répond pas de manière satisfaisante aux besoins de protection et aux défis de prévention qu'exige le droit international de l'environnement.

Il faut donc se demander ce qu'est un État lésé, parce que s'il n'y a pas un État physiquement affecté, tout État partie à une convention relative à la protection d'un espace commun est aussi un État lésé, dans la mesure où le dommage transfrontière porte atteinte à un intérêt collectif des États parties qui est expressément protégé, comme l'est l'environnement dans ces cas[1107]. Ainsi, si dans un premier moment le projet d'articles sur la responsabilité internationale affirme qu'un État doit être lésé pour être en droit d'invoquer la responsabilité d'un autre État, il prévoit ensuite que dans certaines situations un État autre qu'un État lésé peut également le faire : si l'obligation violée est due à la communauté internationale dans son ensemble ou si elle est due à

[1104] TOMUSCHAT, C., « International Liability for Injurious Consequences Arising out of Acts not Prohinited by International Law : The Work of the International Law Commission », in FRANCIONI, F. & SCOVAZZI, T. (ed.), *International Responsibility for Environmental Harm*, London/Dordrecht/Boston, Graham & Trotman/Martinus Nijhoff, 1991, p. 61.

[1105] Selon l'article 162, 2, u, de la Convention des Nations Unies sur le droit de la mer, l'Autorité internationale des fonds marins peut saisir la Chambre pour le règlement des différends relatifs aux fonds marins du Tribunal international du droit de la mer.

[1106] Voir l'article 34 du Statut de la Cour internationale de Justice.

[1107] Cependant, il peut avoir des situations où, même si le dommage ait été causé aux espaces communs, il a des incidences sur un ou plusieurs États. Par exemple, les effets d'une pollution de la haute mer en violation de l'article 194 de la Convention de Montego Bay peuvent être sentis par plusieurs États côtiers. Dans un tel cas, indépendamment de l'intérêt général des États parties à la Convention des Nations Unies sur le droit de la mer à la préservation de l'environnement marin, les États parties côtiers concernés devraient être considérés comme lésés par la violation.

un groupe d'États dont il fait partie, et si l'obligation est établie aux fins de la protection d'un intérêt collectif du groupe[1108]. Selon cette perspective adoptée par la Commission du droit international, si le dommage est causé en raison de la violation grave d'une règle de *jus cogens* ou d'une règle énoncée dans un traité multilatéral mettant en œuvre des intérêts collectifs, tout État lié par ces normes peut demander la responsabilité de l'État en cause.

Concernant la réparation – sans doute l'objectif ultime du droit de l'environnement après la constatation d'un dommage –, il faut se demander si l'État autre que l'État lésé a la possibilité d'exiger la réparation, étant donné que l'article 48 du projet d'articles prévoit que cette demande doit être faite dans l'intérêt de l'État lésé, s'il y en a un, ou des bénéficiaires de l'obligation violée. Ainsi, même s'il peut très bien se faire qu'aucun État ne soit lésé individuellement par le dommage aux espaces communs, il est pourtant hautement souhaitable qu'un État soit en mesure de demander une réparation, en particulier la restitution[1109]. Ainsi, en fonction de la nature et du contenu de l'obligation internationale violée, le projet d'articles détermine que les obligations de l'État responsable peuvent être dues à un autre État, à plusieurs États ou à la communauté internationale dans son

---

[1108] Voir les articles 42 et 48 du projet d'articles sur la responsabilité des États. Sur cette distinction entre « l'État lésé » et « l'État autre que l'État lésé », B. Stern critique la position de la Commission en disant qu'« *il nous paraît à tout le moins curieux que certains États puissent invoquer la responsabilité d'un État s'ils ne sont pas lésés. Si un État est bénéficiaire d'une obligation qui a été violée, je ne vois pas comment on pourrait considérer qu'il n'est pas un État lésé* ». Le problème réside plutôt dans la terminologie adopté que dans le contenu des dispositions, une fois que si l'État n'est pas lésé – au moins du point de vue juridique – il n'y a pas une justification de leur possible action de responsabilité contre l'État auteur de l'acte illicite ! Voir STERN, B., « Et si on utilisait la notion de préjudice juridique ? Retour sur une notion délaissée à l'occasion de la fin des travaux de la C.D.I. sur la responsabilité des États », *A.F.D.I.*, vol. 47, 2001, p. 24.

[1109] CHARNEY, J. I., « Third States Remedies for Environmental Damage to the World's Common Spaces », in FRANCIONI, F. & SCOVAZZI, T. (ed.), *International Responsibility for Environmental Harm*, London/Dordrecht/Boston, Graham & Trotman/Martinus Nijhoff, 1991, p. 151.

ensemble[1110]. Selon les commentaires de l'article en question, ces obligations

« *sont dues à plusieurs autres États dans le cas, par exemple, d'une violation qui affecte toutes les autres parties à un traité ou à un régime juridique établi par le droit international coutumier. C'est ainsi que lorsqu'une obligation peut être définie comme une obligation 'intégrale', sa violation par un État affecte nécessairement toutes les autres parties au traité* »[1111].

Si le projet d'articles répond bien à la situation où il y a un traité de réglementation de l'espace commun, il reste pourtant omis lorsque la situation implique un dommage causé dans un espace sans réglementation internationale ou lorsque l'État pollueur n'est pas partie aux traités existants. Mais comme la Commission l'a elle-même reconnu, il y a des cas qui peuvent poser des difficultés plus grandes « *que les présents articles ne sont pas à même de résoudre* »[1112]. En outre, il s'agit ici des situations où l'on n'a pas forcément une violation du droit, au moins en ce qui concerne l'obligation de prévention de résultat, toujours d'origine conventionnelle.

En suivant cette logique, M. Fitzmaurice affirme qu'aucun État n'a un intérêt individuel vis-à-vis de la protection de l'environnement dans un espace commun, mais que tous les États ont un intérêt collectif à une telle protection[1113]. En d'autres termes, si l'environnement affecté est celui des espaces publics internationaux, c'est l'intérêt collectif des États qui est affecté. Bien que de façon indirecte, la reconnaissance d'un intérêt public de la communauté internationale dans ces espaces internationaux a été admise par la Cour internationale de Justice dans l'*affaire Barcelona Traction* : la Cour a affirmé que vu la nature de certaines obligations, « *tous les*

1110 Article 33 du projet d'articles.

1111 *Annuaire... 2001*, vol. II, Deuxième partie, p. 251-252.

1112 *Ibid.*, p. 348.

1113 FITZMAURICE, M., « Liability for Environmental Damage Caused to the Global Commons », *R.E.C.I.E.L.*, vol. 5, nº 4, 1996, p. 305.

États peuvent être considérés comme ayant un intérêt juridique à ce que ces droits soient protégés »[1114].

En réalité, si à l'origine le droit international se restreignait à essayer de coordonner l'utilisation des espaces communs plutôt que de les protéger, les États ayant le droit de les exploiter indéfiniment, actuellement le droit tend à identifier les activités ou les objets spécifiques qui causent un dommage à ces espaces et à les assujettir à un régime juridique limitant leur exercice ou interdisant leur emploi[1115].

B. La reconnaissance du dommage aux espaces communs par le droit conventionnel

Malgré toutes les difficultés existantes, un certain nombre d'instruments juridiques imposant aux États l'obligation de ne pas porter atteinte aux espaces communs ont vu le jour. Ainsi, lorsqu'il s'agit d'une activité qui cause un dommage aux espaces internationaux, il est préférable soit de la modifier, soit de l'interdire purement et simplement. Le système du Traité sur l'Antarctique adopte cette approche, désignant l'environnement en Antarctique et des écosystèmes dépendants et associés comme des zones consacrées à la recherche scientifique, et interdisant expressément toute activité relative aux ressources minérales[1116].

La Convention de Montego Bay sur le droit de la mer adopte elle aussi une réglementation des espaces communs. Ainsi, outre l'obligation générale de prendre des mesures visant à « *prévenir,*

[1114] C.I.J., *Affaire de la Barcelona Traction, Light and Power Company, Limited (Belgique c. Espagne), arrêt du 5 février 1970, C.I.J. Recueil 1970*, par. 33.

[1115] WOLFRUM, R., « Purposes and Principles of International Environmental Law », *G.Y.I.L.*, 1990, vol. 33, p. 322.

[1116] Voir le Protocole au Traité sur l'Antarctique relatif à la protection de l'environnement de 1991 ainsi que la Convention de Wellington sur la réglementation des activités relatives aux ressources minérales de l'Antarctique de 1988.

réduire et maîtriser la pollution du milieu marin, quelle qu'en soit la source »[1117], la Convention oblige les États à assurer la conservation des ressources biologiques de la haute mer par la possibilité de fixer un volume admissible de capture[1118]. Mais sans doute la disposition la plus importante vers la reconnaissance de la valeur intrinsèque de l'environnement d'un espace commun est celle qui dispose que la Zone et ses ressources sont le patrimoine commun de l'humanité, c'est-à-dire toutes les activités menées dans cette région le sont dans l'intérêt de l'humanité tout entière[1119]. En ce qui concerne ces activités, l'Autorité des fonds marins peut adopter des règles et procédures visant à prévenir toute perturbation de l'équilibre écologique du milieu marin ainsi qu'à « *protéger et conserver les ressources naturelles de la Zone et prévenir les dommages à la flore et à la faune marines* »[1120].

Concernant l'exploration et l'utilisation de l'espace extra-atmosphérique, y compris la Lune et les autres corps célestes, les États doivent procéder à leur exploration de manière à éviter les effets préjudiciables de leur contamination ainsi que les modifications nocives du milieu terrestre résultant de l'introduction de substances extraterrestres[1121]. Les principes applicables à la création d'un régime

---

[1117] Article 194 de la Convention.

[1118] Voir les articles 117 et 119 de la Convention.

[1119] Article 136 et 140 de la Convention. Voir DUPUY, R.-J., « La zone, patrimoine commun de l'humanité », in DUPUY, R.-J. & VIGNES, D. (éd.), *Traité du nouveau droit de la mer*, Paris, Economica, 1985, p. 499-505 ; et NICIU, M. I., « Le patrimoine commun de l'humanité en droit international maritime et en droit spatial », *A.D.M.A.*, vol. 13, 1995, p. 9-18. Pour une analyse générale sur le sujet, voir KISS, A., « La notion de patrimoine commun de l'humanité », *R.J.E.,* numéro spécial, 1998, p. 49-57.

[1120] Article 145 de la Convention. Sur les fonctions de l'Autorité, voir LEVY, J.-P., « La première décennie de l'autorité internationale des fonds marins », *R.G.D.I.P.*, vol. 109, nº 1, 2005, p. 101-146.

[1121] Article IX du Traité sur les principes régissant les activités des États en matière d'exploration et d'utilisation de l'espace extra-atmosphérique, y compris la Lune et les autres corps célestes de 1967. L'article 7 de l'Accord régissant les activités des États sur la Lune et les autres corps célestes de 1979, à son tour, dispose que « *lorsqu'ils explorent et utilisent la Lune, les États parties prennent des mesures pour éviter de perturber l'équilibre existant du milieu en lui faisant subir des transformations nocives, en le contaminant dangereusement par l'apport de matière étrangère ou d'une autre façon. Les États parties prennent aussi des mesures pour*

international régissant l'exploitation de la Lune – elle aussi patrimoine commun de l'humanité – et ses ressources naturelles lorsque cette exploitation sera sur le point de devenir possible prévoient également l'assurance d'une gestion rationnelle et sans danger de ces ressources[1122]. En outre, les États ont reconnu que des arrangements détaillés concernant la responsabilité en cas de dommages causés pourraient devenir nécessaires par suite du développement des activités sur la Lune[1123].

Même si l'idée n'est pas de prévenir un dommage causé à un espace commun spécifique tel que la haute mer ou la Lune, mais plutôt d'éviter les effets néfastes de certaines activités ou substances qui seront ressentis dans toute la planète, il est évident que dans la mesure où les régimes de protection de la coche d'ozone et du climat adoptent des seuils d'émission de substances dangereuses, elles adoptent la notion de dommage transfrontière comprenant les préjudices aux espaces communs. Ainsi, tant le régime établi par la Convention de Vienne pour la protection de la couche d'ozone que celui établi par la Convention-cadre des Nations Unies sur les changements climatiques reconnaissent que la violation des niveaux d'émission fixés causera un dommage transfrontière entraînant de manière indifférenciée des dommages aux régions sans juridiction et à celles sous le contrôle des États[1124].

L'intérêt de ces normes est qu'elles partent de la présomption que les mesures préventives adoptées par un seul État sont inutiles en vue d'arrêter la dégradation, dans la mesure où les effets ont des conséquences pour l'humanité tout entière. En outre, malgré toutes les difficultés mentionnées et malgré l'inexistence d'un État

---

éviter toute dégradation du milieu terrestre par l'apport de matière extraterrestre ou d'une autre façon. »

1122 Article 11 de l'Accord de 1979. Voir également l'article premier du Traité de 1967.

1123 Article 14 de l'Accord.

1124 Voir AMAN JR., A. C., « The Montreal Protocol on Substances that Deplete the Ozone Layer : Providing Prospective Remedial Relief for Potential Damage to the Environmental Commons », in FRANCIONI, F. & SCOVAZZI, T. (ed.), *International Responsibility for Environmental Harm*, London/Dordrecht/Boston, Graham & Trotman/Martinus Nijhoff, 1991, p. 185-205.

physiquement lésé, dans la mesure où l'on peut retracer l'origine du dommage ou, en cas d'un seuil, le franchissement de la limite fixée, le droit ne peut pas être indifférent à une situation de dommage environnemental, même s'il est causé dans une région sans juridiction.

Ainsi, plusieurs auteurs ont proposé une définition de dommage transfrontière la plus générale possible, de façon à comprendre non seulement les dommages causés aux États mais également ceux produits dans les espaces communs[1125]. La Convention sur la diversité biologique de 1992 a adopté cette approche lors qu'elle énonce d'une manière générale que les États « *ont le devoir de faire en sorte que les activités exercées dans les limites de leur juridiction ou sous leur contrôle ne causent pas de dommage à l'environnement dans d'autres États ou dans des régions ne relevant d'aucune juridiction nationale* »[1126].

En conclusion, le dommage transfrontière peut être défini simplement comme le dommage qui se manifeste dans le territoire d'un autre État ou dans un espace international en dehors des limites de la juridiction nationale[1127]. Il suffit donc d'ajouter à cette notion le caractère significatif du préjudice causé pour que l'on puisse enfin connaître le contenu réel de l'obligation de prévention de résultat.

1125 Voir, parmi d'autres, PISILLO-MAZZESCHI, R., « Forms of International Responsibility for Environmental Harm », in FRANCIONI, F. & SCOVAZZI, T. (ed.), *International Responsibility for Environmental Harm*, London/Dordrecht/Boston, Graham & Trotman/Martinus Nijhoff, 1991, p. 29 ; BIRNIE, P. & BOYLE, A., *International Law & The Environment*, Oxford, Oxford University Press, 2002, p. 123 ; et XUE, H., *Transboundary Damage in International Law*, Cambridge, Cambridge University Press, 2003, p. 3.
1126 Article 3 de la Convention.
1127 LEFEBER, R., *Transboundary Environmental Interference and the Origin of State Liability*, The Hague, Kluwer Law International, 1996, p. 10.

Conclusions du Chapitre II

Sans une définition précise de la notion de dommage transfrontière significatif à l'environnement, il est impossible d'identifier et de délimiter les contours de l'obligation de ne pas causer un dommage écologique. Cette notion est la base pour que l'on puisse déterminer si l'État a manqué à ses obligations internationales de prévention de résultat et si, par conséquent, sa responsabilité est engagée.

Ainsi, pour constater la violation ou le respect de l'obligation d'interdiction de causer un dommage environnemental, il suffit de prouver que le dommage a franchi un seuil minimum de dégradation en dépassant les frontières de l'État d'origine. Autrement dit, les États victimes ne pourront demander réparation pour une violation de l'obligation de prévention de résultat qu'après avoir prouvé le caractère significatif et transfrontière du dommage écologique subi.

Conclusions du Titre I

Pour bien comprendre l'obligation de ne pas causer un dommage environnemental, il est absolument nécessaire de définir les contours de la notion de dommage, car la constatation d'un préjudice est l'élément fondamental qui permet de savoir si un État a violé son obligation de prévention de résultat.

Ainsi, même s'il n'existe pas une définition précise qui soit généralement applicable dans tous les domaines de l'exploitation des ressources naturelles, on constate qu'à l'approche traditionnelle du dommage écologique s'ajoute une nouvelle perspective dans la façon d'envisager les préjudices causés au milieu naturel. Si, au début, le dommage environnemental ne comprenait que les pertes matérielles causées aux biens ou à l'homme, ainsi que les coûts des mesures de sauvegarde et des mesures de remise en état, aujourd'hui la notion prend également en compte la valeur intrinsèque de l'environnement, qui comprend non seulement les atteintes aux ressources naturelles d'intérêt économique, mais également les atteintes à la qualité de l'environnement considéré de manière autonome, indépendamment de ses répercussions sur les personnes et les biens.

En outre, dans la caractérisation du dommage écologique il faut également prendre en compte le fait que le droit international exige non seulement un seuil minimum de dégradation, mais que le dommage ait des effets qui dépassent les frontières politiques de l'État d'origine. Et si l'obligation de ne pas causer un dommage ne concernait que les préjudices causés au territoire d'un autre État, aujourd'hui le droit international de l'environnement a reconnu la possibilité de dommages causés aux espaces communs, tels que la zone des fonds marins ou la haute mer.

TITRE II. CONSÉQUENCES DE L'OBLIGATION DE PRÉVENTION DE RÉSULTAT SUR LA RESPONSABILITÉ INTERNATIONALE DES ÉTATS

Même si l'objectif de protection de l'environnement demeure identique, l'obligation de prévention de résultat a un contenu complètement différent de celui de l'obligation de prévention de comportement, surtout en ce qui concerne le rôle du dommage comme élément indispensable à la constatation de son respect ou de sa violation. Si dans cette dernière la norme énonce les mesures que les États doivent adopter pour s'acquitter de ses obligations, dans le premier cas la norme n'énonce que l'interdiction de causer un dommage à l'environnement, sans mentionner comment l'État doit agir pour éviter ce résultat. Lorsque l'on analyse les conséquences de l'obligation de prévention de résultat sur la responsabilité internationale, il faut donc se demander si cette différence de contenu a comme conséquence la mise en œuvre d'un autre régime de responsabilité internationale que celui traditionnel pour fait illicite.

Tout d'abord, il ne faut pas confondre le rôle du dommage lorsqu'il s'agit de prouver la violation de l'obligation de résultat et lorsqu'il s'agit de prouver l'existence d'un fait illicite pour mettre en œuvre la responsabilité internationale. Le fait que la Commission du droit international ait affirmé que la notion de dommage n'est plus nécessaire comme élément constitutif d'un fait illicite ne signifie pas que le dommage ait été complètement exclu du droit de la responsabilité des États. L'abandon de cette notion signifie simplement que la violation de la règle primaire suffit pour que la responsabilité soit engagée, même si aucun préjudice matériel n'a été causé, c'est-à-dire qu'il faut s'en tenir au contenu de la règle en question[1128]. Or, dans une obligation de résultat, l'interdiction de causer un préjudice matériel est l'obligation internationale elle-même et le contenu même de la règle primaire en question. En conséquence, dans les deux situations de prévention, le fait générateur de la responsabilité reste le même : un fait internationalement illicite. Dans un cas, la violation du droit peut être dépourvue de conséquences matérielles, dans l'autre le préjudice matériel se confond avec la violation de l'obligation juridique elle-même, sans laquelle il n'y a pas de manquement.

Il faut également rappeler que le projet d'articles sur la responsabilité des États détermine qu'« *il y a violation d'une obligation internationale par un État lorsqu'un fait dudit État n'est pas conforme à ce qui est requis de lui en vertu de cette obligation, quelle que soit l'origine ou la nature de celle-ci* »[1129]. En d'autres termes, peu importe que l'obligation en cause soit de comportement ou de résultat, si nous sommes effectivement en présence d'une obligation internationale violée, le régime traditionnel de responsabilité pour fait illicite pourra toujours être appliqué, avec toutes ses conséquences déjà analysées[1130]. Ainsi, tant ici que dans les cas du manquement au devoir de diligence, l'État responsable du fait internationalement illicite aura l'obligation d'y mettre fin si ce fait continue, de réparer intégralement le préjudice causé et d'offrir des assurances et des garanties de non-répétition appropriées si les circonstances l'exigent[1131].

En revanche, si le régime de responsabilité reste le même, ni l'élément de preuve du manquement ni les conséquences de la violation ne sont identiques dans les deux situations de prévention. Dans la Première Partie de la présente thèse on a étudié les différentes

---

[1128] Selon la Commission, « *la nécessité de tenir compte de tels éléments* [le dommage, la violation du droit et le lien de causalité] *dépend du contenu de l'obligation primaire, et il n'y a pas de règle générale à cet égard.* » *Annuaire... 2001*, vol. II, Deuxième partie, p. 76.

[1129] Article 12 du projet d'articles.

[1130] L'analyse faite dans le « Chapitre II – Les conséquences de la responsabilité internationale » de la Première Partie est donc parfaitement valable ici, même s'il s'agit maintenant d'une obligation de prévention de résultat.

[1131] Voir les articles 30 et 31 du projet d'articles.

formes de violation de l'obligation de diligence en raison du caractère souvent imprécis des comportements exigés par l'obligation en question. Dans cette seconde partie, le manquement n'est que la réalisation du résultat interdit par la norme : le dommage environnemental. S'il s'agit d'une obligation de prévention de moyens, il faut s'en tenir aux mesures adoptées et à l'action effectivement mise en place par l'État – ou l'omission – par rapport aux comportements prescrits par la règle primaire en cause. Ici, étant donné que le préjudice est la condition préalable pour la constitution d'un fait illicite et l'établissement de la responsabilité des États, en ce qui concerne la démonstration de la violation de la norme, il suffit de constater l'existence d'un dommage par une analyse de sa gravité et de sa localisation[1132], dans la mesure où l'interdiction de causer un préjudice est la teneur même de la règle primaire violée.

En outre, tandis que le contenu des règles secondaires – de responsabilité – reste inchangé, leur application peut varier en raison du contenu des règles primaires violées[1133]. Selon Nikolai Ouchakov, si la responsabilité pour manquement à la diligence due peut avoir des conséquences d'ordre politique et matériel[1134], celles concernant le non-respect de l'obligation de prévention de résultat sont seulement d'ordre matériel, traduites par l'exigence de réparer le dommage causé[1135]. Autrement dit, si dans le cas de violation de la diligence due la cessation du comportement illicite et l'offre de garanties de non-répétition sont souvent suffisantes[1136], à partir du moment où il y aura toujours un dommage matériel dans une situation de manquement à l'obligation de prévention de résultat, seule la réparation intégrale du

---

[1132] Voir le « Chapitre II – La gravité du dommage à l'environnement » de la présente Partie.

[1133] SCOVAZZI, T., « State Responsibility for Environmental Harm », *Y.I.E.L.*, vol. 12, 2002, p. 46.

[1134] « Politique » lorsque la conséquence ne concerne pas la réparation d'un préjudice matériel, tel est le cas de la simple cessation du comportement illicite ou lorsque la responsabilité donne lieu à la satisfaction, telle que la reconnaissance du manquement par l'État pollueur ou par un tribunal.

[1135] *Annuaire... 1970*, vol. I, p. 199, par. 17.

[1136] Lorsque nous sommes dans une situation où il n'y a qu'un dommage juridique, par exemple, la cessation du comportement illicite et l'offre de garanties de non-répétition sont équivalentes à la réparation intégrale du préjudice causé.

préjudice pourra rétablir la situation qui existait avant que le fait illicite ne soit commis.

Jusqu'à présent, on a analysé l'obligation de prévention et ses conséquences sur la responsabilité internationale en adoptant comme point de départ l'existence d'une obligation internationale, c'est-à-dire que l'analyse des conséquences de la responsabilité a été essentiellement conçue en fonction d'un fait internationalement illicite traduit par la violation d'une norme juridique, envisagée soit comme une obligation de comportement, soit comme une obligation de résultat. Cependant, à partir du moment où le dommage prend une place considérable dans une étude de l'obligation de prévention de résultat, il faut également partir d'une analyse du point de vue du préjudice ; il faut donc sortir de la perspective de l'État qui a violé ses obligations internationales de prévention et pour cela a causé une pollution transfrontière et se tourner vers l'optique de la victime[1137].

Dans une situation sans dommage environnemental, la possibilité de violation d'une obligation de prévention de résultat est automatiquement exclue, mais il peut encore y avoir une violation de l'obligation de diligence, surtout s'il s'agit d'une obligation de nature procédurale, telle que l'exigence d'élaboration d'une étude d'impact ou la notification concernant des activités dangereuses[1138]. Il ressort de cela que même sans être matériellement affecté, un État intéressé peut demander à l'État auteur de l'infraction de rétablir la situation de légalité qui a été perturbée en mettant en œuvre ses obligations internationales de prévention. En revanche, si l'on est en présence d'un dommage environnemental, la situation est beaucoup plus complexe et il faut absolument se tourner vers la règle primaire. Ainsi, le dommage peut être soit la conséquence d'un fait illicite soit le fait

---

[1137] Selon le professeur Dupuy, la responsabilité internationale traditionnelle est essentiellement conçue en fonction de l'auteur du dommage, mais concernant le droit de l'environnement il faut également envisager une responsabilité consacrée à sa victime. DUPUY, P.-M., *La responsabilité internationale des États pour les dommages d'origine technologique et industrielle,* Paris, Pedone, 1976, p. 217-218.

[1138] On peut citer comme exemple de cette situation l'*affaire relative à des Usines de pâte à papier sur le fleuve Uruguay*, où la Cour a jugé que l'Uruguay n'a violé que ses obligations de notification de ses projets à l'Argentine. *C.I.J. Recueil 2010*, p. 106.

illicite lui-même : soit le dommage est la conséquence du non-respect d'une obligation de diligence, soit il est la violation d'une obligation de prévention de résultat qui interdit les dommages transfrontières. Autrement dit, dans une obligation de prévention de résultat, le dommage est l'élément indispensable pour qu'un fait illicite soit constaté.

Néanmoins, outre ces deux situations de dommage lié à un fait internationalement illicite, on peut avoir une situation où il n'y a pas une obligation de prévention de résultat conventionnelle interdisant un tel dommage et où l'État d'origine a effectivement adopté toutes les mesures de diligence nécessaires pour éviter un tel résultat. Dans ce cas, il faut se demander s'il suffit de constater l'existence d'un préjudice transfrontière pour que la responsabilité des États soit mise en œuvre, même s'il n'y a pas de violation d'une obligation internationale. Autrement dit, il faut analyser si le droit international admet la possibilité d'une responsabilité absolue par la simple constatation d'un dommage écologique causé, soit comme un principe général de droit, soit comme une règle du droit international coutumier, et quel est le lien entre ce régime de responsabilité et l'obligation de prévention de résultat (Chapitre I).

Évidemment, c'est aux États qu'il incombe d'établir des normes de prévention adéquate pour protéger l'environnement, mais en l'absence de telles normes et sous prétexte que le dommage a été causé par une activité qui n'est pas interdite par le droit, on ne saurait admettre qu'elle détruise les conditions de la vie elle-même[1139]. Selon certains auteurs, la responsabilité pour dommages à l'environnement devrait être essentiellement une responsabilité objective ou responsabilité pour risques, étant donné que les atteintes à l'environnement résultent en général d'activités entreprises par les États et qui ne sont pas interdites par le droit international[1140].

[1139] CAUBET, C. G., « Le droit international en quête d'une responsabilité pour les dommages résultant d'activités qu'il n'interdit pas », *A.F.D.I.*, vol. 29, 1983, p. 119.
[1140] GARANE, A., « La responsabilité internationale de l'état : un instrument économique de la protection de l'environnement ? », in BOTHE, M. & SAND, P. H. (eds.), *La politique de l'environnement : de la réglementation aux instruments économiques / Environmental policy : From Regulation to Economic Instruments*,

Si la responsabilité traditionnelle des États découle de la violation d'un droit international subjectif même lorsqu'aucun dommage matériel ne s'est produit, la responsabilité objective, de son côté, serait fondée sur la survenance d'un dommage et non sur une violation d'une obligation internationale ou d'un droit subjectif international d'un État[1141]. En outre, sans oublier le nécessaire aspect préventif de toute norme juridique en droit de l'environnement, « *des systèmes de responsabilité efficaces doivent rétablir une certaine justice dans la répartition des charges et dommages nés de l'inobservation – ou de l'insuffisance – des normes.* »[1142]

On peut aller encore plus loin, en affirmant que la nécessité de rétablir une certaine justice dans la répartition des charges et dommages environnementaux n'est pas un but seulement du droit de la responsabilité, mais du droit international de l'environnement en général. Ainsi, en ce qui concerne la pratique conventionnelle, si dans la plupart des cas les conventions de protection de l'environnement ne parlent pas des questions de responsabilité, il faut se demander s'il y a aujourd'hui des alternatives juridiques à la responsabilité objective des États – sujet encore très controversé dans la doctrine[1143] – pour qu'une pollution transfrontière du milieu naturel fasse l'objet d'une réparation (Chapitre II).

Ainsi, en ce qui concerne les conséquences de l'obligation de prévention de résultat sur la responsabilité internationale, il faut étudier non seulement le rapport entre l'obligation de prévention de

---

La Haye, Martinus Nijhoff Publishers, 2003, p. 622. L'auteur ajoute qu'« *il s'agit donc de trouver un équilibre entre la liberté d'action de l'État à l'intérieur de ses frontières et ses obligations envers les autres États.* »

1141 ZEMANEK, K., « Causes and Forms of International Liability », in CHENG, B. & BROWN, E.D. (ed.), *Contemporary problems of international law : essays in honour of Georg Schwarzenberger on his eightieth birthday*, London, Stevens & Sons, 1988, p. 323.

1142 ROMI, R., *Droit et administration de l'environnement*, Paris, Montchrestien, 2007, p. 111.

1143 LIESA, C. R. F., « La responsabilité en cas de catastrophes écologiques, d'après les travaux de la CDI sur les activités non interdites par le droit international », in CARON, D. D. & LEBEN, C. (éd.), *Les aspects internationaux des catastrophes naturelles et industrielles*, The Hague, Martinus Nijhoff Publishers, 2001, p. 747-748.

résultat et la responsabilité absolue des États (Chapitre I), mais également les alternatives à une telle responsabilité internationale (Chapitre II).

CHAPITRE I. LE RAPPORT ENTRE L'OBLIGATION DE PRÉVENTION DE RÉSULTAT ET LA RESPONSABILITÉ ABSOLUE DES ÉTATS

Il faut tout d'abord souligner que l'idée d'une responsabilité objective[1144] des États pour dommage à l'environnement n'est pas tout à fait nouvelle dans la littérature juridique, et encore qu'il y ait, on le sait, des différences subtiles entre la responsabilité objective et la responsabilité absolue, ces expressions seront utilisées comme synonymes, sans référence à une possible distinction en raison de l'existence (ou non) de clauses d'exonération[1145]. Depuis l'affaire *Rylands c. Fletcher*, rendue en Angleterre en 1868[1146], la

---

[1144] On parle également de responsabilité stricte ; responsabilité sans faute ; responsabilité pour risque ; responsabilité *sine delicto* ; ou finalement responsabilité pour les conséquences préjudiciables découlant d'activités qui ne sont pas interdites par le droit international. En anglais, c'est simplement *liability*. J. Barboza propose encore une autre expression : la « responsabilité causale », « *pour dénommer celle qui tient compte seulement du rapport de causalité entre acte et résultat pour faire naître l'obligation de réparer les préjudices causés par activités comme celles que nous venons de décrire* ». Les activités en question sont celles « *qui présentent un risque supérieur à la normale de causer des dommages à des tiers, mais qui sont toutefois permises parce que leur utilité sociale dépasse de loin les dégâts qu'elles provoquent* ». BARBOZA, J., « La responsabilité "causale" à la Commission du Droit international », *A.F.D.I.*, vol. 34, 1988, p. 513-514.

[1145] Selon P.-M. Dupuy, « *une responsabilité 'absolue' n'est pas seulement objective, c'est-à-dire dégagée de toute référence au caractère licite ou illicite du fait générateur. C'est aussi une responsabilité insusceptible d'exonération, même dans les hypothèses classiques de cas fortuit ou force majeure. C'est dire qu'une responsabilité véritablement 'absolue', même en droit interne, se rencontre rarement* ». DUPUY, P.-M., « Le fait générateur de la responsabilité internationale des États », *R.C.A.D.I.*, vol. 188, 1984, p. 122.

[1146] Pour une étude de l'affaire et ses conséquences dans le droit de la responsabilité du *common law*, voir NOLAN, D. P., « The Distinctiveness of *Rylands v Fletcher* », *L.Q.R.*, vol. 121, 2005, p. 421-451 et MURPHY, J., « The Merits of *Rylands v Fletcher* », *O.J.L.S.*, vol. 24, nº 4, p. 643-669.

responsabilité issue du risque est bien connue en droit interne[1147]. Elle est appliquée à certaines activités qui présentent un risque supérieur à la normale de causer des dommages à des tiers, mais qui sont cependant permises parce que leur utilité économique et sociale dépasse de loin les préjudices qu'elles peuvent provoquer[1148]. Cette responsabilité est justifiée par un double constat : d'abord, par l'apparition, avec l'usage des technologies modernes, de certaines activités qui ont accru de façon significative les risques de provoquer de graves dangers pour les ressources naturelles, ou qui les produisent effectivement, quelles que soient les mesures de prévention destinées à les éviter ; ensuite par le désir de rendre le contrôle sur la gestion des ressources naturelles plus effectif, notamment lorsqu'elles sont menacées par les techniques modernes d'exploitation industrielle[1149].

Sur le plan international, même si les États retiennent toujours le fait illicite comme élément fondamental de leur responsabilité, ils s'interrogent de plus en plus sur la mise en jeu d'une responsabilité

[1147] Pour une liste des pays qui adoptent un tel régime de responsabilité, voir Étude de la pratique des États concernant la responsabilité internationale pour les conséquences préjudiciables découlant d'activités qui ne sont pas interdites par le droit international du 16 octobre 1984, O.N.U., Doc. A/CN.4/384, p. 84-87. Il faut pourtant signaler que la responsabilité absolue n'est pas le seul moyen judiciaire prévu en droit interne pour obtenir réparation d'un dommage environnemental. S'il s'agit du régime de *common law*, les moyens les plus importants et les plus fréquemment invoqués de la responsabilité de droit privé sont les théories de *nuisance*, de *trespass* et de *negligence*, la célèbre règle *Rylands v. Fletcher*, et les doctrines du *public trust* et des *riparian rights*. Concernant les régimes de Droit Civil, l'obligation de réparer un dommage environnemental peut avant tout découler du *droit de voisinage*, d'une *règle spéciale* sur la responsabilité environnementale ou encore des *principes généraux régissant la responsabilité civile* (dans ce cas, le régime général de la responsabilité civile s'applique lorsque la responsabilité environnementale ne fait pas l'objet d'une loi spécifique). BERNASCONI, C., *La responsabilité civile pour dommages résultant d'une atteinte transfrontière à l'environnement : un cas pour la Conférence de La Haye ?*, La Haye, note établie par le Secrétaire au Bureau Permanent de la Conférence de la Haye de droit international privé, disponible sur <www.hcch.net/upload/wop/gen_pd8f.pdf>, consulté le 04 octobre 2011, p. 16-26.

[1148] GOLDIE, L. F. E., « Liability for Damage and the Progressive Development of International Law », *I.C.L.Q.*, vol. 14, n° 4, 1965, p. 1203.

[1149] GOTLIEB, A. & DALFEN, C., « National Jurisdiction and International Responsibility : New Canadian Approaches to International Law », *A.J.I.L.*, vol. 67, n° 2, 1973, p. 255-256.

internationale objective, parce que malgré les difficultés à la justifier sur le plan théorique, il n'est pas logique du point de vue pratique qu'un dommage soit entièrement supporté par un État, sous prétexte que celui qui l'a causé n'a enfreint aucune des obligations qui lui incombaient[1150]. S'inspirant de la doctrine d'origine américaine de l'*ultra hasardous activities* et ayant comme modèle la Convention relative aux dommages causés aux tiers à la surface par des aéronefs étrangers de 1952[1151], C. W. Jenks a pour la première fois envisagé une responsabilité absolue des États pour dommages à l'environnement : chaque État doit être responsable des dommages causés à la communauté internationale ou à d'autres États pour les activités comportant des risques exceptionnels se déroulant ou ayant leur origine à l'intérieur de leur cadre de compétence ou sous leur juridiction. Sans nier que la faute – l'acte illicite – est le fondement de la responsabilité des États, le professeur Jenks a donc proposé une responsabilité particulière pour les activités ultradangereuses, qui ne constitue qu'une exception à la règle générale[1152].

Certains auteurs vont encore plus loin en affirmant que si une telle responsabilité est commune à la plupart des systèmes juridiques nationaux développés, elle pourrait par conséquent être opposable en tant que principe général de droit[1153]. Ainsi, l'augmentation de l'adoption de la responsabilité absolue pour les activités dangereuses dans les droits nationaux pourrait être considérée comme une preuve

---

[1150] CAUBET, C. G., « Le droit international en quête d'une responsabilité pour les dommages résultant d'activités qu'il n'interdit pas », *A.F.D.I.*, vol. 29, 1983, p. 100. L'auteur ajoute qu'une responsabilité objective pour dommage à l'environnement doit exister sur le plan pratique, « *pour la simple raison qu'il n'est pas possible de nier un droit à réparation aux victimes innocentes* ». *Ibid.*, p. 109.

[1151] Selon cette convention, « *Toute personne qui subit un dommage à la surface a droit à réparation dans les conditions fixées par la présente Convention, par cela seul qu'il est établi que le dommage provient d'un aéronef en vol ou d'une personne ou d'une chose tombant de celui-ci* » (article premier) et « *L'obligation de réparer le dommage visé à l'Article premier de la présente Convention incombe à l'exploitant de l'aéronef* » (article 2).

[1152] JENKS, C. W., « Liability for ultra-hazardous activities in international law », *R.C.A.D.I.*, vol. 117, 1966, p. 108.

[1153] HANDL, G., « The Environment : International Rights and Responsibilities », in *American Society of International Law – Proceedings of the Annual Meeting*, vol. 74, April 17-19, 1980, p. 230.

de son acceptation par le droit international[1154]. En outre, à partir du moment où un dommage transfrontière accidentel n'est couvert par aucune règle de responsabilité, la seule façon de maintenir un équilibre de droits et obligations entre les États en ce qui concerne la pollution transfrontière serait l'adoption d'un tel régime de responsabilité[1155].

D'une manière générale, la doctrine utilise comme fondement de la responsabilité objective l'idée de l'égalité des États : de la même façon qu'un État doit avoir le maximum de liberté d'action au sein de son territoire, il doit respecter la souveraineté des autres États en adoptant des mesures de prévention et, en cas de dommage, de réparation, car la victime de dommages transfrontières ne doit pas supporter une telle perte[1156]. Ainsi, la création consciente d'un risque significatif pour la communauté internationale ne peut être acceptée qu'en présumant que l'État d'origine réparerait tout dommage causé, malgré ses efforts préventifs[1157]. L'idée essentielle est de faire respecter un certain équilibre d'intérêts par rapport au risque, de sorte qu'un groupe d'intérêts ne soit pas autorisé à créer un risque qui peut être coûteux pour les autres[1158]. D'un autre côté, ces « autres » ne

---

[1154] O'KEEFE, C., « Transboundary pollution and the Strict Liability Issue : The Work of the International Law Commission on the Topic of International Liability for Injurious Consequences Arising Out of Acts Not Prohibited by International Law », *D.J.I.L.P.*, vol. 18, n° 2, 1990, p. 185. Dans le même sens, BEDJAOUI, M., « Responsibility of States : Fault and Strict Liability », in BERNHARDT, R., *Encyclopaedia of Public International Law*, vol. 10, Amsterdam, North-Holland, 1987, p. 361.

[1155] HANDL, G., « State Liability for Accidental Transnational Environmental Damage by Private Persons », *A.J.I.L.*, vol. 74, n° 3, 1980, p. 559.

[1156] BARBOZA, J., « International liability for the injurious consequences of acts not prohibited by international law and protection of the environment », *R.C.A.D.I.*, vol. 247, 1994, p. 356.

[1157] HANDL, G., « Liability as an obligation established by a primary rule of international law », *N.Y.I.L.*, 1985, vol. XVI, p. 77-78. L'auteur souligne que des considérations d'équité peuvent être également utilisées comme fondement juridique de la responsabilité stricte, ainsi que le principe de bon voisinage et l'idée de solidarité internationale.

[1158] Le premier objectif poursuivi par la notion d'équilibre des intérêts « *n'est pas seulement de compenser, ni même d'éviter les pertes et les dommages : il s'agit de permettre aux États d'harmoniser leurs buts et activités, de manière que l'avantage qu'un État décide de rechercher n'impose pas à un autre de subir une perte ou un*

peuvent pas avoir une protection telle qu'elle les exonère de prendre des mesures de prévention[1159].

Même si aujourd'hui les États sont plus ouverts à l'acceptation d'une responsabilité plus stricte pour les dommages causés par certaines activités dangereuses, la définition de telles activités cause encore beaucoup d'embarras[1160]. Si dans certaines situations la nature fluide de la substance (qui ne respecte pas des frontières politiques, comme l'air et les cours d'eau) est un facteur décisif pour la détermination d'un dommage et de la responsabilité subséquente, dans d'autres activités entièrement effectuées sur le territoire d'un État, le risque devient contextuel, c'est-à-dire que la localisation de l'industrie

---

dommage ». O.N.U., Doc. A/CN.4/360, par. 24. Sur l'idée d'un équilibre d'intérêt comme fondement de la responsabilité *sine delicto*, voir le Deuxième rapport sur la responsabilité internationale pour les conséquences préjudiciables découlant d'activités qui ne sont pas interdites par le droit international, par M. Robert Q. Quentin-Baxter, O.N.U., Doc. A/CN.4/346.

1159 GOLDIE, L. F. E., « Concepts of strict and absolute liability and the ranking of liability in terms of relative exposure to risk », *N.Y.I.L.*, 1985, vol. XVI, p. 211. Outre l'idée d'équité en raison de l'égalité souveraine des États, plusieurs théories peuvent être utilisées pour appuyer l'adoption de la responsabilité objective. L. Bergkamp, par exemple, liste sept justifications : la théorie du contrôle, qui exige que la personne qui contrôle une activité doive supporter les coûts d'un dommage causé par l'activité en question ; la théorie du lien de causalité, qui détermine que le simple lien entre le préjudice et l'activité suffit pour entraîner la responsabilité ; la théorie du risque, qui énonce la responsabilisation de la personne qui a créé le risque lorsqu'il se matérialise ; l'idée de justice corrective, qui incite le pollueur à corriger les effets que son activité a causés à des victimes innocentes ; la justice distributive, qui met en œuvre la responsabilité parce que le pollueur a profité en créant le risque pour la société ; la protection de droits, qui envisage la responsabilité comme un instrument pour protéger le *statu quo* ; et enfin, une justification procédurale, simplement pour faciliter la charge de la preuve de la victime. Il est intéressant de souligner qu'après avoir analysé ces justifications, l'auteur conclut qu'aucun argument n'est persuasif et que, par conséquent, la responsabilité par faute est encore la meilleure option, sauf pour une seule exception : les activités ultradangereuses. BERGKAMP, L., *Liability and Environment : Private and Public Law Aspects of Civil Liability for Environmental Harm in an International Context*, The Hague, Kluwer Law International, 2001, p. 120-153.

1160 Voir WEISS, E. B., « Environmental disasters in international law », *Anuario Jurídico Interamericano*, 1986, p. 141-169.

et les conditions climatiques peuvent se révéler des facteurs cruciaux pour que la responsabilité – ou même le risque – soit établie[1161].

Ainsi, dans les cas où la condition contextuelle devient décisive, le critère du risque inhérent à ces activités en tant que fondement de la responsabilité objective n'est plus valide, et la justification pour imposer une responsabilité pour toute activité ultradangereuse doit être interrogée. Pour surmonter ces difficultés, certains auteurs ont justifié l'adoption de la responsabilité absolue par l'existence d'une obligation générale de ne pas causer un dommage à autrui. Autrement dit, l'existence de l'obligation de prévention de résultat serait la preuve de la reconnaissance par le droit international de la responsabilité objective des États, étant donné qu'il suffit de constater un dommage pour qu'une victime puisse demander réparation.

Dans le présent chapitre, l'on va démontrer l'erreur conceptuelle intrinsèque à une telle position. L'objectif est de montrer que s'il y a une obligation de prévention de résultat, on ne peut pas l'utiliser pour justifier la responsabilité absolue des États, car l'existence d'une obligation juridique violée est la négation même d'un tel régime de responsabilité[1162]. Ainsi, étant donné la réticence des États à reconnaître un régime général de responsabilité objective pour dommage transfrontière, la seule possibilité d'adoption de la responsabilité absolue par le droit international se fait par voie conventionnelle ; et à partir du moment où les États décident d'adopter un tel régime, il faut chercher à savoir s'il peut coexister avec l'obligation de prévention de résultat. Autrement dit, encore que la mise en œuvre d'une responsabilité objective par la simple réalisation d'un dommage transfrontière soit très attractive du point de

---

[1161] Si l'on prend comme exemple la construction d'une usine nucléaire loin de la frontière et l'installation d'une industrie alimentaire jusqu'à côté de la frontière, du point de vue du droit international et d'un possible dommage transfrontière, la deuxième situation peut poser beaucoup plus de problèmes que la première, même s'il est certain qu'un dommage causé par l'utilisation de l'énergie nucléaire sera infiniment plus préjudiciel à l'environnement et à la santé humaine. Il faut toutefois souligner que les plus dangereux sont les activités, plus de mesures préventives doivent être prises par l'État.

[1162] La responsabilité absolue part de la présomption que l'État n'a violé aucune obligation juridique, mais qu'il doit pourtant réparer tout dommage causé.

vue écologique, il faut déterminer si elle reflète effectivement la pratique internationale sur le sujet et si elle peut être justifiée par l'idée de prévention absolue (« Section I. La pratique internationale concernant la relation entre l'obligation de prévention de résultat et la responsabilité absolue des États »).

En outre, bien que l'application de la responsabilité absolue soit la réponse publique attendue lorsque la communauté internationale doit faire face aux dommages causés à l'environnement, les fondements d'une telle responsabilité demeurent un problème non résolu et il reste complexe de concilier le droit d'exercer certaines activités et le devoir de ne pas causer un dommage[1163]. Ainsi, de la même façon que l'on doit se demander si la pratique internationale reconnaît un principe général de responsabilité absolue et s'il est compatible avec l'existence d'une obligation de prévention de résultat, on doit également se demander si une telle responsabilité est vraiment nécessaire pour qu'un dommage écologique soit dûment réparé (« Section II. La reconnaissance de l'obligation de prévention de résultat et la (non) nécessité de la responsabilité absolue des États »).

Section I. La pratique internationale concernant la relation entre l'obligation de prévention de résultat et la responsabilité absolue des États

Personne ne peut nier l'importance d'un régime de responsabilité absolue pour la protection de l'environnement[1164] ; mais affirmer que la simple existence d'une obligation de ne pas causer un dommage peut justifier la reconnaissance d'une telle responsabilité est faux dans la mesure où l'application de la responsabilité objective ne se fait que

---

[1163] XUE, H., *Transboundary Damage in International Law*, Cambridge, Cambridge University Press, 2003, p. 312-315.

[1164] Selon G. Handl, conceptualiser l'obligation de réparer comme une responsabilité objective peut ne pas être politiquement acceptable, mais peut certainement être considérée comme plus utile à l'objectif de prévention des dommages transfrontières. HANDL, G., « Liability as an obligation established by a primary rule of international law », *N.Y.I.L.*, 1985, vol. XVI, p. 79.

si l'État a effectivement respecté toutes ses obligations internationales ou en l'absence totale de normes concernant le sujet en question. Or, s'il y a une obligation internationale violée, la responsabilité sera toujours pour fait illicite ! Dans un régime de responsabilité objective, on ne discute ni des efforts de l'État pour empêcher un dommage ni de la violation des obligations juridiques : il suffit de prouver le lien de causalité entre la pollution et l'activité en question pour que l'État d'origine soit obligé de réparer les effets nocifs causés.

Ainsi, on peut affirmer que l'existence d'une obligation de prévention de résultat est incompatible avec la reconnaissance d'un principe général de responsabilité absolue pour la violation de cette obligation. La seule conséquence possible du manquement à cette obligation est la mise en œuvre d'un régime traditionnel de responsabilité des États. Pour prouver cette incompatibilité, il faut analyser pourquoi le droit international ne reconnaît pas un régime de responsabilité objective en dehors du droit conventionnel, tandis qu'il reconnaît sans problème l'existence de l'obligation de prévention de résultat[1165]. Autrement dit, les motifs de la non-adoption par le droit international d'un régime général de responsabilité absolue peuvent nous aider à mieux comprendre pourquoi un tel régime ne peut pas être appliqué lorsqu'il s'agit de la violation d'une obligation internationale de ne pas causer un dommage à autrui (Paragraphe 1).

Toutefois, la responsabilité objective présente aussi des avantages. Outre la protection de la victime et la certitude de la réparation, la responsabilité stricte peut avoir également un effet dissuasif, pour autant qu'elle motive les opérateurs à adopter des mesures de diligence pour réduire les risques liés à son activité[1166]. Une fois que la connaissance par l'État des dangers transnationaux qu'il a créé est présumée et qu'il est certain qu'il sera responsable en cas de préjudice, il sera amené à prendre toutes mesures de sécurité possibles pour prévenir la pollution transfrontière, notamment lorsqu'il s'agit

---

[1165] Pour une analyse sur l'existence d'une obligation coutumière de prévention de résultat, voir la Section II du présent chapitre.

[1166] CALABRESI, G., « Optimal Deterrence and Accidents : To Fleming James, Jr. », *Yale L.J.*, vol. 84, 1975, p. 666-667. Voir également CALABRESI, G., « Towards a Test for Strict Liability in Torts », *Yale L.J.*, vol. 81, 1972, p. 1055-1085.

d'une activité ultradangereuse[1167]. De cette façon, on constate que l'objectif d'interdire la survenance d'un dommage est présent tant dans les régimes de responsabilité absolue que dans les obligations de prévention de résultat. Même si les États sont toujours réticents à l'idée d'une responsabilité objective comme un principe général de droit international et même si les travaux de la Commission du droit international sur la responsabilité pour les conséquences préjudiciables découlant d'activités qui ne sont pas interdites par le droit international démontrent bien les obstacles à sa reconnaissance, certaines activités à risque demandent une responsabilité plus sévère. En réponse à ces besoins, les États ont adopté des règles primaires de réparation des dommages écologiques, affirmant donc l'existence – conventionnelle – de la responsabilité absolue de l'État (Paragraphe 2).

Paragraphe 1. L'incompatibilité entre l'obligation de prévention de résultat et la responsabilité absolue des États

Tout d'abord, il faut souligner que l'objectif ici est de démontrer non seulement l'impossibilité d'utiliser la violation de l'obligation de prévention de résultat pour justifier l'adoption d'un régime de responsabilité absolue, mais également l'inexistence d'un tel régime en dehors du droit conventionnel. En fait, à partir de l'analyse de la pratique internationale ainsi que des travaux de la Commission du droit international sur la responsabilité internationale pour les conséquences préjudiciables découlant d'activités qui ne sont pas interdites par le droit international, on peut clairement vérifier que le droit international actuel ne reconnaît pas la responsabilité absolue comme un principe général de droit ou même comme une règle du

---

[1167] Néanmoins, L. Bergkamp souligne que l'effet de dissuasion est mineur, car presque toutes les activités dangereuses sont déjà réglementées et, en outre, l'occurrence de dommages à l'environnement est, dans la plupart des cas, incertain. BERGKAMP, L., *Liability and Environment : Private and Public Law Aspects of Civil Liability for Environmental Harm in an International Context*, The Hague, Kluwer Law International, 2001, p. 90 et 94.

droit coutumier. À notre avis, analyser la « négation » de la responsabilité absolue par la pratique internationale équivaut, d'une certaine manière, à prouver l'impossibilité théorique d'utiliser l'obligation de prévention de résultat comme son élément constitutif ou son fait générateur.

Ainsi, bien que la responsabilité pour fait illicite soit clairement insuffisante par rapport aux activités à risque développées par les États, il paraît impossible de soutenir qu'il existe actuellement un principe général de droit instaurant une obligation primaire de réparation à la charge des États, que ce soit d'une manière générale pour n'importe quelle action préjudicielle ou plus précisément pour les activités ultradangereuses, dont les arguments en faveur d'une responsabilité plus stricte sont beaucoup plus convaincants[1168]. Et s'il est vrai que le droit national de plusieurs pays a déjà dissocié la responsabilité du fait illicite relativement à certains préjudices écologiques – notamment ceux causés par des activités ultradangereuses –, les gouvernements ne sont pas prêts à faire de ce mécanisme un principe général applicable à la responsabilité internationale[1169].

L'Organisation de coopération et de développement économiques a déjà eu l'occasion de souligner que malgré l'adoption par plusieurs États de la responsabilité objective dans leurs droits internes, l'occurrence d'un dommage transfrontière ne donne naissance à la responsabilité d'État que s'il est causé par une violation d'une obligation juridique internationale[1170]. Pour qu'il y ait un principe général de responsabilité stricte des États, ou une règle coutumière, il faut qu'il y ait une pratique internationale uniforme prouvant la conviction partagée par les États quant à l'effectivité de l'obligation

---

1168 DUPUY, P.-M., *Droit international public*, Paris, Dalloz, 2008, p. 507. Voir également FITZMAURICE, M., « International Protection of the Environment », *R.C.A.D.I.*, vol. 293, 2001, p. 225.

1169 SCHACHTER, O., *International Law in Theory and Practice*, Dordrecht, Martinus Nijhoff Publishers, 1991, p. 378.

1170 Rapport du Comité de l'environnement du Conseil de l'O.C.D.E., *Responsibility and Liability in Relation to Transfrontier Pollution*, Paris, O.C.D.E., 1984, p. 7.

en question. Or, de l'analyse de la pratique existante, il en ressort justement le contraire ![1171]

Dans l'*affaire du lac Lanoux*, par exemple, le tribunal a brièvement abordé la question des activités dangereuses, en indiquant que le gouvernement espagnol n'avait pas « *affirmé clairement que les ouvrages prévus entraîneraient un risque anormal dans les relations de voisinage ou dans l'utilisation des eaux* ». Il s'est placé sur un autre terrain, déclarant que le projet, pour son exécution, requérait l'accord préalable des deux gouvernements[1172]. Selon la Commission du droit international, ce passage peut être interprété comme signifiant que le tribunal était d'avis que des activités ultradangereuses constituent une situation spéciale et que, si l'Espagne avait établi que le projet français entraînerait pour elle un risque anormal de dommages transfrontières, la décision du tribunal aurait pu être différente[1173]. Mais cela reste dans le domaine de l'incertitude, car aucune décision n'a été prise en ce sens.

Concernant les différends présentés devant la Cour internationale de Justice, dans l'*affaire relative au Projet Gabcikovo-Nagymaros*, même si l'on a soutenu que l'obligation de ne pas causer de dommages substantiels au territoire d'un autre État « *était devenue avec le temps... une obligation* erga omnes *de prévention des dommages conformément au 'principe de précaution'* », tant le gouvernement de la Hongrie que celui de la Slovaquie ont suggéré que l'existence d'une obligation générale de prévention de dommages transfrontières ne suffisait pas à fonder une demande de responsabilité *sine delicto*[1174]. Les deux pays ont donc fondé leurs demandes sur la violation d'une obligation internationale.

Dans l'*affaire des Essais nucléaires*, l'expression d'une opinion concordante sur l'incompétence de la Cour pour connaître de l'affaire n'a pas empêché le juge Ignacio-Pinto d'indiquer que le risque de

---

[1171] BARBOZA, J., « La responsabilité 'causale' à la Commission du Droit international », *A.F.D.I.*, vol. 34, 1988, p. 515.
[1172] *Affaire du lac Lanoux (Espagne, France),* 16 novembre 1957, *Recueil des sentences arbitrales*, vol. XII, p. 23-24.
[1173] *Annuaire... 1996*, vol. II, Deuxième partie, p. 123.
[1174] *C.I.J. Recueil 1997*, p. 62, par. 97

radiations atomiques ne suffit pas pour constituer la justification d'un droit supérieur qui s'impose à tous les États et limite leur souveraineté en matière d'essais nucléaires dans l'atmosphère et que le désir de ceux qui sont en faveur d'une responsabilité absolue pour dommage écologique « *ne saurait être pris en considération pour modifier l'état actuel du droit* »[1175].

Si on regarde les accidents environnementaux les plus graves de l'Histoire, dans aucun cas la responsabilité absolue de l'État n'a été reconnue comme un principe général de droit ou comme une règle coutumière[1176]. En réalité, il est très rare qu'un État victime se soit appuyé sur cette théorie dans ses réclamations, et même lorsqu'une réparation a eu lieu, les tribunaux ne l'ont pas utilisée pour justifier leurs décisions. Comme la Commission avait conclu après avoir passé en revue un certain nombre d'incidents au cours desquels des États, sans admettre aucune responsabilité, ont malgré tout versé une indemnisation aux victimes de dommages transfrontières significatifs, « *la tendance à réclamer une indemnisation est d'ordre pragmatique, au lieu d'être fondée sur une théorie cohérente de la responsabilité* »[1177]. Ainsi, dans aucun de ces accidents – *Torrey Canyon*, Seveso, *Amoco Cadiz* et Bhopal –, l'État n'a assuré la réparation aux victimes, même partiellement. Les indemnisations ont toutes été acquises par des voies et des fonds privés[1178]. Et les

---

1175 Voir C.I.J., *Affaire des essais nucléaires (Australie c. France)*, mesures conservatoires, ordonnance du 22 juin 1973, *Recueil 1973*, p. 132. En outre, le juge ajoute qu'« *adopter la thèse de la demande de l'Australie nous amènerait à une nouvelle conception en droit international, qui consisterait à interdire aux États l'exercice dans le cadre de leur souveraineté territoriale de toute activité créatrice de risque ; mais cela aboutirait à l'octroi du droit à tout État d'intervenir à titre préventif dans les affaires nationales des autres États.* » *Ibid.*

1176 On peut citer comme exemple les accidents du *Torrey Canyon* en 1967, de Seveso en 1976, de l'*Amoco Cadiz* en 1978, de Bhopal en 1984, de Sandoz e de Tchernobyl en 1986, de l'*Exxon Valdez* en 1989, du *Prestige* en 2002, et sur la plateforme pétrolière *Deepwater Horizon* en 2010.

1177 *Annuaire... 1996*, vol. II, Deuxième partie, p. 126.

1178 DUPUY, P.-M., « L'État et la réparation des dommages catastrophiques », in FRANCIONI, F. & SCOVAZZI, T. (ed.), *International Responsibility for Environmental Harm*, London/Dordrecht/Boston, Graham & Trotman/Martinus Nijhoff, 1991, p. 128. Voir également SCOVAZZI, T., « Industrial Accidents and the Veil of Transnational Corporations », in FRANCIONI, F. & SCOVAZZI, T.

accidents industriels de Tchernobyl et Sandoz nous ont indiqué que s'il existe un consensus au sein de la communauté internationale, c'est bien pour ne pas affirmer l'existence d'une responsabilité absolue dans de tels cas ; bien pire, c'est même pour s'abstenir d'invoquer tout type de responsabilité d'État[1179].

En dehors de quelques situations spécifiques[1180], un grand nombre de traités portant sur les dommages transfrontières causés à l'environnement n'ont pas encore réussi, jusqu'à présent, à mettre en place un régime précis de responsabilité pour dommage au milieu naturel, et se limitent à mentionner la nécessité d'établir un tel régime par des protocoles appropriés. Selon P. S. Rao, même si certains pays semblent favorables à l'adoption d'une responsabilité plus stricte pour dommage à l'environnement, l'orientation générale est encore hostile à toute formulation d'une notion de responsabilité absolue, bien que celle-ci soit jugée comme étant mieux adaptée aux problèmes de pollution transfrontière[1181].

Lors de ses travaux sur la responsabilité des États, la Commission du droit international s'est aperçue qu'il fallait créer également un régime de responsabilité pour régler, sans recourir à l'interdiction, l'exercice de toute activité perçue comme comportant des dangers importants, actuels ou éventuels, et ayant des effets transnationaux[1182].

(ed.), *International Responsibility for Environmental Harm*, London/Dordrecht/Boston, Graham & Trotman/Martinus Nijhoff, 1991, p. 395-427.

1179 DUPUY, P.-M., « Le rôle de l'État dans l'indemnisation des dommages catastrophiques internationaux ? », in *La réparation des dommages catastrophiques. Les risques technologiques majeurs en droit international et en droit communautaire*, Faculté de droit de l'Université catholique de Louvain, Bruylant, 1990, p. 232.

1180 Même si les gouvernements se sont montrés fort prudents, ils ont conclu quelques accords multilatéraux prévoyant les principes de la responsabilité et de l'indemnisation à propos d'activités particulières. TAYLOR, P., *An Ecological Approach to International Law : Responding to Challenges of Climate Change*, London, Routledge, 1998, p. 152.

1181 Deuxième rapport sur la responsabilité internationale pour les conséquences préjudiciables découlant d'activités qui ne sont pas interdites par le droit international (prévention des dommages transfrontières résultant d'activités dangereuses), O.N.U., Doc. A/CN.4/501, p. 23.

1182 Le premier rapporteur spécial chargé de la question de la responsabilité des États – M. Roberto Ago – a délimité son sujet d'étude en soulignant qu'il se bornerait à

Ainsi, consciente de la nécessité de concilier la plus grande liberté d'action possible et le respect des droits des autres États, et se fondant sur la « *crainte justifiée qu'un usage indiscipliné de la puissance industrielle et technique n'entraîne la perte de l'humanité* »[1183], la Commission a commencé à travailler sur un projet de responsabilité dont la réparation était envisagée comme une règle primaire[1184]. Dès le début, les débats de la Commission et ceux de la Sixième Commission des Nations Unies ont pourtant indiqué que la pratique internationale ne semble pas admettre une responsabilité sans faute sauf en vertu de régimes conventionnels particuliers « *et que toute tentative d'en généraliser l'application se heurterait à une résistance contre ce qui serait considéré comme une atteinte injustifiée à la liberté d'action des États souverains* »[1185].

De cette façon, tant Robert Q. Quentin-Baxter que Julio Barboza – les deux rapporteurs spéciaux sur le sujet – se sont rendu compte que les réactions des États et de la doctrine à l'idée de responsabilité pour risque confirmaient l'impossibilité de travailler en suivant une telle approche[1186]. Conformément à la position initialement adoptée par

---

traiter des conséquences des faits internationalement illicites, sans préjuger en rien de l'établissement ou du contenu d'un régime distinct qui aurait trait à la responsabilité internationale pour les conséquences préjudiciables d'activités non interdites par le droit international. Selon lui, il n'y avait pas d'inconvénient à ce que la Commission étudie aussi la responsabilité fondée sur les risques de dommages que présentent certaines activités licites, mais il fallait que cette question soit distincte de celle de la responsabilité pour fait illicite et que les deux études devraient donc être menées séparément et par deux rapporteurs spéciaux différents. *Annuaire... 1973*, vol. I, p. 15.

[1183] O.N.U., Doc. A/CN.4/334, par. 9.

[1184] Selon R. Q. Quentin-Baxter, le premier rapporteur spécial sur le sujet, « *si des États créent des risques – ou ne font rien pour en empêcher la création, soit sur le territoire national, soit, de la part d'entreprises nationales, au-delà des limites de leur territoire –, ces États doivent-ils en principe supporter le risque créé, ou bien le droit international laisse-t-il les autres États sans recours devant les actes préjudiciables d'un étranger, comme ils le sont devant les phénomènes naturels ?* » *Annuaire... 1980*, vol. II, Première partie, p. 248.

[1185] *Annuaire... 1982*, vol. II, Première partie, p. 63.

[1186] Selon M. Koskenniemi, par exemple, la séparation de la responsabilité absolue de la responsabilité internationale pour fait illicite par la C.D.I. en 1980 « *a peut-être ajouté du chaos à la confusion* ». KOSKENNIEMI, M., « Breach of treaty or Non-Compliance ? Reflections on the enforcement of the Montreal Protocol », *Y.I.E.L.*,

Quentin-Baxter d'orienter ses travaux vers l'adoption d'un projet d'articles énonçant des règles précises de prévention et de coopération plutôt que de traiter directement le sujet de la responsabilité absolue, J. Barboza a suivi cette approche et l'Assemblée générale a approuvé tacitement les travaux réalisés[1187]. L'idée était donc d'accorder une place privilégiée à l'obligation d'éviter, aussi souvent que possible, la survenance des dommages, plutôt qu'à l'obligation secondaire de fournir réparation du dommage effectivement causé. Ainsi, la Commission a décidé de poursuivre ses travaux sur la responsabilité stricte en examinant d'abord la question de la prévention de dommages transfrontières résultant d'activités dangereuses[1188].

D'une certaine façon, on peut dire que la Commission a fini par renoncer à la question de la responsabilité absolue des États, étant donné qu'après la réorientation de ses travaux vers l'adoption d'un projet de règles primaires sur la prévention des dommages transfrontières, elle a ensuite adopté un projet de principes sur la répartition des pertes en cas de dommage transfrontière découlant d'activités dangereuses qui se contente de rappeler en préambule que la responsabilité des États est engagée en cas de manquement à leurs obligations de prévention[1189].

Si la Commission n'a pas nié expressément la possibilité d'adoption d'une responsabilité *sine delicto* dans le futur, ses travaux sur le sujet nous montrent bien les obstacles à l'acceptation par les États d'un tel régime de responsabilité à l'heure actuelle[1190]. Il est donc compréhensible que la Commission ait hésité à adopter un projet sur la responsabilité internationale objective. Selon P. S. Rao, cela

---

vol. 3, 1992, p. 127. Voir également BROWNLIE, I., *System of the Law of Nations : State Responsibility Part I*, Oxford, Oxford University Press, 1983, p. 50.

[1187] *Annuaire… 1984*, vol. II, Deuxième partie, p. 79, par. 235.

[1188] Pour un compte rendu de l'histoire des travaux de la Commission sur le sujet de la responsabilité *sine delicto* de 1978 jusqu'à l'adoption du projet d'articles sur la prévention, voir *Annuaire... 2001*, vol. II, Deuxième partie, p. 393-398.

[1189] KERBRAT, Y., « Le droit international face au défi de la réparation des dommages à l'environnement », in S.F.D.I. (org.), *Colloque d'Aix-en-Provence : Le droit international face aux enjeux environnementaux*, Paris, Pedone, 2010, p. 126.

[1190] Pour une analyse des positions des États, voir LEFEBER, R., *Transboundary Environmental Interference and the Origin of State Liability*, The Hague, Kluwer Law International, 1996, p. 178-179.

s'explique par le fait que « *dans la pratique internationale, entre États, cette forme de responsabilité n'est pas acceptée pour des activités auxquelles il est considéré comme licite pour les États de se livrer dans leur juridiction et dans l'exercice de leurs droits souverains.* »[1191]

En raison de l'émergence de nouvelles formes de dommages engendrées par la technique, il est évident que le régime de responsabilité internationale existante doit évoluer pour faire face à ces nouveaux défis de protection de l'environnement. Il y a bien une place en droit international pour une responsabilité internationale objective, à partir du moment où elle est le seul régime qui peut garantir l'indemnisation des dommages d'origine technologique et industrielle en n'importe quelle situation. Mais s'il s'avère difficile, sinon impossible, de faire de la responsabilité sans faute pour tout dommage transfrontière causé par les activités licites menées sous le contrôle d'un État une règle d'application générale[1192], une telle responsabilité peut bien s'inscrire dans la conclusion d'accords spéciaux, demeurant l'exception à la règle générale de responsabilité pour fait illicite, appliquée en cas de violation de l'obligation de prévention[1193].

Paragraphe 2. La coexistence entre l'obligation de prévention de résultat et la responsabilité absolue des États

Suivant la logique du droit de la responsabilité des États tel que reconnu par la Commission du droit international dans son projet d'articles, la pratique internationale semble confirmer l'exception de diligence due lorsqu'un dommage écologique transfrontière s'est produit. Ainsi, d'une manière générale, s'il n'y a pas une obligation conventionnelle de prévention de résultat, il suffit à l'État d'origine du

---

[1191] O.N.U., Doc. A/CN.4/531, par. 22.
[1192] *Annuaire... 1996*, vol. II, Deuxième partie, p. 121.
[1193] DUPUY, P.-M., *La responsabilité internationale des États pour les dommages d'origine technologique et industrielle*, Paris, Pedone, 1976, p. 41 et 257.

préjudice de prouver qu'il a adopté toutes les mesures de diligence requises pour échapper à sa responsabilité, n'ayant violé aucune règle juridique internationale. Les efforts de la victime vont toujours dans le sens de démontrer le manquement de l'État d'origine à ses devoirs de contrôle des activités sous sa juridiction, ce qui n'est pas toujours évident[1194]. En revanche, si on part de la perspective de la responsabilité absolue, cela présente l'avantage pour la victime de pouvoir demander la compensation de la perte subie sans qu'il soit nécessaire de prouver que la perte résulte d'un comportement illicite ou illégal.

Le régime de responsabilité *sine delicto* est par conséquent totalement orienté vers la victime, ayant comme objectif principal la réparation intégrale du dommage dès qu'il s'est produit[1195]. Étant donné que les obligations conventionnelles de prévention ne sont pas très précises et qu'il est souvent difficile de prouver que le niveau de diligence adopté par l'État n'était pas celui requis par ses engagements internationaux, la responsabilité absolue est certainement la plus indiquée pour une protection effective de l'environnement et pour un dédommagement certain en cas de pollution[1196]. On a pourtant constaté que la communauté internationale n'accepte pas une telle responsabilité de l'État en dehors des régimes conventionnels. Ainsi, comme la responsabilité stricte n'est pas mise en œuvre automatiquement en tant que conséquence juridique de la survenance d'un dommage, nécessitant un accord spécial pour être appliquée, ses obligations de réparation sont toujours des règles primaires[1197].

[1194] PACHE, P., *La distinction des obligations de moyens et des obligations de résultat en droit français et son application en droit suisse*, Lausanne, Imprimerie J. Bron, 1956, p. 36.

[1195] GOTLIEB, A. & DALFEN, C., « National Jurisdiction and International Responsibility : New Canadian Approaches to International Law », *A.J.I.L.*, vol. 67, n° 2, 1973, p. 241.

[1196] JABBARI-GHARABAGH, M., « Type of State Responsibility for Environmental Matters in International Law », *R.J.T.*, vol. 33, 1999, p. 59-121, p.104.

[1197] GRAEFRATH, B., « Responsibility and damages caused : relationship between responsibility and damages », *R.C.A.D.I.*, vol. 185, 1984, p. 106.

Cette nature de la responsabilité objective a été soulignée lors des travaux de la Commission du droit international sur le sujet par Nikolai Uchakov, qui a fait observer « *qu'il existe deux catégories de dédommagement : le dédommagement en tant que conséquence de la responsabilité internationale et le dédommagement en tant que conséquence d'une règle primaire* »[1198]. Ainsi, dans le cas d'un régime conventionnel de responsabilité absolue, si un État ne verse pas la réparation due, il enfreint l'obligation qui lui incombe, engageant ainsi sa responsabilité internationale pour fait illicite. Il ressort de cela que la responsabilité absolue ne porte pas atteinte à l'universalité du régime traditionnel de responsabilité des États, car les deux régimes se situent sur des plans différents[1199]. La différence porte sur la nature de ses effets, une fois que dans la responsabilité classique la réparation est la conséquence du non-respect d'une règle primaire et dans la responsabilité absolue la réparation est la règle primaire même, dont sa violation peut entrainer l'application [des règles secondaires] de la responsabilité internationale pour fait illicite. Autrement dit, l'adoption d'un régime de responsabilité absolue peut parfaitement coexister avec la reconnaissance d'une règle primaire de prévention de résultat, dont la violation sera réglée par le régime traditionnel de responsabilité internationale pour fait illicite.

Même si la responsabilité *sine delicto* et les régimes prévoyant des obligations de prévention de résultat ont les mêmes objectifs de protection du milieu naturel, ils sont pourtant très différents. Leur différence réside notamment dans la preuve du fait générateur de responsabilité : dans le cas de l'obligation de résultat, à partir du moment où il s'agit d'une responsabilité classique pour fait illicite, la victime doit prouver non seulement le préjudice transfrontière subi, mais également l'existence d'une obligation internationale énonçant l'interdiction de causer un tel dommage ; dans le cas de la responsabilité absolue, le rôle de la victime est d'une certaine façon

---

1198 *Annuaire... 1977*, vol. I, p. 280.

1199 Voir le rapport préliminaire sur la responsabilité internationale pour les conséquences préjudiciables découlant d'activités qui ne sont pas interdites par le droit international, par Robert Q. Quentin-Baxter, O.N.U., Doc. A/CN.4/334, par. 21.

facilité, étant donné qu'elle ne doit prouver que les pertes subies, même en l'absence totale de règles engageant l'État d'origine.

Il ressort de cela que même si l'idée d'interdiction des dommages est identique dans les deux instruments juridiques, les moyens pour y arriver sont complètement différents : la responsabilité absolue part de la présomption que l'État pollueur n'a violé aucune règle de droit, mais qu'il doit pourtant réparer un préjudice causé. De son côté, l'obligation de prévention de résultat interdit simplement le dommage à l'environnement, et dans la mesure où il survient, on se trouve dans une situation d'illégalité qui doit évidemment être réparée. Ainsi, la responsabilité absolue n'est envisagée qu'après la survenance d'un dommage, instituant donc une obligation primaire de réparation. En revanche, l'objectif et la raison d'être de l'obligation de prévention de résultat est d'éviter un préjudice écologique et, si l'État viole son devoir de ne pas causer un dommage à l'environnement, les règles secondaires de réparation seront appliquées, dans un régime de responsabilité internationale pour fait illicite.

En analysant le droit conventionnel, le seul régime de responsabilité objective de l'État trouvé est celui établi par la Convention sur la responsabilité internationale pour les dommages causés par des objets spatiaux de 1972[1200]. En réalité, la Convention adopte deux régimes distincts : le premier concerne les dommages causés ailleurs qu'à la surface de la Terre, à un objet spatial ou à des personnes ou à des biens se trouvant à bord d'un tel objet spatial appartenant à autrui. Dans cette situation, la responsabilité de l'État de

---

[1200] BOISSON DE CHAZOURNES, L. ; DESGAGNE, R. ; MBENGUE, M. M. & ROMANO, C., *Protection internationale de l'environnement,* Paris, Pedone, 2005, p. 672. Même s'il ne s'agit pas de la responsabilité absolue, une fois que la preuve d'une action déraisonnable ou arbitraire se fait toujours présente, dans certaines de ses dispositions, la Convention des Nations Unies sur le droit de la mer de 1982 adopte une position plus stricte que la responsabilité classique, mais moins sévère qu'une responsabilité *sine delicto*. Voir l'article 106, l'article 110, §3, l'article 111, §8, et l'article 232, qui détermine que les États sont responsables pour les dommages causés à la suite de mesures prises contre la pollution, lorsque ces mesures « *vont au-delà de celles qui sont raisonnablement nécessaires, eu égard aux renseignements disponibles* ».

lancement[1201] ne sera engagée qu'en cas de manquement de sa part ou de la part des personnes dont il doit répondre[1202]. Il s'agit donc du cas classique de responsabilité internationale pour fait illicite, c'est-à-dire pour manquement à son devoir de diligence.

Par ailleurs, la responsabilité objective de l'État lanceur d'un objet spatial est admise pour les dommages causés à la surface de la Terre. Ainsi, la Convention énonce qu'« *un État de lancement a la responsabilité absolue de verser réparation pour le dommage causé par son objet spatial à la surface de la Terre ou aux aéronefs en vol* »[1203]. Une évolution très importante s'est ainsi opérée dans le droit de la responsabilité des États, bien que concernant exclusivement le dommage environnemental causé par un objet spatial[1204]. Outre le fait que la responsabilité peut être appliquée indépendamment de la preuve d'un manquement à une obligation internationale, le sujet sur lequel pèse la responsabilité n'est plus l'exploitant, mais l'État lui-même. Dans cette convention on ne trouve pas la réglementation d'une responsabilité de droit international privé, ou de droit civil interne de chaque État, mais un régime de droit international public, dans lequel le pouvoir d'action est réservé à l'État qui subit le dommage. Il s'agit maintenant d'un contentieux d'État à État,

---

1201 Selon l'article I de la Convention, l'expression 'État de lancement' désigne « *i) Un État qui procède ou fait procéder au lancement d'un objet spatial ; ii) Un État dont le territoire ou les installations servent au lancement d'un objet spatial* ».

1202 Article III de la Convention.

1203 Article II de la Convention.

1204 Même si nous ne sommes pas d'accord, P.-M. Dupuy fait remarquer que cette convention « *ne repose pas en réalité sur un fondement purement et strictement objectif mais plutôt sur une présomption irréfragable de diligence de l'État de lancement, afin d'éviter à sa victime d'avoir à rapporter la preuve de sa négligence* ». Selon l'auteur, lorsque les dommages ne sont plus causés au sol, la faute reparaît, « *parce qu'il s'agit ici d'établir non plus une garantie absolue des tiers mais un partage de responsabilité entre deux États se livrant aux activités spatiales* ». DUPUY, P.-M., « Le fait générateur de la responsabilité internationale des États », *R.C.A.D.I.*, vol. 188, 1984, p. 86-87. Or, même si on considère que son fondement est une « *présomption irréfragable de diligence* », la responsabilité est canalisée vers l'État, et la victime ne doit faire preuve que du préjudice subi pour avoir une compensation. Si l'on adopte cette approche, on peut soutenir que toute responsabilité objective part de cette présomption, une fois qu'elle n'est appliquée que par des activités ultradangereuses qui exigent de l'État des obligations évidemment plus strictes de diligence et contrôle !

totalement orienté vers la victime[1205]. Selon T. Ballarino, « *il y a donc un passage du système de la* civil law liability *au système de la* State liability »[1206].

À cause de ces originalités remarquables, le système de responsabilité pour dommages causés par une activité spatiale est unique : un État peut voir sa responsabilité internationale engagée même en conséquence des comportements d'individus ou d'entités privées soumis à sa juridiction ou à son contrôle et qui ne font pas partie de sa structure de puissance publique. Lorsque le risque s'est accidentellement traduit en dommage réel pour un État tiers parfaitement étranger à l'activité en question, cet État aura la certitude d'obtenir un dédommagement sur la base d'un régime de responsabilité qui ne se fonde pas sur la preuve d'un fait illicite ou d'une action ou d'un fait de l'État[1207]. L'objectif est de convaincre les États de contrôler d'une manière plus rigoureuse leurs propres activités ou de tenir sous strict contrôle tous ceux qui s'adonnent à des activités spatiales, sachant en assumer et en supporter toutes les conséquences au plan international.

En effet, selon certains auteurs, le régime établi par la Convention de 1972 a été élaboré et adopté en présumant que toutes les activités futures dans l'espace seraient le fait d'États, tenus d'assumer la responsabilité absolue pour les dommages transfrontières causés[1208]. En conséquence, il fallait garantir à tout État victime d'un dommage la certitude d'en obtenir la réparation, sans la nécessité de démontrer que

---

1205 Conformément à l'article IX de la Convention, « *La demande en réparation est présentée à l'État de lancement par la voie diplomatique. Tout État qui n'entretient pas de relations diplomatiques avec cet État de lancement peut prier un État tiers de présenter sa demande et de représenter de toute autre manière ses intérêts en vertu de la présente Convention auprès de cet État de lancement. Il peut également présenter sa demande par l'intermédiaire du Secrétaire général de l'Organisation des Nations Unies, à condition que l'État demandeur et l'État de lancement soient l'un et l'autre Membres de l'Organisation des Nations Unies*. »

1206 BALLARINO, T., « Questions de droit international privé et dommages catastrophiques », *R.C.A.D.I.*, vol. 220, 1990, p. 336-338.

1207 CONDORELLI, L., « L'imputation à l'état d'un fait internationalement illicite : solutions classiques et nouvelles tendances », *R.C.A.D.I.*, vol. 189, 1984, p. 26-27 et 119-120.

1208 Voir *Annuaire... 1991*, vol. I, p. 132.

la perte a représenté la conséquence d'un fait illicite imputable à un autre État et en simplifiant au maximum l'identification du responsable de la réparation[1209]. La Convention prévoit même la responsabilité solidaire dans certaines situations, et « *s'il est impossible d'établir dans quelle mesure chacun de ces États était en faute, la charge de la réparation est répartie entre eux de manière égale* »[1210].

La nature du sujet en cause et le contexte politique ont joué un rôle déterminant dans l'adoption de la Convention. À partir du moment où l'utilisation de l'espace n'affectait pas les objectifs économiques des États à l'époque, mais plutôt ses objectifs militaires et de sécurité, les questions économiques ont joué un rôle mineur dans les négociations du traité. Ainsi, au contraire d'autres conventions qui prévoient la canalisation de la responsabilité vers l'exploitant et surtout un plafond d'indemnisation, la Convention des objets spatiaux est tout à fait unique, car influencée par des intérêts militaires et de sécurité. Les questions de souveraineté d'État jouent ici un rôle très important, et pour cela le régime adopté établit une relation exclusivement entre États, excluant expressément toute participation d'entités privées[1211].

1209 CONDORELLI, L., « La réparation des dommages catastrophiques causés par les activités spatiales », in *La réparation des dommages catastrophiques. Les risques technologiques majeurs en droit international et en droit communautaire*, Faculté de droit de l'Université catholique de Louvain, Bruylant, 1990, p. 265.

1210 Article IV de la Convention, appliqué en cas de dommage causé à un objet spatial ailleurs qu'à la surface de la Terre, par un objet spatial d'un autre État de lancement, et en cas de dommage causé de ce fait à un État tiers. Dans ce cas, les deux premiers États sont solidairement responsables. Voir également l'article V, qui énonce ce qui suit : « *Lorsque deux ou plusieurs États procèdent en commun au lancement d'un objet spatial, ils sont solidairement responsables de tout dommage qui peut en résulter.* »

1211 DOEKER, G. & GEHRING, T., « Private or International Liability for Transnational Environmental Damage : The Precedent of Conventional Liability Regimes », *J.E.L.*, vol. 2, n° 1, 1990, p. 14-16. Selon les auteurs, dans les domaines où les questions économiques prédominent, les États favorisent l'adoption des régimes privés de responsabilité, tels que ceux concernant le transport, l'énergie nucléaire, l'exploitation d'hydrocarbures, *etc*. Par conséquent, les conventions adoptées dans les dernières années ne contiennent pas des régimes de responsabilité internationale, mais des régimes de responsabilité privée réglés dans le domaine international.

Malgré la certitude de la réparation du dommage causé, la convention n'est pas exempte de toute critique. Outre le fait qu'elle intervient toujours *a posteriori*[1212], la responsabilité absolue a un champ d'application très étroit, car la Convention adopte une notion de dommage assez restreinte : « *le terme 'dommage' désigne la perte de vies humaines, les lésions corporelles ou autres atteintes à, la santé, ou la perte de biens d'État ou de personnes, physiques ou morales, ou de biens d'organisations internationales intergouvernementales, ou les dommages causés auxdits biens* »[1213]. De cette façon, on constate qu'elle ne prend en compte ni la possibilité de dommages causés à la Lune et aux autres corps célestes ni l'éventualité d'une pollution de l'espace extra-atmosphérique[1214]. En outre, ce concept de dommage environnemental est le plus étroit de toutes les conventions qui ont recours à une telle notion, étant donné que l'expression ici adoptée ne comprend – du moins pas expressément – ni les coûts des mesures nécessaires pour faire face à la pollution, ni le coût des mesures de restauration de l'environnement endommagé effectivement prises, et surtout pas la notion de dommage écologique pur[1215].

Cette faiblesse de la notion a été mise en évidence lors de l'accident du *Cosmos 954*, pour lequel le gouvernement du Canada ne s'est pas appuyé sur la notion de dommage énoncée dans l'article I, a, de la Convention, mais sur l'obligation de réparation de nature à rétablir « *la situation qui aurait existé si le dommage ne s'était pas*

[1212] Même si la simple adoption d'un tel système de responsabilité a déjà une nature dissuasive, L. Condorelli critique le caractère « *attentiste* » du régime établi, relevant l'existence des lacunes en matière de prévention de risques, notamment l'absence de règles et mesures de sécurité et de procédures internationales de contrôle. CONDORELLI, L., « La réparation des dommages catastrophiques causés par les activités spatiales », in *La réparation des dommages catastrophiques. Les risques technologiques majeurs en droit international et en droit communautaire*, Faculté de droit de l'Université catholique de Louvain, Bruylant, 1990, p. 288-289.

[1213] Article I, a, de la Convention.

[1214] CHRISTOL, C. Q., « International Liability for Damage Caused by Space Objects », *A.J.I.L.*, vol. 74, n° 2, 1980, p. 355 et 368.

[1215] Voir le Titre I de la présente Partie, notamment la « Section I – Le dommage à l'environnement traditionnel ».

produit »[1216]. De toute façon, aucun dommage à l'environnement canadien n'a été constaté[1217] et l'affaire a été résolue par le versement de la moitié du montant de l'indemnisation demandé à titre de remboursement des frais de recherches et de nettoyage entrepris par le gouvernement canadien[1218].

Enfin, si l'absence d'une obligation précise de prévention et la notion stricte du dommage peuvent être critiquées, la Convention marque des progrès remarquables par rapport à d'autres conventions fixant des régimes de responsabilité pour dommage à l'environnement. D'abord, elle ne limite pas la responsabilité de l'État par la fixation d'un plafond d'indemnisation[1219]. Deuxièmement, elle n'exige pas l'épuisement préalable des recours internes pour qu'une demande en réparation soit présentée à l'État de lancement[1220]. En dernier lieu, ses clauses d'exonération de responsabilité sont très limitées : outre l'absence totale de distinction entre les objets militaires et civils, aucune exonération n'est admise si l'État de lancement n'a pas agi conformément au droit international, en particulier conformément aux principes régissant les activités des États en matière d'exploration et d'utilisation de l'espace extra-atmosphérique ; et la seule cause d'exonération admise concerne la preuve par l'État de lancement que le dommage « *résulte, en totalité*

1216 Article XII de la Convention. Pour une analyse sur l'accident, voir HAANAPPEL, P. P. C., « Some observations on the crash of Cosmos 954 », *J.S.L.*, vol. 6, 1978, p. 147-149 ; et GOROVE, S., « Cosmos 954 : issues of law and policy », *J.S.L.*, vol. 6, 1978, p. 137-146.

1217 À l'époque, l'Ambassadeur de l'Union soviétique a affirmé qu'il n'y avait qu'une « *pollution locale insignifiante, requérant des mesures très limitées de décontamination* ». CANADA, « Claim against the Union of Soviet Socialist Republics for Damage Caused by Soviet Cosmos 954 », *I.L.M.*, vol. 18, nº 4, 1979, p. 903, par. 5.

1218 LEE, E. G. & SPROULE, D. W., « Liability for damage caused by space debris : the Cosmos 954 Claim », *C.Y.I.L.*, vol. 26, 1988, p. 273-279. p. 278-279.

1219 L'article XII prévoit que « *le montant de la réparation que l'État de lancement sera tenu de payer pour le dommage en application de la présente Convention sera déterminé conformément au droit international et aux principes de justice et d'équité, de telle manière que la réparation pour le dommage soit de nature à rétablir la personne, physique ou morale, l'État ou l'organisation internationale demandeur dans la situation qui aurait existé si le dommage ne s'était pas produit.* »

1220 Article XI de la Convention.

ou en partie, d'une faute lourde ou d'un acte ou d'une omission commis dans l'intention de provoquer un dommage, de la part d'un État demandeur »[1221].

Cependant, même s'il est fort souhaitable que ce modèle soit reproduit dans d'autres domaines qui comportent aussi de hauts risques pour l'environnement au plan international, les États se montrent très réticents à assumer des engagements aussi importants concernant des activités tout à fait routinières pour la plupart d'entre eux. La Convention sur la responsabilité internationale pour les dommages causés par des objets spatiaux demeure donc jusqu'à présent le seul instrument international à affirmer l'existence d'un régime de responsabilité absolue de l'État[1222].

Section II. La reconnaissance de l'obligation de prévention de résultat et la (non) nécessité de la responsabilité absolue des États

En guise d'introduction, il faut souligner que le lien entre les objectifs d'une obligation de prévention de résultat et ceux de la responsabilité absolue des États est très étroit : il s'agit d'éviter tout dommage transfrontière significatif et, s'il est causé, de le réparer. La différence réside dans les moyens pour y arriver : dans le cas de la prévention, il s'agit d'une règle primaire interdisant tout dommage ; dans le cas de la responsabilité absolue, tous les traités analysés énoncent une règle primaire qui n'interdit pas le préjudice, mais qui exige sa réparation immédiate[1223]. Ainsi, la responsabilité pour

---

[1221] Article VI de la Convention.

[1222] WOLFRUM, R., « Purposes and Principles of International Environmental Law », *G.Y.I.L.*, 1990, vol. 33, p. 317.

[1223] Si on prend la Convention sur la responsabilité internationale pour les dommages causés par des objets spatiaux, par exemple, elle n'énonce pas – du moins pas expressément – une obligation de ne pas causer un dommage, mais le payement d'une compensation si un préjudice s'est produit. Néanmoins, il est évident qu'à partir du moment où la Convention exige la réparation de n'importe quel dommage, son caractère dissuasif – et donc préventif – est assuré.

violation de l'obligation de prévention de résultat sera toujours une responsabilité traditionnelle, étant donné que l'on part de la présomption qu'une obligation internationale a été violée. En d'autres termes, la responsabilité sera engagée parce que l'État en question a manqué à ses obligations de prévention qui, en privilégiant le résultat, interdisent expressément tout dommage. Ainsi, le dommage n'est ni l'une des conséquences du manquement à l'obligation internationale – comme dans le cas de l'obligation de diligence – ni le fait générateur de la responsabilité de l'État – comme dans le cas de la responsabilité absolue –, mais tout simplement l'élément de l'obligation de prévention violée, c'est-à-dire qu'il est l'acte internationalement illicite de l'État lui-même[1224].

Cette distinction est fondamentale parce que, d'une manière générale, la doctrine soutient l'application d'une responsabilité *sine delicto* pour faire face à la situation où il n'y a pas une règle conventionnelle de prévention applicable, que ce soit de comportement ou de résultat, mais où un dommage s'est pourtant produit[1225]. À partir du moment où il n'y a pas un fait internationalement illicite, seul la responsabilité absolue permettrait la réparation du dommage écologique. Ainsi, en tenant compte du stade actuel du droit international et de la position politique des États consistant à éviter toute reconnaissance d'un principe général de responsabilité objective, que se passera-t-il dans une situation de dommage transfrontière significatif sans une règle conventionnelle de prévention applicable au cas concret ? En d'autres termes, en l'absence de règles conventionnelles de prévention, la responsabilité absolue est-elle le seul moyen pour que l'on puisse demander à l'État d'origine une réparation pour le dommage écologique causé ?

AKEHURST, M. B., « International Liability for Injurious Consequences Arising out of Acts not Prohibited by International Law », *N.Y.I.L.*, 1985, vol. XVI, p. 10.

1224 Rien de plus logique, une fois que l'obligation de prévention de résultat n'est violée qu'en présence d'un dommage !

1225 Même dans une situation où il y a effectivement une obligation de prévention, si elle est envisagée comme une obligation de comportement, il suffit à l'État de faire preuve de la mise en œuvre des mesures de diligence requises pour échapper à sa responsabilité internationale.

Il faut souligner que cela ne met pas en question le rôle que peut jouer la responsabilité objective dans le droit international de l'environnement, car son importance pour la protection effective du milieu naturel et pour l'affirmation de l'obligation de prévention est indéniable : avec un tel régime, la communauté internationale aurait la certitude que tout dommage écologique transfrontière serait réparé. Mais étant donné que cette même communauté n'admet pas son existence, ni en tant que principe général de droit ni en tant que règle coutumière, il est absolument nécessaire d'étudier la nature du dommage environnemental et sa relation avec le droit de la responsabilité internationale. Autrement dit, si le simple fait de causer un dommage est en soi illicite, un régime de responsabilité absolue ne sera pas nécessaire pour que les préjudices causés soient réparés[1226].

Si l'on analyse avec attention les travaux de la Commission du droit international sur la responsabilité internationale pour des activités qui ne sont pas interdites, on constate que tant J. Barboza que R. Q. Quentin-Baxter ont évité de se prononcer sur la question de savoir si le dommage transfrontière, par définition, est illégal, et si des considérations sur ce type de préjudice sont plus appropriées au sujet de la responsabilité des États pour fait illicite[1227]. En réalité, on peut distinguer deux formes de dommage : celui qui est au-dessous d'un certain seuil de tolérance, et que le droit de l'environnement qualifie de non significatif ou bien d'autres manières selon le niveau que l'on entend donner à ce seuil, et le dommage significatif, qui étant inévitable et résultant d'une activité qui n'est pas interdite, doit en principe être accepté.

Or, aucun remède juridique n'est prévu en ce qui concerne le premier, car il constitue à peine une gêne pour les autres États. En revanche, dans la mesure où le dommage significatif peut avoir un impact négatif, matériel et mesurable, sur le territoire, les personnes

---

[1226] Voir BOYLE, A. E., « State Responsibility and International Liability for Injurious Consequences of Acts not Prohibited by International Law : A Necessary Distinction ? », *I.C.L.Q.*, vol. 39, 1990, p. 1-26.

[1227] O'KEEFE, C., « Transboundary pollution and the Strict Liability Issue : The Work of the International Law Commission on the Topic of International Liability for Injurious Consequences Arising Out of Acts Not Prohibited by International Law », *D.J.I.L.P.*, vol. 18, n° 2, 1990, p. 192.

ou les biens d'un autre État, il demande évidemment une réparation[1228]. Il faut admettre qu'un dommage significatif ne doit jamais être envisagé comme une action internationalement licite, même si l'activité qui l'a causé n'est pas interdite et même si l'État d'origine a pris toutes les mesures de diligence requises par le droit international. Selon Roberto Ago, il faut surtout « *faire entrer avec une nouvelle fermeté les atteintes portées à la préservation de l'environnement non plus dans le domaine des agissements tolérés comme licites, mais dans celui des faits ouvertement définis comme internationalement illicites* »[1229].

Si la responsabilité de l'État en cas de dommage transfrontière dépend de la question de savoir si une activité est autorisée ou interdite, le problème de savoir comment assurer la réparation et l'indemnisation pour les dommages découlant de ces activités doit encore être abordé, ce qui laisse une porte ouverte à des débats complexes concernant la base théorique sur laquelle elle doit être fondée. Mais si, d'autre part, le dommage transfrontière est lui même interdit, la nature de l'activité qui a causé le dommage n'est pas pertinente, et le préjudice devra toujours être réparé conformément à l'adage déterminant que « *tout fait internationalement illicite de l'État engage sa responsabilité internationale* »[1230]. Il est donc nécessaire de distinguer définitivement l'activité en question de l'action illicite de

---

[1228] BARBOZA, J., « La responsabilité 'causale' à la Commission du Droit international », *A.F.D.I.*, vol. 34, 1988, p. 516.

[1229] AGO, R., « Conclusions du colloque 'Responsabilité des États pour les dommages à l'environnement' », in FRANCIONI, F. & SCOVAZZI, T. (ed.), *International Responsibility for Environmental Harm*, London/Dordrecht/Boston, Graham & Trotman/Martinus Nijhoff, 1991, p. 498. R. Ago ajoute que « *nous sommes, je crois, unanimes à penser que, vu l'accroissement des atteintes a notre environnement, et étant donne la prise de conscience des dangers progressifs qu'ils représentent, il est devenu indispensable de multiplier les garde-fous. À mon avis, la tâche principale à remplir consiste, a cette fin, à transférer grand nombre de situations du domaine vague de la responsabilité dite pour dommages causés par des faits demeurés licites au domaine plus précis de la responsabilité pour des préjudices causés par des faits internationalement illicites* ». *Ibid.*, p. 496.

[1230] Article premier du projet d'articles sur la responsabilité de l'État pour fait internationalement illicite.

pollution[1231]. Lorsqu'il s'agit d'un dommage transfrontière significatif, nous sommes toujours dans une situation de manquement au droit, sans que l'activité soit pour autant interdite[1232].

À notre avis, s'il est actuellement impossible de soutenir l'existence d'une règle de responsabilité absolue en dehors du droit conventionnel[1233], il est parfaitement possible de soutenir l'existence d'une règle coutumière d'interdiction de causer un dommage transfrontière, à condition qu'il soit significatif. Ainsi, dans tous les cas où les textes n'existent pas, le caractère significatif d'un dommage peut être l'élément qui permet la détermination d'un fait internationalement illicite[1234]. Et même s'il n'y a pas de hiérarchie entre le droit d'utiliser ses propres ressources naturelles et le droit de ne pas subir un préjudice causé par un autre État, la survenance d'un dommage significatif ne peut jamais être considérée comme une situation proportionnelle ou raisonnable dans les relations de voisinage entre deux États[1235].

Cette constatation représente l'essence de la décision dans l'*affaire de la fonderie de Trail* : dans la mesure où les effets nocifs dépassent un certain niveau admissible, les dommages doivent être compensés[1236]. L'on a déjà soutenu que cette décision ne peut pas être

---

[1231] Voir le « Paragraphe 1 – La différence entre l'acte et l'activité » dans le Titre II de la Première Partie.

[1232] PISILLO-MAZZESCHI, R., « Forms of International Responsibility for Environmental Harm », in FRANCIONI, F. & SCOVAZZI, T. (ed.), *International Responsibility for Environmental Harm*, London/Dordrecht/Boston, Graham & Trotman/Martinus Nijhoff, 1991, p. 29.

[1233] Dont le seul cas est la Convention sur la responsabilité internationale pour les dommages causés par des objets spatiaux de 1972.

[1234] Selon C. G. Caubet, « *la réalité du dommage est l'élément qui permet d'établir un transfert de la notion d'illicéité. Présumée absente de l'activité elle-même, l'illicéité est inhérente à la réalisation effective du dommage appréciable, où l'on retrouve l'élément de violation d'une obligation internationale* ». CAUBET, C. G., « Le droit international en quête d'une responsabilité pour les dommages résultant d'activités qu'il n'interdit pas », *A.F.D.I.*, vol. 29, 1983, p. 119.

[1235] KOSKENNIEMI, M., « International Pollution in the System of International Law », *Oikeustiede-Jurisprudentia*, vol. XVII, 1984, p. 128 et 155.

[1236] XUE, H., *Transboundary Damage in International Law*, Cambridge, Cambridge University Press, 2003, p. 312. Voir également l'arrêt du 9 avril 1949 rendu par la

utilisée comme fondement de la reconnaissance de la responsabilité objective par le droit international. En revanche, elle peut parfaitement être utilisée pour fonder l'existence d'une règle de droit coutumier interdisant tout dommage transfrontière caractérisé comme significatif[1237]. En effet, lorsqu'il s'agit d'une pollution transfrontière significative, la plupart des auteurs considèrent qu'il y aura toujours l'obligation de réparation, puisqu'une utilisation qui cause des dommages significatifs à la santé, à l'environnement et à la sécurité des personnes ne pourra jamais être considérée comme intrinsèquement équitable et raisonnable[1238]. En outre, le fait qu'il y ait une règle coutumière d'interdiction des dommages significatifs ne signifie pas qu'il y ait également une règle coutumière ou un principe général de responsabilité absolue, car les deux mécanismes sont totalement distincts, même si à la fin leur but d'éviter un dommage ou de le réparer reste identique.

Aujourd'hui, il est parfaitement possible de soutenir l'idée selon laquelle l'obligation de ne pas causer une pollution transfrontière, traduite par l'obligation de ne pas dépasser un seuil tolérable de pollution, est une obligation faisant déjà partie du droit international coutumier[1239]. Selon G. Handl, il n'existe plus aucun doute aujourd'hui sur le caractère coutumier de l'obligation de ne pas causer à autrui un dommage significatif : il suffit d'analyser le droit conventionnel pour constater que la maxime énoncée dans le principe 21 de la Déclaration de Stockholm de 1972 a été adoptée dans la plupart des conventions de protection de l'environnement[1240]. Ce

---

Cour internationale de Justice dans l'*affaire du Détroit de Corfou*, entre le Royaume-Uni et l'Albanie, qui a confirmé cette règle. *C.I.J. Recueil 1949*.

[1237] Soutenir l'existence de la responsabilité absolue des États comme un principe général du droit international est une chose, soutenir l'existence de l'obligation de ne pas causer un dommage significatif comme une règle du droit international coutumier en est une autre !

[1238] Voir les commentaires relatifs à l'article 7 du projet d'articles sur le droit relatif aux utilisations des cours d'eau internationaux à des fins autres que la navigation, *Annuaire... 1994*, vol. II, Deuxième partie, p. 110, par. 14.

[1239] BALLARINO, T., « Questions de droit international privé et dommages catastrophiques », *R.C.A.D.I.*, vol. 220, 1990, p. 385.

[1240] Voir, parmi d'autres, le préambule de la Convention-cadre des Nations Unies sur les changements climatiques de 1992 ; de la Convention sur la pollution atmosphérique transfrontière à longue distance de 1979 ; de la Convention sur la

principe exprime la conviction commune que, conformément à la Charte des Nations Unies et aux principes du droit international, les États ont le droit souverain d'exploiter leurs propres ressources selon leurs propres politiques d'environnement et ont le devoir de faire en sorte que les activités exercées dans les limites de leur juridiction et sous leur contrôle ne causent pas de dommage à l'environnement dans d'autres États ou dans des régions ne relevant d'aucune juridiction nationale[1241].

Si on prend la Convention sur le droit relatif aux utilisations des cours d'eau internationaux à des fins autres que la navigation de 1997, ainsi que les travaux de la Commission du droit international sur le sujet, on constate une nette évolution vers la reconnaissance de l'obligation coutumière de ne pas causer de dommages significatifs[1242]. Concernant les bases théoriques justifiant l'attribution d'eau entre les États, on observe que les doctrines de la souveraineté territoriale absolue, de l'intégrité territoriale ou de « l'appropriation préalable » (*prior appropriation*) ont été remplacées par les doctrines de la gestion commune et de l'utilisation équitable, et cette dernière implique évidemment la prise en considération des effets de l'utilisation du cours d'eau dans un État sur d'autres États du cours d'eau[1243].

---

diversité biologique de 1992 ; de la Convention sur la lutte contre la désertification dans les pays gravement touchés par la sécheresse et/ou la désertification, en particulier en Afrique de 1994 ; et de la Convention africaine sur la conservation de la nature et des ressources naturelles de 2003.

1241 HANDL, G., « Liability as an obligation established by a primary rule of international law », *N.Y.I.L.*, 1985, vol. XVI, p. 52.

1242 P. Guggenheim, dans les années 1950, a souligné que les États doivent prendre en compte dans l'utilisation de ses ressources que « *la composition de l'eau... ne doit pas subir d'altération telle que le territoire d'un autre État en soit également atteint* ». GUGGENHEIM, P., *Traité de droit international public : avec mention de la pratique internationale et suisse*, vol. I, Genève, Librairie de l'Université, Georg et Cie, 1953, p. 397.

1243 Pour la définition et une brève analyse de chacune de ses doctrines, voir FITZMAURICE, M., « General Principles Governing the Cooperation between States in Relation to Non-Navigational Uses of International Watercourses », *Y.I.E.L.*, vol. 14, 2004, p. 7-12.

Tout d'abord, la Convention oblige les États, lorsqu'ils utilisent un cours d'eau international sur leur territoire, à prendre toutes les mesures appropriées pour ne pas causer de dommages significatifs aux autres États du cours d'eau[1244]. Ensuite, elle précise que lorsqu'un dommage significatif est néanmoins causé, l'État d'origine doit prendre « *toutes les mesures appropriées pour éliminer ou atténuer ce dommage et, le cas échéant, discuter de la question de l'indemnisation* »[1245]. Or, ce que la Convention affirme n'est rien de plus que l'obligation de prévention de résultat de ne pas dépasser un certain niveau de pollution – dans ce cas, le seuil de « significatif » ! Ainsi, pour la première fois, un traité essaye d'harmoniser dans un même dispositif les deux obligations de prévention – de comportement et de résultat, sans pour autant faire référence à différents régimes de responsabilité internationale applicables, étant donné qu'il s'agit, dans les deux cas, de règles primaires dont la violation entraînera la responsabilité traditionnelle pour fait illicite. Si, dans la première partie de l'article 7 en cause, il faut se tenir aux efforts de l'État pour éviter un dommage, dans la deuxième partie il faut tout simplement observer si un dommage a dépassé le seuil de « significatif ».

Même si l'existence de la règle coutumière d'interdiction de causer un dommage suffit, à notre avis, à engager la responsabilité internationale d'un État en cas de dommage significatif, la doctrine ne se limite pas à une seule théorie et, pour justifier l'obligation de réparation d'un tel dommage même en l'absence de règles conventionnelles, d'autres fondements sont également soulevés : le

---

[1244] Il s'agit d'un cas classique d'adoption de l'obligation de diligence.

[1245] Article 7 de la Convention. L'article est ainsi conçu : « *1. Lorsqu'ils utilisent un cours d'eau international sur leur territoire, les Etats du cours d'eau prennent toutes les mesures appropriées pour ne pas causer de dommages significatifs aux autres Etats du cours d'eau. 2. Lorsqu'un dommage significatif est néanmoins causé à un autre Etat du cours d'eau, les Etats dont l'utilisation a causé ce dommage prennent, en l'absence d'accord concernant cette utilisation, toutes les mesures appropriées, en prenant en compte comme il se doit les dispositions des articles 5 et 6 et en consultation avec l'Etat affecté, pour éliminer ou atténuer ce dommage et, le cas échéant, discuter de la question de l'indemnisation.* »

principe de bon voisinage[1246], l'abus de droit[1247], la règle *sic utere tuo ut alienum non laedas*[1248], le principe de l'utilisation non dommageable du territoire[1249], et même la théorie de l'enrichissement sans cause[1250] sont souvent employés pour mettre en œuvre la responsabilité pour fait illicite lorsqu'un dommage dépasse le seuil du tolérable.

En somme, le maintien du caractère licite du fait générateur d'un dommage dépendra de l'importance matérielle de celui-ci, et une fois constaté son caractère significatif, on retombe dans la logique de la responsabilité provoquée par la commission d'un fait illicite. Cette façon de subordonner le maintien de la licéité d'un fait de l'État aux caractéristiques matérielles du préjudice présente des avantages tant pour les auteurs de dommages que pour leurs victimes[1251]. En ce qui concerne les auteurs du dommage, ils pourront utiliser leurs ressources et exercer leurs activités à risque sans engagement de leur responsabilité, sauf pour les dommages significatifs, ce qui est très raisonnable. De leur côté, les victimes ne sont pas abandonnées à leur sort en l'absence de règles conventionnelles de prévention, puisqu'il

---

1246 BALLENEGER, J., *La pollution en droit international : la responsabilité pour les dommages causés par la pollution transfrontière*, Genève, Librairie Droz, 1975, p. 67.

1247 *Ibid.*, p. 68. Voir également KISS, A., *L'abus de droit en droit international*, Thèse, Paris, 1952.

1248 GRAEFRATH, B., « Responsibility and damages caused : relationship between responsibility and damages », *R.C.A.D.I.*, vol. 185, 1984, p. 111.

1249 Même si d'autres auteurs interprètent cette règle comme une obligation de comportement, P. Gautier affirme que le principe de l'utilisation non dommageable du territoire doit être interprété comme une règle primaire énonçant une obligation de résultat et, par conséquent, établissant une idée de responsabilité presque absolue. GAUTIER, P., « L'apport du droit international à la question de la responsabilité », in OST, F. & GUTWIRTH, S. (éd.), *Quel avenir pour le droit de l'environnement ?*, Bruxelles, Publications des Facultés universitaires Saint-Louis, 1996, p. 383.

1250 RODRIGUEZ IGLESIAS, C. C., « El enriquecimiento sin causa como fundamento de responsabilidad internacional », *R.E.D.I.*, vol. 34, 1982, p. 380.

1251 DUPUY, P.-M., « Le fait générateur de la responsabilité internationale des États », *R.C.A.D.I.*, vol. 188, 1984, p. 74. Toutefois, comme il a été déjà souligné, le seuil devra être précisés cas par cas, en fonction des circonstances propres à l'espèce, de la nature des ressources en cause et du type d'activité entreprise, parce qu'il peut arriver qu'un dommage soit admissible dans une situation et excessif dans l'autre, c'est-à-dire l'action de l'État sera licite dans un cas, illicite dans l'autre.

suffit de constater le caractère significatif ou sérieux du dommage pour en obtenir réparation.

En revanche, l'application de la responsabilité traditionnelle soulève tout de même quelques inconvénients procéduraux par rapport à la responsabilité absolue, notamment le problème de ne pas être orientée vers la victime. Ainsi, tous les bénéfices procéduraux tels que la canalisation de responsabilité et la simplification de l'accès de la victime à l'indemnisation ne sont pas appliqués, sauf évidemment en cas d'un régime de responsabilité internationale objective établi par une norme conventionnelle[1252].

La pratique internationale actuelle semble confirmer l'idée selon laquelle l'interdiction de causer un dommage significatif fait déjà partie du droit international coutumier[1253]. La Cour internationale de Justice a été récemment saisie de deux différends dont le fondement est l'obligation de ne pas causer un dommage à autrui. Ce qui intéressant ici, c'est que non seulement les parties aux différends sont les mêmes, mais chacune a introduit une instance contre l'autre, ce que nous amène à la conclusion que les deux États ne mettent pas en doute le caractère coutumier de l'obligation en question.

Dans le différend le plus récent, le Nicaragua soutient que le Costa Rica effectue, le long de la majeure partie de la zone frontalière entre les deux pays, des travaux de construction d'envergure qui ont de graves conséquences pour l'environnement, et de ce fait prie la Cour de juger que le Costa Rica a méconnu « *l'obligation lui incombant de ne pas causer de dommages au territoire nicaraguayen* » et qu'il doit, en conséquence, rétablir le *statu quo ante* et verser une indemnisation

---

[1252] DUPUY, P.-M., « Le rôle de l'État dans l'indemnisation des dommages catastrophiques internationaux ? », in *La réparation des dommages catastrophiques. Les risques technologiques majeurs en droit international et en droit communautaire*, Faculté de droit de l'Université catholique de Louvain, Bruylant, 1990, p. 221.

[1253] Pour justifier cette affirmation, Peter-Tobias Stoll souligne que l'interdiction de causer un dommage transfrontière n'est que la traduction de l'intérêt qu'a l'État de préserver l'intégrité de l'environnement sur son territoire, autrement dit, la reconnaissance de sa souveraineté. STOLL, P.-T., « Transboundary Pollution », in MORRISON, F. L. & WOLFRUM, R. (dir.), *International, Regional and National Environmental Law*, The Hague, Kluwer Law International, 2000, p. 169 à 174.

pour tous les dommages causés[1254]. Comme fondement juridique de sa demande, le Nicaragua a soutenu que

« *Le droit international coutumier prévoit en particulier, dans un contexte transfrontalier, l'obligation de ne pas causer de dommages aux États voisins ; le droit international général impose celle, corollaire, d'informer et de consulter l'État voisin au sujet de toutes activités susceptibles de porter atteinte à son territoire et, lorsque l'activité projetée risque d'avoir des retombées négatives sensibles par-delà les frontières, d'en évaluer l'impact sur l'environnement.* »[1255]

De son côté, le Costa Rica avait déjà introduit une instance contre le Nicaragua en raison d'une prétendue violation de sa souveraineté territoriale due à l'incursion en son territoire de l'armée nicaraguayenne et d'une violation de « *l'obligation de ne pas causer de dommages au territoire costa-ricien* »[1256]. Il a également déposé une demande en indication de mesures conservatoires priant la Cour d'ordonner au gouvernement du Nicaragua de s'abstenir de stationner ses troupes armées ou autres agents dans la région en question et de suspendre son programme de dragage du fleuve San Juan à cause du risque de causer un dommage environnemental. Il est intéressant de souligner que, dans sa requête, le Costa Rica a fait valoir qu'il n'avait pas, à ce stade, besoin d'établir l'existence d'un réel dommage, mais qu'il lui suffisait d'établir « *que le risque existe qu'un préjudice irréparable [soit causé] aux droits en litige et qu'il est suffisamment grave et imminent pour que l'indication de mesures conservatoires soit nécessaire* »[1257].

1254 C.I.J., *Affaire relative à la Construction d'une route au Costa Rica le long du fleuve San Juan (Nicaragua c. Costa Rica)*, requête introductive d'instance du 21 décembre 2011, par. 49-50.
1255 *Ibid.*, par. 46.
1256 C.I.J., *Affaire relative à Certaines activités menées par le Nicaragua dans la région frontalière (Costa Rica c. Nicaragua)*, requête introductive d'instance du 18 novembre 2010, par. 41.
1257 C.I.J., *Affaire relative à Certaines activités menées par le Nicaragua dans la région frontalière (Costa Rica c. Nicaragua)*, mesures conservatoires, ordonnance du 8 mars 2011, par. 67.

Par suite, si d'une part la Cour a indiqué à titre provisoire des mesures conservatoires concernant la première demande, d'autre part elle a rejeté la deuxième mesure conservatoire demandée par le Costa Rica en estimant que les « *éléments de preuve produits par les Parties ne permettent pas de conclure à ce stade que les opérations de dragage du fleuve San Juan font peser sur l'environnement du Costa Rica ou sur le débit du fleuve Colorado un risque de préjudice irréparable* »[1258]. Cette décision a été confirmée dans son arrêt, lorsqu'elle conclut que la « *prétention du Nicaragua selon laquelle le Costa Rica aurait manqué à ses obligations de fond en droit international coutumier relatives aux dommages transfrontières doit être rejetée* », une fois que le gouvernement nicaraguayen n'a pas prouvé que la construction de la route lui ait causé des dommages transfrontières importants[1259].

Dans une autre affaire également pendante, sans citer expressément l'obligation d'utilisation non dommageable du territoire, l'Équateur a introduit une instance contre la Colombie concernant un différend relatif à l'épandage aérien d'herbicides toxiques sur son territoire. Selon le demandeur, par l'épandage aérien d'herbicides toxiques dans la région frontière entre les deux pays, « *la Colombie a violé les droits équatoriens découlant du droit international coutumier et conventionnel* », étant donné que « *les dommages causés et autres dommages imminents auront, pour certains, des conséquences irréversibles, ce qui indique que la Colombie a manqué à ses obligations de prévention et de précaution* »[1260].

Même si, jusqu'à présent, la Cour n'a pas jugé les questions de fond soulevées, ces trois exemples montrent bien que l'existence d'un régime de responsabilité absolue n'est pas obligatoire pour que la réparation d'un préjudice soit demandée, dès que l'interdiction de causer un dommage transfrontière significatif est reconnue par les

---

[1258] *Ibid.*, par. 82.

[1259] C.I.J., *Affaires jointes relatives à Certaines activités menées par le Nicaragua dans la région frontalière (Costa Rica c. Nicaragua) et à la Construction d'une route au Costa Rica le long du fleuve San Juan (Nicaragua c. Costa Rica)*, arrêt du 16 décembre 2015, par. 217.

[1260] C.I.J., *Affaire relative à des Épandages aériens d'herbicides (Equateur c. Colombie)*, requête introductive d'instance du 31 mars 2008, par. 37.

États comme une règle du droit international coutumier. Si l'on est en présence d'un tel dommage, on sera également en présence d'une violation du droit et conséquemment dans un cas classique de responsabilité internationale pour fait illicite. Toutefois, on ne peut pas nier que la reconnaissance par la communauté internationale d'un principe de responsabilité absolue permettrait une protection beaucoup plus effective de l'environnement mondial et mettrait un terme aux doutes concernant la légitimité et les fondements d'une demande de réparation en cas de dommage transfrontière.

Conclusions du Chapitre I

Dans le présent chapitre, on a démontré que le seul régime applicable en cas de violation d'une obligation de prévention de résultat est celui de la responsabilité internationale pour fait internationalement illicite. En ce qui concerne la responsabilité *sine delicto*, même si certains auteurs considèrent qu'il est le seul régime capable de protéger de manière efficace l'environnement, on constate que les États sont encore très réticents à le reconnaître comme un principe général de droit international ou comme une règle du droit coutumier. En outre, dans certaines situations[1261], l'existence d'une obligation coutumière de prévention de résultat peut parfaitement compenser, non seulement l'absence de normes conventionnelles de protection du milieu naturel, mais également la non-reconnaissance d'un régime de responsabilité internationale absolue en dehors du droit conventionnel.

[1261] Lorsque le dommage est significatif.

CHAPITRE II. LES ALTERNATIVES À LA RESPONSABILITÉ ABSOLUE DES ÉTATS

Bien que la mise en œuvre de la responsabilité des États pour dommage significatif à l'environnement soit fondamentale pour une protection effective du milieu naturel, elle ne peut jouer qu'un rôle limité dans le droit international, étant donné que les principaux responsables pour la pollution transfrontière sont des personnes ou entités privées[1262]. Actuellement, il nous semble que les États sont prêts à assumer une responsabilité pour leur propre comportement – et même une responsabilité absolue dans le cas de dommages causés par des objets spatiaux[1263] –, mais pas pour celui des acteurs privés. Pourtant, à partir du moment où il est de plus en plus difficile d'admettre que la victime d'un dommage ne puisse trouver un responsable, il faut faire évoluer les systèmes de responsabilité internationale pour que tout dommage subi par un État trouve une réparation assurée. Ainsi, pour que l'obligation de ne pas causer un dommage transfrontière significatif soit respectée, les États ont développé d'autres mécanismes pour réparer ou indemniser un préjudice subi que celui fondé sur une responsabilité interétatique.

De cette façon, au fur et à mesure que les personnes privées sont devenues des acteurs effectifs dans une multitude de champs d'action internationaux et se livrent à l'exercice d'activités comportant des risques significatifs de dommage transfrontière, la communauté internationale a montré une certaine tendance à renforcer leur responsabilité transnationale[1264]. En fait, pour mettre en place un système de réparation d'un dommage transfrontière sans qu'une

---

1262 FITZMAURICE, M., « International Responsibility and Liability », in BODANSKY, D. ; BRUNNÉE, J. & HEY, E. (dir.), *The Oxford handbook of international environmental law*, Oxford, Oxford University Press, 2007, p. 1011.

1263 Voir l'article II de la Convention sur la responsabilité internationale pour les dommages causés par des objets spatiaux de 1972.

1264 BALLARINO, T. « Questions de droit international privé et dommages catastrophiques », *R.C.A.D.I.*, vol. 220, 1990, p. 360.

responsabilité des États soit engagée, le droit international conventionnel a développé plusieurs régimes de responsabilité avec un fort caractère de droit civil. Ils visent à faire peser la responsabilité sur les exploitants de l'activité en question. Après la prise en considération de la précarité de la situation des victimes face à la nature de l'activité génératrice et des dommages produits, l'objectif devient plus pragmatique[1265] : il fallait absolument concilier le progrès technologique et économique avec le traitement équitable des victimes, et la solution trouvée a été de « canaliser » la responsabilité vers l'exploitant privé de l'activité, c'est-à-dire que les actions en responsabilité ne peuvent être dirigées que contre cette personne (« Section I. La responsabilité internationale orientée vers l'exploitant de l'activité »).

La canalisation de responsabilité présente l'avantage pour la victime de pouvoir agir contre une seule personne, aisément identifiable et souvent solvable. En outre, après la détermination préalable du responsable, elle incite ce dernier à améliorer les mesures de sécurité ou à choisir des modes d'exploitation plus sûrs, favorisant l'aspect préventif dans l'exercice de l'activité en question[1266]. Toutefois, même lorsque l'on assiste à la concentration de toute la responsabilité sur une seule personne à l'exclusion de toute autre, il faut se demander si l'État dont procède l'exploitant possède encore des obligations de réparation ou demeure subsidiairement responsable. En fait, les traités établissant la responsabilité civile des propriétaires ou de l'exploitant d'une activité ne rejettent pas le principe selon lequel l'État est responsable des activités privées menées sous son contrôle ; ces traités prévoient la responsabilité absolue exclusive de certaines personnes privées en considérant seulement des questions de responsabilité civile. Autrement dit, les questions relatives à une possible responsabilité des États en raison d'un manquement à ses obligations de prévention de comportement ou de résultat, ou même d'autres mesures complémentaires à ce régime de responsabilité

[1265] DUPUY, P.-M., « Le fait générateur de la responsabilité internationale des États », *R.C.A.D.I.*, vol. 188, 1984, p. 67.

[1266] DE SADELEER, N., *Les principes du pollueur-payeur, de prévention et de précaution – Essai sur la genèse et la portée juridique de quelques principes du droit de l'environnement*, Bruxelles, Bruylant, 1999, p. 97.

civile, sont laissées intactes[1267] (« Section II. Les régimes d'indemnisation complémentaires à la responsabilité civile »).

Les régimes de responsabilité de l'État, qu'elle soit absolue ou traditionnelle, et les divers régimes de responsabilité civile de l'exploitant ne s'excluent pas. Bien au contraire, rien n'empêche que dans une situation concrète de dommage environnemental les deux systèmes de responsabilité soient appliqués : il suffit d'analyser si l'État a également manqué à ses obligations internationales. Comme l'affirme le Protocole de Bâle sur la responsabilité et l'indemnisation en cas de dommages résultant de mouvements transfrontières et de l'élimination de déchets dangereux de 1999, les dispositions du traité ne portent pas « *atteinte aux droits et obligations des Parties contractantes relevant des principes de droit international en matière de responsabilité des États* »[1268].

Enfin, il est intéressant de souligner que toutes ces alternatives à la responsabilité absolue des États peuvent être considérées comme la preuve non seulement de l'adoption de l'obligation de prévention de résultat par le droit international de l'environnement, mais également dans certains cas, de la reconnaissance par la communauté internationale que l'obligation de ne pas causer un dommage transfrontière significatif à autrui fait déjà partie du droit international coutumier[1269]. En outre, les régimes de responsabilité existants – pour fait illicite, absolu ou de l'exploitant – ainsi que les mécanismes complémentaires à la responsabilité internationale ne font que confirmer les besoins actuels de la communauté internationale de trouver un remède efficace pour les victimes de dommages transfrontières significatifs.

En somme, comme alternatives à la responsabilité absolue des États, le droit international de l'environnement a adopté des régimes de responsabilité civile orientés vers l'exploitant de l'activité (Section

---

[1267] HANDL, G., « State Liability for Accidental Transnational Environmental Damage by Private Persons », *A.J.I.L.*, vol. 74, nº 3, 1980, p. 530.

[1268] On trouve des dispositions similaires dans presque tous les traités fixant une responsabilité civile à l'égard du propriétaire ou de l'exploitant de l'activité.

[1269] Sur le sujet, voir le Chapitre précédent, notamment la Section II.

I), ainsi que des régimes d'indemnisation complémentaires à cette responsabilité de l'exploitant (Section II).

Section I. La responsabilité internationale orientée vers l'exploitant de l'activité

Outre les difficultés politiques concernant l'adoption d'une responsabilité absolue des États, la responsabilité internationale de l'exploitant a gagné du terrain en raison de l'idée selon laquelle celui qui crée des risques importants en cherchant à faire des bénéfices économiques doit porter la responsabilité des conséquences néfastes de l'activité qu'il contrôle[1270]. Après avoir constaté la réticence des États vis-à-vis d'un projet d'articles sur la responsabilité internationale pour les conséquences préjudiciables découlant d'activités qui ne sont pas interdites par le droit, la Commission du droit international a envisagé cette alternative[1271] dans ses projets de principes sur la répartition des pertes en cas de dommage transfrontière découlant d'activités dangereuses[1272].

[1270] DOEKER, G. & GEHRING, T., « Private or International Liability for Transnational Environmental Damage : The Precedent of Conventional Liability Regimes », *J.E.L.*, vol. 2, n° 1, 1990, p. 7.

[1271] « Alternative » dans la mesure où l'adoption de la responsabilité absolue de l'exploitant exclut l'adoption de la responsabilité absolue de l'État. Il faut pourtant souligner que rien n'empêche le cumul de ce régime de responsabilité civile avec le régime de responsabilité internationale pour fait illicite. Il suffit de prouver que l'État a manqué à ses obligations internationales. Ainsi, l'article 12 du Protocole sur la responsabilité civile et l'indemnisation en cas de dommages causés par les effets transfrontières d'accidents industriels sur les eaux transfrontières de 2003 énonce qu'il « *ne porte pas atteinte aux droits et obligations reconnus aux Parties en vertu des principes du droit international général concernant la responsabilité internationale des États.* » Voir également l'article 16 du Protocole de Bâle sur la responsabilité et l'indemnisation en cas de dommages résultant de mouvements transfrontières et de l'élimination de déchets dangereux de 1999.

[1272] LAMMERS, J. G., « New Developments Concerning International Responsibility and Liability for Damage Caused by Environmental Interferences », *H.Y.I.L.*, vol. 19, 2006, p. 91-92.

Dans ses travaux, la Commission a souligné que les objectifs d'assurer la protection des victimes de dommages transfrontières et de préserver et protéger l'environnement proprement dit en tant que ressource commune de la collectivité constituent les éléments essentiels d'un régime de responsabilité pour dommage environnemental ; et que pour atteindre ses objectifs, chaque État devrait prendre toutes les mesures nécessaires pour veiller à ce qu'une indemnisation prompte et adéquate soit accordée aux victimes de dommages transfrontières par « *la mise de la responsabilité à la charge de l'exploitant ou, le cas échéant, d'une autre personne ou entité* »[1273].

D'une façon générale, la Commission ne fait que suivre la pratique internationale concernant le sujet. À l'exception de la Convention sur la responsabilité internationale pour les dommages causés par des objets spatiaux de 1972, lorsqu'il s'agit des activités dangereuses exercées notamment par des entités privées, la pratique conventionnelle recourt plus volontiers à un régime de responsabilité internationale plus stricte, mais dirigée vers l'exploitant de l'activité, dans la mesure où il est le bénéficiaire direct de celle-ci[1274]. Il faut cependant souligner que si ces conventions n'établissent pas une responsabilité absolue entre États, la responsabilité de l'État lui-même sera évidemment engagée s'il est l'opérateur de l'activité[1275]. Cela provient du fait que ces conventions définissent de façon très générale la notion d'exploitant, sans référence au caractère public ou privé de l'entité concernée : la Convention de Lugano sur la responsabilité civile des dommages résultant d'activités dangereuses pour l'environnement de 1993, par exemple, énonce simplement que l'« *exploitant signifie la personne qui exerce le contrôle d'une activité*

1273 Principe 4 des projets de principes sur la répartition de pertes, O.N.U., Doc. A/61/10.

1274 Le point fondamental est que la personne ou l'entité concernée exerce des fonctions de contrôle ou de supervision d'ensemble de l'activité. *Annuaire... 2006*, vol. II, Deuxième partie, p. 116.

1275 KISS, A. & SHELTON, D., « Strict Liability in International Environmental Law », in NDIAYE, T. M. ; WOLFRUM, R. & KOJIMA, C. (dir.), *Law of the Sea, Environmental Law and Settlement of Disputes : liber amicorum Judge Thomas A. Mensah*, Leiden/Boston, Martinus Nijhoff Publishers, 2007, p. 1139.

dangereuse »[1276]. Selon la Commission du droit international, l'exploitant est « *toute personne qui dirige ou contrôle l'activité au moment de la survenance de l'événement ayant causé le dommage transfrontière* »[1277].

Étant donné que chaque secteur économique a une technique particulière d'exploitation, le droit conventionnel a créé une série de régimes particuliers de responsabilité internationale adaptés aux diverses formes de pollution[1278]. Si une approche globale et générale a l'avantage d'appréhender les questions de l'environnement dans leur complexité et interdépendance, elle présente l'inconvénient d'être difficile à mettre en œuvre, notamment dans un domaine où la spécificité technique de chaque activité est particulièrement marquée. C'est la raison pour laquelle le droit conventionnel a adopté une approche sectorielle, en concevant autant de régimes spécifiques que de domaines de l'environnement susceptibles d'être atteints par des dommages[1279].

Cependant, malgré le fait que la responsabilité internationale relative à chaque activité à risque soit traitée séparément suivant leurs impératifs propres, on peut constater certaines caractéristiques communes (Paragraphe 1). En outre, certains régimes offrent souvent aux victimes des mécanismes financiers complémentaires à la responsabilité de l'exploitant de façon à garantir la disponibilité d'une

---

[1276] Article 2 (5) de la Convention.

[1277] Principe 2, g, des Projets de principes sur la répartition des pertes en cas de dommage transfrontière découlant d'activités dangereuses.

[1278] Pour une critique sur cette division du droit de la responsabilité internationale en raison de particularismes technologiques de chaque secteur, dans le cas de la pollution du milieu marin, voir RODIERE, R., *Droit maritime*, Paris, Dalloz, 1969, p. 122.

[1279] Selon C. Tomuschat, le grand problème du projet d'articles de la Commission du droit international sur la responsabilité absolue des États résidait exactement dans son caractère général. Selon lui, tout régime de responsabilité pour dommage à l'environnement doit s'adapter aux particularités de chaque activité dangereuse. TOMUSCHAT, C., « International Liability for Injurious Consequences Arising out of Acts not Prohinited by International Law : The Work of the International Law Commission », in FRANCIONI, F. & SCOVAZZI, T. (ed.), *International Responsibility for Environmental Harm*, London/Dordrecht/Boston, Graham & Trotman/Martinus Nijhoff, 1991, p. 51.

partie au moins des fonds nécessaires à la réparation ou l'indemnisation du dommage écologique causé (Paragraphe 2). L'objectif du droit international de l'environnement est non seulement d'harmoniser les règles procédurales pour faciliter l'accès des victimes à un tribunal compétent, mais également de fournir les moyens financiers pour qu'un dommage soit dûment réparé[1280].

Paragraphe 1. Points communs aux régimes de responsabilité civile pour dommage transfrontière à l'environnement

Au cours des dernières années le droit international de l'environnement a développé plusieurs régimes de responsabilité civile. Aux régimes traditionnels plus anciens concernant l'utilisation de l'énergie nucléaire[1281], la pollution par les hydrocarbures[1282] et le transport de substances dangereuses[1283], se sont ajoutés des régimes

---

[1280] Voir MURPHY, S. D., « Prospective Liability Regimes for the Transboundary Movement of Hazardous Wastes », *A.J.I.L.*, vol. 88, nº 1, 1994, p. 38-59.

[1281] Voir la Convention de Paris sur la responsabilité civile dans le domaine de l'énergie nucléaire de 1960 ; la Convention complémentaire à la Convention de Paris de 29 juillet 1960 de 1963 ; la Convention de Vienne relative à la responsabilité civile en matière de dommage nucléaire de 1963 ; et le Protocole d'amendement de la Convention de Vienne relative a la responsabilité civile en matière de dommages nucléaires de 1996.

[1282] Voir la Convention sur la responsabilité civile pour les dommages dus à la pollution par les hydrocarbures de 1969 ; la Convention sur la responsabilité civile pour les dommages de pollution par les hydrocarbures résultant de la recherche et de l'exploitation des ressources minérales du sous-sol marin de 1976 ; la Convention sur la responsabilité civile pour les dommages dus à la pollution par hydrocarbures de 1992 ; la Convention portant création d'un Fonds international d'indemnisation pour les dommages dus à la pollution par les hydrocarbures de 1992 ; et la Convention internationale sur la responsabilité civile pour les dommages dus à la pollution par les hydrocarbures de soute de 2001.

[1283] Voir la Convention relative à la responsabilité civile dans le domaine du transport maritime de matières nucléaires de 1971 ; la Convention sur la responsabilité civile pour les dommages causés au cours du transport de marchandises dangereuses par route, rail et bateaux de navigation intérieure (Convention CRTD) de 1989 ; et la Convention internationale sur la responsabilité

concernant le mouvement transfrontière des substances dangereuses[1284], les accidents industriels sur les eaux transfrontières[1285] et l'utilisation de la biotechnologie[1286]. Un seul traité envisage la création d'un régime général de responsabilité pour toutes les activités dangereuses, mais limité à l'Europe – la Convention de Lugano sur la responsabilité civile des dommages résultant d'activités dangereuses pour l'environnement de 1993 – et non encore en vigueur[1287]. Enfin, il convient de citer le Protocole au Traité sur l'Antarctique relatif à la protection de l'environnement de 1991, qui prévoit la responsabilité absolue d'un opérateur qui ne prend pas des actions rapides et efficaces en réponse aux situations critiques pour l'environnement résultant de ses activités[1288]. Il faut pourtant souligner que la plupart de ces traités ne sont pas encore en vigueur et face à cet échec certains auteurs se sont même demandés s'il était vraiment intéressant pour les États de consacrer du temps, de ressources financières et de l'énergie à la négociation d'autres traités de responsabilité civile[1289].

---

et l'indemnisation pour les dommages liés au transport par mer de substances nocives et potentiellement dangereuses de 1996 (Convention SNPD).

[1284] Voir la Convention de Bamako sur l'interdiction d'importer en Afrique des déchets dangereux et sur le contrôle des mouvements transfrontières et la gestion des déchets dangereux produits en Afrique de 1991 et le Protocole de Bâle sur la responsabilité et l'indemnisation en cas de dommages résultant de mouvements transfrontières et de l'élimination de déchets dangereux de 1999.

[1285] Voir le Protocole sur la responsabilité civile et l'indemnisation en cas de dommages causés par les effets transfrontières d'accidents industriels sur les eaux transfrontières de 2003.

[1286] Voir la Loi Type sur la Biosécurité en Afrique de 2001 et le Protocole additionnel de Nagoya – Kuala Lumpur sur la responsabilité et la réparation relatif au Protocole de Cartagena sur la prévention des risques biotechnologiques de 2010.

[1287] BOYLE, A. E., « Globalising Environmental Liability : The Interplay of National and International Law », *J.E.L.*, vol. 17, nº 1, 2005, p. 15. En réalité, selon J. G. Lammers, il n'y a pas d'espoir pour que cette convention entre en vigueur. LAMMERS, J. G., « New Developments Concerning International Responsibility and Liability for Damage Caused by Environmental Interferences », *H.Y.I.L.*, vol. 19, 2006, p. 112.

[1288] Voir l'article 6 de l'annexe VI du Protocole.

[1289] CHURCHILL, R. R., « Facilitating (Transnational) Civil Liability Litigation for Environmental Damage by Means of Treaties : Progress, Problems, and Prospects », *Y.I.E.L.*, vol. 12, 2002, p. 32.

Malgré cela, personne ne peut nier que pour deux types de catastrophes écologiques, liées à l'utilisation de l'énergie nucléaire et à la pollution causée par les hydrocarbures, le droit international de l'environnement a effectivement mis en place « *un régime de responsabilité civile unifié, largement ratifié et fonctionnant de façon satisfaisante* »[1290]. Comme l'on pourra le voir par la suite, il est nécessaire d'améliorer certains aspects de ces conventions, mais la simple conclusion de ces textes est importante dans la mesure où elle démontre que même sans reconnaître ouvertement l'adoption d'une obligation de prévention de résultat, les États sont toutefois d'avis qu'en cas de dommage transfrontière causé par certaines activités le préjudice doit toujours être réparé.

En outre, à partir du moment où la responsabilité relève du propriétaire ou de l'exploitant de l'activité, il n'est pas question pour les victimes de prouver un possible manquement de l'État à son devoir de diligence, mais d'établir le lien de causalité entre le dommage et la personne qui contrôle ou dirige l'activité. Si dans ces régimes de responsabilité civile, l'on peut donc constater implicitement la présence d'une obligation de prévention de résultat de ne pas causer un dommage –, car à partir du moment où il y a un dommage, le droit exige la réparation –, l'État s'exonère d'une possible responsabilité absolue en la canalisant vers l'exploitant de l'activité[1291].

En dépit de l'existence de plusieurs régimes de responsabilité civile suivant les impératifs propres à chaque domaine, on peut constater certaines caractéristiques communes. Ainsi, soit ces caractéristiques renforcent l'obligation de réparation du préjudice écologique causé, renforçant par ailleurs l'obligation de ne pas causer un dommage (A), soit elles assouplissent l'obligation de réparation intégrale, traduisant

---

[1290] BERNASCONI, C., *La responsabilité civile pour dommages résultant d'une atteinte transfrontière à l'environnement : un cas pour la Conférence de La Haye ?*, La Haye, note établie par le Secrétaire au Bureau Permanent de la Conférence de la Haye de droit international privé, disponible sur <www.hcch.net/upload/wop/gen_pd8f.pdf>, consulté le 04 octobre 2011, p. 15.

[1291] Évidement, si l'État est l'exploitant de l'activité, sa responsabilité sera engagée. De plus, cette responsabilité civile pour le dommage causé n'exclut pas une possible responsabilité internationale de l'État pour fait illicite.

des choix économiques et une garantie donnée aux opérateurs plutôt que l'idée de protection effective du milieu naturel (B).

A. Le renforcement de l'obligation de réparation du dommage écologique

Sans doute, le principal élément visant à renforcer l'obligation de réparation du dommage environnemental concerne le choix préalable du responsable pour la réparation, c'est-à-dire la canalisation de la responsabilité sur une personne aisément identifiable. Comme, en pratique, il est rare qu'un État soit l'auteur direct d'un dommage à l'environnement et étant donné que le plus souvent, le fait à l'origine du dommage est celui d'une entreprise ou d'un particulier, ces régimes de responsabilité ont fait le choix d'orienter les obligations de réparation d'un préjudice causé vers les personnes qui dirigent ou contrôlent l'activité en question. En outre, la responsabilité est toujours objective, dispensant les requérants d'apporter la preuve d'une faute ou d'un fait illicite[1292]. Ce qui varie est la personne concernée, qui peut être soit l'opérateur ou l'exploitant de l'activité, soit le transporteur de la substance dangereuse ou le propriétaire du moyen de transport utilisé.

Malgré l'existence des deux régimes de responsabilité civile dans le domaine de l'énergie nucléaire – le régime régional de la Convention de Paris de 1960 et le régime mondial de la Convention de Vienne de 1963 sous les auspices de l'A.I.E.A.[1293] –, le responsable

---

[1292] KERBRAT, Y., « Le droit international face au défi de la réparation des dommages à l'environnement », in S.F.D.I. (org.), *Colloque d'Aix-en-Provence : Le droit international face aux enjeux environnementaux*, Paris, Pedone, 2010, p. 132. La Convention de Vienne relative à la responsabilité civile en matière de dommages nucléaires de 1963, par exemple, détermine dans son article IV que « *L'exploitant est* objectivement *responsable de tout dommage nucléaire en vertu de la présente Convention.* »

[1293] Il faut pourtant souligner que le Protocole commun relatif à l'application de la Convention de Vienne et de la Convention de Paris de 1988 interdit l'application des deux Conventions dans une même affaire.

pour la réparation en cas de dommage nucléaire est toujours le même : l'exploitant d'une installation nucléaire, c'est-à-dire la personne désignée ou reconnue par l'autorité publique compétente comme l'exploitant de toute usine ou réacteur nucléaire[1294], y compris tout stockage de matières nucléaires, à l'exclusion du stockage de ces substances en cours de transport[1295].

Dans les cas de pollution par les hydrocarbures, il y a différents responsables en raison de l'activité en cause. En ce qui concerne le transport maritime international des hydrocarbures en vrac, les deux Conventions sur la responsabilité civile pour les dommages dus à la pollution par les hydrocarbures – Convention de Bruxelles de 1969 et Convention de Londres de 1992 – déterminent que le responsable pour tout dommage causé est le propriétaire du navire au moment d'un événement ou, si l'événement consiste en une succession de faits, au moment du premier de ces faits[1296]. De la même façon, la « Convention Bunker » de 2001 précise la responsabilité du propriétaire du navire pour tout dommage causé par des hydrocarbures de soute se trouvant à bord ou provenant de son engin marin[1297]. Enfin, la Convention sur la responsabilité civile pour les dommages de pollution par les hydrocarbures résultant de la recherche et de l'exploitation des ressources minérales du sous-sol marin de 1977 stipule la responsabilité de l'opérateur de l'installation de recherche ou exploitation minérale[1298].

Certains auteurs ont critiqué cette orientation en soulignant que l'idée de risque comme réponse à la responsabilisation du propriétaire du navire n'est pas satisfaisante, car si c'est à celui qui engendre le

---

[1294] À l'exclusion de ceux qui sont utilisés par un moyen de transport maritime ou aérien comme source d'énergie, que ce soit pour la propulsion ou à toute autre fin, conformément à l'article premier, 1, j, i, de la Convention de Vienne et à l'article 1, a, ii, de la Convention de Paris.

[1295] Voir l'article II de la Convention de Vienne et l'article 3 de la Convention de Paris. Pour la responsabilité du transporteur, voir la Convention relative à la responsabilité civile dans le domaine du transport maritime de matières nucléaires de 1971.

[1296] Article III des deux Conventions.

[1297] Article 3 de la Convention sur la responsabilité civile pour les dommages dus à la pollution par les hydrocarbures de soute.

[1298] Article 3 de la Convention.

risque qu'on doit imputer la responsabilité, il semble plus logique de faire reposer la responsabilité sur le propriétaire de la cargaison, étant donné que c'est la marchandise l'élément polluant[1299]. Bien que le reproche soit légitime, en ce qui concerne le transport de substances dangereuses, le droit conventionnel fait toujours poser la responsabilité sur le transporteur. La Convention CRTD de 1989, par exemple, énonce que « *le transporteur au moment d'un événement est responsable de tout dommage causé par les marchandises dangereuses au cours de leur transport par route, rail ou bateau de navigation intérieure* »[1300]. Cela est également valable pour le transport de substances nocives et potentiellement dangereuses par mer[1301].

La seule exception à la règle générale de canalisation de responsabilité vers le transporteur – ou le propriétaire du navire – s'applique aux mouvements transfrontières de déchets dangereux et leur élimination. Le Protocole de Bâle de 1999 a développé un régime complexe de responsabilité pour préciser les obligations tant de l'exportateur/importateur ou du producteur que de l'éliminateur desdits déchets. Ainsi, est responsable de tout dommage la personne qui procède à l'exportation ou à l'importation des déchets dangereux, qui peut être tant un exportateur/importateur que le producteur dont l'activité génère les substances, jusqu'au moment où l'éliminateur a pris possession des déchets dangereux et des autres déchets[1302]. L'éliminateur est ensuite responsable des dommages. Il faut souligner que l'exportateur/importateur et le transporteur ne sont pas nécessairement la même personne. En outre, le Protocole prévoit aussi les cas de réimportation de déchets dangereux[1303].

[1299] LUCCHINI, G., « La pollution des mers par les hydrocarbures : les conventions de Bruxelles de novembre 1969 ou les fissures du droit international classique », *J.D.I.*, vol. 97, 1970, p. 820.

[1300] Article 5 de la Convention sur la responsabilité civile pour les dommages causés au cours du transport de marchandises dangereuses par route, rail et bateaux de navigation intérieure de 1989.

[1301] Voir l'article 7 de la Convention SNPD de 1996.

[1302] Article 4 (1 et 2), du Protocole. Voir également l'article 6 de la Convention de Bâle sur le contrôle des mouvements transfrontières de déchets dangereux de 1989.

[1303] Voir l'article 4 (3 et 4), du Protocole.

En plus des activités de transport de substances nocives, le droit conventionnel établit aussi des normes visant la réglementation des activités industrielles à risque. Ainsi, tant la Convention de Lugano de 1993 que le Protocole sur la responsabilité civile et l'indemnisation en cas de dommages causés par les effets transfrontières d'accidents industriels sur les eaux transfrontières de 2003 canalisent la responsabilité vers l'exploitant de l'activité si le dommage résulte d'événements survenus au moment ou pendant la période où il exerçait le contrôle de celle-ci[1304]. Pour conclure, le Protocole additionnel de Nagoya – Kuala Lumpur sur la responsabilité et la réparation relatif au Protocole de Cartagena sur la prévention des risques biotechnologiques de 2010 prévoit la responsabilité de l'opérateur qui contrôle directement ou indirectement l'organisme vivant modifié[1305]. Même si le texte n'est pas très clair, lorsqu'un dommage s'est produit, les États doivent exiger des opérateurs appropriés qu'ils prennent toutes les mesures d'intervention nécessaires, parmi lesquelles la « *restauration de la diversité biologique aux conditions qui existaient avant que le dommage soit survenu* »[1306].

Étant donné que la responsabilité « canalisée » vers l'exploitant est toujours une responsabilité civile, ces traités énoncent également des règles relevant du droit international privé. Il ne s'agit pas de renforcer l'obligation de réparation, mais plutôt de faciliter la mise en œuvre de la responsabilité. L'objectif de ces règles procédurales ainsi que de la canalisation est donc identique : faciliter l'accès des victimes aux

---

1304 Voir les articles 6 et 7 de la Convention de Lugano de 1993 sur la responsabilité civile des dommages résultant d'activités dangereuses pour l'environnement et l'article 4 du Protocole.

1305 Article 5 du Protocole. Il faut souligner que le Protocole définit de façon très générale la notion d'opérateur, qui peut inclure, entre autres, « *le titulaire du permis, la personne qui a mis l'organisme vivant modifié sur le marché, le concepteur, le producteur, l'auteur de la notification, l'exportateur, l'importateur, le transporteur ou le fournisseur* ». Article 2 du Protocole.

1306 Article 2 (2), du Protocole.

tribunaux nationaux pour demander une réparation des pertes subies[1307].

Ainsi, le plus souvent, ces régimes établissent préalablement non seulement la loi applicable[1308], mais aussi le tribunal compétent pour régler le différend. Dans la plupart des cas, l'autorité judiciaire compétente est soit celle de l'État où le dommage a été subi soit celle de l'État où l'incident a eu lieu. Cependant, d'autres critères peuvent être utilisés, tels que le lieu où les mesures de sauvegarde ont été prises pour éviter ou réduire le dommage, le domicile habituel du défendeur ou, s'il est une société, le domicile de son établissement principal, son siège légal ou son administration centrale[1309]. Certaines conventions peuvent même laisser à la victime la liberté de choix lorsqu'il existe plus d'un tribunal compétent[1310].

Enfin, ces traités énoncent aussi des règles visant à assurer la reconnaissance et l'exécution des décisions rendues par un tribunal compétent. Selon le Protocole de Kiev, par exemple, tout jugement d'une juridiction compétente qui ne peut plus faire l'objet d'un recours ordinaire et qui est exécutoire dans l'État d'origine du

---

[1307] Sans proprement adopter un système de responsabilité internationale, la Convention des Nations Unies sur le droit de la mer de 1982 oblige les États à veiller à ce que « *leur droit interne offre des voies de recours permettant d'obtenir une indemnisation rapide et adéquate ou autre réparation des dommages résultant de la pollution du milieu marin par des personnes physiques ou morales relevant de leur juridiction* ». Article 235 de la Convention.

[1308] L'article 19 du Protocole de Bâle de 1999, par exemple, détermine que « *Toutes les questions de fond ou de procédure concernant des demandes présentées devant le tribunal compétent qui ne sont pas expressément réglées par le Protocole sont régies par le droit appliqué par ce tribunal y compris par les articles dudit droit concernant le conflit de lois* ». Pour un autre exemple, voir l'article VIII de la Convention de Vienne de 1963 sur les dommages nucléaires.

[1309] Voir l'article 13 du Protocole sur la responsabilité civile et l'indemnisation en cas de dommages causés par les effets transfrontières d'accidents industriels sur les eaux transfrontières de 2003. Voir également l'article 19 de la Convention CRTD de 1989.

[1310] Voir KISS, A. & SHELTON, D., « Strict Liability in International Environmental Law », in NDIAYE, T. M. ; WOLFRUM, R. & KOJIMA, C. (dir.), *Law of the Sea, Environmental Law and Settlement of Disputes : liber amicorum Judge Thomas A. Mensah*, Leiden/Boston, Martinus Nijhoff Publishers, 2007, p. 1150.

jugement est reconnu sur le territoire de toute Partie dès que les formalités requises par celle-ci ont été accomplies[1311]. Les seules limites à la reconnaissance et à l'exécution des décisions se rapportent au caractère frauduleux de l'obtention du jugement, à l'impossibilité de la part du défendeur de présenter régulièrement sa défense dans des délais raisonnables, ou si le jugement est inconciliable soit avec une décision antérieure rendue sur le territoire d'un autre État dans une action ayant le même objet et opposant les mêmes Parties, soit avec l'ordre public de l'État sur le territoire duquel on cherche à obtenir la reconnaissance.

B. L'assouplissement de l'obligation de réparation du dommage écologique

Bien que ces régimes de responsabilité civile soient essentiels pour la réparation d'un dommage écologique, ils possèdent certaines dispositions qui vont dans le sens inverse d'une protection effective du milieu naturel, notamment en ce qui concerne l'adoption de clauses d'exonération (1°) et de plafonds de responsabilité (2°). Ainsi, si la responsabilité est objective et canalisée vers l'exploitant de l'activité, cette même responsabilité a des limites qui peuvent affaiblir considérablement la notion de réparation intégrale du préjudice causé. Autrement dit, la responsabilité est centrée sur l'exploitant, mais tout en évitant qu'il en supporte la charge intégrale[1312].

À cause de ses limites, certains auteurs ont critiqué durement les régimes de responsabilité existants[1313]. Concernant l'utilisation de l'énergie nucléaire, par exemple, R. Churchill affirme que la

---

[1311] Article 18 du Protocole de Kiev de 2003 sur la responsabilité civile et l'indemnisation en cas de dommages causés par les effets transfrontières d'accidents industriels sur les eaux transfrontières.

[1312] GIROD, P., *La réparation du dommage écologique*, Paris, L.G.D.J., 1974, p. 252.

[1313] Voir DOEKER, G. & GEHRING, T., « Private or International Liability for Transnational Environmental Damage : The Precedent of Conventional Liability Regimes », *J.E.L.*, vol. 2, n° 1, 1990, p. 8-12.

principale motivation pour adopter un traité sur la responsabilité en cas de dommage nucléaire était de protéger l'industrie nucléaire plutôt que ses victimes potentielles, c'est-à-dire que l'objectif était de limiter la responsabilité de l'opérateur afin de protéger l'industrie nucléaire de demandes financièrement dévastatrices[1314]. De la même façon, M. Töpfer a fait remarquer que du point de vue de la protection de l'environnement et du développement durable, le système relatif aux dommages dus à la pollution par les hydrocarbures présente un certain nombre d'insuffisances reconnues, telles qu'un plafond d'indemnisation trop bas et l'absence de couverture des dommages écologiques purs[1315].

1°. Les clauses d'exonération de responsabilité

La grande majorité des traités de responsabilité civile adoptent les notions de cas fortuit et de force majeure[1316] et, par conséquent, disposent que l'exploitant n'est pas responsable s'il prouve que le dommage par pollution résulte d'un acte de guerre, d'hostilités, d'une guerre civile, d'une insurrection, ou de troubles civils[1317]. Un phénomène naturel de nature exceptionnelle, inévitable, imprévisible

---

1314 CHURCHILL, R. R., « Facilitating (Transnational) Civil Liability Litigation for Environmental Damage by Means of Treaties : Progress, Problems, and Prospects », *Y.I.E.L.*, vol. 12, 2002, p. 7.

1315 TÖPFER, M. K., « Au-delà du marché : les FIPOL et l'environnement », in F.I.P.O.L., *Les FIPOL : 25 années d'indemnisation des victimes de sinistres liés à la pollution par les hydrocarbures*, Londres, 2003, p. 39-40. L'auteur ajoute que selon les conventions existantes, les navires-citernes transportant moins de 2000 tonnes d'hydrocarbures persistants en tant que cargaison ne sont pas tenus de souscrire une assurance de responsabilité, mais un petit déversement peut causer d'importants dommages environnementaux dans une zone sensible. Comme exemple, l'auteur cite l'échouement d'un navire-citerne au large de l'île de San Cristóbal, à Galapagos, en janvier 2001, qui a peut-être entraîné la mort de 60% des uniques iguanes marins de la région en raison de moins de 90 tonnes d'hydrocarbures déversés dans l'eau.

1316 Cependant, seul le Protocole additionnel sur la responsabilité et la réparation relatif au Protocole de Cartagena sur la prévention des risques biotechnologiques de 2010 a adopté expressément ces expressions.

1317 Comme exemple, voir l'article 9 de la Convention de Paris de 1960.

et irrésistible peut aussi exonérer l'exploitant de sa responsabilité[1318]. Il est intéressant de signaler que cette clause a été abandonnée en matière de dommage nucléaire, étant donné que les deux conventions sur le sujet ne considèrent plus qu'un « *cataclysme naturel de caractère exceptionnel* » puisse exonérer la responsabilité civile d'un opérateur d'une installation nucléaire[1319].

Le fait d'un tiers a été adopté par plusieurs conventions, notamment celles liées au transport de substances dangereuses et à la pollution par les hydrocarbures. Ainsi, la Convention de Bruxelles de 1969 et la Convention de Londres de 1992 déterminent que le propriétaire du navire n'est pas responsable si le dommage résulte du fait « *qu'un tiers a délibérément agi ou omis d'agir dans l'intention de causer un dommage* », ou s'il résulte « *de la négligence ou d'une autre action préjudiciable d'un gouvernement ou autre autorité responsable de l'entretien des feux ou autres aides à la navigation dans l'exercice de cette fonction* »[1320].

Ces conventions ont également adopté la faute de la victime comme clause d'exonération. Ainsi, si l'exploitant prouve que le dommage par pollution résulte en totalité ou en partie, soit du fait que la personne qui l'a subi a agi ou omis d'agir dans l'intention de causer un dommage, soit de la négligence de cette personne, le propriétaire peut être exonéré de tout ou partie de sa responsabilité envers ladite personne[1321].

À ces clauses plus communes d'exonération s'ajoutent d'autres clauses plus spécifiques à certaines activités. La Convention de Lugano de 1993, par exemple, outre les cas d'un conflit armé, d'un

---

[1318] Voir comme exemple l'article 3 (3), de la Convention sur la responsabilité civile pour les dommages de pollution par les hydrocarbures résultant de la recherche et de l'exploitation des ressources minérales du sous-sol marin de 1977.

[1319] Concernant la Convention de Vienne de 1963, cette possibilité a été abandonnée par l'article 6 de son Protocole d'amendement de 1997. Quant à la Convention de Paris de 1960, ses clauses d'exonération ont été modifiées par son Protocole de modification de 2004.

[1320] Article III, 2, des deux Conventions.

[1321] Voir, par exemple, l'article 4 (3), du Protocole sur la responsabilité civile et l'indemnisation en cas de dommages causés par les effets transfrontières d'accidents industriels sur les eaux transfrontières de 2003.

phénomène naturel, d'un fait d'un tiers ou de la faute de la victime, prévoit l'exonération si le dommage « *résulte nécessairement du respect d'un commandement ou d'une mesure impérative spécifiques émanant d'une autorité publique* [ou] *d'une pollution d'un niveau acceptable eu égard aux circonstances locales pertinentes* »[1322].

Quant au transport de substances et marchandises dangereuses, tant la Convention CRTD de 1989 que la Convention SNPD de 1996 exonèrent le transporteur de toute responsabilité s'il prouve que l'expéditeur ou toute autre personne a négligé de fournir des renseignements concernant la nature dangereuse des substances ou des marchandises expédiées et que ni lui ni ses préposés ou mandataires n'avaient connaissance ou n'auraient dû avoir connaissance de la nature potentiellement dangereuse et nocive des substances expédiées[1323]. Enfin, le traité peut laisser aux Parties la liberté de prévoir, dans leur droit interne, les exemptions ou mesures d'atténuation qu'elles jugent appropriées[1324].

Pour conclure, il faut souligner que même s'il ne s'agit pas d'une clause d'exonération proprement dite, mais plutôt d'une immunité internationale protégeant la souveraineté des États, ces régimes de responsabilité peuvent limiter ou même exclure la mise en œuvre de la responsabilité internationale dans certaines activités exercées et contrôlées exclusivement par l'État. Ainsi, par exemple, les deux Conventions sur la responsabilité civile pour les dommages dus à la pollution par hydrocarbures déterminent que ses dispositions « *ne sont pas applicables aux navires de guerre et aux autres navires appartenant à un État ou exploités par lui et affectés exclusivement, à l'époque considérée, à un service non commercial d'État* »[1325].

1322 Articles 8 et 9 de la Convention.

1323 Voir l'article 4 (5) de la Convention de 1989 et l'article 7 (2) de la Convention de 1996.

1324 Voir l'article 6 du Protocole additionnel sur la responsabilité et la réparation relatif au Protocole de Cartagena sur la prévention des risques biotechnologiques, de 2010.

1325 Article XI des Conventions de 1969 et de 1992.

2°. Les clauses limitatives de responsabilité

Il est courant d'associer le concept de responsabilité objective à celui de limitation de la responsabilité. Si ces régimes conventionnels canalisent la responsabilité vers l'exploitant de l'activité, ils la limitent par la détermination d'un plafond d'indemnisation, qui peut varier en raison non seulement du risque que comporte l'exercice de l'activité dangereuse, mais également en raison de l'amplitude du dommage que ladite activité peut causer[1326]. Et si certaines conventions laissent une liberté totale d'action aux États pour prévoir des limites financières pour la réparation d'un dommage[1327], d'autres fixent avec une très grande précision les montants maximaux d'indemnisation, qui sont évidemment périodiquement réexaminés. Trois ans après son adoption, par exemple, la Convention de Paris sur la responsabilité civile dans le domaine de l'énergie nucléaire de 1960 a été modifiée pour augmenter le montant maximum de la responsabilité préalablement défini[1328].

Plusieurs arguments sont utilisés pour justifier la fixation d'un plafond. Selon la Commission du droit international, la limitation de la responsabilité est un « *moyen commode d'encourager les exploitants à poursuivre l'activité à risque, mais socialement et économiquement bénéfique* »[1329]. En outre, du point de vue politique, la limitation de la responsabilité pourrait être considérée comme une contrepartie raisonnable à l'adoption d'un régime de responsabilité absolue. L'échouement du pétrolier libérien *Torrey Canyon* a démontré

[1326] Néanmoins, ni la Convention de Lugano de 1993 ni la Loi Type sur la Biosécurité en Afrique de 2001 ne fixent un plafond de responsabilité : l'article 14 de la Loi Type, par exemple, détermine que « *le dommage doit être entièrement compensé* » par toute personne qui importe, fait transiter, utilise en milieu confiné, libère ou met sur le marché un organisme génétiquement modifié ou le produit d'un organisme génétiquement modifié.

[1327] Voir l'article 8 du Protocole additionnel de Nagoya – Kuala Lumpur sur la responsabilité et la réparation relatif au Protocole de Cartagena sur la prévention des risques biotechnologiques de 2010.

[1328] Voir l'article 7 de la Convention de Paris et l'article 3 de la Convention complémentaire de Bruxelles de 1963.

[1329] Voir les commentaires au principe 4 des Projets de principes sur la répartition des pertes en cas de dommage transfrontière découlant d'activités dangereuses. *Annuaire... 2006*, vol. II, Deuxième partie, p. 165.

l'absence de règles adéquates en matière de pollution maritime par les hydrocarbures et, au lendemain de l'accident, l'O.M.C.I.[1330] a été chargée d'élaborer une solution juridique à ce défi. Il semble probable que lors des négociations de la Convention de Bruxelles de 1969 aucun accord n'aurait été conclu si la responsabilité objective des propriétaires des navires – à l'époque une innovation en droit maritime – n'eût pas été accompagnée d'une limitation de la responsabilité[1331].

Encore dans ce domaine du droit maritime, notamment en ce qui concerne le transport de marchandises, il est souvent invoqué que la fixation d'un plafond serait justifiée par la nature périlleuse de cette activité et qu'une responsabilité illimitée découragerait le transport de substances dangereuses par mer[1332]. Cependant, selon G. Gauci, le maintien d'une telle limitation de la responsabilité est un anachronisme qui bénéficie à l'industrie du transport maritime au détriment d'autres intérêts, parmi lesquels la protection effective de l'environnement[1333].

Concernant l'utilisation de l'énergie nucléaire, on a soutenu qu'il serait impossible pour les personnes qui se livrent à cette activité ultradangereuse d'obtenir une couverture d'assurance si la responsabilité était illimitée. Malgré cela, après plusieurs modifications, la Convention de Paris présente désormais le montant à partir duquel les Parties doivent fixer la responsabilité de l'exploitant, considéré comme un minimum commun et non plus comme un maximum. Autrement dit, au lieu d'établir un plafond, la Convention laisse expressément les États libres soit de fixer un autre montant de responsabilité plus élevé, soit d'adopter un régime de responsabilité

1330 L'Organisation maritime consultative intergouvernementale est l'actuelle l'Organisation maritime internationale – O.M.I.

1331 GIROD, P., *La réparation du dommage écologique*, Paris, L.G.D.J., 1974, p. 225.

1332 LITTLE, G., « The Hazardous and Noxious Substances Convention : A New Horizon in the Regulation of Marine Pollution », *L.M.C.L.Q.*, part 4, 1998, p. 558-559.

1333 GAUCI, G., « Limitation of Liability in Maritime Law : An Anachronism ? », *Marine Policy*, vol. 19, 1995, p. 66.

illimitée[1334]. Dans la pratique, le montant minimal de la Convention représente bien toujours un maximum pour l'exploitant[1335]. Il faut pourtant rappeler que la limite de responsabilité doit être choisie en fonction du degré de risque et des besoins des victimes potentielles plutôt que des intérêts de l'industrie de l'assurance, ce qui n'est pas toujours le cas[1336].

Le problème avec les systèmes de limitation de la responsabilité est que si les plafonds sont trop bas, cela peut amener l'exploitant à prendre des mesures de diligence moins rigoureuses ou même à négliger toute mesure de prévention ; et en cas de dommage, le montant peut être insuffisant pour la réparation intégrale de l'environnement dégradé. Ainsi, étant donné qu'au stade actuel du droit international on n'envisage pas la possibilité d'abandonner cette limitation, il faut donc essayer de fixer des plafonds de responsabilité financière à un niveau suffisamment élevé, en tenant compte de l'ampleur des risques que comporte l'activité et évidemment de l'objectif de remettre le milieu naturel dans l'état où il se trouverait si le dommage n'avait pas eu lieu.

Enfin, il faut souligner que la plupart des régimes de responsabilité excluent la limitation de la responsabilité en cas de faute. Ainsi, l'exploitant n'est pas en droit de limiter sa responsabilité s'il est prouvé que le dommage résulte de son fait ou de son omission personnels ou du fait ou de l'omission de ses préposés ou mandataires, commis dans l'intention de provoquer un tel dommage, ou commis témérairement et avec conscience qu'un tel dommage en résulterait probablement, à la condition que, dans le cas d'un tel fait ou d'une

---

1334 Voir le nouvel article 7 de la Convention de Paris, modifié par le Protocole de 2004 : « *Toute Partie Contractante doit prévoir dans sa législation que la responsabilité de l'exploitant pour les dommages nucléaires causés par chaque accident nucléaire n'est pas inférieure à 700 millions d'euros.* »

1335 DUSSART-DESART, R., « La réforme de la Convention de Paris sur la responsabilité civile dans le domaine de l'énergie nucléaire et de la Convention complémentaire de Bruxelles : un survol des principaux éléments de la modernisation des deux Conventions », *B.D.N.*, nº 75, 2005, p. 19.

1336 CHURCHILL, R. R., « Facilitating (Transnational) Civil Liability Litigation for Environmental Damage by Means of Treaties : Progress, Problems, and Prospects », *Y.I.E.L.*, vol. 12, 2002, p. 36.

telle omission d'un préposé ou mandataire, il soit aussi prouvé que celui-ci a agi dans l'exercice de ses fonctions[1337].

Paragraphe 2. Les mécanismes financiers préventifs servant à garantir la réparation du dommage écologique

L'objectif de tous les régimes de responsabilité civile est de garantir une réparation rapide et adéquate lorsqu'un dommage a eu lieu. De cette façon, à partir du moment où certaines activités à risque peuvent causer des dommages de dimensions catastrophiques, dont les coûts de réparation sont trop élevés pour être supportés par l'exploitant, le droit conventionnel a prévu des mécanismes financiers préventifs permettant d'assurer la disponibilité des ressources nécessaires à la remise en état du milieu naturel pollué. Ces mécanismes renforcent l'idée de prévention dans la mesure où l'exploitant doit les mettre en œuvre avant l'exercice de l'activité dangereuse. Si tous les régimes prévoient l'obligation de l'exploitant de souscrire une assurance ou une autre garantie financière (A), d'autres régimes vont encore plus loin et établissent un fonds autonome visant à garantir une indemnisation adéquate si le régime de responsabilité de l'opérateur se révèle insuffisant (B).

A. La garantie financière

À l'exception du Protocole de Nagoya – Kuala Lumpur sur la responsabilité en cas de dommage biotechnologique, qui laisse aux États parties la faculté de prévoir des dispositions de garantie financière dans leur droit interne sans pour autant les obliger à le faire[1338], tous les autres régimes de responsabilité civile obligent les Parties à s'assurer que les exploitants exerçant une activité dangereuse

---

1337 Voir, comme exemple, l'article 10 de la Convention CRTD.
1338 Voir l'article 10 du Protocole.

sur leur territoire participent à un régime de sécurité financière afin de couvrir leur responsabilité en cas de dommage. Si l'exploitant a l'obligation d'avoir et de maintenir une assurance ou toute autre garantie financière couvrant sa responsabilité pour dommage à l'environnement, il incombe à l'État où se trouve l'installation l'obligation de déterminer le montant, la nature et les conditions de l'assurance ou de la garantie[1339].

Dans le domaine de l'énergie nucléaire, par exemple, à concurrence du montant maximal fixé, tout exploitant d'une installation nucléaire est tenu d'avoir et de maintenir une assurance ou une autre garantie financière, telle qu'une garantie bancaire ou des cautionnements, pour faire face à sa responsabilité en cas d'accident[1340]. En revanche, la Convention de Vienne de 1963 dit expressément que rien n'oblige une Partie contractante ni aucune de ses subdivisions politiques, telles qu'États ou Républiques, à maintenir une assurance ou toute autre garantie financière couvrant sa responsabilité comme exploitant[1341]. Cela peut s'expliquer par le fait que l'État dans lequel se trouve l'installation doit assurer le paiement des indemnités pour dommage nucléaire reconnu comme étant à la charge de l'exploitant si l'assurance ou la garantie financière n'est pas suffisante[1342].

De façon à contrôler le respect de l'obligation d'assurance, les régimes de responsabilité exigent souvent des États la délivrance d'un certificat attestant qu'une garantie financière est en cours de validité. Dans le domaine du transport d'hydrocarbures, par exemple, lorsqu'il s'agit d'un navire immatriculé dans un État partie, la compétence pour

[1339] Évidemment, l'assurance ou la garantie financière doit couvrir toute la durée de la responsabilité de l'exploitant. L'article VII de la Convention de Vienne relative à la responsabilité civile en matière de dommages nucléaires de 1963, par exemple, détermine que « *L'assureur ou tout autre garant financier ne peut suspendre l'assurance ou la garantie financière prévue au paragraphe 1 ci-dessus ou y mettre fin sans un préavis de deux mois au moins donné par écrit à l'autorité publique compétente, ni, dans la mesure où ladite assurance ou autre garantie financière concerne un transport de matières nucléaires, pendant la durée de ce transport* ».
[1340] Article 10 de la Convention de Paris de 1960 et article VII de la Convention de Vienne de 1963.
[1341] Article VII, 2, de la Convention.
[1342] Sur le sujet, voir ci-dessous le « Paragraphe 1 – La responsabilité subsidiaire de l'État ».

délivrer le certificat appartient à cet État ; lorsqu'il s'agit d'un navire qui n'est pas immatriculé dans un État partie, le document peut être délivré par tout État partie à la Convention sur la responsabilité civile concernant la pollution par hydrocarbures. Il est intéressant de souligner que les certificats ainsi délivrés doivent être reconnus par les autres États comme ayant la même valeur que les certificats délivrés et visés par eux-mêmes, même lorsqu'il s'agit d'un navire qui n'est pas immatriculé dans un État partie au traité en question. En outre, si un État estime que l'assureur ou garant porté sur le certificat n'est pas financièrement capable de faire face aux obligations imposées par la Convention, il peut à tout moment demander à l'État qui a délivré le certificat de procéder à un échange de vues[1343].

Encore dans le domaine du transport des hydrocarbures, les expériences vécues dans l'application de ce système de garantie ont démontré que l'assurance obligatoire imposée est l'élément crucial de la réussite de la Convention, dans la mesure où, lors d'un accident, les assureurs traditionnels de responsabilité ont agi de façon prompte et efficace dans le traitement des demandes d'indemnisation de dommages causés[1344]. C'est ainsi que la Convention SNPD de 1996 a également adopté un mécanisme financier visant à garantir la réparation d'un préjudice[1345]. La seule différence réside dans le fait que si la Convention de Bruxelles de 1969 ainsi que la Convention de Londres de 1992 dispensent les navires transportant moins de 2000 tonnes d'hydrocarbures en tant que cargaison de l'obligation de

---

[1343] Voir l'article VII de la Convention sur la responsabilité civile pour les dommages dus à la pollution par hydrocarbures de 1992. Un modèle de certificat figure à l'annexe de la Convention ; il doit comporter le nom du navire et port d'immatriculation ; le nom et lieu du principal établissement du propriétaire ; le type de garantie ; le nom et lieu du principal établissement de l'assureur ou autre personne accordant la garantie et, le cas échéant, lieu de l'établissement auprès duquel l'assurance ou la garantie a été souscrite ; et la période de validité du certificat, qui ne saurait excéder celle de l'assurance ou de la garantie.

[1344] WU, C., « La convention internationale du 3 mai 1996 sur la responsabilité et l'indemnisation pour les dommages liés au transport par mer des substances nocives et potentiellement dangereuses », *A.F.D.I.*, vol. 43, 1997, p. 743.

[1345] Voir l'article 12 de la Convention.

s'assurer[1346], tous les navires transportant par mer des substances nocives et potentiellement dangereuses sont tenus de le faire[1347].

Ces conventions ont aussi prévu un système double de contrôle de l'obligation de s'assurer : d'abord, les États parties ne doivent pas autoriser un navire battant leur pavillon à commercer si ce navire n'est pas muni d'un certificat. Ensuite, ils doivent veiller à ce qu'en vertu de sa législation nationale tout navire qui entre dans leurs ports ou qui les quitte, qui arrive dans des installations terminales situées au large des côtes dans leur mer territoriale ou qui les quitte, ait une assurance ou autre garantie, quel que soit son lieu d'immatriculation[1348].

L'essence du mécanisme de garantie financière réside dans le fait que si l'exploitant ne peut pas garantir que des dommages environnementaux ne se produiront pas, il peut au moins garantir qu'en cas de survenance d'un dommage, il y aura des ressources financières disponibles pour la réparation des préjudices causés. C'est une façon d'assurer que le but de prévention absolue des dommages, étroitement lié aux régimes de responsabilité objective, sera atteint.

[1346] Article VII, 1, des Conventions. De la même façon, l'article 7 de la Convention sur la responsabilité civile pour les dommages dus à la pollution par les hydrocarbures de soute de 2001 détermine que seul le propriétaire inscrit d'un navire d'une jauge brute supérieure à 1000 immatriculé dans un État Partie est tenu de souscrire une assurance ou autre garantie financière.

[1347] Même si la plus grande partie de la cargaison transportée sur le navire n'est nullement nocive ni potentiellement dangereuse, l'absence d'une cargaison minimale fait qu'un navire ne transportant que certains colis de substances dangereuses doit aussi être assuré.

[1348] Voir l'article VII, 10 et 11, des Conventions sur la responsabilité civile pour les dommages dus à la pollution par hydrocarbures de 1969 et 1992 et l'article 12 (10 et 11), de la Convention SNPD de 1996. Chao Wu fait remarquer que « *ce dernier point remédie à la situation défavorable de concurrence dans laquelle les navires immatriculés dans des États contractants peuvent se trouver à cause de l'obligation d'être assurés, puisque, par cette disposition, les navires qui ne sont pas immatriculés dans des États contractants sont aussi contraints d'avoir la même couverture d'assurance pour entrer dans un port d'un État contractant* ». WU, C., « La convention internationale du 3 mai 1996 sur la responsabilité et l'indemnisation pour les dommages liés au transport par mer des substances nocives et potentiellement dangereuses », *A.F.D.I.*, vol. 43, 1997, p. 743.

Quant à la question de savoir si l'État est obligé de souscrire une assurance lorsqu'il est le propre exploitant de l'activité dangereuse, on dispose d'une alternative : soit le régime prévoit d'autres obligations à l'égard de l'État en contrepartie de l'absence d'une assurance obligatoire, comme le font les régimes de responsabilité civile en matière de dommages nucléaires, soit le régime donne à l'État la possibilité de s'acquitter de son obligation par une déclaration d'auto-assurance. Le Protocole sur la responsabilité civile et l'indemnisation en cas de dommages causés par les effets transfrontières d'accidents industriels sur les eaux transfrontières de 2003, par exemple, énonce ce qui suit :

« *L'exploitant veille à ce que la responsabilité encourue en vertu de l'article 4 soit et reste couverte, pour des montants équivalant au moins aux limites inférieures indiquées dans la deuxième partie de l'annexe II, par une garantie financière telle qu'une assurance, des cautionnements ou autres garanties, y compris des mécanismes financiers d'indemnisation en cas d'insolvabilité. En outre, les Parties peuvent s'acquitter de l'obligation qui leur incombe au titre du présent paragraphe en ce qui concerne les exploitants qui sont des entreprises d'État par une déclaration d'auto-assurance.* »[1349]

L'avantage de l'assurance obligatoire, du point de vue de la victime d'un dommage et de la protection effective de l'environnement, est que toute demande en réparation de dommages causés peut être formée directement contre l'assureur ou la personne dont émane la garantie financière couvrant la responsabilité de l'opérateur. Si celui-ci peut se prévaloir de certains moyens de défense, tels que sa faillite ou mise en liquidation, l'assureur en revanche ne peut pas le faire. Il faut pourtant souligner que l'assureur peut dans tous les cas obliger le propriétaire à se joindre à la procédure et il peut évidemment se prévaloir du fait que les dommages par pollution résultent d'une faute intentionnelle de l'exploitant de l'activité lui-même[1350].

[1349] Article 11 (1), du Protocole.

[1350] Pour un exemple de ces types de règles procédurales, voir l'article VII, 8, de la Convention de Bruxelles de 1969.

Enfin, outre l'exigence d'une garantie financière, certaines conventions prévoient la prise de mesures additionnelles et supplémentaires dans le cadre des mécanismes existants visant à assurer une indemnisation prompte et adéquate lorsque l'indemnisation initialement prévue ne couvre pas les coûts des dommages. Le Protocole de Bâle sur la responsabilité et l'indemnisation en cas de dommages résultant de mouvements transfrontières et de l'élimination de déchets dangereux de 1999, par exemple, incite les États parties à maintenir « *à l'étude la question de savoir s'il y a lieu et s'il est possible d'améliorer les mécanismes existants ou d'établir un nouveau mécanisme* »[1351].

B. Les Fonds d'indemnisation

Étant donné que l'objectif ici n'est pas de faire une analyse approfondie des fonds d'indemnisations existants, mais plutôt de souligner leur existence comme un mécanisme financier préventif servant à garantir la réparation du dommage écologique, il suffit d'indiquer quels sont les fonds créés par le droit conventionnel ainsi que de souligner certaines particularités qui permettent de les distinguer des autres mécanismes financiers du droit international. Actuellement à deux régimes de responsabilité civile se sont ajoutés de traités sur la constitution d'un fonds d'indemnisation : celui relatif aux dommages dus à la pollution par les hydrocarbures et celui lié au transport par mer de substances nocives et potentiellement dangereuses[1352].

Conscients des risques de pollution que crée le transport maritime international des hydrocarbures en vrac et convaincus de la nécessité

[1351] Article 15 du Protocole.

[1352] Voir les Conventions internationales portant création d'un Fonds international d'indemnisation pour les dommages dus à la pollution par les hydrocarbures de 1971 et de 1992 et la Convention sur la responsabilité et l'indemnisation pour les dommages liés au transport par mer de substances nocives et potentiellement dangereuses de 1996.

d'assurer une indemnisation équitable des personnes qui ont subi des dommages, les États ont créé en 1971 un Fonds international d'indemnisation pour les dommages dus à la pollution par les hydrocarbures – F.I.P.O.L.[1353]. À partir du moment où la responsabilité du propriétaire du navire n'accorde pas dans tous les cas une indemnisation satisfaisante aux victimes de dommages, il était utile d'instituer un système d'indemnisation qui complèterait celui de la Convention de Bruxelles de 1969[1354].

Le cadre juridique de ce système d'indemnisation a été modifié en 1992 et actuellement les F.I.P.O.L. sont trois organisations intergouvernementales fondées sur trois conventions internationales : les Conventions portant création du Fonds de 1971 et de 1992 et le Protocole de 2003. Le Fonds de 1971 est en cours de liquidation et n'assure pas la couverture des sinistres survenus après le 24 mai 2002[1355]. Le Protocole de 2003 a assuré un niveau supplémentaire d'indemnisation grâce à la mise en place en mars 2005 du Fonds complémentaire auquel tout État membre du Fonds de 1992 peut adhérer[1356].

Ainsi, en ce qui concerne le régime actuel de réparation de dommage causé par les hydrocarbures, la Convention de 1992 sur la

---

[1353] Selon la Convention de 1992 portant création du Fonds, le F.I.P.O.L. est reconnu comme une personne juridique dans chaque État partie à la Convention pouvant, en vertu de la législation de cet État, assumer des droits et obligations et être partie pour toute action engagée auprès des tribunaux dudit État (article 2, 2). En tant qu'organisation intergouvernementale, le Fonds est dirigé par une Assemblée composée des représentants des gouvernements de tous ses États membres et possède un secrétariat dirigé par un administrateur (articles 16 à 30). En outre, le Fonds lui-même, ses avoirs, revenus y compris les contributions et autres biens sont exonérés de tout impôt direct dans tous les États contractants (article 34). Voir sur le sujet GANTEN, R., « Mise en place de l'Organisation », in F.I.P.O.L., *Les FIPOL : 25 années d'indemnisation des victimes de sinistres liés à la pollution par les hydrocarbures*, Londres, 2003, p. 57-61.

[1354] MENSAH, T., « Les débuts des FIPOL », in F.I.P.O.L., *Les FIPOL : 25 années d'indemnisation des victimes de sinistres liés à la pollution par les hydrocarbures*, Londres, 2003, p. 46.

[1355] Voir, sur le sujet, MALIK, R., « Liquidation du Fonds de 1971 », in F.I.P.O.L., *Les FIPOL : 25 années d'indemnisation des victimes de sinistres liés à la pollution par les hydrocarbures*, Londres, 2003, p. 77-79.

[1356] Voir l'article 2 du Protocole.

responsabilité civile assure un premier niveau d'indemnisation à la charge du propriétaire du navire qui provoque la pollution. Ensuite, la Convention de 1992 portant création du Fonds assure un deuxième niveau d'indemnisation financé par les réceptionnaires d'hydrocarbures transportés par mer dans les États parties à la Convention ; et enfin, le Protocole portant création du Fonds complémentaire de 2003 assure un niveau supplémentaire d'indemnisation en cas de dommage.

Le but est d'éviter aux propriétaires de navires de supporter seuls les conséquences économiques de la pollution résultant des fuites ou de rejets d'hydrocarbures transportés par voie maritime, en répartissant les coûts entre tous ceux qui ont des intérêts financiers dans le transport des hydrocarbures[1357]. Le Fonds est donc financé par les contributions versées par toute entité qui a reçu au cours d'une année civile donnée, dans des ports ou terminaux d'un État Membre du Fonds, plus de 150.000 tonnes d'hydrocarbures donnant lieu à contribution (pétrole brut ou fuel-oil lourd) à l'issue de leur transport par mer[1358]. En effet, si l'on analyse les obligations du propriétaire du navire, du propriétaire de la cargaison, ainsi que des États contractants, tous doivent être soumis aux obligations de prévention/réparation, car tous ont contribué à la création du risque de dommage. Si la responsabilité est canalisée vers le propriétaire[1359], cela ne peut exonérer ni le propriétaire de la cargaison, qui a produit ou stocké la substance dangereuse, ni l'État, qui est l'entité compétente pour octroyer l'autorisation préalable de l'activité[1360].

1357 Voir les Conventions internationales portant création d'un Fonds international d'indemnisation pour les dommages dus à la pollution par les hydrocarbures de 1971 et de 1992.

1358 Article 10 de la Convention de 1992 portant création du Fonds.

1359 Par la Convention internationale de 1992 sur la responsabilité civile pour les dommages dus à la pollution par les hydrocarbures.

1360 Selon la Convention de 1992 portant création du Fonds, tout État contractant doit communiquer par écrit à l'Administrateur le nom et l'adresse de toute personne qui est tenue de contribuer au Fonds, et lorsqu'il ne remplit pas l'obligation qu'il a de soumettre à l'Administrateur les renseignements mentionnés ci-dessus et que cela entraîne une perte financière pour le Fonds, cet État est tenu d'indemniser le Fonds pour la perte subie (article 15). En outre, tout État contractant peut déclarer qu'il assume lui-même les obligations qui incombent à toute personne tenue de contribuer

Concernant l'obligation de prévention, il faut souligner que la Convention s'applique non seulement aux dommages par pollution, mais également aux mesures de sauvegarde, où qu'elles soient prises, destinées à prévenir ou à réduire de tels dommages[1361]. Ainsi, le Fonds peut accorder des facilités de paiement pour permettre de prendre des mesures préventives contre les dommages par pollution résultant d'un événement pour lequel le Fonds peut être appelé à verser des indemnités. En outre, la Convention prévoit que

« *À la demande d'un État contractant, le Fonds met ses services à la disposition de cet État dans la mesure où ils sont nécessaires pour l'aider à disposer rapidement du personnel, du matériel et des services dont il a besoin pour prendre des mesures visant à prévenir ou à limiter un dommage par pollution résultant d'un événement pour lequel le Fonds peut être appelé à verser des indemnités en vertu de la présente Convention.* »[1362]

L'importance de cette expérience peut être constatée par le fait que depuis leur création, les deux Fonds – de 1971 et de 1992 – ont eu à connaître quelque 140 sinistres d'importance diverse survenus dans le monde entier et dans la grande majorité des cas, toutes les demandes d'indemnisation ont fait l'objet d'un règlement à l'amiable[1363]. En outre, si au moment de sa création, en 1978, le Fonds de 1971 était une petite organisation ne comptant que 14 États membres, aujourd'hui le Fonds compte plus de 100 États membres, ce qui laisse supposer que les gouvernements estiment que le régime international d'indemnisation a dans l'ensemble bien fonctionné. Cela explique également pourquoi ce régime a servi de modèle pour la mise en place

---

au Fonds, pour les hydrocarbures qu'elle a reçus sur le territoire de cet État (article 14).

[1361] Article 3, b, de la Convention de 1992.

[1362] Article 4 (8) de la Convention de 1992.

[1363] F.I.P.O.L., *Sinistres dont les FIPOL ont eu à connaître – 2010*, Londres, F.I.P.O.L., 2011, p. 3.

du Fonds relatif au transport par mer de substances nocives et potentiellement dangereuses – Fonds SNPD[1364].

Le Fonds SNPD est largement inspiré de l'expérience du transport d'hydrocarbures et de ce fait son régime d'indemnisation est très similaire à celui du F.I.P.O.L. Il suffit de souligner que le but du Fonds SNPD est de fournir une indemnisation complémentaire des dommages causés par les substances dangereuses transportées par un navire. En conséquence, le Fonds a l'obligation de verser une indemnisation lorsque les dommages excèdent la limite de responsabilité du propriétaire de navire ou si celui-ci est financièrement incapable ou si sa couverture d'assurance ne suffit pas pour satisfaire les demandes admissibles d'indemnisation[1365]. En outre, le Fonds doit également indemniser les victimes d'un dommage lorsque le propriétaire de navire n'est pas responsable selon la Convention, comme dans les cas de sabotage d'un tiers ou de négligence d'un gouvernement. L'importance de cette dernière situation est que, dans certaines circonstances, même si le propriétaire du navire est exonéré de sa responsabilité, le Fonds demeure entièrement responsable des dommages causés[1366].

En guise de conclusion, il ne faut pas confondre ces deux fonds avec le fonds lié au droit de limitation de responsabilité constitué après la survenance d'un accident[1367]. Ainsi, pour bénéficier de la limitation de responsabilité prévue par les traités, le propriétaire doit constituer un fonds s'élevant à la limite de sa responsabilité auprès du tribunal ou de toute autre autorité compétente de l'un des États contractants où une action est engagée ou, à défaut d'une telle action, auprès d'une autorité compétente d'un État où une action peut être

1364 JACOBSSON, M., « Le régime international d'indemnisation depuis 25 ans », in F.I.P.O.L., *Les FIPOL : 25 années d'indemnisation des victimes de sinistres liés à la pollution par les hydrocarbures*, Londres, 2003, p. 24.

1365 Il faut pourtant signaler que le Fonds, de la même façon que le propriétaire du navire, peut limiter sa responsabilité à un montant maximal.

1366 Article 14 de la Convention.

1367 Voir REMOND-GOUILLOUD, M., « Les fonds d'indemnisation et le préjudice écologique », in S.F.D.E., *Le dommage écologique en droit interne, communautaire et comparé*, Paris, Economica, 1992, p. 165-173.

engagée[1368]. Ce fonds peut être constitué soit par le dépôt de la somme, soit par la présentation d'une garantie bancaire ou de toute autre garantie acceptable admise par la législation de l'État contractant dans lequel le fonds est constitué, et jugée satisfaisante par le tribunal ou toute autre autorité compétente[1369]. L'objectif ici est plutôt de garantir l'exécution d'une décision juridictionnelle que de garantir la réparation intégrale de l'environnement[1370]. Ainsi, à ce montant déposé en cours de procédure s'ajoute les ressources provenant du Fonds, c'est-à-dire le Fonds doit prendre le relais de l'indemnisation si les demandes admissibles excèdent la limite maximale de responsabilité du propriétaire du navire[1371].

Section II. Les régimes d'indemnisation complémentaires à la responsabilité civile

Concernant le respect de l'obligation de prévention de ne pas causer un dommage à l'environnement, à l'exception de l'exploration et l'utilisation de l'espace extra-atmosphérique – la seule activité dont la responsabilité internationale est dirigée directement vers les États –, la pratique internationale a choisi d'établir plusieurs régimes de responsabilité civile orientés vers l'exploitant d'une activité dangereuse. Autrement dit, l'exploitant serait tenu responsable quelle

---

[1368] Voir l'article 9 de la Convention SNPD. Il faut remarquer que dans certains régimes de responsabilité civile, l'exploitant peut invoquer le droit de limiter sa responsabilité même si un tel fonds de limitation n'a pas été constitué. Voir, par exemple, l'article 10 (3), de la Convention sur la responsabilité civile pour les dommages causés au cours du transport de marchandises dangereuses par route, rail et bateaux de navigation intérieure – Convention CRTD de 1989.

[1369] Voir, par exemple, l'article V, 3, de la Convention de Bruxelles sur la responsabilité civile pour les dommages dus à la pollution par les hydrocarbures de 1969.

[1370] Pour une analyse précise sur le sujet, voir WU, C., *La pollution du fait du transport maritime des hydrocarbures – Responsabilité et indemnisation des dommages*, Paris, Pedone, 1994, notamment p. 78-79.

[1371] Pour une analyse pratique sur le sujet, voir ROHART, J.-S., « L'indemnisation par le FIPOL des dommages de pollution par les hydrocarbures : l'expérience de l'ERIKA », *A.D.M.*, vol. 10, 2005, p. 75-89.

que soit la personne dont les actes ou les omissions étaient la cause réelle du préjudice. Pourtant, ces mêmes régimes ne nient pas la possibilité de mise en œuvre d'une responsabilité des États si, au-delà du dommage, on prouve également une violation d'une obligation internationale[1372]. Dans ce cas, pour que la responsabilité de l'État soit engagée, il faut absolument prouver qu'il a commis un fait internationalement illicite, ce qui relève, par conséquent, du domaine de la responsabilité internationale traditionnelle.

Dans une situation de dommage, non seulement la responsabilité – objective – de l'exploitant peut être engagée, mais également la responsabilité de l'État, à condition qu'il soit prouvé un manquement à ses obligations internationales. Encore une fois on constate que l'adoption d'un régime n'exclut pas la possibilité d'application de l'autre ; bien au contraire, ils peuvent être appliqués simultanément[1373]. La différence réside dans le fait générateur : si dans le cas de la responsabilité traditionnelle il faut prouver le non-respect d'une obligation internationale, dans le cas de la responsabilité absolue de l'exploitant il suffit de constater un dommage et l'existence d'une norme qui exige sa réparation ou indemnisation.

Étant donné que notre analyse porte ici sur les alternatives à la responsabilité absolue des États, la question consiste à savoir quel est le rôle de l'État dans un régime juridique de réparation s'il n'est pas l'exploitant de l'activité et s'il n'a violé aucune de ses obligations internationales. En d'autres termes, il faut rechercher si, à côté du système d'indemnisation de la responsabilité civile, il existe d'autres systèmes complémentaires de responsabilité incombant aux États. En effet, l'adoption des régimes de responsabilité civile objective présente l'avantage de mettre en place un mécanisme de réparation/indemnisation évitant aux victimes d'un dommage de fournir la preuve d'une faute pour être indemnisée[1374], ce qui dans un premier moment semble très favorable à une protection effective de

1372 VON BAR, C., « Environmental damage in private international law », *R.C.A.D.I.*, vol. 268, 1997, p. 403.

1373 Voir l'introduction du présent Chapitre II.

1374 Dans tous ces régimes de responsabilité civile analysés, on ne discute pas la licéité ou l'illégalité ni de l'activité dangereuse en cause ni de l'acte qui a causé le préjudice.

l'environnement. En revanche, dans un deuxième moment, l'on constate que la canalisation sur le seul exploitant d'une responsabilité *sine delicto* est toujours accompagnée d'un certain nombre de mécanismes d'assouplissement de l'obligation de réparation du dommage écologique, dont le principal est sans doute la limitation financière de responsabilité. De cette façon, on peut se demander si au lieu d'établir des régimes visant la protection effective de l'environnement, le droit international ne vise pas en réalité la protection des exploitants d'une activité dangereuse.

Sans doute les États ont-ils le désir d'encourager le développement technologique et industriel et de décharger les exploitants des demandes en dommages et intérêts ruineuses. Pour autant, l'on doit considérer que pour que l'environnement reçoive une protection effective en cas de pollution il faut que l'État joue un rôle complémentaire au cas où la couverture de la responsabilité de l'exploitant serait inopérante ou insuffisante, soit par l'adoption d'une responsabilité résiduelle (Paragraphe 1) soit par le paiement d'indemnités à titre gracieux (Paragraphe 2).

Paragraphe 1. La responsabilité subsidiaire de l'État

Tout d'abord, il faut écarter l'idée selon laquelle l'adoption d'une responsabilité illimitée canalisée vers l'exploitant va automatiquement assurer le paiement d'un montant d'indemnité illimité pour réparer intégralement le dommage survenu après un accident. La réparation intégrale, même dans un régime de responsabilité absolue sans aucune limitation, peut être parfois impossible soit à cause de la nature du dommage[1375], soit à cause du patrimoine limité de l'exploitant et d'une couverture insuffisante par rapport aux demandes présentées[1376].

[1375] Une espèce qui a disparu en raison du dommage, par exemple.

[1376] Il faut rappeler qu'outre la possibilité de limitation de responsabilité tant de l'exploitant que des compagnies d'assurance, personne n'a de patrimoine illimité et les demandes en réparation peuvent dépasser le montant juridiquement disponible pour la mise en état du milieu dégradé.

Autrement dit, l'importance de certains dommages peut être telle que l'exploitant sera insolvable et que les victimes se trouveront sans réparation adéquate, voire sans réparation aucune. Ainsi, étant donné que l'assurance de l'exploitant de même que ses biens peuvent ne pas être suffisants pour satisfaire toutes les demandes en réparation, dans la plupart des pays c'est l'État qui assurera l'indemnisation après l'épuisement des fonds provenant de l'assurance ou des biens de l'opérateur de l'activité[1377].

De l'avis de la plupart des auteurs, il existe deux raisons fondamentales pour que l'État ait une responsabilité internationale résiduelle au cas où la couverture de la responsabilité de l'opérateur serait insuffisante[1378]. Premièrement, l'obligation de prévention requiert une autorisation préalable pour les activités dangereuses et il incombe évidemment à l'État d'autoriser que de telles activités soient menées dans son territoire ou sous sa juridiction. Ensuite, cette même obligation de prévention oblige les États à être diligents, c'est-à-dire à superviser et contrôler ces activités de façon à s'assurer qu'elles ont été menées de la manière la plus sûre possible[1379].

[1377] Voir, en ce qui concerne les dommages causés par un accident nucléaire, la législation du Brésil (Loi n° 6.453, de 17 octobre 1977 sur la responsabilité civile pour dommages nucléaires), des États-Unis (*Atomic Energy Act of 1954*), et de la France (Loi du 30 octobre 1968 relative à la responsabilité civile dans le domaine de l'énergie nucléaire et Ordonnance n° 2012-6 du 5 janvier 2012 modifiant les livres Ier et V du code de l'environnement). Pour une analyse de la législation de l'Argentine, l'Australie, la Belgique, le Canada, le Danemark, les Philippines, l'Allemagne, le Japon, la Finlande, la Nouvelle Zélande, la Grande-Bretagne, le Pakistan, la Suisse, l'Espagne, les États-Unis, la Suède, la Turquie et l'Union Sud Africaine, voir SENATO DELLA REPUBLICA ITALIANA, *Leggi straniere sull'energia nucleare*, Rome, Segretariato generale Ufficio di studi legislativi, 1960.
[1378] Voir HANDL, G., « State Liability for Accidental Transnational Environmental Damage by Private Persons », *A.J.I.L.*, vol. 74, n° 3, 1980, p. 561.
[1379] Même s'il ne s'agit pas d'une responsabilité internationale entre États, il faut souligner que sur le plan interne la responsabilité subsidiaire de l'État n'est pas contestée. Outre l'obligation de surveiller les activités dangereuses sous sa juridiction, il est naturel de supposer que l'État interviendrait en cas de pollution pour secourir les victimes et les indemniser des dommages subis qui dépasseraient les limites de la responsabilité de l'exploitant puisqu'il est le responsable d'une façon générale du bien-être de ses citoyens. Ensuite, la responsabilité subsidiaire de l'État reviendrait à une « *réparation sociale du risque dans l'intérêt de la solidarité*

Sans établir explicitement la responsabilité subsidiaire de l'État, le Protocole de Bâle sur la responsabilité et l'indemnisation en cas de dommages résultant de mouvements transfrontières et de l'élimination de déchets dangereux de 1999 énonce que « *lorsque l'indemnisation* [...] *ne couvre pas les coûts des dommages, des mesures additionnelles et supplémentaires visant à assurer une indemnisation prompte et adéquate peuvent être prises dans le cadre des mécanismes existants* »[1380]. En outre, dans le même dispositif, le Protocole oblige les Parties à maintenir à l'étude la question de savoir s'il y a lieu et s'il est possible d'améliorer les mécanismes existants ou d'établir un nouveau mécanisme financier pour assurer la réparation du dommage causé.

De la même façon, dans ses Projets de principes sur la répartition des pertes en cas de dommage transfrontière découlant d'activités dangereuses, la Commission du droit international recommande aux États qu'au cas où les mesures adoptées seraient insuffisantes pour accorder une indemnisation adéquate, l'État d'origine devrait veiller à ce que des ressources financières supplémentaires soient disponibles[1381]. Cependant, cela ne signifie pas que l'État doit mettre en place un mécanisme de financement public pour garantir une indemnisation prompte et adéquate ; le dispositif prévoit simplement que l'État d'origine doit s'assurer que des ressources financières supplémentaires existent en cas de dommage causé par une activité dangereuse située sous sa juridiction[1382]. L'objectif de la Commission était plutôt d'encourager les États à adopter des pratiques optimales visant à garantir une indemnisation prompte et adéquate que

---

nationale », car si d'une part l'exploitant tire des avantages financiers de son activité, d'autre part la population dans son ensemble bénéficie des facilités et du progrès technique et économique apportés par l'activité en question. Ainsi, comme l'ensemble de la population aurait bénéficié de l'activité, si l'État est subsidiairement responsable, c'est l'ensemble de la population qui le serait indirectement par l'intermédiaire du paiement de ses impôts. Voir O.C.D.E., *Responsabilité et réparation des dommages nucléaires : une perspective internationale*, Paris, O.C.D.E., 1994, p. 32.

[1380] Article 15 du Protocole.

[1381] Principe 4 (5), des Projets.

[1382] *Annuaire... 2006*, vol. II, Deuxième partie, p. 172.

d'instituer une responsabilité subsidiaire à la responsabilité civile de l'exploitant.

D'une manière générale, la doctrine est favorable à la responsabilité subsidiaire de l'État et les travaux de la Commission sur la responsabilité objective de l'État ont confirmé cette position[1383]. À cette occasion, Julio Barboza a proposé d'établir la primauté de la responsabilité civile et de compléter celle-ci avec la responsabilité de l'État, ou de substituer l'État aux parties privées responsables si celles-ci ne pouvaient être identifiées ou retrouvées[1384]. Certains membres ont affirmé leur conviction selon laquelle la responsabilité de l'État ne peut être qu'une responsabilité supplétive[1385]. Ainsi, pour ce qui est de la relation entre la responsabilité des États et la responsabilité civile, la responsabilité internationale devrait toujours être considérée comme l'ultime recours[1386]. Par conséquent, le projet devrait retenir la responsabilité civile des exploitants et la responsabilité supplétive des États au cas où l'exploitant ne peut être identifié ou lorsque l'indemnisation n'est pas adéquate. Selon la Commission, « *ceci est plus important que jamais, étant donné qu'au niveau mondial les États ont tendance à se retirer des activités commerciales en encourageant dans le même temps l'entreprise privée* »[1387].

[1383] P.-M. Dupuy, par exemple, soutient que l'entrepreneur privé doit assurer la réparation en première ligne et l'État, dans un moment ultérieur et subsidiairement, si l'indemnisation a passé un certain montant, c'est-à-dire lorsque la charge devient trop lourde pour des personnes privées. DUPUY, P.-M., « Le rôle de l'État dans l'indemnisation des dommages catastrophiques internationaux ? », in *La réparation des dommages catastrophiques. Les risques technologiques majeurs en droit international et en droit communautaire*, Faculté de droit de l'Université catholique de Louvain, Bruylant, 1990, p. 231. Selon le professeur Boyle, il est plus simple, plus rapide et plus efficace du point de vue économique de responsabiliser les entreprises plutôt que les États à cause d'un dommage transfrontière, laissant à charge de ces derniers seulement les coûts résiduels. BOYLE, A. E., « Globalising Environmental Liability : The Interplay of National and International Law », *J.E.L.*, vol. 17, nº 1, 2005, p. 8.

[1384] *Annuaire... 1991*, vol. II, Première partie, p. 87, par. 50.

[1385] Voir les commentaires de A. Pellet lors de la 2223e séance de la quarante-troisième session de la Commission.

[1386] *Annuaire... 1991*, vol. I, p. 111-113.

[1387] *Ibid.*, p. 116.

Néanmoins, même si la plupart des membres ont réagi favorablement à cette proposition visant à donner la priorité à la responsabilité civile et à attribuer une responsabilité résiduelle à l'État, aucun accord n'a pu être trouvé sur les conditions dans lesquelles cette responsabilité résiduelle pourrait être invoquée[1388]. En réalité, les discussions au sein de la Commission ont démontré qu'il ne suffit pas de dire que l'État est responsable lorsque l'exploitant fautif n'est pas en mesure d'indemniser le préjudice, ou ne peut être identifié. Si l'État a adopté les lois et règlements et pris les mesures de diligence nécessaires pour assurer le respect des normes par les personnes placées sous sa juridiction, il faut une bonne raison pour introduire une telle obligation de réparer. Ainsi, aux quatre raisons fondamentales mentionnées ci-dessus, s'ajoute la propre notion d'activité dangereuse. Selon la Commission, cette notion peut fournir les motifs permettant, dans le cas où il y a eu dommage, d'engager la responsabilité supplétive de l'État si l'exploitant est incapable de s'acquitter de son obligation de réparer, étant donné que l'activité à risque est placée dans son territoire ou sous sa juridiction[1389]. En somme, pour ce qui est de la responsabilité de l'État et de la responsabilité civile, la Commission est pratiquement unanime pour dire que la responsabilité civile doit jouer en premier lieu et que la responsabilité de l'État doit être supplétive[1390].

En dépit de cette position doctrinale, dans son avis consultatif sur les responsabilités et obligations des États qui patronnent des personnes et entités dans le cadre d'activités menées dans la zone, la Chambre pour le règlement des différends relatifs aux fonds marins du Tribunal international du droit de la mer a souligné que même si le contractant ne peut pas assurer une réparation intégrale du dommage, le régime de responsabilité prévu par l'article 139 de la Convention de Montego Bay et les instruments qui s'y rapportent ne laissent pas de place à l'existence d'une responsabilité résiduelle de l'État[1391].

[1388] O.N.U., Doc. A/CN.4/531, p. 11, par. 18.
[1389] *Annuaire... 1991*, vol. I, p. 117.
[1390] *Ibid.*, p. 144.
[1391] T.I.D.M., *Responsabilités et obligations des États qui patronnent des personnes et entités dans le cadre d'activités menées dans la zone*, avis consultatif du 1er février 2011, par. 204.

Le seul régime à envisager expressément une responsabilité subsidiaire de l'État est celui relatif à l'utilisation de l'énergie nucléaire. Malgré les accidents de Three Mile Island, de Tchernobyl et plus récemment de Fukushima, l'utilisation de cette source d'énergie n'a pas connu de problèmes de sûreté importants et elle a assuré dans plusieurs pays la fourniture d'électricité au cours des dernières années[1392]. Dans ce régime, avant même qu'un accident survienne, l'État a un rôle important à jouer en fixant les conditions applicables à l'assurance ou à la garantie financière que l'opérateur est tenu d'avoir, et en veillant à ce que cette garantie soit maintenue[1393].

En cas d'accident, le régime établi par la Convention de Vienne de 1963 détermine que l'État où se trouve l'installation doit assurer le paiement des indemnités pour dommage nucléaire reconnues comme étant à la charge de l'exploitant[1394]. Ainsi, même si la Convention affirme expressément qu'« *aucune personne autre que l'exploitant n'est responsable d'un dommage nucléaire* »[1395], elle oblige l'État à fournir les sommes nécessaires dans la mesure où l'assurance ou la garantie financière souscrite par l'exploitant n'est pas suffisante à couvrir toutes les demandes en réparation[1396].

Le Protocole d'amendement de la Convention a considérablement augmenté le rôle de l'État dans le processus d'indemnisation d'un dommage nucléaire. Outre la révision du plafond de limitation de responsabilité, le Protocole détermine que lorsque la responsabilité de l'exploitant est illimitée, l'État dans lequel se trouve l'installation doit assurer le paiement des indemnités pour dommage nucléaire au cas où l'assurance ou la garantie financière de l'exploitant s'avèrerait indisponible, par exemple en cas de faillite. Le problème est que si cette responsabilité résiduelle de l'État renforce l'obligation de prévention en assurant la réparation du milieu naturel pollué même si l'exploitant n'est pas financièrement capable de le faire, cette

---

[1392] BERGER, S. D., « Évolution du droit de l'environnement en matière d'énergie nucléaire », *B.D.N.*, nº 81, 2008, p. 63.

[1393] O.C.D.E., *Responsabilité et réparation des dommages nucléaires : une perspective internationale*, Paris, O.C.D.E., 1994, p. 31.

[1394] Article VII, 1, de la Convention.

[1395] Article II, 5, de la Convention.

[1396] Article VII, 1, de la Convention.

responsabilité possède la même limitation accordée à l'exploitant, c'est-à-dire que ce paiement ne peut pas dépasser la limite éventuellement fixée par la Convention[1397].

Même si la probabilité d'occurrence de deux accidents nucléaires distincts dans la même installation dans la même année est extrêmement faible, R. Dussart-Desart évoque un autre cas susceptible de provoquer l'appel à la responsabilité résiduelle de l'État : il s'agit de celui où l'assurance ou la garantie financière ne couvre pas le montant prévu pour chaque accident nucléaire, comme l'exige la Convention, mais se réfère à un montant pour l'année couverte par la prime. Dans cette situation, si le plafond d'indemnisation a déjà été utilisé pour couvrir le dommage causé par un accident antérieur, en cas d'autre accident la responsabilité subsidiaire de l'État serait engagée[1398].

En somme, tant le régime de réglementation de l'utilisation de l'énergie nucléaire que la Chambre pour le règlement des différends relatifs aux fonds marins du Tribunal international du droit de la mer ont reconnu la possibilité d'adoption de la responsabilité résiduelle des États par voie conventionnelle, c'est-à-dire dans le cadre d'un régime spécial. Toutefois, les exemples d'adoption expresse d'une responsabilité des États en complément de la responsabilité objective de l'exploitant sont rares, et la même limitation de responsabilité accordée aux opérateurs peut être appliquée aux fonds publics en cas d'indemnisation, ce qui d'une certaine façon confirme l'idée selon

---

[1397] En réalité, le régime de responsabilité civile en matière de dommages nucléaires n'adopte pas un plafond ; au contraire, il adopte un montant minimal de couverture, laissant aux États la possibilité même d'exiger une responsabilité illimitée de l'exploitant. Ainsi, si en 1963 la Convention stipulait que l'État où se trouve l'installation pouvait limiter la responsabilité de l'exploitant à un montant qui ne sera pas inférieur à 5 millions de dollars par accident nucléaire, le Protocole a augmenté le montant minimal à 300 millions de DTS (droits de tirage spéciaux), qui signifie l'unité de compte définie par le Fonds monétaire international et utilisée par lui pour ses propres opérations et transactions. Voir l'article V de la Convention et l'article 7 du Protocole d'amendement de 1997.

[1398] DUSSART-DESART, R., « La réforme de la Convention de Paris sur la responsabilité civile dans le domaine de l'énergie nucléaire et de la Convention complémentaire de Bruxelles : un survol des principaux éléments de la modernisation des deux Conventions », *B.D.N.*, n° 75, 2005, p. 21.

laquelle les régimes de responsabilité civile existants sont créés plutôt pour garantir le développement industriel que pour protéger efficacement l'environnement.

Du point de vue théorique, la doctrine non seulement reconnaît l'existence et la nécessité d'un régime de responsabilité subsidiaire de l'État, mais recommande également l'utilisation des fonds publics lorsque les garanties financières de l'exploitant ne sont pas suffisantes pour couvrir tous les dommages causés. Cependant, à notre avis, la pratique des États est encore insuffisante pour conclure à l'existence d'un tel régime comme un principe général applicable en toutes circonstances, et l'utilisation des indemnisations à titre gracieux par les États montre bien leur réticence à accepter non seulement leur responsabilité subsidiaire, mais leur responsabilité internationale d'une manière générale.

Paragraphe 2. Les indemnisations ex gratia

La pratique internationale nous donne un certain nombre d'exemples où les États, sans admettre la moindre responsabilité, ont nonobstant versé une indemnité aux victimes d'un dommage transfrontière significatif. Au contraire de la responsabilité subsidiaire de l'État, complémentaire et étroitement liée à la responsabilité civile de l'exploitant d'une activité dangereuse, les indemnisations à titre gracieux peuvent être considérées, dans certaines circonstances, comme la négation même de la responsabilité internationale, car l'indemnisation *ex gratia* présuppose que l'État en question ne reconnaît pas une obligation à propos de son action. Toutefois, même sans reconnaître la violation d'une obligation internationale ou l'existence d'une responsabilité absolue par la simple survenance d'un dommage, les États utilisent souvent ce mécanisme de réparation dans les relations internationales contemporaines.

Si l'on examine les situations de dommage transfrontière dans l'histoire des relations entre les États, il est clair que ceux-ci préfèrent en général la négociation à la mise en œuvre de la responsabilité internationale[1399]. Ainsi, il n'est pas du tout inhabituel pour un pays qui a causé un préjudice aux ressortissants d'un autre d'offrir des paiements à titre gracieux comme un geste humanitaire ou diplomatique, tout en refusant d'admettre leur responsabilité en tant que principe juridique caractérisant les conséquences de leur comportement[1400]. Après la Seconde Guerre mondiale, par exemple, les États-Unis ont payé à la Suisse à titre gracieux de compensation pour le bombardement accidentel sur Schaffhouse, et plus récemment, ils ont indemnisé des personnes qui ont subi un dommage matériel lors de l'invasion de l'île de la Grenade, un État indépendant situé dans les petites Antilles[1401].

Concernant spécifiquement le droit international de l'environnement et les dommages écologiques transfrontières, le recours à l'indemnisation *ex gratia* a été utilisé à plusieurs reprises, notamment dans les situations où les États ne sont pas d'accord sur l'existence juridique de l'obligation de réparer ou pour éviter un possible différend sur le dommage en question. Parfois, même au cours d'une procédure juridictionnelle, les désaccords sont de telle importance que les États acceptent de négocier pour mettre fin au différend[1402].

Ainsi, après avoir déposé au Greffe de la Cour internationale de Justice une requête introductive d'instance contre l'Australie au sujet d'un différend relatif à la remise en état de certaines terres à phosphates exploitées avant son indépendance, la République de Nauru et l'Australie sont parvenues à un règlement amiable et, par

---

[1399] KISS, A., « L'état du droit de l'environnement en 1981 : problèmes et solutions », *J.D.I.*, n° 108, 1981, p. 518. À cause de son caractère non juridictionnel, l'auteur appelle les indemnisations *ex gratia* de « *soft responsibility* ».

[1400] LIESA, C. R. F., « La responsabilité en cas de catastrophes écologiques, d'après les travaux de la CDI sur les activités non interdites par le droit international », in CARON, D. D. & LEBEN, C. (éd.), *Les aspects internationaux des catastrophes naturelles et industrielles*, The Hague, Martinus Nijhoff Publishers, 2001, p. 747.

[1401] MAIER, H. G., « Ex Gratia Payments and the Iranian Airline Tragedy », *A.J.I.L.*, vol. 83, n° 2, 1989, p. 328. À propos de l'opération militaire sur l'île de Grenade, voir MORIZET, F., *Grenade, épices et poudre, une épopée caraïbe*, Paris, L'Harmattan, 1988, 385 p.

[1402] Les désaccords portent généralement sur le montant d'indemnisation à verser ainsi que sur la notion même de dommage, c'est-à-dire ce qui doit être indemnisé.

conséquent, ont convenu de se désister de l'instance[1403]. Parmi d'autres questions relatives aux obligations énoncées dans l'accord de tutelle pour Nauru, le différend portait sur les dommages causés à la surface de l'île lors de l'exploitation des ressources naturelles sous la tutelle australienne[1404]. Cependant, hors tribunal, l'Australie a négocié avec Nauru le paiement à titre gracieux de 107 millions de dollars australiens, à condition que le gouvernement nauruan renonce à toute demande concernant l'administration du territoire pendant la période de tutelle[1405].

Une autre affaire intéressante est celle relative au barrage de *Gut*, entre le Canada et les États-Unis. Il s'agit d'un différend portant sur la construction d'un barrage sur le fleuve Saint-Laurent entre l'île Adams, en territoire canadien, et l'île des Galops, aux États-Unis, afin d'améliorer la navigation sur le fleuve[1406]. Mais entre 1904 et 1951, la construction de plusieurs ouvrages a significativement affecté le débit des eaux du Saint-Laurent ainsi que dans le bassin des Grands Lacs. Les eaux ont donc atteint des niveaux sans précédent et ont causé des dommages au territoire des États-Unis suite à des inondations et une érosion considérables. Si le Tribunal des réclamations du lac Ontario, institué en 1965 pour régler la question, a reconnu la responsabilité du Canada, il n'a pourtant pas déterminé quel devait être le montant de l'indemnisation[1407]. Ainsi, l'affaire a fini par être résolue à l'amiable, le Canada offrant de verser un montant de 350000 dollars aux États-

---

[1403] Voir l'ordonnance du 13 septembre 1993 concernant l'*affaire de Certaines terres à phosphates à Nauru*, C.I.J. Recueil 1993, p. 322.

[1404] C.I.J., *Affaire de Certaines terres à phosphates à Nauru (Nauru c. Australie),* exceptions préliminaires, arrêt du 26 juin 1992, *C.I.J. Recueil 1992*, p. 7.

[1405] Voir les articles 1-3 de l'Accord entre l'Australie et la République de Nauru pour le règlement de l'affaire devant la Cour internationale de Justice concernant Certaines terres à phosphates à Nauru de 1993.

[1406] Voir « Canada-United States Settlement of Gut Dam Claims [September 27, 1968], Report of the Agent of the United States before the Lake Ontario Claims Tribunal », *I.L.M.*, vol. 8, n° 1, p. 118-143. Voir également KERLEY, E. L. & GOODMAN, C. F., « The Gut Dam claims : a lump sum settlement disposes of an arbitrated dispute », *V.J.I.L.*, 1969-70, vol. 10, p. 300-327.

[1407] Voir FITZGERALD, G. F., « Le Canada et le développement du droit international : La contribution de l'Affaire de la fonderie de Trail à la formation du nouveau droit de la pollution atmosphérique transfrontière », *Études internationales*, vol. 11, n° 3, 1980, p. 406.

Unis pour solde de tout compte[1408]. En somme, même s'il ne s'agit certes pas d'une affaire typique de pollution, le débordement provoqué par les travaux de construction du barrage met en jeu des problèmes de responsabilité qui ne sont pas sans analogie avec ceux dus à la pollution classique.

Le domaine de la pollution par les hydrocarbures, même s'il a une réglementation précise concernant la responsabilité pour dommage au milieu marin, nous donne un exemple intéressant d'indemnisation à titre gracieux. En 1971, le pétrolier libérien *Juliana* s'est échoué sur la côte ouest de l'île japonaise de Honshu causant de graves dommages à l'activité de pêche locale. Bien qu'aucune irrégularité de la part du Libéria n'ait été alléguée au niveau diplomatique, le Gouvernement libérien en tant qu'État du pavillon du pétrolier a consenti à payer les dommages causés en offrant aux pêcheurs une somme de 200 millions de yens au titre des réparations[1409].

Mais le meilleur exemple d'indemnisation *ex gratia* vient des États-Unis, dans l'affaire de l'incident du *Fukuryu Maru* suite à une série d'essais nucléaires entrepris par le gouvernement américain dans les Îles Marshall. En raison d'une explosion thermonucléaire américaine effectuée le 1er mars 1954 dans l'atoll de Bikini, un thonier japonais qui se trouvait, au moment des essais, à l'extérieur de la zone de danger précédemment déclarée par les États-Unis – *Daigo Fukuryu Maru* – a été contaminé par des retombées radioactives. De plus, l'explosion a provoqué des dommages qui dépassaient de très loin la zone de danger, contaminant une grande partie de l'atmosphère et toute une région de pêche au Japon. Outre les dommages à l'environnement et l'atteinte aux pêcheurs japonais en haute mer, la crainte que du poisson contaminé ait été introduit sur le marché a perturbé gravement le marché du poisson au Japon[1410].

[1408] BALLENEGER, J., *La pollution en droit international : la responsabilité pour les dommages causés par la pollution transfrontière*, Genève, Librairie Droz, 1975, p. 205-207.
[1409] ROUSSEAU, C., « Chronique des faits internationaux », *R.G.D.I.P.*, vol. 79, nº 3, 1975, p. 842.
[1410] *Annuaire... 1996*, vol. II, Deuxième partie, p. 124.

À partir du moment où le Japon a formellement exigé une réparation, le gouvernement américain, évitant toute référence à une responsabilité internationale, a déclaré qu'il était disposé à verser des indemnités en tant qu'expression supplémentaire de préoccupation et de regret au sujet des dommages causés. En outre, dans une note du 4 janvier 1955, les États-Unis se sont exprimé dans les termes suivants :

« Le Gouvernement des États-Unis d'Amérique offre au Gouvernement japonais, ex gratia *et sans considération de la question de la responsabilité juridique, la somme de deux millions de dollars à titre de réparation des préjudices ou dommages causés par suite des essais nucléaires menés dans les îles Marshall en 1954. »*[1411]

Ainsi, dans la mesure où le gouvernement japonais a accepté la somme offerte pour solde de tout compte et sans qu'il y ait de rapport avec une possible reconnaissance de la responsabilité internationale des États-Unis, l'accord effectué a mis fin à la possibilité de toutes réclamations pouvant être présentées aux États-Unis ou à ses agents à raison des pertes ou dommages découlant desdits essais nucléaires. Finalement, en vertu de cet accord, la somme payée devait être répartie de façon équitable, selon ce que déterminerait le gouvernement japonais, afin de dédommager tous les pêcheurs japonais intéressés et de régler le montant réclamé par le gouvernement japonais pour couvrir leurs frais médicaux et leurs frais d'hospitalisation[1412].

Ces exemples démontrent que la possibilité d'effectuer des paiements *ex gratia* sans pour autant créer un précédent juridique encourage la compensation aux victimes dans des circonstances où les faits sont difficiles à prouver ou lorsque, pour d'autres raisons, la reconnaissance d'une responsabilité juridique pourrait être politiquement inacceptable pour la nation impliquée[1413]. Autrement

---

[1411] UNITED STATES, « Compensation to Japanese for Damage Resulting From Nuclear Tests », *The Department of State Bulletin*, Washington (D.C.), vol. XXXII, n° 812, January 17, 1955, p. 90-91.

[1412] WHITEMAN, M. M., *Digest of International Law*, Washington (D.C.), Department of State, vol. 4, 1965, p. 565.

[1413] MAIER, H. G., « Ex Gratia Payments and the Iranian Airline Tragedy », *A.J.I.L.*, vol. 83, n°. 2, 1989, p. 329.

dit, avec l'objectif d'exclure de manière expresse toute référence à une quelconque responsabilité objective, les États mettent en avant le caractère *ex gratia* de l'indemnité pour ne rien susciter qui s'apparenterait à un précédent. Si ce mécanisme flexible a l'avantage d'offrir aux victimes d'un dommage la possibilité de réparation sans une procédure juridictionnelle de responsabilité, le montant du paiement versé sur une base *ex gratia* est essentiellement laissé à la discrétion de l'État qui offre de tels paiements[1414]. En outre, les indemnisations à titre gracieux sont souvent accompagnées d'accords visant à interdire toute demande future concernant l'événement en question[1415].

Dans l'affaire relative à la chute du satellite soviétique *Cosmos 954* dans le territoire canadien, par exemple, le Canada et l'U.R.S.S. se sont mis d'accord sur un versement à titre gracieux qui était environ 50% du montant que le gouvernement canadien avait demandé[1416]. Et si le gouvernement soviétique a consenti à verser une telle indemnité, il a pourtant précisé qu'il agissait en vertu d'obligations conventionnelles, précisément la Convention de 1972 sur la responsabilité internationale des dommages causés par les engins spatiaux, et non sur la base d'un principe général de responsabilité absolue des États[1417].

Reste la question de savoir si le paiement d'indemnisation *ex gratia* ne représenterait pas en réalité l'affirmation d'une obligation

---

[1414] LEICH, M. N., « Denial of Liability : Ex Gratia Compensation on a Humanitarian Basis », *A.J.I.L.*, vol. 83, nº 2, 1989, p. 323.

[1415] Selon le professeur Leich, par exemple, la pratique des États-Unis démontre que chaque ressortissant étranger qui reçoit un paiement à titre gracieux est tenu de signer un formulaire de renonciation qui libère le gouvernement américain de la responsabilité découlant de l'incident en question. *Ibid.*, p. 324.

[1416] Protocol on Settlement of Canada's Claim for Damages Caused by Cosmos 954, *I.L.M.*, vol. 20, nº 3, 1981, p. 689.

[1417] GARANE, A., « La responsabilité internationale de l'état : un instrument économique de la protection de l'environnement ? », in BOTHE, M. & SAND, P. H. (eds.), *La politique de l'environnement : de la réglementation aux instruments économiques / Environmental policy : From Regulation to Economic Instruments*, La Haye, Martinus Nijhoff Publishers, 2003, p. 628. Voir également DE BELLIS, S., « La caduta del satellite Cosmos 954 e la responsabilitá dello stato di lancio », *R.D.I.*, vol. 64, 1981, p. 845-855.

internationale plutôt que la négation du devoir de réparer résultant de la mise en œuvre d'un régime de responsabilité internationale. Selon le Secrétariat de l'Organisation des Nations Unies, « *même lorsque les États ont apparemment refusé d'admettre leur responsabilité en tant que principe juridique caractérisant les conséquences de leur comportement, ils ont agi comme s'ils acceptaient cette responsabilité, quels que soient les termes utilisés pour décrire leur attitude* »[1418].

À notre avis, le simple fait qu'un État veuille réparer un préjudice qu'il a causé à un autre pays est déjà un signe de la reconnaissance de l'obligation de prévention de résultat dans le droit international. Il est évident que dans une situation de dommage transfrontière, l'État se sent, au moins du point de vue moral, obligé de verser une indemnisation à l'État lésé, même en repoussant toute référence à la responsabilité internationale des États[1419]. Dans le cas des textes nucléaires en 1954, par exemple, certains auteurs ont affirmé qu'il s'agissait d'une « *obligation morale* » des États-Unis de verser les paiements *ex gratia* au gouvernement japonais[1420].

En conclusion, si les États écartent la possibilité d'adoption de la responsabilité absolue par le paiement des indemnisations à titre

---

[1418] Étude des régimes de responsabilité ayant trait au sujet 'Responsabilité internationale pour les conséquences préjudiciables découlant d'activités qui ne sont pas interdites par le droit international' du 23 juin 1995, O.N.U., Doc. A/CN.4/471, par. 173.

[1419] Dans l'accident survenu aux usines chimiques de Sandoz, par exemple, si le gouvernement helvétique a montré sa volonté d'arriver à un règlement de l'affaire – et a probablement exercé des pressions en ce sens sur Sandoz – il n'a pourtant jamais entendu que sa responsabilité internationale fût engagée. À la fin, la société suisse a accepté de verser une indemnisation d'un montant global et forfaitaire de 46 millions de francs français. Selon le professeur Kiss, « *une fois de plus, il a été évité de poser le problème sur le plan de la responsabilité entre États et une nette préférence a été donnée à des solutions négociées. Sans doute, ces attitudes correspondent-elles à la tendance actuelle, très généralement répandue dans la vie internationale, qui évite de mettre en cause la responsabilité des États et recherche les solutions les moins abruptes, permettant aux États de ne pas perdre la face.* » KISS, A., « Tchernobâle ou la pollution accidentelle du Rhin par les produits chimiques », *A.F.D.I.*, vol. 33, 1987, p. 724.

[1420] GOLDIE, L. F. E., « Liability for Damage and the Progressive Development of International Law », *I.C.L.Q.*, vol. 14, n° 4, 1965, p. 1232.

gracieux, ils renforcent tout de même la reconnaissance juridique de l'obligation de ne pas causer un dommage significatif comme une règle du droit coutumier. En effet, la pratique internationale démontre que lorsqu'il s'agit d'un dommage transfrontière significatif, même sans qu'ils soient tenus par une obligation de réparation, les États sont régulièrement disposés à verser des indemnités en tant qu'expression de préoccupation et de regret vis-à-vis des pertes causées.

Conclusions du Chapitre II

Dans le premier chapitre du présent Titre on a démontré la réticence des États à adopter un régime de responsabilité objective pour dommage à l'environnement[1421]. Le présent chapitre a montré qu'il existe des alternatives à un tel régime. Ainsi, avec l'objectif de faire respecter l'obligation de ne pas causer des dommages transfrontières significatifs, le droit international de l'environnement a développé d'autres mécanismes pour réparer un préjudice causé que celui fondé sur un régime de responsabilité interétatique.

D'abord, les États ont créé des régimes de responsabilité internationale avec un fort caractère civiliste, canalisant l'obligation de réparer les dommages causés vers l'opérateur d'une activité à risque. Il faut pourtant souligner que certains régimes de responsabilité civile déterminent que si les États sont exemptés de leurs obligations directes de réparation en cas de dommage, ils demeurent responsables subsidiairement lorsque l'exploitant est incapable de s'acquitter financièrement de ses devoirs de réparation.

Enfin, la pratique internationale nous démontre que les États ont également versé des indemnités aux victimes d'un dommage transfrontière significatif en dehors d'un régime traditionnel de responsabilité internationale : ainsi, ils recourent souvent aux indemnisations *ex gratia* avec l'objectif d'éviter toute discussion sur

---

[1421] Il n'y a qu'un seul cas : la Convention sur la responsabilité internationale pour les dommages causés par des objets spatiaux de 1972.

la légalité de leurs actes ainsi que sur une possible mise en œuvre de leur responsabilité internationale.

Conclusions du Titre II

Il est impossible d'analyser les conséquences de l'obligation de prévention de résultat sur la responsabilité internationale des États sans faire une distinction entre les deux régimes de responsabilité existants dans le droit international. S'il n'y a pas de doutes quant à l'application de la responsabilité traditionnelle pour fait illicite lorsqu'un dommage écologique est constaté en violation d'une obligation de prévention de résultat, le rapport entre cette obligation et une possible responsabilité objective des États est tellement complexe qu'il est absolument nécessaire d'étudier quels sont vraiment les caractères communs ou distinctifs de ces instruments de protection.

À partir du moment où tant l'obligation de prévention de résultat que les régimes de responsabilité absolue ont comme élément essentiel l'interdiction d'un dommage écologique, il faut chercher à déterminer dans quelle mesure ces deux instruments sont complémentaires ou, ou contraire, incompatibles ou contradictoires. Ainsi, certains auteurs ont affirmé que l'idée de prévention absolue peut être utilisée pour justifier l'adoption d'une responsabilité *sine delicto* dans le droit international. Cette affirmation est pourtant fausse dans la mesure où l'application d'un tel régime de responsabilité ne se justifie que dans une situation de légalité, c'est-à-dire en l'absence de normes réglementaires interdisant la conduite de l'État ou dans les cas où il a respecté tous ses engagements internationaux concernant la prévention des dommages à l'environnement, et où malgré cela un préjudice transfrontière est survenu.

L'analyse de la pratique internationale montre que la responsabilité absolue non seulement ne peut être fondée sur l'obligation de ne pas causer un dommage, mais qu'elle n'existe que dans un seul régime conventionnel adopté par les États concernant une activité spécifique – l'exploration et l'utilisation de l'espace extra-atmosphérique et des dommages causés par des objets spatiaux. Hormis ce cas, la seule conséquence d'un manquement à l'obligation de prévention de résultat est l'application d'un régime de responsabilité pour fait illicite, ce qui n'empêche pas une protection effective du milieu naturel, étant donné qu'aujourd'hui les États reconnaissent le caractère illicite d'un dommage transfrontière à partir du moment où il dépasse un seuil, celui du dommage significatif. En outre, le droit a développé d'autres processus de protection et de réparation, tels que les régimes de responsabilité civile orientés vers l'exploitant de l'activité et les régimes d'indemnisation complémentaires à la responsabilité de l'opérateur, qui se manifeste souvent par le procédé de l'indemnisation à titre gracieux.

CONCLUSIONS DE LA DEUXIÈME PARTIE

L'obligation de prévention de résultat peut être traduite par l'interdiction imposée aux États de causer un dommage transfrontière à l'environnement. Si dans la diligence due il faut s'en tenir aux mesures de contrôle et de surveillance adoptées par l'État, ici la règle énonce simplement l'obligation de ne pas causer un dommage, laissant les États libres de choisir la meilleure façon d'y parvenir. La simplicité est pourtant apparente, parce que si cette obligation semble la plus cohérente – et efficace – du point de vue de la protection du milieu naturel[1422], son respect effectif dépend de la définition précise d'une notion très complexe : le dommage environnemental. Les caractéristiques inhérentes au dommage écologique, qui peut être diffus, cumulatif et indirect, ainsi que des questions d'ordre juridique et technique relatives à l'évaluation du dommage pour fixer le montant de l'indemnisation à verser aux victimes, posent encore des problèmes pour l'adoption pleine d'une telle obligation. Certains auteurs soulignent encore la complexité des relations politiques entre les États et, finalement, « *un sentiment diffus de solidarité honteuse* »[1423] des États face à une pollution à laquelle ils contribuent tous.

Même s'il faut toujours analyser la règle primaire pour savoir ce que la norme en question entend par « dommage à l'environnement », on constate que la pratique internationale a beaucoup évolué dans la détermination de son contenu. Ainsi, certaines questions qui auparavant étaient considérées comme tabou, sont aujourd'hui acceptées plus sereinement par les États. Comme exemple, on peut citer non seulement la reconnaissance du dommage causé aux espaces

---

1422 Étant donné qu'elle interdit tout dommage transfrontière significatif.

1423 DUPUY, P.-M., « Le rôle de l'État dans l'indemnisation des dommages catastrophiques internationaux ? », in *La réparation des dommages catastrophiques. Les risques technologiques majeurs en droit international et en droit communautaire*, Faculté de droit de l'Université catholique de Louvain, Bruylant, 1990, p. 239-240.

communs, mais également la possibilité de demander réparation pour le dommage écologique pur. Mais des questions plus précises telles que la spécification du seuil de dommage restent encore pendantes et, par conséquent, doivent être appréciées dans chaque cas.

Une fois le dommage constaté, on cherche à savoir quels sont les effets de la violation de l'obligation de prévention de résultat. Étant donné que l'objectif du droit international de l'environnement est d'éviter les préjudices et de les réparer s'ils sont avérés, à côté du régime traditionnel de responsabilité des États toujours applicable en cas de fait illicite, les États ont développé d'autres mécanismes visant la réparation ou l'indemnisation du dommage causé. Ainsi, au lieu de prendre à leur charge les coûts de réparation des dommages à l'environnement que provoquent les activités soumises à leur contrôle, les États préfèrent, par le droit conventionnel, identifier l'opérateur d'une activité dangereuse – qui peut être privé ou public – sur lequel pèsera la responsabilité. Pourtant, cela ne porte pas atteinte à l'obligation de l'État d'origine de répondre subsidiairement pour les dommages causés par des activités sous sa juridiction si l'exploitant n'est pas capable financièrement de le faire, ou même d'indemniser les victimes à titre gracieux – dans ce cas, souvent avec l'objectif d'exclure expressément toute référence à une quelconque responsabilité.

Pour conclure, il faut souligner que l'existence des obligations de prévention de résultat ne peut pas être utilisée pour justifier la reconnaissance d'une responsabilité absolue des États, même si le dommage prend une place centrale dans les deux instruments. Il ressort de l'analyse de la pratique internationale qu'il est difficilement concevable que les États soient prêts à accepter que leur responsabilité soit engagée pour tout dommage écologique subi par un autre État sous la forme de conséquences physiques de n'importe quelle activité menée sur leur territoire ou sous leur juridiction. Cela équivaudrait à reconnaître un régime juridique ayant des conséquences imprévisibles et de lourdes implications financières, ce qui peut être inacceptable pour un État dans le cadre de son développement économique et industriel. Selon C. Tomuschat, « *en souscrivant à un tel engagement, les États accepteraient un risque incontrôlable... Aucun gouvernement responsable ne pourrait s'engager dans une telle aventure* »[1424].

[1424] TOMUSCHAT, C., « International Liability for Injurious Consequences Arising out of Acts not Prohinited by International Law : The Work of the International Law Commission », in FRANCIONI, F. & SCOVAZZI, T. (ed.), *International Responsibility for Environmental Harm*, London/Dordrecht/Boston, Graham & Trotman/Martinus Nijhoff, 1991, p. 55.

CONCLUSIONS GÉNÉRALES

L'utilisation croissante des ressources naturelles et la quête pour le développement économique au cours de ces dernières décennies ont profondément marqué la société internationale. Les activités humaines exercent des pressions croissantes sur les écosystèmes et les ressources naturelles et, étant donné que les techniques du droit international classique ne sont pas adaptées aux enjeux environnementaux actuels, notamment en ce qui concerne la gestion du risque, le droit international a dû s'adapter à cette nouvelle réalité. Dans le processus de création de nouveaux mécanismes de réglementation, on constate l'émergence d'une nouvelle branche du droit – le droit international de l'environnement – avec des instruments et principes propres, adaptés à l'idée de protection du milieu naturel. Ainsi, pour faire face aux récents – et nombreux – défis environnementaux actuels, les expériences conventionnelles qui ont réussi à s'adapter aux défis de protection du milieu naturel mériteraient d'être généralisées et, au lieu d'être l'exception, ces expériences devraient être la règle.

Sans nier l'importance des autres principes environnementaux pour une protection effective de la nature[1425], le principe de prévention occupe une place toute particulière, étant donné qu'il exige des États la mise en œuvre de mesures spécifiques de protection avant même qu'un dommage écologique soit causé. En raison de la nature complexe du dommage environnemental[1426] ainsi que des difficultés rencontrées dans son évaluation aux fins de réparation, les obligations de prévention adoptées par le droit – tant conventionnel que coutumier

---

[1425] On peut citer les principes du développement durable, de précaution, du pollueur-payeur, des responsabilités communes mais différenciées, *etc.*
[1426] Qui peut être cumulatif ou diffus, par exemple.

– jouent un rôle fondamental en ce qui concerne la maîtrise des risques visant à empêcher tout dommage transfrontière et à éviter toute discussion sur la responsabilité internationale des États qui en découle.

En analysant la pratique internationale, l'on constate que si la plupart des conventions reconnaissent une obligation de prévention à l'égard de l'État d'origine[1427], le contenu de ces obligations est tellement varié que l'on ne peut pas parler d'une obligation de prévention unique et appliquée en toutes circonstances, mais plutôt de deux obligations distinctes : soit le droit exige de l'État l'adoption de mesures particulières de surveillance et de contrôle des activités exercées sur son territoire ou sous sa juridiction, soit il établit une obligation absolue de ne pas causer un dommage transfrontière. Autrement dit, soit le droit international adopte une obligation de prévention de comportement, soit il adopte une obligation de prévention de résultat.

Mais pourquoi les États adoptent-ils l'obligation de diligence dans certaines circonstances, et l'obligation de prévention absolue dans d'autres ? Sans nier les enjeux politiques propres aux relations interétatiques et les besoins de développement économique caractéristiques de notre société du risque[1428], les États optent pour une obligation de diligence lorsque la réalisation du but de l'obligation se heurte à des difficultés inhérentes à la nature de l'obligation, car cette réalisation est, par sa nature même, aléatoire et suppose donc, en plus du jeu favorable de certains facteurs de risque, un effort particulier de diligence de la part de l'État obligé. Ainsi, la diligence due impose aux États un certain comportement qui, quoiqu'en général apte à empêcher le préjudice, ne peut pas garantir ce résultat dans l'absolu. En revanche, les États optent pour une prévention absolue lors que deux facteurs sont présents : la survenance du dommage est

---

[1427] Presque tous les préambules des conventions environnementales mentionnent la nécessité d'une approche préventive pour la protection efficace du milieu naturel.

[1428] L'existence d'activités à risque est inhérente à notre société, car notre mode de vie actuel exige l'exploitation de ressources naturelles. Il faut donc trouver le juste milieu entre la nécessité de protection environnementale et les exigences du développement économique et industriel. J'oserais même dire que la pollution est indispensable, à condition qu'elle soit contrôlée !

elle-même inacceptable et l'État peut accomplir le but de l'obligation avec ses propres possibilités et sans interférence extérieure, c'est-à-dire que l'obtention du résultat voulu est hautement probable.

L'importance de cette distinction réside dans la constatation que non seulement le contenu des deux obligations est différent, mais que les conséquences de leur manquement sur le droit de la responsabilité des États, notamment vis-à-vis de la preuve du fait illicite, sont également différentes. En fait, l'objet de la preuve est toujours le même : l'inexécution d'une obligation juridique. Ce qui varie est son contenu : une inexécution matérielle pour l'obligation de résultat et une inexécution juridique pour l'obligation de moyens[1429]. En cas d'obligation de résultat, le seul fait qu'un dommage se produise ou que le résultat déterminé ne soit pas atteint constitue un acte internationalement illicite. Pour obtenir réparation, il suffira donc à l'État victime de démontrer, outre l'existence du préjudice, que la disposition conventionnelle interdisant le dommage n'a pas été respectée.

Quant à l'obligation de prévention de comportement, comment savoir si elle a été violée ? Examiner si un dommage transfrontière a été causé n'est pas une solution plausible, car il est facile d'imaginer des situations dans lesquelles des dommages peuvent se produire malgré les efforts de l'État d'origine pour les empêcher et, inversement, des situations où le dommage ne se produit pas malgré l'échec d'un État à procéder à toute diligence requise. La violation de ces obligations est plus difficile à démontrer, car elle ne découle pas simplement de l'inexistence du résultat voulu. Il faut démontrer que l'État obligé n'a pas agi avec la diligence requise par les circonstances en vue d'atteindre le résultat. Autrement dit, il faut démontrer que la non-conformité entre la conduite tenue par l'État dans le concret et la conduite requise de l'État dans l'abstrait par l'obligation en question a causé la lésion du droit. Il faut faire preuve d'un comportement – actif

---

[1429] J. Bellissent ajoute qu'ainsi, « *plus que d'avoir trait à la question de la répartition de la charge de la preuve, la classification en obligation de moyens et de résultat influence plus certainement la question de la substance même de la preuve de l'inexécution des obligations* ». BELLISSENT, J., *Contribution à l'analyse de la distinction des obligations de moyens et des obligations de résultat*, Paris, L.G.D.J., 2001, p. 289.

ou omissif – négligent ou imprudent, ce qui peut être très difficile pour le demandeur.

Concernant l'obligation de prévention de résultat, le fardeau de la preuve de l'État victime est considérablement allégé, car il lui suffira de prouver le fait matériel de l'inexécution pour présumer la responsabilité de l'État d'origine. Il ressort de cela que pour certains auteurs, dans les cas d'obligations de résultat, il y a une inversion de la charge de la preuve, car l'État doit ou bien exécuter son obligation ou bien prouver que l'inexécution provient d'une cause étrangère qui ne lui est pas imputable[1430]. Ainsi, en présence d'un manquement à l'obligation de prévention de moyens, il faut que la victime établisse la faute de l'État d'origine pour engager sa responsabilité, tandis que l'obligation de prévention de résultat impose à l'État qui veut se prémunir de prouver que l'inexécution est due à une cause étrangère, comme le cas fortuit et la force majeure.

Mais quelles sont les différences dans le contenu des obligations de prévention pour que l'on puisse affirmer l'existence de deux obligations distinctes ? Dans le cas de l'obligation de prévention de comportement, l'idée générale de protection est mise en place par l'exigence d'adoption de mesures de surveillance et de contrôle des risques pour prévenir une dégradation du milieu naturel. Cette obligation, traduite par la diligence due, oblige les États non seulement à créer une réglementation interne respectant les standards internationaux minimaux et prenant en compte les meilleures technologies disponibles, mais également à développer des instruments administratifs de contrôle, tels que l'étude d'impact sur l'environnement et l'autorisation préalable des activités dangereuses exercées sous leur juridiction. Pour renforcer l'efficacité de ces mesures internes, l'obligation de diligence exige également des États la mise en œuvre des mesures de coopération interétatique, dans le but de créer, au plan international, un système d'échange d'informations

---

[1430] Cette cause étrangère peut être définie comme un événement dont l'État auquel la responsabilité d'un dommage est imputée cherche à se prévaloir pour démontrer que le fait qui lui est reproché n'est pas la cause principale du préjudice invoqué. BENYAHIA, N. S., *L'évolution des concepts d'obligation de moyens et d'obligation de résultat*, Thèse, Rennes I, 1990, p. 159-160.

et d'assistance qui permettra la notification rapide en cas d'accident ainsi que la mise en œuvre d'un processus de consultation entre les États concernés pour que tous les intérêts soient pris en compte dans une situation de dommage potentiel ou effectif.

En ce qui concerne l'obligation de prévention de résultat, elle est définie en termes absolus comme l'interdiction de causer un dommage à l'environnement. Si dans un premier temps elle semble plus simple et plus facile à interpréter, il s'agit là d'une simplicité apparente, car la définition exacte de la notion de dommage écologique pose plusieurs difficultés. D'abord, il faut remarquer qu'à la notion de dommage écologique traditionnel lié aux personnes et aux biens, s'ajoute une nouvelle conception qui envisage non seulement la valeur intrinsèque de l'environnement, reconnaissant par conséquent la possibilité de réparation du dommage écologique pur, mais également la possibilité de réparer les dommages causés aux espaces communs situés au-delà de la juridiction des États. En outre, pour qu'il y ait violation de l'obligation de ne pas causer un dommage, il faut que le préjudice ne soit pas insignifiant, c'est-à-dire qu'il faut que le dommage causé ait une gravité telle qu'il dépasse le seuil du tolérable pour donner naissance à la responsabilité internationale de l'État d'origine et à son obligation de réparer. Il faut pourtant souligner qu'il n'existe pas une notion de seuil précise et applicable à toutes les situations ; en fait, la qualification de « significatif » d'un dommage ne peut être donnée qu'à la lumière des circonstances de chaque cas.

Ainsi, si les éléments qui permettent la preuve du non-respect sont distincts dans les deux obligations – le dommage pour l'obligation de résultat et le comportement fautif pour l'obligation de diligence –, la constatation du manquement dans les deux situations donne naissance au même régime de responsabilité internationale. En réalité, selon le projet d'articles sur la responsabilité de l'État pour fait internationalement illicite de la Commission du droit international, « *il y a violation d'une obligation internationale par un État lorsqu'un fait dudit État n'est pas conforme à ce qui est requis de lui en vertu de cette obligation, quelle que soit l'origine ou la nature de celle-ci* »[1431]. Autrement dit, peu importe la nature de l'obligation violée –

[1431] Article 12 du projet d'articles.

comportement ou résultat – ; s'il y a violation d'une règle internationale, la responsabilité traditionnelle des États sera engagée. Pourtant, si dans le cas d'une obligation de diligence, la cessation et l'exécution de l'obligation violée suffisent souvent à restaurer l'état qui aurait existé si l'acte illicite n'avait pas été commis, étant donné que la preuve d'un préjudice matériel n'est pas nécessaire, la violation d'une obligation de prévention de résultat exige la réparation du préjudice causé, car le dommage matériel à l'environnement sera toujours présent – il est même l'essence de l'obligation en question !

En raison du rôle fondamental que joue le dommage dans l'obligation de résultat, on constate une certaine confusion entre cette obligation et une possible responsabilité absolue des États pour dommage écologique. Certains auteurs ont même justifié l'application d'une responsabilité stricte par l'existence de l'obligation de ne pas causer un dommage. Or, s'il y a une obligation internationale violée, il ne s'agit certainement pas d'un cas de responsabilité absolue, mais d'une responsabilité classique pour fait illicite ! En outre, même l'affirmation selon laquelle seul un tel régime de responsabilité *sine delicto* protégerait l'environnement de façon efficace n'est pas tout à fait correcte, dans la mesure où le droit international de l'environnement a développé d'autres mécanismes juridiques servant à garantir l'application d'un régime de responsabilité internationale ainsi que la réparation du dommage transfrontière.

En ce qui concerne la mise en œuvre d'un régime de responsabilité des États, elle sera toujours possible lorsqu'il s'agit d'un dommage significatif, car la pratique internationale démontre que l'obligation de prévention de résultat de ne pas causer un dommage transfrontière significatif fait déjà partie du droit international coutumier. En outre, si les États sont encore très réticents à adopter l'idée d'une responsabilité objective à leur égard[1432], ils ont pourtant créé plusieurs régimes de responsabilité objective orientés vers l'exploitant ou l'opérateur d'une activité dangereuse. Et dans certains régimes conventionnels, le fait d'avoir canalisé la responsabilité vers

---

[1432] Il faut pourtant remarquer que dans une seule situation les États ont décidé d'adopter un régime de responsabilité absolue : la Convention sur la responsabilité internationale pour les dommages causés par des objets spatiaux de 1972.

l'exploitant n'exonère pas l'État d'une responsabilité résiduelle si les mesures adoptées par l'exploitant ne sont pas suffisantes à couvrir toutes les demandes en réparation.

Enfin, même s'il ne s'agit pas d'un mécanisme de responsabilité internationale, la procédure de non-respect créée par le Protocole de Montréal mérite d'être mise en valeur, car au lieu d'imposer le respect d'un traité par l'application d'un régime de responsabilité internationale ou selon un processus de confrontation avec l'État qui a manqué à ces engagements internationaux, ce mécanisme offre aux États parties une assistance appropriée pour qu'il puisse s'acquitter de leurs obligations environnementales. En outre, la possibilité pour un État de signaler ses propres difficultés aux autres parties montre bien son caractère préventif et non-accusatoire, et met en évidence son objectif de rechercher une solution satisfaisante plutôt que de sanctionner le manquement.

Concernant la réparation d'un dommage causé, l'exigence de souscrire une assurance ou autre garantie financière ainsi que la création de fonds autonomes visant à garantir une indemnisation adéquate si le régime de responsabilité de l'exploitant de l'activité se révèle insuffisant – dont le F.I.P.O.L. est sans doute le meilleur exemple – non seulement renforcent l'idée de prévention, mais ouvrent aux victimes d'un dommage un niveau supplémentaire d'indemnisation pour que les pertes subis soient dûment réparées. Il faut également souligner que les États recourent souvent aux indemnisations *ex gratia*, notamment lorsqu'ils veulent verser une indemnisation aux victimes sans pourtant admettre la moindre responsabilité juridique pour les dommages causés.

Bien que certains changements commencent à être perceptibles, le processus international de prise de décisions concernant les questions environnementales est encore fondé sur le modèle étatique caractéristique du droit international traditionnel, et les intérêts de chaque État jouent encore un rôle prépondérant en ce qui concerne leur droit souverain d'exploiter leurs propres ressources selon leur politique environnementale. Comme l'ont souligné les membres de la Commission du droit international, il faut se demander si nous devrons attendre que d'autres catastrophes se produisent ou que la pollution finisse d'empoisonner en toute impunité l'environnement pour nous décider à considérer plus sérieusement les défis actuels de la protection de l'environnement[1433].

Il faut développer un droit international dans lequel le souci de la souveraineté des États et du développement économique est efficacement contrebalancé par le souci de protection efficace de l'environnement et d'aide aux victimes des dommages écologiques. Selon le professeur Kiss, à partir du moment où l'humanité fait partie elle-même de la nature, la survie des structures économiques, sociales et politiques de la civilisation et en dernière analyse la sauvegarde de la paix dépendent donc de la conservation de la nature et de ses ressources[1434]. Ainsi, il faut regarder l'avenir avec optimisme, car l'adoption de plus en plus fréquent des obligations de prévention par le droit international de l'environnement et leur application effective par les États peuvent certainement les aider dans l'accomplissement des objectifs de préservation.

En effet, si la reconnaissance du principe de prévention comme un des piliers fondamentaux du système juridique international n'est plus questionnée, il faut maintenant l'affirmer avec force, y compris dans ses implications pratiques. Dans ce sens, par l'adoption d'une obligation de prévention de diligence ainsi que d'une obligation de ne pas causer un dommage transfrontière significatif, le droit international de l'environnement ne vise que le renforcement de l'idéal de protection environnementale à l'échelle internationale.

En outre, la distinction entre les obligations de prévention – comportement et résultat – donne des contours plus précis au principe général de prévention, ce qui rend plus facile la constatation d'une violation du droit et l'application d'un régime de responsabilité de l'État dans une situation concrète. En somme, tant les obligations de prévention que les régimes de responsabilité internationale en matière de dommages écologiques offrent d'énormes potentialités, non seulement pour la réglementation des conflits environnementaux

---

1433 BARBOZA, J. « La responsabilité "causale" à la Commission du Droit international », *A.F.D.I.*, vol. 34, 1988, p. 517.

1434 KISS, A., *Droit international de l'environnement*, Paris, Pedone, 1989, p. 43.

actuels, mais pour des progrès normatifs futurs en tant qu'instruments efficaces pour le contrôle des risques et la sauvegarde du milieu naturel.

BIBLIOGRAPHIE

I. Documents officiels

I.1. Traités

1839. Traité entre la Belgique et la Hollande, relatif à la séparation de leurs territoires respectifs, adopté à Londres le 19 avril 1839.

1902. Convention pour la protection des oiseaux utiles à l'agriculture, adoptée à Paris le 19 mars 1902.

1907. Convention de La Haye (VIII) relative à la pose des mines sous-marines automatiques de contact, adoptée à La Haye le 18 octobre 1907.

1911. Traité sur la protection des phoques à fourrure, adopté à Washington le 07 février 1911.

1919. Traité de Versailles, adopté à Versailles le 28 juin 1919.

1942. Traité entre Sa Majesté, pour le Royaume-Uni, et le Président des États-Unis de Venezuela relatif aux régions sous-marines du golfe de Paria, adopté à Caracas le 25 février 1942.

1945. Charte des Nations Unies, adoptée à San Francisco le 26 juin 1945.

1946. Convention internationale pour la réglementation de la chasse à la baleine, adoptée à Washington le 2 décembre 1946.

1952. Convention relative aux dommages causés aux tiers à la surface par des aéronefs étrangers, adoptée à Rome le 7 octobre 1952.

1959. Traité sur l'Antarctique, adopté à Washington le 1er décembre 1959.

1960. Convention sur la responsabilité civile dans le domaine de l'énergie nucléaire (Convention de Paris), adoptée à Paris le 29 juillet 1960.

1963. Convention complémentaire à la Convention de Paris de 29 juillet 1960 (Convention complémentaire de Bruxelles), adoptée à Bruxelles le 31 janvier 1963.

1963. Convention relative à la responsabilité civile en matière de dommages nucléaires (Convention de Vienne), adoptée à Vienne le 21 mai 1963.

1965. Convention internationale sur l'élimination de toutes les formes de discrimination raciale, adoptée à New York le 21 décembre 1965.

1967. Traité sur les principes régissant les activités des États en matière d'exploration et d'utilisation de l'espace extra-atmosphérique, y compris la Lune et les autres corps célestes, adoptée à Londres, Moscou et Washington le 27 janvier 1967.

1969. Convention de Vienne sur le droit des traités, adoptée à Vienne le 23 mai 1969.

1969. Convention internationale sur la responsabilité civile pour les dommages dus à la pollution par les hydrocarbures (Convention de Bruxelles), adoptée à Bruxelles le 29 novembre 1969.

1971. Convention relative à la responsabilité civile dans le domaine du transport maritime de matières nucléaires, adoptée à Bruxelles le 17 décembre 1971.

1971. Convention internationale portant creation d'un fonds international d'indemnisation pour les dommages dus a la pollution par les hydrocarbures, adoptée à Bruxelles le 18 décembre 1971.

1972. Convention sur la responsabilité internationale pour les dommages causés par des objets spatiaux, adoptée à Londres, Moscou et Washington le 29 mars 1972.

1972. Convention pour la protection des phoques de l'Antarctique, adoptée à Londres le 1er juin 1972.

1972. Convention sur la prévention de la pollution des mers résultant de l'immersion de déchets, adoptée à Londres, Mexico, Moscou et Washington le 29 décembre 1972.

1973. Convention internationale pour la prévention de la pollution par les navires (Convention MARPOL), adoptée à Londres le 2 novembre 1973.

1973. Convention sur le commerce international des espèces de faune et de flore sauvages menacées d'extinction (Convention C.I.T.E.S.), adoptée à Washington le 3 mars 1973.

1974. Convention pour la prévention de la pollution marine d'origine tellurique, adoptée à Paris le 4 juin 1974.

1974. Convention internationale sur la Sauvegarde de la vie humaine en mer (Convention SOLAS), adoptée à Londres le 1er novembre 1974.

1975. Statut du fleuve Uruguay, adopté à Salto le 26 février 1975.

1976. Convention sur l'interdiction d'utiliser des techniques de modification de l'environnement à des fins militaires ou toutes autres fins hostiles (Convention ENMOD), adoptée à New York le 10 décembre 1976.

1976. Convention pour la protection de la mer Méditerranée contre la pollution (Convention de Barcelone, ou Convention pour la protection du milieu marin et du littoral de la Méditerranée), adoptée à Barcelone le 16 février 1976.

1977. Convention sur la responsabilité civile pour les dommages de pollution par les hydrocarbures résultant de la recherche et de l'exploitation des ressources minérales du sous-sol marin, adoptée à Londres le 1er mai 1977.

1977. Protocole additionnel aux Conventions de Genève du 12 août 1949 relatif à la protection des victimes des conflits armés internationaux (Protocole I), adopté à Genève le 8 juin 1977.

1979. Convention relative à la conservation de la vie sauvage et du milieu naturel de l'Europe (Convention de Berne), adoptée à Berne le 19 septembre 1979.

1979. Convention sur la pollution atmosphérique transfrontière à longue distance, adoptée à Genève le 13 novembre 1979.

1979. Accord régissant les activités des États sur la Lune et les autres corps célestes, adopté à New York le 18 décembre 1979.

1980. Convention sur la conservation de la faune et la flore marines de l'Antarctique, adoptée à Canberra le 20 mai 1980.

1981. Protocol on Settlement of Canada's Claim for Damages Caused by Cosmos 954 between the Government of Canada and the Government of the Union of Soviet Socialist Republics, adopté à Moscou le 2 avril 1981.

1982. Convention des Nations Unies sur le droit de la mer (Convention de Montego Bay), adoptée à Montego Bay le 10 décembre 1982.

1985. Convention de Vienne pour la protection de la couche d'ozone, adoptée à Vienne le 22 mars 1985.

1986. Acte unique européen, signé à Luxembourg le 17 février 1986 (Journal officiel n° L 169 du 29 juin 1987, p. 1-29).

1986. Convention sur la notification rapide d'un accident nucléaire, adoptée à Vienne le 26 septembre 1986.

1986. Convention sur l'assistance en cas d'accident nucléaire ou de situation d'urgence radiologique, adoptée à Vienne le 26 septembre 1986.

1987. Protocole de Montréal relatif à des substances qui appauvrissent la couche d'ozone, adopté à Montréal le 16 septembre 1987.

1988. Convention de Wellington sur la réglementation des activités relatives aux ressources minérales de l'Antarctique, adoptée à Wellington le 2 juin 1988.

1988. Protocole commun relatif à l'application de la Convention de Vienne et de la Convention de Paris, adopté à Vienne le 21 septembre 1988.

1988. Protocole additionnel à la Convention américaine relative aux droits de l'homme traitant des droits économiques, sociaux et culturels (Protocole de San Salvador), adopté à San Salvador le 17 novembre 1988.

1989. Convention sur la responsabilité civile pour les dommages causés au cours du transport de marchandises dangereuses par route, rail et bateaux de navigation intérieure (Convention CRTD), adoptée à Genève le 10 octobre 1989.

1989. Convention sur le contrôle des mouvements transfrontières de déchets dangereux et de leur élimination (Convention de Bâle), adoptée à Bâle le 22 mars 1989.

1989. Accord entre le Gouvernement de la République française et le Conseil fédéral suisse sur les échanges d'informations en cas d'incident ou d'accident pouvant avoir des conséquences radiologiques, adopté à Berne le du 30 novembre 1989.

1990. Convention internationale de 1990 sur la préparation, la lutte et la coopération en matière de pollution par les hydrocarbures, adoptée à Londres le 30 novembre 1990.

1991. Convention sur l'interdiction d'importer en Afrique des déchets dangereux et sur le contrôle des mouvements transfrontières et la gestion des déchets dangereux produits en Afrique (Convention Bamako), adoptée à Bamako le 30 janvier 1991.

1991. Convention sur l'évaluation de l'impact sur l'environnement dans un contexte transfrontière (Convention Espoo), adoptée à Espoo le 25 février 1991.

1991. Protocole au Traité sur l'Antarctique relatif à la protection de l'environnement, adopté à Madrid le 4 octobre 1991.

1992. Convention sur la protection et l'utilisation des cours d'eau transfrontières et des lacs internationaux, adoptée à Helsinki le 17 mars 1992.

1992. Convention sur les effets transfrontières des accidents industriels, adoptée à Helsinki le 17 mars 1992.

1992. Convention-cadre des Nations Unies sur les changements climatiques, adoptée à New York le 9 mai 1992.

1992. Convention sur la diversité biologique, adoptée à Rio de Janeiro le 5 juin 1992.

1992. Convention pour la protection du milieu marin de l'Atlantique du Nord-Est (Convention OSPAR), adoptée à Paris le 22 septembre 1992.

1992. Convention internationale sur la responsabilité civile pour les dommages dus à la pollution par les hydrocarbures, adoptée à Londres le 25 novembre 1992.

1992. Convention internationale portant création d'un Fonds international d'indemnisation pour les dommages dus à la pollution par les hydrocarbures, adoptée à Londres le 27 novembre 1992.

1993. Convention sur la responsabilité civile des dommages résultant d'activités dangereuses pour l'environnement (Convention de Lugano), adoptée à Lugano le 21 juin 1993.

1993. Accord entre l'Australie et la République de Nauru pour le règlement de l'affaire devant la Cour internationale de Justice concernant Certaines terres à phosphates à Nauru, adoptée à Nauru le 10 août 1993.

1994. Protocole à la Convention sur la pollution atmosphérique transfrontière à longue distance de 1979, relatif à une nouvelle réduction des émissions de soufre, adopté à Oslo le 14 juin 1994.

1994. Convention des Nations Unies sur la lutte contre la désertification dans les pays gravement touches par la sécheresse et/ou la désertification, en particulier en Afrique, adoptée à Paris le 17 juin 1994.

1994. Convention sur la sûreté nucléaire, adoptée à Vienne le 17 juin 1994.

1996. Convention internationale sur la responsabilité et l'indemnisation pour les dommages liés au transport par mer de substances nocives et potentiellement dangereuses (Convention SNPD), adoptée à Londres le 3 mai 1996.

1997. Convention sur le droit relatif aux utilisations des cours d'eau internationaux à des fins autres que la navigation, adoptée à New York, le 21 mai 1997.

1997. Protocole d'amendement de la Convention de Vienne relative à la responsabilité civile en matière de dommages nucléaires, adoptée à Vienne, le 12 septembre 1997.

1997. Convention internationale pour la protection des végétaux (Convention CIPV), adoptée à Rome le 17 novembre 1997.

1997. Protocole de Kyoto à la Convention-cadre des Nations Unies sur les changements climatiques, adopté à Kyoto le 11 décembre 1997.

1998. Convention sur l'accès a l'information, la participation du public au processus décisionnel et l'accès à la justice en matière d'environnement (Convention Aarhus), adoptée à Aarhus le 25 juin 1998.

1998. Convention de Rotterdam sur la procédure de consentement préalable en connaissance de cause applicable à certains produits chimiques et pesticides dangereux qui font l'objet d'un commerce international, adoptée à Rotterdam le 11 septembre 1998.

1999. Protocole de Bâle sur la responsabilité et l'indemnisation en cas de dommages résultant de mouvements transfrontières et de l'élimination de déchets dangereux, adopté à Bâle le 10 décembre 1999.

2000. Protocole de Cartagena sur la prévention des risques biotechnologiques relatif à la Convention sur la diversité biologique, adopté à Montréal le 29 janvier 2000.

2001. Convention internationale sur la responsabilité civile pour les dommages dus à la pollution par les hydrocarbures de soute (Convention Bunker), adoptée à Londres le 23 mars 2001.

2001. Loi Type sur la Biosécurité en Afrique, adoptée à Addis-Abeba le 21 avril 2001.

2001. Convention sur les polluants organiques persistants (Convention POP), adoptée à Stockholm le 22 mai 2001.

2001. Convention internationale sur le contrôle des systèmes antisalissure nuisibles sur les navires, adoptée Londres le 05 octobre 2001.

2003. Protocole à la Convention internationale de 1992 portant création d'un Fonds international d'indemnisation pour les dommages dus à la pollution par les hydrocarbures, adopté à Londres le 16 mai 2003.

2003. Protocole sur la responsabilité civile et l'indemnisation en cas de dommages causés par les effets transfrontières d'accidents industriels sur les eaux transfrontières, se rapportant à la Convention de 1992 sur la protection et l'utilisation des cours d'eau transfrontières et des lacs internationaux et à la Convention de 1992 sur les effets transfrontières des accidents industriels (Protocole de Kiev), adopté à Kiev le 21 mai 2003.

2003. Convention africaine sur la conservation de la nature et des ressources naturelles (Convention de Maputo), adoptée à Maputo le 11 juillet 2003.

2004. Protocole portant modification de la Convention du 31 janvier 1963 complémentaire à la Convention de Paris du 29 juillet 1960 sur la responsabilité civile dans le domaine de l'énergie nucléaire, amendée par le Protocole additionnel du 28 janvier 1964 et par le Protocole du 16 novembre 1982, adopté à Paris le 12 février 2004.

2004. Protocole portant modification de la Convention du 29 juillet 1960 sur la responsabilité civile dans le domaine de l'énergie nucléaire, amendée par le Protocole additionnel du 28 janvier 1964 et par le Protocole du 16 novembre 1982, adopté à Paris le 12 février 2004.

2010. Protocole additionnel de Nagoya – Kuala Lumpur sur la responsabilité et la réparation relatif au Protocole de Cartagena sur la prévention des risques biotechnologiques, adopté à Nagoya le 15 octobre 2010.

I.2. Législation européenne – Directives

1982. Directive 82/501/CEE du 24 juin 1982 concernant les risques d'accidents majeurs de certaines activités industrielles (Journal officiel n° L 230 du 5 août 1982, p. 1-18).

1985. Directive 85/337/CEE du Conseil du 27 juin 1985 concernant l'évaluation des incidences de certains projets publics et privés sur l'environnement (Journal officiel n° L 175 du 05 juillet 1985 p. 40-48).

1996. Directive 96/61/CE du Conseil du 24 septembre 1996 relative à la prévention et à la réduction intégrées de la pollution (Journal officiel n° L 257 du 10 octobre 1996, p. 26-40).

1996. Directive 96/82/CE du Conseil du 9 décembre 1996 concernant la maîtrise des dangers liés aux accidents majeurs impliquant des substances dangereuses (Journal officiel n° L 010 du 14 janvier 1997, p. 13-33).

2004. Directive 2004/35/CE du 21 avril 2004 sur la responsabilité environnementale en ce qui concerne la prévention et la réparation des dommages environnementaux (Journal officiel n° L 143 du 30 avril 2004, p. 56-75).

I.3. Législation nationale

I.3.1. Brésil

Lei Federal nº 6.453, de 17 de outubro de 1977, Dispõe sobre a responsabilidade civil por danos nucleares e a responsabilidade criminal por atos relacionados com atividades nucleares e dá outras providências (Diário Oficial da União, 18 de outubro de 1977).

Lei Federal nº 6.938 de 31 de agosto de 1981, Dispõe sobre a Política Nacional do Meio Ambiente, seus fins e mecanismos de formulação e aplicação, e dá outras providências (Diário Oficial da União, 2 de setembro de 1981).

Resolução CONAMA 237 de 1997, Dispõe sobre a revisão e complementação dos procedimentos e critérios utilizados para o licenciamento ambiental (Diário Oficial da União, 22 de dezembro de 1997).

I.3.2. États-Unis

The Atomic Energy Act of 1954, August 30, 1954 (Public Law 83-703).

I.3.3. France

Décret nº 2009-1329 du 28 octobre 2009 portant publication de l'accord sous forme d'échange de lettres complétant certaines dispositions de l'accord du 30 novembre 1989 entre le Gouvernement de la République française et la Confédération fédérale suisse sur l'échange d'informations en cas d'incident ou d'accident pouvant avoir des conséquences radiologiques (ensemble une annexe), signées à Berne le 5 novembre 2008 et à Colmar le 20 novembre 2008 (Journal officiel du 30 octobre 2009, p. 18546).

Décret n° 90-246 du 14 mars 1990 portant publication de l'accord entre le Gouvernement de la République française et le Conseil fédéral suisse sur les échanges d'informations en cas d'incident ou d'accident pouvant avoir des conséquences radiologiques (ensemble un échange de lettres), signé à Berne le 30 novembre 1989 (Journal officiel du 21 mars 1990, p. 3421).

Loi n° 95-101 du 2 février 1995 relative au renforcement de la protection de l'environnement – Loi Barnier (Journal officiel du 3 février 1995, p. 1840).

Loi n° 68-943 du 30 octobre 1968 relative à la responsabilité civile dans le domaine de l'énergie nucléaire (Journal officiel du 31 octobre 1968, p. 10195).

Ordonnance n° 2012-6 du 5 janvier 2012 modifiant les livres Ier et V du code de l'environnement (Journal officiel du 6 janvier 2012, p. 218).

I.4. Documents d'organisations internationales

I.4.1. Société des Nations

S.d.N., *Actes de la Conférence pour la codification du droit international tenue à la Haye du 13 Mars au 12 Avril 1930 : Procès-verbaux de la Troisième Commission,* vol. IV, Genève, S.d.N., 1930, 239 p.

S.d.N., C.P.J.I./COMITE CONSULTATIF DE JURISTES, *Procès-verbaux des séances du Comité – 16 juin-24 juillet 1920 – avec Annexes*, La Haye, Van Langenhuysen Frères, 1920, 779 p.

I.4.2. Organisation des Nations Unies[1435]

O.N.U., Doc. A/31/27, vol. I, *Rapport de la Conférence du Comité du désarmement de 1976.*

O.N.U., Doc. A/33/10, *Rapport de la Commission du droit international sur les travaux de sa trentième session (8 mai-28 juillet 1978).*

O.N.U., Doc. A/42/427, *Rapport de la Commission mondiale pour l'environnement et le développement – « Notre avenir à tous ».*

O.N.U., Doc. A/43/10, *Rapport de la Commission du droit international sur les travaux de sa quarantième session (9 mai-29 juillet 1988).*

O.N.U., Doc. A/46/10, *Rapport de la Commission du droit international sur les travaux de sa quarante-troisième session (29 avril-19 juillet 1991).*

O.N.U., Doc. A/48/10, *Rapport de la Commission du droit international sur les travaux de sa quarante-cinquième session (3 mai-23 juillet 1993).*

O.N.U., Doc. A/49/10, *Rapport de la Commission du droit international sur les travaux de sa quarante-sixième session (2 mai-22 juillet 1994).*

O.N.U., Doc. A/51/10, *Rapport de la Commission du droit international sur les travaux de sa quarante-huitième session (6 mai-26 juillet 1996).*

O.N.U., Doc. A/52/10, *Rapport de la Commission du droit international sur les travaux de sa quarante-neuvième session (12 mai-18 juillet 1997).*

[1435] Les documents sont disponibles sur le site électronique de l'Organisation des Nations Unies : <http://www.un.org/>.

O.N.U., Doc. A/53/10, *Rapport de la Commission du droit international sur les travaux de sa cinquantième session (20 avril-12 juin 1998 et 27 juillet-14 août 1998).*

O.N.U., Doc. A/54/10, *Rapport de la Commission du droit international sur les travaux de sa cinquante et unième session (3 mai-23 juillet 1999).*

O.N.U., Doc. A/55/10, *Rapport de la Commission du droit international sur les travaux de sa cinquante-deuxième session (1er mai-9 juin et 10 juillet-18 août 2000).*

O.N.U., Doc. A/56/10, *Rapport de la Commission du droit international sur les travaux de sa cinquante-troisième session (23 avril-1er juin et 2 juillet-10 août 2001).*

O.N.U., Doc. A/57/10, *Rapport de la Commission du droit international sur les travaux de sa cinquante-quatrième session (29 avril-7 juin et 22 juillet-16 août 2002).*

O.N.U., Doc. A/58/10, *Rapport de la Commission du droit international sur les travaux de sa cinquante-cinquième session (5 mai-6 juin et 7 juillet-8 août 2003).*

O.N.U., Doc. A/59/10, *Rapport de la Commission du droit international sur les travaux de sa cinquante-sixième session (3 mai-4 juin et 5 juillet-6 août 2004).*

O.N.U., Doc. A/60/10, *Rapport de la Commission du droit international sur les travaux de sa cinquante-septième session (2 mai-3 juin et 11 juillet-5 août 2005).*

O.N.U., Doc. A/61/10, *Rapport de la Commission du droit international sur les travaux de sa cinquante-huitième session (1er mai-9 juin et 3 juillet-11 août 2006).*

O.N.U., Doc. A/CN.4/233, *Deuxième rapport sur la responsabilité des États, par M. Roberto Ago, Rapporteur spécial – L'origine de la responsabilité internationale.*

O.N.U., Doc. A/CN.4/246 and Add.1-3, *Troisième rapport sur la responsabilité des États, par M. Roberto Ago, Rapporteur spécial – Le fait internationalement illicite de l'État, source de responsabilité internationale.*

O.N.U., Doc. A/CN.4/264 and Add.1, *Quatrième rapport sur la responsabilité des États, par M. Roberto Ago, Rapporteur spécial – Le fait internationalement illicite de l'État, source de responsabilité internationale (suite).*

O.N.U., Doc. A/CN.4/291 and Add.1 & 2 and Corr.1, *Cinquième rapport sur la responsabilité des États, par M. Roberto Ago, Rapporteur spécial – Le fait internationalement illicite de l'État, source de responsabilité internationale (suite).*

O.N.U., Doc. A/CN.4/302 and Add.1, 2 & 3, *Sixième rapport sur la responsabilité des États, par M. Roberto Ago, Rapporteur spécial – Le fait internationalement illicite de l'État, source de responsabilité internationale (suite).*

O.N.U., Doc. A/CN.4/307 et Add.1 & 2 et Corr.1 & 2, *Septième rapport sur la responsabilité des États, par M. Roberto Ago, Rapporteur spécial – Le fait internationalement illicite de l'État, source de responsabilité internationale (suite).*

O.N.U., Doc. A/CN.4/318 and Add.1 to 4, *Huitième rapport sur la responsabilité des États, M. Roberto Ago, Rapporteur spécial – Le fait internationalement illicite de l'État, source de responsabilité internationale (suite).*

O.N.U., Doc. A/CN.4/334 and Add.1 & Corr.1 and Add.2, *Rapport préliminaire sur la responsabilité internationale pour les conséquences préjudiciables découlant d'activités qui ne sont pas interdites par le droit international, par M. Robert Q. Quentin-Baxter, Rapporteur spécial.*

O.N.U., Doc. A/CN.4/346 and Add.1 & 2, *Deuxième rapport sur la responsabilité internationale pour les conséquences préjudiciables découlant d'activités qui ne sont pas interdites par le droit international, par M. Robert Q. Quentin-Baxter, Rapporteur spécial.*

O.N.U., Doc. A/CN.4/348, *Troisième rapport sur le droit relatif aux utilisations des cours d'eau internationaux à des fins autres que la navigation, par M. Stephen M. Schwebel, Rapporteur spécial.*

O.N.U., Doc. A/CN.4/360, *Troisième rapport sur la responsabilité internationale pour les conséquences préjudiciables découlant d'activités qui ne sont pas interdites par le droit international, par M. Robert Q. Quentin-Baxter, Rapporteur spécial.*

O.N.U., Doc. A/CN.4/367 and Corr.1, *Premier rapport sur le droit relatif aux utilisations des cours d'eau internationaux à des fins autres que la navigation, par M. Jens Evensen, Rapporteur spécial.*

O.N.U., Doc. A/CN.4/373 and Corr.1&.2, *Quatrième rapport sur la responsabilité internationale pour les conséquences préjudiciables découlant d'activités qui ne sont pas interdites par le droit international, par M. Robert Q. Quentin-Baxter, Rapporteur spécial.*

O.N.U., Doc. A/CN.4/383 and Corr.1 and Add.1, *Cinquième rapport sur la responsabilité internationale pour les conséquences préjudiciables découlant d'activités qui ne sont pas interdites par le droit international, par M. Robert Q. Quentin-Baxter, Rapporteur spécial.*

O.N.U., Doc. A/CN.4/384, *Étude de la pratique des États concernant la responsabilité internationale pour les conséquences préjudiciables découlant d'activités qui ne sont pas interdites par le droit international, établie par le Secrétariat.*

O.N.U., Doc. A/CN.4/394, *Rapport préliminaire sur la responsabilité internationale pour les conséquences préjudiciables découlant d'activités qui ne sont pas interdites par le droit international, par M. Julio Barboza, Rapporteur spécial.*

O.N.U., Doc. A/CN.4/402, *Deuxième rapport sur la responsabilité internationale pour les conséquences préjudiciables découlant d'activités qui ne sont pas interdites par le droit international, par M. Julio Barboza, Rapporteur spécial.*

O.N.U., Doc. A/CN.4/406 and Corr.1 and Add.1 & 2, *Troisième rapport sur le droit relatif aux utilisations des cours d'eau internationaux à des fins autres que la navigation, par M. Stephen C. McCaffrey, Rapporteur spécial.*

O.N.U., Doc. A/CN.4/412 and Add.1 & 2, *Quatrième rapport sur le droit relatif aux utilisations des cours d'eau internationaux à des fins autres que la navigation, par M. Stephen C. McCaffrey, Rapporteur spécial.*

O.N.U., Doc. A/CN.4/423 and Corr.1 & 2, *Cinquième rapport sur la responsabilité internationale pour les conséquences préjudiciables découlant d'activités qui ne sont pas interdites par le droit international, par M. Julio Barboza, Rapporteur spécial.*

O.N.U., Doc. A/CN.4/428 & Corr.1-4 and Add.1, *Sixième rapport sur la responsabilité internationale pour les conséquences préjudiciables découlant d'activités qui ne sont pas interdites par le droit international, par M. Julio Barboza, Rapporteur spécial.*

O.N.U., Doc. A/CN.4/450, *Neuvième rapport sur la responsabilité internationale pour les conséquences préjudiciables découlant d'activités qui ne sont pas interdites par le droit international, par M. Julio Barboza, Rapporteur spécial.*

O.N.U., Doc. A/CN.4/468, *Onzième rapport sur la responsabilité internationale pour les conséquences préjudiciables découlant d'activités qui ne sont pas interdites par le droit international, par M. Julio Barboza, Rapporteur spécial.*

O.N.U., Doc. A/CN.4/471, *Étude des régimes de responsabilité ayant trait au sujet « Responsabilité internationale pour les conséquences préjudiciables découlant d'activités qui ne sont pas interdites par le droit international » : étude établie par le Secrétariat.*

O.N.U., Doc. A/CN.4/487 et Add. 1, *Premier rapport sur la prévention des dommages transfrontières résultant d'activités dangereuses, par Pemmaraju Sreenivasa Rao, Rapporteur spécial.*

O.N.U., Doc. A/CN.4/488, *Responsabilité des États – Commentaires et observations reçus des gouvernements.*

O.N.U., Doc. A/CN.4/498, *Deuxième rapport sur la responsabilité des États, présenté par M. James Crawford, Rapporteur spécial.*

O.N.U., Doc. A/CN.4/501, *Deuxième rapport sur la responsabilité internationale pour les conséquences préjudiciables découlant d'activités qui ne sont pas interdites par le droit international (prévention des dommages transfrontières résultant d'activités dangereuses), par Pemmaraju Sreenivasa Rao, Rapporteur spécial.*

O.N.U., Doc. A/CN.4/510, *Troisième rapport sur la responsabilité internationale pour les conséquences préjudiciables découlant d'activités qui ne sont pas interdites par le droit international (prévention des dommages transfrontières résultant d'activités dangereuses), par Pemmaraju Sreenivasa Rao, Rapporteur spécial.*

O.N.U., Doc. A/CN.4/531, *Premier rapport sur le régime juridique de la prise en charge de la perte en cas de dommages transfrontières découlant d'activités dangereuses, par M. Pemmaraju Sreenivasa Rao, Rapporteur spécial.*

O.N.U., Doc. A/CN.4/540, *Deuxième rapport sur le régime juridique de la répartition des pertes en cas de dommages transfrontières découlant d'activités dangereuses, par M. Pemmaraju Sreenivasa Rao, Rapporteur spécial.*

O.N.U., Doc. A/CN.4/566, *Troisième rapport sur le régime juridique de la répartition des pertes en cas de dommages transfrontières découlant d'activités dangereuses, par M. Pemmaraju Sreenivasa Rao, Rapporteur spécial.*

O.N.U., Doc. A/CN.4/L.627, *Responsabilité internationale pour les conséquences préjudiciables découlant d'activités qui ne sont pas interdites par le droit international (Responsabilité internationale pour la non-prévention d'un sinistre transfrontière découlant d'activités dangereuses), Rapport du Groupe de travail.*

O.N.U., Doc. A/CN.4/L.682, *Fragmentation du droit international : difficultés découlant de la diversification et de l'expansion du droit international, Rapport du Groupe d'étude de la Commission du droit international, Établi sous sa forme définitive par Martti Koskenniemi.*

O.N.U., Doc. A/CN.4/L.702, *Fragmentation du droit international : difficultés découlant de la diversification et de l'expansion du droit international, Rapport du Groupe d'étude de la Commission du droit international.*

O.N.U., Doc. A/CONF.151/26/Rev.l, vol. I, *Rapport de la Conférence des Nations Unies sur l'environnement et le développement – Rio de Janeiro, 3-14 juin 1992, Déclaration de Rio sur l'environnement et le développement.*

O.N.U., Doc. A/CONF.48/14/Rev.l, *Rapport de la Conférence des Nations Unies sur l'environnement – Stockholm, 5-16 juin 1972, Déclaration de la Conférence des Nations Unies sur l'environnement.*

O.N.U., Doc. A/RES/1962(XVIII), *Déclaration des principes juridiques régissant les activités des États en matière d'exploration et d'utilisation de l'espace extra-atmosphérique.*

O.N.U., Doc. A/RES/2398(XXIII), *Résolution de l'Assemblée générale du 3 décembre 1968 sur les Problèmes du milieu humain.*

O.N.U., Doc. A/RES/2669(XXV), *Résolution de l'Assemblée générale du 8 décembre 1970 sur le Développement progressif et codification des règles de droit international relative aux voies d'eau internationales.*

O.N.U., Doc. A/RES/2995(XXVII), *Résolution de l'Assemblée générale du 15 décembre 1972 relative à la coopération entre les États dans le domaine de l'environnement.*

O.N.U., Doc. A/RES/3129(XXVIII), *Résolution de l'Assemblée générale du 13 décembre 1973 relative à la coopération dans le domaine de l'environnement en matière de ressources naturelles partagées par deux ou plusieurs États*.

O.N.U., Doc. A/RES/51/122, *Déclaration sur la coopération internationale en matière d'exploration et d'utilisation de l'espace au profit et dans l'intérêt de tous les États, compte tenu en particulier des besoins des pays en développement*.

O.N.U., Doc. A/RES/58/214, *Résolution de l'Assemblée générale du 23 décembre 2003 sur la Stratégie internationale de prévention des catastrophes*.

O.N.U., Doc. ECE/EB.AIR/53, *Rapport de la quinzième session de l'Organe exécutif de la Convention sur la pollution atmosphérique transfrontière à longue distance.*

O.N.U., Doc. ECE/ENVWA/15, *Rapport de la Commission économique des Nations Unies pour l'Europe sur Les politiques et systèmes en matière d'évaluation de l'impact sur l'environnement*.

O.N.U., Doc. S/AC.26/1991/7/Rev.1, *Décision prise par le Conseil d'administration de la Commission de compensation des Nations Unies à sa troisième session (18ème séance, 28 novembre 1991), révisée à sa cinquième session (24ème séance, 16 mars 1992) sur les Critères applicables à d'autres catégories de réclamations.*

O.N.U., Doc. S/AC.26/2002/26, *Commission de compensation des Nations Unies – Rapport et recommandations du Comité de commissaires concernant la deuxième tranche de réclamations de la catégorie « F4 »*.

O.N.U., Doc. S/AC.26/2003/31, *Commission de compensation des Nations Unies – Rapport et recommandations du Comité de commissaires concernant la troisième tranche de réclamations de la catégorie « F4 »*.

O.N.U., Doc. S/AC.26/2004/16, *Commission de compensation des Nations Unies – Rapport et recommandations du Comité de commissaires concernant la première partie de la quatrième tranche de réclamations « F4 ».*

O.N.U., Doc. S/AC.26/2005/10, *Commission de compensation des Nations Unies – Rapport et recommandations du Comité de commissaires concernant la cinquième tranche de réclamations « F4 ».*

O.N.U., Doc. S/RES/687(1991), *Conseil de sécurité, Résolution 687 (1991) du 3 avril 1991.*

O.N.U., Doc. UNEP/GC.14/17, Annexe III, *Programme des Nations unies pour l'environnement – Buts et principes de l'évaluation de l'impact sur l'environnement.*

O.N.U., Doc. UNEP/GC.22/2/Add.7, *Programme des Nations unies pour l'environnement – État de l'environnement mondial et contribution du Programme des Nations Unies pour l'environnement a la solution des défis environnementaux, Rapport du Directeur exécutif : Evaluations écologiques post-conflits.*

O.N.U., Doc. UNEP/IEL/WS/3/2, *Programme des Nations unies pour l'environnement – Final Report of the Expert Group Workshop on International Environmental Law Aiming at Sustainable Development.*

O.N.U., Doc. UNEP/OzL.Pro.10/9, *Programme des Nations Unies pour l'environnement – Le Secrétariat de l'ozone, Rapport de la dixième Réunion des Parties au Protocole de Montréal relatif à des substances qui appauvrissent la couche d'ozone.*

O.N.U., Doc. UNEP/OzL.Pro.4/15, *Programme des Nations Unies pour l'environnement – Le Secrétariat de l'ozone, Rapport de la quatrième Réunion des Parties au Protocole de Montréal relatif a des substances qui appauvrissent la couche d'ozone.*

I.4.3. Commission du droit international – Annuaires[1436]

Annuaire... 1957, vol. II, *Documents de la neuvième session y compris le rapport de la Commission à l'Assemblée générale.*

Annuaire... 1961, vol. II, *Documents de la treizième session y compris le rapport de la Commission à l'Assemblée générale.*

Annuaire... 1970, vol. I, *Comptes rendus analytiques de la vingt-deuxième session 4 mai-10 juillet 1970.*

Annuaire... 1973, vol. I, *Comptes rendus analytiques de la vingt-cinquième session 7 mai-13 juillet 1973.*

Annuaire... 1977, vol. I, *Comptes rendus analytiques de la vingt-neuvième session 9 mai-29 juillet 1977.*

Annuaire... 1977, vol. II, Deuxième partie, *Rapport de la Commission à l'Assemblée générale sur les travaux de sa vingt-neuvième session.*

Annuaire... 1978, vol. I, *Comptes rendus analytiques de la trentième session 8 mai-28 juillet 1978.*

Annuaire... 1980, vol. II, Deuxième partie, *Rapport de la Commission à l'Assemblée générale sur les travaux de sa trente-deuxième session.*

Annuaire... 1982, vol. II, Première partie, *Documents de la trente-quatrième session.*

Annuaire... 1983, vol. II, Première partie, *Documents de la trente-cinquième session.*

Annuaire… 1984, vol. II, Deuxième partie, *Rapport de la Commission à l'Assemblée générale sur les travaux de sa trente-sixième session.*

[1436] Les documents sont disponibles sur le site électronique de la Commission du droit international : <http://legal.un.org/ilc>.

Annuaire... 1986, vol. II, Première partie, *Documents de la trente-huitième session.*

Annuaire... 1987, vol. I, *Comptes rendus analytiques des séances de la trente-neuvième session 4 mai-17 juillet 1987.*

Annuaire... 1988, vol. II, Première partie, *Documents de la quarantième session.*

Annuaire... 1989, vol. II, Première partie, *Documents de la quarante et unième session.*

Annuaire... 1991, vol. I, *Comptes rendus analytiques des séances de la quarante-troisième session 29 avril-19 juillet 1991.*

Annuaire... 1991, vol. II, Première partie, *Documents de la quarante-troisième session.*

Annuaire... 1993, vol. II, Première partie, *Documents de la quarante-cinquième session.*

Annuaire... 1994, vol. II, Deuxième partie, *Rapport de la Commission à l'Assemblée générale sur les travaux de sa quarante-sixième session.*

Annuaire... 1996, vol. II, Deuxième partie, *Rapport de la Commission à l'Assemblée générale sur les travaux de sa quarante-huitième session.*

Annuaire... 1997, vol. II, Deuxième partie, *Rapport de la Commission à l'Assemblée générale sur les travaux de sa quarante-neuvième session.*

Annuaire... 1998, vol. II, Première partie, *Documents de la cinquantième session.*

Annuaire... 2001, vol. II, Deuxième partie, *Rapport de la Commission à l'Assemblée générale sur les travaux de sa cinquante-troisième session.*

Annuaire... 2006, vol. II, Deuxième partie, *Rapport de la Commission à l'Assemblée générale sur les travaux de sa cinquante-huitième session.*

I.4.4. Autres organisations internationales

A.I.E.A., Doc. GC (SPL.I)/2 du 24 septembre 1986, *Rapport du Conseil des gouverneurs de l'AIEA.*

A.I.E.A., *Rapport annuel de l'AIEA 2010*, Vienne, A.I.E.A., 2010, 131 p.

A.I.E.A., *Transfert de technologie pour le développement*, Vienne, A.I.E.A./Division de l'information, 1990, 36 p.

COMMISSION PRÉPARATOIRE DE L'ORGANISATION DU TRAITÉ D'INTERDICTION COMPLÈTE DES ESSAIS NUCLÉAIRES, *Rapport annuel 2011*, Doc. CTBT/ES/2011/5, 62 p.

CONVENTION DE LONDRES SUR LA PRÉVENTION DE LA POLLUTION DES MERS RÉSULTANT DE L'IMMERSION DE DÉCHETS DE 1972, Résolution L.C. 14 (7) de 1983.

CONVENTION DE LONDRES SUR LA PRÉVENTION DE LA POLLUTION DES MERS RÉSULTANT DE L'IMMERSION DE DÉCHETS DE 1972, Résolution L.C. 21 (9) de 1985.

CONVENTION DE LONDRES SUR LA PRÉVENTION DE LA POLLUTION DES MERS RÉSULTANT DE L'IMMERSION DE DÉCHETS DE 1972, Résolution L.C. 28 (10) de 1993.

CONVENTION DE LONDRES SUR LA PRÉVENTION DE LA POLLUTION DES MERS RÉSULTANT DE L'IMMERSION DE DÉCHETS DE 1972, Résolution L.C. 51 (16) de 1993.

CONVENTION-CADRE SUR LES CHANGEMENTS CLIMATIQUES DE 1992, Décision 24/CP.7, adoptée à la septième Conférence des Parties en 2001.

CONVENTION-CADRE SUR LES CHANGEMENTS CLIMATIQUES DE 1992, Décision 1/CMP.8, adoptée à la huitième Conférence des Parties agissant comme réunion des Parties au Protocole de Kyoto en 2012.

O.C.D.E., Doc. C(2004)81 du 21 avril 2004, *Recommandation sur l'utilisation des instruments économiques pour faciliter la conservation et l'exploitation durable de la biodiversité.*

O.C.D.E., Doc. C(72)128 du 26 mai 1972, *Recommandation du Conseil sur les principes directeurs relatifs aux aspects économiques des politiques de l'environnement sur le plan international.*

O.C.D.E., Doc. C(74)224 du 14 novembre 1974, *Recommandation du Conseil concernant des Principes relatifs à la pollution transfrontière.*

O.C.D.E., Doc. C(88)84/Final du 8 juillet 1988, *Décision du Conseil sur l'échange d'informations concernant les accidents susceptibles de provoquer des dommages transfrontières.*

PROTOCOLE DE MONTRÉAL RELATIF À DES SUBSTANCES QUI APPAUVRISSENT LA COUCHE D'OZONE DE 1987, Décision IV/5 adoptée à la quatrième Conférence des Parties en 1992.

II. Jurisprudence[1437]

II.1. Cour permanente de Justice internationale[1438]

Affaire relative à l'Usine de Chorzów, compétence, arrêt du 26 juillet 1927, *C.P.J.I. série A, n° 9.*

[1437] Les décisions sont en ordre alphabétique.
[1438] Les textes sont disponibles sur le site électronique de la Cour permanente de Justice internationale : <http://www.icj-cij.org/>.

Affaire relative à l'Usine de Chorzów, fond, arrêt du 13 septembre 1928, *C.P.J.I. série A, n° 17.*

Trafic ferroviaire entre la Lithuanie et la Pologne, avis consultatif du 15 octobre 1931, *C.P.J.I. série A/B n° 42.*

II.2. Cour internationale de Justice[1439]

Affaire Avena et autres ressortissants mexicains (Mexique c. États-Unis d'Amérique), arrêt du 31 mars 2004, *C.I.J. Recueil 2004.*

Affaire de Certaines terres à phosphates à Nauru (Nauru c. Australie), exceptions préliminaires, arrêt du 26 juin 1992, *C.I.J. Recueil 1992.*

Affaire de Certaines terres à phosphates à Nauru (Nauru c. Australie), ordonnance du 13 septembre 1993, *C.I.J. Recueil 1993.*

Affaire de la Barcelona Traction, Light and Power Company, Limited (Belgique c. Espagne), arrêt du 5 février 1970, *C.I.J. Recueil 1970.*

Affaire de l'Elettronica Sicula S.P.A. (ELSI) (États-Unis d'Amérique c. Italie), arrêt du 20 juillet 1989, *C.I.J. Recueil 1989.*

Affaire des Activités armées sur le territoire du Congo (République démocratique du Congo c. Ouganda), arrêt du 19 décembre 2005, *C.I.J. Recueil 2005.*

Affaire des Activités militaires et paramilitaires au Nicaragua et contre celui-ci (Nicaragua c. États-Unis d'Amérique), compétence et recevabilité, arrêt du 26 novembre 1984, *C.I.J. Recueil 1984.*

Affaire des essais nucléaires (Australie c. France), arrêt du 20 décembre 1974, *C.I.J. Recueil 1974.*

Affaire des essais nucléaires (Australie c. France), mesures conservatoires, ordonnance du 22 juin 1973, *C.I.J. Recueil 1973.*

[1439] Les textes sont disponibles sur le site électronique de la Cour internationale de Justice : <http://www.icj-cij.org/>.

Affaire des essais nucléaires (Nouvelle-Zélande c. France), arrêt du 20 décembre 1974, *C.I.J. Recueil 1974*.

Affaire du Détroit de Corfou (Royaume-Uni c. Albanie), fond, arrêt du 9 avril 1949, *C.I.J. Recueil 1949*.

Affaire du Plateau continental (Tunisie/Jamahiriya arabe libyenne), arrêt du 24 février 1982, *C.I.J. Recueil 1982.*

Affaire du Plateau continental de la mer du Nord (République fédérale d'Allemagne/Danemark), arrêt du 20 février 1969, *C.I.J. Recueil 1969*.

Affaire du Plateau continental de la mer du Nord (République fédérale d'Allemagne/Pays-Bas), arrêt du 20 février 1969, *C.I.J. Recueil 1969*.

Affaires jointes relatives à Certaines activités menées par le Nicaragua dans la région frontalière (Costa Rica c. Nicaragua) et à la Construction d'une route au Costa Rica le long du fleuve San Juan (Nicaragua c. Costa Rica), arrêt du 16 décembre 2015, *C.I.J. Recueil 2015*.

Affaire LaGrand (Allemagne c. États-Unis d'Amérique), arrêt du 27 juin 2001, *C.I.J. Recueil 2001*.

Affaire Nottebohm (Liechtenstein c. Guatemala), deuxième phase, arrêt du 6 avril 1955, *C.I.J. Recueil 1955.*

Affaire relative à Certaines activités menées par le Nicaragua dans la région frontalière (Costa Rica c. Nicaragua), mesures conservatoires, ordonnance du 8 mars 2011, *C.I.J. Recueil 2011*.

Affaire relative à Certaines activités menées par le Nicaragua dans la région frontalière (Costa Rica c. Nicaragua), requête introductive d'instance du 18 novembre 2010, *C.I.J. Recueil 2010.*

Affaire relative à des Epandages aériens d'herbicides (Equateur c. Colombie), requête introductive d'instance du 31 mars 2008, *C.I.J. Recueil 2008*.

Affaire relative à des Usines de pâte à papier sur le fleuve Uruguay (Argentine c. Uruguay), arrêt du 20 avril 2010, *C.I.J. Recueil 2010.*

Affaire relative à l'application de la Convention pour la prévention et la répression du crime de génocide (Bosnie-et-Herzégovine c. Serbie-et-Monténégro), arrêt du 26 février 2007, *C.I.J. Recueil 2007.*

Affaire relative à la Chasse à la baleine dans l'Antarctique (Australie c. Japon), requête introductive d'instance du 31 mai 2010, *C.I.J. Recueil 2010.*

Affaire relative à la Chasse à la baleine dans l'Antarctique (Australie c. Japon ; Nouvelle-Zélande (intervenant)), arrêt du 31 mars 2014, *C.I.J. Recueil 2014.*

Affaire relative à la Construction d'une route au Costa Rica le long du fleuve San Juan (Nicaragua c. Costa Rica), requête introductive d'instance du 21 décembre 2011, *C.I.J. Recueil 2011.*

Affaire relative au Personnel diplomatique et consulaire des États-Unis à Téhéran (États-Unis d'Amérique c. Iran), arrêt du 24 mai 1980, *C.I.J. Recueil 1980.*

Affaire relative au Projet Gabcikovo-Nagymaros (Hongrie/Slovaquie), arrêt du 25 septembre 1997, *C.I.J. Recueil 2007.*

Différend relatif à des droits de navigation et des droits connexes (Costa Rica c. Nicaragua), arrêt du 13 juillet 2009, *C.I.J. Recueil 2009.*

Licéité de la menace ou de l'emploi d'armes nucléaires, avis consultatif du 8 juillet 1996, *C.I.J. Recueil 1996.*

II.3. Cour permanente d'Arbitrage[1440]

Arbitrage relatif à la ligne du Rhin de fer – « IJzeren Rijn » (Belgique v. Pays Bas), sentence du tribunal arbitral du 24 mai 2005.

The Island of Palmas Case (or Miangas) (Netherlands, United States), 4 April 1928, *Recueil des sentences arbitrales*, vol. II, p. 829-871.

II.4. Autres décisions arbitrales

Affaire concernant les problèmes nés entre la Nouvelle-Zélande et la France relatifs à l'interprétation ou à l'application de deux accords conclus le 9 juillet 1986 lesquels concernaient les problèmes découlant de l'affaire du Rainbow Warrior *(Nouvelle-Zélande/France),* sentence arbitrale du 30 avril 1990, *Recueil des sentences arbitrales,* vol. XX, 1990, p. 215-284.

Affaire du Cosmos 954 – CANADA, « Claim against the Union of Soviet Socialist Republics for Damage Caused by Soviet Cosmos 954 », *I.L.M.*, vol. 18, nº 4, 1979, p. 899-930.

Affaire du lac Lanoux, (Espagne, France), 16 novembre 1957, *Recueil des sentences arbitrales*, vol. XII, p. 281-317.

Lake Ontario (Gut Dam) Claims – CANADA-UNITED STATES, « Canada-United States Settlement of Gut Dam Claims [September 27, 1968], Report of the Agent of the United States before the Lake Ontario Claims Tribunal », *I.L.M.*, vol. 8, nº 1, p. 118-143.

S. S. "I'm Alone" (Canada, United States), 30 June 1933 and 5 January 1935, *Recueil des sentences arbitrales*, vol. III, p. 1609-1618.

The North Atlantic Coast Fisheries Case (Great Britain, United States), 7 September 1910, *Recueil des sentences arbitrales*, vol. XI, p. 167-226.

[1440] Les textes sont disponibles sur le site électronique de la Cour permanente d'Arbitrage : <http://www.pca-cpa.org/>.

Trail Smelter Case (United States, Canada), 16 April 1938 and 11 March 1941, *Recueil des sentences arbitrales*, vol. III, p. 1905-1982.

II.5. Tribunal international du droit de la mer[1441]

Affaire de l'Usine MOX (Irlande c. Royaume-Uni), mesures conservatoires, ordonnance du 3 décembre 2001.

Responsabilités et obligations des États qui patronnent des personnes et entités dans le cadre d'activités menées dans la zone, avis consultatif du 1er février 2011.

II.6. Tribunal Pénal International pour l'ex-Yougoslavie

I.C.T.Y., *Final Report to the Prosecutor by the Committee Established to Review the NATO Bombing Campaign Against the Federal Republic of Yugoslavia,* 2000, disponible sur <http://www.icty.org/sid/10052>, consulté le 15 avril 2012, 31 p.

II.7. Cour interaméricaine des droits de l'homme[1442]

Affaire Castillo-Petruzzi et al. v. *Peru*, Fond, arrêt du 30 mai 1999, série C, n° 52.

Affaire Cinco Pensionistas v. *Peru*, Fond, arrêt du 28 février 2003, série C, n° 98.

Affaire Suárez-Rosero v. *Ecuador*, Fond, arrêt du 12 novembre 1997, série C, n° 35.

[1441] Les textes sont disponibles sur le site électronique du Tribunal international du droit de la mer : <http://www.itlos.org/>.

[1442] Les textes sont disponibles sur le site électronique de la Cour interaméricaine des droits de l'homme : <http://www.corteidh.or.cr/>.

Affaire Velásquez Rodríguez v. *Honduras*, Fond, arrêt du 29 juillet, 1988, série C, nº 4.

Compatibilidad de un Proyecto de ley con el artículo 8.2.h de la Convención Americana sobre Derechos Humanos, avis consultatif OC-12/91 du 6 décembre 1991, série A, nº 12.

II.8. Décisions nationales

II.8.1. France

Cass. 1ère civ. 29 juin 1999, J.C.P. 1999, II, 10138, rapport P. Sargos.

Cass. Chambre criminelle, Arrêt n° 3439 du 25 septembre 2012, Pourvoi n° 10-82.938.

COUR D'APPEL DE PARIS, pôle 4 chambre 11 E, Dossier n° 08/02278, arrêt du 30 mars 2010.

T.G.I. PARIS, 11ème chambre, 4ème section, Jugement nº 9934895010 du 16 janvier 2008.

II.8.2. États-Unis

U. S. COURT OF APPEALS FOR THE SEVENTH CIRCUIT, « Affaire concernant la pollution par l'Amoco-Cadiz au large des côtes de France le 16 mars 1978 : compte rendu de la décision et du jugement pour l'établissement des responsabilités / Cour de district des États-Unis, district Nord de l'Illinois, Chambre Est », in *Annuaire de droit maritime et aérien*, vol. 8, 1985, p. 355-422.

U. S. COURT OF APPEALS FOR THE SEVENTH CIRCUIT, *In The Matter Of : Oil Spill By The Amoco Cadiz Off The Coast Of France On March 16, 1978*, 954 F.2d 1279 (1992).

U. S. SUPREME COURT, *Story Parchment Company v. Paterson Parchment Paper Company*, 282 U. S. 555 (1931).

U. S. SUPREME COURT, *TVA v. Hill*, 437 U.S. 153 (1978).

III. Doctrine

III.1. Ouvrages généraux, monographies

AARNIO, A., *Le rationnel comme raisonnable. La justification en droit*, Paris, L.G.D.J., 1992, 303 p.

ALEXY, R., *Teoria de los derechos fundamentales*, Madri, Centro de Estudios Constitucionales, 1993, 607 p.

ALLAND, D., *Droit International Public*, Paris, P.U.F., 2000, 807 p.

ALLAND, D., *Justice privée et ordre juridique international : étude théorique des contre-mesures en droit international public*, Paris, Pedone, 1994, 503 p.

ATTFIELD, R., *Environmental Philosophy : Principles and Prospects*, New York, Columbia University, 1994, 262 p.

BACKES, C. & BETLEM, G., *Integrated pollution prevention and control : the EC directive from a comparative legal and economic perspective*, La Haye, Kluwer Law International, 1999, 168 p.

BALCH, T. W., *The Alabama Arbitration*, Philadelphia, s.n., 1900, 150 p.

BALLENEGGER, J., *La pollution en droit international : la responsabilité pour les dommages causés par la pollution transfrontière*, Genève, Librairie Droz, 1975, 268 p.

BANQUE MONDIALE, *Manuel d'évaluation environnementale, Volume I : Politiques, procédures et questions intersectorielles*, Washington, Banque Mondiale, 1991, 285 p.

BANQUE MONDIALE, *Manuel d'évaluation environnementale, Volume II : Lignes directrices sectorielles*, Washington, Banque Mondiale, 1991, 303 p.

BANQUE MONDIALE, *Manuel d'évaluation environnementale, Volume III : Lignes directrices pour l'évaluation environnementale de projets énergétiques et industriels*, Washington, Banque Mondiale, 1991, 252 p.

BARRETT, S., *Environment and Statecraft : The Strategy of Environmental Treaty-Making*, Oxford, Oxford University Press, 2003, 446 p.

BASTMEIJER, K. & KOIVUROVA, T. (ed.), *Theory and practice of transboundary environmental impact assessment*, Leiden/Boston, Martinus Nijhoff Publishers, 2008, 397 p.

BECHMANN, P. & MANSUY, V., *Le principe de précaution*, Litec, 2002, 238 p.

BECK, U., *La dynamique politique de la société mondiale du risque*, Paris, I.D.D.R.I., 2002, 21 p.

BECK, U., *Risk society. Towards a new modernity,* London, Sage, 1992, 260 p.

BECK, U., *Vivir en la sociedad del riesgo mundial*, Barcelona, CIDOB, 2007, 57 p.

BECK, U., *World Risk Society*, Malden, Polity Press, 1999, 184 p.

BELAÏDI, N., *La lutte contre les atteintes globales à l'environnement : vers un ordre public écologique ?*, Bruxelles, Bruylant, 2008, 498 p.

BELLISSENT, J., *Contribution à l'analyse de la distinction des obligations de moyens et des obligations de résultat*, Paris, L.G.D.J., 2001, 527 p.

BELTRÃO, A. F. G., *Manual de Direito Ambiental*, São Paulo, Editora Método, 2008, 304 p.

BERGKAMP, L., *Liability and Environment : Private and Public Law Aspects of Civil Liability for Environmental Harm in an International Context*, The Hague, Kluwer Law International, 2001, 708 p.

BEYERLIN, U. ; STOLL, P.-T. & WOLFRUM, R. (ed.), *Ensuring compliance with multilateral environmental agreements : a dialogue between practitioners and academia*, La Haye, Martinus Nijhoff, 2006, 406 p.

BIRNIE, P. & BOYLE, A., *International Law & The Environment*, Oxford, Oxford University Press, 2002, 798 p.

BISSET, R., *Environmental Impact Assessment : Issues, Trends and Practice*, Nairobi, U.N.E.P., 1996, 96 p.

BIZET, J., *Rapport sur le projet de loi relatif à la responsabilité environnementale*, Paris, Sénat, session ordinaire de 2007-2008, 176 p.

BODANSKY, D. ; BRUNNÉE, J. & HEY, E. (dir.), *The Oxford handbook of international environmental law*, Oxford, Oxford University Press, 2007, 1080 p.

BOHNE, E., *The Quest for Environmental Regulatory Integration in the European Union : Integrated Pollution Prevention and Control, Environmental Impact Assessment and Major Accident Prevention*, The Hague, Kluwer Law International, 2006, 644 p.

BOISSON DE CHAZOURNES, L. ; DESGAGNE, R. ; MBENGUE, M. M. & ROMANO, C., *Protection internationale de l'environnement,* Paris, Pedone, 2005, 808 p.

BOLLECKER-STERN, B., *Le préjudice dans la théorie de la responsabilité internationale*, Paris, Pedone, 1973, 382 p.

BOTHE, M. & SAND, P., *La politique de l'environnement : de la réglementation aux instruments économiques*, La Haye, Martinus Nijhoff Publishers, 2003, 923 p.

BOUCKAERT, B. & DE GEEST, G. (eds.), *Encyclopedia of Law and Economics. Civil Law and Economics*, vol. II, Cheltenham, Edward Elgar, 2000, 832 p.

BOUTELET, M. & FRITZ, J.-C. (dir.), *L'Ordre Public Ecologique*, Bruxelles, Bruylant, 2005, 345 p.

BRANCO, S. M., *Ecossistêmica - Uma Abordagem Integrada dos Problemas do Meio Ambiente*, São Paulo, Editora Edgard Blücher, 2002, 202 p.

BROSSET, E. & TRUILHE-MARENGO, E. (dir.), *Les enjeux de la normalisation technique internationale : entre environnement, santé et commerce international*, CERIC, Université d'Aix-Marseille III, Documentation française, 2006, 334 p.

BROWNLIE, I., *System of the Law of Nations : State Responsibility Part I*, Oxford, Oxford University Press, 1983, 320 p.

CABALLERO, F., *Essai sur la notion juridique de nuisance*, Paris, L.G.D.J., 1981, 361 p.

CANS, C. (éd.), *La responsabilité environnementale : prévention, imputation, réparation*, Paris, Dalloz, 2009, 421 p.

CANTER, L. W., *Environmental Impact Assessment*, New York, McGraw Hill, 1996, 480 p.

CARON, D. D. & LEBEN, C. (éd.), *Les aspects internationaux des catastrophes naturelles et industrielles – The International Aspects of Natural and Industrial Catastrophes*, The Hague, Martinus Nijhoff Publishers, 2001, 800 p.

CAZALA, J., *Le principe de précaution en droit international*, Paris, Anthemis, 2006, 497 p.

CHAMBOREDON, A., *Du droit de l'environnement au droit à l'environnement : à la recherche d'un juste milieu*, Paris, L'Harmattan, 2007, 190 p.

CHARBONNEAU, S., *Droit communautaire de l'environnement*, Paris, L'Harmattan, 2006, 295 p.

CHENG, B., *General Principles of Law as Applied by International Courts and Tribunals*, Cambridge, Cambridge University Press, 2006, 544 p.

CHÉROT, J.-Y. *et al.* (dir.), *Droit et l'environnement – propos pluridisciplinaire sur un droit en construction*, Aix-en-Provence, Presses Universitaires d'Aix-Marseille, 1995, 143 p.

CHEVASSUS-AU-LOUIS, B. (dir.), *Approche économique de la biodiversité et des services liés aux écosystèmes*, Paris, La Documentation française, 2009, 376 p.

CLARK, E. R. & CANTER, L. W. (ed.), *Environmental Policy and NEPA : Past, Present, and Future*, Boca Raton, Saint Lucie Press, 1997, 360 p.

CLEMENT, M., *Droit européen de l'environnement – jurisprudence commentée*, Bruxelles, Larcier, 2010, 565 p.

COMBACAU, J. & SUR, S., *Droit international public*, Paris, Montchrestien, 2006, 813 p.

COMITÉ INTERNATIONAL DE LA CROIX-ROUGE, *Commentaire des Protocoles additionnels du 8 juin 1977 aux Conventions de Genève du 12 août 1949*, Dordrecht, Martinus Nijhoff Publishers, 1986, 1647 p.

COMMISSION MONDIALE SUR L'ENVIRONNEMENT ET LE DEVELOPPEMENT, *Notre avenir à tous*, Québec, Ed. du Fleuve, 1988, 432 p.

CONFORTI, B., *Diritto internazionale*, Napoli, Editoriale scientifica 1997, 446 p.

CONSEIL DE L'EUROPE (org.), *Manuel sur les droits de l'homme et l'environnement : principes tirés de la jurisprudence de la Cour européenne des Droits de l'Homme*, Strasbourg, Éd. du Conseil de l'Europe, 2006, 90 p.

COOK, A., *The Alabama Claims : American Politics and Anglo-American Relations, 1865-1872*, Ithaca/London, Cornell University Press, 1975, 261 p.

CORDINI, G. & POSTIGLIONE, A. (dir.), *Prevention and remedying of environmental damage : proceedings of the Workshop on*

Environmental Law, Ostia Antica, 27 & 28 may 2005, Bruxelles, Bruylant, 2005, 504 p.

CORDONIER SEGGER, M.-C. & KHALFAN, A. (ed.), *Sustainable Development Law : Principles, Practive and Prospects*, Oxford, Oxford University Press, 2004, 464 p.

CORNU, G., *Vocabulaire juridique*, Paris, P.U.F., 1987, 986 p.

CORTEN, O., *L'utilisation du 'raisonnable' par le juge international*, Bruxelles, Bruylant, 1997, 696 p.

COT, J.-P. ; PELLET, A. & FORTEAU, M. (dir.), *La charte des Nations Unies : commentaire article par article*, 2 vol., Paris, Economica, 2005, 2363 p.

CRAWFORD J., *Les articles de la C.D.I. sur la responsabilité de l'État. Introduction, Texte et Commentaires*, Paris, Pedone, 2003, 463 p.

CREPEAU, P.-A., *L'intensité de l'obligation juridique ou des obligations de diligence, de résultat et de garantie*, Québec, Les Éditions Yvon Blais Inc./Centre de recherche en droit privé et comparé du Québec, 1989, 232 p.

CULLET, P. & GOWLLAND-GUALTIERI, A., *Key materials in international environmental law*, Aldershot, Ashgate, 2004, 643 p.

DE SADELEER, N., *Environmental Principles : From Political Slogans to Legal Rules*, Oxford, Oxford University Press, 2002, 433 p.

DE SADELEER, N., *Les principes du pollueur-payeur, de prévention et de précaution – Essai sur la genèse et la portée juridique de quelques principes du droit de l'environnement*, Bruxelles, Bruylant, 1999, 437 p.

DE VISSCHER, C., *Problèmes d'interprétation judiciaire en droit international public*, Paris, Pedone, 1963, 269 p.

DEAN, R. S. & SWAIN, R. E., *Meteorological Investigations near Trail, B.C.,* 1938-1940, 374 p.

DEMOGUE, R., *Traité des obligations en général*, tome V, Paris, A. Rousseau, 1923, 509 p.

DERANI, C., *Direito Ambiental Econômico*, São Paulo, Max Limonad, 1997, 297 p.

DINH, N. Q. ; DAILLIER, P. & PELLET, A., *Droit international public*, Paris, L.G.D.J., 2002, 1510 p.

DONATI, D., *I trattati internazionali nel diritto constituzionale*, Turin, Unione tipografico editrice torinese, 1906, 613 p.

DUPUY, P.-M. (éd.), *Obligations multilatérales, droit impératif et responsabilité internationale des États*, Paris, Pedone, 2003, 296 p.

DUPUY, P.-M., *Droit international public*, Paris, Dalloz, 2008, 879 p.

DUPUY, P.-M., *La responsabilité internationale des États pour les dommages d'origine technologique et industrielle,* Paris, Pedone, 1976, 309 p.

DUPUY, R.-J. (éd.), *L'avenir du droit international de l'environnement : Colloque La Haye, 12-14 novembre 1984*, Dordrecht/Boston, Martinus Nijhoff Publishers, 1985, 514 p.

DWORKIN, R., *Taking rights seriously*, Cambridge, Harvard University Press, 1978, 371 p.

ECO, U., *I limiti dell'interpretazione*, Milan, Bompiani, 1990, 369 p.

ECONOMIC COMMISSION FOR EUROPE, *Current Policies, Strategies and Aspects on Environmental Impact Assessment in a Transboundary Context*, Geneva, United Nations, 1996, 74 p.

EUROPEAN COMMISSION, *Techniques in the Pulp and Paper Industry,* Luxembourg, Office for official publications of the European communities, 2001, 545 p.

EWALD, F. ; GOLLIER, C. & DE SADELEER, N., *Le principe de précaution*, Paris, P.U.F., 2001, 128 p.

FACULTE DE DROIT DE UNIVERSITE DE LOUVAIN, *La réparation des dommages catastrophiques : les risques technologiques majeurs en droit international et en droit communautaire, Travaux des XIIIe Journées études juridiques Jean Dabin*, Bruxelles, Bruylant, 1990, 579 p.

FAURE, M. & NIESSEN, N. (eds.), *Environmental Law in Development : Lessons from the Indonesian Experience*, Northampton, Edward Elgar, 2006, 337 p.

FAURE, M., *L'analyse économique du droit de l'environnement*, Bruxelles, Bruylant, 2007, 362 p.

FAVRE, D. S., *International trade in endangered species : a guide to CITES*, Dordrecht, Nijhoff, 1989, 415 p.

FERNÁNDEZ DE CASADEVANTE ROMANI, C., *La interpretación de las normas internacionales*, Pamplona, Aranzadi, 1996, 351 p.

F.I.P.O.L., *Manuel des demandes d'indemnisation – Édition de décembre 2008*, Londres, F.I.P.O.L., 2008, 37 p.

F.I.P.O.L., *Sinistres dont les FIPOL ont eu à connaître – 2010*, Londres, F.I.P.O.L., 2011, 101 p.

FRANCIONI, F. & SCOVAZZI, T. (ed.), *International Responsibility for Environmental Harm*, London/Dordrecht/Boston, Graham & Trotman/Martinus Nijhoff, 1991, 499 p.

FREEMAN, A. V., *The International Responsibility of States for Denial of Justice,* Londres, Longmans, 1938, 758 p.

FREESTONE, D. & HEY, E. (ed.), *The Precautionary Principle and International Law : The Challenge of Implementation*, The Hague, Kluwer Law International, 1996, 274 p.

FROSSARD, J., *La distinction des obligations de moyens et des obligations de résultat*, Paris, L.G.D.J., 1965, 319 p.

FUCHS, O., *Le dommage écologique – Quelles responsabilités juridiques ?*, Paris, Éditions Rue d'Ulm, 2011, 59 p.

FUCHS, O., *Pour une définition communautaire de la responsabilité environnementale : Comment appliquer le principe pollueur-payeur?* Paris, L'Harmattan, 2003, 142 p.

GIDDENS, A,. *Modernity and Self-Identity : Self and Society in the Late Modern Age*, Stanford, Stanford University Press, 1991, 256 p.

GIROD, P., *La réparation du dommage écologique*, Paris, L.G.D.J., 1974, 288 p.

GLASSON, J. ; THERIVEL, R. & CHADWICK, A., *Introduction to Environmental Impact Assessment*, New York, Routledge, 423 p.

GRAY, C., *Judicial Remedies in International Law*, Oxford, Clarendon Press, 1987, 250 p.

GRUNAWALT, R. J. *et al.* (dir.), *Protection of the environment during armed conflict*, Newport, Naval War College, 1996, 720 p.

GUGGENHEIM, P., *Traité de droit international public : avec mention de la pratique internationale et suisse*, vol. I, Genève, Librairie de l'Université, Georg et Cie, 1953, 592 p.

GUGGENHEIM, P., *Traité de droit international public : avec mention de la pratique internationale et suisse*, vol. II, Genève, Librairie de l'Université, Georg et Cie, 1954, 592 p.

HANNIKAINEN, L., *Peremptory Norms (Jus Cogens) in International Environmental Law : Historical Development, Criteria, Present Status*, Helsinki, Finnish Lawyers' Publishing Company, 1988, 781 p.

HARROP, O. D. & NIXON, A. J., *Environmental Assessment in Practice*, London, Routledge Environmental Management Series, 1999, 240 p.

HENRY, C. & HENRY, M., *L'essence du principe de précaution : la science incertaine mais néanmoins fiable*, Paris, Iddri, 2003, 18 p.

HERVE-FOURNEREAU, N. (dir.), *Les approches volontaires et le droit de l'environnement : contributions au colloque de Rennes, les 8 et 9 mars 2007*, Rennes, Presses universitaires de Rennes, 2008, 326 p.

HITCHENS, D. *et al.*, *The Impact of Best Available Techniques (BAT) on the Competitiveness of European Industry*, European Commission, Joint Research Centre, 2001, 120 p.

HOHMANN, H., *Precautionary Legal Duties and Principles of Modern International Environmental Law. The Precautionary Principle : International Environmental Law Between Exploitation and Protection*, Boston, Graham and Trotman, 1994, 377 p.

HUTTON, J. & DICKSON, B. (ed.), *Endangered species : threatened convention : the past, present and future of CITES, the Convention on International Trade in Endangered Species of Wild Fauna and Flora*, London, Earthscan, 2000, 202 p.

IMPERIALI, C. (éd.), *L'effectivité du droit international de l'environnement : contrôle de la mise en œuvre des conventions internationales*, Paris, Economica, 1998, 291 p.

INSTITUT DE DROIT INTERNATIONAL, *Annuaire de l'Institut de Droit International*, vol. 33, tome III, 1927, 405 p.

INTERNATIONAL LAW ASSOCIATION, *Report of the Sixtieth Conférence held at Montréal*, Montréal, International Law Association, 1982, 701 p.

JACQUE, J.-P., *Droit Institutionnel de L'Union européenne*, Paris, Dalloz, 2009, 790 p.

JOVANOVIC, S., *Restrictions des compétences discrétionnaires des États en droit international*, Paris, Pedone, 1988, 240 p.

JUSTE-RUIZ, J., *Derecho Internacional del Medio Ambiente*, Madrid, McGraw Hill, 1999, 479 p.

KAUL, I. ; GRUNBERG, I. & STERN, M. A., *Les biens publics à l'échelle mondiale : la coopération internationale au XXème siècle*, Oxford, Oxford University Press, 1999, 290 p.

KELSEN, H., *Principles of International Law*, New York, Rinehart & Company Inc., 1952, 461 p.

KISS, A. & BEURIER, J.-P., *Droit international de l'environnement*, Paris, Pedone, 2000, 424 p.

KISS, A. & SHELTON, D., *International environmental law*, New York, Transnational Publishers Inc., 2000, 684 p.

KISS, A. & SHELTON, D., *Judicial handbook on Environmental Law*, Nairobi, United Nations Environment Programme, 2005, 131 p.

KISS, A. & SHELTON, D., *Traité de droit européen de l'environnement*, Paris, Frison Roche, 1995, 554 p.

KISS, A., *Los principios generales del derecho del medio ambiente*, Valladolid, Universidad de Valladolid, 1975, 118 p.

KLABBERS, J., *An Introduction to International Institutional Law*, Cambridge, Cambridge University Press, 2000, 360 p.

KOURILSKY, P. *Le principe de précaution : rapport au Premier ministre*, Paris, Ed. O. Jacob, 2000, 405 p.

KROMAREK, P. (ed.), *Environnement et droits de l'homme*, Paris, UNESCO, 1987, 178 p.

LACHARRIERE, G., *La politique juridique extérieure*, Paris, Economica, 1983, 236 p.

LAGADEC, P., *La civilisation du risque : catastrophe technologique et responsabilité sociale*, Paris, Seuil, 1981, 236 p.

LAMMERS, J. G., *Pollution of International Watercourses*, The Hague, Martinus Nijhoff Publishers, 1984, 724 p.

LANG, W. ; NEUHOLD, H. & ZEMANECK, K. (eds.), *Environmental Protection and International Law*, London, Graham & Trotman, 1991, 244 p.

LANGLOIS, A., *Les Nations Unies et le transfert de technologie*, Paris, Economica, 1980, 222 p.

LASCOUMES, P., *L'Eco-pouvoir : environnements et politiques*, Paris, La Découverte, 1994, 317 p.

LAVIEILLE, J.-M., *Droit international de l'environnement*, Paris, Ellipses, 2004, 192 p.

LE PRESTRE, P., *Ecopolítica Internacional*, São Paulo, Senac, 2000, 518 p.

LE PRESTRE, P., *Protection de l'environnement et relations internationales : les défis de l'écopolitique mondiale*, Paris, Armand Colin, 2005, 477 p.

LEBEN, C. & VERHOEVEN, J. (dir), *Le principe de précaution – Aspects de droit international et communautaire : actes du colloque, Paris, 5 mars 2001*, Paris, Éd. Panthéon-Assas, 2002, 247 p.

LECOURT, D., *L'Étrange fortune du principe de précaution*, Paris, Observatoire du Principe de Précaution, 2007, 11 p.

LEE, N. & GEORGE, C. (eds), *Environmental Assessment in Developing and Transitional Countries*. Chichester, John Wiley & Sons, 2000, 312 p.

LEFEBER, R., *Transboundary Environmental Interference and the Origin of State Liability*, The Hague, Kluwer Law International, 1996, 365 p.

LEITE, J. R. M., *Dano Ambiental : do Individual ao Coletivo Extrapatrimonial*, São Paulo, Revista dos Tribunais, 2000, 344 p.

LENOBLE, J., *Droit et communication. La transformation du droit contemporain*, Paris, Cerf, 1994, 119 p.

LOUKA, E., *International environmental law : fairness, effectiveness, and world order*, Cambridge, Cambridge University Press, 2006, 518 p.

LUHMANN, N., *Risk : A Sociological Theory*, New Brunswick, Transaction Publishers, 2005, 236 p.

LYSEN, G., *State Responsibility and International Liability of States for Lawful Acts. A Discussion of Principles*, Uppsala, Lustu Förlag, 1997, 220 p.

MACHADO, P. A. L., *Direito Ambiental Brasileiro*, São Paulo, Malheiros, 2001, 1131 p.

MALINGREY, P., *Introduction au droit de l'environnement*, Paris, Lavoisier, 2008, 366 p.

MALJEAU-DUBOIS, S. & MEHDI, R. (dir.), *Les Nations Unies et la protection de l'environnement : la promotion d'un développement durable : septièmes rencontres internationales d'Aix-en-Provence, les 15 et 16 janvier 1999*, Paris, Pedone, 1999, 205 p.

MALJEAU-DUBOIS, S. (éd.), *L'Effectivité du Droit Européen de l'Environnement. Contrôle de la Mise en Œuvre et Sanction du Non-respect*, Paris, Centre d'Etudes et de Recherches Internationales et Communautaires – Université d'Aix-Marseille III, 2000, 308 p.

MARCHESI, A., *Obblighi di condotta e obblighi di risultato : contributo allo studio degli obblighi internazionali*, Milan, A. Giuffrè, 2002, 174 p.

MARTENS, G. F., *Nouveau recueil général de traités, conventions et autre transactions remarquables servant à la connaissance des relations étrangères des puissances et États dans leurs rapports mutuels*, tome XX, Gottingue, Librairie de Dieterich, 1875, 942 p.

MARTIN, A. F., *El Régimen Jurídico de la Autorización Ambiental Integrada*, Madrid, Ecoiuris, 2004, 585 p.

MARTIN-BIDOU, P., *Droit de l'environnement*, Paris, Vuibert, 2010, 357 p.

MATEO, R. M., *Manual de Derecho Ambiental*, Madri, Trivium, 1995, 274 p.

MATHIEU, J.-L., *La protection internationale de l'environnement*, Paris, P.U.F., 1991, 127 p.

MAZEAUD, H. & MAZEAUD, L., *Traité théorique et pratique de la responsabilité civile délictuelle et contractuelle*, Paris, Sirey, 1947, 916 p.

MBENGUE, M. M., *Essai sur une théorie du risque en droit international public : l'anticipation du risque environnemental et sanitaire*, Paris, Pedone, 2009, 373 p.

MILARÉ, E., *Direito do Ambiente : Doutrina, Prática, Jurisprudência, Glossário*, São Paulo, Revista dos Tribunais, 2000, 1119 p.

MINISTÈRE DE L'ENVIRONNEMENT – FRANCE & ENVIRONNEMENT SANS FRONTIÈRE *L'application renforcée du droit international de l'environnement : harmonisation et développement des procédures internationales de contrôle, de sanction et de règlement des différends*, Paris, Éditions Frison-Roche, 1999, 193 p.

MOLIERE, *Le malade imaginaire*, Paris, Hachette, 1991, 191 p.

MOORE, J. B., *History and Digest of the International Arbitrations to which the United States has been a Party*, vol. I, Washington, Government Printing Office, 1898, p. 1-989.

MOORE, J. B., *History and Digest of the International Arbitrations to which the United States has been a Party*, vol. IV, Washington, Government Printing Office, 1898, p. 3235-4395.

MORIZET, F., *Grenade, épices et poudre, une épopée caraïbe*, Paris, L'Harmattan, 1988, 385 p.

MUNN, R. E., *Environmental Impact Assessment : principles and procedures*, New York, Wiley, 1979, 190 p.

MUNRO, R. D. & LAMMERS, J. G. (ed.), *Environmental Protection and Sustainable Development : Legal Principes and Recommandations*, Boston/Londres/Dordrecht, Graham & Trotman/Martinus Nijhoff, 1987, 196 p.

MURCHISON, K. M., *The Snail Darter Case : TVA Versus the Endangered Species Act*, Lawrence, University Press of Kansas, 2007, 240 p.

NEYRET, L. & MARTIN, G. J. (dir.), *Nomenclature des préjudices environnementaux*, Paris, L.G.D.J., 2012, 434 p.

O.C.D.E., *Le principe pollueur-payeur : définition, analyse, mise en œuvre*, Paris, O.C.D.E., 1975, 123 p.

O.C.D.E., *Propriété intellectuelle, transfert de technologie et ressources génétiques : une étude de l'OCDE sur les pratiques et politiques actuelles*, Paris, O.C.D.E., 1996, 93 p.

O.C.D.E., *Responsabilité et réparation des dommages nucléaires : une perspective internationale*, Paris, O.C.D.E., 1994, 219 p.

O.C.D.E., *Responsibility and Liability in Relation to Transfrontier Pollution*, Paris, O.C.D.E., 1984, 14 p.

OST, F. & GUTWIRTH, S. (éd.), *Quel avenir pour le droit de l'environnement ?*, Bruxelles, Publications des Facultés universitaires Saint-Louis, 1996, 487 p.

OST, F., *La nature hors la loi : l'écologie à l'épreuve du droit,* Paris, La Découverte, 2003, 346 p.

OSTROM, E., *Governing the Commons : The evolution of the institutions for collective action*, Cambridge, Cambridge University Press, 1990, 280 p.

PACHE, P., *La distinction des obligations de moyens et des obligations de résultat en droit français et son application en droit suisse*, Lausanne, Imprimerie J. Bron, 1956, 134 p.

PÂQUES, M. & FAURE, M. (éd.), *La protection de l'environnement au cœur du système juridique international et du droit interne – Acteurs, valeurs et efficacité*, Bruxelles, Bruylant, 2003, 294 p.

PERELMAN, C., *Le raisonnable et le déraisonnable en droit. Au-delà du positivisme juridique*, Paris, L.G.D.J., 1984, 203 p.

PETTS, J. (ed), *Handbook of Environmental Impact Assessment, Volume 1 : Environmental Impact Assessment : Process, Methods and Potential*, Oxford, Blackwell Science Ltd, 1996, 484 p.

PETTS, J. (ed), *Handbook of Environmental Impact Assessment, Volume 2 : Environmental Impact Assessment in Practice : Impact and Limitations*, Oxford, Blackwell Science Ltd, 1996, 450 p.

PEVATO, P. M. (ed.), *International Environmental Law,* vol. I, Aldershot, Dartmouth/Ashgate, 2003, 387 p.

PISILLO-MAZZESCHI, R., *Due Diligence e responsabilità internazionale degli Stati*, Milan, Giuffrè, 1989, 432 p.

PLATER, Z. J. B. *et al.*, *Environmental Law and Policy : Nature, Law and Society*, New York, Aspen Publishers, 2004, 1440 p.

P.N.U.E., *L'avenir de l'environnement mondial*, Bruxelles, De Boeck Université, 2000, 398 p.

P.N.U.E., *Manuel de formation sur l'étude d'impact environnemental*, Geneva, U.N.E.P., 2002, 576 p.

P.N.U.E., *Rapport annuel 2010,* Nairobi, O.N.U./Section des services de publication, 2011, 123 p.

PRIEUR, M., *Droit de l'environnement*, Paris, Dalloz, 2004, 1001 p.

PROVOST, R. (ed.), *State Responsibility in International Law*, Aldershot, Dartmouth/Ashgate, 2001, 575 p.

RAO, P. K., *International Environmental Law and Economics*, Oxford, Wiley-Blackwell, 2001, 360 p.

REALE, E., *L'arbitrage international : le règlement judiciaire du conflit de l'Alabama*, Lausanne, Payot, 1929, 141 p.

REBEYROL, V., *L'affirmation d'un « droit à l'environnement » et la réparation des dommages environnementaux*, Paris, Defrénois, 2010, 420 p.

REMICHE, B. (dir.), *Transfert de technologie : enjeux économiques et structures juridiques*, Paris, Economica, 1983, 422 p.

REUTER, P., *Droit international public : la responsabilité internationale*, Paris, Les Nouvelles Institutes, 1955-56, 195 p.

RIDEAU, J., *Droit Institutionnel de l'Union et des Communautés européennes*, Paris, L.G.D.J., 1999, 1092 p.

RODIERE, R., *Droit maritime*, Paris, Dalloz, 1969, 529 p.

RODRÍGUEZ, A. B., *Instituciones de Derecho Ambiental*, Madrid, La Ley, 2001, 1517 p.

ROMANI, C. F. C., *La protección del medio ambiente en derecho internacional, derecho comunitario europeo y derecho español*, Vitoria-Gasteiz, Eursko Jaurvaritzaren Argitalpen-Zerbitzu Nagusia, 1991, 441 p.

ROMI, R. ; BOSSIS, G. & ROUSSEAUX, S. (dir.), *Droit international et européen de l'environnement*, Paris, Montchrestien, 2005, 368 p.

ROMI, R., *Droit et administration de l'environnement*, Paris, Montchrestien, 2007, 647 p.

RUSSEL, C. S., *Applying Economics to the Environment*, Oxford, Oxford University Press, 2001, 400 p.

RUSSELL, J. & ADAMS, C. F., *The official correspondence on the claims of the United States in respect to the « Alabama »*, London, Longmans, Green, and Co., 1867, 279 p.

SABRAN-PONTEVES, E., *Les transcriptions juridiques du principe pollueur-payeur*, Aix-en-Provence, Presses Universitaires d'Aix-Marseille, 2007, 441 p.

SADLER, B., *Étude internationale sur l'efficacité de l'évaluation environnementale – Rapport Final – L'évaluation environnementale dans un monde en évolution : Évaluer la pratique pour améliorer le rendement*, Ottawa, Agence canadienne d'évaluation environnementale et International Association for Impact Assessmentt (IAIA), 1996, 300 p.

SALMON, J., *Dictionnaire de droit international public*, Bruxelles, Bruylant, 2001, 1198 p.

SAND, P. H., *The effectiveness of international environmental agreements : a survey of existing legal instruments*, Cambridge, Grotius Publications, 1992, 539 p.

SANDS, P. (éd.), *Greening international law,* London, Earthscan Publications, 1993, 260 p.

SANDS, P., *Chernobyl : Law and Communication – transboundary nuclear air pollution : the legal materials*, Cambridge, Grotius Publications, 1988, 320 p.

SANDS, P., *Principles of International Environmental Law*, Cambridge, Cambridge University Press, 2003, 1116 p.

SCHACHTER, O., *International Law in Theory and Practice*, Dordrecht, Martinus Nijhoff Publishers, 1991, 431 p.

SCHRIJVER, N. J., *The MOX plant case (Ireland v. United Kingdom) : record of the proceedings, 2001-2008*, The Hague, Permanent Court of Arbitration, 2010, 222 p.

SECRETARIAT DE L'OZONE, *Manuel du Protocole de Montréal relatif à des substances qui appauvrissent la couche d'ozone*, Nairobi, P.N.U.E., 2006, 512 p.

SENATO DELLA REPUBLICA ITALIANA, *Leggi straniere sull'energia nucleare*, Rome, Segretariato generale Ufficio di studi legislativi, 1960, 651 p.

SHERIDAN, M. & LAVRYSEN, L. (eds.), *Environmental Law Principles in Practice*, Bruxelles, Bruylant, 2002, 217 p.

SIMMA, B., *The Charter of the United Nations : a commentary,* Oxford, Oxford University Press, 2002, 1405 p.

SMITH, B. D. (éd.), *State Responsibility and the Marine Environment : The Rules of Decision*, Oxford, Clarendon Press, 1988, 304 p.

SOARES, G. F. S., *Direito Internacional do Meio Ambiente : Emergência, Obrigações e Responsabilidades*, São Paulo, Atlas, 2001, 896 p.

SOCIÉTÉ FRANÇAISE POUR LE DROIT INTERNATIONAL (org.), *Colloque d'Aix-en-Provence : Le droit international face aux enjeux environnementaux*, Paris, Pedone, 2010, 489 p.

SOCIÉTÉ FRANÇAISE POUR LE DROIT INTERNATIONAL (org.), *Colloque d'Orléans : L'eau en droit international*, Paris, Pedone, 2011, 405 p.

SOCIÉTÉ FRANÇAISE POUR LE DROIT INTERNATIONAL (org.), *Colloque du Mans : La responsabilité dans le système international*, Paris, Pedone, 1991, 338 p.

SUR, S., *La coutume internationale*, Paris, Librairies techniques, 1990, 24 p.

TAYLOR, P., *An Ecological Approach to International Law : Responding to Challenges of Climate Change*, London, Routledge, 1998, p. 152.

TOFAN, C. (ed.), *Iron Rhine arbitration (Belgium/Netherlands) : Permanent Court of Arbitration 2005*, Oisterwijk, International Courts Association, 2008, 644 p.

TOMUSCHAT, C. & THOUVENIN, J.-M. (éds.), *The Fundamental Rules of the International Legal Order : Jus Cogens and Obligations Erga Omnes*, Leiden/Boston, Martinus Nijhoff Publishers, 2006, 471 p.

TRIEPEL, H., *Droit international et droit interne,* Paris, Pedone, 1920, 448 p.

TRIEPEL, H., *Völkerrecht und Landesrecht*, Leipzig, C. L. Hirschfeld, 1899, 452 p.

TRINDADE, A. A. C., *Derechos Humanos, Desarrollo Sustentable y Médio Ambiente*, San José, IIDH-BID, 1995, 414 p.

TRINDADE, A. A. C., *Direitos Humanos e Meio Ambiente : Paralelo dos Sistemas de Proteção Internacional*, Porto Alegre, Sérgio Antonio Fabris Editor, 1993, 351 p.

TURNER, K. ; PEARCE, D. W. & BATEMAN, I., *Environmental economics : an elementary introduction*, Baltimore, Johns Hopkins University Press, 1993, 324 p.

U.N.E.P. & U.N.C.H.S., *The Kosovo Conflict : Consequences for the Environment & Human Settlements*, Genève, U.N.E.P./U.N.C.H.S., 1999, 104 p.

U.N.E.P., *Environmental Impact Assessment and Strategic Environmental Assessment : Towards an Integrated Approach*, Geneva, U.N.E.P., 2004, 147 p.

U.N.E.P., *Studies of EIA Practice in Developing Countries*, Geneva, U.N.E.P., 2003, 310 p.

VAN LANG, A., *Droit de l'environnement*, Paris, P.U.F., 2002, 502 p.

VANCLAY, F. & BRONSTEIN, D. (eds), *Environmental and Social Impact Assessment*, Chichester, John Wiley & Sons, 1995, 325 p.

VARELLA, M. D. & PLATIAU, A. F. B. (dir.), *Princípio da Precaução*, Belo Horizonte, Del Rey, 2004, 415 p.

VOICU, I., *De l'interprétation authentique de traités internationaux*, Paris, Pedone, 1968, 245 p.

WARBRICK, C. (ed.), *L'arbitrage du « Rhin de Fer » (Belgique-Pays-Bas) sentence de 2005*, The Hague, T.M.C. Asser Press, 2007, 314 p.

WEISS, E. B. (ed.), *Environmental Change and International Law : New Challenges and Dimensions,* Tokyo, The United Nations University, 1992, 493 p.

WHITEMAN, M. M., *Digest of International Law*, Washington (D.C.), Department of State, vol. 4, 1965, 1240 p.

WU, C., *La pollution du fait du transport maritime des hydrocarbures – Responsabilité et indemnisation des dommages*, Paris, Pedone, 1994, 529 p.

XUE, H., *Transboundary Damage in International Law*, Cambridge, Cambridge University Press, 2003, 368 p.

YOUNG, O. R. (ed.), *The Effectiveness of International Environmental Regimes : Causal Connections and Behavioral Mechanisms*, Cambridge, Massachusetts Institute of Technology Press, 1999, 326 p.

YOUNG, O. R., *International Cooperation : Building regimes for natural resources*, Ithaca, Cornell University Press, 1989, 248 p.

III.2. Articles, rapports et contributions

ABI-SAAB, G., « Cours général de droit international public », *R.C.A.D.I.*, vol. 207, 1987, p. 319-327.

ABI-SAAB, G., « Eloge du droit assourdi : quelques réflexions sur le rôle de la *soft law* en droit international contemporain », in *Nouveaux itinéraires en droit – Hommage à François Rigaux*, Bruxelles, 1993, p. 59-68.

ADEDE, A. O., « Towards New Approaches to Treaty-Making in the Field of Environment », *African Y.I.L.*, vol. 1, 1991, p. 81-121.

AGO, R., « Conclusions du colloque 'Responsabilité des États pour les dommages à l'environnement' », in FRANCIONI, F. & SCOVAZZI, T. (ed.), *International Responsibility for Environmental Harm*, London/Dordrecht/Boston, Graham & Trotman/Martinus Nijhoff, 1991, p. 493-499.

AGO, R., « Le délit international », *R.C.A.D.I.*, vol. 68, 1939, p. 415-554.

AKEHURST, M. B., « International Liability for Injurious Consequences Arising out of Acts not Prohibited by International Law », *N.Y.I.L.*, 1985, vol. XVI, p. 3-16.

ALLOTT, P., « State Responsibility and the Unmaking of International Law », *H.I.L.J.*, vol. 29, 1988, p. 1-26.

ALMOND JR. H. H., « Weapons, war and the environment », *G.I.E.L.R.*, vol. 3, n° 1, 1990, p. 117-182.

AMAN JR. A. C., « The Montreal Protocol on Substances that Deplete the Ozone Layer : Providing Prospective Remedial Relief for Potential Damage to the Environmental Commons », in FRANCIONI, F. & SCOVAZZI, T. (ed.), *International Responsibility for Environmental Harm*, London/Dordrecht/Boston, Graham & Trotman/Martinus Nijhoff, 1991, p. 185-205.

AMEGANKPOE, V. Y. & AVODE, K., « La force contraignante et le degré d'efficacité variable du droit international matériel et de ses principes naissants. Intensité de la règle selon les secteurs. Les sanctions non juridictionnelles. Cas de l'Afrique », in PÂQUES, M. & FAURE, M. (dir.), *La protection de l'environnement au cœur du système juridique international et du droit interne – Acteurs, valeurs et efficacité*, Bruxelles, Bruylant, 2003, p. 327-371.

ANDERSON, D. H., « Law-Making Process in the UN System – Some Impressions », *M.P.Y.U.N.L.*, vol. 2, 1998, p. 23-50.

ANDRESEN, S. & SKJAERSETH, J. B., « Science and Technology : From Agenda Setting to Implementation », in BODANSKY, D. ; BRUNNÉE, J. & HEY, E. (dir.), *The Oxford handbook of international environmental law*, Oxford, Oxford University Press, 2007, p. 182-202.

ANNACKER, C., « The Legal Regime of Erga Omnes Obligations in International Law », *A.J.P.I.L.*, 1993, vol. 46, n°1, p. 131-166.

ANZILOTI, D., « La responsabilité internationale des États à raison des dommages soufferts par des étrangers », *R.G.D.I.P.*, vol. XIII, 1906, p. 285-309.

ANZILOTTI, D., « Teoria generale della responsabilità dello Stato nel diritto internazionale », in ANZILOTTI, D., *Scritti di diritto internazionale pubblico*, tomo I, Padova, CEDAM, 1956, p. 1-147.

APPOLIS, G., « Le règlement de l'affaire 'Rainbow Warrior' », *R.G.D.I.P.*, vol. 91, 1987, p. 9-43.

ARANGIO-RUIZ, G. « Le domaine réservé : l'organisation internationale et le rapport entre droit international et droit interne - cours général de droit international public », *R.C.A.D.I.*, vol. 225, 1990, p. 9-484.

ARCARI, M., « La responsabilità internazionale », in *Corso di diritto internazionale / a cura di Tullio Scovazzi*, vol. 2, 2006, p. 255-377.

ARSANJANI, M. H. & REISMAN, W. M., « The Quest for an International Liability Regime for the Protection of the Global Commons », in WELLENS, K. C. (éd.), *International law : theory and practice : essays in honour of Eric Suy* », The Hague, Martinus Nijhoff, 1988, p. 469-492.

ARTS, J. & NOOTEBOOM, S., « Environmental Impact Assessment Monitoring and Auditing », in PETTS, J. (ed), *Handbook of Environmental Impact Assessment, Volume 1 : Environmental Impact Assessment : Process, Methods and Potential*, Oxford, Blackwell Science Ltd, 1996, p. 229-251.

ASCENSIO, H., « État », in ALLAND, D. (dir.), *Droit international public*, Paris, P.U.F., 2000, p. 99-166.

ASCENSIO, H., « Les principes généraux du droit », *Répertoire International Dalloz*, février 2004, p. 1-7.

AUST, H. P., « Through the Prism of Diversity – The Articles on State Responsibility in the Light of the ILC Fragmentation Report », *G.Y.I.L.*, vol. 49, 2007, p. 165-200.

BALLARINO, T., « Questions de droit international privé et dommages catastrophiques », *R.C.A.D.I.*, vol. 220, 1990, p. 289-359.

BANKOBEZA, G. M., « The Ozone Protection Non-Compliance Mechanism : A Model for Implementation of Climate Change Convention and the Kyoto Protocol », in DIXIT, R. K. & JAYARAJ, C. (eds.), *Dynamics of inter national law in the new millennium*, New Delhi, Indian Society of International Law, 2001, p. 346-360.

BARBERIS, J. A., « Réflexions sur la coutume internationale », *A.F.D.I.*, vol. 36, 1990, p. 9-46 ;

BARBOZA, J., « International liability for the injurious consequences of acts not prohibited by international law and protection of the environment », *R.C.A.D.I.*, vol. 247, 1994, p. 293-405.

BARBOZA, J., « La responsabilité 'causale' à la Commission du Droit international », *A.F.D.I.*, vol. 34, 1988, p. 513-522.

BARDWICK, D. S., « The American Tort System's Response to Environmental Disaster : The Exxon Valdez Oil Spill as a Case Study », *S.E.L.J.*, vol. 19, n° 1, 2000, p. 259-289.

BARRAL, V., « La sentence du Rhin de fer, une nouvelle étape dans la prise en compte du droit de l'environnement par la justice internationale », *R.G.D.I.P.*, vol. 110, 2006, p. 647-668.

BASTMEIJER, K. & KOIVUROVA, T., « Transboundary Environmental Impact Assessment : An Introduction », in BASTMEIJER, K. & KOIVUROVA, T. (ed.), *Theory and practice of transboundary environmental impact assessment*, Leiden/Boston, Martinus Nijhoff Publishers, 2008, p. 1-25

BECK, U., « Risk Society and the Provident State », in LASH, S. ; SZERSZYNSKI, B. & WYNNE, B. (eds), *Risk, Environment and Modernity*, London, Sage, 1996, p. 27-43.

BEDJAOUI, M., « Responsibility of States : Fault and Strict Liability », in BERNHARDT, R., *Encyclopaedia of Public International Law*, vol. 10, Amsterdam, North-Holland, 1987, p. 359-362.

BELAÏC, F., « Les réactions des gouvernements au projet de la CDI sur la responsabilité des États », *A.F.D.I.*, vol.44, 1998, p. 512-532.

BELAIDI, N., « Droits de l'homme, environnement et ordre public : la garantie du bien être », in BOUTELET, M. & FRITZ, J.-C. (dir.), *L'Ordre Public Ecologique*, Bruxelles, Brulant, 2005, p. 57-80.

BENJAMIN, A. H. V., « Introdução ao direito ambiental brasileiro », in *Revista de Direito Ambiental*, n° 14, abr/jun. 1999, p. 48-82.

BERGER, S. D., « Évolution du droit de l'environnement en matière d'énergie nucléaire », *B.D.N.*, n° 81, 2008, p. 63.

BERRAMDANE, A., « L'obligation de prévention des catastrophes et risques naturels », *Revue du droit public et de la science politique en France et à l'étranger*, vol. 113, n° 6, 1997, p. 1717-1751.

BEYERLIN, U., « Different Types of Norms in International Environmental Law – Policies, Principles and Rules », in BODANSKY, D. ; BRUNNÉE, J. & HEY, E. (dir.), *The Oxford handbook of international environmental law*, Oxford, Oxford University Press, 2007, p. 425-448.

BILDER, R. B., « The Role of Unilateral State Action in Preventing International Environmental Injury », *Vanderbilt Journal of Transnational Law*, vol. 14, 1981, p. 51-95.

BILDER, R. B., « The settlement of disputes in the field of the international law of the environment », *R.C.A.D.I.*, 1975, vol. 144, p. 139-240.

BILLIET, C., « BAT et BATNEEC : quelques faits et réflexions », *Aménagement-Environnement*, n° 2, 1995, p. 71-77.

BINGHAM, T., « The Alabama Claims Arbitration », *I.C.L.Q.*, vol. 54, issue 1, 2005, p. 1-25.

BIRNIE, P., « Environmental Protection and Development », *Melbourne University Law Review*, vol. 20, 1995, p. 66-100.

BIRNIE, P., « The Status of Environmental 'soft law' : Trends and Examples with Special Focus on IMO Norms, in Competing Norms », in *The Law of Marine Environmental Protection*, Londres/La Haye/Boston, Kluwer Law Int., 1997, p. 31-58.

BLADEL, I., « The Iron Rhine Arbitration Case : on the Right Legal Track ? An Analysis of the Award and of its Relation to the Law of the European Community », *H.Y.I.L.*, vol. 18, 2006, p. 3-22.

BLADEL, I., « The Iron Rhine Case and the Art of Treaty Interpretation : the Application of Nineteenth Century Obligations in the Twenty-first Century », in *The Netherlands in court : essays in honour of Johan G. Lammers*, Leiden, Nijhoff, 2006, p. 1-18.

BLOMEYER-BARTENSTEIN, H. « Due Diligence », in BERNHARDT, R., *Encyclopedia of Public International Law*, vol. I, 1992, p. 1110-1115.

BODANSKY, D., « Customary (And Not So Customary) International Environmental Law », *Global Legal Studies Journal*, vol. 3, 1995, p. 105-119.

BODANSKY, D., « What's So Bad about Unilateral Action to Protect the Environment ? », *E.J.I.L.*, vol. 11, nº 2, 2000, p. 339-347.

BODANSKY, D. ; BRUNNÉE, J. & HEY, E., « International Environmental Law : Mapping the Field », in BODANSKY, D. ; BRUNNÉE, J. & HEY, E. (dir.), *The Oxford handbook of international environmental law*, Oxford, Oxford University Press, 2007, p. 1-25.

BOISSON DE CHAZOURNES, L., « Droit de l'environnement », in ALLAND, D. (dir.), *Droit international public*, Paris, P.U.F., 2000, p. 727-756.

BOISSON DE CHAZOURNES, L., « La mise en œuvre du droit international dans le domaine de la protection de l'environnement : enjeux et défis », *R.G.D.I.P.*, 1995, nº 1, p. 37-76.

BOISSON DE CHAZOURNES, L., « Les mécanismes conventionnels d'assistance économique et financière et le Fonds pour l'environnement mondial », in IMPERIALI, C. (éd.), *L'effectivité du droit international de l'environnement : contrôle de la mise en œuvre des conventions internationales*, Paris, Economica, 1998, p. 187-199.

BOISSON DE CHAZOURNES, L., « Precaution in International Law : Reflections on its Composite Nature », in NDIAYE, T. M. & WOLFRUM, R. (dir.), *Law of the Sea, Environmental Law and Settlement of Disputes : Liber Amicorum Judge Thomas A. Mensah*, Leiden/Boston, Martinus Nijhoff Publishers, 2007, p. 21-34.

BOISSON DE CHAZOURNES, L., « Unilateralism and Environmental Protection : Issues of Perception and Reality of Issues », *E.J.I.L.*, vol. 11, n° 2, p. 315-338.

BOUONY, L., « Regard sur la Commission d'indemnisation des Nations Unies », *A.F.D.I.*, vol. 43, 1997, p. 116-131.

BOUREL, P., « Un nouveau champ d'exploration pour le droit international privé conventionnel : les dommages causés à l'environnement », in *Mélanges en honneur de Yvon Loussouarn*, Paris, Dalloz, 1994, p. 93-108.

BOURNE, C., « The Primacy of the Principle of Equitable Utilization in the 1997 Watercourse Convention », *C.Y.I.L.*, 1997, vol. 35, p. 215-232.

BOUTELET BLOCAILLE, M., « Les limites des moyens traditionnels de l'ordre public : propriété et ordre public écologique », in BOUTELET, M. & FRITZ, J.-C. (dir.), *L'Ordre Public Ecologique*, Bruxelles, Brulant, 2005, p. 201-224.

BOUVIER, A., « Recent studies on the protection of the environment in time of armed conflict », *I.R.R.C.*, n° 291, 1992, p. 554-566.

BOY, L., « La référence au principe de précaution et l'émergence de nouveaux modes de régulation », *L.P.A.*, n° 4, 8 janvier 1997, p. 4-8.

BOYLE, A. E., « Globalising Environmental Liability : The Interplay of National and International Law », *J.E.L.*, vol. 17, n° 1, 2005, p. 3-26.

BOYLE, A. E., « Nuclear Energy and International Law : an Environmental Perspective », *B.Y.B.I.L.*, vol. 60, 1989, p. 257-313.

BOYLE, A. E., « State Responsibility and International Liability for Injurious Consequences of Acts not Prohibited by International Law : A Necessary Distinction ? », *I.C.L.Q.*, vol. 39, 1990, p. 1-26.

BRAIBANT, G., « Le principe de la proportionnalité », in *Mélanges offerts à Marcel Waline : le juge et le droit public*, tome II, Paris, L.G.D.J., 1974, p. 297-306.

BROWN, H. L., « Expanding the Effectiveness of the European Union's Environmental Impact Assessment Law », *B.C.I.C.L.R.*, vol. 20, n° 2, 1997, p. 313-334

BRUNNÉE, J., « International Law and Collective Concerns : Reflections on the Responsibility to Protect », in NDIAYE, T. M. & WOLFRUM, R. (dir.), *Law of the Sea, Environmental Law and Settlement of Disputes : Liber Amicorum Judge Thomas A. Mensah*, Leiden/Boston, Martinus Nijhoff Publishers, 2007, p. 35-51.

BRUNNEE, J., « Reweaving the Fabric of International Law ? Patterns of Consent in Environmental Framework Agreements », in WOLFRUM, R. & RÖBEN, V. (éd.), *Developments of International Law in Treaty Making*, Heidelberg, Springer, 2005, p. 101-126.

BRUNÉE, J. & TOOPE, S., « Environmental Security and Freshwater Resources : A Case for International Ecosystem Law », *Y.I.E.L.*, vol. 5, 1994, p. 41-76.

CAFLISCH, L., « La convention du 21 mai 1997 sur l'utilisation des cours d'eau internationaux à des fins autres que la navigation », *A.F.D.I.*, vol. 43, 1997, p. 751-798.

CALABRESI, G., « Towards a Test for Strict Liability in Torts », *Yale L.J.*, vol. 81, 1972, p. 1055-1085.

CANE, P., « Are Environmental Harms Special », *J.E.L.*, vol. 13, n° 1, 2001, p. 3-20.

CAROLUS, P., « L'impact du principe de précaution sur le droit de la responsabilité civile », *R.D.A.*, sept. 1998, n° 46, p. 21-43.

CARON, D. D., « La protection de la couche d'ozone stratosphérique et la structure de l'activité normative internationale en matière d'environnement », *A.F.D.I.*, vol. 36, 1990, p. 704-726.

CAUBET, C. G., « Le droit international en quête d'une responsabilité pour les dommages résultant d'activités qu'il n'interdit pas », *A.F.D.I.*, vol. 29, 1983, p. 99-120.

CHARBONNEAU, S., « De l'inexistence des principes juridiques en droit de l'environnement », *A.L.D.*, 1995, p. 146-148.

CHARNEY, J. I., « Third States Remedies for Environmental Damage to the World's Common Spaces », in FRANCIONI, F. & SCOVAZZI, T. (ed.), *International Responsibility for Environmental Harm*, London/Dordrecht/Boston, Graham & Trotman/Martinus Nijhoff, 1991, p. 149-177.

CHEROT, J.-Y., « Droit et environnement : introduction au Séminaire », in CHÉROT, J.-Y. *et al.* (dir.), *Droit et l'environnement – propos pluridisciplinaire sur un droit en construction*, Aix-en-Provence, Presses Universitaires d'Aix-Marseille, 1995, p. 7-21.

CHINKIN, C. M., « The Challenge of Soft Law, Development and Change », *I.C.L.Q.*, vol. 38, 1989, n° 4, p. 850-856.

CHINKIN, C., « Alternative Dispute Resolution under International Law », in EVANS, M. (ed.), *Remedies in International Law, The Institutional Dilemma*, Oxford, Hart Publishing, 1996, p. 123-140.

CHOQUETA, A. & QUEFFELEC, B., « À la recherche d'un régime juridique pour la bioprospection en Antarctique », *Natures Sciences Sociétés*, vol. 13, n° 3, 2005, p. 321-326.

CHOWDHURY, S. R., « Common but differentiated State Responsibility in international environmental law : from Stockholm (1972) to Rio (1992) », in GINTHER, K. *et al.* (dir.), *Sustainable Development and Good Governance*, Dordrecht, Nijhoff, 1995, p. 322 à 342.

CHRISTOL, C. Q., « International Liability for Damage Caused by Space Objects », *A.J.I.L.*, vol. 74, n°. 2, 1980, p. 346-371.

CHURCHILL, R. & SCOTT, J., « The MOX Plant Litigation : the first Half-Life », *I.C.L.Q.*, vol. 53, n° 3, 2004, p. 643-676.

CHURCHILL, R. & ULFSTEIN, G., « Autonomous Institutional Arrengements in Multilateral Environmentla Agreements : A Little-Noticed Phenomenon in International Law », *A.J.I.L.*, vol. 94, n°4, 2000, p. 623-659.

CHURCHILL, R. R., « Facilitating (Transnational) Civil Liability Litigation for Environmental Damage by Means of Treaties : Progress, Problems, and Prospects », *Y.I.E.L.*, vol. 12, 2002, p. 3-41.

COMBACAU, J. & ALLAND, D., « Primary and Secondary Rules in the Law of State Responsability : Categorizing International Obligations », *N.Y.I.L.*, 1985, vol. XVI, p. 81-109.

COMBACAU, J., « Obligations de résultat et obligations de comportement : quelques questions et pas de réponse », in *Mélanges offerts à P. Reuter. Le droit international : unité et diversité*, Paris, Pedone, 1981, pp. 181-204.

COMMUNAUTÉS EUROPÉENNES, « Programme d'action communautaire en matière d'environnement », in *Bulletin des Communautés Européennes*, Supplément 3/73, 1973, p. 1-70.

CONCA, K., « Environmental cooperation and international peace », in DIEHL, P. F. & GLEDITSCH, N. P. (ed.), *Environmental Conflict*, Boulder, Westview, 2001, p. 225-247.

CONDORELLI, L., « La réparation des dommages catastrophiques causés par les activités spatiales », in *La réparation des dommages catastrophiques. Les risques technologiques majeurs en droit international et en droit communautaire*, Faculté de droit de l'Université catholique de Louvain, Bruylant, 1990, p. 263-300.

CONDORELLI, L., « Le droit international humanitaire en tant qu'atelier d'expérimentation juridique », in *Im Dienst an der Gemeinschaft, Festschrift für Dietrich Schindler*, Bâle, Helbing & Lichtenhahn, 1989, p. 193-200.

CONDORELLI, L., « L'imputation à l'état d'un fait internationalement illicite : solutions classiques et nouvelles tendances », *R.C.A.D.I.*, vol. 189, 1984, p. 9-221.

CONNELY, R., « The UN Convention on EIA in a transboundary context : a historical perspective », *Environmental Impact Assessment Review*, vol. 1, 1999, p. 37-46.

CONSTANTINESCO, V., « Vers quelle Europe ? Europe fédérale, Confédération européenne, Fédération d'États-nations ? », *Les Cahiers français*, nº 298, 2000, p. 80-89.

COTTEREAU, G., « Problèmes de la responsabilité de l'Iraq selon la résolution 687 », *A.F.D.I.*, vol. 37, 1991, pp. 99-117.

COURATIER, J., « La Convention sur la réglementation des activités relatives aux ressources minérales de l'Antarctique (Wellington – 2 juin 1988) », *A.F.D.I.*, vol. 34, 1988, p. 764-785.

COUTANT-LAPALUS, C., « L'incitation à la reconnaissance et au respect de l'ordre public écologique par les sanctions civiles », in BOUTELET, M. & FRITZ, J.-C. (dir.), *L'Ordre Public Ecologique*, Bruxelles, Brulant, 2005, p. 309-321.

CRAWFORD, J., « Revising the Draft Articles on State Responsibility », *E.J.I.L.*, vol. 10, 1999, p. 435-460.

CRAWFORD, J. ; PEEL, J. & OLLESON, S., « The ILC's Articles on Responsibility of States for Internationally Wrongful Acts : Completion of the Second Reading », *E.J.I.L.*, vol. 12, 2001, p. 963-991.

CULLET, P., « Liability and Redress for Modern Biotechnology », *Y.I.E.L.*, vol. 15, 2005, p. 165-195.

CURTIS, C., « The London Convention and Radioactive Waste Dumping at Sea : A Global Treaty Regime in Transition », *Proceedings of the Woods Hole Oceanographic Institution Conference on 'Radioactivity and Environmental Security in the Oceans : New Research and Policy Priorities in the Arctic and North Atlantic', 7-9 June*, Massachussetts, 1993, p. 541-555.

DANDELOT M., « Le droit international et les pollutions transfrontalières », *R.J.E.*, 1987, n° 1, p. 5-23.

D'ARGENT, P., « De la fragmentation à la cohésion systémique : la sentence arbitrale du 24 mai 2005 relative au 'Rhin de Fer' (IJzeren Rijn) », in *Droit du pouvoir, pouvoir du droit : mélanges offerts à Jean Salmon*, Bruxelles, Bruylant, 2007, p. 1113-11137.

DE BELLIS, S., « La caduta del satellite Cosmos 954 e la responsabilitá dello stato di lancio », *R.D.I.*, vol. 64, 1981, p. 845-855.

DE KLEMM, C., « Les ONG et les experts scientifiques », in IMPERIALI, C. (éd.), *L'effectivité du droit international de l'environnement : contrôle de la mise en œuvre des conventions internationales*, Paris, Economica, 1998, p. 79-90.

DE MELAFOSSE, J., « Les principes généraux du droit de l'environnement », in *Mélanges dédiés à Louis Boyer*, Toulouse, Presses de l'Université des Sciences Sociales de Toulouse, 1996, p. 405-428.

DE SADELEER, N., « La directive 2004/35/CE relative à la responsabilité environnementale : avancée ou recul pour le droit de l'environnement des États membres ? », in VINEY, G. & DUBUISSON, B. (éd.), *Les responsabilités environnementales dans l'espace européen*, Bruxelles, Bruylant, 2006, p. 731-777.

DE SADELEER, N., « Le statut du principe de précaution en droit international », in PÂQUES, M. & FAURE, M. (dir.), *La protection de l'environnement au cœur du système juridique international et du droit interne – Acteurs, valeurs et efficacité*, Bruxelles, Bruylant, 2003, p. 373-396.

DE SADELEER, N., « Les principes comme instruments d'une plus grande cohérence et d'une effectivité accrue du droit de l'environnement », in OST, F. & GUTWIRTH, S. (éd.), *Quel avenir pour le droit de l'environnement ?*, Bruxelles, Publications des Facultés universitaires Saint-Louis, 1996, p. 239-259.

DE SADELEER, N., « The Effect of Uncertainty on the Threshold Levels to Which the Precautionary Principle Appears to be Subject », in SHERIDAN, M. & LAVRYSEN, L. (eds.), *Environmental Law Principles in Practice*, Bruxelles, Bruylant, 2002, p. 17-43.

DE VISSCHER, C., « La responsabilité des États : cours professé à l'Académie de droit international de La Haye, juillet 1923 », in *Bibliotheca Visseriana*, vol. II, Leyden, E. J. Brill, 1924, p. 86-119.

DESGAGNÉ, R., « The prevention of environmental damage in time of armed conflict : proportionality and precautionary measures », *Y.I.H.L.*, vol. 3, 2000, p. 109-129.

DHONDT, N., « Environmental Law Principles and the Case Law of the Court of Justice », in SHERIDAN, M. & LAVRYSEN, L. (eds.), *Environmental Law Principles in Practice*, Bruxelles, Bruylant, 2002, p. 141-155.

DIESSE, F., « Les applications de l'article 1147 du Code civil de 1804 à 2004 », *R.G.D.*, vol. 34, 2004, p. 431-472.

DIGGELMANN, O., « Fault in the Law of State Responsibility – Pragmatism *ad infinitum* ? », *G.Y.I.L.*, vol. 49, 2007, p. 293-305.

DISTEFANO, G., « Fait continu, fait composé et fait complexe dans le droit de la responsabilité », *A.F.D.I.*, vol. 52, 2006, p. 1-54.

DOEKER, G. & GEHRING, T., « Private or International Liability for Transnational Environmental Damage : The Precedent of Conventional Liability Regimes », *J.E.L.*, vol. 2, nº 1, 1990, p. 1-16.

DOHERTY, M. G., « Hard Cases and Environmental Principles : an Aid to Interpretation ? », *Y.E.E.L.*, vol. 3, 2003, p. 57-78.

DOMINICÉ, C., « The Iron Rhine Arbitration and the Emergence of a Principle of General International Law », in NDIAYE, T. M., WOLFRUM, R. & KOJIMA, C. (dir.), *Law of the Sea, Environmental Law and Settlement of Disputes : liber amicorum Judge Thomas A. Mensah*, Leiden/Boston, Martinus Nijhoff Publishers, 2007, p. 1067-1076.

DÖÖS, B. R., « Environmental Issues Requiring International Action », in LANG, W.; NEUHOLD, H. & ZEMANECK, K. (eds.),

Environmental Protection and International Law, London, Graham & Trotman, 1991, p. 1-58.

DOUMA, W., « The Precautionary Principle », *Icelandic legal journal Úlfljótur*, 1996, vol. 49, n° 3/4, p. 417-430.

DUMONT, T. & HUTEN, N., « Le jugement Erika ou la consécration inachevée d'une approche patrimoniale de l'environnement », *R.J.E.*, 2008, p. 205-221.

DUNOFF, J. L., « Levels of Environmental Governance », in BODANSKY, D. ; BRUNNÉE, J. & HEY, E. (dir.), *The Oxford handbook of international environmental law*, Oxford, Oxford University Press, 2007, p. 85-106.

DUNOFF, J. L., « Reconciling International Trade with Preservation of the Global Commons : Can We Prosper an Protect ? », *Washington and Lee Law Review*, vol. 49, 1992, p. 1407-1454.

DUPUY, P.-M., « À propos des mésaventures de la responsabilité internationale des États dans ses rapports avec la protection internationale de l'environnement », in PRIEUR, M. et LAMBRECHTS, C. (ed.), *Les hommes et l'environnement : quels droits pour le vingt-et-unième siècle? Études en hommage à Alexandre Kiss,* Paris, Éditions Prison-Roche, 1998, p. 269-282.

DUPUY, P.-M., « Dionisio Anzilotti and the Law of International Responsibility of States », *E.J.I.L.*, vol. 13, n° 1, 1992, p. 139-148.

DUPUY, P.-M., « Formation of Customary International Law and General Principles, in BODANSKY, D. ; BRUNNÉE, J. & HEY, E. (dir.), *The Oxford handbook of international environmental law*, Oxford, Oxford University Press, 2007, p. 449-466.

DUPUY, P.-M., « La responsabilité internationale des États pour les dommages causés par les pollutions transfrontières », in O.C.D.E., *Aspects juridiques de la pollution transfrontière*, Paris, O.C.D.E., 1977, p. 369-395.

DUPUY, P.-M., « L'action des organisations internationales dans le domaine de la protection de l'environnement », in DUPUY, R.-J.

(ed.), *Manuel sur les Organisations Internationales*, Dordrecht, Martinus Nijhoff, 1988, p. 598-624.

DUPUY, P.-M., « L'Affaire des essais nucléaires français et le contentieux de la responsabilité international publique », *G.Y.I.L.*, vol. 20, 1977, p. 375-405.

DUPUY, P.-M., « L'État et la réparation des dommages catastrophiques », in FRANCIONI, F. & SCOVAZZI, T. (ed.), *International Responsibility for Environmental Harm*, London/Dordrecht/Boston, Graham & Trotman/Martinus Nijhoff, 1991, p. 125-147.

DUPUY, P.-M., « La diligence due dans le droit international de la responsabilité », in O.C.D.E., *Aspects juridiques de la pollution transfrontière*, Paris, O.C.D.E., 1977, p. 396-405.

DUPUY, P.-M., « Le droit international de l'environnement et la souveraineté des États », in DUPUY, R.-J. (éd.), *L'avenir du droit international de l'environnement : Colloque La Haye, 12-14 novembre 1984*, Dordrecht/Boston, Martinus Nijhoff Publishers, 1985, p. 29-50.

DUPUY, P.-M., « Le fait générateur de la responsabilité internationale des États », *R.C.A.D.I.*, vol. 188, 1984, p. 9-133.

DUPUY, P.-M., « Le juge et la règle générale », *R.G.D.I.P.*, 1989, n° 3, p. 569-598.

DUPUY, P.-M., « Le rôle de l'État dans l'indemnisation des dommages catastrophiques internationaux ? », in *La réparation des dommages catastrophiques. Les risques technologiques majeurs en droit international et en droit communautaire*, Faculté de droit de l'Université catholique de Louvain, Bruylant, 1990, p. 219-245.

DUPUY, P.-M., « Limites matérielles des pollutions tolérées », in BOTHE, M. *et al.* (ed.), *Rechtsfragen grenzüberschreitender Umweltbelastungen : Fachtagung – Les problèmes juridiques posés par les pollutions transfrontières : Colloque : Saarbrücken von 13-15 Mai 1982*, Berlin, Schmidt, 1984, pp. 27-43.

DUPUY, P.-M., « Où en est le droit international de l'environnement à la fin du siècle? », *R.G.D.I.P.*, vol. 101, 1987, p. 873-903.

DUPUY, P.-M., « Overview of the Existing Customary Legal Regime Regarding International Pollution », in MAGRAW, D. B., *International Law and Pollution*, Philadelphia, University of Pennsylvania Press, 1991, p. 61-89.

DUPUY, P.-M., « Quarante ans de codification du droit de la responsabilité internationale des États. Un bilan », *R.G.D.I.P.*, 2003, p. 306-347.

DUPUY, P.-M., « Reviewing the Difficulties of Codification : On Ago's Classification of Obligations of Means and Obligations of Result in Relation to State Responsibility », *E.J.I.L.*, vol. 10, 1999, p. 371-385.

DUPUY, P.-M., « Soft Law and the International Law of the Environment », *M.J.I.L.*, vol. 12, nº 2, 1991, p. 420-435.

DUPUY, P.-M., « The International Law of State Responsibility : Revolution or Evolution ? », *M.J.I.L.*, vol. 11, 1989, p. 105-128.

DUPUY, R.-J., « La zone, patrimoine commun de l'humanité », in DUPUY, R.-J. & VIGNES, D. (éd.), *Traité du nouveau droit de la mer*, Paris, Economica, 1985, p. 499-505.

DUROUSSEAU, M., « L'affaire Sandoz et la pollution transfrontalière du Rhin de novembre 1986 », in S.F.D.E., *Le dommage écologique en droit interne, communautaire et comparé*, Paris, Economica, 1992, p. 211-221.

DUSSART-DESART, R., « La réforme de la Convention de Paris sur la responsabilité civile dans le domaine de l'énergie nucléaire et de la Convention complémentaire de Bruxelles : un survol des principaux éléments de la modernisation des deux Conventions », *B.D.N.*, nº 75, 2005, p. 7-34.

ESMEIN, P., « Remarques sur de nouvelles classifications d'obligations », in *Etudes de droit civil à la mémoire de Henri Capitant*, Paris, Dalloz, 1939, p. 235-240.

EVANS, T., « International Environmental Law and the Challenge of Globalization », in JEWELL, T. & STEELE, J., *Law in Environmental Decision Making*, Oxford, Clarendon, 1998, p. 207-227.

FERRARI BRAVO, L., « Méthodes de recherche de la coutume internationale dans la pratique des États », *R.C.A.D.I.*, vol. 192, 1985, p. 233-330.

FITZGERALD, G. F., « Le Canada et le développement du droit international : La contribution de l'Affaire de la fonderie de Trail à la formation du nouveau droit de la pollution atmosphérique transfrontière », *Études internationales*, vol. 11, n° 3, 1980, p. 393-419.

FITZMAURICE, M. & REDGWELL, C., « Environmental Non-Compliance Procedures and International Law », *N.Y.I.L.*, vol. 31, 2000, p. 35-65.

FITZMAURICE, M., « General Principles Governing the Cooperation between States in Relation to Non-Navigational Uses of International Watercourses », *Y.I.E.L.*, vol. 14, 2004, p. 3-45.

FITZMAURICE, M., « Environmental protection and the International Court of Justice », in LOWE, V, e FITZMAURICE, M. (ed.), *Fifty Years of International Court of Justice – Essays in honour of Sir Robert Jennings,* Cambridge, Cambridge University Press, 1996, p. 293-315.

FITZMAURICE, M., « International Environmental Law as a Special Field », *N.Y.I.L.*, vol. XXV, 1994, p. 181-226.

FITZMAURICE, M., « Liability for Environmental Damage Caused to the Global Commons », *R.E.C.I.E.L.*, vol. 5, n° 4, 1996, p. 305-311.

FITZMAURICE, M., « International protection of the environment », *R.C.A.D.I.*, vol. 293, 2001, p. 9-488.

FITZMAURICE, M., « International Responsibility and Liability », in BODANSKY, D. ; BRUNNÉE, J. & HEY, E. (dir.), *The Oxford handbook of international environmental law*, Oxford, Oxford University Press, 2007, p. 1010-1035.

FONTAINE, M., « Best Efforts, Reasonable Care, Due Diligence et règles de l'art dans les contrats internationaux », *R.D.A.I.*, n° 8, 1988, p. 983-1027.

FRANCIONI, F., « International « Soft Law » : A Contemporary Assessment », in LOWE, V. ; FITZMAURICE, M. (ed.), *Fifty years of the International Court of Justice – Essays in honour of Sir Robert Jennings*, Cambridge, Cambridge University Press, 1996, p. 167-178.

FRANCIONI, F., « International Co-operation for the Protection of the Environment : The Procedural Dimension », in LANG, W. ; NEUHOLD, H. & ZEMANECK, K. (eds.), *Environmental Protection and International Law*, London, Graham & Trotman, 1991, p. 203-225.

FREESTONE, D. & HEY, E., « Origins and Development of the Precautionary Principle », in FREESTONE, D. & HEY, E. (ed.), *The Precautionary Principle and International Law : The Challenge of Implementation*, The Hague, Kluwer Law International, 1996, p. 3-15.

FREESTONE, D., « Implementing Precaution Caustiously : The Precautionary Approach in the 1995 Straddling Stocks Agreement", in HEY, E. (ed.), *Developments in international fisheries law*, Cambridge, Kluwer Law International, 1999, p. 287-325.

FREESTONE, D., « International Fisheries Law Since Rio : The Continued Rise of the Precautionary Principle », in BOYLE. A & FREESTONE, D. (ed.), *International Law and Sustainable Development : Past Achievements and Future Challenges*, Oxford, Oxford University Press, 1999, p. 135-164.

FRITZ, J.-C., « Genèse et prospective des préoccupations écologiques », in BOUTELET, M. & FRITZ, J.-C. (dir.), *L'Ordre Public Ecologique*, Bruxelles, Brulant, 2005, p. 3-30.

FROWEIN, J. A., « Reactions by Not Directly Affected States to Breaches of Public International Law », *R.C.A.D.I.*, vol. 248, 1994, p. 345-437.

GAINES, S. E., « Taking Responsibility for Transboundary Environmental Effects », *H.I.C.L.R.*, vol. 14, n° 4, 1990-1991, p. 781-809.

GANTEN, R., « Mise en place de l'Organisation », in F.I.P.O.L., *Les FIPOL : 25 années d'indemnisation des victimes de sinistres liés à la pollution par les hydrocarbures*, Londres, 2003, p. 57-61.

GARANE, A., « La responsabilité internationale de l'état : un instrument économique de la protection de l'environnement ? », in BOTHE, M. & SAND, P. H. (eds.), *La politique de l'environnement : de la réglementation aux instruments économiques / Environmental policy : From Regulation to Economic Instruments*, La Haye, Martinus Nijhoff Publishers, 2003, p. 607-648.

GATTINI, A., « La notion de faute à la lumière du projet de convention de la Commission du Droit International sur la responsabilité internationale », *E.J.I.L.*, vol. 3, 1992, p. 253-284.

GAUCI, G., « Limitation of Liability in Maritime Law : An Anachronism ? », *Marine Policy*, vol. 19, 1995, p. 65-74.

GAUTIER, P., « Environmental Damage and the United Nations Claims Commission : New Directions for Future International Environmental Cases? », in NDIAYE, T. M. & WOLFRUM, R. (dir.), *Law of the Sea, Environmental Law and Settlement of Disputes : Liber Amicorum Judge Thomas A. Mensah*, Leiden/Boston, Martinus Nijhoff Publishers, 2007, p. 177-214.

GAUTIER, P., « L'Acte unique et les principes de l'action communautaire en matière d'environnement : prévention ou réparation ? », in *La réparation des dommages catastrophiques. Les risques technologiques majeurs en droit international et en droit communautaire*, Faculté de droit de l'Université catholique de Louvain, Bruylant, 1990, p. 70-87.

GAUTIER, P., « L'apport du droit international à la question de la responsabilité », in OST, F. & GUTWIRTH, S. (éd.), *Quel avenir pour le droit de l'environnement ?*, Bruxelles, Publications des Facultés universitaires Saint-Louis, 1996, p. 379-397.

GAVOUNELI, M., « Responsibility For Catastrophes : New Concepts in Their Conventional Application », in CARON, D. D. & LEBEN, C. (éd.), *Les aspects internationaux des catastrophes naturelles et industrielles – The International Aspects of Natural and Industrial Catastrophes*, The Hague, Martinus Nijhoff Publishers, 2001, p. 637-675.

GEHRING, T., « Treaty-Making and Treaty Evolution », in BODANSKY, D. ; BRUNNÉE, J. & HEY, E. (dir.), *The Oxford handbook of international environmental law*, Oxford, Oxford University Press, 2007, p. 467-497.

GILHUIS, P., « The Consequences of Introducing Environmental Law Principles in National Law », in SHERIDAN, M. & LAVRYSEN, L. (eds.), *Environmental Law Principles in Practice*, Bruxelles, Bruylant, 2002, p. 45-58.

GOLD, E., « Marine Pollution Liability after 'Exxon Valdez' : The U.S. 'All-or-Nothing' Lottery », *J.M.L.C.*, vol. 22, 1991, p. 423-444.

GOLDBERG, V. P., « Recovery for Economic Loss following the Exxon Valdez Oil Spill », *J.L.S.*, vol. 23, 1994, p. 1-39.

GOLDIE, L. F. E., « Concepts of strict and absolute liability and the ranking of liability in terms of relative exposure to risk », *N.Y.I.L.*, 1985, vol. XVI, p. 175-248.

GOLDIE, L. F. E., « Liability for Damage and the Progressive Development of International Law », *I.C.L.Q.*, vol. 14, n° 4, 1965, p.1189-1264.

GÓMEZ, A. G., « Los tres principios prudenciales – previsión, precaución y prevención aplicados a la gestión de riesgos : Consecuencias del desarrollo jurídico del principio de precaución en los campos de responsabilidad y gestión de riesgos », in *Foro Euromediterraneo*, Madrid, octubre 2003, p. 1-6.

GONÇALVES, M. E., « Eléments pour l'étude de la contribution du nouveau droit de la mer au droit international en matière de transfert de technologie », in *New directions in international law : essays in honour of Wolfgang Abendroth*, Frankfurt, Campus Verlag, p. 234-256.

GORMLEY, W. P., « The legal obligation of the international community to guarantee a pure and decent environment : the expansion of human rights norms », *G.I.E.L.R.*, vol. 3, issue 1, 1990, p. 85-116.

GOROVE, S., « Cosmos 954 : issues of law and policy », *J.S.L.*, vol. 6, 1978, p. 137-146.

GOTLIEB, A. & DALFEN, C., « National Jurisdiction and International Responsibility : New Canadian Approaches to International Law », *A.J.I.L.*, vol. 67, n° 2, 1973, p. 229-258.

GRAEFRATH, B., « Responsibility and damages caused : relationship between responsibility and damages », *R.C.A.D.I.*, vol. 185, 1984, p. 9-149.

GUIHAL, D., « Le dommage environnemental en France », in CORDINI, G. & POSTIGLIONE, A. (dir.), *Prevention and remedying of environmental damage : proceedings of the Workshop on Environmental Law, Ostia Antica, 27 & 28 may 2005*, Bruxelles, Bruylant, 2005, p. 145-147.

GUTWIRTH, S. & NAÏM-GESBERT, E., « Science et droit de l'environnement : réflexions pour le cadre conceptuel du pluralisme de vérités », *R.I.E.J.*, 1995, n° 34, p. 33-98.

HAANAPPEL, P. P. C., « Some observations on the crash of Cosmos 954 », *J.S.L.*, vol. 6, 1978, p. 147-149.

HAFNER, G. & BUFFARD, I., « Les travaux de la Commission du droit international : de la responsabilité à la prévention des dommages », in S.F.D.I. (org.), *Colloque d'Aix-en-Provence : Le droit international face aux enjeux environnementaux*, Paris, Pedone, 2010, p. 145-164.

HAFNER, G. & PEARSON, H. L., « Environmental Issues in the Work of the International Law Commission », *Y.I.E.L.*, vol. 11, 2001, p. 3-51.

HAFNER, G., « Le contexte particulier de la responsabilité dans le droit international de l'environnement », in *Cours de l'Institut des Hautes Etudes Internationales de Paris*, vol. 5, Paris, Pedone, 2001, p. 5-73.

HAMMERSCHMIDT, D., « O Risco na Sociedade Contemporânea e o Princípio da Precaução », *Revista Sequência*, n. 45, dez. 2002, p. 97-122.

HANDL, G., « Compliance Control Mechanisms and International Environmental Obligations », *T.J.I.C.L.*, vol. 5, 1997, p. 29-49.

HANDL, G., « Environmental Security and Global Change : The Challenge to International Law », *Y.I.E.L.*, vol. 1, 1990, p. 3-33.

HANDL, G., « Environmental Security and Global Change : The Challenge to International Law », in LANG, W. ; NEUHOLD, H. & ZEMANECK, K. (eds.), *Environmental Protection and International Law*, London, Graham & Trotman, 1991, p. 59-89.

HANDL, G., « International 'Lawmaking' by Conferences of the Parties and Other Politically Mandated Bodies », in WOLFRUM, R. & RÖBEN, V. (éd.), *Developments of International Law in Treaty Making*, Heidelberg, Springer, 2005, p. 127-143.

HANDL, G., « International Liability of States for Marine Pollution », *C.Y.I.L.*, vol. XXI, 1983, p. 85-117.

HANDL, G., « Liability as an obligation established by a primary rule of international law », *N.Y.I.L.*, 1985, vol. XVI, p. 49-80.

HANDL, G., « State Liability for Accidental Transnational Environmental Damage by Private Persons », *A.J.I.L.*, vol. 74, n° 3, 1980, p. 525-565.

HANDL, G., « The Environment : International Rights and Responsibilities », in *American Society of International Law – Proceedings of the Annual Meeting*, vol. 74, april 17-19, 1980, p. 223-247.

HANDL, G., « Transboundary Impacts », in BODANSKY, D. ; BRUNNÉE, J. & HEY, E. (dir.), *The Oxford handbook of international environmental law,* Oxford, Oxford University Press, 2007, p. 531-549.

HARDIN, G., « The Tragedy of the Commons », *Science*, n° 162, 1968, p. 1243-1248.

HARVARD RESEARCH IN INTERNATIONAL LAW, « The Law of Responsibility of States for Damage Done in Their Territory to the Person or Property of Foreigners », *A.J.I.L.*, vol. 23, n° 2, Supplement, 1929, p. 131-239.

HOMER-DIXON, T. F. & LEVY, M. A., « Environment and Security », in *International Security*, vol. 20, issue 3, Winter, 1995-1996, p. 189-198.

HUGLO, C., « L'influence du droit international sur le développement de la responsabilité civile des personnes privées pour les dommages environnementaux », in S.F.D.I. (org.), *Colloque d'Aix-en-Provence : Le droit international face aux enjeux environnementaux*, Paris, Pedone, 2010, p. 165-178.

HULME, K., « Taking care to protect the environment against damage : a meaningless obligation ? », *I.R.R.C.*, vol. 92, n° 879, 210, p. 675-691.

ILUYOMADE, B. O., « The Scope and Content of a Complaint of Abuse of Right in International Law », *H.I.L.J.,* vol. 16, 1975, p. 47-92.

IMPERIALI, C., « Le contrôle de la mise en œuvre des conventions internationales », in IMPERIALI, C. (éd.), *L'effectivité du droit international de l'environnement : contrôle de la mise en œuvre des conventions internationales*, Paris, Economica, 1998, p. 7-22.

INSTITUT DE DROIT INTERNATIONAL, « Résolution du 29 avril 1954 concernant La détermination du domaine réservé et ses affaires », *Annuaire de l'Institut de droit international,* vol. 45, n° II, 1954, p. 292.

IWAMA, T., « Emerging principles and rules for the prevention and mitigation of environmental harm », in WEISS, E. B. (ed.), *Environmental Change and International Law : New Challenges and Dimensions*, Tokyo, The United Nations University, 1992, p. 107-123.

JABBARI-GHARABAGH, M., « Type of State Responsibility for Environmental Matters in International Law », *R.J.T.*, vol. 33, 1999, p. 59-121, p.104.

JACOBSSON, M., « La répartition des dommages de pollution maritime et le rôle du Fipol », *Le droit maritime français*, vol. 41, 1989, p. 619-638.

JACOBSSON, M., « Le régime international d'indemnisation depuis 25 ans », in F.I.P.O.L., *Les FIPOL : 25 années d'indemnisation des victimes de sinistres liés à la pollution par les hydrocarbures*, Londres, 2003, p. 13-26.

JACOBSSON, M., « L'indemnisation des dommages résultant des atteintes à l'environnement dans le cadre du régime international CLC/FIPOL », *Le droit maritime français*, vol. 62, 2010, p. 463-480.

JACOBSSON, M., « Uniform Application of the International Regime on Liability and Compensation for Oil Pollution Damage », in NDIAYE, T. M. ; WOLFRUM, R. & KOJIMA, C. (dir.), *Law of the Sea, Environmental Law and Settlement of Disputes : liber amicorum Judge Thomas A. Mensah*, Leiden/Boston, Martinus Nijhoff Publishers, 2007, p. 421-436.

JACQMOTTE, B., « Definition and Assessment of the Concept of Harm in a Regime of Transboundary Harm Prevention », *A.R.I.E.L.*, vol. 3, 1998, p. 233-265.

JAGOTA, S. P., « State responsibility : circumstances precluding wrongfulness », *N.Y.I.L.*, 1985, vol. XVI, p. 249-277.

JANS, J. H., « The Rule of Law and European Environmental Policy : Legal protection against acts of the European Institutions », in *Recht und Um-Welt : Essays in Honour of Prof. Dr. Gerd Winter*, Groningen, Ludwig Krämer, 2003, p. 301-312.

JEGOUZO, Y., « De certaines obligations environnementales : prévention, précaution et responsabilité », *A.J.D.A.* 2005, n° 21, p. 1164-1169.

JEGOUZO, Y., « Les principes généraux du droit de l'environnement », *R.F.D.A.* 2-1996, p. 209-217.

JENKS, C. W., « Liability for ultra-hazardous activities in international law », *R.C.A.D.I.*, vol. 117, 1966, p. 99-200.

JIMÉNEZ DE ARÉCHAGA, E., « Responsabilidad internacional del Estado », in JIMÉNEZ DE ARÉCHAGA, E. (org.), *Derecho Publico Internacional*, vol. II, Montevideo, Ed. Fundación de Cultura Universitaria, 1991, p. 33-89.

JIMÉNEZ DE ARÉCHAGA, E., « International law in the past third of a century », *R.C.A.D.I.*, vol. 159, 1978, p. 1-344.

JIMENEZ DE ARECHAGA, E., « International Responsibility », in SORENSEN, M. (éd.), *Manual of Public International Law*, Londres, MacMillan, 1968, p. 531-603.

JORDAN URSTADT, J., « International Legal Regimes for Transboundary Harm : An Economic Analysis », *A.R.I.E.L.*, vol. 3, 1998, p. 267-293.

JOUVENEL, B., « Le thème de l'environnement », *Analyse et Prévision*, vol. X, 1970, p. 517-533.

JUSTE-RUIZ, J., « Los Princípios Fundamentales del Derecho Internacional Ambiental » in CASELLA, P. B. (org.), *Dimensão Internacional do Direito*, São Paulo, LTR, 2000, p. 243-264.

KAMTO, M., « Les nouveaux principes du droit international de l'environnement après la Conférence de Rio de 1992 », *R.J.E.*, 1993, n° 1, p. 11-21.

KELSEN, H., « Théorie du droit international coutumier », in LEBEN, C. (dir.), *Hans Kelsen : écrits français de droit international*, Paris, P.U.F., p. 27-57

KERBRAT, Y., « Le droit international face au défi de la réparation des dommages à l'environnement », in S.F.D.I. (org.), *Colloque d'Aix-en-Provence : Le droit international face aux enjeux environnementaux*, Paris, Pedone, 2010, p. 125-144.

KERLEY, E. L. & GOODMAN, C. F., « The Gut Dam claims : a lump sum settlement disposes of an arbitrated dispute », *V.J.I.L.*, 1969-70, vol. 10, p. 300-327.

KISS, A. & SHELTON, D., « Strict Liability in International Environmental Law », in NDIAYE, T. M. ; WOLFRUM, R. & KOJIMA, C. (dir.), *Law of the Sea, Environmental Law and Settlement of Disputes : liber amicorum Judge Thomas A. Mensah*, Leiden/Boston, Martinus Nijhoff Publishers, 2007, p. 1131-1151.

KISS, A. & SHELTON, D., « Systems Analysis of International Law: A Methodological Inquiry », *N.Y.I.L.*, vol. 17, 1986, p. 45-74.

KISS, A., « Direito internacional do ambiente », *in Textos : ambiente e consumo,* Lisboa, Centro de Estudos Judiciários, 1996, vol. 1, p. 77-141.

KISS, A., « Dix ans après Stockholm – une décennie de droit international de l'environnement », *A.F.D.I.*, vol. 28, n° 28, 1982, p. 784-793.

KISS, A., « Emergence de principes généraux du droit international et d'une politique internationale de l'environnement », in RENS, I., (dir.), *Le droit international face à l'éthique et à la politique de l'environnement*, Genève, SEBES-Georg, 1996, p. 19-35.

KISS, A., « L'état du droit de l'environnement en 1981 : problèmes et solutions », *J.D.I.*, n° 108, 1981, p. 499-543.

KISS, A., « L'ordre public écologique », in BOUTELET, M. & FRITZ, J.-C. (dir.), *L'Ordre Public Ecologique*, Bruxelles, Brulant, 2005, p. 155-167.

KISS, A., « La coopération paneuropéenne dans le domaine de l'environnement », *A.F.D.I.*, vol. 25, 1979, p. 719-725.

KISS, A., « La notion de patrimoine commun de l'humanité », *R.J.E.*, numéro spécial, 1998, p. 49-57.

KISS, A., « La réparation pour atteinte à environnement », in S.F.D.I. (org.), *Colloque du Mans : La responsabilité dans le système international*, Paris, Pedone, 1991, p. 225-237.

KISS, A., « L'accident de Tchernobyl : ses conséquences au point de vue du droit international », *A.F.D.I.*, vol. 32, 1986, p. 139-152.

KISS, A., « Le droit international de l'environnement, un aspect du droit international de l'avenir ? », in DUPUY, R.-J. (éd.), *L'avenir du droit international de l'environnement : Colloque La Haye, 12-14 novembre 1984*, Dordrecht/Boston, Martinus Nijhoff Publishers, 1985, p. 471-484.

KISS, A., « Les traites-cadres : une technique juridique caractéristique du droit international de l'environnement », *A.F.D.I.*, vol. 39, 1993, p. 792-797.

KISS, A., « Nouvelles tendances en droit international de l'environnement », *G.Y.I.L.*, vol. 32, 1989, p. 241-263.

KISS, A., « Present Limits to the Enforcement of State Responsibility for Environmental Damage », in FRANCIONI, F. & SCOVAZZI, T. (ed.), *International Responsibility for Environmental Harm*, London/Dordrecht/Boston, Graham & Trotman/Martinus Nijhoff, 1991, p. 3-14.

KISS, A., « Tchernobâle ou la pollution accidentelle du Rhin par les produits chimiques », *A.F.D.I.*, vol. 33, 1987, p. 719-727.

KISS, A., « The implications of global change for the international legal system », in WEISS, E. B. (ed.), *Environmental Change and International Law : New Challenges and Dimensions*, Tokyo, The United Nations University, 1992, p. 315-339.

KLEMM, C., « Les apports du droit comparé », in S.F.D.E., *Le dommage écologique en droit interne, communautaire et comparé*, Paris, Economica, 1992, p. 143-164.

KNOX, J. H., « The Myth and Reality of Transboundary Environmental Impact Assessment », *A.J.I.L.*, vol. 96, n° 2, 2002, p. 291-319.

KOHEN, M. G., « Les principes généraux du droit international de l'eau à la lumière de la jurisprudence récente de la Cour internationale de Justice », in S.F.D.I. (org.), *Colloque d'Orléans : L'eau en droit international*, Paris, Pedone, 2011, p. 91-108.

KOLARI, T., « The Principle of Common but Differentiated Responsibilities as Contributing to Sustainable Development through Multilateral Environmental Agreements », in BUGGE, H. C. & VOIGT, C. (ed.), *Sustainable development in international and national law : what did the Brundtland report do to legal thinking and legal development, and where can we go from here ?*, Groningen, Europa law publishing, 2008, p. 249-267.

KOLB, R., « Du domaine réservé : réflexions sur la théorie de la compétence nationale », *R.G.D.I.P.*, vol. 110, n. 3, 2006, p. 597-630.

KOLB, R., « La proportionnalité dans le cadre des contre-mesures et des sanctions : essai de clarification conceptuelle », in SICILIANOS, L.-A. & FORLATI, L. P. (éd.), *Les sanctions économiques en droit international*, Leiden, Martinus Nijhoff Publishers, 2004, p. 379-443.

KOLVENBACH, W., « Bophal : storm over the multinationals ? », *Zeitschrift für Unternehmens- und Gesellschaftsrecht*, vol. 15, 1986, p. 47-69.

KORNICKER UHLMANN, E. M., « State community interests, Jus Cogens and protection of the global environment : developing criteria for peremptory norms », *G.I.E.L.R.*, vol. 11, n° 1, p. 101-135.

KOSKENNIEMI, M., « Breach of Treaty or Non-Compliance ? Reflections on the Enforcement of the Montreal Protocol », *Y.I.E.L.*, vol. 3, 1992, p. 123-162.

KOSKENNIEMI, M., « International Pollution in the System of International Law », *Oikeustiede-Jurisprudentia*, vol. XVII, 1984, p. 95-181.

KOSKENNIEMI, M., « The Politics of International Law », *E.J.I.L.*, vol. 1, 1990, p. 4-32.

KOSKENNIEMI, M., « What is International Law For ? », in EVANS, M. (éd.), *International Law*, Oxford, Oxford University Press, 2006, p. 57-81.

KRAMER, L., « Discussions on Directive 2004/35 Concerning Environmental Liability », *J.E.E.P.L.*, vol. 4, 2005, p. 250-256.

KUŞ, S., « International nuclear law in the 25 years between Chernobyl and Fukushima and beyond... », *N.L.B.*, vol. 87, n° 1, 2011, p. 7-26.

LAMMERS, J. G., « International and European Community Law Aspects of Pollution of International Watercourses », in LANG, W. ; NEUHOLD, H. & ZEMANECK, K. (eds.), *Environmental Protection and International Law*, London, Graham & Trotman, 1991, p. 115-146.

LAMMERS, J. G., « New Developments Concerning International Responsibility and Liability for Damage Caused by Environmental Interferences », *H.Y.I.L.*, vol. 19, 2006, p. 87-112.

LANG, W., « UN-Principles and International Environmental Law », *M.P.Y.U.N.L.*, vol. 3, 1999, p. 157-172.

LANOY, L., « Réflexions sur la place et la portée des principes généraux du droit de l'environnement », *B.D.E.I.*, n° 2, 1996, p. 2-8.

LAPRADELLE, A. G. & POLITIS, N., « Affaire de l'*Alabama* – 14 septembre 1872 », *Recueil des arbitrages internationaux,* vol. II, Paris, Pedone, 1923, p. 713-983.

LEBEN, C., « Les contre-mesures interétatiques et les réactions à l'illicite dans la société internationale, *A.F.D.I.*, vol. 28, 1983, p. 9-77.

LEBEN, C., « Vers un droit international des catastrophes », in CARON, D. D. & LEBEN, C. (éd.), *Les aspects internationaux des catastrophes naturelles et industrielles – The International Aspects of*

Natural and Industrial Catastrophes, The Hague, Martinus Nijhoff Publishers, 2001, p. 31-91.

LEGAL AFFAIRS SECTION OF THE OECD NUCLEAR ENERGY AGENCY, « Regulatory and institutional framework in Japan against the background of Fukushima », *N.L.B.*, vol. 87, n° 1, 2011, p. 27-44.

LEGROS, R., « L'invitation au raisonnable », *R.R.D.*, vol. I, 1976, p. 5-13.

LEICH, M. N., « Denial of Liability : Ex Gratia Compensation on a Humanitarian Basis », *A.J.I.L.*, vol. 83, n° 2, 1989, p. 319-324.

LEITÃO, A. R., « L'effet direct des directives : une mythification ? », *Revue trimestrielle de droit européen*, vol. 17, 1981, p. 425-441.

LEVY, J.-P., « La première décennie de l'autorité internationale des fonds marins », *R.G.D.I.P.*, vol. 109, n° 1, 2005, p. 101-146.

LEVY, M. A., « Is Environment a National Security Issue », *International Security*, vol. 20, issue 2, 1995, p. 35-62.

LIBRANDO, G., « Influence of the 'Torrey Canyon' Incident on the Liability and Compensation Regimes developed under the Auspices of the IMO », in *Serving the rule of international maritime law : essays in honour of professor David Joseph Attard*, London, Routledge, p. 315-327.

LIESA, C. R. F., « La responsabilité en cas de catastrophes écologiques, d'après les travaux de la CDI sur les activités non interdites par le droit international », in CARON, D. D. & LEBEN, C. (éd.), *Les aspects internationaux des catastrophes naturelles et industrielles*, The Hague, Martinus Nijhoff Publishers, 2001, p. 723-753.

LITTLE, G., « The Hazardous and Noxious Substances Convention : A New Horizon in the Regulation of Marine Pollution », *L.M.C.L.Q.*, part 4, 1998, p. 554–567.

LITTMANN-MARTIN, M.-J. & LAMBRECHTS, C., « Rapport général – La spécificité du dommage écologique », in S.F.D.E., *Le dommage écologique en droit interne, communautaire et comparé*, Paris, Economica, 1992, p. 45-77

LOCHARD, J., « L'évolution de la notion de limite en radioprotection », *Annales des mine – Responsabilité et environnement*, nº 3, 1996, p. 85-94.

LONDON, C., « Risques industriels majeurs : de la non-application du principe de prévention ? », *L.P.A.*, n° 85, 29 avril 2002, p. 7-15.

LUCAS, L. R., « La protección internacional del medio ambiente marino : factores de presión y medidas de control », in SINDICO, F. *et al.* (org.), *Derecho internacional del medio ambiente : una visión desde Iberoamérica*, London, Cameron May, 2011, p. 236-271.

LUCCHINI, G., « La pollution des mers par les hydrocarbures : les conventions de Bruxelles de novembre 1969 ou les fissures du droit international classique », *J.D.I.*, vol. 97, 1970, p. 795-843.

LUCCHINI, L., « Le principe de précaution en droit international de l'environnement : ombres plus que lumières », *A.F.D.I.*, vol. 45, 1999, p. 710-731.

MAES, F., « Environmental Law Principles, Their Nature and the Law of the Sea : A Challenge for Legislators », in SHERIDAN, M. & LAVRYSEN, L. (eds.), *Environmental Law Principles in Practice*, Bruxelles, Bruylant, 2002, p. 59-89.

MAGRAW, D. B., « Transboundary Harm : The International Law Commission's Study of 'International Liability' », *A.J.I.L.*, vol. 80, nº 2, 1986, pp. 305-330.

MAIER, H. G., « Ex Gratia Payments and the Iranian Airline Tragedy », *A.J.I.L.*, vol. 83, nº. 2, 1989, p. 325-332.

MALIK, R., « Liquidation du Fonds de 1971 », in F.I.P.O.L., *Les FIPOL : 25 années d'indemnisation des victimes de sinistres liés à la pollution par les hydrocarbures*, Londres, 2003, p. 77-79.

MALJEAN-DUBOIS, S. « La 'fabrication' du droit international au défi de la protection de l'environnement », in S.F.D.I. (org.), *Colloque d'Aix-en-Provence : Le droit international face aux enjeux environnementaux*, Paris, Pedone, 2010, p. 9-38

MALJEAN-DUBOIS, S., « Procédures de non-respect des conventions internationales de protection de l'environnement », in *Jurisclasseur de droit de l'environnement*, n° 4930, 5, 2007.

MALJEAN-DUBOIS, S., « Un mécanisme original : la procédure de 'non compliance' du Protocole relatif aux substances appauvrissant la couche d'ozone », in IMPERIALI, C. (éd.), *L'effectivité du droit international de l'environnement : contrôle de la mise en œuvre des conventions internationales*, Paris, Economica, 1998, p. 225-247.

MALVIA, R. A., « State responsibility for environmental damage beyond territorial limits : a legal analysis », *I.J.I.L.*, vol. 27, 1987, p. 30-49.

MARAUHN, T., « Environmental damage in times of armed conflict – not 'really' a matter of criminal responsibility ? », *I.R.R.C.*, n° 840, 2000, p. 1029-1036.

MARTIN, G. J., « La notion de responsabilité en matière de dommages écologiques », in CHÉROT, J.-Y. *et al.* (dir.), *Droit et l'environnement – propos pluridisciplinaire sur un droit en construction*, Aix-en-Provence, Presses Universitaires d'Aix-Marseille, 1995, p. 131-141.

MARTIN, G. J., « Principe de précaution, prévention des risques et responsabilité : quelle novation, quel avenir ? », *A.J.D.A.*, n° 40, 2005, p. 2222-2226.

MARTIN, G. J., « Principes pour une codification de l'environnement », in OST, F. & GUTWIRTH, S. (éd.), *Quel avenir pour le droit de l'environnement ?*, Bruxelles, Publications des Facultés universitaires Saint-Louis, 1996, p. 287-307.

MARTIN, G. J., « Réflexions sur la définition du dommage à l'environnement : le dommage écologique 'pur' », in CHÉROT, J.-Y. *et al.* (dir.), *Droit et l'environnement – propos pluridisciplinaire sur un droit en construction*, Aix-en-Provence, Presses Universitaires d'Aix-Marseille, 1995, p. 115-130.

MARTIN-BIDOU, P., « Le principe de précaution en droit international de l'environnement », *R.G.D.I.P.*, v. 103, n° 3, p. 631-666, 1999.

MARTON, G., « Obligations de résultat et obligations de moyens », *R.T.D.Civ.*, 1935, p. 499-543.

MATSUI, Y., « The Principle of 'Common but Differentiated Responsibilities' », in SCHRIJVER, N. & WEISS, F. (ed), *International law and sustainable development : principles and practice*, Leiden, Martinus Nijhoff, 2004, p. 73-96.

MATSUI, Y., « The Transformation of the Law of State Responsibility », *Thesaurus Acroasium*, vol. 20, 1993, p. 5-65.

MAURY, F., « Réflexions sur la distinction entre obligations de moyens et obligations de résultat », *R.R.J.*, 1998, p. 1243-1255.

MAZEAUD, H., « Essai de classification des obligations : obligations contractuelles et extracontractuelles ; 'obligations déterminées' et 'obligation générale de prudence et diligence' », *R.T.D.Civ.*, 1936, p. 1-58.

McGARITY, T. O., « Bophal and the export of hazardous technologies », *T.I.L.J.*, vol. 20, 1985, p. 333-339.

McINTYRE, O. & MOSEDALE, T., « The Precautionary Principle as a Norm of Customary International Law », *J.E.L.*, vol. 9, 1997, p. 221-241.

McINTYRE, O., « The Role of Customary Rules and Principles of International Environmental Law in the Protection of Shared International Freshwater Resources », *N.R.J.*, vol. 46, 2006, p. 157-210.

McNAIR, A., « The General Principles of Law Recognised by Civilised Nations », *B.Y.B.I.L.*, vol. 33, 1957, p. 1-19.

MEMLOUK, M., « Préjudice écologique pur : du mirage à l'impasse », *B.D.E.I.*, n° 16, 2008, p. 33-42.

MENSAH, T., « Les débuts des FIPOL », in F.I.P.O.L., *Les FIPOL : 25 années d'indemnisation des victimes de sinistres liés à la pollution par les hydrocarbures*, Londres, 2003, p. 45-49.

MOLODSTOVA, E., « Nuclear Energy and Environmental Protection : Responses of International Law », *P.E.L.R.*, vol. 12, n° 1, 1994, p. 185-267.

MORAND, C.-A., « Vers un droit de l'environnement souple et flexible : le rôle et le fonctionnement des principes », in OST, F. & GUTWIRTH, S. (éd.), *Quel avenir pour le droit de l'environnement ?*, Bruxelles, Publications des Facultés universitaires Saint-Louis, 1996, p. 261-285.

MOUTTAKI, S. K., « La coutume internationale : sujets de droit, consentement et formation de la norme coutumière », *R.D.O.*, vol. 35, n° 2, 2004, p. 255-275.

MURPHY, J., « The Merits of *Rylands v Fletcher* », *O.J.L.S.*, vol. 24, n° 4, p. 643-669.

MURPHY, S. D., « Prospective Liability Regimes for the Transboundary Movement of Hazardous Wastes », *A.J.I.L.*, vol. 88, n° 1, 1994, p. 24-75.

MURTHY, B. S., « Diplomacy and Resolution of International Disputes », in *Le droit international comme langage des relations internationales*, The Hague, Kluwer Law International, 1996, p. 161-169.

NAIM-GESBERT, E., « Expertise scientifique et droit de l'environnement », in OST, F. & GUTWIRTH, S. (éd.), *Quel avenir pour le droit de l'environnement ?*, Bruxelles, Publications des Facultés universitaires Saint-Louis, 1996, p. 43-88.

NEUHOLD, H., « The Inadequacy of Law-Making by International Treaties : 'Soft Law' as an Alternative ? », in WOLFRUM, R. & RÖBEN, V. (éd.), *Developments of International Law in Treaty Making*, Heidelberg, Springer, 2005, p. 39-52.

NICIU, M. I., « Le patrimoine commun de l'humanité en droit international maritime et en droit spatial », *A.D.M.A.*, vol. 13, 1995, p. 9-18.

NOIVILLE, C., « Princípio da precaução e Organização Mundial do Comércio : da oposição filosófica para os ajustes técnicos ? », in VARELLA, M. D. & PLATIAU, A. F. B. (dir.), *Princípio da Precaução*, Belo Horizonte, Del Rey, 2004, p. 317-350.

NOLAN, D. P., « The Distinctiveness of *Rylands v Fletcher* », *L.Q.R.*, vol. 121, 2005, p. 421-451.

NOLTE, G., « De Dionisio Anzilotti à Roberto Ago : le droit international classique de la responsabilité internationale des États et la prééminence de la conception bilatérale des relations interétatiques », in DUPUY P.-M. (éd.), *Obligations multilatérales, droit impératif et responsabilité internationale des États*, Paris, Pedone, 2003, p. 5-23.

NORDSTROM, N., « Managing Transboundary Environmental Accidents : The State Duty To Inform », in CARON, D. D. & LEBEN, C. (éd.), *Les aspects internationaux des catastrophes naturelles et industrielles – The International Aspects of Natural and Industrial Catastrophes*, The Hague, Martinus Nijhoff Publishers, 2001, p. 291-378.

O'KEEFE, C., « Transboundary pollution and the Strict Liability Issue : The Work of the International Law Commission on the Topic of International Liability for Injurious Consequences Arising Out of Acts Not Prohibited by International Law », *D.J.I.L.P.*, vol. 18, n° 2, 1990, p. 145-208.

OATES, W. E. & MCGARTLAND, A. M., « Marketable permits for the prevention of environmental deterioration », *Journal of Environmental Economics and Management*, vol. 12, issue 3, September 1985, p. 207-228.

OKERE, B. & MAKAWA, E. M. « Global Solidarity and the International Response To Disasters », in CARON, D. D. & LEBEN, C. (éd.), *Les aspects internationaux des catastrophes naturelles et industrielles – The International Aspects of Natural and Industrial Catastrophes*, The Hague, Martinus Nijhoff Publishers, 2001, p. 429-456.

OKOWA, P. N., « Procedural Obligations in International Environmental Agreements », *B.Y.B.I.L.*, vol. 67, 1996, p. 275-336.

OLIVEIRA, H. U. J., « The Sandoz blaze : the damage and the public and private liabilities », in FRANCIONI, F. & SCOVAZZI, T. (ed.), *International Responsibility for Environmental Harm*, London/Dordrecht/Boston, Graham & Trotman/Martinus Nijhoff, 1991, p. 429-445.

ORREGO VICUÑA, F., « Current trends in responsibility and liability for environmental harm under international law », in KOUFA, K. (ed.), *Protection of the environment for the new millennium : 2000 International Law Session*, Athens, Sakkoulas Publications, 2002, p. 131-182.

ORREGO VICUÑA, F., « Final Report on the subject of environmental responsibility and liability », in *Annuaire de l'Institut de Droit International*, vol. 67, tome I, 1997, p. 312-346.

ORREGO VICUÑA, F., « State responsibility, liability, and remedial measures under international law : New criteria for environmental protection », in WEISS, E. B. (ed.), *Environmental Change and International Law : New Challenges and Dimensions,* Tokyo, The United Nations University, 1992, p. 124-158.

PALLEMAERTS, M., « International Environmental Law from Stockholm to Rio : Back to the Future ? », in SANDS, P. (éd.), *Greening international law,* London, Earthscan Publications, 1993, p. 1-19.

PALMER, G., « New Ways to Make International Environmental Law », *A.J.I.L.*, vol. 86, 1992, p. 259-283.

PAQUES, M., « Effet direct du droit communautaire, interprétation conforme et responsabilité de l'État, en général et en matière d'environnement », in VAN DUNNÉ, J. M. (éd.), *Non-point source river pollution : the case of the river Meuse : technical, legal, economic and political aspects*, The Hague, Kluwer Law International, 1996, p. 89-139.

PARADELL-TRIUS, L., « Principles of International Environmental Law : an Overview », *R.E.C.I.E.L.*, vol. 9, nº 2, 2000, p. 93-99.

PELLET A., « Remarques sur une révolution inachevée, le projet d'articles de la CDI sur la responsabilité internationale des États », *A.F.D.I.*, vol. 42, 1996, p. 7-32.

PELLET, A., « Can a State Commit a Crime ? Definitely, Yes ! », *E.J.I.L.*, vol. 10, 1999, p. 425-434.

PELLET, A., « Le Droit international à l'aube du XXIe siècle (La Société internationale contemporaine – Permanences et tendances nouvelles) », in *Cursos Euromediterráneos Bancaja de Derecho Internacional*, Aranzadi editorial, Madrid, 1997, vol. 1, p. 19-108.

PELLET, A., « Les articles de la CDI sur la responsabilité de l'État pour fait internationalement illicite. Suite – et fin ? », *A.F.D.I.*, vol. 48, 2002, p. 1-23.

PEREIRA, A. C. A., « Soberania e pós-modernidade », in BRANT, L. N. C. (org.), *O Brasil e os Novos Desafios do Direito Internacional*, Rio de Janeiro, Forense, 2004, p. 619-661.

PERELMAN, C., « Le raisonnable et le déraisonnable en droit », *Archives de Philosophie du droit*, vol. XXIII – Formes de rationalité en droit, Paris, Sirey, 1978, p. 35-42.

PÉREZ GONZÁLEZ, S., «El Derecho en la sociedad global del riesgo», *R.E.D.U.R.*, n° 6, diciembre 2008, p. 95-107.

PERRIN, G., « La détermination de l'État lésé. Les régimes dissociables et les régimes indissociables », in *Theory of International Law at the Threshold of the 21st Century. Essays in Honor of Krystof Skubiszewski*, La Haye, Kluwer, 1996, p. 243-247.

PETITPIERRE-SAUVAIN, A., « Ordre public écologique et développement durable », in BOUTELET, M. & FRITZ, J.-C. (dir.), *L'Ordre Public Ecologique*, Bruxelles, Brulant, 2005, p. 47-56.

PETRELLA, R., « La société post-industrielle : quels avenirs nous préparons-nous ? », in OST, F. & GUTWIRTH, S. (éd.), *Quel avenir pour le droit de l'environnement ?*, Bruxelles, Publications des Facultés universitaires Saint-Louis, 1996, p. 463-477.

PETROSYANTS, A., « Le développement de l'énergie nucléaire en Union Soviétique », *Bulletin de l'Agence internationale de l'énergie atomique*, vol. 28, n° 3, automne 1986, p. 5-9.

PEYROUX, E., « Les réglementations internationales de protection des phoques », *R.G.D.I.P.*, vol. 80, 1976, p. 104-129.

PICHERAL, C., « L'ordre public écologique en droit communautaire », in BOUTELET, M. & FRITZ, J.-C. (dir.), *L'Ordre Public Ecologique*, Bruxelles, Brulant, 2005, p. 107-129.

PINESCHI, L., « The Antarctic Treaty System and General Rules of International Environmental Law », in FRANCIONI, F. & SCOVAZZI, T. (ed.), *International Law for Antarctica*, The Hague, Kluwer Law International, p. 187-246.

PINTO, M. C. W., « Reflections on international liability for injurious consequences arising out of acts not prohibited by international law », *N.Y.I.L.*, 1985, vol. XVI, p. 17-48.

PIQUEMAL, A., « L'indemnisation des dommages écologiques par le système international d'indemnisation du FIPOL », *Espaces et ressources maritimes*, n° 14, 2001, p. 123-151.

PIROTTE, C., « La directive 2004/35/CE du 21 avril 2004 sur la responsabilité environnementale : premiers commentaires », in VINEY, G. & DUBUISSON, B. (éd.), *Les responsabilités environnementales dans l'espace européen*, Bruxelles, Bruylant, 2006, p. 655-730.

PIROTTE, C., « La Directive 2004/35/CE sur la prévention et la réparation des dommages environnementaux », in CORDINI, G. & POSTIGLIONE, A. (dir.), *Prevention and remedying of environmental damage : proceedings of the Workshop on Environmental Law, Ostia Antica, 27 & 28 may 2005*, Bruxelles, Bruylant, 2005, p. 25-37.

PISILLO-MAZZESCHI, R., « Forms of International Responsibility for Environmental Harm », in FRANCIONI, F. & SCOVAZZI, T. (ed.), *International Responsibility for Environmental Harm*, London/Dordrecht/Boston, Graham & Trotman/Martinus Nijhoff, 1991, p. 15-35.

PISILLO-MAZZESCHI, R., « Responsabilité de l'État pour violation des obligations positives relatives aux droits de l'homme », *R.C.A.D.I.*, n° 333, 2008, p. 175-506.

PISILLO-MAZZESCHI, R., « The Due Diligence Rule and the Nature of the International Responsibility of States », *G.Y.I.L.*, vol. 35, 1992, p. 9-51.

PLANCQUEEL, A., « Obligations de moyens, obligations de résultat (Essai de classification des obligations contractuelles en fonction de la charge de la preuve en cas d'inexécution) », *R.T.D.Civ.*, 1972, p. 334-340.

POINT, P., « Principes économiques et méthodes d'évaluation du préjudice écologique », in S.F.D.E., *Le dommage écologique en droit interne, communautaire et comparé*, Paris, Economica, 1992, p. 123-141.

POLITI, M., « The Impact of the Chernobyl Accident on the State's Perception of International Responsibility for Nuclear Damage », in FRANCIONI, F. & SCOVAZZI, T. (ed.), *International Responsibility for Environmental Harm*, London/Dordrecht/Boston, Graham & Trotman/Martinus Nijhoff, 1991, p. 473-490.

PRIEUR, M., « Incertitude juridique, incertitude scientifique et protection de l'environnement », *Les cahiers du CRIDEAU*, 2001, n° 03, p. 9-15.

QUENEUDEC, J.-P., « L'incidence de l'affaire du Torrey Canyon sur le droit de la mer », *A.F.D.I.*, vol. 14, 1968, p. 701-718.

RAZ, J., « Legal Principes and the Limits of the Law », *Yale L.J.*, vol. 81, n° 5, 1972, p. 823-854.

READ, J. E., « The Trail Smelter Arbitration », *C.Y.I.L.*, nº 1, 1963, p. 213-229.

RECASENS-SICHES, L., « La logique matérielle du raisonnement juridique », in HUBIEN, H. (dir.), *Le raisonnement juridique*, Bruxelles, Bruylant, 1971, p. 129-136.

REHBINDER, E., « Rapport général – Évaluation et réparation du dommage écologique », in S.F.D.E., *Le dommage écologique en droit interne, communautaire et comparé*, Paris, Economica, 1992, p. 109-121.

REMOND-GOUILLOUD, M., « Les fonds d'indemnisation et le préjudice écologique », in S.F.D.E., *Le dommage écologique en droit interne, communautaire et comparé*, Paris, Economica, 1992, p. 165-173.

REST, A., & LEINEMANN, R., « The Environmental Catastrophe off the Coast of Alaska : Who Will Pay the Bill for the Oil Pollution Caused by the 'Exxon Valdez' ? », *T.M.A.*, 1990, p. 13-24.

REST, A., « Ecological Damage in Public International Law », *E.P.A.L.*, vol. 22, 1992, p. 31-41.

REST, A., « The Sandoz Conflagration and the Rhine pollution : liability issues », *G.Y.I.L.*, vol. 30, 1987, p. 160-176.

RIBOT, C., « L'influence des principes généraux du droit de l'environnement », in RIBOT, C. & AUTIN, J.-L. (éd.), *Environnements : les mots du droit et les incertitudes de la modernité. Mélanges en l'honneur du professeur Jean-Philippe Colson*, Grenoble, PUG, 2004, p. 393-411.

RIOS, A. V. V., « O princípio da precaução e a sua aplicação na justiça brasileira : estudos de casos », in VARELLA, M. D. & PLATIAU, A. F. B. (dir.), *Princípio da Precaução*, Belo Horizonte, Del Rey, 2004, p. 373-400.

RIPOLL, R. P., « La preservación internacional del medio ambiente natural », in ARÉCHAGA, E. J. (org.), *Derecho Publico*

Internacional, vol. III, Montevideo, Ed. Fundación de Cultura Universitaria, 1995, p. 441-480.

ROBERTS, A., « Environmental destruction in the 1991 Gulf War », *I.R.R.C.*, n° 291, 1992, p. 538-553.

ROBERTS, A., « Environmental Issues in International Armed Conflict : the Experience of the 1991 Gulf War », in GRUNAWALT, R. J. *et al.* (dir.), *Protection of the environment during armed conflict*, Newport, Naval War College, 1996, p. 222-227.

ROBINSON, N. A., « International Trends in Environmental Impact Assessment », *B.C.E.A.L.R.*, vol. 19, 1992, p. 591-621.

RODRIGUEZ IGLESIAS, C. C., « El enriquecimiento sin causa como fundamento de responsabilidad internacional », *R.E.D.I.*, vol. 34, 1982, p. 379-397.

ROHART, J.-S., « L'indemnisation par le FIPOL des dommages de pollution par les hydrocarbures : l'expérience de l'ERIKA », *A.D.M.*, vol. 10, 2005, p. 75-89.

ROMANO, C. P. R., « L'obligation de prévention des catastrophes industrielles et naturelles », in CARON, D. D. & LEBEN, C. (éd.), *Les aspects internationaux des catastrophes naturelles et industrielles – The International Aspects of Natural and Industrial Catastrophes*, The Hague, Martinus Nijhoff Publishers, 2001, p. 379-428.

ROMI, R., « La loi sur les risques: avancée du principe de prévention et fatuité du droit », *A.J.D.A.*, n° 29, 2003, p. 1521.

RONZITTI, N., « Is the *non liquet* of the Final Report by the Committee Established to Review the NATO Bombing Campaign Against the Federal Republic of Yugoslavia acceptable ? », *I.R.R.C.*, n° 840, 2000, p. 1017-1028.

ROUSSEAU, C., « Chronique des faits internationaux », *R.G.D.I.P.*, vol. 79, n° 3, 1975, p. 763-856.

ROUX, D., « La spécificité de la théorie des troubles de voisinage ou le pouvoir reconnu au juge civil de statuer 'en équité' », in

SCHWARZ-LIEBERMANN VON WAHLENDORF, H.-A. (dir.), *Exigences sociales, jugement de valeur et responsabilité civile en droit français, allemand et anglais*, Paris, L.G.D.J., 1983, p. 77-91.

SACHARIEW, K., « State Responsibility for Multilateral Treaty Violations : Identifying the 'Injured State' and its Legal Status », *N.I.L.R.*, vol. XXXV, nº 3, 1988, p. 273-289.

SACHARIEW, K., « The Definition of Thresholds of Tolerance for Transboundary Environmental Injury under International Law : Development and Present Status », *N.I.L.R.*, vol. XXXVII, n° 2, 1990, p. 193-206.

SACHS, I., « Les Cinq Dimensions de l'Écodéveloppement » in *Revista de Ciência do Ambiente e Direito Ambiental*, ano 1, nº 1, jul. 2000, p. 75-76.

SALMON, J., « Le concept de raisonnable en droit international public », in *Mélanges offerts à P. Reuter. Le droit international : unité et diversité*, Paris, Pedone, 1981, pp. 447-478.

SALMON, J., « Le fait dans l'application du droit international », *R.C.A.D.I.*, vol. 175, 1982, p. 257-414.

SALMON, J., « Le fait étatique complexe – une notion contestable », *A.F.D.I.*, vol. 28, 1982, p. 709-738.

SALMON, J., « Les notions à contenu variable en droit international public », in PERELMAN, C. & VANDER ELST, R. (dir.), *Les notions à contenu variable en droit*, Bruxelles, Bruylant, 1984, p. 252-268.

SAND, P. H., « Le rôle des 'Conférence des parties' aux conventions environnementales », in S.F.D.I. (org.), *Colloque d'Aix-en-Provence : Le droit international face aux enjeux environnementaux*, Paris, Pedone, 2010, p. 101-109

SAND, P. H., « The Evolution of International Environmental Law », in BODANSKY, D. ; BRUNNÉE, J. & HEY, E. (dir.), *The Oxford handbook of international environmental law*, Oxford, Oxford University Press, 2007, p. 29-43.

SANDS, P., « International Law in the Field of Sustainable Development : Emerging Legal Principles », in LANG, W. (ed.), *Sustainable Development and International Law*, London, Graham and Trotman, 1995, p. 53-66.

SANDS, P., « L'affaire des essais nucléaires II : contribution de l'instance au droit international de l'environnement », *R.G.D.I.P.*, n° 2, 1997, p. 447-474.

SANDS, P., « Litigating Environmental Disputes : Courts, Tribunals and the Progressive Development of International Environmental Law », in NDIAYE, T. M. ; WOLFRUM, R. & KOJIMA, C. (dir.), *Law of the Sea, Environmental Law and Settlement of Disputes : liber amicorum Judge Thomas A. Mensah*, Leiden/Boston, Martinus Nijhoff Publishers, 2007, p. 313-325.

SANDS, P., « O princípio da precaução », in VARELLA, M. D. & PLATIAU, A. F. B. (dir.), *Princípio da Precaução*, Belo Horizonte, Del Rey, 2004, p. 29-46.

SCHACHTER, O., « The Greening of International Law », in *Humanité et droit international – Mélanges René-Jean Dupuy*, Paris, Pedone, 1991, p. 271-278.

SCHALLY, H. M., « The Role and Importance of Implementation Monitoring and Non-compliance Procedures in International Environmental Regimes », in LANG, W. (ed.), *The Ozone Treaties and Their Influence on the Building of International Environmental Regimes*, Vienna, Oesterreichische aussenpolitische Dokumentation, 1996, p. 82-92.

SCHRAGE, W., « The Convention on Environmental Impact Assessment in a Transboundary Context », in BASTMEIJER, K. & KOIVUROVA, T. (ed.), *Theory and practice of transboundary environmental impact assessment*, Leiden/Boston, Martinus Nijhoff Publishers, 2008, p. 29-51

SCHWABACH, A., « The Sandoz spill : the failure of international law to protect the Rhine from pollution », *Ecology law quarterly*, vol. 16, 1989, p. 443-480.

SCOVAZZI, T., « Amoco Cadiz », in JUSTE RUIZ, J. & SCOVAZZI, T. (coord.), *La práctica internacional en materia de responsabilidad por accidentes industriales catastróficos*, Valencia, Tirant lo Blanch, 2005, p. 23-39.

SCOVAZZI, T., « Gli incidenti industriali e il « velo » delle società transnazionali », in *L'unificazione del diritto internazionale privato e processuale. Studi in memoria di M. Giuliano*, Padova, CEDAM, 1989, p. 839-86.

SCOVAZZI, T., « State Responsibility for Environmental Harm », *Y.I.E.L.*, vol. 12, 2002, p. 43-67.

SCOVAZZI, T., « Industrial Accidents and the Veil of Transnational Corporations », in FRANCIONI, F. & SCOVAZZI, T. (ed.), *International Responsibility for Environmental Harm*, London/Dordrecht/Boston, Graham & Trotman/Martinus Nijhoff, 1991, p. 395-427.

SCOVAZZI, T., « La sentenza d'appello ul caso 'Amoco Cadiz' », *Rivista giuridica dell'Ambiente*, vol. 7, n° 2, 1992, p. 443-447.

SHELTON, D., « Ensuring justice with deliberate speed : case management in the European Court of Human Rights and the United States Courts of Appeals », *Human Rights Law Journal*, vol. 21, 2000, p. 337-348.

SHELTON, D., « Human Rights, Environmental Rights, and the Right to Environment », *S.J.I.L.*, vol. 28, 1991, p. 103-138.

SICILIANOS, L.-A., « La codification des contre-mesures par la Commission du droit international », *R.B.D.I.*, vol. 38, n° 1-2, 2005, p. 447-500.

SICILIANOS, L.-A., « The Classification of Obligations and the Multilateral Dimension of the Relations of International Responsibility », *E.J.I.L.*, vol. 13, 2002, p. 1127-1145.

SILVA, G. E. N., « Les relations diplomatiques et consulaires », in BEDJAOUI, M. (ed.), *Droit international : bilan et perspectives*, Paris, Pedone, 1991, p. 459-470.

SILVA, S. T., « Princípio da precaução : uma nova postura em face dos riscos e incertezas científicas », in VARELLA, M. D. & PLATIAU, A. F. B. (dir.), *Princípio da Precaução*, Belo Horizonte, Del Rey, 2004, p. 75-92.

SIMMA, B., « Bilateralism and Community Interest in the Law of State Responsibility », in DISTEIN, Y. & TABORY, M. (eds.), *International Law at a Time of Perplexity – Essays in Honour of Shabtai Rosenne*, Dordrecht, Martinus Nijhoff, 1989, p. 821-844.

SIMMA, B., « From Bilateralism to Community Interests in Internationa Law », *R.C.A.D.I.*, vol. 250, 1994, p. 217-384.

SJÖBLOM, K.-L. & LINSLEY, G., « Evacuation des déchets radioactifs dans la mer : Convention de Londres de 1972 », *Bulletin de l'Agence internationale de l'énergie atomique*, vol. 2, 1994, p. 12-16.

SMETS, H., « Le principe pollueur payeur, un principe économique érigé en principe de droit de l'environnement? », *R.G.D.I.P.*, vol. 97, issue 2, 1993, p. 339-364.

SMETS, H., « The Right to Information on the Risks Created by Hazardous Installations at the National and International Levels », in FRANCIONI, F. & SCOVAZZI, T. (ed.), *International Responsibility for Environmental Harm*, London/Dordrecht/Boston, Graham & Trotman/Martinus Nijhoff, 1991, p. 449- 472.

SMITH, T. T., « Le dommage écologique et le droit américain », in S.F.D.E., *Le dommage écologique en droit interne, communautaire et comparé*, Paris, Economica, 1992, p. 79-91.

SMITH, T. T., « Les déversements de pétrole en mer aux États-Unis – L'Exxon Valdez et au-delà », in S.F.D.E., *Le dommage écologique en droit interne, communautaire et comparé*, Paris, Economica, 1992, p. 201-210.

SOHNLE, J., « L'affaire Gabcikovo-Nagymaros », *R.G.D.I.P.*, 1998, n° 1, p. 85-119.

ŠOLJAN, L., « The General Obligation to Prevent Transboundary Harm and its Relation to Four Key Environmental Principles », *A.R.I.E.L.*, vol. 3, 1998, p. 209-232.

SPINEDI, M., « From One Codification to Another : Bilateralism and Multilateralism in the Genesis of the Codification of the Law of Treaties and the Law of State Responsibility », *E.J.I.L.*, vol. 13, n° 5, 2002, p. 1099-1125.

SPINEDI, M., « Les conséquences juridiques d'un fait internationalement illicite causant un dommage à l'environnement », in FRANCIONI, F. & SCOVAZZI, T. (ed.), *International Responsibility for Environmental Harm*, London/Dordrecht/Boston, Graham & Trotman/Martinus Nijhoff, 1991, p. 75-124.

SPRINGER, A. L., « Towards a Meaningful Concept of Pollution in International Law », *I.C.L.Q.*, vol. 26, 1977, p. 531-557.

STERN, B., « Les problèmes de responsabilité posés par la crise et la 'guerre' du Golfe », in *Les aspects juridiques de la guerre du Golfe, Cahiers internationaux*, n° 6, CEDIN-Nanterre, Paris, Montchrestien, 1991, p. 329-373.

STERN B., « La responsabilité internationale des États. Perspectives récentes », in *Cursos Euromediterráneos Bancaja de Derecho Internacional*, vol. VII, 2003, p. 645-721.

STERN, B., « Responsabilité internationale », *Répertoire de droit international*, Paris, Dalloz, 1998, 28 p.

STERN, B., « Et si on utilisait la notion de préjudice juridique ? Retour sur une notion délaissée à l'occasion de la fin des travaux de la C.D.I. sur la responsabilité des États », *A.F.D.I.*, vol. 47, 2001, p. 3-44.

STEWART, R. B., « Instrument Choice », in BODANSKY, D. ; BRUNNÉE, J. & HEY, E. (dir.), *The Oxford handbook of international environmental law*, Oxford, Oxford University Press, 2007, p. 147-181.

STOLL, P.-T., « The International Environmental Law of Cooperation », in WOLFRUM, R. (ed.), *Enforcing Environmental Standards : Economic Mechanisms as Viable Means ?*, Berlin, Springer, 1996, p. 39-93.

STOLL, P.-T., « Transboundary Pollution », in MORRISON, F. L. & WOLFRUM, R. (dir.), *International, Regional and National Environmental Law*, The Hague, Kluwer Law International, 2000, p. 169-200.

STONE, C. D., « Common but Differentiated Responsibilities in International Law », *A.J.I.L.*, vol. 98, issue 2, 2004, p. 276-301.

STONE, C. D., « Should Trees Have Standing ? Toward Legal Rights for Natural Objects », *Southern California Law Review*, vol. 45, 1972, p. 450-501.

SUMITRA, S., « Bases and extent of State responsibility/liability in international law for environmental pollution », *I.J.I.L.*, vol. 27, 1987, p. 385-410.

SUZUKI, T., « The Fukushima nuclear accident : Lessons learned and possible implications », *CTBTO Spectrum*, issue 19, September 2012, p. 24-27.

SZASZ, P. C., « International norm-making », in WEISS, E. B. (ed.), *Environmental Change and International Law : New Challenges and Dimensions*, Tokyo, The United Nations University, 1992, p. 41-80.

SZELL, P., « Implementation Control : Non-compliance Procedure and Dispute Settlement in the Ozone Regime », in LANG, W. (ed.), *The Ozone Treaties and Their Influence on the Building of International Environmental Regimes*, Vienna, Oesterreichische aussenpolitische Dokumentation, 1996, p. 43-50.

TIMOSHENKO, A. S., « The Problem of Preventing Damage to the Environment in National and International Law », *P.E.L.R.*, vol. 5, n° 2, 1988, p. 475-486.

TINKER, C., « State Responsibility and the Precautionary Principle », in FREESTONE, D. & HEY, E. (eds.), *The Precautionary Principle and International Law. Challenge of Implementation*, La Haye, Kluwer Law International, 1996, p. 53-71.

TOMUSCHAT, C., « International Liability for Injurious Consequences Arising out of Acts not Prohinited by International Law : The Work of the International Law Commission », in FRANCIONI, F. & SCOVAZZI, T. (ed.), International Responsibility for Environmental Harm, London/Dordrecht/Boston, Graham & Trotman/Martinus Nijhoff, 1991, p. 37-72.

TOMUSCHAT, C., « What is a 'Breach' of the European Convention on Human Rights ? », in LAWSON, R. & BLOIS, M. (dir.), *The Dynamics of the Protection of Human Rights in Europe – Essays in Honour of Henry G. Schermers*, vol. III, Dordrecht/Boston/Londres, Martinus Nijhoff Publishers, 1994, p. 315-335.

TÖPFER, M. K., « Au-delà du marché : les FIPOL et l'environnement », in F.I.P.O.L., *Les FIPOL : 25 années d'indemnisation des victimes de sinistres liés à la pollution par les hydrocarbures*, Londres, 2003, p. 37-41.

TREVES, T., « La pollution résultant de l'exploration et de l'exploitation des fonds marins en Droit international », *A.F.D.I.*, vol. 24, 1978, p. 827-850.

TREVES, T., « Les tendances récentes du Droit conventionnel de la responsabilité et le nouveau Droit de la Mer », *A.F.D.I.*, vol. 21, 1975, p. 767-783.

TUNC, A., « La distinction des obligations de résultat et des obligations de diligence », *J.C.P.-Semaine Juridique*, 1945, vol. I, 449.

ULFSTEIN, G., « Reweaving the Fabric of International Law ? Patterns of Consent in Environmental Framework Agreements », in WOLFRUM, R. & RÖBEN, V. (éd.), *Developments of International Law in Treaty Making*, Heidelberg, Springer, 2005, p. 145-153.

UNITED STATES, « Compensation to Japanese for Damage Resulting From Nuclear Tests », *The Department of State Bulletin*, Washington (D.C.), vol. XXXII, n° 812, January 17, 1955, p. 90-91.

URBINATI, S., « Non-Compliance Procedure under the Kyoto Protocol », *Baltic Y.I.L.*, vol. 3, p. 229-251.

VAN COMPERNOLLE, J., « Vers une nouvelle définition de la fonction de juger : du syllogisme à la pondération des intérêts », in *Nouveaux itinéraires en droit : hommage à François Rigaux*, Bruxelles, Bruyant, 1993, p. 495-506.

VAN LANG, A., « Affaire de l'Erika : la consécration du préjudice écologique par le juge judiciaire », *A.J.D.A.*, n° 17, 2008, p. 934-941.

VASQUEZ-MAIGNAN, X., « Fukushima : liability and compensation », *N.L.B.*, vol. 88, n° 2, 2011, p. 61-64.

VERDROSS, A., « Les principes généraux de droit applicables dans le système des sources du droit international public », in *Recueil d'études de droit international en hommage à P. Guggenheim*, Genève, Faculté de droit de l'Université de Genève/I.U.H.E.I., 1968, p. 521-530.

VERHOEVEN, J., « Une réparation communautaire ou internationale des catastrophes ? », in *La réparation des dommages catastrophiques. Les risques technologiques majeurs en droit international et en droit communautaire*, Faculté de droit de l'Université catholique de Louvain, Bruylant, 1990, p. 457-491.

VESSEY, J., « The Principle of Prevention in International Law », *A.R.I.E.L.*, vol. 3, 1998, p. 181-207.

VICTOR, D. G., « The Montreal Protocol's Non-compliance Procedure : Lessons for Making other International Environmental Regimes more Effective », in LANG, W. (ed.), *The Ozone Treaties and Their Influence on the Building of International Environmental Regimes*, Vienna, Oesterreichische aussenpolitische Dokumentation, 1996, p. 58-81.

VINCENT-LEGOUX, M.-C., « L'ordre public écologique en droit interne », in BOUTELET, M. & FRITZ, J.-C. (dir.), *L'Ordre Public Ecologique*, Bruxelles, Brulant, 2005, p. 81-105.

VIRALLY, M., « À propos de la « lex ferenda » », in *Mélanges offerts à P. Reuter. Le droit international : unité et diversité*, Paris, Pedone, 1981, p. 519- 533.

VIRALLY, M., « Le rôle des principes dans le développement du droit international », in *Recueil d'études de droit international en hommage à P. Guggenheim*, Genève, Faculté de droit de l'Université de Genève/I.U.H.E.I., 1968, p. 531-554.

VON BAR, C., « Environmental damage in private international law », *R.C.A.D.I.*, vol. 268, 1997, p. 291-411.

WEISS, E. B., « Environmental disasters in international law », *Anuario Jurídico Interamericano*, 1986, p. 141-169.

WEISS, E. B., « Global environmental change and international law : The introductory framework », in WEISS, E. B. (ed.), *Environmental Change and International Law : New Challenges and Dimensions*, Tokyo, The United Nations University, 1992, p. 3-38.

WERKSMAN, J., « Compliance and the Kyoto Protocol : Building a Backbone into a 'Flexible Regime' », *Y.I.E.L.*, vol. 9, 1998, p. 48-101.

WERNER, W. G., « Responding to the Undesired, State Responsibility, Risk Management and Precaution », *N.Y.I.L.*; vol. 36, 2007, p. 57-81.

WHITE, G., « The use of experts by the International Court », in LOWE, V, e FITZMAURICE, M. (ed.), *Fifty Years of International Court of Justice – Essays in honour of Sir Robert Jennings*, Cambridge, Cambridge University Press, 1996, p. 528-540.

WIBISANA, A. G., « Three principles of environmental law : the polluter-pays principle, the principle of prevention, and the precautionary principle », in FAURE, M. & NIESSEN, N. (eds.), *Environmental Law in Development : Lessons from the Indonesian Experience*, Northampton, Edward Elgar, 2006, p. 24-76.

WIENER, J. B., « Precaution », in BODANSKY, D. ; BRUNNÉE, J. & HEY, E. (dir.), *The Oxford handbook of international environmental law*, Oxford, Oxford University Press, 2007, p. 597-612.

WINTER, G. *et al.*, « Weighing up the EC Environmental Liability Directive », *J.E.L.*, vol. 20, n° 2, p. 163-191.

WOLFRUM, R., « Means of Ensuring Compliance with and Enforcement of International Environmental Law », *R.C.A.D.I.*, vol. 272, 1998, p. 9-154.

WOLFRUM, R., « O Princípio da Precaução », in VARELLA, M. D. & PLATIAU, A. F. B. (dir.), *Princípio da Precaução*, Belo Horizonte, Del Rey, 2004, p. 13-28.

WOLFRUM, R., « Purposes and Principles of International Environmental Law », *G.Y.I.L.*, 1990, vol. 33, p. 308-330.

WOODLIFFE, J., « Environmental Damage and Environmental Impact Assessment », in BOWMAN, M. & BOYLE, A. (dir.), *Environmental Damage in International and Comparative Law : Problems of Definition and Valuation*, Oxford, Oxford University Press, 2002, p. 133-147.

WU, C., « La convention internationale du 3 mai 1996 sur la responsabilité et l'indemnisation pour les dommages liés au transport par mer des substances nocives et potentiellement dangereuses », *A.F.D.I.*, vol. 43, 1997, p. 727-750.

YASSEEN, M. K., « L'interprétation des traités d'après la convention de Vienne sur le droit des traités », *R.C.A.D.I.*, vol. 151, 1976, p. 1-114.

YUSUF, A. A., « Le transfert de technologie », in BEDJAOUI, M. (ed.), *Droit international : bilan et perspectives*, Paris, Pedone, 1991, p. 739-755.

YUZON, E. F. J., « Deliberate environmental modification through the use of chemical and biological weapons : 'greening' the international laws of armed conflict to establish an environmentally protective regime », *A.U.J.I.L.P.*, vol. 11, n° 5, 1996, p. 793-846.

ZEMANEK, K., « Causes and Forms of International Liability », in CHENG, B. & BROWN, E.D. (ed.), *Contemporary problems of international law : essays in honour of Georg Schwarzenberger on his eightieth birthday*, London, Stevens & Sons, 1988, p. 319-333.

ZEMANEK, K., « State Responsibility and Liability », in LANG, W. ; NEUHOLD, H. & ZEMANECK, K. (eds.), *Environmental Protection and International Law*, London, Graham & Trotman, 1991, p. 187-201.

III.3. Thèses

BARROS, A. T., *Atores e discursos ecológicos no Brasil : ciência, estado e imprensa (1972-92),* Thèse, Universidade de Brasília, 1999.

BENYAHIA, N. S., *L'évolution des concepts d'obligation de moyens et d'obligation de résultat*, Thèse, Rennes I, 1990.

COULEE, F., *Droit des traites et non-réciprocité : recherches sur l'obligation intégrale en droit international public,* Thèse, Paris II, 1999.

GOSSEMENT, A., *Le principe de précaution*, Thèse, Paris I, 2001.

GREVECHE, M.-P., *La notion de seuil en droit de l'environnement*, Thèse, Paris I, 2002.

KISS, A., *L'abus de droit en droit international*, Thèse, Paris, 1952, 200 p.

PELLET, A., *Recherche sur les principes généraux de droit en droit international*, Thèse, Paris II, 1974, 504 p.

III.4. Documents électroniques

BERNASCONI, C., *La responsabilité civile pour dommages résultant d'une atteinte transfrontière à l'environnement : un cas pour la Conférence de La Haye ?*, La Haye, note établie par le Secrétaire au Bureau Permanent de la Conférence de la Haye de droit international privé, disponible sur <www.hcch.net/upload/wop/gen_pd8f.pdf>, consulté le 04 octobre 2011, 87 p.

CTBTO, COMMISSION PRÉPARATOIRE, *Fukushima – related measurements by the CTBTO*, disponible sur <http://www.ctbto.org/?id=3234>, consulté le 02 novembre 2012.

COUNCIL ON ENVIRONMENTAL QUALITY, *The National Environmental Policy Act : A Study of Its Effectiveness After Twenty-five Years*, 1997, disponible sur <http://ceq.hss.doe.gov/nepa/nepa25fn.pdf>, consulté le 15 août 2011, 51 p.

F.I.P.O.L., *Foire aux questions – indemnisation*, disponible sur <http://fr.iopcfund.org/compensation.htm#c8>, consulté le 07 mars 2012.

INVESTIGATION COMMITTEE ON THE ACCIDENT AT THE FUKUSHIMA NUCLEAR POWER STATIONS, *Final Report*, July 2012, disponible sur <http://icanps.go.jp/eng/>, consulté le 02 novembre 2012, 529 p.

KAN, N., *Press Conference by Prime Minister Naoto Kan, May 10, 2011*, disponible sur <http://www.kantei.go.jp/foreign/incident/press_conferences.html>, consulté le 03 novembre 2012.

KAN, N., *Press Conference by Prime Minister Naoto Kan, May 18, 2011*, disponible sur <http://www.kantei.go.jp/foreign/incident/press_conferences.html>, consulté le 03 novembre 2012.

O.M.S., *Préoccupations liées au nucléaire au Japon*, disponible sur <http://www.who.int/hac/crises/jpn/faqs/fr/index.html>, consulté le 02 novembre 2012.

THE NATIONAL DIET OF JAPAN, *The official report of The Fukushima Nuclear Accident Independent Investigation Commission (NAIIC), Executive summary*, 2012, disponible sur <http://warp.da.ndl.go.jp/info:ndljp/pid/3856371/naiic.go.jp/en/index.html>, consulté le 14 octobre 2012, 88 p.

THE UNITED NATIONS COMPENSATION COMMISSION, *Status of Processing and Payment of Claims*, disponible sur <http://www.uncc.ch/status.htm>, consulté le 19 mars 2012.

TOKYO ELECTRIC POWER COMPANY, *Fukushima Nuclear Accident Analysis Report*, 2012, disponible sur <http://www.tepco.co.jp>, consulté le 30 octobre 2012.

INDEX THÉMATIQUE

N.B. : les numéros renvoient aux pages

R

T

U

V

TABLE DES MATIÈRES

Questions juridiques aux éditions L'Harmattan

Dernières parutions

CONCILIATION ET MÉDIATION DEVANT LA JURIDICTION ADMINISTRATIVE
Actes du colloque du Conseil d'État du 17 juin 2015
Sous la direction de Jacques Biancarelli et Béatrice Blohorn-Brenneur
Voici près de 25 ans que le Conseil d'État, confronté à une judiciarisation croissante de la société, réfléchit aux modes alternatifs de règlement des différends afin de les pacifier et de rendre les justiciables davantage confiants en la justice administrative. Après avoir rappelé le contexte juridique et les enjeux d'une telle impulsion, un bilan comparatif des pratiques du juge administratif et du juge judiciaire a permis de mesurer combien il est nécessaire et urgent de compléter la boîte à outils dont dispose le premier. Voici une réflexion, les références et les outils nécessaires à la juridiction administrative.
(Coédition GEMME, 24.00 euros, 246 p.)
ISBN : 978-2-343-07270-8, ISBN EBOOK : 978-2-336-39774-0

L'ERREUR JUDICIAIRE
Apprendre à douter pour lutter contre les erreurs judiciaires
Sous la direction de Xavier Pin
L'erreur judiciaire hante autant qu'elle jalonne l'histoire de notre justice pénale. Nous avons tous en mémoire de retentissants procès ayant vu des individus accusés ou condamnés, avant d'être disculpés, graciés ou réhabilités. Le législateur y est sensible au point de réformer régulièrement la procédure pénale pour tenter d'éviter, de corriger ou de réparer, autant que possible, de telles erreurs. Une loi du 20 juin 2014 réforme les procédures de révision et de réexamen des condamnations pénales définitives : elle est l'occasion d'essayer de comprendre ces fiascos judiciaires.
(Coll. Droit privé et sciences criminelles, 15.00 euros, 126 p.)
ISBN : 978-2-343-07284-5, ISBN EBOOK : 978-2-336-39807-5

LE DROIT CONSTITUTIONNEL DE LA Ve RÉPUBLIQUE
(Treizième édition)
Lascombe Michel, Toulemonde Gilles
Cet ouvrage s'adresse aux étudiants en droit, aux élèves des instituts d'études politiques et aux candidats aux concours administratifs. Il couvre l'essentiel du programme de droit constitutionnel, c'est-à-dire aussi bien les constitutions françaises depuis 1789 que l'actuel texte constitutionnel. Cette nouvelle édition tient compte des derniers développements induits par les changements politiques, des dernières réformes des règlements des assemblées et de la jurisprudence la plus récente.
(Coll. Logiques Juridiques, 42.00 euros, 506 p.)
ISBN : 978-2-343-07916-5, ISBN EBOOK : 978-2-336-39877-8

LA PROXIMITÉ EN DROIT INTERNATIONAL PRIVÉ DE LA FAMILLE
Bouyahia Sabrine Maya - Préface de Lotfi Chedly et Marie Goré
Parmi les méthodes proposées pour trancher les litiges présentant un élément d'extranéité, figure celle reposant sur le principe de proximité. L'étude porte sur deux systèmes de droit international privé de la famille différents (droit français et droit tunisien) pour mettre en exergue d'une

part l'adaptation de cette méthode aux spécificités de chaque ordre étatique et d'autre part son adéquation avec tous les différents systèmes de droit.
(Coll. Logiques Juridiques, 54.00 euros, 618 p.)
ISBN : 978-2-343-05464-3, ISBN EBOOK : 978-2-336-39866-2

QUARTIER-FEMMES ÉCROU 10970
Boh-Petit Dominique
Cellule 24 : une femme dit toute sa souffrance d'être enfermée. Elle a tué. Son histoire est à la rubrique des faits divers. La Cour d'assises la jugera. Bien des années plus tard, elle est libérée. La vie doit reprendre. Ce récit est parfaitement conforme à la réalité. Tout a existé et existe encore.
(Coll. La justice au quotidien, 15.00 euros, 130 p.)
ISBN : 978-2-343-07436-8, ISBN EBOOK : 978-2-336-39812-9

GABELOUS ET CONTREBANDIERS
Histoire des fermiers généraux de Dijon (1760-1780)
Evrard Sébastien - Préface de Marc Fradet
En exhumant un registre du personnel de la direction des fermes de Dijon, l'auteur retrace, entre 1760 et 1780, la vie méconnue de centaines d'agents au service du doit et de l'impôt. Ces derniers servaient un système protecteur (la retraite fait son apparition dès 1768), parfois très rémunérateur, mais qui s'avère aussi, sous certains aspects, une machine à broyer les hommes : le régime des sanctions que met en place la Ferme est d'une efficacité redoutable. En définitive, la Ferme présente un aspect mitigé.
(Coll. Mémoires des Douanes, 28.50 euros, 278 p.)
ISBN : 978-2-343-06683-7, ISBN EBOOK : 978-2-336-39845-7

DICTIONNAIRE OHADA
(3e édition)
Bitsamana Hilarion Alain
Ce dictionnaire spécial du droit des affaires OHADA propose une définition claire et précise, avec tous les compléments nécessaires, des principaux termes utilisés tous les jours se rapportant à l'OHADA. Un ouvrage de référence permettant de décoder l'OHADA, accessible à toute personne s'intéressant au monde des affaires en Afrique comme à l'étranger.
(39.00 euros, 398 p.)
ISBN : 978-2-343-07656-0, ISBN EBOOK : 978-2-336-39786-3

LA DÉJUDICIARISATION ET LES PROCÉDURES NON CONTENTIEUSES EN AFRIQUE
Amboulou Hygin Didace
La déjudiciarisation comprend l'ensemble des mécanismes de gestion des différends en rationalisant les moyens matériels et humains de la justice, afin de pallier les déficiences du système judiciaire et de limiter les surcharges des juridictions. Les institutions de nombreux pays sont analysées et les déjudiciarisations en droit public et en droit privé sont abordées.
(Coll. Études africaines, 17.50 euros, 156 p.)
ISBN : 978-2-343-06928-9, ISBN EBOOK : 978-2-336-39805-1

COMMENT RENFORCER L'INDÉPENDANCE DE LA MAGISTRATURE AU SÉNÉGAL ?
Ngom Babacar
Préface de Amadou Mahtar Mbow
L'ouvrage présente dans une première partie les garanties légales d'indépendance de la justice, notamment la règle de la séparation des pouvoirs, le principe de la soumission des juges à l'autorité de la loi et celui de l'inamovibilité du magistrat du siège. Après une analyse critique de ces dispositions, l'auteur formule des propositions de renforcement de l'indépendance de la magistrature.
(13.50 euros, 124 p.)
ISBN : 978-2-343-05158-1, ISBN EBOOK : 978-2-336-39837-2

LE DROIT PÉNAL DES AFFAIRES AU CAMEROUN
Djila Kouayi Kemajou Rose
Préface de Victor-Emmanuel Bokalli
Dans le domaine des affaires, la liberté d'entreprendre et d'investir comporte de nombreux risques, au rang desquels le risque pénal. La délinquance en col blanc n'étant plus réservée aux grandes sociétés commerciales, les moyens de lutte et de sécurisation des investisseurs nécessitent un droit pénal des affaires dont l'objectif est la recherche d'une éthique dans ce domaine.
(Coll. Études africaines, 35.50 euros, 350 p.)
ISBN : 978-2-343-07840-3, ISBN EBOOK : 978-2-336-39777-1

50 ANS DE MARIAGE
Réflexions d'un notaire sur l'évolution du couple ces cinquante dernières années
Dauptain Pierre
De la pilule contraceptive jusqu'au mariage pour tous, l'auteur nous propose une réflexion sur les lois qui ont accompagné l'évolution du couple au cours des cinquante dernières années. Il analyse cette évolution pour aborder les problématiques juridiques et morales qui font tant débat de nos jours. Il s'appuie sur des travaux de juristes ou de sociologues, des articles de presse, mais aussi sur les chansons et les films qui ont marqué ces années et qui témoignent de façon si éclairante des changements de mentalités.
(Éditions Pepper, 16.50 euros, 148 p.)
ISBN : 978-2-343-07677-5, ISBN EBOOK : 978-2-336-39690-3

MÉTHODOLOGIE ET ASPECTS FORMELS DE LA RECHERCHE
Petit manuel à l'usage des juristes
Marain Gaëtan
L'ouvrage propose un véritable apprentissage du formalisme qui doit permettre aux étudiants et aux professionnels confrontés à la rédaction d'une thèse ou d'un mémoire juridique d'aborder ce travail avec sérénité. L'auteur donne une méthode de recherche pour définir le sujet, trouver et compulser les références utiles, échafauder un plan. Il aborde également les thèmes des citations d'auteur, notes de bas de page, mise en page. Il traite enfin du travail de relecture et de l'épreuve de soutenance.
(19.00 euros, 178 p.)
ISBN : 978-2-343-07638-6, ISBN EBOOK : 978-2-336-39556-2

RISQUES, ACCIDENTS ET CATASTROPHES
Liber amicorum
En l'honneur de Madame le professeur Marie-France Steinlé-Feuerbach
Sous la direction Hervé Arbousset, Caroline Lacroix et Benoît Steinmetz
L'étude et l'analyse des risques sont au cœur des réflexions du Professeur Steinlé-Feuerbach. Ses nombreux écrits de doctrine sur la thématique des accidents et des catastrophes ont amené à ce que ses collègues et amis lui dédient cet ouvrage. Ces mélanges donnent une vue d'ensemble d'une matière devenue une véritable discipline transcendant le clivage droit public-droit privé.
(Coll. Sciences criminelles, 34.00 euros, 334 p.)
ISBN : 978-2-343-07169-5, ISBN EBOOK : 978-2-336-39677-4

ÉTAT, COLLECTIVITÉS TERRITORIALES ET DROITS SOCIAUX
Étude du droit comparé
Sous la direction d'Olivier Lecucq
Comment, selon leur organisation territoriale respective, La France, l'Espagne et l'Italie œuvrent à la satisfaction des droits sociaux. Quels sont les rôles de l'État en ce domaine ? Quelles sont les actions qui en découlent et comment se coordonnent-elles ? Quelles en sont les implications en termes d'égalité des citoyens et des territoires ? L'ouvrage tente de répondre à ces questions en interpellant la réalisation de l'État social dans un contexte de crise, de réduction des déficits et de maîtrise des dépenses.
(Coll. Bibliothèques de droit, 22.50 euros, 221 p.)
ISBN : 978-2-343-07585-3, ISBN EBOOK : 978-2-336-39683-5

LE PRINCIPE DE PRÉCAUTION
Au carrefour de la philosophie, du droit et des sciences
Calderaro Norbert
La notion de principe de précaution, qui donne lieu à beaucoup de controverses, nécessite de la part d'un juriste une analyse objective pour écarter ce qu'elle n'est pas et définir son contenu véritable. Après un aperçu des sources philosophiques, l'auteur réalise une synthèse du principe de précaution en droit international, européen, en droit comparé et en droit interne. Il intègre notamment les tout derniers développements de la jurisprudence du Conseil d'État.
(18.50 euros, 180 p.)
ISBN : 978-2-343-05457-5, ISBN EBOOK : 978-2-336-39452-7

LES COLLECTIVITÉS TERRITORIALES ET LA SPÉCULATION
Goasdoué Mélissa - Avant-propos de Michel Verpeaux
Préface de Julien Martin
L'ancien dispositif empêchant la conclusion d'opérations financières spéculatives par les collectivités locales ayant échoué, un nouveau dispositif fonctionnant au cas par cas a été mis en place. Après une étude des imperfections de la notion de spéculation puis des liens unissant ces imperfections à l'échec du précédent dispositif dans la protection des collectivités contre les risques spéculatifs, le présent ouvrage s'attache à démontrer comment et dans quelle mesure cette protection est désormais rendue possible.
(Coll. Droit des collectivités territoriales, série Travaux, 15.00 euros, 140 p.)
ISBN : 978-2-343-07619-5, ISBN EBOOK : 978-2-336-39520-3

LE DROIT DE LA GUERRE
Traité sur l'emploi de la force armée en droit international (3 volumes)
Cumin David
Aussi ancien que la guerre et que le droit international dont il constitue le cœur historique, le droit de la guerre existe. Croisant droit et polémologie, portant sur les conflits armés internationaux et internes, ce traité expose, explique et reconstruit l'ensemble du droit international contemporain relatif à l'emploi de la force armée - auteurs et acteurs de la belligérance, ses buts, moyens, théâtres, régimes - et propose une analyse critique de la responsabilité réparatrice et punitive.
Volume 1 (Coll. Droit comparé, 46.00 euros, 458 p.)
ISBN : 978-2-343-06498-7, ISBN EBOOK : 978-2-336-39588-3
Volume 2 (Coll. Droit comparé, 60.00 euros, 760 p.)
ISBN : 978-2-343-07707-9, ISBN EBOOK : 978-2-336-39589-0
Volume 3 (Coll. Droit comparé, 48.00 euros, 468 p.)
ISBN : 978-2-343-07708-6, ISBN EBOOK : 978-2-336-39590-6

LA RESPONSABILITÉ DE PROTÉGER
Nouvelle approche du droit international
Gandou D'Isseret Crépin Gyscard
Le droit d'ingérence humanitaire se comprend comme une éthique de détresse, une obligation de protéger les personnes en danger de mort. La responsabilité de protéger traduit en acte la nécessité impérative de prendre soin de l'homme, ou de la collectivité humaine en général, quand les conditions de son existence connaissent une détérioration significative ou quand elles sont sur le point de le devenir.
(Coll. Harmattan Congo, 16.50 euros, 152 p.)
ISBN : 978-2-343-06724-7, ISBN EBOOK : 978-2-336-39575-3

L'HARMATTAN ITALIA
Via Degli Artisti 15; 10124 Torino
harmattan.italia@gmail.com

L'HARMATTAN HONGRIE
Könyvesbolt ; Kossuth L. u. 14-16
1053 Budapest

L'HARMATTAN KINSHASA
185, avenue Nyangwe
Commune de Lingwala
Kinshasa, R.D. Congo
(00243) 998697603 ou (00243) 999229662

L'HARMATTAN CONGO
67, av. E. P. Lumumba
Bât. – Congo Pharmacie (Bib. Nat.)
BP2874 Brazzaville
harmattan.congo@yahoo.fr

L'HARMATTAN GUINÉE
Almamya Rue KA 028, en face
du restaurant Le Cèdre
OKB agency BP 3470 Conakry
(00224) 657 20 85 08 / 664 28 91 96
harmattanguinee@yahoo.fr

L'HARMATTAN MALI
Rue 73, Porte 536, Niamakoro,
Cité Unicef, Bamako
Tél. 00 (223) 20205724 / +(223) 76378082
poudiougopaul@yahoo.fr
pp.harmattan@gmail.com

L'HARMATTAN CAMEROUN
BP 11486
Face à la SNI, immeuble Don Bosco
Yaoundé
(00237) 99 76 61 66
harmattancam@yahoo.fr

L'HARMATTAN CÔTE D'IVOIRE
Résidence Karl / cité des arts
Abidjan-Cocody 03 BP 1588 Abidjan 03
(00225) 05 77 87 31
etien_nda@yahoo.fr

L'HARMATTAN BURKINA
Penou Achille Some
Ouagadougou
(+226) 70 26 88 27

L'HARMATTAN SÉNÉGAL
10 VDN en face Mermoz, après le pont de Fann
BP 45034 Dakar Fann
33 825 98 58 / 33 860 9858
senharmattan@gmail.com / senlibraire@gmail.com
www.harmattansenegal.com

L'HARMATTAN BÉNIN
ISOR-BENIN
01 BP 359 COTONOU-RP
Quartier Gbèdjromèdé,
Rue Agbélenco, Lot 1247 I
Tél : 00 229 21 32 53 79
christian_dablaka123@yahoo.fr

Achevé d'imprimer par Corlet Numérique - 14110 Condé-sur-Noireau
N° d'Imprimeur : 130808 - Dépôt légal : juillet 2016 - *Imprimé en France*

www.ingramcontent.com/pod-product-compliance
Lightning Source LLC
LaVergne TN
LVHW011218061026
849535LV00001BA/85